KB055647

譯註
禮記淺見錄

❶

曲禮上·曲禮下·檀弓上·檀弓下

譯註
禮記淺見錄

①

曲禮上 · 曲禮下 · 檀弓上 · 檀弓下

권 근權近 저
정병섭鄭秉燮 역

學古房

　본 역서는 고려말 조선초기 학자인 양촌 권근의 『예기천견록(禮記淺見錄)』을 번역한 것이다. 권근은 매우 유명한 인물이며, 관련 연구도 많이 되어 있기 때문에 별도로 덧붙일 말은 없다. 역자가 『예기천견록』을 번역하게 된 것은 우연하고도 사소한 이유 때문이다. 『예기보주』를 완역하고 난 뒤에 무료함을 달래기 위해 무엇을 할까 고민하다가 책장 한켠에 놓여 있던 『한국경학자료집성』이 눈에 들어왔다. 이 책은 모교의 대동문화연구원에서 발간한 것인데, 대학원 박사과정 때 우연한 기회로 오경(五經) 전권을 얻게 되었다. 그러나 당시에는 딱히 참고할 일이 없어 한쪽 구석에 먼지와 함께 쌓여 있었고, 몇번의 이사를 거치면서 책장을 정리할 때마다 늘 구석에서도 가장 후미진 곳을 차지하게 되었다. 그러던 중 조선 유학자인 김재로의 『예기보주』를 번역하게 되었고, 번역 과정에서 조선 유학자들의 『예기』에 대한 주석은 어떠한 성향을 보일까 궁금증이 들었다. 그래서 오경 중 『예기』 파트만 별도로 추려내서 가장 잘 보이는 곳에 두었는데, 첫번째로 수록된 책이 바로 『예기천견록』이었고, 무심코 자판을 두드리다보니 이렇게 책을 출판하게 되었다. 이것이 이 책을 번역하게 된 이유이다. 조선유학의 본원을 탐구하거나 양촌 권근의 사상적 특징을 밝히려는 거창한 계획은 애당초 없었고, 나는 그런 뜻을 품을 만한 재목도 되지 못한다.

　『예기천견록』은 진호(陳澔)의 『예기집설(禮記集說)』을 그대로 차용하고 있다. 즉 『예기』의 경문과 진호의 『집설』 주를 거의 가감없이 그대로 수록하고 있으며, 덧붙여 설명할 부분에서만 자신의 견해를 그 뒤에 간략히 수록하고 있다. 물론 진호의 주석에 이견을 보인 부분에서는 나름의 근거를 제시하며 반박하는 기록들도 종종 등장하지만, 대부분 진호의 견해를 그대로 따르고 있다. 따라서 『예기천견록』은 『예기』에 대한 새로운 해석을 제시하는 주석서라기보다는 『예기집설』을 조선에 소개하며, 미진했던 부분을 보완하는 성격이 강하다.

그렇다고 해서 전혀 의미없는 책은 아니다. 이 책의 가장 큰 특징은 경문의 순서를 자신의 견해에 따라 새롭게 배열했다는 점이다. 『예기』 자체가 단편적 기록들의 묶음이다보니, 경문 배열에 대한 문제는 정현(鄭玄) 이전부터 제기되어 왔다. 정현도 주를 작성하며 문장의 순서를 일부 바꾼 부분이 있지만, 매우 제한된 경우에 한한다. 이후 여러 학자들도 배열이 잘못되었거나 내용이 뒤죽박죽이라는 것을 알고 있었지만, 대부분 기존의 체제를 그대로 따랐다. 그런데 권근의 경우에는 각 편의 내용들을 일별하여, 동일한 주제에 따라 문장의 순서를 뒤바꾸고, 앞뒤의 내용이 연결되도록 문단을 재구성하였다. 또 『대학장구』에 착안하여, 『예기』의 일부 편들을 경문과 전문으로 구분하기도 했다. 이것이 이 책이 가진 가장 큰 특징이다.

나는 타고난 재질도 보잘것없고 게으른 성격 탓에 노력이란 것에 있어서도 그다지 밀도가 높지 않다. 따라서 이 책을 출간한다는 것이 부끄럽고 도움이 될 수 있을런지도 모르겠다. 무료함을 달래기 위해 지극히도 사소한 이유에서 시작된 역서이지만, 이 책을 발판으로 더 좋은 번역이 나왔으면 하는 바람이다. 끝으로 『예기천견록』을 출판할 수 있도록 허락해주신 학고방의 하운근 사장님께도 감사를 전한다.

- 본 책은 역주서(譯註書)로써, 『예기천견록(禮記淺見錄)』을 완역하고, 자세한 주석을 첨부했다.

- 『예기천견록』은 진호(陳澔)의 『예기집설(禮記集說)』에 대한 주석서로, 『예기』의 경문(經文)과 진호의 『집설』을 수록하고 자신의 견해를 덧붙이고 있다.

- 『예기천견록』의 가장 큰 특징은 경문 배열을 수정한 것이다. 일부 편들은 기존 『예기집설』의 문장 순서를 그대로 따르고 있지만, 특정 편들은 경문(經文)과 전문(傳文)으로 구분하여 새롭게 구성한 것들도 있고, 각 문장들을 주제별로 묶어서 순서를 바꾼 것이 많다. 이러한 점들을 나타내기 위해, 각 편의 첫 부분에는 『예기집설』의 문장순서와 『예기천견록』의 문장순서를 비교하여 도표로 제시하였고, 각 경문 기록 뒤에는 〈001〉·〈002〉·〈003〉 등으로 표시하여, 이 문장이 『예기집설』에서는 몇 번째 문장에 해당하는지 나타내었다.

- 『예기』 경문 해석은 진호의 『집설』에 따랐다. 권근이 진호의 해석에 대해 이견을 나타낸 것이 여러 차례 보이는데, 특별한 경우를 제외하면 주석을 통해 권근의 경문 해석을 확인할 수 있으므로, 권근의 주석에 따른 새로운 경문 해석은 별도로 제시하지 않았다.

- 본 역서의 『예기천견록(禮記淺見錄)』 원문과 표점은 한국유경편찬센터(http://ygc.skku.edu)의 자료를 사용하였다.

- 『예기천견록』의 주석 대상이 되는 『예기집설』의 저본은 다음과 같다. 『禮記』, 서울 : 保景文化社, 초판 1984 (5판 1995)

- **經文** 으로 표시된 것은 『예기』의 경문 기록이다.

- **集說** 로 표시된 것은 진호의 『집설』 기록이다.

- **淺見** 으로 표시된 것은 권근의 주석이다.

「예기집설서(禮記集說序)」

前聖繼天立極之道, 莫大於禮; 後聖垂世立敎之書, 亦莫先於禮.
禮儀三百, 威儀三千, 孰非精神心術之所寓, 故能與天地同其節. 四
代損益, 世遠經殘, 其詳不可得聞矣. 儀禮十七篇戴記四十九篇, 先
儒表章庸·學, 遂爲千萬世道學之淵源. 其四十七篇之文, 雖純駁不
同, 然義之淺深同異, 誠未易言也. 鄭氏祖讖緯, 孔疏惟鄭之從, 雖有
他說, 不復收載, 固爲可恨. 然其灼然可據者, 不可易也. 近世應氏
集解, 於雜記·大小記等篇, 皆闕而不釋. 噫! 愼終追遠, 其關於人倫
世道非細故, 而可略哉? 先君子師事雙峯先生十有四年, 以是經三領
鄕書, 爲開慶名進士, 所得於師門講論甚多, 中罹煨燼, 隻字不遺. 不
肖孤, 僭不自量, 會萃衍繹, 而附以臆見之言, 名曰禮記集說. 蓋欲以
坦明之說, 使初學讀之卽了其義, 庶幾章句通, 則縕奧自見, 正不必
高爲議論而卑視訓詁之辭也. 書成, 甚欲就正于四方有道之士, 而衰
年多疾, 遊歷良艱, 姑藏巾笥, 以俟來哲.

治敎方興, 知禮者或有取焉, 亦愚者千慮之一爾. 至治壬戌良月旣
望, 後學東匯澤陳澔序.

전대 성인이 하늘을 계승하여 준칙을 세운 도리 중에서 예보다 큰 것
이 없고, 후대 성인이 세상에 전하며 가르침을 세운 서적 중에서는 또한
『예』보다 앞서는 것이 없다. 예의 삼백 가지와 위의 삼천 가지 중에서
그 무엇이 성인의 정신과 마음이 깃들지 않은 것이 있겠는가? 그러므로
천지와 그 법도를 함께 할 수 있는 것이다. 사대를 거치며 예에 있어서는
덜어내거나 더해진 점이 있는데, 세대가 멀어졌고 경전도 완전하지 못하
여 상세한 내용에 대해서는 알 수 없게 되었다. 『의례』17개 편과 『소대

례기』 49개 편 중에서 선대 학자들은 『중용』과 『대학』을 표장하였는데, 그 결과 이 서적들은 영원토록 변치 않는 도학의 연원이 되었다. 나머지 『소대례기』 47개 편에 있어서는 그 문장이 비록 어떤 것은 순일하고 또 어떤 것은 잡다하여 수준이 동일하지 않지만 그 의미의 깊이와 같고 다름에 대해서는 진실로 쉽게 말할 수 없다. 정현은 참위를 본받고 공영달의 소는 단지 정현의 주장만 따르고 있어서 비록 다른 이견이 있었으나 이를 재차 수집하여 『예기정의』에 기록하지 않았으니, 매우 한탄스러운 일이다. 그러나 그 기록 중에서도 의미가 명백하여 논거로 삼을 수 있는 것들에 있어서는 또한 바꿀 수 없다. 근래에 나온 응씨의 『예기집해』에서는 「잡기」나 「상대기」 및 「상복소기」 등의 편들에 대해서는 모두 빼버리고 해석하지 않았다. 아! 상사를 치르고 제례를 지내는 것은 인륜과 세상의 도리에 큰 관련이 되는데도 생략할 수 있겠는가? 나의 선고께서는 쌍봉 선생을 14년 동안 섬기며 이 경전으로 세 차례나 향시에서 장원을 차지하여 개경 때의 유명한 진사가 되었고, 문하에서 강론을 통해 얻은 것이 매우 많았는데 중간에 화재를 당해 모두 소실되었다. 불초한 나는 참람되게도 내 도량을 헤아리지도 않고 자료를 모아 설명하고 내 견해를 덧붙여서 『예기집설』이라 지었다. 평이하고 분명한 설명을 통해 초학자라 하더라도 이 글을 읽으면 즉시 그 의미를 깨우칠 수 있고자 하였으니, 아마도 장구를 알고 나면 심오한 뜻도 저절로 드러나게 되어, 의론을 한 것으로 높이거나 훈고나 한 말로 낮출 필요는 없을 것이다. 책이 완성되어 사방으로 도를 갖춘 선비들에게 찾아가 질정을 하고자 했지만 노쇠하고 병도 많아 여러 곳을 돌아다니기가 여간 곤란한 일이 아니었다. 그래서 잠시 상자에 보관해두어 후대의 현명한 자가 질정해주길 기다린다.

정치와 교화가 흥성하게 되어 예를 아는 자가 혹시라도 이 책을 통해 얻은 것이 있다면, 또한 어리석은 내가 수없이 고심해서 겨우 하나 얻어낸 결과물일 뿐이다. 지치 연간 임술년 10월 16일 후학인 동회택 진호가 쓴다.

「예기천견록서(禮記淺見錄序)」

禮經, 聖人立教之大典, 而切於人倫日用者也. 不幸火于秦, 漢儒勤於掇拾, 然簡編不得其次, 文理不相接, 間有雜引傳記, 不類於聖賢之言者多矣. 至宋河南兩程氏, 表章大學·中庸二篇, 餘未及焉. 考亭朱先生有志刪定, 亦未暇焉. 及東匯澤陳氏之集說出, 學者有所矜式, 然其編次仍舊, 學者有未滿之歎, 夫遡而求其源, 辨而得其正, 中國之學者猶難之, 況海外之一方乎? 我韓山李先生入學中國, 有高明正大之見, 及東還, 師範一方, 欲於是經, 有所論著, 晚年多疾, 竟未能就, 以囑門人陽村權氏. 陽村明敏勤儉, 讀書無不究, 尤精於性理之學.

嘗在大祖高皇帝時, 入朝京師, 帝賜對, 知其有學識, 命題賦詩, 使待詔文淵閣, 得與朝之大儒劉公·董公輩日相接, 聞見益正, 所造益深矣. 及蒙恩還國, 讒言見忌, 居閑數年, 乃於是經, 專意參究, 更次簡編, 分爲經傳, 文義之可疑者, 皆盡辨論, 題其目曰禮記淺見錄. 及我國王殿下踐祚, 起爲相, 職任兼成均, 學者益進, 講論不小懈, 乃將前錄, 更加筆削, 積以歲月, 乃克成編, 承政院知申事黃喜具以聞, 殿下命給奉書局紙筆, 令其門人金泮等繕寫以進, 許於經筵進講, 乃命校書館, 用鑄字印成, 以備經筵講讀, 以廣境內流行, 仍命臣崟序其卷端, 臣謹受命, 退而讀再遍, 文辭典雅, 議論精微, 前賢所未發者, 多所發明, 可見其有功於聖門爲不淺矣. 竊謂宋朝龍圖學士宋公, 撰唐書, 贊羅人張保皐之行義, 至與郭汾陽竝稱之, 其論公不以夷·夏而有異, 他日中國之大儒有如宋龍圖者見此錄, 則此錄當與陳氏之集說, 竝行於中國而傳及於後世矣, 豈惟我東方學者之所幸哉? 恭惟殿下禀資明睿, 學就緝熙, 日開經筵, 講論道義, 以正出治之本, 凡所施爲, 務合乎禮, 一覽此錄, 便加歎賞, 爰命攸司, 以廣其傳, 崇儒重道之心, 與人爲善之意, 嗚呼盛哉! 臣不勝慶幸之至, 謹頓首拜手, 爲之序云. 永樂五年三月日, 奮忠仗義同德定社佐命功臣大匡輔國崇祿大夫議政府左政丞判吏曹事修文殿大提學監春秋館事領經筵書雲觀事世子傅晉山府院君, 臣河崙謹序.

『예경』은 성인이 가르침을 세운 중대한 서적으로, 인륜과 일상생활에 매우 긴요한 것이다. 그러나 불행하게도 진나라의 분성갱유를 거쳐 한나라 때의 유학자들이 남아있던 것들을 거두어 모으는데 힘썼으나 기록의 순서가 없어졌고 문장의 뜻이 서로 연결되지 않았으며 중간에는 전문과 기문이 뒤섞여 인용되어 성현의 말과 동류라 볼 수 없는 것들이 많아졌다. 송나라에 이르러 하남의 두 정씨 부자께서 「대학」과 「중용」 두 편을 표장하게 되었으나 나머지 편들은 산정되지 못했다. 고정의 주선생께서는 이 책을 산정하려는 뜻을 가지고 계셨지만 그럴 틈이 없었다. 동회택의 진씨가 『예기집설』을 내놓자 학자들은 이를 본보기로 삼고자 하였는데, 편차가 옛 판본에 따르고 있어서 학자들은 만족스럽지 못하다는 토로를 하게 되었고, 기록을 거슬러 올라가 본원을 탐구하고 변론하여 올바른 뜻을 얻고자 하였는데, 중국의 학자들도 오히려 이를 어렵게 여겼다. 하물며 바다 건너 한 나라에 있는 자에게는 어떠하겠는가? 우리나라 한산 이선생께서는 중국에 들어가 수학하여 고명정대한 견해를 가지게 되셨고, 귀국하셔서는 한 나라의 스승으로 모범을 보이셨으며, 이 경전에 대해서 논의하고 저술하고자 하는 뜻을 두고 계셨으나 만년에는 질병에 시달리시어 끝내 이루지 못하였다. 이에 문인이었던 양촌 권씨에게 부탁을 하였는데, 양촌은 명민하며 독실하여 책을 읽음에 궁리하지 않은 바가 없었고, 더욱이 성리학에 정통하였다.

일찍이 태조 고황제 때 경사에 입조하였는데, 고황제께서 사대를 하시어 그가 학식을 갖추고 있음을 알게 되셨고, 제목을 내어 시를 짓게 하시고 문연각의 대조를 시키시니, 당시 원나라 조정의 대유였던 유공이나 동공과 날마다 교류하여 식견이 더욱 바르게 되었고 성취한 것도 더욱 깊어지게 되었다. 은혜를 입어 본국으로 돌아오게 되었으나 올곧은 말을 하여 시기를 당하였고 한적한 곳에 수년간 머물게 되었는데, 이 시기에 바로 이 경전에 대해 전심을 다하여 연구하였고, 다시 순서를 바로잡고 경문과 전문으로 구분하였으며, 문장의 뜻에 의문스러운 점이 있는 것들에 대해서는 모두 변론을 다하였다. 그리고 제목을 붙여서 '예기천견록'이라 하였다. 우리나라 전하께서 즉위하시게 되자 재상이 되었고 성균관 대사성을 겸직하였는데, 학자들이 더욱 정진하여 강론함에 있어 조금의 게으름도 피우지 않았고, 이에 이전 기록을 가져다가 재차 필삭을 더하게 되었다. 이처럼 하길 오랜 시간이 지나자 하나의 책을 엮을 수 있게 되었고, 승정원지신사 황희가 이를 아뢰니, 전하께서 명하시어 봉서국의 지필을 지급하게 하시고 그의 문인 김반 등으로 하여금 책을 필사하여 바치도록 했으며, 경연에서 진강을 허락하시니, 이에 곧 교서관에 명하시어 주조한 글자를 사용하여 간행토록 하고, 이를 통해 경연에서 강독하게 하고 경내에 두루 읽혀지도록 했는데, 이에 저에게 명하시어 권단에 서문을 작성토록 하셔서 제가 삼가 그 명을 받들어 물러나 두루 읽어보니, 문장이 법도에 맞아 단아하고 의론이 정미하여 전대 현자들이 밝히지 못한 부분에 있어서도 그 본뜻을 드러낸 것이 많아 유학에 대한 공로가 적지 않음을 확인할 수 있었다. 내가 생각하기에 송나라 때 용도각의 학사인 송공이 『당서』를 편찬할 때 신라인 장보고의 의로운 행실을 칭찬하여 곽분양과 병칭하기에 이르렀는데, 그 논평이 공정하여 이적과 화하로 인한 차이를 두지 않았으니, 훗날 중국의 대유인 용도각의 송공과 같은 자가 만약 이 서적을 보게 된다면, 이 서적은 마땅히 진씨의 『집설』과 함께 중국에서 두루 퍼져서 후세에 전해지게 될 것이니, 어찌 우리나라의 학자들에게만 다행스러운 일이라 하겠는가? 삼가 생각하건대 전하의 타고난 자질은 총명예지하시어 학문의 성취가 끝없이 밝아져 날마다 경연을 여시고 도의를 강론하시어 정치를 시행하는 근본을 바로잡으시고, 시행하는 모든 것들을 예법에 합치되도록 하시었는데, 이 서적을 한 번 보시더니 곧 감탄을 하시며 유사에게 명하시어 널리 전하라 하시니, 유학을 존숭하고 도를 중시여기는 마음과 다른 사람들과 함께 선을 행하시려는 뜻이 오호라 이처럼 융성하시단 말인가! 이에 저는 지극히도 경사스러운 마음을 이기지 못하여 삼가 머리를 조아려 절을 하고 이 책의 서문을 쓰게 되었다. 영락 5년 3월 일, 분충장의동덕정사좌명공신 대광보국숭록대부 의정부좌정승 판리조사 수문전대제학 감춘추관사 영경연서운관사 세자부 진산부원군신하 하륜이 삼가 씁니다.

「예기천견록목록(禮記淺見錄目錄)」

18

禮記淺見錄卷第一

『예기천견록』 1권

「곡례상(曲禮上)」

浅見

愚嘗學禮於牧隱之門, 先生命之曰: "禮經亡於秦火, 漢儒掇拾煨燼
之餘, 隨其所得先後而錄之, 故其文多失次而不全. 程‧朱表章庸
學, 又整頓其錯亂之簡, 而他未之及. 予嘗欲以尊卑之等, 吉凶之辨,
與夫通言之例, 分門類聚, 以便私觀, 而未就, 爾宜勉之." 愚旣聞命,
時方仕宦, 不暇於此. 嘗因擯棄, 閑居于村, 求得是經. 參究同異, 將
類次其文意, 以承先生之命, 而此經之文篇, 各不類. 曲禮與檀弓而
殊, 檀弓與月令而異, 雖其上下吉凶之例, 或有可以類分者, 而文不
相似, 不可雜置, 亦以謏聞淺見, 誠有所未易區分者矣, 故姑卽本篇,
而求其文義, 以類相從, 則古經之篇目具在, 每篇之文體不失, 而先
生之志亦庶幾焉, 觀者幸恕其僭, 而加正是焉.

나는 일찍이 목은선생[1]의 문하에서 예를 배웠었는데, 선생은 나에게 명
하길, "『예경』은 진나라의 분서 때 망실되어 한나라 학자들이 타고 남은
나머지 것들을 주워 모아 책으로 엮었는데, 습득한 순서에 따라 기록하
였다. 그래서 문장들이 대부분 순서가 어긋나 온전하지 못했다. 정자와
주자가 『중용』과 『대학』을 표장하고, 또 착간으로 뒤섞인 문장을 정돈
하였지만, 다른 편들에 대해서는 손을 대지 못했다. 나는 일찍이 신분의
등급과 길흉의 변별 및 통상적인 용례에 따라 부분을 나누고 종류별로
모아 내 견해에 부합되도록 하려고 했으나 이루지 못했다. 그러니 네가

---

1) 이색(李穡, A.D.1328~A.D.1396) : 고려 말기의 학자이다. 자는 영숙(穎叔)이고
호는 목은(牧隱)이며 시호는 문정(文靖)이다. 저서로는 『목은문고(牧隱文藁)』
등이 있다.

이를 힘써 이루어야만 한다."라고 했다. 나는 선생의 이러한 명을 받았지만 당시에는 벼슬살이를 하고 있어 이에 힘쓸 겨를이 없었다. 그런데 유배로 인해 향리에 머물게 되어 『예기』를 연구할 수 있었다. 그래서 동이 문제를 따지고, 문장의 뜻에 따라 분류하고 편차를 정해 선생의 명을 받들고자 했으나 이 경전의 문장과 편들은 제각각이었다. 예를 들어 「곡례」편과 「단궁」편이 사뭇 다르고, 「단궁」편과 「월령」편은 큰 차이를 보이는데, 비록 상하와 길흉의 용례에 따라 간혹 비슷한 부류로 구분할 수 있는 것들이 있었으나 문장이 서로 달라 뒤섞어 배열할 수 없었으며, 또 식견이 좁고 얕아서 쉽사리 구분할 수 없는 점들이 많았다. 그래서 본편에 그 문장의 뜻에 따라 비슷한 것들이 서로 연이어지게 하였으니, 옛 경전의 편목도 함께 수록하여 매 편의 문체도 잃지 않고 선생의 뜻 또한 거의 이룰 수 있을 것 같지만, 이 책을 보는 자들은 참람됨을 용서하고 올바르게 고쳐주길 바란다.

「곡례」편 문장 순서 비교

『예기집설』	『예기천견록』	
	구분	문장
上:001	經1장	上:001
上:002		上:002
上:003	1절	上:004
上:004		上:005
上:005	2절	上:003
上:006		上:007
上:007		上:006
上:008		上:044*
上:009		上:086
上:010		上:087
上:011		上:088
上:012	3절	上:089
上:013		上:010
上:014		上:009
上:015		上:011
上:016		上:021
上:017	傳1장	上:022
上:018		上:008
上:019		上:013
上:020		上:014
上:021		上:015
上:022		上:016
上:023		上:017
上:024		上:018
上:025	4절	上:019
上:026		上:020
上:027		上:025
上:028		上:026
上:029		上:012
上:030		上:023
上:031		上:024
上:032	傳2장	上:027

『예기집설』	『예기천견록』	
	구분	문장
上033		上034
上034		上041
上035		上042
上036		上043
上037		上044*
上038		上045
上039		上099
上040		上037
上041		上038
上042		上133
上043		上035
上044		上036
上045		上046
上046		上047
上047		上048
上048	傳3장	上134
上049		上164
上050		上165
上051		上166
上052		下014前
上053		上194
上054		下085
上055		下020
上056		下021
上057		下022
上058		下012
上059		下013
上060		上192
上061		下023
上062		下010
上063		下069
上064	傳4장	下070
上065		下071

『예기집설』	『예기천견록』	
	구분	문장
上066		上217
上067		上058
上068		上128
上069		上127
上070		下003
上071		下004
上072		下005
上073		下015
上074		下016
上075		下017
上076		下018
上077		上207
上078		上208
上079		上209
上080		上210
上081		上211
上082	傳4장	上212
上083		上222
上084		上223
上085		上224
上086		上225
上087		上226
上088		上227
上089		上219
上090		上220
上091		上221
上092		下112
上093		下113
上094		下014後
上095		下019
上096		下115
上097		下114

『예기집설』	『예기천견록』	
	구분	문장
上098		上157
上099		上158
上100		上159
上101		下036
上102		下035
上103	傳4장	下008
上104		下025前
上105		下026
上106		下025後
上107		下024
上108		下011
上109		上108
上110		上109
上111		上111
上112		上094
上113		上095
上114		上096
上115		上097
上116	傳5장	上098
上117		上100
上118		上101
上119		上102
上120		上103
上121		上104
上122		上105
上123		上049
上124		上050
上125		上051
上126		上052
上127	傳6장	上053前
上128		下009
上129		上033
上130		上054

『예기집설』	『예기천견록』	
	구분	문장
上131		上055
上132		上056
上133		上057
上134		上064
上135		上065
上136		上066
上137		上067
上138		上068
上139		上071
上140		上072
上141		上073
上142		上074
上143		上075
上144		上076
上145		上077
上146		上078
上147	傳6장	上079
上148		上080
上149		上081
上150		上082
上151		上083
上152		上084
上153		上085
上154		上090
上155		上091
上156		上092
上157		上093
上158		上117
上159		上125
上160		上126
上161		上130
上162		上039
上163		上040

『예기집설』	『예기천견록』	
	구분	문장
下003		下057
下004		下058
下005		下059
下006		下054
下007		下055
下008		下056
下009		下060
下010		下063
下011		下064
下012		下065
下013		下067
下014		上028
下015		上029
下016		上030
下017		上031
下018		上032
下019	傳8장	下062
下020		下119
下021		下073
下022		下074
下023		下075
下024		下076
下025		下077
下026		下078
下027		下079
下028		下080
下029		下081
下030		下007
下031		下068
下032		下107
下033		下108
下034		下109

『예기집설』	『예기천견록』	
	구분	문장
下035		下082
下036		下084
下037		下117
下038		下118
下039		下061
下040		上132
下041		下001
下042		下002
下043		下110
下044		下111
下045		上180
下046		上181
下047	傳9장	上182
下048		下032
下049		下033
下050		下034
下051		下029
下052		下030
下053		下031
下054		上218
下055		上184
下056		下072
下057		上193
下058		下037
下059		下086
下060		下087
下061		下088
下062		下089
下063	傳10장	下090
下064		下091
下065		下092
下066		下093
下067		下094

『예기집설』	『예기천견록』	
	구분	문장
下068		下095
下069		下096
下070		下097
下071		下098
下072		下099
下073		下100
下074		下101
下075		下102
下076		下103
下077		下104
下078		下105
下079		下106
下080		下116
下081		下083
下082		上195
下083		上129
下084	傳10장	上162
下085		上167
下086		上203
下087		上204
下088		上205
下089		上206
下090		上107
下091		上110
下092		下066
下093		下006
下094		上196
下095		上197
下096		上198
下097		上199
下098		上200
下099		上201
下100		上202

『예기집설』	『예기천견록』	
	구분	문장
下101		上163
下102		上053後
下103		上171
下104		上172
下105		上173
下106		上174
下107		上175
下108		上176
下109		上177
下110		上178
下111		上179
下112	傳10장	上183
下113		上185
下114		上186
下115		上187
下116		上188
下117		上189
下118		上190
下119		上191
		上213
		上214
		上216
		上215

경(經) 1장

經文

曲禮曰: "毋不敬, 儼若思, 安定辭, 安民哉." 〈001〉

「곡례」에서 말하길, "공경스럽지 못하게 행동하는 경우가 없도록 하고, 엄숙하게 행동하여, 마치 신중하게 생각해서 행동하는 듯이 하며, 심사숙고 하여, 바르고 정확한 말들을 한다면, 백성들을 편안하게 할 수 있을 것이다."라고 했다.

集說

毋, 禁止辭.

'무(毋)'자는 금지하는 말이다.

朱子曰: 此言君子修身, 其要在此三者, 而其效足以安民, 乃禮之本, 故以冠篇.

주자가 말하길, 이곳에서는 군자의 수신에 대해 언급하고 있으니, 수신의 요점이 바로 이러한 세 가지 항목에 있는 것이며, 그 효과는 백성들을 편안하게 만들기에 충분하므로, 곧 이 세 가지가 예의 근본이 된다. 그렇기 때문에 이 말을 편의 첫머리에서 언급한 것이다.

劉氏曰: 三者, 修身之要, 爲政之本, 此君子修己以敬, 而其效至於安人, 安百姓者也.

유씨[1]가 말하길, 이 세 가지는 바로 수신의 요점이며 정치의 근본이 된

---

1) 장락유씨(長樂劉氏, A.D.1017~A.D.1086): =유씨(劉氏)·유이(劉彝)·유집중

다. 이것은 곧 군자가 공경으로 자기 자신을 수양하여, 그 효과가 다른 사람들까지도 편안하게 만들고, 또한 더 나아가 백성들까지도 편안하게 만드는 경지까지 이르는 것이다.[2]

浅見

近按: 毋不敬者, 統言禮之全體也. 儼若思, 敬之見於外者, 本乎中也. 安定辭, 敬之存於中者, 發乎外也. 君于主敬之功, 見乎言貌如此, 內外交養而無有一毫之慢, 故其效至於安民, 此修己治人之道, 學之成始成終者也. 此章乃古禮經之言, 引之以冠篇首, 其下雜引諸書精要之語, 集以成篇, 以釋此章之義.

내가 살펴보니, "공경스럽지 못하게 행동하는 경우가 없도록 하라."는 말은 예의 전체를 통괄해서 말한 것이다. "엄숙하게 행동하여 마치 신중하게 생각해서 행동하는 듯이 하라."는 말은 공경이 외면으로 드러나는데, 그것이 내면에 근본을 둔 것이다. "심사숙고 하여 바르고 정확한 말을 하라."는 말은 공경이 내면에 보존되어 있는데, 그것이 외면으로 드러난 것이다. 군주는 공경을 위주로 하는 노력에 있어서 그것을 말과 모습 등을 통해 드러냄에 이와 같이 하여, 내적인 것과 외적인 것이 서로 배양하여 조금의 태만함도 있어서는 안 된다. 그렇기 때문에 그 효과가 백성들을 편안하게 만드는 경지까지 도달한 것이며, 이것은 자신을 수양하고 남을 다스리는 도이자 학문의 시작과 끝을 이루는 것이다. 이 문장은 옛 『예경』에 수록된 말인데, 이 말을 인용하여 편의 첫 문장에

(劉執中). 북송(北宋) 때의 성리학자이다. 자(字)는 집중(執中)이다. 복주(福州) 출신이며, 어려서 호원(胡瑗)에게서 학문을 배웠다. 『정속방(正俗方)』, 『주역주(周易注)』를 지었으나 현존하지 않는다. 『칠경중의(七經中議)』, 『명선집(明善集)』, 『거이집(居易集)』 등이 남아 있다.

2) 『논어』 「헌문(憲問)」 : 子路問君子. 子曰, "脩己以敬." 曰, "如斯而已乎?" 曰, "脩己以安人." 曰, "如斯而已乎?" 曰, "脩己以安百姓. 脩己以安百姓, 堯舜其猶病諸?"

두고, 그 뒤로는 여러 기록들에 나오는 정밀하면서도 핵심적인 말들을
뒤섞어 인용하여 하나의 편을 완성하였는데, 이러한 기록들을 통해 이
문장의 뜻을 풀이한 것이다.

右經一章.

여기까지는 경 1장이다.

전(傳) 1장

經文

敖[去聲]不可長[貞兩反], 欲不可從[縱], 志不可滿, 樂[洛]不可極.
〈002〉

자신의 오만함['敖'자는 거성으로 읽는다.]을 키워서['長'자는 '貞(정)'자와 '兩
(량)'자의 반절음이다.]는 안 되며, 욕망을 내버려두어서는['從'자의 음은 '縱
(종)'이다.] 안 되고, 뜻을 가득 차게 해서는 안 되며, 즐거움['樂'자의 음은
'洛(락)'이다.]을 극도로 누려서는 안 된다.

集說

應氏曰: 敬之反爲敖, 情之動爲欲, 志滿則溢, 樂極則反.

응씨[1]가 말하길, 공경의 반대말은 오만이 되고, 정이 제멋대로 날뛰면
욕망이 되며, 뜻이 가득 차면 넘치게 되고, 즐거움이 극한대로 되면 반
대급부가 생겨난다.

淺見

近按: 此下釋毋不敬之意. 敖則反其敬之著於外, 欲則失其敬之存
於中. 志與樂, 皆心之動而害於主一無適之敬者也, 故皆禁戒之. 此
學者主敬用功之始事也, 故以爲傳之首章焉.

내가 살펴보니, 이곳 문장 뒤의 내용들은 "공경스럽지 못하게 행동하는
경우가 없도록 하라."는 말의 뜻을 풀이한 것이다. 오만하게 되면 공경

---

1) 금화응씨(金華應氏, ?~?) : =응용(應鏞)·응씨(應氏)·응자화(應子和). 이름은
용(鏞)이다. 자(字)는 자화(子和)이다. 『예기찬의(禮記纂義)』를 지었다.

이 외면으로 드러나는 것을 되돌리게 되고, 욕망이 생겨나면 내면에 보존된 공경을 잃게 된다. 뜻과 즐거움이라는 것은 모두 마음이 움직이는 것인데, 마음이 한 곳에 집중하여 잡됨이 없는 공경함의 상태에 해를 끼치게 된다. 그렇기 때문에 둘 모두에 대해 금지하고 경계한 것이다. 이것은 학문을 배우는 자들이 공경을 위주로 하며 노력을 해야 할 시작에 해당하는 일이다. 그렇기 때문에 이것을 전문의 첫 번째 장으로 삼은 것이다.

臨財毋苟得, 臨難[去聲]毋苟免. 狠[胡懇反]毋求勝, 分[去聲]毋求
多.〈004〉 疑事毋質, 直而勿有.〈005〉 [舊在"安安而能遷"之下.]

재물에 대해서는 구차하게 얻으려고 해서는 안 되고, 곤경['難'자는 거성으
로 읽는다.]에 처하게 되어서는 구차하게 모면하려고 해서는 안 되며, 싸
움['狠'자는 '胡(호)'자와 '懇(간)'자의 반절음이다.]에서는 반드시 이기려고 해
서는 안 되고, 분배['分'자는 거성으로 읽는다.]를 할 때에는 많이 가지려고
해서는 안 된다. 의심스러운 일에 대해서는 근거도 없는 말을 지어내서
는 안 되며, 강직하게 대처를 하되, 자기 의견을 고집해서는 안 된다.
[옛 판본에는 "편안한 곳에서 편안하게 지내면서도 옮겨야 할 때가 되면 안주하지
않고 옮길 줄 안다."[1]고 한 문장 뒤에 수록되어 있었다.]

集說

毋苟得, 見利思義也; 毋苟免, 守死善道也. 狠毋求勝, 忿思難也; 分
毋求多, 不患寡而患不均也. 況[2]朱子曰: "疑事毋質, 毋身質言語也.
直而勿有, 謂陳我所見, 聽彼自擇, 不可據而有之, 專務強辨也."

"구차하게 얻지 말라."는 말은 이익을 보면 의로움을 생각해야 한다는
뜻이고,[3] "구차하게 모면하지 말라."는 말은 목숨을 바쳐서라도 좋은 도
리를 지켜야 한다는 뜻이다.[4] "싸움에서는 반드시 이기려고 하지 말라."

---

1) 『예기』「곡례상」 003장 : 賢者, 狎而敬之, 畏而愛之, 愛而知其惡, 憎而知其善,
   積而能散, 安安而能遷.
2) '황(況)'자에 대하여. '황'자는 『예기집설(禮記集說)』에서 004장에 대한 진호(陳
   澔)의 주에서, '不患寡而患不均也'이라는 말 뒤에 '況求勝者, 未必能勝, 求多者,
   未必能多, 徒爲失己也.'라는 문장의 첫 글자이고, 그 뒤에 나온 주자의 말은 005
   장에 수록된 주이다. 따라서 이 글자는 『집설』의 주석을 축약하는 과정에서 잘못
   들어간 글자인 것 같다.
3) 『논어』「헌문(憲問)」 : 見利思義, 見危授命.

는 말은 분개할 때에는 어려울 때를 생각해야 한다는 뜻이고,[5] "분배를 할 때에는 많이 가지려고 하지 말라."는 말은 적은 것을 걱정하지 않고 균등하지 못함을 걱정한다는 뜻이다.[6] 하물며 주자는 "'의심스러운 일에 대해서는 근거 없는 말을 하지 말라.'는 말은 곧 자신의 생각대로 말을 만들어내지 말라는 뜻에 해당한다.[7] '강직하게 하되 의견을 고집하지 말라.'는 말은 자신의 소견을 진술하되 다른 사람의 의견도 참고하여 결정을 내리는 것으로, 자기 생각에만 근거해서 그것을 고집하며, 자기 마음대로 판가름해서는 안 된다는 뜻이다."라고 했다.

淺見

近按: 上節就其發於心者戒之, 此節就其見於事者戒之, 皆毋不敬之中節目之大者也.

내가 살펴보니, 앞 문단은 마음에서 드러나는 것에 따라 경계를 한 것이고, 이곳 문단은 사안으로 드러나는 것에 따라 경계를 한 것인데, 둘 모두 "공경스럽지 못하게 행동하는 경우가 없도록 하라."는 절목 중에서도 큰 것에 해당한다.

---

4) 『논어』 「태백(泰伯)」 : 篤信好學, <u>守死善道</u>.
5) 『논어』 「계씨(季氏)」 : 孔子曰, "君子有九思, 視思明, 聽思聰, 色思溫, 貌思恭, 言思忠, 事思敬, 疑思問, <u>忿思難</u>, 見得思義."
6) 『논어』 「계씨(季氏)」 : 丘也聞有國有家者, <u>不患寡而患不均</u>, 不患貧而患不安.
7) 『예기』 「소의(少儀)」 031장 : 毋訾衣服成器, <u>毋身質言語</u>.

賢者狎而敬之, 畏而愛之. 愛而知其惡, 憎而知其善. 積而能散, 安安而能遷.〈003〉 [舊在"樂不可極"之下.] 禮從宜, 使[去聲]從俗.〈007〉 [舊在"立如齊"之下.]

현명한 자는 친하게 지내면서도 공경함을 잃지 않고, 외경하면서도 그 사람을 진심으로 사랑한다. 사랑하면서도 그 사람의 나쁜 점을 식별하고, 미워하면서도 그 사람의 좋은 점을 식별한다. 재물을 축적하면서도 사람들에게 잘 쓸 줄 알고, 편안한 곳에서 편안하게 지내면서도 옮겨야 할 때가 되면 안주하지 않고 옮길 줄 안다. [옛 판본에는 "즐거움을 극도로 누려서는 안 된다."[1]라고 한 문장 뒤에 수록되어 있었다.] 예를 따를 때에는 합당함에 따라야 하고, 사신['使'자는 거성으로 읽는다.]으로 가서는 그곳의 풍속에 따라야 한다. [옛 판본에는 "서 있는 경우에는 제사를 지내기 전에 재계를 하고 서 있는 모습처럼 정숙하게 선다."라고 한 문장 뒤에 수록되어 있었다.]

集說

朱子曰: 此言賢者於其所狎能敬之, 於其所畏能愛之, 於其所愛能知其惡, 於其所憎能知其善. 雖積財而能散施, 雖安安而能徙義, 可以爲法.

주자가 말하길, 이 문장은 현명한 사람은 친하게 지내고 있는 사람에 대해서도 공경할 수 있고, 외경하고 있는 사람에 대해서도 사랑할 수 있으며, 사랑하는 사람에 대해서도 그 사람의 나쁜 점을 식별할 수 있고, 미워하는 사람에 대해서도 그 사람의 좋은 점을 식별할 수 있다. 그리고 비록 재물을 축적하더라도 사람들에게 잘 베풀 수 있고, 비록 편안한 곳에서 편안하게 지내더라도 자신의 뜻에 따라서 다른 곳으로 옮길 수 있

---

1) 『예기』「곡례상」 002장 : 敖不可長, 欲不可從, 志不可滿, 樂不可極.

다는 의미이니, 이러한 내용들은 모범으로 삼을 수 있다.

應氏曰: 安安者, 隨所安而安也. 安者, 仁之順; 遷者, 義之決.

응씨가 말하길, '안안(安安)'이라는 것은 편안하게 여기는 것에 따라서 편안하게 지낸다는 뜻이다. 편안하게 여기는 것은 인(仁)에 따르는 것이며, 옮기는 것은 의(義)에 따른 결단이다.

鄭氏曰: 禮從宜, 使從俗, 事不可常也.

정현2)이 말하길, 예를 따를 때에는 합당함에 따라야 하고, 사신으로 가서는 그곳의 풍속에 따라야 한다는 것은 사안이 항상 똑같을 수 없기 때문이다.

呂氏曰: 敬者, 禮之常. 禮, 時爲大, 時者, 禮之變. 體常盡變, 則達之天下, 周旋無窮.

여씨3)가 말하길, 공경이라는 것은 예의 항상된 도리이다. 예에서는 수시로 변화하는 상황에 맞게 대처하는 것이 가장 중대하며, 시기에 맞게 하는 것은 예 중에서도 변례(變禮)에 해당한다. 예의 상도에 근본을 두면서도 변례에 따라 잘 대처하게 된다면, 천하에 두루 통용되어, 대처함에 막힘이 없게 된다.

---

2) 정현(鄭玄, A.D.127~A.D.200) : =정강성(鄭康成)・정씨(鄭氏). 한대(漢代)의 유학자이다. 자(字)는 강성(康成)이다. 『주역(周易)』, 『상서(尙書)』, 『모시(毛詩)』, 『주례(周禮)』, 『의례(儀禮)』, 『예기(禮記)』, 『논어(論語)』, 『효경(孝經)』 등에 주석을 하였다.

3) 남전여씨(藍田呂氏, A.D.1040~A.D.1092) : =여대림(呂大臨)・여씨(呂氏)・여여숙(呂與叔). 북송(北宋) 때의 학자이다. 이름은 대림(大臨)이고, 자(字)는 여숙(與叔)이며, 호(號)는 남전(藍田)이다. 장재(張載) 및 이정(二程)형제에게서 수학하였다. 저서로는 『남전문집(藍田文集)』 등이 있다.

近按: 此因上文禁戒之辭, 而言賢者之事以勉之也. 賢者於人, 雖狎
必敬, 則其無所不敬者可知矣. 能散仁之施, 能遷義之決, 從宜, 從
俗, 亦是能安安而能遷, 達時措之宜者也.

내가 살펴보니, 이것은 앞 문장에서 금지하고 경계했던 말에 따라 현명
한 자들의 사안을 언급하여 독려한 것이다. 현명한 자는 남들에 대해서
비록 그 자가 매우 친근하더라도 반드시 공경할 수 있으니, 그가 공경하
지 않는 바가 없다는 사실을 알 수 있다. 또 인을 펼치는 베풂을 잘 할
수 있고, 의에 따라 옮겨가는 결단을 잘 내릴 수 있으며, 합당함에 따르
며 풍속에 따르니, 이것은 또한 편안한 곳에서 편안하게 지내면서도 옮
겨야 할 때가 되면 안주하지 않고 옮길 줄 아는 것이고, 때에 맞게 사용
하는 합당함에 달통한 자이다.[4]

---

[4] 『중용』「25장」: 成己, 仁也. 成物, 知也. 性之德也, 合外內之道也, 故時措之宜也.

經文

若夫[扶]坐如尸, 立如齊[齋].〈006〉 [舊在"直而勿有"之下.]

앉을 경우에는['夫'자의 음은 '扶(부)'이다.] 제사 때 시동이 정숙하게 앉는 모습처럼 앉고, 서 있는 경우에는 제사를 지내기 전에 재계['齊'자의 음은 '齋(재)'이다.]를 하고 서 있는 모습처럼 정숙하게 선다. [옛 판본에는 "강직하게 대처를 하되, 자기 의견을 고집해서는 안 된다."5)라고 한 문장 뒤에 수록되어 있었다.]

集說

疏曰: 尸居神位, 坐必矜莊, 坐法必當如尸之坐. 久之倚立, 多慢不恭, 雖不齊, 亦當如祭前之齊.

공영달6)의 소에서 말하길, 시동이 신위에 위치할 때, 앉을 때에는 반드시 엄숙하고 공경스러운 자세를 취해야 하니, 앉을 때의 법도는 반드시 시동이 앉는 것처럼 해야 한다. 오래 지속되어 어딘가에 의지하여 서 있으면, 대부분 오만하고 불손하게 되니, 비록 실제로 재계를 한 것은 아니지만, 또한 제사를 지내기 전에 재계를 한 듯이 서 있어야 한다.

經文

聽於無聲, 視於無形.〈044〉 [舊在"祭祀不爲尸"之下.]

소리가 없는 데에서 듣고, 형체가 없는 곳에서 본다. [옛 판본에는 "제사를

---

5) 『예기』「곡례상」 005장 : 疑事毋質, 直而勿有.

6) 공영달(孔穎達, A.D.574~A.D.648) : =공씨(孔氏). 당대(唐代)의 경학자이다. 자(字)는 중달(仲達)이고, 시호(諡號)는 헌공(憲公)이다. 『오경정의(五經正義)』를 찬정(撰定)하는데 중심적인 역할을 했다.

지낼 때, 본인은 시동의 역할을 맡지 않는다."7)라고 한 문장 뒤에 수록되어 있었다.]

淺見

近按: 此下釋儼若思之意. 若夫, 發語辭. 坐如尸, 立如齊, 見乎外之
儼也. 聽無聲, 視無形, 存於中之思也. 舊說以聽於無聲·視於無形,
爲子事父母, 先意承志之事. 然此卽中庸"戒愼不睹, 恐懼不聞"之意.
靜時之敬, 儼若思者也.

내가 살펴보니, 이 문장 이하의 내용들은 "엄숙하게 행동하여 마치 신중
하게 생각해서 행동하는 듯이 한다."8)는 뜻을 풀이한 것이다. '약부(若
夫)'는 발어사이다. "앉을 경우에는 제사 때 시동이 정숙하게 앉는 모습
처럼 앉고, 서 있는 경우에는 제사를 지내기 전에 재계를 하고 서 있는
모습처럼 정숙하게 선다."는 것은 외면으로 드러나는 엄숙한 모습이다.
"소리가 없는 데에서 듣고, 형체가 없는 곳에서 본다."는 것은 내면에
보존된 생각에 해당한다. 옛 학설에서는 "소리가 없는 데에서 듣고, 형
체가 없는 곳에서 본다."는 말을 자식이 부모를 섬길 때 부모의 생각보
다 앞서서 미리 헤아려 그 뜻을 받드는 일이라 여겼다. 그러나 이것은
『중용』에서 "아무도 보지 못하는 곳에서도 삼가고, 아무도 듣지 못하는
곳에서도 조심한다."9)라고 한 뜻에 해당한다. 고요할 때의 공경은 엄숙
하게 행동하여 마치 신중하게 생각해서 행동하는 것에 해당한다.

---

7) 『예기』「곡례상」 043장 : 祭祀不爲尸.
8) 『예기』「곡례상」 001장 : 曲禮曰: 毋不敬, 儼若思, 安定辭, 安民哉.
9) 『중용』「1장」 : 是故君子戒愼乎其所不睹, 恐懼乎其所不聞.

經文

母側聽, 母噭[叫]應, 母淫視, 母怠荒.〈086〉 遊母倨[據], 立母跛
[彼義反], 坐母箕, 寢母伏.〈087〉 斂髮母髢[替].〈088〉 冠母免, 勞母
袒, 暑母褰裳.〈089〉 [舊在"左右屏而待"之下.]

한쪽 귀를 기울여서 들어서는 안 되고, 부르짖듯이['噭'자의 음은 '叫(규)'이
다.] 대답해서는 안 되며, 눈을 굴리며 곁눈질을 해서는 안 되고, 용모와
행동거지는 방만하게 해서는 안 된다. 걸어 다닐 때에는 오만한 자세
['倨'자의 음은 '據(거)'이다.]로 걸어서는 안 되고, 서 있을 때에는 삐딱하게
['跛'자는 '彼(피)'자와 '義(의)'자의 반절음이다.] 서 있어서는 안 되며, 앉아 있
을 때에는 다리를 앞으로 쭉 펴고 앉아서는 안 되고, 잠을 잘 때에는
엎드려서 자면 안 된다. 머리카락은 머리싸개로 단정하게 싸매며, 늘어
트리지['髢'자의 음은 '替(체)'이다.] 않는다. 관은 벗지 않고, 힘들 때에도 상
의를 걷어붙이지 않으며, 더울 때에도 하의를 걷어 올리지 않는다. [옛
판본에는 "나머지 사람들은 좌우로 물러나서 대화가 다 끝날 때까지 기다린다."[1]라
고 한 문장 뒤에 수록되어 있었다.]

淺見

近按: 上言靜時存養之事, 儼若之意, 嚴於中. 此言動時省察之事,
儼若之容, 著於外. 夫靜而無聲, 可聽之時, 戒懼之心, 常若有聽. 動
而有言, 可聞之時, 專心審聽. 頭容必直, 而母敢傾側也. 母噭應, 下
氣低聲之謂也. 如尸・如齊, 靜時之坐立, 故先言坐而後言立. 母
跛・母箕, 動時之坐立, 故先言立而後言坐也.

내가 살펴보니, 앞에서는 고요할 때 존양하는 사안을 언급한 것으로, 엄
숙한 생각이 내면에 엄밀하게 있는 것이다. 이곳에서는 움직일 때 성찰

---

1) 『예기』「곡례상」 085장 : 侍坐於君子, 若有告者曰"少間, 願有復也", 則左右屏
而待.

하는 사안을 언급한 것으로, 엄숙한 용모가 외면으로 드러난 것이다. 고요하여 잡된 소리가 없어 작은 소리도 들을 수 있을 때에는 경계하고 조심하는 마음을 가져 항상 소리가 들리는 것처럼 여겨야 한다. 또 움직이고 말을 하여 소리를 들을 수 있을 때에는 마음을 집중하고 자세히 들어야 한다. 머리는 반드시 곧게 세워서 감히 한쪽으로 기울이지 말아야 한다. "부르짖듯이 대답해서는 안 된다."는 것은 기운과 목소리를 낮추라는 뜻이다. 시동과 같고 재계를 한 것과 같다는 것은 고요할 때 앉거나 서는 것에 해당한다. 그렇기 때문에 먼저 앉는 것에 대해 말했고 그 뒤에 서는 것에 대해 말했다. 뻐딱하게 서지 말고 다리를 쭉 펴고 앉지 말라는 것은 움직일 때의 앉거나 서는 것에 해당한다. 그렇기 때문에 먼저 서는 것에 대해 말했고 그 뒤에 앉는 것에 대해 말했다.

禮, 不踰節, 不侵侮, 不好[去聲]狎.〈010〉 [舊在"不辭費"下.]

예법에 따라 행동한다는 것은 절도를 넘지 않는 것이고, 남을 침해하거나 업신여기지 않는 것이며, 너무 친근하게 대하며['好'자는 거성으로 읽는다.] 무례하게 굴지 않는 것이다. [옛 판본에는 "쓸데없이 말을 많이 하지 않는 것이다."[1]라고 한 문장 뒤에 수록되어 있었다.]

集說

踰節則招辱, 侵侮則忘讓, 好狎則忘敬. 三者皆叛禮之事, 不如是則有以知其莊敬純實之誠, 而遠恥辱矣.

절도를 넘기게 되면 욕을 보게 되고, 침해하거나 업신여기게 되면 겸손한 마음을 잊게 되며, 너무 친근하게 대하며 무례하게 굴면 공경하는 마음을 잊게 된다. 이 세 가지는 모두 예를 위반하는 일들이니, 이처럼 행동하지 않는다면, 장엄하고 공경스러운 태도와 순수하고 진실된 성심을 알게 되어 치욕을 당하지 않게 된다.

淺見

近按: 此言君子之行禮, 內主乎敬而儼若, 故見於外者, 自無踰節 · 侵侮 · 好狎之事矣. 學之功成而禮之本立矣.

내가 살펴보니, 이것은 군자가 예를 시행할 때 내적으로는 공경을 위주로 하여 엄숙하게 하기 때문에, 외적으로 드러나는 것들도 자연히 절도를 넘거나 침해하고 업신여기거나 너무 친근하게 대하여 무례하게 구는 일이 없게 된다는 뜻이다. 이것은 곧 학문의 공적이 완성되고 예의 근본이 확립되는 것이다.

---

1) 『예기』「곡례상」 009장 : 禮, 不妄說人, 不辭費.

禮, 不妄說[悅], 人不辭費.〈009〉[舊在"明是非也"之下.]

예법에 따라 행동한다는 것은 망령되게 남을 기쁘게['說'자의 음은 '悅(열)'이다.] 만들지 않고, 쓸데없이 말을 많이 하지 않는 것이다. [옛 판본에는 "옳고 그른 것을 명확하게 해주는 것이다."2)라고 한 문장 뒤에 수록되어 있었다.]

集說

求以悅人, 已失處心之正, 況妄乎? 躁人之辭多, 君子之辭達意則止. 言者煩, 聽者必厭.

남을 기쁘게 하는 것을 추구한다면, 이미 마음을 보존시키는 올바른 도리를 잃어버린 것인데, 하물며 망령되게 남을 기쁘게 만드는 경우는 어떠하겠는가? 성급한 사람들은 쓸데없이 말이 많지만, 군자가 말을 할 때에는 뜻을 전달하게 되면 더 이상 말을 하지 않는다. 말하는 것이 쓸데없이 많아서 번잡스러우면, 듣는 자가 반드시 싫어하게 된다.

經文

脩身踐言, 謂之善行[去聲]. 行脩言道, 禮之質也.〈011〉[舊在"不好狎"之下.]

자신을 수양하고 자신의 말을 실천하는 것을 '선행(善行)'['行'자는 거성으로 읽는다.]이라고 부르니, 수양을 실천하고 도리에 맞게 말하는 것이 예의 바탕이 된다. [옛 판본에는 "너무 친근하게 대하며 무례하게 굴지 않는 것이다."3)라고 한 문장 뒤에 수록되어 있었다.]

---

2) 『예기』「곡례상」 008장 : 夫禮者, 所以定親疏, 決嫌疑, 別同異, 明是非也.

近按: 此釋安定辭之意, 不妄·不費, 安定之謂也. 行脩而言合道,
則其言自安定矣.

내가 살펴보니, 이것은 "심사숙고 하여 바르고 정확한 말들을 한다."[4]는
뜻을 풀이한 것이니, 망령되게 하지 않고 쓸데없는 말을 하지 않는다는
것은 바르고 정확한 말들을 한다는 뜻이다. 수양을 실천하고 말이 도리
에 합치된다면 그 말은 자연히 바르고 정확하게 된다.

---

3) 『예기』「곡례상」 010장 : 禮, 不踰節, 不侵侮, 不好狎.
4) 『예기』「곡례상」 001장 : 曲禮曰: 毋不敬, 儼若思, 安定辭, 安民哉.

鸚鵡能言, 不離[去聲]飛鳥; 猩[生]猩能言, 不離禽獸. 今人而無
禮, 雖能言, 不亦禽獸之心乎? 夫惟禽獸無禮, 故父子聚麀
[憂].〈021〉 是故聖人作[句], 爲禮以教人, 使人以有禮, 知自別於
禽獸.〈022〉 [舊在"退讓以明禮"之下.]

앵무새가 비록 말을 할 수 있다고 하지만 그 본질은 새에 지나지['離'자는
거성으로 읽는다.] 않고, 성성이가['猩'자의 음은 '生(생)'이다.] 비록 말을 할 수
있다고 하지만 그 본질은 짐승에 지나지 않는다. 오늘날 사람들은 누구
나 다 인간이라는 존재에 해당하지만 예가 없다면 비록 말은 할 수 있
다 하더라도, 껍데기만 사람이지 또한 짐승의 마음을 지니고 있는 것이
아니겠는가? 무릇 오직 짐승들만이 예가 없기 때문에, 부친과 자식이 암
컷['麀'자의 음은 '憂(우)'이다.]을 공유하는 것이다. 이러한 까닭으로 성인이
출현하여[여기에서 구문을 끊는다.] 예를 만들어서 사람들을 교화하고, 사람
들로 하여금 예를 지니게 하여, 인간이 짐승과 구별되어야 함을 알도록
하였다. [옛 판본에는 "자신을 낮추고 겸양함을 실천함으로써 예의 본뜻을 밝히는
것이다."[1]라고 한 문장 뒤에 수록되어 있었다.]

禽者, 鳥獸之總名. 鳥不可曰獸, 獸亦可曰禽, 故鸚鵡不曰獸, 而猩
猩則通曰禽也. 聚, 猶共也. 獸之牝者曰麀.

'금(禽)'자는 날짐승이나 뭍짐승까지도 총괄하는 명칭이다. 날짐승에 대
해서는 '수(獸)'라 부르지 못하지만, 뭍짐승에 대해서는 또한 '금(禽)'이
라 부를 수 있다. 그렇기 때문에 앵무새에 대해서는 수(獸)라 부르지 못
하지만, 성성이는 통칭하여 금(禽)이라 부르는 것이다. '취(聚)'자는 "공

---

1) 『예기』「곡례상」 020장 : 是以君子恭敬撙節退讓以明禮.

유한다."는 뜻이다. 뭍짐승의 암컷은 '우(麌)'라고 부른다.

浅見

近按: 此因安定辭之意, 而申戒之.

내가 살펴보니, 이것은 "심사숙고 하여 바르고 정확한 말들을 한다."[2]는 뜻으로 인하여 거듭 경계한 것이다.

---

2) 『예기』「곡례상」 001장 : 曲禮曰: 毋不敬, 儼若思, 安定辭, 安民哉.

夫禮者, 所以定親疏, 決嫌疑, 別同異, 明是非也.〈008〉[舊在"使
從俗"之下.]

무릇 예라는 것은 친하고 소원한 관계를 확정하고, 불미스럽고 의심스
러운 부분을 해결하며, 같고 다른 것을 분별하고, 옳고 그른 것을 명확
하게 해주는 것이다. [옛 판본에는 "사신으로 가서는 그곳의 풍속에 따라야 한
다."[1]라고 한 문장 뒤에 수록되어 있었다.]

集說

疏曰: 五服之內, 大功以上, 服麤者爲親; 小功以下, 服精者爲疏. 若
妾爲女君期. 女君爲妾, 若服之則太重, 降之則有舅姑爲婦之嫌, 故
全不服, 是決嫌也. 孔子之喪, 門人疑所服, 子貢請若喪父而無服,
是決疑也. 本同今異, 姑姊妹是也; 本異今同, 世母叔母及子婦是也.
得禮爲是, 失禮爲非. 若主人未小斂, 子游裼裘而弔, 得禮, 是也; 曾
子襲裘而弔, 失禮, 非也.

소에서 말하길, 오복(五服)[2] 중에 대공복(大功服)[3] 이상은 매우 거친

---

1) 『예기』「곡례상」 007장 : 禮從宜, 使從俗.
2) 오복(五服)은 죽은 자와 친하고 소원한 관계에 따라 입게 되는 다섯 가지 상복(喪
服)을 뜻한다. 참최복(斬衰服), 자최복(齊衰服), 대공복(大功服), 소공복(小功
服), 시마복(緦麻服)을 가리킨다. 『예기』「학기(學記)」편에는 "師無當於五服,
五服弗得不親."이라는 기록이 있는데, 이에 대한 공영달(孔穎達)의 소(疏)에서
는 "五服, 斬衰也, 齊衰也, 大功也, 小功也, 緦麻也."라고 풀이했다. 또한 '오복'
에 있어서는 죽은 자와 가까운 관계일수록 중대한 상복을 입고, 복상(服喪) 기간
도 늘어난다. 위의 '오복' 중 참최복이 가장 중대한 상복에 속하며, 그 다음은
자최복이고, 대공복, 소공복, 시마복 순으로 내려간다.
3) 대공복(大功服)은 상복(喪服) 중 하나로, 오복(五服)에 속한다. 조밀한 삼베를
사용해서 만들지만, 소공복(小功服)에 비해서는 삼베의 재질이 거칠기 때문에,

옷감으로 만든 상복을 착용하는데, 이들은 죽은 자와 관계가 가까운 경우이다. 또한 소공복(小功服)⁴⁾ 이하는 조밀한 옷감으로 만든 상복을 착용하는데, 이들은 죽은 자와의 관계가 먼 경우이다. 예를 들어 첩은 본부인이 죽었을 때 그녀를 위해 기년복(期年服)⁵⁾을 착용한다. 그런데 본부인이 죽은 첩을 위해서, 첩과 마찬가지로 기년복을 착용한다면 너무 지나치게 대우하는 꼴이 되고, 또한 그것보다 기간을 낮추게 되면 시부모가 죽은 며느리를 위해서 입게 되는 상복 기간과 겹치게 되는 불미스러운 일이 생긴다. 그렇기 때문에 아예 상복을 입지 않는 것이니, 이것이 바로 불미스러운 일을 해결해준다는 경우이다. 또 공자가 죽었을 때, 공자의 문인들은 어떤 복장을 입고 상을 치러야 하는지에 대해 의문이 들었다. 그래서 자공은 의견을 개진하며 부친에 대한 상처럼 지내되, 실제 부자관계가 아니므로 상복은 입지 말도록 하였는데, 이것이 의심스러운 점을 해결해준다는 경우이다. 본래는 같은 것인데 오늘날 달라진 것은 고모 및 자매에 대한 상복과 복상기간이 이러한 경우에 해당하고, 본래는 다른 것인데 오늘날 같아진 것은 백모·숙모 및 자식의 부인에 대한 상복과 복상기간이 이러한 경우에 해당한다. 예에 따르면 옳은 것이고 예를 어기면 잘못된 것이다. 예를 들어 상주가 아직 소렴(小斂)⁶⁾

'대공복'이라고 부른다. 이 복장을 입게 되는 기간은 상황에 따라 차이가 생기지만, 일반적으로 9개월이다. 당형제(堂兄弟) 및 미혼인 당자매(堂姊妹), 또는 혼인을 한 자매(姊妹) 등을 위해서 입는다.

4) 소공복(小功服)은 상복(喪服) 중 하나로, 오복(五服)에 속한다. 조밀한 삼베를 사용해서 만들며, 대공복(大功服)에 비해서 삼베의 재질이 조밀하기 때문에, '소공복'이라고 부른다. 이 복장을 입게 되는 기간은 상황에 따라 차이가 생기지만, 일반적으로 5개월이 된다. 백숙(伯叔)의 조부모나 당백숙(堂伯叔)의 조부모, 혼인하지 않은 당(堂)의 자매(姊妹), 형제(兄弟)의 처 등을 위해서 입는다.

5) 기년복(期年服)은 1년 동안 상복(喪服)을 입는다는 뜻이다. 또는 그 기간 동안 입게 되는 상복을 뜻하기도 하는데, 일반적으로 자최복(齊衰服)을 가리키는 용어로 사용된다. '기년복'이라고 할 때의 '기년(期年)'은 1년을 뜻하는데, '자최복'은 일반적으로 1년 동안 입게 되는 상복이 되기 때문이다.

6) 소렴(小斂)은 상례(喪禮) 절차 중 하나이다. 죽은 자의 시신을 목욕시키고, 의복

을 하지 않았는데, 자유가 석구(裼裘)[7]를 하여 조문한 것은 예법에 맞으므로 옳은 것이고, 증자가 습구(襲裘)[8]를 하여 조문한 것은 예법을 어긴 일이므로 잘못된 것이다.[9]

淺見

近按: 此下推言禮之大節, 而明其所以能安民之意也.

내가 살펴보니, 이 문장 이하의 내용들은 예의 큰 절목을 미루어 언급하여, 예가 백성들을 편안하게 할 수 있다는 뜻을 나타낸 것이다.

을 착용시키며, 그 위에 이불 등으로 감싸는 절차를 뜻한다.

7) 석구(裼裘)는 예식(禮式)을 치를 때, 복장을 착용하는 방식 중 하나이다. 겉옷의 소매를 걷어 올려서, 안에 입고 있는 갓옷을 겉으로 드러내되, 다 드러내는 것은 아니다. 성대한 예식을 치를 때가 아니라면, 이러한 복식으로 복장을 착용하는 것이 공손함을 나타내는 방법이 된다.

8) 습구(襲裘)는 성대한 예식(禮式)을 치를 때, 복장을 착용하는 방식을 뜻한다. 겉옷으로 안에 입고 있던 갓옷을 완전하게 가리기 때문에, '습구'라고 부른다.

9) 『예기』「단궁상(檀弓上)」 069장: 曾子襲裘而弔, 子游裼裘而弔. 曾子指子游而示人, 曰, "夫夫也, 爲習於禮者, 如之何其裼裘而弔也?" 主人旣小斂, 袒, 括髮, 子游趨而出, 襲裘帶絰而入. 曾子曰, "我過矣, 我過矣. 夫夫是也."

道德仁義, 非禮不成.〈013〉 教訓正俗, 非禮不備.〈014〉 分爭辨訟, 非禮不決.〈015〉 君臣·上下·父子·兄弟, 非禮不定.〈016〉 官學事師, 非禮不親.〈017〉 班朝治軍, 涖官行法, 非禮威嚴不行.〈018〉 禱祠祭祀, 供給鬼神, 非禮不誠不莊.〈019〉 是以君子恭敬撙節退讓以明禮.〈020〉 [舊在"不聞往教"之下.]

도덕과 인의는 예를 통하지 않으면 이룰 수 없다. 교화 및 훈도, 풍속을 바르게 만드는 것은 예를 통하지 않으면 완전해지지 못한다. 다툼을 해결하고 송사를 판별하는 것은 예를 통하지 않으면 결단을 내릴 수 없다. 군주와 신하의 관계, 윗사람과 아랫사람의 관계, 부모와 자식의 관계, 형제들 간의 관계는 예가 아니면 안정시키지 못한다. 벼슬살이를 하거나 학문을 하는 데에는 스승이 필요한데 스승을 섬기는 것은 예가 아니면 서로 친애할 수 없다. 조정에서의 서열을 정하는 일 및 군대를 다스리는 일, 관직에 임명하고 법령을 시행하는 일들은 예가 아니면 위엄이 확립되지 않는다. 기도를 올리고 제사를 지내서 귀신에게 제물을 흠향하도록 하는 일은 예가 아니면 정성스럽게 할 수 없고 엄숙하게 할 수도 없다. 이러한 까닭으로, 군자는 공손과 공경, 억제와 절제, 자신을 낮추고 겸양함을 실천함으로써 예의 본뜻을 밝히는 것이다. [옛 판본에는 "내가 남을 찾아가서 직접 내 행동을 본받도록 가르친다는 말은 들어보지 못했다."[1] 라고 한 문장 뒤에 수록되어 있었다.]

集說

撙, 裁抑也. 禮主其減.

'준(撙)'자는 절제하고 억제한다는 뜻이다. 예의 작용은 쓸데없는 것들을

---

1) 『예기』「곡례상」 012장 : 禮, 聞取於人, 不聞取人, 禮, 聞來學, 不聞往敎.

덜어내는 것을 위주로 한다.

近按: 此推廣安民之意, 道德仁義, 安民之本也. 敎訓正俗以下, 皆
是安民之事也. 供給鬼神, 先明人事, 而後及於神也. 前言聖人爲禮
以敎人, 禮自聖人出也. 此言君子退讓以明禮, 禮由君子而行也.

내가 살펴보니, 이것은 백성들을 편안하게 한다는 뜻을 폭넓게 설명한
것이니, 도덕과 인의는 백성들을 편안하게 만드는 근본이 된다. 또 교화
와 훈도 및 풍속을 바르게 만드는 것으로부터 그 이하는 모두 백성들을
편안하게 만드는 실질적인 일들이 된다. 귀신에게 제물을 바쳐 흠향하
도록 하는 것은 먼저 인간에 대한 사안을 밝히고 그 이후에 귀신에게까
지 미친 것이다. 앞에서는 성인이 예를 만들어서 사람들을 교화했다고
했으니, 예는 성인으로부터 나온 것이다. 이곳에서는 군자가 자신을 낮
추고 겸양을 실천하여 예를 밝힌다고 했으니, 예는 군자를 통해서 시행
되는 것이다.

> 夫禮者, 自卑而尊人. 雖負販[方萬反]者, 必有尊也, 而況富貴
> 乎?〈025〉 [舊在"不可不學也"之下.]

무릇 예에 따른다는 것은 자신을 낮추고 남을 높이는 것이다. 비록 노동자나 장사치['販'자는 '方(방)'자와 '萬(만)'자의 반절음이다.]와 같이 신분이 비천하고 가난한 자라 할지라도, 반드시 예에 따라서 존귀하게 대하는 행동을 하는데, 하물며 부유하고 존귀한 자에 있어서는 어찌해야겠는가? [옛 판본에는 "배우지 않을 수가 없는 것이다."[1]라고 한 문장 뒤에 수록되어 있었다.]

集說

負者, 事於力; 販者, 事於利. 雖卑賤, 不可以無禮也.

'부(負)'는 직접 힘을 써서 생활을 꾸려나가는 노동자들을 뜻하고, '판(販)'은 이득을 취하는 일에 종사하는 장사치들을 뜻한다. 비록 신분이 낮고 가난한 자라 하더라도, 무례하게 행동해서는 안 된다.

經文

> 富貴而知好禮, 則不驕不淫; 貧賤而知好禮, 則志不懾[之涉反].
> 〈026〉

부유하고 신분이 존귀한데도 예를 좋아할 줄 알면, 교만하거나 방탕하게 되지 않으며, 가난하고 신분이 낮더라도 예를 좋아할 줄 알면, 그 뜻에 두려움['懾'자는 '之(지)'자와 '涉(섭)'자의 반절음이다.]이 없게 된다.

---

1) 『예기』「곡례상」 024장 : 人有禮則安, 無禮則危, 故曰禮者<u>不可不學也</u>.

馬氏曰: 富貴之所以驕淫, 貧賤之所以懾怯, 以內無素定之分, 而與物爲輕重也. 好禮, 則有得於內, 而在外者莫能奪矣.

마씨[2]가 말하길, 부유하고 존귀한 자가 교만하고 방탕하게 되고, 가난하고 미천한 자가 두려움에 사로잡히게 되는 이유는 자신의 내면에 확실하게 고정된 입장이 없어서, 외부의 사물에 따라서 경중을 판단하기 때문이다. 예를 좋아하게 되면, 자신의 내면에 확고한 입장을 가지게 되어, 외부에 있는 사물이 그의 뜻을 빼앗을 수 없게 된다.

近按: 此言自貴及賤, 好禮之效.

내가 살펴보니, 이것은 존귀한 자로부터 미천한 자에 이르기까지 예를 좋아했을 때 나타나는 효과를 말한 것이다.

---

2) 마희맹(馬睎孟, ?~?) : =마씨(馬氏)·마언순(馬彦醇). 자(字)는 언순(彦醇)이다. 『예기해(禮記解)』를 찬술했다.

太上貴德, 其次務施報. 禮尙往來, 往而不來, 非禮也; 來而不
往, 亦非禮也.〈023〉 [舊在"自別於禽獸"之下.]

삼황과 오제시대에는 덕을 가장 귀중하게 여겼고, 그 다음 삼왕시대에
는 은덕을 베풀고 보답하는 것에 힘썼다. 예에 있어서는 서로 주고받는
것을 숭상하니, 가기만 하고 오지 않는 것은 예가 아니며, 또한 오기만
하고 가지 않는 것도 예가 아니다. [옛 판본에는 "인간이 짐승과 구별되어야
한다."[1]라고 한 문장 뒤에 수록되어 있었다.]

集說

太上, 三皇五帝之時. 其次, 三王之世.

'태상(太上)'은 삼황(三皇)[2]과 오제(五帝)[3]가 통치했던 시대를 뜻한다.

---

1) 『예기』「곡례상」022장 : 是故, 聖人作, 爲禮以敎人, 使人以有禮, 知自別於禽獸.
2) 삼황(三皇)은 전설시대에 존재했다고 전해지는 세 명의 제왕을 뜻한다. 그러나
세 명이 누구였는지에 대해서는 이설(異說)이 많다. 첫 번째 주장은 복희(伏羲),
신농(神農), 황제(黃帝)를 '삼황'으로 보는 견해이다. 『장자(莊子)』「천운(天運)」
편에는 "余語汝三皇五帝之治天下."라는 기록이 있는데, 이에 대한 성현영(成
玄英)의 주에서는 "三皇者, 伏羲・神農・黃帝也."라고 풀이했다. 두 번째 주장
은 복희(伏羲), 신농(神農), 여왜(女媧)로 보는 견해이다. 『여씨춘추(呂氏春秋)』
「용중(用衆)」편에는 "此三皇五帝之所以大立功名也."라는 기록이 있는데, 이에
대한 고유(高誘)의 주에서는 "三皇, 伏羲・神農・女媧也."라고 풀이했다. 세 번
째 주장은 복희(伏羲), 신농(神農), 수인(燧人)으로 보는 견해이다. 『백호통(白
虎通)』「호(號)」편에는 "三皇者, 何謂也? 謂伏羲・神農・燧人也."라는 기록이
있다. 네 번째 주장은 복희(伏羲), 신농(神農), 축융(祝融)으로 보는 견해이다.
『백호통』「호」편에는 "禮曰, 伏羲・神農・祝融, 三皇也."라는 기록이 있다. 다
섯 번째 주장은 천황(天皇), 지황(地皇), 태황(泰皇)으로 보는 견해이다. 『사기
(史記)』「진시황본기(秦始皇本紀)」편에는 "古有天皇, 有地皇, 有泰皇. 泰皇最
貴."라는 기록이 있다. 여섯 번째 주장은 천황(天皇), 지황(地皇), 인황(人皇)으

'기차(其次)'는 삼왕(三王)[4]이 통치했던 시대를 뜻한다.

經文

禮, 聞取於人, 不聞取人. 禮, 聞來學, 不聞往教.〈012〉 [舊在"禮之
質也"之下.]

로 보는 견해이다. 『예문유취(藝文類聚)』에서는 『춘추위(春秋緯)』를 인용하며,
"天皇, 地皇, 人皇, 兄弟九人, 分九州, 長天下也."라고 기록하였다.

3) 오제(五帝)는 전설시대에 존재했다고 전해지는 다섯 명의 제왕(帝王)을 뜻한다.
그러나 다섯 명이 누구였는지에 대해서는 이설(異說)이 많다. 첫 번째 주장은
황제(黃帝: =軒轅), 전욱(顓頊: =高陽), 제곡(帝嚳: =高辛), 당요(唐堯), 우순(虞
舜)으로 보는 견해이다. 『사기정의(史記正義)』「오제본기(五帝本紀)」편에는 "太
史公依世本・大戴禮, 以黃帝・顓頊・帝嚳・唐堯・虞舜爲五帝. 譙周・應
劭・宋均皆同."이라는 기록이 있고, 『백호통(白虎通)』「호(號)」편에도 "五帝者,
何謂也? 禮曰, 黃帝・顓頊・帝嚳・帝堯・帝舜也."라는 기록이 있다. 두 번째
주장은 태호(太昊: =伏羲), 염제(炎帝: =神農), 황제(黃帝), 소호(少昊: =摯), 전
욱(顓頊)으로 보는 견해이다. 이 주장은 『예기』「월령(月令)」편에 나타난 각 계절
별 수호신들의 내용을 종합한 것이다. 세 번째 주장은 소호(少昊), 전욱(顓頊),
고신(高辛), 당요(唐堯), 우순(虞舜)으로 보는 견해이다. 『서서(書序)』에는 "少
昊・顓頊・高辛・唐・虞之書, 謂之五典, 言常道也."라는 기록이 있다. 또 『제
왕세기(帝王世紀)』에는 "伏羲・神農・黃帝爲三皇, 少昊・高陽・高辛・唐・
虞爲五帝."라는 기록이 있다. 네 번째 주장은 복희(伏羲), 신농(神農), 황제(黃
帝), 당요(唐堯), 우순(虞舜)으로 보는 견해이다. 이 주장은 『역』「계사하(繫辭
下)」편의 내용에 근거한 주장이다.

4) 삼왕(三王)은 하(夏), 은(殷), 주(周) 삼대(三代)의 왕을 뜻한다. 『춘추곡량전』「은
공(隱公) 8年」편에는 "盟詛不及三王."이라는 기록이 있고, 이에 대한 범녕(範寧)
의 주에서는 '삼왕'을 하나라의 우(禹), 은나라의 탕(湯), 주나라의 무왕(武王)을
지칭한다고 풀이했다. 그리고 『맹자』「고자하(告子下)」편에는 "五覇者, 三王之
罪人也."이라는 기록이 있고, 이에 대한 조기(趙岐)의 주에서는 '삼왕'을 범녕의
주장과 달리, 주나라의 무왕 대신 문왕(文王)을 지칭한다고 풀이했다.

예에 있어서는 남이 나의 행동을 모범으로 삼아 채택한다는 말은 들어 봤어도, 내가 직접 나의 행동을 본받도록 억지로 강요한다는 말은 들어보지 못했다. 또한 예에 있어서는 남이 나의 행동을 본받기 위해 찾아 와서 배운다는 말은 들어 봤어도, 내가 남을 찾아가서 직접 내 행동을 본받도록 가르친다는 말은 들어보지 못했다. [옛 판본에는 "예의 바탕이 된다."라고 한 문장 뒤에 수록되어 있었다.]

集說

朱子曰: 此與孟子"治人, 治於人, 食人, 食於人", 語意相類. 取於人者, 爲人所取法也; 取人者, 人不來而我引取之也. 來學往敎, 卽其事也.

주자가 말하길, 여기에 나온 문장과 『맹자』에서 말한 "남을 다스리다, 남에게 다스려지다, 남을 먹여 살리다, 남에게서 빌어먹다."[5]라고 한 문장은 그 말의 의미가 서로 비슷하다. '취어인(取於人)'이라는 말은 남이 채택하여 본받는다는 뜻이며, '취인(取人)'은 남이 찾아오지 않는데도 내가 직접 그 사람을 억지로 데려다가 채택하도록 한다는 뜻이다. 와서 배우거나 가서 가르친다는 것은 그것들의 구체적 사례에 해당한다.

淺見

近按: 此言世有升降, 而聖人因時以制禮也. 太上貴德, 卽不顯之德, 篤恭而天下平者也. 務施報者, 制爲朝聘往來之禮, 上下相接以禮而相安也. 取者, 施之反, 我先施而爲人所取, 可也, 不可不施而先取之於人也. 然有施而當先者, 亦有待而不可先者, 以禮施人先之, 可也, 以禮敎人, 當待而不可往也.

---

5) 『맹자』「등문공상(滕文公上)」: 故曰, 或勞心, 或勞力, 勞心者治人, 勞力者治於人, 治於人者食人, 治人者食於人, 天下之通義也.

내가 살펴보니, 이것은 세상은 융성해지거나 낮아지는 차이가 있어 성인이 그 시기에 따라 예를 제정했다는 뜻이다. 태상 때 덕을 귀하게 여겼다는 것은 드러나지 않는 덕으로 독실하고 공손하게 행동하여 천하가 태평하게 되었다는 뜻이다.[6] 은덕을 베풀고 보답하는데 힘썼다는 것은 조빙(朝聘)[7]을 비롯한 왕래하는 예법을 제정하여, 상하 계층이 예법에 따라 서로를 대우하여 서로 편안하게 만들었다는 뜻이다. '취(取)'라는 것은 시(施)와 반대가 되는데, 내가 먼저 베풀어서 남이 취하는 것은 옳지만, 베풀지도 않고 먼저 남에게서 취하는 것은 안 된다. 그런데 베풀며 마땅히 먼저 해야 하는 경우가 있고 또 기다리며 먼저 해서는 안 되는 경우가 있는데, 예에 따라 남에게 베풀며 그것을 먼저 하는 것은 옳고, 예에 따라 남을 가르칠 때에는 마땅히 기다려야 하며 먼저 찾아가서는 안 된다.

---

6) 『중용』「33장」: 詩曰, "不顯惟德, 百辟其刑之." 是故, 君子篤恭而天下平.

7) 조빙(朝聘)은 본래 제후가 주기적으로 천자를 찾아뵙는 것을 뜻한다. 고대에는 제후가 천자에 대해서 매년 1번씩 소빙(小聘)을 했고, 3년에 1번씩 대빙(大聘)을 했으며, 5년에 1번씩 조(朝)를 했다. '소빙'은 제후가 직접 찾아가지 않았고, 대부(大夫)를 대신 파견하였으며, '대빙' 때에는 경(卿)을 파견하였다. '조'에서만 제후가 직접 찾아갔는데, 이것을 합쳐서 '조빙'이라고 부른다. 춘추시대(春秋時代) 때에는 진(晉)나라 문공(文公)과 같은 패주(霸主)에게 '조빙'을 하기도 하였다. 『예기』「왕제(王制)」편에는 "諸侯之於天子也, 比年一小聘, 三年一大聘, 五年一朝."라는 기록이 있고, 이에 대한 정현의 주에서는 "比年, 每歲也. 小聘, 使大夫, 大聘, 使卿, 朝, 則君自行. 然此大聘與朝, 晉文霸時所制也."라고 풀이했다. 후대에는 서로 찾아가서 만나보는 것을 '조빙'이라고 범칭하기도 했다.

人有禮則安, 無禮則危. 故曰: "禮者不可不學也." 〈024〉 [舊在"亦非禮也"之下.]

사람에게 있어서 예가 있다면 편안하게 되고, 예가 없다면 위태롭게 된다. 그렇기 때문에 "예라는 것은 배우지 않을 수가 없는 것이다."라고 말하는 것이다. [옛 판본에는 "또한 예가 아니다."[1]라고 한 문장 뒤에 수록되어 있었다.]

集說

禮者, 安危之所係, 自天子至於庶人, 未有無禮而安者也.

예라는 것은 안존과 위태로움이 결부되어 있으니, 천자로부터 서인에 이르기까지, 예 없이도 편안하게 지낼 수 있는 자는 없다.

淺見

近按: 有禮, 則上下分定而相安, 無禮, 則是非乖亂而必危. 禮之於人, 其重如此, 故不可以不學也. 此因安民之義, 而推言之, 以總結上文之意也.

내가 살펴보니, 예가 있다면 상하 계층의 본분이 안정되어 서로 편안하게 될 수 있지만, 예가 없다면 어그러져 혼란스럽게 되거나 그렇지 않더라도 분명 위태롭게 된다. 예는 사람에게 있어 그 중대함이 이와 같다. 그렇기 때문에 배우지 않을 수가 없다. 이것은 백성들을 편안하게 하는 도의에 따라서 그 뜻을 미루어 말하여, 앞 문장의 뜻을 총괄적으로 결론 맺은 것이다.

---

1) 『예기』 「곡례상」 023장: 太上貴德, 其次務施報. 禮尙往來, 往而不來, 非禮也; 來而不往, 亦非禮也.

右傳之首章.

여기까지는 전 1장이다.

此釋經一章之意, 其文當分爲四節, 每節皆以工夫功效爲次. 第一節自"敖不可長"至"直而勿有", 敬以直內之功也. 自"賢者狎而敬之"至"使從俗", 義以方外之效也. 後節, 皆倣此云.

이것은 경 1장의 뜻을 풀이한 것인데, 그 문장은 마땅히 4개 절로 구분되며, 매 절은 모두 공부와 공효에 따라 순서를 삼아야 한다. 1절은 "자신의 오만함을 키워서는 안 된다."라는 구문부터 "강직하게 대처를 하되, 자기 의견을 고집해서는 안 된다."라는 구문까지이며, 공경으로 내면을 강직하게 하는 공효에 해당한다. 그 다음은 "현명한 자는 친하게 지내면서도 공경함을 잃지 않는다."라는 구문부터 "사신으로 가서는 그곳의 풍속에 따라야 한다."라는 구문까지이며, 의로움으로 외면을 바르게 하는 공효에 해당한다. 그 다음 절들도 모두 이처럼 말할 수 있다.

전(傳) 2장

經文

人生十年曰幼, 學. 二十曰弱, 冠[去聲]. 三十曰壯, 有室. 四十
曰强, 而仕. 五十曰艾, 服官政. 六十曰耆, 指使. 七十曰老, 而
傳. 八十九十曰耄, 七年曰悼, 悼與耄, 雖有罪, 不加刑焉. 百
年曰期, 頤.〈027〉[舊在"志不懾"之下.]

사람이 태어나서 10세가 되면 그런 사람을 어리다는 뜻에서 유(幼)라
부르고, 학문에 입문하도록 한다. 20세가 되면 아직 장성한 것이 아니
기 때문에 약(弱)이라 부르고, 관례['冠'자는 거성으로 읽는다.]를 해준다.
30세가 되면 장성하였기 때문에 장(壯)이라 부르고, 혼인을 시켜서 가
정을 이루게 한다. 40세가 되면 지기(志氣)가 강성해졌기 때문에 강(强)
이라 부르고, 하위관료에 임명한다. 50세가 되면 머리가 희끗희끗해져
서 마치 쑥잎처럼 되기 때문에 애(艾)라 부르고, 고위관료에 임명하여
국정에 참여하도록 한다. 60세가 되면 노인에 가까워지기 때문에 기
(耆)라 부르고, 제 스스로 일을 처리하기보다는 남에게 지시를 하며 시
키게 된다. 70세가 되면 나이가 들었기 때문에 노(老)라 부르고 가사를
아들에게 전수한다. 80세나 90세가 되면 정신이 흐려지고 잘 잊어버리
기 때문에 모(耄)라 부르고, 한편 7세가 된 아이들은 가엾기 때문에 도
(悼)라고 부르는데, 이 두 부류의 사람들은 비록 죄를 지었다 하더라도,
그것은 실수로 죄를 범한 것이지 고의로 한 것이 아니기 때문에 형벌을
내리지 않는다. 100세가 되면 수명이 거의 다 되어가기 때문에 기(期)
라 부르고, 남의 도움 없이는 아무 것도 할 수 없으니 모든 일들에 대해
서 봉양을 해주어야 한다. [옛 판본에는 "뜻에 두려움이 없게 된다."[1]라고 한
문장 뒤에 수록되어 있었다.]

---

1) 『예기』「곡례상」 026장 : 富貴而知好禮, 則不驕不淫; 貧賤而知好禮, 則志不懾.

集說

朱子曰: 十年曰幼爲句絶, 學字自爲一句, 下至百年曰期皆然.

주자가 말하길, '십년왈유(十年曰幼)'에서 구문을 끊어야 하며, '학(學)'자 자체가 하나의 구문이 된다. 그리고 '백년왈기(百年曰期)'라는 구문까지 모두 이처럼 구문이 끊어진다.

呂氏曰: 五十曰艾, 髮之蒼白者, 如艾之色也. 古者四十始命之仕, 五十始命之服官政. 仕者, 爲士以事人, 治官府之小事也; 服官政者, 爲大夫以長人, 與聞邦國之大事者也. 才可用則使之仕, 德成乃命爲大夫也. 耆者, 稽久之稱, 不自用力, 惟以指意使令人, 故曰指使. 傳, 謂傳家事於子也. 耄, 惛忘也. 悼, 憐愛也. 耄者, 老而知己衰; 悼者, 幼而知未及. 雖或有罪, 情不出於故, 故不可加刑. 人壽以百年爲期, 故曰期. 飮食居處動作, 無不待於養, 故曰頤.

여씨가 말하길, "50세가 된 사람을 애(艾)라고 부른다."라고 하였는데, 그 이유는 모발이 창백한 색깔이 되어, 마치 쑥잎의 색깔처럼 되었기 때문이다. 고대에는 남자의 나이가 40세가 되어야만, 비로소 관리에 임명되어 벼슬살이를 시작하였고, 50세가 되어야만, 비로소 더 높은 관리에 임명되어 국가의 정사에 복무하였다. 사(仕)는 하위관료인 사가 되어 남을 섬기며, 관부의 작은 업무들을 처리한다는 뜻이고, 관정(官政)에 복무한다는 말은 고위관료인 대부가 되어 남들의 수장이 되며, 국가의 대사를 처리하는 일에 참여한다는 뜻이다. 그 사람의 재주가 등용할만한 수준이라면, 그를 사로 임명하여 벼슬살이를 시키는 것이고, 덕을 이루게 되면 곧 대부로 임명하는 것이다. '기(耆)'라는 말은 오랜 기간 동안 살아왔다는 칭호로, 제 스스로 힘을 쓰지 않고, 다만 지시를 하여 사람들을 시키게 된다. 그렇기 때문에 "가리켜서 시킨다."라고 한 것이다. '전(傳)'자는 아들에게 가사를 전수한다는 뜻이다. '모(耄)'자는 정신이 흐릿해지고 잘 잊게 된다는 뜻이다. '도(悼)'자는 가엾게 여기며 애착을 갖는다는 뜻이다. 80세나 90세가 된 사람들은 너무 늙어서 지력이 이미

66 『예기천견록』 1권

쇠퇴하였고, 7세가 된 아이는 너무 어려서 아직까지 지력이 성장하지 못한 상태이다. 따라서 이들에게 죄가 있다 하더라도, 죄를 짓게 된 정황이 고의에서 나온 것이 아니다. 그렇기 때문에 형벌을 내리지 않는다. 사람의 수명에 있어서는 100세를 기한으로 여긴다. 그렇기 때문에 100세가 된 사람을 '기(期)'라고 부르는 것이다. 그리고 100세가 된 사람들은 의식주 및 모든 행동들이 남의 도움 없이는 불가능하다. 그렇기 때문에 봉양한다는 뜻에서, '이(頤)'라고 한 것이다.

淺見

近按: 此下將就五倫以明禮. 首擧自幼至老之序, 名義不同, 事業亦異, 每十年而一變, 此人道之大節也. 後凡言幼言冠之類甚多, 故先總序於此, 使有所考而知焉. 上下文不相屬, 當自別爲一章.

내가 살펴보니, 이곳 문장 뒤의 내용들은 오륜을 통해서 예를 밝히려고 한다. 그래서 첫 부분에서 어린아이로부터 노인에 이르기까지 그 순서를 제시하였는데, 명칭과 뜻이 동일하지 않고, 해당하는 일 또한 차이가 나는데, 10년마다 한 차례 변하니, 이것은 인도의 큰 마디이다. 뒤에서 '유(幼)'나 '관(冠)'에 대해 언급한 부류들은 매우 많다. 그렇기 때문에 우선적으로 여기에서 총괄적으로 순서를 제시하여 상고한 것에 따라 그 의미를 파악하도록 한 것이다. 그런데 앞뒤의 문맥이 서로 연결되지 않으므로, 이 문장 자체가 별도의 한 장이 되어야 한다.

淺見右傳之第二章.

여기까지는 전 2장이다.

言人之老幼名義之不同.

사람에게 있어 늙었을 때나 어렸을 때의 명칭과 뜻이 다르다는 사실을 말한 것이다.

전(傳) 3장

凡爲人子之禮, 冬溫而夏淸[七性反], 昏定而晨省, 在醜夷不
爭.〈034〉 [舊在"不辭讓而對, 非禮也"之下.]

무릇 자식된 자들이 지켜야 하는 예법은 겨울에는 부모를 따뜻하게 해
드리고 여름에는 시원하게['淸'자는 '七(칠)'자와 '性(성)'자의 반절음이다.] 해드
리며, 저녁에는 잠자리를 살피고 새벽에는 문안인사를 드리며, 동료들과
있을 때에는 다투지 않는 것이다. [옛 판본에는 "먼저 사양하지도 않고 즉각
대답을 하는 것은 예가 아니다."[1]라고 한 문장 뒤에 수록되어 있었다.]

集說

醜, 同類也. 夷, 平等也.

'추(醜)'자는 동년배들을 뜻한다. '이(夷)'자는 같은 무리들을 뜻한다.

淺見

近按: 此下言子事父母之道. 首擧凡爲人子之禮, 以發端, 汎言孝之
大節.

내가 살펴보니, 이 문장 이하의 내용들은 자식이 부모를 섬기는 도리에
대해 말하고 있다. 첫 부분에서는 '범위인자지례(凡爲人子之禮)'라고
제시해서 그 단서를 드러낸 것이니, 효의 큰 마디를 범범하게 말한 것
이다.

---

1) 『예기』「곡례상」 033장 : 謀於長者, 必操几杖以從之. 長者問, 不辭讓而對, 非禮也.

爲人子者, 居不主奧, 坐不中席, 行不中道, 立不中門.〈041〉 食饗, 不爲槩.〈042〉 祭祀, 不爲尸.〈043〉

자식된 자들은 집에 머무를 때 방의 아랫목에 머물지 않고, 앉을 때에는 자리의 중앙에 앉지 않으며, 길을 갈 때에는 도로의 중앙으로 걷지 않고, 서 있을 때에는 문 가운데 서 있지 않는다. 손님을 대접하거나 제사를 지내기 위해 음식을 준비할 때에는 자기 마음대로 음식 수량을 정해서는 안 된다. 제사를 지낼 때, 본인은 시동의 역할을 맡지 않는다.

集說

不爲槩, 謂順親之心, 而不敢自爲限節也. 不爲尸, 恐父北面而拜之, 人子所不安, 故不爲也.

'불위개(不爲槩)'라는 말은 부친의 마음을 헤아려서 따라야 하며, 감히 자기 마음대로 음식 수량을 정해서는 안 된다는 뜻이다. 시동을 맡지 않는 것은 부친으로 하여금 북면을 해서 자신에게 절을 하도록 만든다면, 자식된 입장에서는 편안하게 여길 수가 없기 때문이다. 그래서 시동을 맡지 않는 것이다.

經文

聽於無聲, 視於無形.〈044〉 [兩句重出.]

자식된 자들은 부모가 말씀을 하기도 전에 그 의중을 헤아려서 마음의 소리를 들어야 하고, 부모가 행동하기도 전에 그 의중을 헤아려서 드러나지 않은 것들을 살펴보아야 한다. [이 두 구문은 중복 출현한다.]

疏曰: 雖聽而不聞父母之聲, 雖視而不見父母之形. 然常於心想像, 似見形聞聲, 謂父母將有敎, 使已然.

소에서 말하길, 비록 듣는다고 표현했지만 실제로 부모가 하지도 않은 말을 듣는 것이 아니며, 비록 본다고 표현했지만 실제로 부모가 행동하지도 않은 모습들을 보는 것이 아니다. 그러나 항상 마음속에 부모에 대한 생각을 품고 있다면, 마치 그 모습을 보고 그 음성을 듣는 것처럼 된다. 따라서 이 문장의 본의는 부모가 장차 하교를 내리게 될 때, 그렇게 행동할 수 있도록 자신을 미리 대비시킨다는 뜻이다.

淺見

近按: 此兩句, 前以學者靜時之敬而言, 是其全體也. 此專以人子先意承志而言, 是其一端也. 然其戒愼恐懼之誠, 無所往而不然也.

내가 살펴보니, 이 두 구문에 있어서, 앞에서는 배우는 자가 고요할 때의 공경을 기준으로 말했는데, 이것은 그 전체에 해당한다. 이곳에서는 전적으로 자식이 부모의 생각에 앞서 그 뜻을 받든다는 의미로 말했는데, 이것은 하나의 단서에 해당한다. 그러나 경계하고 조심하며 두려워하는 진실한 마음은 가는 곳마다 그렇지 않은 것이 없다.

> 不登高, 不臨深, 不苟訾[紫], 不苟笑. 孝子不服闇[暗], 不登危,
> 懼辱親也.〈045〉 [舊在"長者必異席"之下.]

자식된 자들은 높은 곳에 오르지 않고, 깊은 곳에 가지 않으며, 구차하게 남을 헐뜯지['訾'자의 음은 '紫(자)'이다.] 않고, 구차하게 웃지 않아야 한다. 또한 자식된 자들은 어두운 장소['闇'자의 음은 '暗(암)'이다.]에서 일하지 않고, 위험한 곳에 오르지 않아야 하니, 이러한 행동들이 부친을 욕되게 할까 걱정되기 때문이다. [옛 판본에는 "가장 연장자가 되는 자는 반드시 무리들과 자리를 따로 해서 앉는다."[1]라고 한 문장 뒤에 수록되어 있었다.]

集說

疏曰: 不服闇者, 不行事於暗中. 一則爲卒有非常, 二則生物嫌, 故孝子戒之.

소에서 말하길, '불복암(不服闇)'이라는 말은 어두운 곳에서 일을 하지 않는다는 뜻이다. 그 이유는 첫 번째 별안간 비상사태가 생기게 될지도 몰라서이며, 두 번째 남들의 의심을 사기 쉽기 때문이다. 그래서 자식들은 그러한 것들을 경계한다.

呂氏曰: 苟訾近於讒, 苟笑近於諂.

여씨가 말하길, 구차하게 남을 헐뜯는 것은 참소에 가깝고, 구차하게 웃는 것은 아첨에 가깝다.

----

1) 『예기』「곡례상」 040장 : 群居五人, 則長者必異席.

父子不同席.〈099〉[舊在"不與同器而食"之下.] 夫爲人子者, 出必告
[梏], 反必面, 所遊必有常, 所習必有業.〈037〉 恒言不稱老.〈038〉
[舊在"孝子之行也"之下.]

부자관계에서는 자리를 함께 해서 앉지 않는다. [옛 판본에는 "같은 밥상에
서 식사를 하지 않는다."2)라고 한 문장 뒤에 수록되어 있었다.] 무릇 자식된 자들
은 집밖을 나설 때에는 반드시 부모에게 그 사실을 아뢰고, ['告'자의 음은
'梏(곡)'이다.] 집으로 되돌아와서는 반드시 부모를 뵈며, 가는 곳에는 반
드시 일정한 범위가 있어야 하고, 학습하는 것에는 반드시 과업이 있어
야 한다. 또한 자식된 자들은 평상시 쓰는 말에서, 자신을 지칭하며 늙
었다거나 노인이라는 말을 쓰지 않는다. [옛 판본에는 "자식이 시행해야 할
행동들이다."3)라고 한 문장 뒤에 수록되어 있었다.]

集說

恒言, 平常言語之間也. 自以老稱, 則尊同於父母, 而父母爲過於
老矣.

'항언(恒言)'은 평상시에 쓰는 말들을 뜻한다. 자식이 본인을 노인이라
부르게 되면, 존귀함이 부모와 같아지게 되거나 부모를 매우 늙은 것으
로 여긴 것이 된다.

---

2) 『예기』「곡례상」 098장 : 姑・姊妹・女子子, 已嫁而反, 兄弟弗與同席而坐, 弗
與同器而食.

3) 『예기』「곡례상」 036장 : 見父之執, 不謂之進不敢進, 不謂之退不敢退, 不問不
敢對, 此孝子之行也.

父母有疾, 冠者不櫛, 行不翔, 言不惰[徒禾反], 琴瑟不御. 食肉
不至變味, 飲酒不至變貌. 笑不至矧, 怒不至詈[力智反]. 疾止復
故.〈133〉 [舊在"庶人齕"之下.]

부모가 병환에 들면, 성인 남자는 머리를 빗지 않고, 걸어 다닐 때에는
날듯이 걷지 않으며, 말을 할 때에는 다른 일에 대해서는 언급하지 않
고, ['惰'자는 '徒(도)'자와 '禾(화)'자의 반절음이다.] 금슬 등의 악기를 연주하
지 않는다. 고기를 먹을 수는 있되 맛이 물릴 때까지 많이 먹지 않고,
음주를 할 때에도 안색이 변할 때까지 마시지 않는다. 웃을 때에는 잇
몸이 드러나서는 안 되고, 성낼 때에는 크게 꾸짖을 정도로 화를 내지
않는다. ['詈'자는 '力(력)'자와 '智(지)'자의 반절음이다.] 부모의 병이 다 나아
야만, 평상시대로 돌아간다. [옛 판본에는 "서인들은 직접 깨물어 먹는다."[4]라
고 한 문장 뒤에 수록되어 있었다.]

集說

疏曰: 不惰, 謂惰, 訛不正之言也. 齒本曰矧, 笑而見齒, 是大笑也.

소에서 말하길, '불타(不惰)'라고 했는데, 타(惰)는 거짓되고 바르지 못한
말이다. 잇몸을 '신(矧)'이라 부르는데, 웃을 때 잇몸이 드러나는 것은
크게 웃는 경우에 해당한다.

---

4) 『예기』「곡례상」 132장 : 爲天子削瓜者副之, 巾以絺. 爲國君者華之, 巾以綌.
爲大夫累之, 士疐之, 庶人齕之.

經文

夫爲人子者, 三賜不及車馬. 故州閭鄉黨稱其孝也. 兄弟親戚
稱其慈也, 僚友稱其弟也, 執友稱其仁也, 交遊稱其信也.〈035〉
[舊在"在醜夷不爭"之下.]

무릇 자식된 자들은 관직생활을 하더라도 부친이 생존해 계시다면, 3명(命)의 관리 등급을 받아도 말과 수레는 받지 않는다. 말과 수레를 받게 되면 자신의 신분이 존귀해져서 부친과 같아지기 때문이다. 이처럼 자신을 부친보다 낮추기 때문에 마을사람들은 그의 효성을 칭송하게 되고, 형제와 친척들은 그의 자애로움을 칭송하게 되며, 동료 관리들은 그의 공손함을 칭송하게 되고, 함께 수학한 동문들은 그의 인자함을 칭송하게 되며, 주위의 친우들은 그의 신의를 칭송하게 된다. [옛 판본에는 "동료들과 있을 때에는 다투지 않는 것이다."[1]라고 한 문장 뒤에 수록되어 있었다.]

集說

言爲人子, 謂父在時也. 古之仕者, 一命而受爵, 再命而受衣服, 三命而受車馬. 有車馬, 則尊貴之體貌備矣. 今但受三賜之命, 而不與車馬同受, 故言不及車馬也. 君之有賜, 所以禮其臣, 子之不受, 不敢竝於親也. 僚友, 官同者. 執友, 志同者. 交遊, 則汎言遠近之往來者.

'위인자(爲人子)'라는 말은 부친이 생존해 계실 때를 가리킨다. 고대에 벼슬살이를 했던 자들은 1명(命)에 작위를 하사받았고, 2명에 의복을 하사받았으며, 3명에 수레와 말을 하사받았다. 수레와 말을 갖추게 되면, 존귀한 신분을 가진 사람의 풍모를 갖추게 된다. 이곳 문장의 뜻은 3명의 등급을 하사받게 되더라도, 일반적인 3명의 관리들과는 달리 수레와 말은 받지 않는다는 뜻이다. 그렇기 때문에 "수레와 말까지는 미치지 않는다."라고 말한 것이다. 군주가 하사품을 내려주는 것은 자신의 신하를

---

1) 『예기』「곡례상」 034장 : 凡爲人子之禮, 冬溫而夏淸, 昏定而晨省, 在醜夷不爭.

예우하는 방법지만, 자식이 그것들을 받지 않는 것은 감히 부친과 대등한 신분이 될 수 없기 때문이다. '요우(僚友)'는 동료 관리들이다. '집우(執友)'는 뜻을 함께 하는 동문들이다. '교유(交遊)'는 거리에 상관없이 교우하고 있는 사람들을 범칭하는 말이다.

淺見

近按: 前數節, 皆以孝之行於家者言之也. 此節, 則以其誠孝之極名譽著聞於外者言之也.

내가 살펴보니, 앞의 여러 문단들은 모두 가정에서 시행되는 효를 기준으로 언급한 것이다. 이곳 문단은 성심에서 나온 효가 지극하여 그 명성이 외부로 알려진 것을 기준으로 언급한 것이다.

見父之執, 不謂之進不敢進, 不謂之退不敢退, 不問不敢對,
此孝子之行[去聲]也.〈036〉 [舊聯上文.]

부친의 친우들을 뵐 때에는 부친이 자신에게 가까이 오라고 명령하지
않으면 감히 가까이 가지 않고, 이제 그만 물러가라고 명령하지 않으면
감히 물러나지 않으며, 친우분이 직접 하문하지 않았다면 감히 대답을
하지 않으니, 이것이 바로 자식이 시행해야 할 행동('行'자는 거성으로 읽는
다.)들이다. [옛 판본에는 앞 문장과 연결되어 있었다.]

淺見

近按: 敬父之執, 同於敬父, 誠孝之至也. 此言孝子之行者, 總結上
文也.

내가 살펴보니, 부친의 친우를 공경하길 부친을 공경하는 것과 동일하
게 하는 것은 성심에서 나온 효가 지극한 것이다. 이곳에서는 효자의
행실을 언급하였는데, 앞 문장에 대해 총괄적으로 결론을 맺은 것이다.

父母存, 不許友以死, 不有私財.〈046〉 爲人子者, 父母存, 冠衣不
純[準]素.〈047〉 孤子當室, 冠衣不純采.〈048〉 [舊在"懼辱親也"之下.]

자식된 자들은 부모가 생존해 계신다면, 친구를 위해서 목숨을 버리지
않으며, 사사롭게 재물을 축적하지 않는다. 자식된 자들은 부모가 생존
해 계신다면, 관과 의복을 백색으로 치장하거나 가선을['純'자의 음은 '準
(준)'이다.] 대지 않는다. 부모가 돌아가셔서 고아가 된 자들 중 부친의
뒤를 이은 적장자는 관과 의복에 채색으로 치장하거나 가선을 대지 않
는다. [옛 판본에는 "부친을 욕되게 할까 걱정되기 때문이다."[1]라고 한 문장 뒤에
수록되어 있었다.]

集說

疏曰: 冠純, 冠飾也. 衣純, 深衣領緣也.

소에서 말하길, '관순(冠純)'은 관을 치장한 것이다. '의준(衣純)'은 심의
(深衣)[2]의 가장자리를 꾸민 것이다.

呂氏曰: 當室, 謂爲父後者. 不純采者, 雖除喪, 猶純素也.

여씨가 말하길, '당실(當室)'은 부친의 후계자가 된 자를 가리킨다. "채
색으로 가선을 대지 않는다."라고 했는데, 비록 상을 끝냈다 하더라도
여전히 백색으로 가선을 대는 것이다.

---

1) 『예기』「곡례상」 045장 : 不登高, 不臨深, 不苟訾, 不苟笑. 孝子不服闇, 不登
危, 懼辱親也.
2) 심의(深衣)는 일반적으로 상의와 하의가 서로 연결된 옷을 뜻한다. 제후, 대부(大
夫), 사(士)들이 평상시 집안에 거처할 때 착용하던 복장이기도 하며, 서인(庶人)
에게는 길복(吉服)에 해당하기도 한다. 순색에 채색을 가미하기도 했다.

近按: 前節, 皆言生事之禮. 此一節, 兼存沒而言之也.

내가 살펴보니, 앞 문단은 모두 살아계실 때 섬기는 예법을 언급한 것이다. 이곳 문단은 살아계시거나 돌아가셨을 때를 함께 언급한 것이다.

有憂者, 側席而坐, 有喪者, 專席而坐.〈134〉 [舊在"疾止復故"之下.]

부모의 병환 때문에 근심이 있는 자는 별도의 자리를 마련해서 혼자 앉
고, 상을 치르는 사람은 홑겹으로 된 자리에 앉는다. [옛 판본에는 "부모의
병이 다 나아야만 평상시대로 돌아간다."[1]라고 한 문장 뒤에 수록되어 있었다.]

集說

有憂, 謂親疾. 側席, 謂偏設之變於正席也. 專席, 謂不與人共坐也.

"근심이 있다."는 말은 부모에게 병환이 있다는 뜻이다. '측석(側席)'은
자리를 놓게 되는 본래의 위치를 변화시켜서 한쪽으로 치우치도록 설치
한다는 뜻이다. '전석(專席)'은 다른 사람과 함께 앉지 않는다는 뜻이다.

經文

居喪之禮, 毀瘠不形, 視聽不衰. 升降, 不由阼階, 出入, 不當
門隧.〈164〉

상을 치르는 예법에서는 슬픔 때문에 몸이 수척하게 되더라도, 그 상태
가 피골이 상접한 지경까지 이르게 하지 않으며, 보고 듣는 것조차 못
할 정도까지 이르게 하지 않는다. 당에 오르거나 내려갈 때에는 부친이
사용하던 동쪽 계단을 이용하지 않고, 문을 출입할 때에도 부친이 사용
하던 문의 중앙 길을 이용하지 않는다.

---

1) 『예기』「곡례상」 133장 : 父母有疾, 冠者不櫛, 行不翔, 言不惰, 琴瑟不御. 食肉
不至變味, 飲酒不至變貌. 笑不至矧, 怒不至詈. 疾止復故.

門隧, 謂門之中道也.

'문수(門隧)'는 대문의 가운데 길이다.

經文

居喪之禮, 頭有創[平聲]則沐, 身有瘍[羊]則浴, 有疾則飮酒食肉, 疾止復初. 不勝[升]喪, 乃比於不慈不孝.〈165〉 五十不致毁, 六十不毁. 七十唯衰[催]麻在身, 飮酒食肉, 處於內.〈166〉 [舊在 "不樂不弔"之下.]

상을 치르는 예법에서는 머리에 부스럼['創'자는 평성으로 읽는다.]이 생기면 머리를 감을 수 있고, 몸에 종기['瘍'자의 음은 '羊(양)'이다.]가 생기면 목욕을 할 수 있으며, 병이 생기면 술을 마시고 고기도 먹을 수 있되, 병이 나으면 본래대로 돌아가서 상을 마저 치른다. 자신의 몸을 돌보지 않아서 상사를 끝까지 치르지['勝'자의 음은 '升(승)'이다.] 못하는 것은 곧 자애롭지 못하고 효성스럽지 못한 것에 해당한다. 상을 치르는 자들 중 50세가 된 자는 상을 치르되 몸을 크게 훼손시켜서는 안 되고, 60세가 된 자는 몸을 조금이라도 훼손시켜서는 안 된다. 70세가 된 자는 상복['衰'자의 음은 '催(최)'이다.]은 입되 평소처럼 술도 마시고 고기도 먹으며, 상중에 머물게 되는 임시막사에도 머물지 않고, 평소처럼 집안에 거처하게 된다. [옛 판본에는 "즐거워지도 않고, 슬퍼하지도 않는다."[2]라고 한 문장 뒤에 수록되어 있었다.]

---

2) 『예기』「곡례상」 163장 : 齊者, 不樂不弔.

朱氏曰: 下不足以傳后, 故比於不慈, 上不足以奉先, 故比於不孝.

주씨가 말하길, 생명을 잃게 되면, 아래로는 후손에게 가업을 전수할 수 없기 때문에 자애롭지 못한 것이 되고, 위로는 선조를 봉양할 수 없기 때문에 효성스럽지 못한 것이 된다.

經文

居喪, 未葬, 讀喪禮, 旣葬, 讀祭禮, 喪復常, 讀樂章. 居喪不言樂, 祭事不言凶.〈下014〉3) [舊在下篇"作謚"之下.] 臨喪不惰. 祭服敝則焚之, 祭器敝則埋之, 龜筴敝則埋之, 牲死則埋之.〈194〉 [舊在 "士之辱也"之下.]

상중에 있으면서 아직 장례를 치르지 않았다면 상례에 대한 기록을 읽고, 이미 장례를 치렀다면 제례에 대한 기록을 읽으며, 상을 끝내고서 상복을 벗게 되었다면 음악에 대한 시가들을 읽는다. 상중에 있을 때에는 음악에 대해 언급하지 않고, 제사를 지낼 때에는 흉사에 대해 언급하지 않는다. [옛 판본에는 「곡례하」편의 "시호를 짓는다."4)라고 한 문장 뒤에 수록되어 있었다.] 제사에 임하게 되면 게으름을 피우지 않는다. 제사 때 착용하는 복장이 헐게 되면 불로 태워서 없애고, 제사 때 사용하는 기물들이 망가지게 되면 땅에 묻으며, 제사와 관련하여 점을 칠 때 사용하는 거북껍질과 산대가 망가지면 땅에 묻고, 제사 때 사용하는 희생물이 죽으면 땅에 묻는다. [옛 판본에는 "사에게도 치욕스러운 일이다."5)라고 한 문장

---

3) 『예기』「곡례하」 014장 : 居喪, 未葬, 讀喪禮, 旣葬, 讀祭禮, 喪復常, 讀樂章. 居喪不言樂, 祭事不言凶, 公庭不言婦女.

4) 『예기』「곡례하」 013장 : 已孤暴貴, 不爲父作謚.

뒤에 수록되어 있었다.]

呂氏曰: 人所用則焚之, 焚之, 陽也. 鬼神所用則埋之, 埋之, 陰也.

여씨가 말하길, 사람이 사용하는 것들에 대해서는 불로 태우니, 불로 태우는 행위는 음양으로 따지면 양(陽)에 해당하기 때문이다. 귀신에게 사용되는 것들은 매장하니, 매장하는 행위는 음(陰)에 해당하기 때문이다.

經文

支子不祭, 祭必告于宗子.〈下085〉 [舊在"士以羊豕"之下.] 君子將營宮室, 宗廟爲先, 廐庫爲次, 居室爲後.〈下020〉 凡家造, 祭器爲先, 犧賦爲次, 養[去聲]器爲後.〈下021〉 [舊在"公事不私議"之下.]

지자(支子)[6]들은 본인이 제사를 모시지 않으니, 만약 불가피한 사정으로 제사를 모시게 될 때에는 반드시 종자에게 그 사실을 보고해야만 한다. [옛 판본에는 「곡례하」편의 "사는 양과 돼지를 사용한다."[7]라고 한 문장 뒤에 수록되어 있었다.] 군자가 장차 궁실을 짓게 됨에는 가장 먼저 종묘를 짓고, 그 다음으로 마구간과 창고를 지으며, 마지막으로 자신이 머무는 집 건물을 짓는다. 무릇 대부가 자신의 영지를 통치할 때에는 제기가 우선이고, 그 다음으로는 희생물을 공납할 때 필요한 도구들을 만들며, 일반 식기['養'자는 거성으로 읽는다.]는 가장 마지막에 만든다. [옛 판본에는 「곡례

---

5) 『예기』「곡례상」 193장 : 四郊多壘, 此卿大夫之辱也. 地廣大荒而不治, 此亦士之辱也.
6) 지자(支子)는 적장자(嫡長子)를 제외한 나머지 아들들을 말한다.
7) 『예기』「곡례하」 084장 : 天子以犧牛, 諸侯以肥牛, 大夫以索牛, 士以羊豕.

하」편의 "공적인 일에 대해서는 사적으로 의논하지 않는다."[8]라고 한 문장 뒤에 수록되어 있었다.]

集說

疏曰: 家造, 謂大夫始造家事也. 天子之大夫祭祀, 賦斂邑民供出牲牢, 故曰犧賦.

소에서 말하길, '가조(家造)'는 대부가 자신의 영지에 대한 통치에 착수한다는 뜻이다. 천자에게 소속된 대부가 제사를 지내게 되면, 채읍의 백성들에게서 세금을 거둬서 희생물로 사용되는 가축들을 공납하도록 하기 때문에, '희부(犧賦)'라고 부른다.

經文

無田祿者, 不設祭器, 有田祿者, 先爲祭服. 君子雖貧, 不粥[育]祭器, 雖寒, 不衣[去聲]祭服, 爲宮室, 不斬於丘木.〈下022〉[舊聯上節在下篇之中.]

채읍으로 받은 영지가 없는 자의 경우, 반드시 제기를 마련해야 하는 것은 아니지만, 제복은 반드시 마련해야 하며, 영지가 있는 자의 경우에는 제기를 반드시 마련해야하지만, 그보다 앞서서 제복을 우선적으로 마련한다. 군자는 비록 가난하게 되더라도, 제기를 팔지['粥'자의 음은 '育(육)'이다.] 않고, 비록 춥다 하더라도 제복을 입지['衣'자는 거성으로 읽는다.] 않으며, 궁실을 지을 때에는 묘역에 심어둔 나무를 베지 않는다. [옛 판본에는 앞 문단과 연결되어 「곡례하」편에 수록되어 있었다.]

---

8) 『예기』「곡례하」 019장 : 公事不私議.

呂氏曰: 祭器可假, 服不可假也. 丘木, 所以庇宅兆, 爲宮室而斬之, 是慢其先而濟吾私也.

여씨가 말하길, 제기의 경우 남에게 빌릴 수도 있지만, 제복은 빌릴 수가 없다. '구목(丘木)'은 무덤을 둘러싸는 나무들이니, 궁실을 짓는다고 하여 이 나무들을 벤다면, 이것은 자신의 선조에게 태만하게 굴며, 자신의 개인적인 부분에만 윤택하게 하는 것이다.

君子已孤, 不更[平聲]名.〈下012〉 已孤暴貴, 不爲[去聲]父作諡.〈下013〉 [舊在下篇"從新國之法"之下.]

군자는 이미 부친이 돌아가셔서 고아가 된 상태라면, 이름을 바꾸지['更'자는 평성으로 읽는다.] 않는다. 이미 부친이 돌아가셔서 고아가 된 상태라면, 갑작스럽게 존귀한 신분이 되었더라도, 부친을 위하여['爲'자는 거성으로 읽는다.] 시호를 짓지 않는다. [옛 판본에는 「곡례하」편의 "새로 정착한 나라의 예법을 따르게 된다."9)라고 한 문장 뒤에 수록되어 있었다.]

名者, 父所命也. 父沒而改之, 孝子所不忍也. 不爲父作諡, 文王雖爲西伯, 不爲古公·公季作諡. 周公成文·武之德, 亦不敢加大王·王季以諡也.

---

9)『예기』「곡례하」011장 : 去國三世, 爵祿有列於朝, 出入有詔於國, 若兄弟宗族猶存, 則反告於宗後. 去國三世, 爵祿無列於朝, 出入無詔於國, 唯興之日, <u>從新國之法</u>.

이름이라는 것은 부친이 지어주는 것이다. 부친이 돌아가시고 나서 이름을 고치는 일을 자식은 차마 할 수 없다. 부친을 위해서 시호를 짓지 않는다고 했는데, 문왕은 비록 서백(西伯)[10]이 되어서도 고공과 공계를 위해 시호를 짓지 않았다. 주공은 문왕과 무왕의 덕을 완성하였지만 또한 감히 태왕과 왕계에게 시호를 더하지 않았다.

淺見

近按: 已孤而貴, 不作父諡, 與周公追王之禮, 不合. 恐是夏·殷古禮. 抑或因父爲士, 子爲天子·諸侯, 祭以天子·諸侯, 其尸服以上服之說, 而附會之也. 或曰暴貴, 非常之貴, 如以旁支入繼大統, 則不敢禰其所生之父以追諡爲帝王, 亦通. 愚謂父爲士, 子爲天子, 如漢高祖, 起自匹夫而成帝業, 無所承受, 故得以立廟而祭其先. 然尸以上服者, 是在未有追王之禮之前之事爾. 自周已有追王之法, 則當加帝號, 寧用士服乎? 以旁支繼大統, 如漢宣帝·宋英宗, 有所承受, 爲之後者, 爲之子, 故不得禰其父而祀於大廟. 然雖不可諡爲帝王, 亦不可無其位號, 當加殊稱以別諸庶, 別立廟而祀之, 先儒於濮議論之, 詳矣. 是亦不可謂無諡也. 父有天下, 傳歸於子, 子有天下, 尊歸於父, 理之正也. 人子顯親之心, 不以存沒而有異, 豈不可追加爵諡以尊之乎? 故此節之旨, 當存疑而不可爲定論也.

내가 살펴보니, 이미 고아가 된 상태에서 존귀하게 되더라도 부친을 위

---

10) 서백(西伯)은 서쪽 지역에 속한 제후들을 통솔하는 제후들의 수장을 뜻한다. '백(伯)'은 제후들의 수장에게 붙이는 칭호 중 하나이다. 주(紂)임금은 문왕(文王)을 '서백'으로 임명하였기 때문에, '서백'은 또한 '문왕'을 지칭하기도 한다. 『맹자』「이루상(離婁上)」편에는 "吾聞西伯善養老者."라는 기록이 있는데, 이에 대한 초순(焦循)의 『정의(正義)』에서는 "西伯, 卽文王也. 紂命爲西方諸侯之長, 得專征伐, 故稱西伯."이라고 풀이했다. 한편 무왕(武王)은 문왕의 지위를 계승하였기 때문에, '무왕'을 또한 '서백'이라고도 부른다. 『여씨춘추(呂氏春秋)』「귀인(貴因)」편에는 "殷使膠鬲候周師. 武王見之. 膠鬲曰, '西伯將何之? 無欺我也.' 武王曰, '不子欺, 將之殷也.'"라는 기록이 있다.

해 시호를 짓지 않는다고 한 것은 주공이 추왕(追王)[11]을 했던 예와는 합치되지 않는다. 아마도 이것은 하나라나 은나라의 옛 예법에 해당하는 것 같다. 그것이 아니라면 부친이 사의 신분이었고 자식이 천자나 제후가 되었을 때에는 제사를 지낼 때 천자나 제후의 예법에 따르고, 시동은 상등의 복장을 착용한다는 주장으로 인해 견강부회한 것이다. 혹자는 '폭귀(暴貴)'가 정상적이지 않게 존귀해졌다는 뜻으로, 예를 들어 방계와 지류에 해당하는 자가 양자로 들어와 대통을 계승하게 된다면 감히 자신을 낳아준 생부를 부친으로 여겨 시호를 추증하여 제왕으로 삼을 수 없다고 하는데, 이 또한 뜻이 통한다. 내 생각에는 부친이 사의 신분이었고 자식이 천자가 되었다는 것은 예를 들어 한나라 고조의 경우 필부에서 시작하여 황제의 대업을 이루어서 받들어 이을 것이 없었다. 그렇기 때문에 묘를 세워서 선조에게 제사를 지낼 수 있었다. 그렇다면 시동이 상등의 복장을 착용한다는 것은 추왕을 하는 예법이 아직 없었을 때의 일일 뿐이다. 주나라로부터 그 이후로는 추왕을 하는 예법이 생겨났으니, 마땅히 제왕의 칭호를 붙여야 하는데, 어떻게 사의 복장을 이용할 수 있겠는가? 방계와 지류에 해당하는 자가 대통을 계승한 것은 한나라 선제나 송나라 영종과 같은 자들로, 그들은 받들어 이을 대상이 있고, 그의 후계자나 자식이 된 경우이다. 그렇기 때문에 자신의 생부를 부친으로 삼아 태묘에서 제사를 지낼 수 없다. 그러나 비록 시호를 추증하여 제왕으로 삼을 수 없더라도, 작위와 명칭은 없을 수 없으니, 마땅히 별칭을 더해서 나머지 자들과 구별해야 하고, 별도로 묘를 세워 제사를 지내야 하는데, 이와 관련해서는 선대 학자들이 복왕의 추존과 관련된 의론에서 논변한 것이 매우 상세하다. 따라서 이 또한 시호가 없다고 말할 수 없다. 부친이 천하를 소유했을 때 그것을 자식에게 전수하고, 자식이 천하를 소유했을 때 존귀함을 부친에게 돌리는 것은 올바른 이치이다. 사람의 자식이라면 부모의 명성을 높이고자 하는 마

---

11) 추왕(追王)은 천자의 조상 중 천자의 신분이 아니었지만, 죽은 뒤 그에게 천자의 칭호를 부여한다는 뜻이다.

음에 부모가 살아계시거나 돌아가셨냐에 따라 차이가 없는데, 어떻게 추증을 하여 작위와 시호를 붙여 존귀하게 높일 수 없단 말인가? 그러므로 이 문단의 뜻에 대해서는 마땅히 의문을 품어야 하며 정론으로 삼을 수 없다.

父之讎, 弗與共戴天, 兄弟之讎, 弗反兵, 交遊之讎, 不同國.
〈192〉 [舊在"各司其局"之下.]

부친의 원수와는 같은 하늘 아래에서 함께 살지 않고, 형제의 원수에
대해서는 복수를 하기 위해 항상 무기를 휴대하므로 무기를 가지러 돌
아가지 않으며, 친구의 원수와는 같은 나라에서 살지 않는다. [옛 판본에
는 "그 영역을 담당한다."[1]라고 한 문장 뒤에 수록되어 있었다.]

集說

弗反兵, 謂常以殺之之兵器自隨也.

"병기를 가지러 돌아가지 않는다."는 말은 그를 죽이기 위한 병기를 항
상 지니고 있어서, 즉각 복수를 시행한다는 뜻이다.

淺見

近按: 此因復父讎而幷及兄弟·交遊之讎. 父讎, 誓不俱生, 信矣.
交遊之讎而不同國, 似是太重, 恐是戰國傾危之習. 然上言父母存,
不許友以死, 是亦父母既沒之後事也. 前皆以事親始終之常禮言之,
此以下以其事之變者言也.

내가 살펴보니, 이것은 부친의 원수에 대해 복수한다는 내용에 따라 형
제 및 친구의 원수까지도 함께 언급한 것이다. 부친의 원수에 대해서
같은 하늘 아래에서 함께 살아가지 않겠다고 맹세한다는 것은 믿을 만
한 내용이다. 그러나 친구의 원수에 대해서 같은 나라에서 살지 않는다
고 한 것은 너무 심한 것 같으니, 이것은 아마도 전국시대처럼 위태로운
시대에 나타났던 습속인 것 같다. 그런데 앞에서 부모가 생존해 계실

----

1) 『예기』「곡례상」 191장 : 進退有度, 左右有局, 各司其局.

때 친구를 위해 목숨을 버리지 않는다고 했으니, 이곳의 내용은 또한 부모가 이미 돌아가신 이후의 일에 해당한다. 앞에서는 모두 부모를 섬길 때 시종일관 통용되는 항상된 예법을 기준으로 말한 것이고, 이곳 문장 이하의 내용들은 사안의 변화를 기준으로 말한 것이다.

大夫士去國, 祭器不踰竟[境]. 大夫寓祭器於大夫, 士寓祭器於 士.〈下023〉 [舊在"不斬於丘木"之下.]

대부와 사가 그 나라를 떠나게 될 때에는 제기를 가지고 국경['竟'자의 음은 '境(경)'이다.]을 벗어나지 않는다. 대부의 경우에는 자신과 동급인 대부에게 제기를 맡기고, 사의 경우에도 자신과 동급인 사에게 제기를 맡긴다. [옛 판본에는 「곡례하」편의 "묘역에 심어둔 나무를 베지 않는다."[1]라고 한 문장 뒤에 수록되어 있었다.]

集說

呂氏曰: 臣之所以有宗廟祭器以事其先者, 君之祿也. 今去位矣, 乃挈器以行, 是竊君之祿以辱其先, 此祭器所以不踰竟也. 寓寄於爵等之同者, 使之可用也.

여씨가 말하길, 신하가 종묘를 세우고 제기를 마련하여, 선조들을 섬길 수 있었던 것은 군주가 준 녹봉 때문이다. 그런데 만약 그 지위를 버리고서 곧 제기를 들고 다른 곳으로 떠난다면, 이것은 군주의 녹봉을 훔치는 꼴이 되어 그의 선조를 욕보이게 된다. 이것이 바로 제기를 가지고 국경을 넘을 수 없는 이유이다. 작위와 등급이 같은 자에게 맡기는 이유는 그로 하여금 쓸 수 있도록 하기 위해서이다.

淺見

近按: 父母之邦, 墳墓所在, 雖不得已而去, 無終絶之理, 祭器不踰竟, 示將還也. 此篇言大夫士去國者二節, 一主爲親而言, 一主愛君

---

1) 『예기』「곡례하」 022장 : 無田祿者, 不設祭器, 有田祿者, 先爲祭服. 君子雖貧, 不粥祭器, 雖寒, 不衣祭服, 爲宮室, <u>不斬於丘木</u>.

而言. 忠臣·孝子不幸遭變而去國之際, 不忘君親而拳拳眷戀之意,
可見矣. 此及下文, 皆爲親而言者也, 故屬于此.

내가 살펴보니, 부모의 나라는 조상의 묘소가 있는 곳이니 비록 부득이
한 사정으로 떠나게 되더라도 완전히 관계를 끊는 이치가 없다. 제기를
가지고 국경을 벗어나지 않는 것은 장차 되돌아오리라는 뜻을 보이기
위해서이다. 「곡례」편에서 대부와 사가 본국을 떠난다고 한 것은 두 문
단에 나오는데, 하나는 부모를 위한 경우를 위주로 말한 것이고, 다른
하나는 군주를 사모하는 경우를 위주로 말한 것이다. 충신과 효자가 불
행히도 변란을 당해 본국을 떠날 때에는 군주와 부모를 잊지 않고 참된
마음을 품어 간절히 그리워한다는 뜻을 이를 통해 확인할 수 있다. 이곳
문장과 아래 문장은 모두 부모를 위한 경우로 말한 것이다. 그렇기 때문
에 이곳에 배속시킨 것이다.

君子行禮, 不求變俗. 祭祀之禮, 居喪之服, 哭泣之位, 皆如其
國之故, 謹修其法而審行之.〈下010〉 [舊在下篇"非禮也"之下.]

군자가 의례를 시행함에 있어서, 그의 선조가 살았던 이전 나라의 오래
된 풍속을 바꾸기를 원해서는 안 된다. 제사를 시행하는 예법, 상을 치
르면서 입게 되는 상복, 곡읍을 할 때의 위치 등 모든 경우에 있어서도,
그의 이전 나라에서 시행했던 오래된 예법대로 따르며, 그 예법을 조심
스럽게 살펴서 신중하게 시행한다. [옛 판본에는 「곡례하」편의 "비례이다."2)
라고 한 문장 뒤에 수록되어 있었다.]

淺見

近按: 君子雖已徙居他國, 而不變故國之俗, 厚之至也. 況故國之禮,
吾親平日之所嘗行, 新國之法, 吾親平日之所未知也. 祭吾親而以
其平日所未知之法, 於心安乎? 故不變舊俗而審行之也.

내가 살펴보니, 군자가 비록 이미 다른 나라로 옮겨 거주한다 하더라도
예전 나라에서 지켜오던 풍속을 바꾸지 않으니, 이것은 덕이 매우 두터
운 것이다. 하물며 예전 나라에서 지켜오던 예법은 자신의 부모가 평상
시 시행해오던 것이고, 새로 정착한 나라의 예법은 자신의 부모가 평상
시 알지 못했던 것이다. 그렇다면 자신의 부모에게 제사를 지내면서 부
모가 평상시 몰랐던 예법으로 지낸다면 마음이 편안하겠는가? 그러므로
옛 습속을 바꾸지 않고 면밀히 살펴 시행하는 것이다.

右傳之第三章.

여기까지는 전 3장이다.

---

2) 『예기』「곡례하」 009장 : 侍於君子, 不顧望而對, 非禮也.

言父子之禮, 生事葬祭事親之始終具矣.

부자관계에서 지켜야 하는 예법을 말하고 있으니, 살아계셨을 때 섬기고, 장례나 제사를 지내며 부모를 섬기는 것 등 부모를 섬기는 처음과 끝이 모두 구비되어 있다.

전(傳) 4장

爲人臣之禮, 不顯諫, 三諫而不聽, 則逃之.〈下069〉 子之事親
也, 三諫而不聽, 則號[平聲]泣而隨之.〈下070〉 君有疾飲藥, 臣先
嘗之, 親有疾飲樂, 子先嘗之. 醫不三世, 不服其藥.〈下071〉 [舊
在下篇“滅同姓”之下.]

신하된 자의 예법에서는 군주에게 드러내놓고 간언을 하지 않으니, 도
리에 따라 세 번 간언을 했는데도 군주가 말을 듣지 않는다면, 그 지위
를 떠나는 것이다. 자식이 부친을 섬길 때, 올바른 도리에 따라 세 차례
간언을 했는데도 부친이 그 말에 따르지 않는다면, 울부짖으며['號'자는
평성으로 읽는다.] 부친의 말에 따른다. 군주에게 질병이 생겨서 탕약을
먹게 되면, 탕약의 이상 유무를 확인하기 위해 신하가 먼저 그 탕약을
맛보고, 부모에게 질병이 생겨서 탕약을 먹게 되면, 자식이 먼저 그 탕
약을 맛본다. 의관 집안에서 그 직책을 3세대 이상 전승하지 않았다면,
그가 만든 약을 군주나 부모에게 복용시키지 않는다. [옛 판본에는 「곡례
하」편의 "동성인 국가를 멸망시킨다."[1]라고 한 문장 뒤에 수록되어 있었다.]

呂氏曰: 君臣, 義合也, 父子, 天合也. 君臣其合也與父子同, 其不合
也去之, 與父子異也. 醫三世, 治人多, 用物熟矣. 功已試而無疑, 然
後服之, 亦謹疾之道也.

여씨가 말하길, 군주와 신하의 관계는 도의에 따라 의기투합한 관계이

---

1) 『예기』「곡례하」 068장 : 天子不言出, 諸侯不生名, 君子不親惡. 諸侯失地名,
滅同姓名.

며, 부친과 자식의 관계는 하늘이 맺어준 관계이다. 군주와 신하가 의기투합을 하였을 때에는 부모와 자식의 관계와 같지만, 의기투합하지 못했을 때 떠나는 것은 부모와 자식의 관계와는 다른 것이다. 의관의 직업을 3세대나 지내게 되면, 사람의 병을 다스린 경험이 많아서 약재를 사용하는데 능숙하다. 그 능력이 이미 검증이 되어 의심할 것이 없게 된다. 따라서 이러한 사람이 만든 탕약인 연후에야 그것을 먹으니, 이 또한 질병에 대해서 신중하게 처신하는 도리이다.

浅見

近按: 此擧爲人臣之禮以發端, 又幷言事親之道, 與上章文義相承也.

내가 살펴보니, 이것은 신하된 자가 따라야 하는 예법을 제시해서 그 단서를 열어준 것이며, 또한 부모를 섬기는 도리까지 함께 언급하였으니, 앞 문장과 문맥의 뜻이 서로 연결된다.

君命召, 雖賤人, 大夫士必自御[迓]之. 〈217〉 [舊在"入里必式"之下.]

군주가 명령을 내려서 신하를 불러들이는 경우, 심부름을 하는 자가 비록 신분이 매우 천한 자일지라도, 대부나 사는 반드시 직접 그를 맞이['御'자의 음은 '迓(아)'이다.]해야 한다. [옛 판본에는 "마을에 들어서면 반드시 식을 잡고 예의를 표한다."[1]라고 한 문장 뒤에 수록되어 있었다.]

御, 讀爲迓, 迎也. 自迎之, 所以敬君命.

'어(御)'자는 아(迓)자로 읽으니, "맞이한다."는 뜻이다. 직접 그들을 맞이하는 이유는 군주의 명령을 공경하기 때문이다.

大夫士出入君門, 由闑[魚列反]右, 不踐閾. 〈058〉 [舊在"必愼唯諾"之下.]

대부와 사가 군주가 사는 궁성의 문을 출입하는 경우에는 문에 설치한 말뚝['闑'자는 '魚(어)'자와 '列(렬)'자의 반절음이다.]의 오른편을 경유하며, 문턱을 밟지 않는다. [옛 판본에는 "대답을 할 때에는 반드시 신중하게 해야만 한다."[2]라고 한 문장 뒤에 수록되어 있었다.]

近按: 舊說謂闑, 當門中, 以東爲右. 主人入門而右, 客入門而左, 大

---

1) 『예기』「곡례상」 216장 : 故君子式黃髮, 下卿位, 入國不馳, 入里必式.
2) 『예기』「곡례상」 057장 : 毋踐屨, 毋踖席, 摳衣趨隅, 必愼唯諾.

夫士由右, 以臣從君, 不敢以賓敵主也. 愚謂此說, 蓋緣此節舊本下
聯主客入門, 而誤也. 主人入門而右者, 由入之時北面而言, 故以東
爲右也. 大夫士出入君門, 非必皆從君也. 且又兼言出入, 則入之時
東爲右, 而出之時東非右也. 此以君門向南而言, 以西爲右也. 君出
入由闑之東, 故臣避之而由其西也.

내가 살펴보니, 옛 학설에서는 '얼(闑)'은 문의 중앙에 해당하며, 동쪽을
우측으로 삼는다. 주인은 문으로 들어가며 우측으로 가고 빈객은 문으
로 들어가며 좌측으로 가는데, 대부와 사가 우측을 경유하는 것은 신하
의 신분으로 군주를 뒤따르게 되니, 감히 빈객으로 자처하여 주인인 군
주와 대등하게 할 수 없기 때문이라고 했다. 내가 생각하기에 이 주장은
아마도 이 문단이 옛 판본에는 아래에 나오는 주인과 빈객이 문으로 들
어가는 내용과 연결되어 있어서, 이처럼 잘못된 해석을 한 것 같다. 주
인이 문으로 들어가며 우측으로 간다는 것은 들어갈 때 북쪽을 바라보
는 것에 따라 말한 것이다. 그래서 동쪽을 우측으로 삼는다. 대부와 사
가 군주의 궁성 문을 출입할 때에는 반드시 모든 경우마다 군주를 뒤따
르는 것이 아니다. 또 '출입(出入)'이라는 말을 함께 언급했으니, 들어갈
때에는 동쪽을 우측으로 삼게 되지만, 나갈 때 동쪽은 우측이 아니다.
이것은 군주의 궁성 문이 남쪽을 향해 있는 것에 따라 말한 것으로, 서
쪽을 우측으로 삼는다. 군주가 궁성의 문을 출입할 때에는 중앙 말뚝의
동쪽을 이용하기 때문에, 신하는 그 자리를 피하여 서쪽을 경유하는 것
이다.

經文

御食於君, 君賜餘, 器之漑者不寫, 其餘皆寫.〈128〉 賜果於君
前, 其有核者懷其核.〈127〉 [舊在"賤者不敢辭"之下, 而下節在"御食"之
前. 今以輕重之次而爲先後也.] 凡執主器, 執輕如不克. 執主器, 操
幣圭璧, 則尙左手, 行不擧足, 車輪曳踵.〈下003〉 立則磬折垂
佩. 主佩倚, 則臣佩垂. 主佩垂, 則臣佩委.〈下004〉 執玉, 其有藉
者則裼[錫], 無藉者則襲.〈下005〉 [舊在"士則提之"之下.]

군주를 모시고 식사 시중을 들 때, 군주가 먹고 남은 음식을 하사해주
면, 그 음식이 담긴 그릇이 만약 씻을 수 있는 것이라면 다른 곳에 옮겨
담아서 먹지 않고, 기타 씻을 수 없는 그릇에 담긴 것들이라면 모두 다
른 곳에 옮겨 담아서 먹는다. 군주 앞에서 과일을 하사받게 되면, 과실
중에 씨가 있는 것은 그 씨를 함부로 버리지 않고 간직한다. [옛 판본에는
"미천한 신분을 가진 자는 감히 사양하지 않는다."[1]라고 한 문장 뒤에 수록되어 있
었고, '사과(賜果)'로 시작되는 뒤의 문단은 '어식(御食)'이라는 구문 앞에 수록되어
있었다. 여기에서는 사안의 경중에 따라서 선후를 정했다.] 무릇 주군의 기물을
받들 때에는 가벼운 물건을 받들게 되더라도 마치 무거운 물건을 들어
서 그 무게를 감당할 수 없는 것처럼 조심스럽게 행동한다. 주군의 기
물을 받들 때, 폐백이나 규벽(圭璧)[2]처럼 귀중한 물건을 들게 된다면,
우측 손으로는 밑 부분을 받치고 좌측 손으로는 위를 덮으며, 걸을 때

---

1) 『예기』「곡례상」 126장 : 長者賜, 少者賤者不敢辭.
2) 규벽(圭璧)은 천자 및 제후가 조빙(朝聘)의 예(禮)를 시행하거나 또는 제사를
시행할 때 사용했던 옥(玉)으로 만든 기물이다. 『시』「대아(大雅)・운한(雲漢)」
편에는 "靡神不擧, 靡愛斯牲. 圭璧旣卒, 寧莫我聽."이라는 기록이 있고, 이에
대한 주희의 『집전(集傳)』에서는 "圭璧, 禮神之玉也."라고 풀이했다. 그리고 그
크기가 5촌(寸)으로 된 '규벽'으로는 해[日], 달[月], 별[星辰]에 대한 제사에서 사용
했다는 기록도 있다. 『주례』「동관고공기(冬官考工記)・옥인(玉人)」편에는 "圭
璧五寸, 以祀日月星辰."이라는 기록이 있다. 또한 '규벽'은 옥으로 만든 귀중한
기물을 범칭하는 용어로도 사용된다.

에는 발을 크게 떼지 않고, 수레바퀴가 굴러가듯 발뒤꿈치를 끌면서 걷는다. 서 있게 되면 경쇠처럼 몸을 굽혀서 허리춤에 찬 패옥이 늘어지게 한다. 주군의 패옥이 몸에 붙어 있으면, 신하는 허리를 조금 굽혀서 패옥이 늘어지게 한다. 주군의 패옥이 늘어져 있다면, 신하는 허리를 많이 굽혀서 패옥이 땅에 닿도록 한다. 옥을 잡을 때, 그것이 깔개가 있는 옥이라면, 석(裼)[3]을['裼'자의 음은 '錫(석)'이다.] 하고, 깔개가 없는 옥이라면 습(襲)[4]을 한다. [옛 판본에는 「곡례하」편의 "사의 기물을 들게 된다면, 단지 손에 들고만 있는다."[5]라고 한 문장 뒤에 수록되어 있었다.]

集說

如不克, 似不能勝也. 尙左手, 謂左手在上, 左陽, 尊也. 踵, 脚後也. 執器而行, 但起其前而曳引其踵, 如車輪之運於地, 故曰車輪曳踵. 磬折, 如磬之背, 而玉佩從兩邊懸垂, 此立容之常. 然臣之於君, 尊卑殊等, 則當視其高下之節, 而倍致其恭敬之容可也. 微俯則倚於身, 小俯則垂, 大俯則委於地, 皆於佩見其節. 無藉, 謂圭璋特達, 不加束帛, 當執圭璋之時, 其人則襲也. 有藉者, 謂璧琮加於束帛之上, 當執璧琮時, 其人則裼也.

"이기지 못한 듯이 한다."는 말은 마치 들 수 없는 듯이 하는 모습과 비슷한 것이다. "좌측 손을 높인다."는 말을 좌측 손을 위쪽에 두어서 물건

---

3) 석(裼)은 고대에 의례를 시행할 때 하는 복장 방식 중 하나이다. 좌측 소매를 걷어 올려서, 안에 입고 있는 석의(裼衣)를 드러내는 것이다. 한편 '석'은 비교적 성대하지 않은 의식 때 시행하는 복장 방식으로도 사용되어, 좌측 소매를 걷어 올려서 공경의 뜻을 표하기도 했다.

4) 습(襲)은 고대에 의례를 시행할 때 하는 복장 방식 중 하나이다. 겉옷으로 안에 입고 있던 옷들을 완전히 가리는 방식이다. 한편 '습'은 비교적 성대한 의식 때 시행하는 복장 방식으로도 사용되어, 안에 있고 있는 옷을 드러내지 않음으로써, 공경의 뜻을 표하기도 했다.

5) 『예기』「곡례하」 002장 : 執天子之器則上衡, 國君則平衡, 大夫則綏之, 士則提之.

을 덮는다는 뜻으로, 좌측은 음양으로 따지면 양(陽)에 해당하여, 존귀하기 때문이다. '종(踵)'자는 발뒤꿈치를 뜻한다. 기물을 받들고서 걸어갈 때에는 단지 발의 앞부분만 띄우며 발뒤꿈치는 질질 끌고 가니, 마치 수레바퀴가 지면에서 굴러갈 때와 비슷한 것이다. 그렇기 때문에 "수레바퀴처럼 발뒤꿈치를 끌고 간다."고 말한 것이다. '경절(磬折)'은 경쇠의 뒷면처럼 굽혀서, 패옥이 양쪽 허리 옆에서 늘어지도록 하는 것이니, 이것은 서 있는 자세에 대한 일상적인 규범이다. 그러나 신하가 군주를 대하게 되면, 신분의 등급 차가 나게 되므로, 마땅히 군주가 허리를 굽히는 예법에 견주어서, 군주가 취하는 공손한 태도의 배로 하는 것이 옳다. 허리를 미약하게 굽히게 되면 패옥이 몸에 붙어 있고, 조금 굽히게 되면 늘어지게 되며, 많이 굽히면 땅에 닿게 되니, 이 모두는 폐옥을 차고 있을 때에 대한 그 예법을 나타내는 것이다. "깔개가 없다."는 말은 규(圭)[6]와 장(璋)[7]만을 전달하며, 속백(束帛)[8]을 깔개로 첨가하지 않는다는 것이니, 규와 장을 잡을 때에는 잡는 사람이 습(襲)을 해야 한다는 뜻이다. "깔개가 있다."는 말은 벽(璧)[9]과 종(琮)[10]을 속백 위에 올려둔 것으로,

---

6) 규(圭)는 규벽(圭璧)이라고 범칭하기도 한다. 조빙(朝聘) 및 제사처럼 중요한 의례 때 손에 들게 되는 물건으로, 옥(玉)으로 만든 기물이다. 명칭과 크기는 작위의 등급에 따라 달랐다. 위쪽은 뾰족하였고, 아래쪽은 네모지게 되어 있다.

7) 장(璋)은 옥(玉)으로 만든 기물로, 규(圭)의 절반 크기로 되어 있었다. 조빙(朝聘)이나 제사 때 예물(禮物)로 사용되었다. 『서』「주서(周書)・고명(顧命)」편에는 "秉璋以酢."이란 기록이 있는데, 이에 대한 공안국(孔安國)의 전(傳)에서는 "半圭曰璋."이라고 풀이했다.

8) 속백(束帛)은 한 묶음의 비단으로, 그 수량은 다섯 필(匹)이 된다. 빙문(聘問)을 하거나 증여를 할 때 가져가는 예물(禮物) 등으로 사용되었다. '속(束)'은 10단(端)을 뜻하는데, 1단의 길이는 1장(丈) 8척(尺)이 되며, 2단이 합쳐서 1권(卷)이 되므로, 10단은 총 5필이 된다. 『주례』「춘관(春官)・대종백(大宗伯)」편에는 "孤執皮帛."이라는 기록이 있고, 이에 대한 가공언(賈公彦)의 소(疏)에서는 "束者十端, 每端丈八尺, 皆兩端合卷, 總爲五匹, 故云束帛也."라고 풀이했다.

9) 벽(璧)은 옥(玉)으로 된 물건으로, 평평하며 원형으로 되어 있고, 중앙에 구멍이 뚫려 있어서, 끈을 달아서 허리에 찼다.

벽과 종을 잡을 때에는 잡는 사람이 석(楊)을 해야 한다는 뜻이다.

經文

振書端書於君前, 有誅. 倒筴側龜於君前, 有誅.〈下015〉 龜·筴·几·杖·席·蓋, 重[平聲]素·袗[袗]·絺綌, 不入公門.〈下016〉 [舊在"公庭不言婦女"之下.]

군주 앞에서 서적의 먼지를 털거나 정돈을 하면 벌을 받는다. 군주 앞에서 시초를 뒤엎거나 거북껍질을 비껴놓는다면 벌을 받는다. 거북껍질·시초·안석·지팡이·자리·덮개를 들거나 상의와 하의가 모두['重'자는 평성으로 읽는다.] 흰색인 옷·홑옷['袗'자의 음은 '袗(진)'이다.]·삼베옷을 입고는 공문으로 들어가지 않는다. [옛 판본에는 「곡례하」편의 "군주의 궁에 있는 마당에서는 부녀자에 대한 언급을 하지 않는다."[11]라고 한 문장 뒤에 수록되어 있었다.]

集說

人臣以職分內事事君, 每事當謹之於素. 文書簿領已至君前, 乃始振拂其塵埃而端整之, 卜筮之官, 龜筴乃所奉以周旋者, 於君前而顚倒反側之狀, 此皆不敬其職業而慢上者, 故皆有罰. 龜·筴, 所以問吉凶, 嫌豫謀也. 几·杖, 所以優高年, 嫌自尊也. 席, 所以坐臥. 蓋, 所以蔽日與雨. 絺綌, 所以涼體. 袗, 單也, 單則見體而褻. 此三者, 宴安之具也. 重素, 衣裳皆素也, 以非吉服, 故亦不可以入公門.

---

10) 종(琮)은 옥(玉)으로 만든 기물로, 평평하며 네모난 기둥 모양으로 되어 있다. 중앙에 원형으로 된 구멍이 뚫려 있었다. 예물(禮物)로 사용되었으며, 제후가 천자에게 조회를 갈 때 부절(符節)로 사용되기도 했다.

11) 『예기』「곡례하」 014장 : 居喪, 未葬, 讀喪禮, 旣葬, 讀祭禮, 喪復常, 讀樂章. 居喪不言樂, 祭事不言凶, 公庭不言婦女.

신하는 자신이 맡은 직분에 해당하는 일을 가지고 군주를 섬기니, 평소에도 매사에 신중을 기해야만 한다. 문서나 장부를 이미 군주 앞으로 가지고 갔는데, 그제야 비로소 서적에 묻어있는 먼지를 털거나 단정하게 정리하고, 거북점과 시초점을 담당하는 관리에게 있어서 거북껍질과 시초라는 것은 받들어서 들고 가야하는 대상인데, 군주 앞으로 가지고 갔을 때, 뒤엎거나 비껴놓는 일이 발생한다면, 이들은 모두 자신이 맡은 직업을 공경하게 시행하지 않고, 군주에게 태만하게 행동한 경우에 해당한다. 그렇기 때문에 이러한 자들은 모두 벌을 받는 것이다. 거북껍질과 시초는 길흉을 묻는 도구이니, 이것을 가지고 들어간다면 미리 어떤 일을 모의한다는 혐의를 받게 된다. 안석과 지팡이는 나이가 많은 자를 대우하는 도구인데, 이것을 가지고 들어간다면 자기 스스로를 존귀하게 여긴다는 혐의를 받게 된다. 자리는 앉거나 누울 때 쓰는 도구이다. 덮개는 햇빛이나 비를 가리는 도구이다. 삼베옷은 몸을 시원하게 하는 의상이다. '진(袗)'자는 홑옷을 뜻하는데, 홑옷을 입게 된다면 신체가 겉으로 비춰지게 되어 무례를 범하게 된다. 이 세 가지 것들은 몸을 편안하게 해주는 것이다. '중소(重素)'는 상의와 하의가 모두 흰색인 옷으로, 길복(吉服)[12]이 아니기 때문에, 또한 그것을 입고서 공문으로 들어갈 수 없다.

經文

苞[白表反]屨·扱[揷]衽·厭[於涉反]冠, 不入公門.〈下017〉 書方·衰[催]·凶器, 不以告, 不入公門.〈下018〉 [舊聯上文.]

---

12) 길복(吉服)에는 세 가지 뜻이 있다. 첫 번째는 제사 때 입는 복장인 제복(祭服)을 뜻한다. 제사(祭祀)는 길례(吉禮)에 해당하므로, 그때 착용하는 복장을 '길복'이라고 부르는 것이다. 두 번째는 예의를 갖출 때 입는 예복(禮服)을 범칭하는 말이다. 세 번째는 흉사나 상사가 없이 일상적인 때 착용하는 복장을 가리키기도 한다.

표괴풀['苞'자는 '白(백)'자와 '表(표)'자의 반절음이다.]로 엮은 짚신을 신거나 앞자락을 허리띠에 꼽거나['扱'자의 음은 '揷(삽)'이다.] 염관(厭冠)[13]을['厭'자는 '於(어)'자와 '涉(섭)'자의 반절음이다.] 쓰고서는 공문으로 들어가지 않는다. 서방이나 상복['衰'자의 음은 '催(최)'이다.] 및 흉기 등은 미리 보고하지 않았다면, 그것들을 가지고 공문을 들어가지 않는다. [옛 판본에는 앞에 나온 「곡례하」편의 문장의 뒤에 수록되어 있었다.]

集說

苞, 讀爲藨, 以藨蒯之草爲齊衰喪屨也. 扱衽, 以深衣前衽扱之於帶也. 蓋親初死時, 孝子以號踊履踐爲妨, 故扱之也. 厭冠, 喪冠也. 吉冠有纚有梁, 喪冠無之, 故厭帖然也. 方, 板也. 書方者, 條錄送死物件於方板之上也. 衰, 五服之衰也. 凶器, 若棺槨墻翣明器之屬. 不以告不入公門, 謂告則可入者, 蓋臣變有死於宮中者, 君亦許其殯而成喪, 然必先告乃得將入也.

'포(苞)'자는 표(藨)자로 풀이하니, 표괴(藨蒯)라는 풀로 엮어서 만든 신발로, 자최복(齊衰服)[14]이라는 상복에 신는 짚신이다. '급임(扱衽)'은 심의(深衣)의 앞자락을 허리띠에 꼽는다는 뜻이다. 부모의 초상 때 자식은 울부짖으며 용(踊)[15]을 하는데, 옷자락이 밟혀서 방해가 되기 때문에 앞

---

13) 염관(厭冠)은 소공복(小功服) 이하의 상에서 착용하는 관을 뜻한다.
14) 자최복(齊衰服)은 상복(喪服) 중 하나로, 오복(五服)에 속한다. 거친 삼베를 사용해서 만들며, 자른 부위를 꿰매어 가지런하게 정리하기 때문에, '자최복'이라고 부른다. 이 복장을 입게 되는 기간에도 여러 종류가 있는데, 3년 동안 입는 경우는 죽은 계모(繼母)나 자모(慈母)를 위한 경우이고, 1년 동안 입는 경우는 손자가 죽은 조부모를 위해 입는 경우와 남편이 죽은 아내를 입는 경우 등이다. 그리고 1년 동안 '자최복'을 입는 경우, 그 기간을 자최기(齊衰期)라고도 부른다. 또 5개월 동안 입는 경우는 죽은 증조부나 증조모를 위한 경우이며, 3개월 동안 입는 경우는 죽은 고조부나 고조모를 위한 경우 등이다.
15) 용(踊)은 상중(喪中)에 취하는 행동으로, 곡(哭)에 맞춰서 발을 구르는 행위이다.

자락을 허리띠에 꼽는 것이다. '염관(厭冠)'은 상중에 쓰는 관이다. 길한 때 착용하는 관은 갓끈과 관의 장식인 양(梁)이 있는데, 상관에는 이러한 것들이 없다. 그러므로 관의 모양을 지지해주는 것이 없어서 푹 꺼져서 눌러있게 된다. '방(方)'자는 나무판을 뜻한다. '서방(書方)'이라는 것은 죽은 자를 전송하는 일에 필요한 물건들을 나무판 위에 조목별로 기록해둔 것이다. '최(衰)'자는 오복(五服)에 해당하는 상복들을 뜻한다. '흉기(凶器)'는 관·외관·장삽(牆翣)16)·명기(明器)17) 등을 뜻한다. 이러한 것들을 보고하지 않았다면 공문으로 들어가지 않는다는 말은 보고를 하면 가지고 들어갈 수 있다는 뜻이니, 아마도 신하나 첩 등이 궁 안에서 사망했을 때, 군주가 또한 그들의 빈소 차리는 것을 허락하여, 상례를 갖출 수 있게 된 경우인데, 반드시 먼저 보고를 해야만 곧 그것들을 가지고 공문으로 들어갈 수 있다.

浅見

近按: 此以上, 皆以公門之內之事而言也. 此以下, 則以公門之外之事而言之也.

내가 살펴보니, 이곳 문장 이전의 내용들은 모두 공문 안에서의 일을 기준으로 말한 것이다. 반면 이곳 문장 이후의 내용들은 공문 밖에서의 일을 기준으로 말한 것이다.

---

16) 장삽(牆翣)은 관(棺)을 치장하는 일종의 장식품으로, 병풍처럼 생긴 것이다.
17) 명기(明器)는 '명기(冥器)'라고도 부른다. 장례(葬禮) 때 시신과 함께 매장하는 순장품을 뜻한다.

君車將駕, 則僕執策立於馬前.〈207〉 已駕, 僕展軨[零]效駕.〈208〉
奮衣由右上[上聲], 取貳綏跪乘.〈209〉 執策分轡, 驅之五步而立.
〈210〉 君出就車, 則僕幷轡授綏, 左右攘辟[避].〈211〉

군주의 수레에 멍에를 메게 되면, 마부는 채찍을 잡고서 말 앞에 선다.
말에 멍에 메는 일이 다 끝나면, 마부는 수레의 영['軨'자의 음은 '零(령)'이
다.]을 꼼꼼하게 살펴보고, 안으로 들어가서 군주에게 멍에가 다 메어졌
다고 아뢴다. 마부는 수레의 뒤에서 옷에 묻은 먼지를 털어내고, 수레
의 오른쪽으로 오르되['上'자는 상성으로 읽는다.] 수레를 탈 때에는 이수(貳
綏)를 잡고서 타고, 수레에 올라가서는 무릎을 꿇는다. 우측 손에 채찍
을 잡고서 양손으로 고삐를 나눠지며, 수레를 시험 삼아 몰되 다섯 걸
음 정도 가면 곧바로 멈추고, 한쪽 편에 서서 군주가 나오기를 기다린
다. 군주가 밖으로 나와서 수레가 있는 쪽으로 오게 되면, 마부는 한쪽
손으로 6개의 고삐와 채찍을 움켜쥐고, 나머지 한쪽 손으로 정수(正綏)
를 잡아 군주에게 건네며, 군주를 배웅하려고 나와 있는 좌우측의 신하
들은 뒤로 물러서서, 수레가 출발할 수 있도록 자리를 피해준다. ['辟'자
의 음은 '避(피)'이다.]

此下言乘車之禮. 策, 馬杖也. 已駕, 駕馬畢也. 軨, 車之轄頭. 車行
由轄, 僕者展視軨徧, 卽入而效白於君, 言車駕竟.

이곳 문장 뒤의 내용들은 수레를 타는 예법에 대해 언급하고 있다. '책(策)'
은 말채찍이다. '이가(已駕)'는 말에 멍에 메는 일이 다 끝났다는 뜻이다.
'영(軨)'은 수레의 할(轄) 머리 부분이다. 수레가 움직이는 것은 할을 통해
서 이루어지니, 마부는 할을 꼼꼼히 살펴보고서 곧바로 들어가 군주에게
아뢰는 것으로, 수레에 멍에 메는 일이 모두 끝났다고 아뢴다는 뜻이다.

疏曰: 僕先出就車, 於車後自振其衣以去塵, 從右邊升上. 必從右者, 君位在左, 避君空位也. 貳, 副也. 綏, 登車索. 正綏, 擬君之升, 副綏, 擬僕右之升. 僕先試車時, 君猶未出, 未敢依常而立, 所以跪而乘之以爲敬. 轡, 馭馬索也. 車一轅而四馬駕之, 中央兩馬夾轅者, 名服馬, 兩過名騑馬, 亦曰驂馬. 每一馬有兩轡, 四馬八轡, 以驂馬內轡繫於軾前, 其外轡, 幷兩服馬各二轡, 六轡在手, 右手執杖, 以三轡置空手中, 以三轡置杖手中, 故云執策分轡也. 驅之者, 試驅行之也. 五步而立者, 跪而驅馬以行, 五步卽止, 而倚立以待君出. 及出就車, 則僕幷六轡及策置一手中, 以一手取正綏授於君, 令登車. 於是左右侍駕陪位諸臣, 見車欲進行, 皆遷郤以避車, 使不妨車之行也.

소에서 말하길, 마부는 먼저 밖으로 나와서 수레가 있는 곳으로 나아가고, 수레의 뒤편에서 직접 자신의 옷을 털어서 먼지를 제거하며, 수레의 우측으로부터 올라간다. 반드시 우측으로부터 올라가는 이유는 군주가 타게 되는 위치가 수레의 좌측이므로, 군주가 위치하는 자리를 피해 그 공간을 비워두기 위해서이다. '이(貳)'자는 '버금'이라는 뜻이다. '수(綏)'자는 수레에 오를 때 잡는 새끼줄을 뜻한다. '정수(正綏)'는 군주가 수레에 오를 때 잡는 새끼줄이고, '부수(副綏)'는 마부나 호위무사가 수레에 오를 때 잡는 새끼줄이다. 마부가 먼저 수레에 올라가서 수레의 상태를 점검할 때, 군주는 아직 밖으로 나온 상태가 아니므로, 감히 일반적인 경우에 따라 수레 위에서 서 있을 수가 없으니, 이러한 까닭으로 무릎을 꿇고서 수레에 타 있는 것이며, 이로써 공경의 뜻을 표하는 것이다. '비(轡)'자는 말을 모는 고삐를 뜻한다. 수레에는 하나의 끌채에 네 마리의 말을 메어두는데, 중앙에서 끌채를 끼고 있는 두 마리의 말을 '복마(服馬)'라 부르고, 양쪽 끝에 있는 두 마리의 말을 '비마(騑馬)' 또는 '참마(驂馬)'라 부른다. 한 마리의 말들마다 2개의 고삐가 있으니, 네 마리의 말이 모는 수레에는 총 8개의 고삐가 있게 되며, 참마의 고삐들 중 안쪽의 고삐는 수레의 앞턱 가로대 앞에 걸어두고, 바깥쪽 고삐들과 두 마리의 복마와 연결된 2개씩의 고삐들은 모두 6개가 되는데, 6개의 고삐는 마부가 손으로 잡게 된다. 그런데 마부의 우측 손은 채찍을 잡게 되므로, 3개의 고삐는 아무것도 잡고 있지 않은 좌측 손으로 잡고, 나머지 3개의 고삐는 채찍을 들고 있는 우측 손으로 잡게 된다. 그렇기 때문에 "채찍을 잡고 고삐를 나눠쥔다."라고 말한 것이다. '구(驅)'를 한다는 말은 시험 삼아 수레를 움직여본다는 뜻이다. 다섯 걸음을 가서 선다는 말은 수레 위에서 무릎을 꿇고 말을 몰아서 움직여보되 다섯 걸음을 가게 되면 곧바로 멈추고, 한쪽 편에 서서 군주가 나오기를 기다리는 것이다. 군주가 밖으로 나와서 수레로 다가오면, 마부는 여섯 개의 고삐를 한쪽으로 몰아서, 채찍을 쥐고 있는 한쪽 손으로 움켜쥐며, 다른 한 손으로는 정수(正綏)를 잡아 군주에게 건네서, 군주로 하여금 수레에 오르도록 한다. 이때 군주의 출행을 배웅하기 위해 나온 좌우측에 있는 여러 신하들은 수레가 출발하려고 하는 것을 보게 된다면, 모두 뒤로 물러나서 수레를 피하여 수레가 출발하는데 방해가 되지 않도록 한다.

車驅而騶[驟]至于大門, 君撫僕之手, 而顧命車右就車, 門閭溝渠必步.〈212〉[舊在"必踐之"之下.]

수레를 몰아 달려가는데['騶'자의 음은 '驟(취)'이다.] 대문에 이르게 되면, 군주는 마부의 손을 눌러서 수레를 멈추게 하고, 거우(車右)[1]를 돌아보며 명령을 내려서, 수레의 우측에 타게 하며, 호위무사는 성문과 마을 문을 지나갈 때, 또 도랑을 지나갈 때에는 반드시 수레에서 내려 도보로 이동한다. [옛 판본에는 "반드시 그 일을 실천해야 한다."[2]라고 한 문장 뒤에

---

1) 거우(車右)는 수레에 함께 타는 호위무사를 뜻한다. 수레의 우측에 위치하였기 때문에 '거우'라고 부르는 것이다.

2) 『예기』「곡례상」 206장 : 龜爲卜, 筴爲筮. 卜筮者, 先聖王之所以使民信時日, 敬鬼神, 畏法令也, 所以使民決嫌疑, 定猶與也. 故曰, "疑而筮之, 則弗非也,

수록되어 있었다.]

疏曰: 車上君在左, 僕人中央, 勇士在右. 既至大門, 恐有非常, 故回命車右上車. 至門闔溝渠而必下車者, 一則君子不誣十室, 過門闔必式, 君式, 則臣當下也, 二則溝渠險阻, 恐有傾覆, 亦須下扶持之也.

소에서 말하길, 수레를 타게 되면 군주는 좌측에 위치하고, 마부는 중앙에 위치하며, 호위무사는 우측에 위치한다. 대문에 이르게 되면, 아마도 비상사태가 발생할 것을 염려하기 때문에, 주위를 돌아보며 거우에게 명령하여 수레에 타게 하는 것이다. 성문과 마을 문, 그리고 도랑 등에 도착하게 되면, 호위무사는 반드시 수레에서 내리게 되는데, 그 이유는 첫 번째 군자는 열 가구의 규모인 작은 마을을 지나치게 되더라도 그들을 업신여기지 않으니, 성문과 마을 문을 지나치게 되면, 반드시 수레의 식(式)을 잡고서 공경의 뜻을 표하게 된다. 그런데 군주가 식을 잡게 되면, 신하들은 마땅히 수레에서 내려야 한다. 두 번째는 도랑은 험준한 장소가 되어, 수레가 전복될 수 있는 위험이 있으므로, 또한 반드시 수레에서 내려 수레가 전복되지 않게 수레를 지탱해주어야 하기 때문이다.

國君不乘奇[居宜反]車. 車上不廣欬[開代反], 不妄指.〈222〉 立視五巂[攜], 式視馬尾, 顧不過轂.〈223〉 國中以策彗[邃]郵[蘇沒反]勿[沒], 驅塵不出軌.〈224〉 [舊在"後左手而俯"之下.]

군주는 홀수로 마련된 수레에['奇'자는 '居(거)'자와 '宜(의)'자의 반절음이다.]

日而行事, 則必踐之."

타지 않는다. 수레 위에서는 큰 소리로 기침['欬'자는 '開(개)'자와 '代(대)'자의 반절음이다.]을 하지 않고, 함부로 손가락질을 하지 않는다. 수레 위에 서 있을 때에는 수레바퀴의 폭이 다섯 개 정도['巂'자의 음은 '攜(휴)'이다.] 되는 전방을 바라보며, 식을 잡고 예의를 표할 때에는 몸을 숙이며 시선은 말의 꼬리를 바라보고, 돌아볼 때에는 그 시선이 수레바퀴를 벗어나지 않는다. 국성 안에서 수레를 몰 때에는 빗자루처럼['彗'자의 음은 '遂(수)'이다.] 생긴 채찍으로 말의 등을 살짝 긁어서['邮'자는 '蘇(소)'자와 '沒(몰)'자의 반절음이다. '勿'자의 음은 '沒(몰)'이다.] 수레를 몰 때 생기는 먼지가 바퀴 자국 밖으로 풍기지 않기 한다. [옛 판본에는 "좌측 손을 뒤로하며, 공경을 표할 때에는 몸을 숙인다."[1]라고 한 문장 뒤에 수록되어 있었다.]

集說

奇車, 奇邪不正之車也.

'기거(奇車)'[2]는 기이하게 생기고 법도에 어긋나서, 올바르지 않은 수레를 뜻한다.

方氏曰: 不廣欬者, 慮聲容之駭人聽, 不妄指者, 慮手容之駭人視也.

방씨가 말하길, 큰 소리로 기침을 하지 않는 이유는 그 소리를 듣고 사람들이 놀라게 될까 염려해서이며, 함부로 손가락질을 하지 않는 이유는 손가락질하는 모습을 보고 사람들이 놀라게 될까 염려해서이다.

立, 謂立於車上也.

'입(立)'자는 수레 위에 서 있다는 뜻이다.

---

1) 『예기』「곡례상」 221장 : 御國君, 則進右手, <u>後左手而俯</u>.
2) 기거(奇車)는 정식 규격대로 만들어지지 않은 수레를 뜻한다.

疏曰: 嶲, 規也. 車輪一周爲一規, 乘車之輪高六尺六寸, 徑一圍三, 得一丈九尺八寸, 五規爲九十九尺. 六尺爲步, 總爲十六步半, 在車上所視則前十六步半也. 馬引車, 其尾近車闌, 車上憑式下頭時, 不得遠矚, 但瞻視馬尾. 轂, 車轂也. 若轉頭不得過轂. 論語云車中不內顧, 是也. 入國不馳, 故不用鞭策, 但取竹帶葉者爲杖, 形如帚, 故云策彗, 微近馬體搔摩之. 邮勿, 搔摩也. 軌, 車轍也. 行綏, 故塵唉不飛揚出軌外也.

소에서 말하길, '휴(嶲)'자는 규(規)자의 뜻이다. 수레바퀴가 한 번 굴러서 움직인 거리는 1규(規)가 되니, 수레의 바퀴는 그 높이가 6척(尺) 6촌(寸)인데, 지름이 1이라고 하면, 둘레는 그 3배가 되므로, 수레바퀴가 1번 굴러간 길이는 1장(丈) 9척 8촌이 되며, 5규는 99척이 된다. 6척이 1보(步)이므로, 99척은 16.5보가 되니, 수레 위에서 시선을 두는 곳은 전방 16.5보가 되는 지점이다. 말이 수레를 끌게 되면, 말의 꼬리는 수레의 난간에 가까워지는데, 수레 위에서 식(式)에 기대어 예의를 표하며 머리를 숙일 때에는 먼 곳을 바라볼 수 없고, 다만 말의 꼬리 쪽을 바라보게 된다. 곡(轂)은 수레의 바퀴이다. 만약 머리를 돌려서 보게 된다면, 그 시선은 수레의 바퀴를 벗어날 수 없다. 『논어』에서 "수레 위에서는 뒤를 돌아보지 않으셨다."[3]라고 한 말이 바로 이러한 뜻에 해당한다. 국성에 들어서면 말을 빠르게 몰지 않는다.[4] 그렇기 때문에 채찍으로 매질을 하지 않는 것이며, 단지 잎이 달린 대나무 가지로 막대기를 만들어서 쓰게 되는데, 그 모양이 마치 빗자루와 흡사하다. 그렇기 때문에 빗자루를 뜻하는 '혜(彗)'자를 붙여서, '책혜(策彗)'라고 부른 것인데, 말의 몸뚱이에 대고 살짝 긁기만 한다. '솔몰(邮勿)'은 긁는다는 뜻이다. '궤(軌)'는 수레의 바퀴자국이다. 천천히 움직이기 때문에, 먼지가 바퀴자국 밖으로 날리지 않는 것이다.

---

3) 『논어』「향당(鄕黨)」 : 升車, 必正立, 執綏. <u>車中, 不內顧</u>, 不疾言, 不親指.
4) 『예기』「곡례상」 216장 : 故君子式黃髮, 下卿位, <u>入國不馳</u>, 入里必式.

近按: 古者車同軌, 寧有不正之軌? 奇, 當如奇偶之奇, 國君之車非
一, 必有其副而爲偶也. 若乘奇車而無偶, 則儀不備矣.

내가 살펴보니, 고대에는 수레에 있어서 바퀴자국의 폭이 동일했는데,
어떻게 바르지 못한 바퀴 폭을 가진 수레가 있을 수 있는가? '기(奇)'자
는 마땅히 홀수와 짝수라고 할 때의 홀수를 뜻하니, 군주의 수레는 한
대가 아니며 반드시 보조 수레를 두어서 짝수로 맞춘다는 뜻이다. 만약
홀수로 마련된 수레에 타서 짝이 되는 보조 수레가 없다면 의례가 제대
로 갖춰지지 못한 것이다.

國君下齊[側階反]牛, 式宗廟. 大夫士下公門, 式路馬.〈225〉

군주는 제우(齊牛)[1][‘齊’자는 ‘側(측)’자와 ‘階(계)’자의 반절음이다.] 앞을 지나
갈 때에는 수레에서 내리고, 종묘 앞을 지나갈 때에는 식을 잡고서 예
의를 표한다. 대부와 사는 공문 앞을 지나갈 때에는 수레에서 내리고,
노마(路馬)[2]을 지나치게 될 때에는 식을 잡고서 예의를 표한다.

集說

熊氏云: 當云下宗廟, 式齊牛.

웅안생[3]이 말하길, 종묘 앞을 지나갈 때 수레에서 내리고, 제우 앞에서
식을 잡고 예의를 표한다고 말해야 한다.

淺見

近按: 宗廟, 所居也; 齊牛, 所食也. 所食視居, 則爲尤切, 故不下宗
廟, 而下齊牛也.

내가 살펴보니, 종묘는 조상의 혼령이 머무는 곳이고, 제우는 조상의 혼
령이 흠향하는 것이다. 흠향하는 것을 머무는 곳에 비교해보면 더욱 밀

---

1) 제우(齊牛)는 제사의 희생물로 사용되는 소를 뜻한다. 재계(齋戒)를 뜻하는 ‘재
(齋)’자는 ’제(齊)’자와 통용이 되는데, 제사에 사용되므로, 재계를 시켰다는 뜻에
서 ‘제(齊)’자를 붙인 것이다.
2) 노마(路馬)는 군주의 수레에 메는 말이다. 군주가 타던 수레를 노거(路車)라고
불렀기 때문에, ‘노마’라는 용어가 생긴 것이다.
3) 웅안생(熊安生, ?~A.D.578) : =웅씨(熊氏). 북조(北朝) 때의 경학자이다. 자(字)
는 식지(植之)이다. 『주례(周禮)』, 『예기(禮記)』, 『효경(孝經)』 등 많은 전적에
의소(義疏)를 남겼지만, 모두 산일되어 남아 있지 않다. 현재 마국한(馬國翰)의
『옥함산방집일서(玉函山房輯佚書)』에 『예기웅씨의소(禮記熊氏義疏)』 4권이
남아 있다.

접하기 때문에 종묘 앞에서는 수레에서 내리지 않지만 제우에 대해서는
수레에서 내리는 것이다.

乘路馬, 必朝服, 載鞭策, 不敢授綏, 左必式.〈226〉 步路馬, 必中道. 以足蹙[蹴]路馬芻有誅, 齒路馬有誅.〈227〉 [舊竝聯上文.]

신하가 노마(路馬)가 끄는 수레에 탈 때에는 반드시 조복(朝服)[1]을 입어야 하고, 채찍을 수레에 실어두며, 감히 정수(正綏)를 건네지 않고, 좌측에 위치한 자는 반드시 식(式)을 잡고 예의를 표해야 한다. 노마를 걷게 할 때에는 반드시 길의 중앙으로 이동하게 한다. 노마가 먹을 풀들을 발로 차게['蹙'자의 음은 '蹴(축)'이다.] 되면 형벌을 받게 되며, 노마의 나이를 헤아리면 형벌을 받게 된다. [옛 판본에는 두 문장 모두 앞 문장의 뒤에 수록되어 있었다.]

此言人臣習儀之節. 路馬, 君駕路車之馬也. 旣衣朝服, 又鞭策, 則但載之而不用, 皆敬也. 君升車, 則僕者授綏, 今臣以習儀而居左, 則自馭以行, 不敢使車右以綏授己也. 左必式者, 旣在尊位, 當式以示敬. 步, 謂行步而調習之也. 必當路之中者, 以邊側卑褻不敬, 或傾跌也. 蹙, 與蹴同. 芻, 草也. 齒, 評量年數也. 誅, 罰也.

이 문장은 신하가 수레에 타는 의식을 익힐 때의 예법에 대해서 언급하고 있다. '노마(路馬)'는 군주가 자신의 수레에 멍에를 메게 하는 말이다. 이미 조복(朝服)을 착용하고 있고, 또한 채찍의 경우에는 단지 실어두기만 하고 실제로는 사용하지 않는데, 이러한 행동들은 모두 군주를 공경하기 때문이다. 군주가 수레에 타게 되면, 마부는 정수(正綏)를 군주에게 건네게 되는데, 지금 이곳에서 언급하는 상황은 신하가 의식을 익히기 위하여 본래 군주가 위치하게 되는 좌측 자리에 타게 된다면, 자

---

1) 조복(朝服)은 군주와 신하가 조회를 열 때 착용하는 복장을 뜻한다. 중요한 의식을 치를 때 착용하는 예복(禮服)을 가리키기도 한다.

신이 직접 수레를 몰아서 움직이니, 감히 우측 자리에 탄 자로 하여금 정수를 자신에게 건네게 해서는 안 된다. 좌측에 있는 자가 반드시 식(式)을 잡는 이유는 존귀한 자가 타는 위치에 있게 되므로, 마땅히 식(式)을 잡고서 공경스러운 자세를 보여야 하기 때문이다. '보(步)'자는 말을 걷게 하며 길들인다는 뜻이다. 반드시 길의 중앙으로 가게 하는 이유는 길가는 상대적으로 위치가 낮고 더러워서, 이곳으로 가게 한다면 군주의 노마에게 불경스럽게 행동하는 꼴이 되며, 혹은 말이 넘어질 수 있는 위험도 있기 때문이다. '축(蹙)'자는 "발로 차다."라는 글자와 같다. '추(芻)'자는 풀을 뜻한다. '치(齒)'자는 나이를 헤아려본다는 뜻이다. '주(誅)'자는 형벌을 받는다는 뜻이다.

馬氏曰: 察馬之力, 必以年, 數馬之年, 必以齒, 凡此戒其慢君物也.

마씨가 말하길, 말의 힘을 측정하려면, 반드시 나이를 따져보아야 하며, 말의 나이를 따져보려면, 반드시 이빨의 수를 세어보아야 하는데, 무릇 이러한 금지 조항들은 군주가 사용하는 사물에 대해서 태만하게 구는 것을 경계한 말들이다.

經文

祥車曠左, 乘君之乘[去聲]車, 不敢曠左, 左必式.〈219〉 僕御婦人, 則進左手, 後右手.〈220〉 御國君, 則進右手, 後左手而俯. 〈221〉 [舊在"萎拜"之下.]

상거(祥車)를 장례용으로 사용할 때에는 항상 좌측 자리를 비워두어서, 신이 앉을 자리를 마련한다. 그런데 군주가 타는 수레['乘'자는 거성으로 읽는다.]에 타게 되면, 감히 좌측을 비워둘 수가 없으니, 좌측에 있는 자는 반드시 식을 잡고서 공경스러운 자세를 유지해야 한다. 마부가 부인의 수레를 몰게 되면, 좌측 손을 앞으로 내밀어서 고삐를 잡고, 우측 손을 뒤로 해서, 부인과 반대방향으로 몸을 튼다. 마부가 군주의 수레를 몰게 되면, 우측 손을 내밀어서 고삐를 잡고, 좌측 손을 뒤로하며, 공경을 표할 때에는 몸을 숙인다. [옛 판본에는 '좌배(髽拜)'2)라고 한 말 뒤에 수록되어 있었다.]

集說

疏曰: 祥, 猶吉也. 吉車, 謂生時所乘. 葬時用爲魂車. 車上貴左, 僕在右, 空左以擬神也. 王者五路, 玉·金·象·木·革, 王自乘一, 餘四從行, 臣乘此車, 不敢空左, 空左則似祥車凶也. 左必式者, 不敢自安, 故恒憑式. 乘車君皆在左, 若兵戎革路, 則君在中. 僕御婦人, 則僕在中, 婦人在左, 進左手持轡, 使身微相背, 遠嫌也. 御君者, 禮以袓向爲敬, 故進右手. 旣御不得常式, 故但俯俛而爲敬.

소에서 말하길, '상(祥)'자는 길(吉)자와 같다. '길거(吉車)'는 살아있을 때 타는 수레를 뜻한다. 장례를 치를 때에는 이 수레를 '혼거(魂車)'3)로 사용한다. 수레 위에서는 존귀한 자가 좌측에 위치하고, 마부가 우측에 위치하는데, 좌측 자리를 비워두는 것은 신이 위치할 곳을 마련해두기 위해서이다. 천자에게는 다섯 종류의 수레가 있었으니, 옥로(玉路)4)·금로(金路)5)·상로(象路)6)·목로(木路)7)·혁로(革路)8)인데, 군주가 직

---

2) 『예기』「곡례상」 218장 : 介者不拜, 爲其拜而髽拜.

3) 승거(乘車)는 고대의 장례(葬禮) 때 사용되었던 수레이다. 혼거(魂車)라고도 부른다. 죽은 자의 옷과 관(冠)을 실어서 마치 죽은 자가 생전에 수레를 타던 것처럼 형상화하는 것이다. 그래서 '혼거'라고 부른다.

4) 옥로(玉路)는 옥로(玉輅)라고도 부른다. 천자가 사용하는 다섯 가지 수레 중 하나이다. 옥(玉)으로 수레를 치장했기 때문에, '옥로'라고 부르게 되었다. 대상(大常)이라는 깃발을 세웠고, 깃발에는 12개의 치술을 달았으며, 주로 제사 때 사용하였다. 『주례』「춘관(春官)·건거(巾車)」편에는 "王之五路, 一曰玉路, 錫, 樊纓, 十有再就, 建大常, 十有二斿, 以祀."라는 기록이 있고, 이에 대한 정현의 주에서는 "玉路, 以玉飾諸末."이라고 풀이했다.

접 그 중 1대의 수레를 타게 되면, 나머지 4대의 수레는 그 뒤를 따르게 되며, 신하가 뒤따르는 수레에 타게 되면, 감히 좌측을 비워둘 수가 없으니, 좌측을 비워두게 되면, 상거(祥車)처럼 보여서 흉사 때의 예법과 같아지기 때문이다. 좌측에 위치한 자는 반드시 식(式)을 잡고 예의를 표하는데, 그 이유는 감히 자기 스스로 편안하게 있을 수가 없기 때문이다. 그래서 항상 식을 잡고 있는 것이다. 수레를 탈 때 군주는 모두 좌측에 위치하게 되지만, 전쟁용으로 사용하는 혁로를 타는 경우라면, 군

5) 금로(金路)는 금로(金輅)라고도 부른다. 천자가 사용하는 다섯 가지 수레 중 하나이다. 금(金)으로 수레를 치장했기 때문에, '금로'라고 부르게 되었다. 대기(大旂)라는 깃발을 세웠고, 빈객(賓客)을 접대하거나, 동성(同姓)인 자를 분봉할 때 사용하였다. 『주례』「춘관(春官)·건거(巾車)」편에는 "金路, 鉤樊纓九就, 鉤, 樊纓九就, 建大旂, 以賓, 同姓以封."라는 기록이 있고, 이에 대한 정현의 주에서는 "金路, 以金飾諸末."이라고 풀이했다.

6) 상로(象路)는 상로(象輅)라고도 부른다. 천자가 사용하는 다섯 가지 수레 중 하나이다. 상아로 수레를 치장했기 때문에, '상로'라고 부르게 되었다. 대적(大赤)이라는 깃발을 세웠으며, 조회를 보거나, 이성(異姓)인 자를 분봉할 때 사용하였다. 『주례』「춘관(春官)·건거(巾車)」편에는 "象路, 朱樊纓, 七就, 建大赤, 以朝, 異姓以封."이라는 기록이 있고, 이에 대한 정현의 주에서는 "象路, 以象飾諸末."이라고 풀이했다.

7) 목로(木路)는 목로(木輅)라고도 부른다. 천자가 사용하는 다섯 가지 수레 중 하나이다. 단지 옻칠만 하고, 가죽으로 덮지 않았으며, 다른 치장을 하지 않았기 때문에, '목로'라고 부르게 되었다. 대휘(大麾)라는 깃발을 세웠고, 사냥을 하거나, 구주(九州) 지역 이외의 나라를 분봉해줄 때 사용하였다. 『주례』「춘관(春官)·건거(巾車)」편에는 "木路, 前樊鵠纓, 建大麾, 以田, 以封蕃國."이라는 기록이 있고, 이에 대한 정현의 주에서는 "木路, 不鞔以革, 漆之而已."라고 풀이했다.

8) 혁로(革路)는 혁로(革輅)라고도 부른다. 천자가 사용하는 다섯 가지 수레 중 하나이다. 전쟁용으로 사용했던 수레인데, 간혹 제후의 나라에 순수(巡守)를 갈 때 사용하기도 하였다. 가죽으로 겉을 단단하게 동여매서 고정시키고, 옻칠만 하고, 다른 장식을 하지 않았기 때문에, '혁로'라고 부르는 것이다. 『주례』「춘관(春官)·건거(巾車)」편에는 "革路, 龍勒, 條纓五就, 建大白, 以卽戎, 以封四衛."라는 기록이 있고, 이에 대한 정현의 주에서는 "革路, 鞔之以革而漆之, 無他飾."이라고 풀이했다.

주는 중앙에 위치한다. 마부가 부인의 수레를 몰게 되면, 마부는 수레의 중앙에 위치하고, 부인은 좌측에 위치하는데, 좌측 손을 내밀어서 고삐를 잡아 마부의 몸을 부인과 조금 등지게 하니, 부인과 붙어서 수레를 탄다는 혐의를 피하기 위해서이다. 군주의 수레를 모는 경우, 예법에 따르면 서로 바라보는 것을 공경스러운 태도로 삼는다. 그렇기 때문에 우측 손을 내미는 것이다. 수레를 몰기 시작하면, 일반적으로 공경을 표할 때 식을 잡게 되는 행동을 할 수 없기 때문에, 단지 몸을 숙여서 공경을 표한다.

近按: 此因乘路馬, 左必式之言, 以引祥車曠左, 而明君車不敢曠左, 必式, 以示敬之意, 又引僕御婦人之事, 以明御君之禮也. 此以上言君出及車馬僕御之節.

내가 살펴보니, 이것은 노마가 끄는 수레에 타게 되면 좌측에 위치한 자가 반드시 식을 잡아야 한다는 말로 인해서 상거에서는 좌측을 비워둔다는 내용을 인용하고, 군주의 수레에서는 감히 좌측을 비워둘 수 없어서, 좌측에 위치한 자가 반드시 식을 잡아 이를 통해 공경의 뜻을 드러낸다는 사실을 나타내었다. 또 마부가 부인의 수레를 모는 사안을 인용해서 군주의 수레를 모는 예법을 나타내었다. 이곳 문장 이전의 내용들은 군주가 출타하는 일과 수레와 말 및 마부가 시행해야 하는 절차를 언급하였다.

君命, 大夫與士肄[異], 在官言官, 在府言府, 在庫言庫, 在朝言朝.〈下112〉 朝言不及犬馬.〈下113〉 [舊在下篇"傾則姦"之下.]

군주가 명령을 내리면, 대부와 사들은 그 일을 익혀야[肄'자의 음은 '異(이)'이다.] 하니, 군주의 명령이 관에 대한 내용이라면 관에 대해서 논의하고, 부에 대한 내용이라면 부에 대해서 논의하며, 고에 대한 내용이라면 고에 대해서 논의하고, 조정에 대한 내용이라면 조정에 대해서 논의한다. 조정에서 의논을 할 때에는 개나 말과 같이 미천한 대상들에 대해서는 언급하지 않는다. [옛 판본에는 「곡례하」편의 "옆으로 비껴보면 간사하게 보인다."[1]라고 한 문장 뒤에 수록되어 있었다.]

人君有命令, 則大夫士相與肄習之.

군주가 명령을 내리게 되면, 대부와 사들은 서로 협력하여 그 일을 익힌다.

公庭不言婦女.〈下014〉[2] [舊在"祭事不言凶"之下.] 公事不私議.〈下019〉 [舊在"不入公門"之下.] 在朝言禮, 問禮對以禮.〈下115〉 輟朝而顧, 不有異事, 必有異禮, 故輟朝而顧, 君子謂之固.〈下114〉 [舊在"不及犬馬"之下, 而"輟朝"以下在其上.]

---

1) 『예기』「곡례하」 111장 : 凡視, 上於面則敖, 下於帶則憂, 傾則姦.

2) 『예기』「곡례하」 014장 : 居喪, 未葬, 讀喪禮, 旣葬, 讀祭禮, 喪復常, 讀樂章. 居喪不言樂, 祭事不言凶, 公庭不言婦女.

군주의 궁에 있는 마당에서는 부녀자에 대한 언급을 하지 않는다. [옛 판본에는 「곡례하」편의 "제사를 지낼 때에는 흉사에 대해서 언급하지 않는다."[3]라고 한 문장 뒤에 수록되어 있었다.] 공적인 일에 대해서는 사적으로 의논하지 않는다. [옛 판본에는 「곡례하」편의 "공문을 들어가지 않는다."[4]라고 한 문장 뒤에 수록되어 있었다.] 조정에 있을 때에는 예에 맞게 말을 해야 하니, 예에 맞게 질문해야 하고, 예에 맞게 대답해야 한다. 조정에서의 의논을 멈추고 주위를 둘러보는 행위는 다른 일이 있기 때문이거나 그것이 아니라면 반드시 다른 생각을 품고 있는 경우에 해당한다. 그렇기 때문에 조정에서의 의논을 멈추고 주위를 둘러보는 행위를 군자는 예법과는 거리가 멀다고 말했다. [옛 판본에는 「곡례하」편의 "개나 말과 같이 미천한 대상들에 대해서는 언급을 하지 않는다."[5]라고 한 문장 뒤에 수록되어 있었고, '철조(輟朝)'라는 말로부터 그 이하의 구문은 '재조(在朝)'라는 말 앞에 수록되어 있었다.]

集說

朝廷之上, 凡所當言者皆禮也. 朝儀當肅, 不宜爲左右之顧. 異, 猶他也. 敬心不存, 則形諸外, 此所以知其有他事他慮也. 固, 謂鄙野不達於禮也.

조정에 들어가서는 마땅히 언급해야 할 말들을 모두 예에 맞게 말해야 한다. 조정에서의 의례는 마땅히 엄숙해야 하므로, 좌우로 고개를 돌려서 주위를 둘러보는 것은 합당하지 않다. '이(異)'자는 '다른'이라는 뜻이다. 공경하는 마음이 없다면, 그 상태가 겉으로 드러나게 되니, 이것이 바로 그가 다른 사안과 다른 생각을 품고 있다는 사실을 알 수 있는 까닭이다. '고(固)'자는 남루하고 야만스러워서 예법과는 거리가 멀다는 뜻이다.

---

3) 『예기』「곡례하」 014장 : 居喪, 未葬, 讀喪禮, 旣葬, 讀祭禮, 喪復常, 讀樂章. 居喪不言樂, 祭事不言凶, 公庭不言婦女.
4) 『예기』「곡례하」 018장 : 書方·衰·凶器, 不以告, 不入公門.
5) 『예기』「곡례하」 113장 : 朝言不及犬馬.

近按: 此言在國供職之事, 此以下, 則以受命出疆等事言也.

내가 살펴보니, 이것은 그 나라에서 관직에 몸담고 있을 때의 사안을 언급한 것인데, 이곳 문장 뒤의 내용들은 명령을 받아 국경을 벗어나 다른 나라로 가는 등의 사안을 기준으로 말한 것이다.

凡爲君使者, 已受命, 君言不宿於家.〈157〉 君言至, 則主人出
拜君言之辱, 使者歸, 則必拜送于門外.〈158〉

무릇 군주를 위해 사신의 임무를 맡은 자가 이미 군주의 명령을 받았다
면, 군주의 명령이 자신의 집에 머물게 해서는 안 된다. 군주의 명령을
받은 사신이 당도하게 되면, 주인은 문밖으로 나와서 군주의 명령이 누추
한 자신의 집까지 오게 한 일에 절을 하며 사죄하고, 사신이 돌아가게
되면, 반드시 문밖으로 나와서 절을 하며 그를 전송해야 한다.

集說

至則拜命, 歸則拜送, 皆敬君也.

사신이 도착하게 되면 절을 하며 명령을 받고, 사신이 돌아가게 되면
절을 하며 그를 전송하니, 이러한 행위들은 모두 군주를 공경하는 태도
이다.

經文

若使人於君所, 則必朝服而命之, 使者反, 則必下堂而受
命.〈159〉 [舊在"如使之容"之下.]

만약 사람을 시켜서 군주가 계신 곳에 보내게 된다면, 반드시 조복(朝
服)을 착용하고서, 심부름하는 자에게 명령을 내리고, 심부름을 보낸 자
가 돌아오게 되면, 반드시 당하로 내려와서 군주가 보낸 명령을 받아야
한다. [옛 판본에는 "실제로 심부름을 갔을 때처럼 용모를 갖춘다."[1]라고 한 문장
뒤에 수록되어 있었다.]

呂氏曰: 使人於君所, 不下堂, 反則下堂受命者, 始以己命往, 終以
君命歸, 故使者反而後致其敬, 往則否也.

여씨가 말하길, 사람을 시켜서 군주가 계신 곳에 보내게 될 때에는 당하
로 내려가지 않지만, 심부름을 보낸 자가 돌아오게 되면, 당하로 내려가
서 군주가 보낸 명령을 받게 된다. 이러한 차이가 생기는 이유는 처음에
심부름을 보낼 때에는 자신의 명령을 보내는 것이며, 돌아왔을 때에는
군주의 명령을 받아서 가져온 것이다. 그렇기 때문에 심부름을 보낸 자
가 돌아온 이후에 자신의 군주를 공경하는 마음을 다하게 되는 것이며,
보낼 때에는 그렇게 하지 않는 것이다.

大夫私行, 出疆必請, 反必有獻. 士私行, 出疆必請, 反必告.
君勞[去聲]之, 則拜, 問其行, 拜而後對.〈下036〉 [舊在下節之下.]

대부가 개인적으로 출행을 하여, 국경을 벗어나게 된다면 반드시 군주
에게 허락을 받아야 하고, 돌아와서는 반드시 헌상품을 바쳐야 한다.
사가 개인적으로 출행을 하여, 국경을 벗어나게 된다면 반드시 군주에
게 허락을 받아야 하고, 돌아와서는 반드시 돌아왔다는 사실을 아뢰어
야 한다. 군주가 그의 노고를 위로['勞'자는 거성으로 읽는다.]하면 절을 하
고, 그의 여행에 대해서 묻게 되면, 절을 한 이후에 대답한다. [옛 판본에
는 아래 문단의 뒤에 수록되어 있었다.]

---

1) 『예기』「곡례상」 156장 : 凡以弓・劍・苞・苴・簞・笥問人者, 操以受命, 如使
之容.

大夫有獻而士不獻, 不以卑者之物瀆尊上也.

대부의 경우에는 헌상품을 바치지만 사는 헌상을 하지 않는다. 그 이유는 신분이 비천한 자의 선물로 존귀한 자를 욕보일 수 없기 때문이다.

經文

士有獻於國君, 他日, 君問之曰: "安取彼?" 再拜稽首, 而后對.
〈下035〉 [舊在上節之上.]

사가 군주에게 헌상품을 올린 적이 있는데, 다른 날에 군주가 그에게 하문하길, "어디에서 저 물건을 얻었는가?"라고 하면, 사는 재배를 하고 머리를 조아리며, 그런 이후에 대답한다. [옛 판본에는 앞 문단의 앞에 수록되어 있었다.]

集說

先拜后對, 急謝見問之寵也.

먼저 절을 한 이후에 대답하는 것은 군주를 알현했을 때 하문을 해준 은총에 대해서 급히 사양하기 때문이다.

淺見

近按: 前於大夫言有獻而於士不言, 故舊註以爲不以卑者之物瀆尊上也. 此節於士亦言有獻, 蓋士卑有得則獻, 無則否, 非其常禮, 故君於士必問其所取也. 若勞之則拜者, 總大夫士而言者也.

내가 살펴보니, 앞에서는 대부에 대해 헌상품을 바친다고 했는데, 사에 대해서는 언급하지 않았다. 그렇기 때문에 옛 주에서는 미천한 자의 물건으로 존귀한 자를 욕보일 수 없기 때문이라고 여겼다. 그런데 이곳 문단에서는 사에 대해서도 헌상품을 바친다고 했다. 아마도 사는 신분이 미천하여 얻은 것이 있으면 헌상을 하지만 얻은 것이 없다면 그렇게 하지 않으니, 헌상품을 바치는 것은 통상적인 예법이 아니다. 그렇기 때문에 군주는 사에 대해서 반드시 취득한 바에 대해 물어보아야 한다. 만약 노고를 위로한다면 절을 한다고 했는데, 이것은 대부와 사를 총괄해서 말한 것이다.

君使士射, 不能則辭以疾, 言曰: "某有負薪之憂."〈下008〉 [舊在 "不敢與世子同名"之下.]

군주가 사에게 활을 쏘도록 시켰는데, 활을 잘 쏘지 못한다면 질병을 핑계로 사양하며, "아무개인 저는 이전에 땔나무를 짊어지게 되어 병이 든 상태입니다."라고 말한다. [옛 판본에는 「곡례하」편의 "감히 세자와 같은 글자로 이름을 짓지 않는다."[1]라고 한 문장 뒤에 수록되어 있었다.]

集說

呂氏曰: 射者, 男子之所有事, 不能, 可以疾辭, 不可以不能辭也. 負薪, 賦役, 士之所親事者, 疾則不能矣, 故曰負薪之憂也.

여씨가 말하길, 활쏘기는 남자가 자주 하던 일인데, 잘 하지 못한다면 병을 핑계로 사양할 수 있으나 잘 쏘지 못한다는 말로 사양을 할 수는 없다. 땔나무를 짊어지는 일은 천한 자들이 하는 노역으로, 사는 직접 그 일을 하게 되는데 이를 통해 병에 걸렸다면 활쏘기를 잘 할 수 없다. 그렇기 때문에 땔나무를 짊어져서 생긴 병이라고 말하는 것이다.

淺見

近按: 前則以在其國之禮言, 後則以出聘他國之禮言. 此則在其國與他國而通稱者也.

내가 살펴보니, 앞에서는 본국에 머물러 있을 때의 예법을 기준으로 말한 것이고, 뒤에서는 국경을 벗어나 다른 나라로 빙문을 가는 예법을 기준으로 말한 것이다. 이곳의 내용은 본국에 남아있거나 타국에 간 경우를 통괄해서 말한 것이다.

-----

1) 『예기』 「곡례하」 007장 : 君大夫之子, 不敢自稱曰余小子, 大夫士之子, 不敢自稱曰嗣子某, 不敢與世子同名.

經文

大夫士見[現]於國君,〈下025〉[1] 君若迎拜, 則還[旋]辟, 不敢答拜.
〈下026〉

대부와 사가 상대방 나라에 빙문(聘問)[2]을 가서 그 나라의 군주를 뵙게
['見'자의 음은 '現(현)'이다.] 되었는데, 만약 상대방 나라의 군주가 빙문으
로 찾아온 빈객을 맞이하며 절을 하면, 빈객은 뒤로 물러나니['還'자의 음
은 '旋(선)'이다.] 감히 답배를 하지 않는다.[3]

集說

聘賓初至主國大門外, 主君迎而拜之, 賓則退郤, 不敢答拜而抗賓主
之禮也.

빙문으로 온 빈객이 처음으로 상대방 나라의 대문 밖에 도착하게 되었는
데, 상대방 군주가 그를 맞이하며 절을 하면 빈객은 뒤로 물러나니, 감히
답배를 해서 빈객과 주인이 대등하게 시행하는 예법을 따르지 않는다.

經文

**君若勞[去聲]之, 則還辟[闢], 再拜稽首.〈下025〉[4] [舊在"三月而復服"
之下.]**

---

1) 『예기』「곡례하」 025장 : 大夫士見於國君, 君若勞之, 則還辟, 再拜稽首.
2) 빙문(聘問)은 국가 간이나 개인 간에 사람을 보내서 상대방을 찾아가 안부를 묻
   는 의식 절차를 통칭하는 말이다. 또한 제후가 신하를 시켜서 천자에게 보내,
   안부를 묻는 예법을 뜻하기도 한다.
3) 『예기』「곡례하」 026장 : 君若迎拜, 則還辟, 不敢答拜.
4) 『예기』「곡례하」 025장 : 大夫士見於國君, 君若勞之, 則還辟, 再拜稽首.

군주가 만약 그의 노고를 치하[`勞`자는 거성으로 읽는다.]하게 된다면, 뒷걸음질 치며 물러나서[`辟`자의 음은 `闢(벽)`이다.] 재배를 하며 머리를 조아린다. [옛 판본에는 「곡례하」편의 "3개월이 지나고서야 평상시처럼 의복을 입게 된다."[5]라고 한 문장 뒤에 수록되어 있었다.]

集說

此言大夫士出聘他國, 見於主君, 君若勞問其道路之勤苦, 則還轉退避, 乃再拜稽首也.

이 문장은 대부와 사가 다른 나라에 찾아가서 빙문을 하게 되어, 상대방 나라의 군주를 찾아뵌 상황으로, 군주가 만약 그의 긴 여정에 대한 노고를 위로하며 질문을 하게 되면, 뒷걸음질 치며 물러나서 곧 재배를 하며 머리를 조아린다는 뜻이다.

淺見

近按: 勞之則再拜, 迎拜則不答者, 勞在己, 故答拜, 迎拜, 敬吾君命, 故不敢答拜也. 舊本先後互換勞在迎先, 故今正之先迎後勞.

내가 살펴보니, 노고를 위로하면 재배를 하고, 맞이하며 절을 하면 답배를 하지 않는다고 했는데, 노고를 위로하는 것은 자신에 대한 것이다. 그렇기 때문에 답배를 한다. 반면 맞이하며 절을 하는 것은 자신의 군주가 보낸 명령을 공경하기 때문이다. 그래서 감히 답배를 하지 않는 것이다. 옛 판본에는 앞뒤의 순서가 바뀌어 노고를 위로한다는 것이 맞이한다는 것보다 앞에 기록되어 있었다. 그렇기 때문에 여기에서 그 순서를 바로잡아 먼저 맞이하고 이후에 노고를 위로하는 것으로 기록하였다.

---

5) 『예기』 「곡례하」 024장 : 大夫士去國, 踰竟, 爲壇位, 鄕國而哭. 素衣, 素裳, 素冠, 徹緣, 鞮屨, 素簚, 乘髦馬. 不蚤鬋, 不祭食, 不說人以無罪, 婦人不當御. <u>三月而復服</u>.

經文

大夫士去國, 踰竟, 爲壇[善]位, 鄕[去聲]國而哭. 素衣・素裳・
素冠・徹緣[去聲]・鞮[低]屨・素簚[莫歷反]・乘髦馬. 不蚤[爪]鬋
[翦]・不祭食, 不說[如字]人以無罪, 婦人不當御. 三月而復服.
〈下024〉 [舊在"寓祭器於士"之下.]

대부와 사가 나라를 떠나게 될 때 국경을 넘게 되면, 바닥을 청소하여
['壇'자의 음은 '善(선)'이다.] 자리를 만들어서, 본국을 향하여['鄕'자는 거성으
로 읽는다.] 곡을 한다. 흰색의 상의와 흰색의 하의를 입고, 흰색의 관을
쓰되, 안에 입고 있던 중의의 채색된 가장자리['緣'자는 거성으로 읽는다.]를
떼어내고, 가죽신발['鞮'자의 음은 '低(저)'이다.]을 신으며, 흰색의 덮개['簚'자
는 '莫(막)'자와 '歷(력)'자의 반절음이다.]로 수레를 두르고, 갈기를 다듬지 않
은 말로 수레를 끌게 한다. 손톱과 발톱을 다듬지 않으며['蚤'자의 음은 '爪
(조)'이다.] 수염과 머리카락을 다듬지 않고['鬋'자의 음은 '翦(전)'이다.] 밥을
먹을 때에는 음식을 처음 만든 자에게 제사를 지내지 않으며, 남에게
자신의 무고함을 하소연['說'자는 글자대로 읽는다.] 하지 않고, 부인은 침소
에서 시중을 들지 않는다. 3개월이 지나고서야 평상시처럼 의복을 입게
된다. [옛 판본에는 「곡례하」편의 "동급인 사에게 제기를 맡긴다."[1]라고 한 문장
뒤에 수록되어 있었다.]

集說

壇位, 除地而爲位也. 鄕國, 向其本國也. 徹緣, 去中衣之采緣而純
素也. 鞮屨, 革屨也. 素簚, 素白狗皮也. 簚, 車覆闌也. 髦馬, 不翦
剔馬之毛鬣以爲飾也. 蚤, 治手足爪也. 鬋, 剔治鬚髮也. 祭食, 食盛

---

1) 『예기』「곡례하」 023장 : 大夫士去國, 祭器不踰竟. 大夫寓祭器於大夫, 士寓祭
器於士.

饌則祭先代爲食之人也. 不說人以無罪者, 己雖祭放逐而出, 不自
以無罪解說於人, 過則稱遭也. 御, 侍御寢宿也. 凡此皆爲去父母之
邦, 捐親戚, 去墳墓, 失祿位, 亦一家之變故也, 故以內喪之禮自處.
三月爲一時, 天氣少變, 故必待三月而後復其吉服也.

'선위(壇位)'는 땅을 청소하여 자리를 마련하는 것이다. '향국(鄉國)'은
본국을 향한다는 뜻이다. '철연(徹緣)'은 중의(中衣)[2]에 달려 있는 가장
자리의 채색된 부분을 제거하고 흰색의 가선을 댄다는 뜻이다. '제구(鞮
屨)'는 가죽 신발을 뜻한다. 『주례』의 정현 주에서는 "사방 오랑캐들의
춤을 추는 자가 신는 신발이다."[3]라고 했다. '소멱(素幎)'은 흰색의 개
가죽을 뜻한다. '멱(幎)'자은 수레의 난간을 가리는 덮개를 뜻한다. '모마
(髦馬)'는 말의 갈기를 다듬어서 치장을 하지 않았다는 뜻이다. '조(蚤)'
자는 손톱과 발톱을 다듬는다는 뜻이다. '전(鬋)'자는 수염과 머리카락을
다듬는다는 뜻이다. '제사(祭食)'는 성찬을 먹게 되면 선대에 음식을 만
들었던 자에게 제사를 지낸다는 뜻이다. "남에게 죄가 없다고 하소연하
지 않는다."는 말은 본인이 비록 축출되어 본국에서 추방되었더라도, 스
스로 죄가 없다고 남에게 해명하지 않는다는 뜻으로, 잘못에 대해서는
이러한 변고를 당했다고 지칭한다. '어(御)'자는 침소에서 시중을 든다는
뜻이다. 무릇 이러한 행동들은 모두 부모가 살아왔던 나라를 떠날 때
행하는 것으로, 친척을 떠나며 선조의 무덤을 떠나고 녹봉과 지위를 잃
은 경우는 또한 한 집안에서는 큰 변고에 해당한다. 그렇기 때문에 상사
를 당했을 때의 예법대로 처신하는 것이다. 3개월이 지나면 한 계절이

---

2) 중의(中衣)는 조복(朝服)이나 제복(祭服) 등의 예복(禮服) 안에 착용하는 옷이
   다. '중의' 안에는 속옷 등을 착용하고, '중의' 겉에는 예복 등을 착용하므로, 중간
   이라는 뜻에서 '중의'라고 부르는 것이다. 또한 모든 복장에 있어서 속옷과 겉옷
   중간에 입는 옷을 뜻하기도 한다. 『예기』「교특생(郊特牲)」편에는 "繡黼丹朱中
   衣."라는 기록이 있고, 이에 대한 공영달(孔穎達)의 소(疏)에서는 "中衣, 謂以素
   爲冕服之裏衣."라고 풀이하였다.
3) 이 문장은 『주례』「춘관종백(春官宗伯)」의 "鞮鞻氏, 下士四人, 府一人, 史一人,
   胥二人, 徒二十人."이라는 기록에 대한 정현의 주이다.

지나게 되니, 하늘의 기운이 조금 변하게 된다. 그렇기 때문에 반드시 3개월이 지나가길 기다린 이후에야 평상시에 입던 길복(吉服)을 다시 입게 된다.

經文

去國三世, 爵祿有列於朝, 出入有詔於國, 若兄弟宗族猶存, 則反告於宗後. 去國三世, 爵祿無列於朝, 出入無詔於國, 唯興之日, 從新國之法.〈下011〉 [舊在"而審行之"之下.]

본국을 떠난 지 3세대가 지나더라도, 본국에 남아 있는 족인들 중 작위와 녹봉을 가지고 조정에 근무하는 자가 있다면, 그가 다른 나라에 출입할 때에는 자신의 본국에 그 사실을 알리며, 만약 그의 형제와 종족이 여전히 본국아 남아 있는 경우라면, 경조사가 생겼을 때 돌아가서 종족의 후손들에게 그 사실을 알린다. 본국을 떠난 지 3세대가 지났는데, 족인들 중 그 나라에서 작위와 녹봉을 가진 자가 없다면, 그가 다른 나라에 출입하는 사실을 본국에 알리지 않고, 오직 그가 새로 거주하는 나라에서 경이나 대부의 반열에 오른 이후에야, 새로 정착한 나라의 예법을 따르게 된다. [옛 판본에는 「곡례하」편의 "신중하게 시행한다."[4]라고 한 문장 뒤에 수록되어 있었다.]

集說

去本國雖已三世, 而舊君猶仕其族人於朝, 以承祖祀, 此人往來出入他國, 仍詔告於本國之君. 其宗族兄弟猶存, 則必有宗子, 凡冠娶妻

---

4) 『예기』「곡례하」 010장 : 君子行禮, 不求變俗. 祭祀之禮, 居喪之服, 哭泣之位, 皆如其國之故, 謹修其法而審行之.

必告, 死必赴, 不忘親也.

본국을 떠난 지 비록 3세대가 지났더라도, 옛 나라의 군주가 여전히 그의 족인들을 조정에서 근무하게 하여, 선조의 제사를 받들게 하였다면, 그 사람은 다른 나라에 왕래하거나 출입할 때, 곧 그 사실을 본국의 군주에게 아뢰게 된다. 그리고 그의 종족과 형제들이 여전히 그 나라에 남아 있다면, 그 나라에는 반드시 종자가 있게 된다. 따라서 관례나 혼례를 치를 때에는 반드시 종자에게 그 사실을 알리며, 죽었을 때에도 반드시 부고를 알리니, 친족을 잊어버릴 수 없기 때문이다.

淺見

近按: 去國雖已三世之久, 不忘故國之君, 不變故國之禮, 必待與起而爲卿大夫, 乃從新國之法, 忠厚之心向其至矣.

내가 살펴보니, 본국을 떠난 지 이미 3세가 지나 오랜 시간이 지났더라도 옛 나라의 군주를 잊을 수가 없어서 옛 나라의 예법을 바꾸지 않고, 반드시 새로 정착한 나라에서 등용되어 경이나 대부가 되어야만 새로 정착한 나라의 예법을 따르니, 충직하고 후덕한 마음이 매우 지극한 것이다.

右傳之第四章.

여기까지는 전 4장이다.

言君臣之禮.

군신간의 예법을 언급하였다.

전(傳) 5장

經文

男女異長.〈108〉 男子二十, 冠而字.〈109〉 [舊在"不以山川"之下.] 女
子許嫁, 笄而字.〈111〉 [舊在"君前臣名"之下.] 男女不雜坐, 不同椸
[移]枷[架], 不同巾櫛, 不親授.〈094〉 嫂叔不通問, 諸母不漱[平聲]
裳.〈095〉 外言不入於梱, 內言不出於梱.〈096〉 女子許嫁, 纓, 非
有大故, 不入其門.〈097〉 姑·姊妹·女子子, 已嫁而反, 兄弟不
與同席而坐, 弗與同器而食.〈098〉 [此下舊有"父子不同席"一句.] 男
女非有行媒, 不相知名, 非受幣, 不交不親.〈100〉 故日月以告
君, 齊戒以告鬼神, 爲酒食以召鄕黨僚友, 以厚其別[彼列反]
也.〈101〉 取[去聲]妻, 不取同姓.〈102〉 故買妾, 不知其姓, 則卜
之.〈103〉 寡婦之子, 非有見[現]焉, 弗與爲友.〈104〉 賀娶妻者曰:
"某子使某, 聞子有客, 使某羞."〈105〉 [舊在"不出中閾"之下.]

남자와 여자는 서열을 정할 때 각각 별도로 정한다. 남자들은 20세가
되면 관례를 치러주며 자(字)를 지어준다. [옛 판본에는 "산천 등의 지명으로
짓지 않는다."[1]라고 한 문장 뒤에 수록되어 있었다.] 여자의 경우에는 혼인이
결정된 이후에야 비녀를 꼽고 자를 지어준다. [옛 판본에는 "군주 앞에서도
신하들은 자신의 이름을 일컫게 된다."[2]라고 한 문장 뒤에 수록되어 있었다.] 남자
와 여자는 자리를 섞어서 함께 앉지 않고, 옷걸이['椸'자의 음은 '移(이)'이
다. '枷'자의 음은 '架(가)'이다.]를 함께 쓰지 않으며, 수건과 빗을 함께 쓰지
않고, 물건을 건넬 때에는 직접 주지 않는다. 형수와 시동생은 안부를
묻거나 선물을 건네지 않고, 부친의 첩들 중 아들을 낳은 여자에게는

---

1)『예기』「곡례상」107장 : 名子者, 不以國, 不以日月, 不以隱疾, 不以山川.
2)『예기』「곡례상」110장 : 父前子名, 君前臣名.

하의를 세탁['漱'자는 평성으로 읽는다.]시키지 않는다. 집밖의 말들이 집안으로 들어와서는 안 되고, 집안의 말들이 집밖으로 나가서는 안 된다. 여자는 혼인이 결정되면, 영(纓)이라는 것을 차게 되니, 중요한 일이 아니라면, 그 여자가 있는 장소에 함부로 들어가지 않는다. 고모 및 자매, 딸자식 등이 이미 시집을 갔다가 문제가 생겨 되돌아왔다면, 그녀들의 형제들은 같은 자리에 앉지 않고, 같은 밥상에서 식사를 하지 않는다. [이 구문 뒤로 옛 판본에는 "부자관계에서는 자리를 함께 해서 앉지 않는다."[3]라고 한 구문이 기록되어 있었다.] 남자와 여자 집안 사이에 중매가 오고가는 일이 없다면, 서로 이름을 알지 못하며, 혼인이 약속되어 예물을 받은 관계가 아니라면, 교제하지 않고 친하게 지내지도 않는다. 그러므로 혼인 날짜를 정하여 군주에게 아뢰고, 재계를 하고서 조상에게 아뢰며, 음식과 술을 차려서 향당의 친구들을 초청하여 연회를 베푸니, 이렇게 함으로써 남녀 사이의 유별['別'자는 '彼(피)'자와 '列(렬)'자의 반절음이다.]함을 더욱 신중하게 지키는 것이다. 아내를 맞이['取'자는 거성으로 읽는다.]할 때 동성인 사람들 중에서는 선택하지 않는다. 그러므로 부인의 몸종을 들일 때에도, 만약 그녀의 성을 알 수 없는 상황이라면, 점을 쳐서 길흉을 판단한다. 과부의 아들에 대해서는 함부로 친교를 맺지 않으니, 그의 재능과 학덕이 남다르다는 것이 나타나지['見'자의 음은 '現(현)'이다.] 않는다면, 그와 함께 친교를 맺지 않아야 한다. 아내를 맞이한 자에게 축하의 말을 전할 때에는 "아무개께서 아무개인 저를 시켜서 대신 보내니, 당신에게 아내를 맞이하는 경사가 있다는 소식을 듣고서, 저 아무개를 시켜서 부조를 보냈습니다."라고 한다. [옛 판본에는 "그 사이로 지나가지 않는다."[4]라고 한 문장 뒤에 수록되어 있었다.]

---

3) 『예기』「곡례상」 099장 : 父子不同席.
4) 『예기』「곡례상」 093장 : 離坐離立, 毋往參焉. 離立者, <u>不出中間</u>.

植者曰揮, 橫者曰桄. 枷, 與架同, 置衣服之具也. 巾以洗潔, 櫛以理
髮. 此四者皆所以遠私褻之嫌. 不通問, 無問遺之往來也. 諸母, 父
妾之有子者. 漱, 浣也. 裳, 賤服. 不使漱裳, 亦敬父之道也. 梱, 門
限也. 許嫁則繫以纓, 示有所繫屬也. 女子子, 重言子者, 別於男子
也. 行媒, 謂媒氏之往來也. 名, 謂男女之名也. 受幣然後, 親交之禮
分定. 日月, 娶婦之期也, 媒氏書之以告于君. 厚其別者, 重愼男女
之倫也. 有見, 才能卓異也. 若非有好德之實, 則難以避好色之嫌,
故取友者謹之.

세워둔 옷걸이를 '휘(揮)'라 부르고, 가로로 걸어둔 옷걸이를 '이(桄)'라
부른다. '가(枷)'자는 시렁을 뜻하는 가(架)자는 같은 글자로, 옷을 걸어
두는 도구이다. 수건으로는 물기를 닦고, 빗으로는 머리를 단정하게 만
든다. 이러한 네 가지 지침들은 모두 남녀가 사적으로 친하게 지낸다는
의심을 멀리하는 방법이다. "통문하지 않는다."는 말은 안부를 묻고 또
선물 등을 보내며 교류를 하지 않는다는 뜻이다. '제모(諸母)'는 부친의
첩들 중에서 아들을 낳은 여자이다. '수(漱)'자는 "세탁한다."는 뜻이다.
하의는 천한 의복이다. 그녀들로 하여금 하의를 세탁시키지 않는 것은
또한 부친을 공경하는 도리이다. '곤(梱)'자는 문턱을 뜻한다. 혼인이 결
정되면 '영(纓)'을 차게 되니, 다른 남자에게 종속되어 있음을 나타내는
것이다. 딸자식을 '여자자(女子子)'라고 하여 '자(子)'자를 두 번 기록하
는 것은 '남자(男子)'라는 단어와 구별하기 위해서이다. '행매(行媒)'는
매씨(媒氏)[5]가 혼인을 성사시키기 위해 양측 집안을 왕래한다는 뜻이

---

5) 매씨(媒氏)는 남녀의 혼인을 주관했던 관리이다. 고대에는 남자의 나이가 30세가
되도록 장가를 들지 않았으면, 매씨가 주관하여 혼인을 시켰다. 여자의 경우에는
20세를 기준으로 혼인을 치르게 시켰다. 『주례』「지관(地官)·매씨(媒氏)」편에
는 "媒氏掌萬民之判, 凡男女自成名以上, 皆書年月日名焉. 令男三十而娶, 女
二十而嫁."라는 기록이 있다. 이러한 뜻에서 파생하여, 후대에는 중매를 주선했
던 자를 부르는 용어로도 사용되었다.

다. '명(名)'자는 혼례를 치를 남자와 여자의 이름을 뜻한다. 예물을 받은 연후에야 친하게 지내며 교제를 할 수 있는 예법상의 권한이 확정된다. '일월(日月)'은 부인을 맞이하는 날짜를 뜻하니, 매씨가 그 날짜를 기록하여 군주에게 아뢰는 것이다. '후기별(厚其別)'이라는 말은 남녀 간의 유별함을 더욱 신중하게 지킨다는 뜻이다. "나타남이 있다."는 말은 재능이 탁월하여 남다르다는 뜻이다. 만약 덕을 추구하는 본성을 가지고 있지 않다면, 호색한이라는 혐의를 피하기 어렵게 된다. 그렇기 때문에 친구를 선택하는 일에 대해서 신중하게 행동했던 것이다.

呂氏曰: 賀者, 以物遺人而有所慶也. 著代以爲先祖後, 人子之所不得已, 故不用樂, 且不賀也. 然爲酒食以召鄕黨僚友, 則遺問不可廢也, 故其辭曰, 聞子有客, 使某羞. 舍曰昏禮而謂之有客, 則所以羞者, 佐其供具之費而已, 非賀也, 作記者, 因俗之名稱賀.

여씨가 말하길, '하(賀)'라는 것은 물건을 남에게 보내는 것으로 경축할 만한 일이 생겼을 때 쓰는 말이다. 결혼을 하여 부친의 지위를 계승해서 가문의 대(代)를 잇는 것은 선조(先祖)의 뒤를 잇기 위함이니, 자식된 자에게는 부득이한 일이다. 그렇기 때문에 음악을 사용하지 않고, 또 축하도 하지 않는 것이다. 그러나 술과 음식을 차려서 향당의 친우들을 초청하게 되면, 답례로 예물을 보내는 일까지 폐지할 수는 없다. 그렇기 때문에 이러한 경우 축하하는 말에서, "그대에게 아내를 맞이한 일이 있다는 소식을 듣고서, 아무개를 시켜서 부조를 보낸다."고 말하는 것이다. 해당 집안에서는 혼례(婚禮)라고 부르기는 하지만, 본래 하례(賀禮)를 하지 않기 때문에, 아내를 맞이하였다고 직접적으로 말하지 않는다. 그 대신 빈객(賓客)들이 혼례 때문에 찾아왔으므로, "손님이 드는 일이 있다."라고 부르게 되니, 부조를 하는 이유 또한 행사를 치르는데 소용되는 물건의 비용을 돕기 위해서일 뿐이며, 정식으로 축하를 하는 것은 아니다. 다만 『예기』를 기록한 자는 세속에서 쓰는 용어에 따라서, '하(賀)'라고 기록한 것이다.

右傳之第五章.

여기까지는 전 5장이다.

言男女之禮.

남녀간의 예법을 언급하였다.

전(傳) 6장

經文

幼子, 常視毋誑[擧況反].〈049〉 童子, 不衣[去聲]裘裳, 立必正方,
不傾聽.〈050〉 長者, 與之提携, 則兩手奉[上聲]長者之手, 負劍
辟[僻]咡[二]詔之, 則掩口而對.〈051〉 從[去聲]於先生, 不越路而與
人言. 遭先生於道, 趨而進, 正立拱手. 先生與之言則對, 不與
之言, 則趨而退.〈052〉 從[去聲]長者, 而上[上聲]丘陵, 則必鄉[去
聲]長者所視.〈053〉[1] [舊在"冠衣不純采"之下.]

어린아이에게는 항상 거짓되지 않고 속임['誑'자는 '擧(거)'자와 '況(황)'자의
반절음이다.]이 없는 것만을 보여주어야 한다. 어린아이들에게는 가죽으
로 된 옷과 치마를 입히지['衣'자는 거성으로 읽는다.] 않고, 서 있을 때에는
반드시 바른 방향을 바라보게 하며, 어른이 말씀을 하면 삐딱하게 몸을
기울여서 듣지 않게 한다. 어른이 어린아이에게 손을 내밀어 이끌고 가
려 하면, 어린아이는 두 손으로 어른의 손을 잡고['奉'자는 상성으로 읽는
다.] 어른이 등 뒤에서 어린아이에게 몸을 굽혀 입가['咡'자의 음은 '二(이)'
이다.]에 대고['辟'자의 음은 '僻(벽)'이다.] 말을 건네면, 어린아이는 입을 가
리고 대답한다. 부친이나 형을 따라서['從'자는 거성으로 읽는다.] 길을 갈
때에는 길을 건너서 다른 사람과 대화를 하지 않는다. 부친이나 형을
길에서 만나게 되면, 빠른 걸음으로 걸어가서, 그 앞에 나아가 바른 자
세로 서서 두 손을 가지런하게 모은다. 만약 부친이나 형이 본인에게
말을 건네게 되면 대답하고, 말을 건네지 않으면 빠른 걸음으로 물러난
다. 연장자를 따라서['從'자는 거성으로 읽는다.] 구릉에 오르게['上'자는 상성
으로 읽는다.] 되면, 반드시 연장자가 바라보는 곳을 향['鄕'자는 거성으로 읽

---

1) 『예기』「곡례상」 053장 : 從長者, 而上丘陵, 則必鄉長者所視, 登城不指, 城上不呼.

는다.]한다. [옛 판본에는 "관과 의복에 채색으로 가선을 대지 않는다."2)라고 한 문장 뒤에 수록되어 있었다.]

集說

劉氏曰: 長者或從童子背後而俯首與之語, 則童子如負長者然; 長者以手挾童子於脅下, 則如帶劍然. 蓋長者俯與童子語, 有負劍之狀, 非眞負劍也. 辟, 偏也. 咡, 口旁. 詔, 告語也. 掩口而對, 謂童子當以手障口氣而應對, 不敢使氣觸長者也.

유씨가 말하길, 어른이 간혹 어린아이의 등 뒤에서 머리를 숙여 그에게 말을 건네게 된다면, 그 모습은 어린아이가 마치 등 뒤로 어른을 업고 있는 형상이 된다. 또한 어른이 아이를 안기 위해 손을 어린아이의 옆구리에 끼우게 된다면, 그 모습은 마치 어린아이가 허리춤에 칼을 차고 있는 형상이 된다. 따라서 어른이 몸을 굽혀서 어린아이에게 말을 건네게 되면, 마치 어린아이가 어른을 업고 허리춤에는 칼을 차고 있는 것 같은 모습이 나타나게 된다는 말이지 실제로 어른을 업고 칼을 차고 있다는 뜻이 아니다. '벽(辟)'자는 기울인다는 뜻이다. '이(咡)'자는 입가이다. '조(詔)'자는 말을 건넨다는 뜻이다. "입을 가리고 대답한다."는 말은 어린아이는 마땅히 손으로 입 냄새를 막고서 대답을 해야 한다는 뜻으로, 감히 입 냄새를 어른에게 풍길 수 없기 때문이다.

經文

侍於君子, 不顧望而對, 非禮也.〈下009〉 [舊在下篇"負薪之憂"之下.]
謀於長者, 必操几杖以從之. 長者問, 不辭讓而對, 非禮也.〈033〉 [舊在"告之以其制"之下.] 將適舍, 求毋固.〈054〉

---

2) 『예기』「곡례상」 048장 : 孤子當室, 冠衣不純采.

군자를 모시고 앉아 있을 때, 주위를 둘러보지 않고 대답을 하는 것은 예가 아니다. [옛 판본에는 「곡례하」편의 "땔나무를 짊어지게 되어 병이 든 상태입니다."[3]라고 한 문장 뒤에 수록되어 있었다.] 어른에게 찾아가서 의논을 할 때에는 반드시 안석과 지팡이를 가지고서 찾아간다. 어른이 본인의 생각이 어떠냐고 물어보았는데, 먼저 사양하지도 않고 즉각 대답을 하는 것은 예가 아니다. [옛 판본에는 "옛 고사를 들어서 일러준다."[4]라고 한 문장 뒤에 수록되어 있었다.] 객사로 가게 되어서는 고집을 부려서는 안 된다.

淺見

謂謀於長者而毋固必也.

어른과 의논을 할 때에는 고집을 부려서는 안 된다는 뜻이다.

---

3) 『예기』「곡례하」 008장 : 君使士射, 不能, 則辭以疾, 言曰某有負薪之憂.
4) 『예기』「곡례상」 032장 : 越國而問焉, 必告之以其制.

將上堂, 聲必揚. 戶外有二屨, 言聞[去聲]則入, 言不聞則不
入.〈055〉 將入戶, 視必下, 入戶奉[上聲]扃, 視瞻毋回, 戶開亦開,
戶闔亦闔, 有後入者, 闔而勿遂.〈056〉 毋踐屨, 毋踖[迹]席, 摳[苦
候反]衣趨隅, 必愼唯[上聲]諾.〈057〉 [舊在"城上不呼"之下.] 凡爲[去聲]
長者糞之禮, 必加帚[之手反]於箕上, 以袂拘[溝, 又如字]而退. 其
塵不及長者, 以箕自鄉[去聲]而扱[吸]之.〈064〉 奉[上聲]席如橋[如
字]衡.〈065〉 請席何鄉, 請衽何趾.〈066〉 席南鄉北鄉, 以西方爲
上; 東鄉西鄉, 以南方爲上.〈067〉 若非飮食之客, 則布席, 席間
函丈.〈068〉 [舊在"授坐不立"之下.]

당상에 오르고자 할 때 목소리는 방안에 있는 사람들이 들을 수 있도록
반드시 큰 소리로 낸다. 문밖에 두 짝의 신발이 놓여 있다면, 방안에는
세 사람 이상이 모여 있는 것인데 그들의 대화 내용이 밖에까지 들리면
['聞'자는 거성으로 읽는다.] 들어가고, 들리지 않으면 신중히 의논하는 중이
므로 들어가지 않는다. 장차 방문으로 들어가려고 할 때 시선은 반드시
밑을 향하고, 문에 들어서면 문빗장을 받치듯['奉'자는 상성으로 읽는다.] 심
장 높이까지 손을 높여 경의를 나타내며, 자세를 숙여서 굽어보되 두리
번거리지 않고, 방문이 열려 있었다면 또한 열어놓으며, 방문이 닫혀 있
었다면 또한 닫아두되, 뒤에 들어올 자가 있다면 완전히 닫지는 않는다.
방안에 들어갈 때에는 남의 신발을 밟아서는 안 되고, 남의 자리를 밟
아서['踖'자의 음은 '迹(적)'이다.]는 안 되며, 옷자락을 걷어 올려서['摳'자는
'苦(고)'자와 '候(후)'자의 반절음이다.] 구석자리를 따라 신속하게 걸어가고,
대답['唯'자는 상성으로 읽는다.]을 할 때에는 반드시 신중하게 해야만 한다.
[옛 판본에는 "성벽 위에서는 소리를 지르지 않는다."[1]라고 한 문장 뒤에 수록되어

---

1) 『예기』「곡례상」 053장 : 從長者, 而上丘陵, 則必鄉長者所視, 登城不指, <u>城上
不呼</u>.

있었다.] 무릇 어른을 위해['爲'자는 거성으로 읽는다.] 청소하는 예법은 다음과 같으니, 청소를 하기 위해 이동할 때에는 반드시 쓰레받기 위에 빗자루['帚'자는 '之(지)'자와 '手(수)'자의 반절음이다.]를 얹어서 이동하고 자신의 소매로 빗자루를 가리고['拘'자의 음은 '溝(구)'이며, 또한 글자대로 읽기도 한다.] 빗자루로 쓸면서 어른이 계신 곳 반대방향으로 물러나며 청소한다. 청소할 때 발생하는 먼지가 어른에게 가지 않게 하기 위해서, 청소를 할 때는 빗자루를 자신의 방향으로['鄕'자는 거성으로 읽는다.] 쓸어서 쓰레받기에 담는다.['扱'자의 음은 '吸(흡)'이다.] 자리를 들고['奉'자는 상상으로 읽는다.] 갈 때에는 마치 교량['橋'자는 글자대로 읽는다.]처럼 높게 들고 저울처럼 수평이 되도록 든다. 어른이 앉고자 한다면 어느 방향으로 자리를 펼 것인지 여쭙고, 어른이 눕고자 한다면 어느 방향으로 발을 둘 것인지 여쭙는다. 자리가 남향이나 북향으로 되어 있을 때에는 서쪽을 상석으로 삼고, 동향이나 서향으로 되어 있을 때에는 남쪽을 상석으로 삼는다. 만약 음식을 대접하기 위해 초대한 빈객이 아니라면, 자리를 펼때 자리 간격을 함장(函丈)[2]으로 한다. [옛 판본에는 "앉아 있는 자에게 물건을 건넬 때에는 서서 주지 않는다."[3]라고 한 문장 뒤에 수록되어 있었다.]

集說

糞, 除穢也.

'분(糞)'자는 더러운 것들을 청소한다는 뜻이다.

疏曰: 帚置箕上, 一手提帚, 擧一手衣袂以拘障於帚前, 且掃且遷,

---

2) 함장(函丈)의 '함(函)'자는 수용한다는 뜻이고, '장(丈)'자는 1장(丈)을 뜻하는 거리이다. 따라서 '함장'은 강학하는 자와 강학을 받는 자는 1장(丈)의 거리만큼 떨어져서 앉는다는 뜻이다. 후대에는 이 뜻에서 파생되어, 강학하는 좌석 및 스승을 뜻하는 용어로도 사용되었다. 『예기』「곡례상(曲禮上)」편에는 "若非飮食之客, 則布席, 席間函丈."이라는 용례가 있다.

3) 『예기』「곡례상」 063장 : 並坐不橫肱, 授立不跪, 授坐不立.

故云拘而退. 扱, 斂取也. 以箕自向斂取糞穢, 不以箕向尊者.

소에서 말하길, 빗자루를 쓰레받기 위에 얹고, 한쪽 손으로는 빗자루를 들고, 나머지 한쪽 손으로는 옷소매를 잡아서 빗자루 앞을 가리며, 빗자루로 쓸면서 옮겨간다. 그렇기 때문에 "가리고 물러난다."라고 말한 것이다. '급(扱)'자는 쓸어 담는다는 뜻이다. 빗자루 질을 자기 방향으로 해서 쓰레기들을 쓸어 담는 것이지, 빗자루 질을 어른 방향으로 해서는 안 된다.

設坐席, 則問面向何方. 設臥席, 則問足向何方. 非飲食之客, 則是講說之客.

앉을 자리를 펴는 경우라면, 정면을 어느 방향으로 둘 것인지를 묻는다. 누울 자리를 펴는 경우라면, 발의 방향을 어느 쪽으로 둘 것인지를 묻는다. 음식을 대접하기 위해 초대한 빈객이 아니라면, 곧 강설을 하기 위해 초대한 빈객에 해당한다.

席之制, 三尺三寸三分寸之一, 則兩席幷中間空地共一丈也.

자리를 제작할 때 그 너비는 3척(尺) 3과 3분의 1촌(寸)의 길이로 하였으니, 두 개의 자리와 중간의 공간을 합치면 그 너비는 모두 1장(丈)의 길이가 된다.

經文

將卽席, 容毋怍. 兩手摳衣去齊[咨]尺, 衣毋撥[半末反], 足毋蹶 [鱖].〈071〉

장차 자리에 나아가 앉을 때에는 행동거지를 신중하고 조심스럽게 하여, 부끄러운 일이 생기게 해서는 안 된다. 양쪽 손으로는 치마를 걷어 올려서, 치마의 밑단['齊'자의 음은 '咨(자)'이다.]이 지면과 1척(尺) 정도 떨어지도록 하고, 앉은 이후에는 옷을 펄럭거리게['撥'자는 '半(반)'자와 '末(미)'자의 반절음이다.] 해서는 안 되며, 발을 움직여서는['蹶'자의 음은 '鱖(궐)'이다.] 안 된다.

劉氏曰: 將就席, 須詳緩而謹容儀, 毋使有失而可愧怍也. 仍以兩手摳揭衣之兩旁, 使下齊離地一尺而坐, 以便起居, 免有蹞跌失容也. 坐後更須整疊前面衣袵, 毋使撥開, 又古人膝坐, 久則膝不安, 而易以蹶動, 坐而足動, 亦爲失容, 故戒以毋動也.

유씨가 말하길, 자신의 자리로 나아갈 때에는 매우 천천히 움직여서 용모와 행동거지를 신중하게 해야만 하니, 실수를 유발하여 부끄러운 일을 발생시켜서는 안 되기 때문이다. 그러므로 양손으로는 치마의 양쪽 옆면을 살짝 걷어 올려서, 치맛자락이 지면으로부터 1척(尺) 정도 떨어지게 해서 자리에 앉으니, 이처럼 하는 이유는 일어서거나 앉을 때 편리하며, 또한 넘어져서 창피를 당하는 일을 없게끔 해주기 때문이다. 자리에 앉은 이후에는 다시금 전면에 놓이는 옷자락과 소매를 가지런하게 포개어, 펄럭거리게 해서는 안 된다. 또한 고대인들은 무릎을 꿇고 앉았었는데, 장시간 앉아 있게 되면 무릎이 불편하게 되어 발을 움직이기 쉽다. 그러나 앉아 있을 때 발을 움직이는 것 또한 단정치 못한 행동이다. 그렇기 때문에 움직여서는 안 된다고 주의를 준 것이다.

近按: 去齊尺, 謂使兩手去衣之下齊, 其間一尺, 不俯而揭之, 恐其失容, 且嫌扱袵也.

내가 살펴보니, '거자척(去齊尺)'이라는 말은 두 손으로 의복의 하단을 들어서 그 간격을 1척 정도 두는 것이니, 굽히지 않고 드는 것은 실수를 할까 염려되기 때문이며, 또 옷자락을 꼽는다는 의혹을 사기 때문이다.

経文

先生書策琴瑟在前, 坐而遷之, 戒勿越.〈072〉虛坐盡[子忍反]後,
食坐盡前. 坐必安, 執爾顔. 長者不及, 毋儳[仕鑑反]言.〈073〉

선생의 서책이나 금슬 등의 악기가 자신 앞에 놓여 있으면, 무릎을 꿇
고서 그것들을 한쪽으로 옮겨놓으며, 그 물건을 발로 넘지 않도록 주의
한다. 아직 음식이 차려지지 않은 자리에 앉을 때에는 멀찌감치['盡'자는
'子(자)'자와 '忍(인)'자의 반절음이다.] 뒤로 물러나서 앉고, 음식이 차려진 자
리에 앉을 때에는 바짝 당겨서 앉는다. 앉을 때에는 반드시 안정된 자
세로 앉아야 하고, 자신의 얼굴색을 단정하게 가다듬는다. 어른이 말을
끝내지 않았다면, 어른의 말에 끼어들어서는['儳'자는 '仕(사)'자와 '鑑(감)'자
의 반절음이다.] 안 된다.

集說

古者, 席地而俎豆在其前, 盡後, 謙也; 盡前, 恐汙席也. 儳, 暫也, 亦參錯
不齊之貌. 長者言事未竟, 未及其他, 少者不可擧他事爲言, 暫然錯雜長者
之說.

고대에는 자리를 펴고 음식을 담은 그릇들을 자리의 앞쪽에 두었다. 따
라서 음식이 없을 때 멀찌감치 물러나 앉는 이유는 그것이 겸손한 태도
이기 때문이며, 음식이 있을 때 바짝 당겨서 앉는 이유는 음식을 떨어트
려서 자리를 더럽히게 될까 염려되기 때문이다. '참(儳)'자는 갑자기라는
뜻으로, 또한 갑작스럽게 끼어들어서 가지런하지 못한 모양을 뜻한다.
어른이 어떤 사안에 대해 언급을 하게 되어, 그 말이 아직 다 끝나지도
않았고, 또한 다른 사안에 대해서 언급하지도 않았는데, 나이 어린 사람
이 다른 일을 가지고 불쑥 말을 꺼내게 된다면, 이것은 곧 갑작스럽게
어른의 말을 뒤섞어버리는 꼴이 된다.

正爾容, 聽必恭. 毋勦初交反說, 毋雷同. 必則古昔, 稱先王.〈074〉

앉아 있을 때에는 용모와 행동거지를 단정하게 하고, 어른의 말을 들을 때에는 반드시 공손한 태도를 유지한다. 남의 말을 자신의 말처럼['勦'자는 '初(초)'자와 '交(교)'자의 반절음이다.] 해서는 안 되고, 남의 말에 부화뇌동해서는 안 된다. 말을 할 때에는 반드시 옛날의 교훈을 법도로 삼아서 하고, 선왕의 도리에 빗대어야 한다.

集說

竊取他人之說以爲己說, 謂之勦說; 聞人之言而附和之, 謂之雷同也.

남이 한 말을 가져다가 자신의 주장처럼 하는 것을 '초설(勦說)'이라고 부른다. 한편 남의 말만 듣고 자기 주관도 없이 그 말에 동화되는 것을 '뇌동(雷同)'이라고 부른다.

集說

侍坐於先生, 先生問焉, 終則對.〈075〉 請業則起, 請益則起.〈076〉

선생을 모시고 앉아 있을 때, 선생이 자신에게 질문을 하게 되면, 그 말이 다 끝나고 나서 대답한다. 배움을 구하고자 질문할 때라면, 자리에서 일어나서 말하고, 대답해준 말에 깨닫지 못한 것이 있어서 다시 질문하고자 할 때에도, 또한 자리에서 일어나서 말한다.

集說

請業者, 求當習之事; 請益者, 再問未盡之蘊. 起, 所以致敬也.

'청업(請業)'이라는 말은 마땅히 익혀야 하는 일들에 대해서 묻는다는 뜻이며, '청익(請益)'이라는 말은 아직 깨닫지 못한 것에 대해 재차 질문한다는 뜻이다. 일어나는 것은 공경함을 나타내는 행동이다.

經文

父召無諾, 先生召無諾, 唯而起.〈077〉

부친이 부르거든 대답만 해서는 안 되고, 선생이 부르거든 대답만 해서는 안 되니, 대답을 하고 얼른 일어나서 그 앞으로 나아가야 하는 것이다.

集說

父以恩, 師以道, 故所敬同.

부친은 은혜를 베풀어주었고, 스승은 도리를 가르쳐주었기 때문에, 둘에 대해 공경하는 자세가 동일한 것이다.

呂氏曰: 諾者, 許而未行也.

여씨가 말하길, '낙(諾)'이라는 것은 대답만 하고 움직이지 않는다는 뜻이다.

經文

侍坐於所尊敬, 無餘席. 見同等不起.〈078〉 **燭至起, 食至起, 上客起.**〈079〉

존경하는 분을 모시고 앉을 경우에는 자신의 자리와 상대방의 자리에 공간이 없도록 가까이에 앉는다. 앉아 있을 때 자신과 신분이나 학업 정도가 대등한 자를 보게 되면, 자리에서 일어나지 않는다. 등불이 방 안으로 들어오면 자리에서 일어나고, 음식이 방안으로 들어오면 자리에서 일어나며, 신분이 높은 빈객이 들어오면 자리에서 일어난다.

上客至而起, 以其非同等也.

신분이 높은 빈객이 들어와서 일어나는 이유는 상대가 자신과 동등한 자가 아니기 때문이다.

燭不見[現]跋[鈸]. 〈080〉

등불의 경우, 타고 남은 심지['跋'자의 음은 '鈸(발)'이다.]가 보이지['見'자의 음은 '現(현)'이다.] 않도록 한다.

跋, 本也. 古者未有蠟燭, 以火炬照夜, 將盡則藏其所餘之殘本, 恐客見之, 以夜久欲辭退也.

'발(跋)'자는 심지를 뜻한다. 고대에는 밀랍으로 만든 초가 아직 없었기 때문에, 등불로 밤을 밝혔다. 그런데 그것이 다 타들어가게 될 때, 타다 남은 심지를 감추게 되는데, 그 이유는 아마도 빈객이 그것을 보게 되면, 밤이 깊었다고 생각하여 사양하고 물러가려고 할까 염려되기 때문이다.

尊客之前, 不叱狗.〈081〉 讓食不唾[吐臥反].〈082〉 侍坐於君子, 君子欠伸, 撰[須兗反]杖屨, 視日蚤莫, 侍坐者請出矣.〈083〉

존귀한 신분을 가진 빈객 앞에서는 개를 혼내서 짖도록 하지 않는다. 주인(主人)이 대접한 음식을 사양할 때에는 침을 뱉지['唾'자는 '吐(토)'자와 '臥(와)'자의 반절음이다.] 않는다. 군자를 모시고 앉아 있을 때, 시간이 오래되어 군자가 하품을 하거나 기지개를 펴거나 또는 지팡이나 신발을 잡으며['撰'자는 '須(수)'자와 '兗(연)'자의 반절음이다.] 해가 아직 떠 있는지 아니면 저물었는지를 살핀다면, 군자가 피로해하는 것이므로 모시고 앉아 있던 자들은 이제 그만 물러나도 되겠는지를 여쭙는다.

氣乏則欠, 體疲則伸. 撰, 猶持也. 此四者皆厭倦之容, 恐妨君子就安, 故請退也.

기가 부족해지면 하품을 하게 되고, 몸이 피로해지면 기지개를 펴게 된다. '선(撰)'자는 "잡는다."는 뜻이다. 이 네 가지 행동들은 모두 피로해하는 모습들을 뜻하니, 아마도 군자가 쉬려고 하는 것을 방해하게 될까 염려되기 때문에, 물러나도 되는지를 여쭙는 것이다.

侍坐於君子, 君子問更端, 則起而對.〈084〉 侍坐於君子, 若有告者曰: "少間[閑], 願有復也", 則左右屛[丙]而待.〈085〉 [自"將即席"至此, 舊在"客不先擧"之下.]

군자를 모시고 앉아 있을 때, 군자가 하던 이야기를 끝내고 화제를 바꿔서 질문하면, 모시고 앉아 있던 자는 자리에서 일어나 대답한다. 군자를 모시고 앉아 있을 때, 만약 어떤 자가 군자에게 "잠시 시간이 있으시면['間'자의 음은 '閑(한)'이다.] 원컨대 말씀드릴 것이 있습니다."라고 말하게 된다면, 나머지 사람들은 좌우로 물러나서['屛'자의 음은 '丙(병)'이다.] 대화가 다 끝날 때까지 기다린다. ['장차 자리에 나아가 앉을 때'[1]라는 구문부터 이곳 문장까지는 옛 판본에 "빈객은 먼저 말을 꺼내지 않는다."[2]라고 한 문장 뒤에 수록되어 있었다.]

集說

鄭氏曰: 復, 白也. 言欲須少空閑, 有所白也. 屛, 退也.

정현이 말하길, '복(復)'자는 "아뢴다."는 뜻이다. 즉 잠시 시간이 있으면 아뢰고 싶은 것이 있다는 뜻이다. '병(屛)'자는 "물러난다."는 뜻이다.

屛而待, 不敢干其私也.

물러나서 기다리는 이유는 감히 타인의 개인적인 일에 간여할 수 없기 때문이다.

經文

> 侍坐於長者, 屨不上於堂, 解屨不敢當階.〈090〉 就屨, 跪而擧之, 屛[丙]於側.〈091〉 鄕長者而屨, 跪而遷屨, 俯而納屨.〈092〉 離[平聲] 坐離立, 毋往參焉. 離立者, 不出中間.〈093〉 [舊在"暑毋褰裳"之下.]

어른을 모시고 앉아 있을 때에는 신발을 신은 채로 당 위에 오르지 않

---

1) 『예기』「곡례상」 071장 : 將卽席, 容毋怍. 兩手摳衣去齊尺. 衣毋撥, 足毋蹶.
2) 『예기』「곡례상」 070장 : 主人不問, 客不先擧.

고, 신발을 벗어둘 때에도 감히 계단에 벗어두지 않는다. 신발을 신을 때에는 무릎을 꿇고서 신발을 들며, 신발을 들고서 섬돌 곁으로 물러나서['屛'자의 음은 '丙(병)'이다.] 신는다. 연장자를 바라보는 방향에 서서 신발을 착용하되, 무릎을 꿇고 자신의 신발을 찾아서 들며 조금 이동하여, 몸을 숙이고서 신발을 착용하게 된다. 두 명이 서로 짝을 이루어['離'자는 평성으로 읽는다.] 앉아 있거나 두 명이 서로 짝을 이루어 서 있는 경우에는 그곳에 끼어들지 않는다. 두 명이 서로 짝을 이루어 서 있다면 그 사이로 지나가지 않는다. [옛 판본에는 "더울 때에도 하의를 걷어 올리지 않는다."3)라고 한 문장 뒤에 수록되어 있었다.]

集說

疏曰: 此明少者禮畢退去, 爲長者所送, 則於階側跪取屨稍移之, 面向長者而著之. 遷, 徙也, 就階側跪取稍移近前也. 俯而納者, 既取因俯身向長者而納足著之. 不跪者, 跪則足向後不便, 故俯也. 雖不竝跪, 亦坐左納右, 坐右納左.

소에서 말하길, 이 내용은 나이가 어린 자가 의례에 참가했다가 그 의례가 모두 끝나서 물러나는 경우의 예법을 뜻하는데, 연장자로부터 전송을 받는 경우라면, 계단 곁에서 무릎을 꿇고 신발을 들며 조금 이동하여, 연장자를 바라보는 방향으로 서서 착용을 하게 된다. '천(遷)'자는 "이동한다."는 뜻이니, 계단 곁으로 가서 무릎을 꿇고 자기 신발을 든 다음 그 앞으로 조금 이동한다는 뜻이다. '부이납(俯而納)'이라는 말은 이미 신발을 들고 왔으므로, 그에 따라 연장자를 바라보는 방향에서 몸을 숙이고서, 발을 신발에 넣어서 신는다는 뜻이다. 이러한 경우 무릎을 꿇지 않는 이유는 무릎을 꿇게 된다면 발이 뒤로 향하게 되어, 신발을 신기에 불편하기 때문이다. 그래서 단지 몸을 숙이기만 하는 것이다. 비

---

3) 『예기』 「곡례상」 089장 : 冠毋免, 勞毋袒, 暑毋褰裳.

록 양쪽 무릎을 모두 꿇지는 않는다고 하지만, 신발을 신을 때에는 왼쪽 무릎을 꿇고서 오른쪽 신발을 신고, 그 다음으로는 오른쪽 무릎을 꿇고서 왼쪽 신발을 신는다.

經文

> 侍食於長者, 主人親饋, 則拜而食, 主人不親饋, 則不拜而食.
> 〈117〉 [舊在"客不虛口"之下.] 侍飮於長者, 酒進則起, 拜受於尊所.
> 長者辭, 少者反席而飮. 長者擧未釂[子妙反], 少者不敢飮.〈125〉
> 長者賜, 少者賤者不敢辭.〈126〉 [舊在"主人興辭然後客坐"之下.]

어른을 모시고서 음식을 먹을 때, 주인이 직접 음식을 차려서 내오면, 절을 하고서 음식을 먹으며, 주인이 직접 음식을 차려 내오지 않으면, 절을 하지 않고 음식을 먹는다. [옛 판본에는 "빈객은 입을 헹구지 않는다."[4]라고 한 문장 뒤에 수록되어 있었다.] 어른을 모시고 음주를 할 때 술이 나오면 자리에서 일어나서 술동이가 놓인 장소에서 절을 하고 받는다. 어른이 그렇게 하지 않아도 된다고 사양하면, 젊은이는 자신의 자리로 되돌아가서 술을 마신다. 어른이 술잔을 들었는데, 만약 그 술잔을 모두 비우지 ['釂'자는 '子(자)'자와 '妙(묘)'자의 반절음이다.] 않았다면, 젊은이는 감히 술을 마시지 않는다. 연장자나 존귀한 자가 하사를 해주면, 젊은이나 미천한 신분을 가진 자는 감히 사양하지 않는다. [옛 판본에는 "주인은 자리에서 일어나서 빈객에게 그렇게 하지 않아도 괜찮다는 말을 건네고, 그런 연후에야 빈객은 다시 자리에 앉는다."[5]라고 한 문장 뒤에 수록되어 있었다.]

---

4) 『예기』「곡례상」 116장 : 主人未辯, <u>客不虛口</u>.

5) 『예기』「곡례상」 124장 : 卒食, 客自前跪, 徹飯齊以授相者, <u>主人興辭於客, 然後客坐</u>.

尊所, 置尊之所也. 飮盡爵曰釂.

'준소(尊所)'는 술동이가 놓인 장소이다. 술잔을 모두 비우는 것을 '조(釂)'라고 부른다.

經文

御同於長者, 雖貳不辭, 偶坐不辭.〈130〉[舊在"夫不祭妻"之下.] 年長以倍, 則父事之, 十年以長, 則兄事之, 五年以長, 則肩隨之.〈039〉 群居五人, 則長者必異席.〈040〉 [舊在"恒言不稱老"之下.]

연장자를 모시고 함께 식사를 하는 경우에는 비록 음식들을 많이 내온다 하더라도 사양을 하지 않으며, 다른 손님과 함께 동석하게 된다 하더라도 음식들을 많이 내오는 것에 대해서 사양하지 않는다. [옛 판본에는 "남편을 제사지낸 음식으로는 아내에 대한 제사를 지내지 않는다."[6]라고 한 문장 뒤에 수록되어 있었다.] 상대방의 나이가 본인보다 2배나 많으면 부친을 대하듯 섬기고, 본인보다 10살이 많으면 형을 대하듯 섬기며, 본인보다 5살이 많으면 나란히 걷되 조금 뒤로 물러서서 따라간다. 모여 앉은 사람이 다섯 사람이 된다면, 그들 중 가장 연장자가 되는 자는 반드시 무리들과 자리를 따로 해서 앉는다. [옛 판본에는 "평상시 쓰는 말에서 자신을 지칭하며 늙었다거나 노인이라는 말을 쓰지 않는다."[7]라고 한 문장 뒤에 수록되어 있었다.]

集說

御, 侍也. 貳, 益物也. 不辭, 不專爲己設, 故不辭也. 古者地敷橫席,

---

6) 『예기』「곡례상」 129장 : 餕餘不祭. 父不祭子, <u>夫不祭妻</u>.
7) 『예기』「곡례상」 038장 : 恒言不稱老.

而容四人, 長者居席端. 若五人會, 則長者一人異席也.

'어(御)'자는 "모신다."는 뜻이다. '이(貳)'자는 음식을 늘린다는 뜻이다. 음식이 많다고 사양하지 않는 이유는 그 음식들은 오로지 자기만을 위해 마련된 것이 아니기 때문에, 사양하지 않는 것이다. 고대에는 땅에 넓은 자리를 깔게 되면 네 사람이 앉게 되는데, 네 사람 중 가장 연장자가 되는 자는 자리의 끝단 쪽에 앉는다. 만약 다섯 사람이 모인 경우라면, 그들 중 가장 연장자 한 명은 다른 곳에 자리를 펴고 앉는다.

淺見

右傳之第六章.

여기까지는 전 6장이다.

言長幼之禮.

장유간의 예법을 언급하였다.

전(傳) 7장

經文

凡與客入者, 每門讓於客. 客至於寢門, 則主人請入爲席, 然後出迎客. 客固辭, 主人肅客而入.〈059〉 主人入門而右, 客入門而左. 主人就東階, 客就西階, 客若降等, 則就主人之階. 主人固辭, 然後客復就西階.〈060〉 主人與客讓登, 主人先登, 客從之, 拾[涉]級聚足, 連步以上[上聲]. 上於東階, 則先右足; 上於西階, 則先左足.〈061〉 帷薄之外不趨, 堂上不趨, 執玉不趨. 堂上接武, 堂下布武, 室中不翔.〈062〉 竝坐不橫肱, 授立不跪, 授坐不立.〈063〉 [舊在"不踐閾"之下.]

무릇 빈객과 함께 집으로 들어갈 경우에는 매 문마다 잠시 멈춰서 빈객에게 먼저 들어가도록 양보한다. 이러한 절차를 반복하여 빈객이 침문(寢門)[1]에 도달하게 되면, 주인은 빈객에게 양해를 구하며 자신이 먼저 들어가서 자리를 마련하겠다고 청한다. 주인이 먼저 들어가서 자리를 편 이후에야 주인은 밖으로 다시 나와서 빈객을 맞이한다. 이때에도 주인은 빈객에게 먼저 들어갈 것을 권유하는데, 빈객이 고사(固辭)[2]하면, 주인은 빈객에게 숙배(肅拜)[3]를 하고 먼저 들어간다. 주인은 문으로 들

---

1) 침문(寢門)은 침문(寢門)이라고도 부른다. 노문(路門)을 가리킨다. '노문'은 궁실(宮室)의 건축물 중에서도 가장 안쪽에 있었던 정문을 뜻하는데, 여러 문들 중에서도 노침(路寢)과 가장 가까운 위치에 있었기 때문에, '노문'이라는 명칭이 생겼다. '침문'이라는 용어 또한 '노침'에 가까이 있었기 때문에 붙여진 명칭이다. 한편 가장 안쪽에 있었던 정문이었으므로, '침문'을 내문(內門)이라고도 부른다.

2) 고사(固辭)는 빈객과 주인은 예법에 따라 세 번 사양을 하게 되는데, 처음 사양하는 것을 '예사(禮辭)'라고 부르며, 두 번째 사양하는 것을 '고사'라고 부르고, 세 번째 사양하는 것을 '종사(終辭)'라고 부른다.

3) 숙배(肅拜)는 구배(九拜) 중의 하나이다. 절을 하는 방법 중 하나로, 무릎을 가지

어서면 오른쪽으로 가고, 빈객은 문으로 들어서면 왼쪽으로 간다. 주인은 동쪽 계단으로 가고, 빈객은 서쪽 계단으로 가는데, 만약 빈객의 신분이 주인보다 낮다면, 서쪽 계단으로 가지 않고 주인이 오르는 동쪽 계단으로 간다. 주인이 고사를 하며 빈객의 행동을 만류하면, 그런 뒤에야 빈객은 다시 서쪽 계단으로 나아간다. 계단에 오를 경우 주인은 빈객에게 먼저 올라가라고 사양하는데, 빈객이 다시 사양을 하여 끝내 주인이 먼저 오르게 되면, 빈객이 뒤따라 올라간다. 다만 한 계단을 오를['拾'자의 음은 '涉(섭)'이다.] 때마다 양발을 모으니, 이런 방식으로 걸음을 이어가서 계단을 오르게['上'자는 상성으로 읽는다.] 된다. 동쪽 계단으로 오르는 경우에는 오른쪽 발을 먼저 떼고, 서쪽 계단으로 오르는 경우에는 왼쪽 발을 먼저 뗀다. 장막과 주렴 밖에 사람이 없다면, 공경스러운 태도를 보이기 위해 굳이 종종걸음으로 걷지 않는다. 또한 당 위에서는 공간이 좁으므로 종종걸음으로 걷지 않고, 옥을 들고 있을 때에는 실수로 떨어트릴 수도 있으니 종종걸음으로 걷지 않는다. 당 위에서는 보폭을 적게 하여 발자국이 이어지도록 걷고, 당 아래에서는 보폭을 넓게 해서 성큼 성큼 걸으며, 방안에서는 공간이 협소하므로 양팔을 벌려서 걷지 않는다. 다른 사람과 나란히 앉아 있을 때에는 팔뚝을 옆으로 벌리지 않고, 서 있는 자에게 물건을 건넬 때에는 무릎을 꿇고서 주지 않으며, 앉아 있는 자에게 물건을 건넬 때에는 서서 주지 않는다. [옛 판본에는 "문턱을 밟지 않는다."4)라고 한 문장 뒤에 수록되어 있었다.]

集說

肅客者, 俯手以揖之, 所謂肅拜也. 拾級, 涉階之級也. 聚足, 後足與前足相合也. 連步, 步相繼也.

··

런히 모으고, 단지 손을 아래로만 내리며, 머리는 숙이지 않는 방법이다.
4) 『예기』「곡례상」 058장 : 大夫士出入君門, 由闑右, <u>不踐閾</u>.

"빈객에게 숙(肅)한다."는 말은 손을 굽혀서 공수를 취한 뒤, 손을 들어 올리며 읍을 하는 것이니, 이른바 '숙배(肅拜)'라는 것이다. '습급(拾級)'은 계단의 한 칸을 올라간다는 뜻이다. '취족(聚足)'은 뒷발을 끌어다가 앞발과 나란히 되도록 모은다는 뜻이다. '연보(連步)'는 걸음을 계속 이어간다는 뜻이다.

疏曰: 帷, 幔也. 薄, 簾也. 接武, 足迹相接也.

소에서 말하길, '유(帷)'자는 장막을 뜻한다. '박(薄)'자는 주렴을 뜻한다. '접무(接武)'는 발자국이 서로 이어지도록 작은 보폭으로 걷는다는 뜻이다.

朱氏曰: 帷薄之外無人, 不必趨以示敬. 堂上地迫, 室中地尤迫, 故不趨不翔也.

주씨가 말하길, 장막과 주렴이 쳐진 곳 밖에 사람이 없다면, 굳이 종종걸음으로 걸으며 공경스러운 태도를 보일 필요는 없다. 당 위는 공간이 협소하고, 방안은 더욱 협소하기 때문에, 종종걸음으로 걷지 않고, 팔을 벌리며 걷지 않는다.

淺見

近按: 自"帷薄之外"至此, 言其上階之後入室之時, 趨步坐立之節, 因言不趨之事而并及執玉之禮也.

내가 살펴보니, '장막과 주렴 밖'이라는 구문부터 이곳 문장까지는 계단을 올라간 이후 방으로 들어갈 때 종종걸음으로 걷고 앉거나 서 있는 법도를 말한 것인데, 이로 인해 종종걸음으로 걷지 않는 사안과 옥을 들고 있을 때의 예법도 함께 언급한 것이다.

主人跪正席, 客跪撫席而辭. 客徹重[平聲]席, 主人固辭. 客踐
席, 乃坐.〈069〉 主人不問, 客不先擧.〈070〉 [舊在"席間函丈"之下.]

주인이 빈객을 방안으로 인도하고 난 뒤 무릎을 꿇고서 빈객이 앉을 자
리를 바로잡으면, 빈객은 무릎을 꿇고 자리를 만지면서 사양하여 주인이
수고롭게 자리를 바로잡는 행위를 멈추게 한다. 주인은 미리 빈객이 앉
을 자리를 겹으로 포개 두는데, 빈객이 감히 그 자리에 앉을 수가 없어
서, 포개둔['重'자는 평성으로 읽는다.] 자리를 치우려고 하면, 주인은 재차
만류를 한다. 빈객이 자리에 오르면, 주인은 곧 자신의 자리에 앉는다.
주인이 먼저 질문을 하지 않으면, 빈객은 먼저 말을 꺼내지 않는다. [옛
판본에는 "자리 간격을 함장(函丈)으로 한다."[1]라고 한 문장 뒤에 수록되어 있었다.]

集說

撫, 以手按止之也. 客不敢居重席, 故欲徹之, 主人固辭. 客踐席將
坐, 主人乃坐也.

'무(撫)'자는 손으로 누르며 제지한다는 뜻이다. 빈객은 감히 포개져 있
는 자리에 앉을 수가 없기 때문에, 그것을 걷어내려고 하는 것인데, 주
인은 재차 사양하게 된다. 빈객이 자리에 올라가서 장차 앉으려고 하면,
이때 주인은 곧 자신의 자리에 앉게 된다.

淺見

近按: 前所謂布席者, 言師生之席, 此所謂正席者, 言賓客之席也.

내가 살펴보니, 앞에서 자리를 편다고 한 것은 스승과 제자 사이에 마련
하는 자리를 뜻하는 것이고, 이곳에서 자리를 바로잡는다고 한 것은 빈
객의 자리를 뜻한다.

---

1) 『예기』 「곡례상」 068장 : 若非飮食之客, 則布席, 席間函丈.

凡進食之禮, 左殽右胾[側吏反], 食[嗣]居人之左, 羹居人之右.
膾炙[柘]處外, 醯醬處內, 葱渫[裔]處末, 酒漿處右, 以脯脩置者,
左朐[劬]右末.〈112〉 客若降等, 執食興辭, 主人興辭於客, 然後
客坐.〈113〉 主人延客祭, 祭食, 祭所先進, 殽之序, 徧祭之.〈114〉
三飯[上聲], 主人延客食胾, 然後辯[徧]殽.〈115〉 主人未辯, 客不
虛口.〈116〉 [舊在"許嫁笄而字"之下.]

무릇 음식을 올릴 때의 예법에서는 뼈에 살점이 붙은 고기들은 좌측에
놓고, 살코기['胾'자는 '側(측)'자와 '吏(리)'자의 반절음이다.]를 썬 것은 우측에
놓아두며, 밥['食'자의 음은 '嗣(사)'이다.]은 사람이 앉는 자리의 좌측에 놓
아두고, 국은 사람의 우측에 놓아둔다. 생고기를 잘게 저민 것과 불로 익
힌 고기['炙'자의 음은 '柘(자)'이다.]들은 효(殽)와 자(胾) 바깥쪽에 놓아
두고, 고기를 찍어먹는 젓갈류는 효와 자 안쪽에 놓아두며, 채소절임[
'渫'자의 음은 '裔(예)'이다.] 등은 가장 끝에 놓아두고, 술이나 음료 등은 국
의 오른쪽에 놓아두며, 포를 놓을 때에는 굽힌['朐'자의 음은 '劬(구)'이다.]
쪽을 좌측으로 가도록 하고, 끝부분을 우측으로 가도록 놓는다. 빈객이
만약 주인보다 작아나 연배가 낮다면, 주인과 대등하게 행동할 수가 없
으므로, 음식이 들어오면 밥그릇을 잡고 자리에서 일어나고 주인에게
사양하는 말을 건넨다. 빈객이 사양하는 말을 건네게 되면, 주인도 자
리에서 일어나서 사양하지 않아도 괜찮다는 말을 건넨다. 그런 이후에
야 빈객은 다시 자신의 자리에 앉게 된다. 주인은 빈객을 인도하여 제
사를 지내니, 음식을 먹을 때 지내게 되는 제사를 지내며, 먼저 올라온
음식들로 제사를 지낸다. 그리고 음식이 차려지는 순서에 따라 골고루
제사를 지낸다. 빈객이 세 번 수저를 뜨고['飯'자는 상성으로 읽는다.] 나서
배가 부르다고 알리면, 주인은 더 먹기를 권유하며, 빈객을 인도하여 살
코기 요리를 먹게 한다. 그런 뒤에는 뼈에 살점이 붙은 고기요리를 골
고루['辯'자의 음은 '徧(편)'이다.] 먹는다. 주인이 아직 효(殽)를 골고루 먹지

않았다면, 빈객은 입을 헹구지 않는다. [옛 판본에는 "혼인이 결정된 이후에야, 비녀를 꼽고 자(字)를 지어준다."[1]라고 한 문장 뒤에 수록되어 있었다.]

肉帶骨曰殽, 純肉切曰胾. 骨剛故左, 肉柔故右. 飯左羹右, 分燥濕也. 膾炙異饌, 故在殽胾之外. 醯醬食之主, 故在殽胾之內. 葱渫, 烝葱, 亦菹類. 加豆也, 故處末. 酒漿, 或酒或漿也, 處羹之右. 若兼設, 則左酒右漿.

뼈에 살점이 붙은 것을 '효(殽)'라 부르고, 살코기를 썬 것을 '자(胾)'라 부른다. 뼈는 튼튼한 종류이기 때문에 음양의 법도에 따라 양(陽)에 해당하는 좌측에 두고, 고기는 부드럽기 때문에 음(陰)에 해당하는 우측에 둔다. 밥을 좌측에 두고 국을 우측에 두는 것은 마르고 습한 차이에 따른 구분이다. 잘게 저민 생고기와 불고기는 특별한 음식이기 때문에, 효와 자 밖에 둔다. 젓갈류들은 음식을 찍어먹는데 주가 되기 때문에, 효와 자 안쪽에 둔다. '총예(葱渫)'는 찐 파이니, 또한 채소절임 종류이다. 이 음식은 추가적으로 차려내는 두(豆)에 올리기 때문에 가장 끝 쪽에 둔다. 술과 음료 중 한 가지만 차려낼 때, 어떤 때는 술을 사용하기도 하고, 또 어떤 때는 음료를 사용하는데, 이런 경우에는 국의 우측에 놓아둔다. 만약 두 가지를 모두 차리게 된다면, 좌측에는 술을 두고 우측에는 음료를 둔다.

疏曰: 脯訓始, 始作卽成也. 脩訓治, 治之乃成. 薄折曰脯, 捶而施薑桂曰腶脩. 朐, 謂中屈也. 左朐, 朐置左也. 脯脩處酒左, 以燥爲陽也.

소에서 말하길, '포수(脯脩)'에서의 포(脯)자는 시(始)자의 뜻으로, 최초로 손질을 하여 완성한다는 의미이다. 수(脩)자는 치(治)자의 뜻으로, 다듬어서 완성한다는 의미이다. 고기를 얇게 저민 것을 '포(脯)'라 부르

---

1) 『예기』「곡례상」 111장 : 女子許嫁, 笄而字.

며, 방망이로 다듬질하고 그 위에 생강이나 계피 등을 뿌린 것을 '단수(腶脩)'라고 부른다. '구(朐)'자는 중간을 굽힌다는 뜻이다. '좌구(左朐)'라는 말은 굽힌 쪽을 좌측으로 둔다는 뜻이다. 포 등을 술의 좌측에 놓는 이유는 음양으로 따지면, 마른 음식은 양(陽)에 해당하기 때문이다.

呂氏曰: 其末在右, 便於食也. 食脯脩者先末也.

여씨가 말하길, 포의 끝부분을 우측으로 두는 이유는 먹기 편하도록 하기 위해서이다. 포를 먹을 때에는 먼저 끝부분부터 먹는다.

古人不忘本, 每食必每品出少許置於豆間之地, 以報先代始爲飮食之人, 謂之祭. 延, 導之也. 祭食之禮, 主人所先進者則先祭之, 後進者後祭, 各以殽之次序而祭之徧也.

고대 사람들은 근본을 잊지 않았으므로, 매번 식사를 할 때마다 반드시 각각의 음식들을 조금씩 덜어내어, 두(豆) 사이에 놓아두고서 선대에 처음으로 음식을 만든 사람에게 보답을 했으니, 이것을 '제(祭)'라고 부른다. '연(延)'자는 그를 인도한다는 뜻이다. 음식을 먹을 때 제사지내는 예법에 따르면, 주인은 먼저 올라온 음식에 대해서는 그것들로 먼저 제사를 지내고, 이후에 올라온 음식에 대해서는 그 이후에 제사를 지내서, 각각 음식이 차려지는 순서에 따라 골고루 제사를 지내게 된다.

三飯, 謂三食也. 禮食三飱而告飽, 須勸乃更食. 三飯竟, 而主人乃導客食殽也. 至三飯後乃食殽者, 以殽爲加, 故三飱前未食. 食殽之後, 乃可徧食殽也. 虛口, 謂食竟而飮酒蕩口, 使淸潔及安食也. 用漿曰漱, 以潔淸爲義, 用酒曰酳, 酳訓演, 演養其氣也.

'삼반(三飯)'은 세 번 밥을 뜬다는 뜻이다. 예사(禮食)[2]에서는 빈객이 세

---

2) 예사(禮食)는 본래 군주가 신하들에게 음식을 베풀며 예(禮)로 대접을 해주는 것으로, 일종의 연회이다. 『의례』「공사대부례(公食大夫禮)」에 기록된 의례 절차

번 수저를 뜨고 나서 배가 부르다고 아뢰며, 주인이 더 먹기를 권하게 되어야만 다시 수저를 뜬다. 세 번 수저 뜨는 일이 끝나게 되면, 주인은 곧 빈객을 인도하여 자(胾)를 먹게 한다. 세 번 수저를 뜬 이후에야 곧 자를 먹게 되는 이유는 자는 이후에 추가적으로 차려지는 음식이므로, 세 번 수저를 뜨기 이전에는 먹지 못하기 때문이다. 자를 먹은 이후에는 곧 효를 골고루 먹을 수 있게 된다. '허구(虛口)'는 식사가 끝난 뒤에 술을 마셔서 입을 헹군다는 뜻으로, 입안을 청결하게 하고 소화가 잘 되도록 하는 것이다. 입안을 헹굴 때 술 대신 음료를 사용하게 되면 '수(漱)'라고 부르니, 맑고 깨끗하게 한다는 뜻이며, 술을 사용하게 되면 '윤(酳)'이라고 부르니, 윤자는 "윤택하다."는 뜻으로, 그의 기운을 윤택하게 만든다는 의미이다.

經文

共食不飽, 共飯不澤手.〈118〉 毋摶[徒丸反]飯[去聲], 毋放飯[上聲], 毋流歠.〈119〉 毋咤[陟嫁反]食, 毋齧骨, 毋反魚肉, 毋投與狗骨, 毋固獲.〈120〉 毋揚飯[去聲], 飯[上聲]黍毋以箸[節].〈121〉 毋嚃[塔]羹, 毋絮[摛據反]羹, 毋刺[七迹反]齒, 毋歠醢. 客絮羹, 主人辭不能亨[烹]. 客歠醢, 主人辭以窶[其羽反].〈122〉 濡肉齒決, 乾肉不齒決. 毋嘬[楚怪反]炙[拓].〈123〉 [舊在"不拜而食"之下.]

다른 사람과 함께 음식을 먹을 때에는 배불리 먹는 것을 추구하지 않고, 다른 사람과 함께 한 그릇에 있는 밥을 먹을 때에는 손을 문지르지 않는다. 밥['飯'자는 거성으로 읽는다.]을 뭉치지['摶'자는 '徒(도)'자와 '丸(환)'자의 반절음이다.] 말아야 하며, 밥을 먹을 때에는['飯'자는 상성으로 읽는다.] 크게 떠서 먹어서는 안 되고, 물을 들이키듯 먹어서는 안 된다. 음식 앞에서

들이 '예사'에 해당한다.

혀를 차서는['吒'자는 '陟(척)'자와 '嫁(가)'자의 반절음이다.] 안 되며, 고기의
뼈를 씹어서는 안 되고, 물고기나 고기 등을 먹을 때에는 남은 것을 그
릇에 도로 얹어놓아서는 안 되며, 개에게 먹고 남은 뼈다귀를 던져주어
서는 안되고, 특정 부위를 반드시 자신이 먹고자 덤벼서는 안 된다. 밥
['飯'자는 거성으로 읽는다.]을 먹을 때에는 열기를 식히기 위해 손으로 부채
질을 해서는 안 되며, 기장밥을 먹을 때에는['飯'자는 상성으로 읽는다.] 젓
가락['箸'자의 음은 '筯(저)'이다.]을 사용해서는 안 된다. 건더기가 있는 국
은 혹 들이키듯['嚃'자의 음은 '塔(탑)'이다.] 먹어서는 안 되며, 국이 싱겁더
라도 간을 맞춰서는['絮'자는 '摛(리)'자와 '據(거)'자의 반절음이다.] 안 되고,
이쑤시개로 이를 쑤셔서는['刺'자는 '七(칠)'자와 '迹(적)'자의 반절음이다.] 안
되며, 싱겁다 하더라도 젓갈을 마셔서는 안 된다. 만약 빈객이 국의 간
을 맞추게 되면, 주인은 조리['亨'자의 음은 '烹(팽)'이다.]를 제대로 하지 못
해서 미안하다고 말한다. 빈객이 젓갈을 마시게 되면, 주인은 집안이
가난하여['竂'자는 '其(기)'자와 '羽(우)'자의 반절음이다.] 맛을 제대로 내지 못
해서 미안하다고 말한다. 조리된 고기는 이빨로 끊어서 먹고, 마른 고기
는 이빨로 끊어서 먹지 않는다. 불고기['炙'자의 음은 '拓(척)'이다.] 등은 한
입에['嚽'자는 '楚(초)'자와 '怪(괴)'자의 반절음이다.] 먹지 않는다. [옛 판본에는
"절을 하지 않고 음식을 먹는다."[3]라고 한 문장 뒤에 수록되어 있었다.]

集説

呂氏曰: 共食者, 所食非一品 共飯者, 止飯而已. 共食而求飽, 非讓
道也. 不澤手者, 古之飯者以手, 與人共飯, 摩手而有汗澤, 人將惡
之而難言.

여씨가 말하길, "함께 음식을 먹는다."고 하였는데, 이때 먹게 되는 음식

---

3) 『예기』「곡례상」117장 : 侍食於長者, 主人親饋, 則拜而食, 主人不親饋, 則不
拜而食.

은 한 종류를 가리키는 것이 아니고, "함께 밥을 먹는다."고 하였는데, 이때에는 단지 밥만을 가리킬 따름이다. 함께 음식을 먹으면서 배불리 먹는 것을 추구한다면, 이것은 겸양의 도리에 어긋난다. "손을 문지르지 않는다."고 하였는데, 그 이유는 고대에는 밥을 손으로 떠서 먹었는데, 다른 사람과 함께 한 그릇에 있는 밥을 먹으면서, 손을 비벼서 땀이나 물기 등이 배어나오면, 상대방은 그것을 싫어하면서도 말하기 곤란하게 되기 때문이다.

毋搏者, 若取飯作搏, 則易得多, 是欲爭飽也.

"뭉치지 말아야 한다."고 했는데, 만약 밥을 떠다가 뭉치게 되면, 손쉽게 많이 먹을 수 있으니, 이것은 배부르게 먹고자 하여 상대방과 다투려고 하는 행위에 해당한다.

朱氏曰: 放, 謂食之放肆而無所節也. 流, 謂飮之流行而不知止也.

주씨가 말하길, '방(放)'자는 밥을 맘대로 떠먹으며 절제하는 점이 없다는 뜻이다. '유(流)'자는 물이 흘러내리듯 그칠 줄 모른다는 뜻이다.

咤食, 謂當食而叱咤. 疏謂以舌口中作聲. 毋咤, 恐似於氣之怒也. 毋齧, 嫌其聲之聞也. 毋反魚肉, 不以所餘反於器. 謂已歷口, 人所穢也. 毋投與狗骨, 不敢賤主人之物也. 求之堅曰固, 得之難曰獲, 固獲, 謂必欲取之也. 揚, 謂以手散其熱氣, 嫌於欲食之急也. 羹之有菜宜用挾, 不宜以口還取食之也. 絮, 就器中調和也. 口容止, 不宜以物刺於齒也. 醢宜鹹, 歠之以其味淡也. 客或有絮羹者, 則主人以不能烹飪爲辭, 客或有歠醢者, 則主人以貧窶乏味爲辭. 一舉而併食之曰嘬, 是貪食也.

'타식(咤食)'은 음식을 앞에 놓고 혀를 찬다는 뜻이다. 소에서는 "입속에서 혀를 움직여서 소리를 낸다는 뜻이다."라고 하였다. 혀를 차지 못하게 하는 이유는 그 모습이 마치 성난 것처럼 보이게 될까 염려되기 때문이다. "뼈를 씹어서는 안 된다."고 한 이유는 뼈를 씹는 소리가 들리게 되는 것이 꺼려지기 때문이다. '무반어육(毋反魚肉)'이라는 말은 물고기나 고기를 먹고서 남은 것을 그릇에 도로 내려놓지 말라는 뜻이다. 즉 이미 자신의 입이 닿은 것이라서 사람들이 더럽게 생각하기 때문이라는 의미이다. "개에게 뼈를 던져주어서는 안 된다."고 하였는데, 그 이유는 주인이 차려준 음식을 감히 천시해서는 안 되기 때문이다. 단호하게 구하는 것을 '고(固)'라 부르고, 얻기 힘든 것을 '획(獲)'이라 부르니, '고획(固獲)'은 반드시 차지하려고 한다는 뜻이다. '양(揚)'자는 손으로 부채질을 하여 밥의 열기를 식힌다는 뜻이니, 음식을 빨리 먹고자 하는 것처럼 보이게 될까 염려되기 때문이다. 채소 건더기가 있는 국을 먹을 때에는 젓가락을 사용해야만 하며, 입으로 훅 들이키며 건더기까지 먹어서는 안 된다. '서(絮)'자는 자기 앞에 놓인 국그릇에 간을 맞춘다는 뜻이다. 입모양은 경거망동해서는 안 되니, 뾰족한 물건으로 이를 쑤셔서는 안 된다. 젓갈은 본래 그 맛이 짜야 하는데, 젓갈을 들이키는 이유는 젓갈 자체의 맛이 싱겁기 때문이다. 빈객이 혹여 자신의 국에 간을 맞추는 일이 생기면, 주인은 제대로 조리를 하지 못했음을 사과하게 되고, 빈객이 혹여 젓갈을 들이키는 일이 생기면, 주인은 집안이 가난하여 맛을 제대로 내지 못했음을 사과하게 된다. 한 번에 집어서 한꺼번에 먹는 것은 '최(嘬)'라 부르니, 이것은 음식을 탐하는 행동에 해당한다.

經文

羹之有菜者用梜[頰], 其無菜者不用梜.〈131〉[舊在"偶坐不辭"之下.]

국 중에 야채 건더기가 들어간 것은 젓가락['梜'자의 음은 '頰(협)'이다.]을 사용해서 먹고, 야채 건더기가 없는 국은 젓가락을 사용해서 먹지 않는다. [옛 판본에는 "다른 손님과 함께 동석하게 된다고 하더라도, 음식들을 많이 내오는 것에 대해서 사양하지 않는다."[4]라고 한 문장 뒤에 수록되어 있었다.]

挾, 著也. 無菜者, 汁而已, 直歠之可也.

'협(挾)'자는 젓가락을 뜻한다. 야채 건더기가 없는 국은 액체만 있을 따름이니, 직접 입을 대고 마셔도 괜찮다.

經文

卒食, 客自前跪, 徹飯[去聲]齊[牋西反]以授相[去聲]者, 主人興辭 於客, 然後客坐.〈124〉 [舊在"毋嘬炙"之下.]

식사를 모두 마치면, 빈객은 자기가 앉아있던 자리 앞에서 무릎을 꿇고, 밥그릇['飯'자는 거성으로 읽는다.]과 젓갈['齊'자는 '牋(전)'자와 '西(서)'자의 반절음이다.] 등을 치우며 시중을 들던['相'자는 거성으로 읽는다.] 자에게 건네게 되니, 빈객이 이러한 행동을 취하면, 주인은 자리에서 일어나서 빈객에게 그렇게 하지 않아도 괜찮다는 말을 건네고, 그런 연후에야 빈객은 다시 자리에 앉는다. [옛 판본에는 "불고기 등은 한 입에 먹지 않는다."5)라고 한 문장 뒤에 수록되어 있었다.]

集說

自, 從也. 齊, 醬屬也. 飯齊皆主人所親設, 故客欲親徹也.

'자(自)'자는 '~부터'이다. '저(齊)'자는 젓갈 종류이다. 밥과 젓갈류는 모두 주인이 직접 차려준 음식들이다. 그렇기 때문에 빈객이 직접 치우려고 하는 것이다.

---

4) 『예기』「곡례상」 130장 : 御同於長者, 雖貳不辭, 偶坐不辭.
5) 『예기』「곡례상」 123장 : 濡肉齒決, 乾肉不齒決. 毋嘬炙.

大夫士相見, 雖貴賤不敵, 主人敬客, 則先拜客, 客敬主人, 則
先拜主人.〈下027〉 凡非弔喪, 非見[現]國君, 無不答拜者.〈下028〉
[舊在下篇"不敢答拜"之下.]

대부나 사가 서로 만나보게 되면, 비록 신분의 등급이 대등하지 않더라
도, 주인이 빈객을 공경하면 먼저 빈객에게 절을 하고, 빈객이 주인을
공경하면 먼저 주인에게 절을 한다. 무릇 상사에 조문을 하는 경우가
아니거나 군주를 찾아뵙는['見'자의 음은 '現(현)'이다.] 경우가 아니라면, 답
배를 하지 않는 경우가 없다. [옛 판본에는 「곡례하」편의 "감히 답배를 하지
않는다."6)라고 한 문장 뒤에 수록되어 있었다.]

近按: 前皆以同等相爲賓主之禮言, 此一節以尊卑相爲賓主而言.
舊說謂此爲聘於他國之禮, 同國則否. 蓋因舊文上接大夫士出聘之
禮, 而云爾. 然賓主敬而先拜, 豈必在他國而後哉?

내가 살펴보니, 앞의 내용들은 모두 등급이 동등한 자들이 서로 빈객과
주인이 되었을 때의 예법을 기준으로 말한 것이고, 이곳 문단은 등급에
차이가 나는 자들이 서로 빈객과 주인이 되었을 때를 기준으로 말한 것
이다. 옛 학설에서는 이곳의 내용은 다른 나라에 빙문으로 갔을 때의
예법에 해당하며, 같은 나라에 거주하는 경우라면 이처럼 하지 않는다
고 했다. 아마도 옛 판본에는 이 문장이 위로 대부와 사가 국경을 벗어
나 빙문을 하는 예법과 접해 있어서 이처럼 말한 것 같다. 그러나 빈객
과 주인이 공경할 때 먼저 절을 한다는 것이 어찌 반드시 다른 나라에
찾아간 경우라야 이처럼 하겠는가?

---

6) 『예기』「곡례하」 026장 : 君若迎拜, 則還辟, 不敢答拜.

凡遺[去聲]人弓者, 張弓尚筋, 弛弓尚角. 右手執簫, 左手承弣[無]. 尊卑垂帨[稅]. 若主人拜, 則客還[旋]辟[闢], 辟[避]拜.〈143〉 主人自受, 由客之左, 接下承弣, 鄉[去聲]與客立, 然後受.〈144〉 獻車馬者, 執策綏.〈137〉 獻甲者, 執胄; 獻杖者, 執末.〈138〉 獻民虜者, 操右袂.〈139〉 獻粟者, 執右契; 獻米者, 操量鼓.〈140〉 獻孰食者, 操醬齊[踐西反].〈141〉 獻田宅者, 操書致.〈142〉 進劍者, 左首.〈145〉 進戈者, 前其鐏[在困反], 後其刃.〈146〉 進矛戟者, 前其鐓[隊].〈147〉 進几杖者, 拂之.〈148〉 效馬效羊者, 右牽之.〈149〉 效犬者, 左牽之.〈150〉 執禽者, 左首.〈151〉 飾羔鴈者以繢[會].〈152〉 水潦降, 不獻魚鱉.〈135〉 獻鳥者, 佛[符勿反]其首, 畜[許六反]鳥者, 則勿佛也.〈136〉 受珠玉者以掬.〈153〉 受弓劍者以袂.〈154〉 飲玉爵者, 弗揮.〈155〉 凡以弓·劍·苞·苴·簞·笥問人者, 操以受命, 如使[去聲]之容.〈156〉 [舊在"專席而坐"之下.]

무릇 활을 남에게 증여[‘遺’자는 거성으로 읽는다.]할 때, 팽팽하게 시위를 당겨둔 활은 시위가 위로 향하도록 하고, 느슨하게 풀어둔 활은 활의 몸체에 붙은 얇은 쇠뿔이 위로 향하도록 한다. 우측 손으로는 활의 끝 부분을 잡고, 좌측 손으로는 활 중앙 손잡이[‘弣’자의 음은 ‘無(무)’이다.]를 받쳐서 준다. 서로 신분의 차이가 없을 때에는 허리를 조금 숙여서 허리에 찬 헝겊[‘帨’자의 음은 ‘稅(세)’이다.]이 늘어지도록 한다. 만약 주인이 절을 한다면, 빈객은 조금씩 뒷걸음질로[‘還’자의 음은 ‘旋(선)’이다.] 자리를 비켜서[‘辟’자의 음은 ‘闢(벽)’이다.] 절하는 것을 피한다.[‘辟’자의 음은 ‘避(피)’이다.] 주인은 직접 받으며 빈객의 왼쪽에서 물건을 받으니, 좌측 손은 빈객의 손 아래쪽으로 대고, 우측 손으로 손잡이를 받쳐서 받는다. 물건을 주고받을 때 바라보는 방향[‘鄉’자는 거성으로 읽는다.]은 빈객과 동일하여 빈객과 나란히 서며, 이렇게 선 이후에 물건을 받는다. 수레와 말을 헌상할 때에는 수레와 말을 직접 주는 것이 아니라 채찍과 수레를 탈 때 잡는 끈을 손에 쥐고서 그것들을 대신 바친다. 갑옷을 헌상할 때에는 갑옷 전체를 바치는 것이 아니라 투구만을 가져가서 드리고, 지팡이를 헌상할 때에는 지팡이의 끝부분이 자신을 향하도록 잡는다. 포로를 헌상할 때에는 포로의 우측 소매를 잡아서 바친다. 찧지 않은 곡식을 헌상할 때에는 한 벌의 문서 장부를 찢어서 우측 부분의 문서를 가져다 드리고, 쌀을 헌상할 경우에는 용량을 재는 기구를 가져다 드린다. 익힌 음식을 헌상할 때에는 젓갈이나 장['齊'자는 '牋(전)'자와 '西(서)'자의 반절음이다.]을 가지고 가서 바친다. 전답이나 가옥을 헌상할 때에는 해당 물건에 대해 자세히 기록한 문서를 가져다가 바친다. 검을 남에게 증여할 때에는 검의 머리를 왼쪽으로 해서 준다. 과(戈)를 남에게 증여할 때에는 창 끝 부분의 무딘 쪽['鐏'자는 '在(재)'자와 '困(곤)'자의 반절음이다.]을 앞으로 하고, 창날 쪽은 뒤로 해서 건넨다. 모(矛)와 극(戟)을 남에게 증여할 때에는 창의 자루 밑 부분['鐵'자의 음은 '隊(대)'이다.]을 앞으로 해서 건넨다. 안석과 지팡이를 남에게 증여할 때에는 먼지를 제거하고 준다. 말과 양을 바칠 때에는 우측 손으로 끌고 간다. 개를 바칠 때에는 좌측 손으로 끌고 간다. 새를 바칠 때에는 새를 잡고서 머리를 좌측 방향으로 해서 바친다. 새끼 양과 기러기를 바칠 때에는 구름무늬가 들어간 천으로 덮어서 바친다. 물이 마르면, 물고기나 자라를 헌상하지 않는다. 사냥으로 잡은 새를 헌상할 때에는 새의 머리를 비틀어서['佛'자는 '符(부)'자와 '勿(물)'자의 반절음이다.] 바치고, 집에서 기르던['畜'자는 '許(허)'자와 '六(륙)'자의 반절음이다.] 새인 경우에는 머리를 비틀지 않고 바친다. 구슬과 옥을 받을 때에는 두 손으로 감싸서 조심스럽게 받는다. 활이나 검과 같은 병기들을 받을 때에는 소매로 손을 가리고서 받는다. 옥으로 된 술잔으로 술을 마실 때에는 술을 마시고 나서 잔을 털지 않는다. 무릇 활·검·포·저·단·사를 상대방에게 보낼 때, 심부름을 맡은 자는 물건들을 손에 들고서 주인의 명령을 받으며, 실제로 심부름을 갔을 때['使'자는 거성으로 읽는다.]처럼 용모를 갖추고 행동 절차들을 따르게 된다.

[옛 판본에는 "홑겹으로 된 자리에 앉는다."[1]라고 한 문장 뒤에 수록되어 있었다.]

集說

弓之體, 角內而筋外. 尙, 使之在上也. 皆取其勢之順也. 簫, 弰末也. 疏云: "剡之差斜如簫, 故名." 拊, 中央把處也. 帨, 佩巾也. 客主尊卑相等, 則授受之際, 皆稍磬折而見其帨之垂也. 此時弓尙在客手, 故不容答主人之拜, 而少逡巡遷延以辟之. 辟, 猶開也, 謂離其所立之處.

활의 몸체에서 '각(角)'은 안쪽이 되고 '근(筋)'은 바깥쪽이 된다. '상(尙)' 자는 대상을 위쪽으로 한다는 뜻이다. 이러한 행동들은 모두 활의 순한 모양새를 따르는 것이다. '소(簫)'는 활고자의 끝 부분이다. 소에서 말하길, "비스듬하게 깎은 모습이 통소와 유사하기 때문에, '소(簫)'라고 부르는 것이다."라고 했다. '부(拊)'는 중앙 부위의 손으로 잡는 곳이다. '세(帨)'는 허리에 차는 헝겊이다. 빈객과 주인의 신분이 대등한 경우라면, 서로 물건을 주고받을 때, 양쪽 모두 조금 허리를 숙여서, 허리에 차고 있는 수건이 늘어져 있는 모습이 보이게 된다. 이 시기에는 활이 아직 빈객의 손에 들려 있기 때문에, 주인이 절을 할 때 답배를 하는 것이 수월치 않아서, 조금씩 뒷걸음질을 쳐서 뒤로 물러나 피해주는 것이다. '벽(辟)'자는 "벌린다."는 뜻이니, 서 있는 장소에서 떨어진다는 의미이다.

呂氏曰: 下於上曰獻, 上於下曰賜, 敵者曰遺.

여씨가 말하길, 아랫사람이 윗사람에게 물건을 보내는 것을 '헌(獻)'이라 부르고, 윗사람이 아랫사람에게 물건을 주는 것을 '사(賜)'라 부르며, 대등한 사람끼리 물건을 보내는 것을 '유(遺)'라 부른다.

---

1) 『예기』「곡례상」 134장 : 有憂者, 側席而坐, 有喪者, 專席而坐.

自受者, 以敵客不當使人受也. 由, 從也. 從客左邊而受, 則客在右矣, 於是主人郤左手以接客之下而承其弣, 又覆右手以捉弓之下頭而受之. 此時則主客竝立, 而俱南向也.

"직접 받는다."고 한 이유는 빈객의 신분이 자신과 대등하므로, 남을 시켜서 물건을 받을 수 없기 때문이다. '유(由)'자는 '~부터'라는 뜻이다. 빈객의 좌측으로부터 물건을 받게 된다면, 빈객은 주인의 우측에 있게 되는데, 이때 주인은 좌측 손을 빈객의 손 아래쪽으로 대서 활의 손잡이 부위를 받치며, 또 우측 손을 뒤집어서 활의 아래쪽 끝단을 잡고서 건네받는다. 이 시기에 주인과 빈객은 나란히 서서 모두 남쪽을 향하게 된다.

策, 馬杖. 綏, 升車之索. 車馬不上於堂, 但執策綏, 知有車馬矣.

'책(策)'은 말채찍이다. '수(綏)'는 수레에 탈 때 쓰는 끈을 뜻한다. 수레와 말은 당 위로 가져갈 수 없으므로, 단지 채찍과 끈을 손에 들고서 드리는 것이니, 이 두 물건을 주게 된다면 수레와 말을 바치기 위해 가져왔음을 알 수 있다.

甲, 鎧也. 冑, 兜鍪也. 甲大冑小, 小者易擧, 故執冑. 杖末拄地不淨, 故自執.

'갑(甲)'자는 갑옷을 뜻한다. '주(冑)'자는 투구를 뜻한다. 갑옷은 부피가 크지만 투구는 부피가 작으니, 작은 것은 쉽게 운반할 수 있으므로, 투구를 가져가서 드린다. 지팡이의 끝부분은 땅에 대는 부분이므로 깨끗하지 못하다. 그렇기 때문에 지팡이를 잡을 때에는 그 부분이 자신을 향하도록 잡는 것이다.

民虜, 征伐所俘獲之人口也. 持右袖, 所以防異心.

'민로(民虜)'는 정벌을 하여 사로잡은 포로를 뜻한다. 포로의 우측 소매를 잡는 이유는 포로가 다른 마음을 먹는 것을 방지하기 위해서이다.

契者, 兩書一扎, 同而別之, 右者先書爲尊. 量鼓, 器名. 醬齊爲食之
主, 執主則食可知.

'계(契)'라는 것은 두 벌로 쓴 하나의 문서인데, 동일한 크기로 자르게
되면, 우측에 있던 문서 조각이 먼저 기록한 것이므로 존귀한 대상이 된
다. 양고(量鼓)는 용량을 재는 기구의 명칭이다. 젓갈이나 장은 음식을
먹는데 주된 것이니, 위주가 되는 것을 들고 찾아왔다면 음식을 가져왔
다는 사실을 알 수 있다.

書致, 詳書其數, 而致之.

'서치(書致)'라는 말은 수량을 자세히 기록해서 남에게 준다는 뜻이다.

進, 亦遺也. 劍首, 拊環也. 刃當頭而利, 鐏在尾而鈍. 鐓, 柄尾平底
者也.

'진(進)'자 또한 "증여한다."는 뜻이다. 검의 수(首)는 손잡이 끝에 붙은
고리이다. 창날이 앞쪽에 있으므로 날카롭고, '준(鐏)'은 꼬리 쪽에 있으
므로 무디다. '대(鐓)'는 자루 부분 중에서도 가장 밑의 평평한 부분이다.

拂, 去塵也. 效, 陳獻也. 馬羊右牽, 以右手牽之便也. 效犬左牽, 以
右手防其噬也. 飾, 覆之也. 繢, 盡布爲雲氣也. 降, 水涸也. 佛, 謂
振轉其首, 恐喙之害人也. 畜者不然, 順其性也. 掬, 兩手承之也. 以
袂, 不露手也. 揮, 謂振去餘瀝, 恐失墜也. 苞者, 苞裹魚肉之屬. 苴
者, 以草藉器而貯物也. 簞圓笥方, 皆竹器也. 如使之容, 習其威儀
進退, 如至彼之容儀也.

'불(拂)'은 먼지를 제거한다는 뜻이다. '효(效)'는 진상한다는 뜻이다. 말
과 양을 우측 손으로 끌고 가는 것은 우측 손으로 끌고 가는 것이 편리
하기 때문이다. 개를 바칠 때 좌측 손으로 끌고 가는 것은 우측 손으로
무는 것을 방지하기 위해서이다. '식(飾)'은 천으로 덮는다는 뜻이다. '회
(繢)'는 천에 구름무늬를 그려놓은 것이다. '강(降)'은 물이 마른 것이다.

'불(佛)'은 머리를 비튼다는 뜻이니, 아마도 새의 부리가 사람을 다치게 하지는 않을까 염려했기 때문일 것이다. 집에서 사육한 새는 그렇게 하지 않으니, 사나운 성질을 순하게 길들였기 때문이다. '국(掬)'은 양손으로 감싸듯이 받는다는 뜻이다. '이몌(以袂)'는 손을 드러내지 않는다는 뜻이다. '휘(揮)'는 잔 바닥에 남아 있는 술을 털어낸다는 뜻이니, 실수로 땅에 떨어트리게 될 것을 걱정하기 때문이다. '포(苞)'는 물고기나 고기 등을 포장한 것이다. '저(苴)'는 풀을 그릇의 바닥에 깔고서 음식물을 쌓아둔 것이다. '단(簞)'은 원형으로 생긴 것이며 '사(笥)'는 사각형으로 생긴 것인데, 이 모두는 대나무를 짜서 만든 그릇들이다. "심부름을 갔을 때의 행동거지처럼 한다."는 말은 심부름을 갔을 때 따르게 되는 위엄 있는 행동거지와 나아가고 물러나는 행동 절차 등을 연습하는 것으로, 실제로 심부름을 하는 곳으로 갔을 때의 행동거지처럼 하는 것이다.

淺見

近按: 此節舊以"水潦降"爲首, 今以文勢及所獻輕重爲次. 初以凡遺人弓發端, 而詳言其禮中敍獻進之節, 終則凡以弓·劍·苞·苴·簞·笥問人總結之, 首尾相應而成章也.

내가 살펴보니, 이 문단에 있어서 옛 판본에서는 "물이 말랐다."[2]라고 한 구문을 서두로 여겼는데, 이곳에서는 문장의 흐름과 헌상하는 물건의 경중에 따라 순서를 정하였다. 처음에는 남에게 활을 증여한다는 것으로 그 단서를 열고, 그 예법에 있어 질서에 맞게 헌상하는 절차들을 상세히 언급하였으며, 끝으로는 활·검·포·저·단·사를 상대방에게 보낸다는 내용으로 총괄적인 결론을 맺으니, 앞과 뒤가 서로 호응하여 하나의 장을 이루었다.

---

2) 『예기』「곡례상」135장 : 水潦降, 不獻魚鼈.

賜人者, 不曰來取, 與人者, 不問其所欲.〈170〉[舊在"不問所舍"之下.]

군자에게 하사를 할 때에는 "와서 가져가라."라고 말하지 않으며, 소인에게 물건을 줄 때에는 그가 바라는 것들에 대해서 묻지 않는다. [옛 판본에는 "어디에 묵는지 묻지 않는다."[1]라고 한 문장 뒤에 수록되어 있었다.]

集說

賜者, 君子; 與者, 小人.

하사를 하는 경우는 그 대상이 군자이고, 그냥 주는 경우는 그 대상이 소인이다.

朱氏曰: 君子有守, 必將之以禮, 故不曰來取. 小人無厭, 必節之以禮, 故不問其所欲.

주씨가 말하길, 군자는 도리를 지키는 자이니, 반드시 예법에 따라서 그에게 물건을 바쳐야 한다. 그렇기 때문에 "와서 가져가라."라고 말하지 않는다. 반면 소인은 염치가 없으니, 반드시 예법에 따라서 그들을 조절해야 한다. 그렇기 때문에 그가 바라는 것들에 대해서 묻지 않는다.

經文

貧者, 不以貨財爲禮, 老者, 不以筋力爲禮.〈106〉[舊在"使某羞"之下.] 知生者弔, 知死者傷. 知生而不知死, 弔而不傷. 知死而不知生, 傷而不弔.〈168〉弔喪弗能賻[附], 不問其所費. 問疾不能

---

1) 『예기』「곡례상」169장 : 弔喪弗能賻, 不問其所費. 問疾弗能遺, 不問其所欲. 見人弗能館, <u>不問其所舍.</u>

遺[去聲], 不問其所欲. 見人不能館, 不問其所舍.〈169〉 [舊在"死與
往日"之下.]

가난한 자는 재물에 중점을 두어 예법을 시행하지 않고, 노인은 힘을
써야 하는 일에 중점을 두어 예법을 시행하지 않는다. [옛 판본에는 "저
아무개를 시켜서 부조를 보냈습니다."[2]라고 한 문장 뒤에 수록되어 있었다.] 죽은
자의 자식들을 알고 지내던 자는 조문을 하고, 죽은 자를 알고 지내던
자는 슬퍼한다. 죽은 자의 자식들만 알고, 죽은 자에 대해서 안면이 없
는 경우라면, 조문만 하고 슬퍼하지는 않는다. 죽은 자를 알지만 죽은
자의 자식들에 대해서는 안면이 없는 경우라면, 슬퍼만 하고 조문은 하
지 않는다. 상을 당한 사람에게 조문을 함에 부의['賻'자의 음은 '附(부)'이
다.]를 할 수 있는 형편이 안 된다면, 상사를 치르는데 필요한 것들을
묻지 않는다. 병이 걸린 자에게 병문안을 감에 그가 원하는 것을 줄['遺'
자는 거성으로 읽는다.] 형편이 안 된다면, 그가 바라는 것들을 묻지 않는
다. 사람을 만남에 그 사람에게 숙소를 제공할 형편이 안 된다면, 그가
어디에 묵는지 묻지 않는다. [옛 판본에는 "죽은 자에 관한 사항은 돌아가신
날부터 날짜를 셈한다."[3]라고 한 문장 뒤에 수록되어 있었다.]

淺見

近按: 人於朋友, 雖不能館, 必當問其所舍而就見之也. 不問其所舍
者, 恐古禮與今異宜也.

내가 살펴보니, 사람은 벗에 대해 비록 숙소를 마련해줄 수 없더라도 반
드시 그가 묵게 되는 곳을 묻고, 그곳에 찾아가 만나보아야 한다. 따라
서 머물 곳에 대해 묻지 않는다고 한 것은 아마도 고례와 금례에서 마땅
하게 여기는 것에 차이가 있기 때문일 것이다.

---

2) 『예기』「곡례상」 105장 : 賀取妻者曰, "某子使某, 聞子有客, 使某羞."
3) 『예기』「곡례상」 167장 : 生與來日, 死與往日.

博聞1)强識而讓, 敦善行[去聲]而不怠, 謂之君子.〈160〉 君子不
盡人之歡, 不竭人之忠, 以全交也.〈161〉 [舊在"下堂而受命"之下.]

널리 배우고 익히는 일에도 뛰어나면서 또한 겸손하며, 선행['行'자는 거
성으로 읽는다.]을 돈독하게 실천하면서도 그 일에 게으름이 없으면, 그를
군자라고 부른다. 군자는 남이 자신에게 호의를 남김없이 베푸는 것을
바라지 않고, 남이 자신에게 충심을 다하는 것을 바라지 않음으로써, 상
호간의 우호를 온전히 유지한다. [옛 판본에는 "당하로 내려와서 군주가 보낸
명령을 받아야 한다."2)라고 한 문장 뒤에 수록되어 있었다.]

集說

呂氏曰: 盡人之歡, 竭人之忠, 皆責人厚者也. 責人厚而莫之應, 此
交所以難全也.

여씨가 말하길, 남에게 호의를 모조리 베풀도록 하고, 남에게 충심을 모
조리 발휘하도록 하는 것은 남에게 너무 많은 것을 요구하는 것이다. 남
에게 너무 많은 것을 요구하여 상대방이 기대에 부응하지 못하도록 만드
는 것이 바로 교우 관계를 온전히 유지하기 어렵게 만드는 방법이다.

淺見

右傳之第七章.

여기까지는 전 7장이다.

---

1) '문(聞)'자에 대하여. '문(聞)'자는 본래 '문(問)'자로 기록되어 있었는데, 『예기집
설(禮記集說)』의 기록에 따라 글자를 수정하였다.
2) 『예기』 「곡례상」 159장 : 若使人於君所, 則必朝服而命之, 使者反, 則必下堂而
受命.

言朋友之禮.

붕우간의 예법을 언급하였다.

禮記淺見錄卷第二

『예기천견록』 2권

「곡례하(曲禮下)」

전(傳) 8장

經文

君天下曰天子, 朝諸侯·分職·授政·任功, 曰予一人.〈038〉
踐阼, 臨祭祀, 內事曰孝王某, 外事曰嗣王某.〈039〉 臨諸侯, 眕
[畛]於鬼神, 曰有天王某甫.〈040〉 崩, 曰天王崩. 復, 曰天子復
矣. 告喪, 曰天王登假[遐]. 措之廟, 立之主, 曰帝.〈041〉 天子未
除喪, 曰予小子. 生名之, 死亦名之.〈042〉

천자의 경우, 천하를 통치한다는 측면에서 '천자'라 부르고, 제후를 조견
하고, 직무를 분담하며, 정무를 분배해주고, 공무를 맡길 때에는 자신을
가리켜서, '나 한 사람'이라 부른다. 주인의 계단을 밟고서, 제사에 임할
때, 그 제사가 내사(內事)[1])인 경우라면, '효왕 아무개'라 부르고, 외사(外
事)[2])인 경우라면, '사왕 아무개'라 부른다. 천자가 제후의 나라로 순수(巡

---

1) 내사(內事)는 외사(外事)와 상대되는 말이다. 본래 교내(郊內)에서 시행하는 모
든 일들을 총칭하는 말이지만, 주로 제사를 가리키며, 특히 종묘(宗廟)에서 지내
는 제사를 뜻한다. 『예기』「곡례상(曲禮上)」편에는 "外事以剛日, 內事以柔日."
이라는 기록이 있는데, 이에 대한 공영달(孔穎達)의 소(疏)에서는 "內事, 郊內之
事也. 乙丁己辛癸五偶爲柔也."라고 풀이했고, 손희단(孫希旦)의 『집해(集解)』
에서는 "內事, 謂祭內神."이라고 풀이했다.
2) 외사(外事)는 내사(內事)와 상대되는 말이다. 교외(郊外)에서 제사를 지내거나,
사냥하는 일 등을 총칭하는 말이다. 또는 외국과의 외교관계에서 연합을 하거나,
군대를 출동시키는 일 등도 가리킨다. 『예기』「곡례상(曲禮上)」편에는 "外事以

守)³를 가서 제사를 지내게 될 때에는 직접 그곳에 가서 지내는 것이 아니라 신하를 대신 보내서 지내므로, 귀신에게 알리는['畛'자의 음은 '軫(진)'이다.] 축사(祝辭)에서는 "천왕 아무개 보가 이곳에 찾아왔습니다."라고 한다. 천자가 죽었을 때에는 "천왕이 붕어하셨다."라고 말한다. 초혼을 할 때에는 "천자시여, 돌아오소서."라고 말한다. 천자의 상사를 알릴 때에는 "천왕께서 승하['假'자의 음은 '遐(하)'이다.]하셨다."라고 말한다. 그의 묘를 설치하여 신주를 세우게 되면, '제(帝)'라고 부르게 된다. 천자의 경우 상을 아직 끝내지 않았다면, 자신을 가리키며 '여소자'라고 부른다. 천자가 상중에 있을 때에는 이처럼 '소자'라는 호칭을 붙여서 부르고, 상을 치르다 죽었을 때에도 이처럼 부른다.

剛日, 內事以柔日."이라는 기록이 있는데, 이에 대한 정현의 주에서는 "出郊爲外事."라고 풀이했고, 공영달(孔穎達)의 소에(疏)서는 "外事, 郊外之事也. …… 崔靈恩云, 外事, 指用兵之事."라고 풀이했다. 또한 손희단(孫希旦)의 집해(集解)에서는 "愚謂外事, 謂祭外神. 田獵出兵, 亦爲外事."라고 풀이했다.

3) 순수(巡守)는 '순수(巡狩)'라고도 부른다. 천자가 수도를 벗어나 제후의 나라를 시찰하는 것을 뜻한다. '순수'의 '순(巡)'자는 그곳으로 행차를 한다는 뜻이고, '수(守)'자는 제후가 지키는 영토를 뜻한다. 제후는 천자가 하사해준 영토를 대신 맡아서 수호하는 것이기 때문에, 천자가 그곳에 방문하여, 자신의 영토를 어떻게 관리하고 있는지를 시찰하게 된다. 『서』「우서(虞書)·순전(舜典)」편에는 "歲二月, 東巡守, 至于岱宗, 柴."라는 기록이 있고, 이에 대한 공안국(孔安國)의 전(傳)에서는 "諸侯爲天子守土, 故稱守. 巡, 行之."라고 풀이했으며, 『맹자』「양혜왕하(梁惠王下)」편에서는 "天子適諸侯曰巡狩. 巡狩者, 巡所守也."라고 기록하였다. 한편 『예기』「왕제(王制)」편에는 "天子, 五年, 一巡守."라는 기록이 있고, 『주례』「추관(秋官)·대행인(大行人)」편에는 "十有二歲王巡守殷國."이라는 기록이 있다. 즉 「왕제」편에서는 천자가 5년에 1번 순수를 시행하고, 「대행인」편에서는 12년에 1번 순수를 시행한다고 기록하고 있는데, 이러한 차이점에 대해서 정현은 「왕제」편의 주에서 "五年者, 虞夏之制也. 周則十二歲一巡守."라고 풀이했다. 즉 5년에 1번 순수를 하는 제도는 우(虞)와 하(夏)나라 때의 제도이며, 주(周)나라에서는 12년에 1번 순수를 했다.

踐, 履也. 阼, 主階也. 履主階而行事, 故曰踐阼也. 宗廟之事爲內
事, 郊社之事爲外事. 天子巡狩而至諸侯之國, 必使祝史致鬼神當
祭者之祭, 祝辭稱字曰某甫.

'천(踐)'자는 "밟는다."는 뜻이다. 동쪽계단은 주인이 밟는 계단이다. 주
인이 밟는 계단에 오르며 일을 치르기 때문에, '천조(踐阼)'라고 부른 것
이다. 종묘 제사와 같은 일들은 내사(內事)에 해당하고, 교사(郊社)[4]와
같은 일들은 외사(外事)에 해당한다. 천자가 순수(巡守)를 하게 되어,
제후의 나라에 가게 되면, 반드시 축사(祝史)[5]로 하여금 귀신들 중 마땅
히 제사를 지내야 할 대상들에게 제사를 지내게 했는데, 축사(祝辭)에서
천자의 자(字)를 호칭하여, '아무개 보(甫)'라고 말한 것이다.

呂氏曰: 畛, 猶畦畛之相接, 與神交際之義.

여씨가 말하길, '진(畛)'자는 휴진(畦畛)[6]이 서로 연접해 있다는 뜻으로,
신과 교제한다는 의미이다.

方氏曰: 畛, 田間道也. 祭於畛而謂之畛, 猶祭於郊而謂之郊.

방씨[7]가 말하길, '진(畛)'자는 농경지 사이에 있는 길을 뜻한다. 진(畛)

---

4) 교사(郊社)는 본래 천지(天地)에 대한 제사를 뜻한다. 교(郊)는 천(天)에 대한
제사를 뜻하고, 사(社)는 지(地)에 대한 제사를 뜻한다. '교사(郊祀)'라고도 부르
고, '교제(郊祭)'라고도 부른다. 또한 하늘에 대한 제사만을 지칭하기도 한다.

5) 축사(祝史)는 제사 시행을 담당하는 관리이다. 『좌전』「소공(昭公) 18년」편에는
"郊人助祝史除於國北."이라는 기록이 있는데, 이에 대한 공영달(孔穎達)의 소
(疏)에서는 "祝史, 掌祭祀之官."이라고 풀이했다.

6) 휴진(畦畛)은 농경지 사이에 있는 길을 뜻한다. 이 길을 농경지의 경계지점으로
여겼기 때문에, '휴진'은 '경계'라는 뜻으로 사용되었다.

7) 엄릉방씨(嚴陵方氏, ?~?) : =방각(方慤) · 방씨(方氏) · 방성부(方性夫). 송대(宋
代)의 유학자이다. 이름은 각(慤)이다. 자(字)는 성부(性夫)이다. 『예기집해(禮

에서 제사를 지내서 그 제사를 '진(畛)'이라고 부르는 것은 마치 교(郊)에서 제사를 지내서 그 제사를 '교(郊)'라고 부르는 것과 같다.

自上墜下曰崩. 復者, 人死則形神離, 古人持死者之衣, 升屋北面招呼死者之魂, 令還復體魄, 冀其再生, 故謂之復. 臣子不可名君, 故曰天子復也.

위에서 아래로 떨어지는 것을 '붕(崩)'이라고 부른다. '복(復)'이라는 말은 사람이 죽게 되면 육신과 정신이 분리되는데, 고대인들은 죽은 자가 입었던 옷을 들고 지붕에 올라가 북쪽을 바라보며 죽은 자의 혼(魂)을 불러서, 혼으로 하여금 육신의 백(魄)으로 돌아가도록 하여, 그가 다시 살아나기를 기대하게 된다. 그렇기 때문에 이러한 의식을 '복(復)'이라고 부른다. 신하는 군주를 이름으로 부를 수 없다. 그렇기 때문에 "천자시여, 돌아오소서."라고 말한 것이다.

鄭氏曰: 生名之曰小子王, 死亦曰小子王也.

정현이 말하길, 천자가 상을 치르는 중이라면, 이처럼 소자(小子)라는 명칭을 붙여서, '소자왕(小子王)'이라 부르고, 상을 치르다 죽게 되었을 때에도 '소자왕(小子王)'이라 부른다.

經文

天子有后, 有夫人, 有世婦, 有嬪, 有妻, 有妾.〈043〉

천자에게는 1명의 왕후가 있고, 3명의 부인이 있으며, 27명의 세부가 있고, 9명의 빈이 있으며, 81명의 어처가 있고, 다수의 첩들이 있다.

記集解)』를 지었고, 『예기집설대전(禮記集說大全)』에는 그의 주장이 많이 인용되고 있다.

三夫人, 九嬪, 二十七世婦, 八十一御妻. 自后而下, 皆三因而增其
數. 妾之數未聞.

천자는 왕후 외에도, 3명의 부인(夫人), 9명의 빈(嬪), 27명의 세부(世
婦), 81명의 어처(御妻)를 두었으니, 왕후(王后)로부터 그 이하의 여자
들은 모두 3배수를 하여 그 수를 증가시킨다. 첩(妾)이 정확히 몇 명이
었는지는 기록이 없어서 확인할 수 없다.

經文

天子建天官, 先六大[泰], 曰大宰・大宗・大史・大祝・大士・
大卜, 典司六典.〈044〉 天子之五官, 曰司徒・司馬・司空・司
士・司寇, 典司五衆.〈045〉 天子之六府, 曰司土・司木・司
水・司草・司器・司貨, 典司六職.〈046〉 天子之六工, 曰土
工・金工・石工・木工・獸工・草工, 典制六材.〈047〉 五官致
貢, 曰享.〈048〉

천자가 천관을 세움에 육태['大'자의 음은 '泰(태)'이다.]를 먼저 세우니, 태
재・태종・태사・태축・태사・태복을 가리키며, 이들은 육전(六典)[8]을

---

8) 육전(六典)은 치전(治典), 교전(敎典), 예전(禮典), 정전(政典), 형전(刑典), 사전
(事典)을 뜻한다. 고대에 국가를 통치하던 여섯 방면의 법령을 가리킨다. 국가의
전반적인 통치, 교화, 예법, 전장제도(典章制度), 형벌, 임무수행에 대한 법이다.
『주례』「천관(天官)・대재(大宰)」편에는 "大宰之職, 掌建邦之六典, 以佐王治
邦國. 一曰治典, 以經邦國, 以治官府, 以紀萬民. 二曰敎典, 以安邦國, 以敎官
府, 以擾萬民. 三曰禮典, 以和邦國, 以統百官, 以諧萬民. 四曰政典, 以平邦
國, 以正百官, 以均萬民. 五曰刑典, 以詰邦國, 以刑百官, 以糾萬民. 六曰事
典, 以富邦國, 以任百官, 以生萬民."이라는 기록이 있다.

담당한다. 천자가 설치하는 다섯 관부의 수장은 사도·사마·사공·사사·사구를 뜻하니, 이들은 자신들의 관부에 속한 관료 무리들을 다스린다. 천자가 설치하는 여섯 창고의 관리는 사토·사목·사수·사초·사기·사화를 뜻하니, 이들은 여섯 가지 직무를 담당한다. 천자가 설치하는 여섯 공인의 관리는 토공·금공·석공·목공·수공·초공을 뜻하니, 이들은 여섯 종류의 재료들로 기물 제작하는 일을 담당한다. 다섯 관부에서 결과물을 바치는 것을 '향(享)'이라고 부른다.

集說

五衆者, 五官屬吏之群衆也.

'오중(五衆)'은 다섯 관부에 소속된 관료 무리들을 뜻한다.

呂氏曰: 歲終, 則司徒以下五官, 各致其功獻于王, 故謂之享. 貢, 功也. 享, 獻也.

여씨가 말하길, 연말이 되면 사도(司徒)[9] 이하의 다섯 관부 수장들은 각각 그들이 쌓았던 공적을 천자에게 바치게 되므로, 이것을 '향(享)'이라고 부른다. '공(貢)'자는 공적을 뜻한다. '향(享)'자는 "바친다."는 뜻이다.

---

9) 사도(司徒)는 대사도(大司徒)라고도 부른다. 본래 주(周)나라 때의 관리로, 국가의 토지 및 백성들에 대한 교화(敎化)를 담당했다. 전설상으로는 소호(少昊) 시대 때부터 설치되었다고 전해진다. 주나라의 육경(六卿) 중 하나였으며, 전한(前漢) 애제(哀帝) 원수(元壽) 2년(B.C. 1)에는 승상(丞相)의 관직명을 고쳐서, 대사도(大司徒)라고 불렀고, 대사마(大司馬), 대사공(大司空)과 함께 삼공(三公)의 반열에 있었다. 후한(後漢) 때에는 다시 '사도'로 명칭을 고쳤고, 그 이후로는 이 명칭을 계속 사용하다가 명(明)나라 때 폐지되었다. 명나라 이후로는 호부상서(戶部尙書)를 '대사도'라고 불렀다.

五官之長曰伯, 是職方, 其擯於天子也, 曰天子之吏. 天子同姓謂之伯父, 異姓謂之伯舅. 自稱於諸侯, 曰天子之老, 於外曰公, 於其國曰君.〈049〉 九州之長, 入天子之國曰牧. 天子同姓謂之叔父, 異姓謂之叔舅. 於外曰侯, 於其國曰君.〈050〉 其在東夷‧北狄‧西戎‧南蠻, 雖大曰子. 於內自稱曰不穀, 於外自稱曰王老.〈051〉 庶方小侯, 入天子之國曰某人, 於外曰子, 自稱曰孤.〈052〉

다섯 관부의 수장을 '백(伯)'이라 부르니, 이들은 천하를 양분하여 해당 지역에 속한 제후들을 담당하며, 부관이 천자에게 그들에 대해 말할 때에는 '천자의 관리'라고 부른다. 천자와 동성인 경우에는 '큰 아버지'라 부르고, 이성인 경우에는 '큰 외삼촌'이라 부른다. 이들이 스스로를 제후들에게 칭할 때에는 '천자에게 소속된 노인'이라 부르며, 자신의 영지 밖에서는 '공(公)'이라 부르고, 자신의 나라 안에서는 '군주'라 부른다. 구주(九州)[10]의 각 수장이 되는 제후들이 천자의 수도에 들어오게 되

---

10) 구주(九州)는 9개의 주(州)를 뜻한다. 고대 중국에서는 중원 지역을 9개의 주로 구분하여, 다스렸다. 따라서 '구주'는 오랑캐 지역과 대비되는 중국 땅을 지칭하는 용어로 사용되었다. '구주'의 포함되는 '주'의 이름들은 각 기록마다 차이를 보인다. 『서』「우서(虞書)‧우공(禹貢)」편에는 "禹敷土, 隨山刊木, 奠高山大川. 冀州既載. …… 濟河惟兗州. 九河既道. …… 海岱惟青州. 嵎夷既略, 濰淄其道. …… 海岱及淮惟徐州, 淮沂其乂, 蒙羽其藝. …… 淮海惟揚州, 彭蠡其豬, 陽鳥攸居. …… 荊及衡陽惟荊州. 江漢朝宗于海. …… 荊河惟豫州, 伊洛瀍澗, 既入于河. …… 華陽黑水惟梁州. 岷嶓既藝, 沱潛既道. …… 黑水西河惟雍州. 弱水既西."라는 기록이 있다. 즉 『서』에 기록된 '구주'는 기주(冀州)‧연주(兗州)‧청주(青州)‧서주(徐州)‧양주(揚州)‧형주(荊州)‧예주(豫州)‧양주(梁州)‧옹주(雍州)이다. 한편 『이아』「석지(釋地)」편에는 " 兩河間曰冀州. 河南曰豫州. 河西曰雝州. 漢南曰荊州. 江南曰楊州. 濟河間曰兗州. 濟東曰徐州. 燕曰幽州. 齊曰營州."라는 기록이 있다. 즉 『이아』에 기록된 '구주'는 『서』의 기록과 달리, '청주'와 '양주'에 대한 기록이 없고, 대신 유주

면, '목(牧)'이라 부른다. 천자와 동성인 경우에는 천자는 그에게 '작은 아버지'라 부르고, 이성인 경우에는 '작은 외삼촌'이라 부른다. 그들은 자신의 영지 밖에서는 '후작'이라 부르고, 자신의 나라 안에서는 '군주'라 부른다. 제후의 나라가 동이·북적·서융·남만 지역에 속해 있다면, 비록 그 나라가 대국의 규모라 하더라도, 그들을 '자작'이라 부른다. 그들은 영지 내에서 자신을 가리키며 '선하지 못한 자'라 부르며, 영지 밖에서는 자신을 가리키며 '천자의 노신'이라 부른다. 사방 오랑캐의 군소 국가 군주들이 천자의 수도로 찾아오게 되면, '아무개 사람'이라 부르고, 그가 지배하는 영지 밖에서는 '자작'이라 부르며, 스스로를 지칭할 때에는 '고아'라 부른다.

集説

司徒以下五官之長者, 天子之三公也. 伯者, 長大之名. 三公無異職, 卽九卿中三人兼之, 任左右之職謂之相. 九命而作伯, 則分主畿外諸侯. 如公羊云, "自陝而東者, 周公主之, 自陝而西者召公主之", 是也. 是職方者, 言二伯於是職主其所治之方也. 天子之吏, 擯者之辭也. 此伯若是天子同姓, 則天子稱之爲伯父, 若異姓, 則稱爲伯舅, 皆親之之辭也. 此伯皆有采地, 在天子畿內. 自稱於私土采地之外, 則曰公, 自稱於采地之內, 則曰君也. 天下九州, 天子於每州之中, 擇諸侯之賢者一人, 加之一命, 使主一州內之列國, 取牧養下民之義, 故曰牧. 叔父叔舅, 降於伯父伯舅也. 自稱於所封國之外, 則曰

(幽州)와 영주(營州)가 기록되어 있다. 또 『주례』「하관(夏官)·직방씨(職方氏)」편에는 "乃辨九州之國使同貫利. 東南曰揚州. …… 正南曰荊州. …… 河南曰豫州. …… 正東曰靑州. …… 河東曰兗州. …… 正西曰雍州. …… 東北曰幽州. …… 河內曰冀州. …… 正北曰幷州."라는 기록이 있다. 즉 『주례』에 기록된 '구주'는 『서』의 기록과 달리, '서주'와 '양주'에 대한 기록이 없고, 대신 '유주'와 병주(幷州)에 대한 기록이 있다. 이외에도 일부 차이를 보이는 기록들이 있다.

侯, 若與國內臣民言, 則自稱曰君也. 穀, 善也.

사도(司徒) 이하 다섯 관부의 수장은 천자에게는 삼공(三公)[11]이 된다. '백(伯)'이라는 말은 가장 큰 어른에게 쓰는 칭호이다. 삼공은 고정된 직책이 없으니, 구경(九卿)[12] 중 뛰어난 세 사람이 삼공의 직책도 겸하여, 좌우에서 보필하는 임무를 맡았으므로, 이들을 '상(相)'이라고도 부른다. 관리들의 명(命) 등급 중 가장 높은 9명(命)의 등급을 받아서 백(伯)이 된다면, 외제후(外諸侯)[13]들을 분담하여 다스리게 된다. 예를 들어 『공양전』에서 "섬(陝)땅으로부터 동쪽은 주공이 주관하고, 섬땅으로부터 서쪽은 소공이 주관한다."[14]라고 했는데, 바로 이러한 자들에 해당한다.

---

11) 삼공(三公)은 중앙정부의 가장 높은 관직자 3명을 합쳐서 부르는 말이다. '삼공'에 속한 관직명에 대해서는 각 시대별로 차이가 있다. 『사기(史記)』「은본기(殷本紀)」편에는 "以西伯昌, 九侯, 鄂侯, 爲三公."이라는 기록이 있다. 즉 은나라 때에는 서백(西伯)인 창(昌), 구후(九侯), 악후(鄂侯)들을 '삼공'으로 삼았다. 또한 주(周)나라 때에는 태사(太師), 태부(太傅), 태보(太保)를 '삼공'으로 삼았다. 『서』「주서(周書)·주관(周官)」편에는 "立太師·太傅·太保, 玆惟三公, 論道經邦, 燮理陰陽."이라는 기록이 있다. 한편 『한서(漢書)』「백관공경표서(百官公卿表序)」에 따르면 사마(司馬), 사도(司徒), 사공(司空)을 '삼공'으로 삼았다는 기록이 있다.

12) 구경(九卿)은 천자의 조정에 있었던 9명의 고위 관직자들을 뜻한다. 삼고(三孤)와 육경(六卿)을 합하여 '구경'이라고 부른다. '삼고'는 삼공(三公)을 보좌하며, 정책의 큰 방향을 잡는 자들이었고, 육경은 여섯 관부의 일들을 담당하였던 자들이다. 『주례』「동관고공기(冬官考工記)·장인(匠人)」편에는 "外有九室, 九卿居馬."이라는 기록이 있고, 이에 대한 정현의 주에서는 "六卿三孤爲九卿, 三孤佐三公論道, 六卿治六官之屬."라고 풀이했다. 『주례』의 체제에 따르면, '구경'은 소사(少師), 소부(少傅), 소보(少保), 총재(冢宰), 사도(司徒), 종백(宗伯), 사마(司馬), 사구(司寇), 사공(司空)이 된다. 또한 육경(六卿)에 삼공(三公)을 더하여 '구경'이라고도 부른다.

13) 외제후(外諸侯)는 천자의 직속 신하들인 '내제후(內諸侯)'와 상대되는 말이다. 일반적으로 봉지(封地)를 가지고 있는 제후들을 가리킨다. 천자의 수도 밖에 있는 자신의 영지에 머물기 때문에, '외(外)'자를 붙여서 부르는 것이다.

14) 『춘추공양전』「은공(隱公) 5년」: 天子三公者何. 天子之相也. 天子之相, 則何

'시직방(是職方)'이라는 말은 이러한 두 명의 백(伯)이 자신들이 각자 맡고 있는 지역의 제후들을 담당한다는 뜻이다. '천자의 관리'라는 말은 부관이 그를 가리키며 쓰는 말이다. 여기에서 말하는 백(伯)이 만약 천자와 동성인 경우라면 천자는 그를 '큰 아버지'라 부르며, 만약 이성인 경우라면 '큰 외삼촌'이라 부르니, 이 모두는 그를 친근하게 대하는 말들이다. 그리고 여기에서 말하는 백(伯)들은 모두 자신들의 채지(采地)를 가지고 있는데, 그 채지는 천자의 수도 안에 위치한다. 개인 소유의 채지 밖에서 자신을 가리키는 경우라면 '공(公)'이라 말하고, 채지 안에서 자신을 가리키는 경우라면 '군주'라 말한다. 천하를 9개의 주(州)로 나누고, 천자는 각 주에 대해서, 제후들 중 가장 현명한 자 1명을 뽑아서 그에게 1명(命)을 더해주어, 그로 하여금 1개의 주 안에 소속된 제후국들을 주관하도록 하였는데, 백성들을 인도하고 길러준다는 뜻에서 그 명칭을 취했기 때문에 '목(牧)'이라 부르는 것이다. '작은 아버지'와 '작은 외삼촌'이라 부르는 이유는 '큰 아버지'와 '큰 외삼촌'이라는 칭호보다 낮추기 때문이다. 이들이 자신의 영지 밖에서 자신을 지칭하는 경우에는 '후(侯)'라 부르며, 만약 자신의 영지 안에서 신하나 백성들과 말을 하는 경우라면, 자신을 '군(君)'이라 부르게 된다. '곡(穀)'자는 "선하다."는 뜻이다.

孤者, 特立無德之稱, 皆自謙之辭.

'고(孤)'라는 말은 홀로 서 있으며 덕이 없다는 칭호이니, 이 모두는 스스로를 겸손하게 표현하는 말들이다.

以三. <u>自陝而東者, 周公主之, 自陝而西者, 召公主之</u>, 一相處乎內.

天子當依[上聲]而立, 諸侯北面而見[現]天子曰覲. 天子當宁[珍
呂反]而立, 諸公東面 · 諸侯西面曰朝.〈053〉

천자가 의['依'자는 상성으로 읽는다.]를 등지고 서서 남쪽을 바라보고, 제후
들이 북쪽을 바라보며 천자를 찾아뵙는['見'자의 음은 '現(현)'이다.] 것을 '근
(覲)'이라 부른다. 천자가 저['宁'자는 '珍(진)'자와 '呂(려)'자의 반절음이다.]에
서 있고, 여러 공(公)들이 동쪽을 바라보며, 제후들이 서쪽을 바라보고
천자를 찾아뵙는 것을 '조(朝)'라 부른다.

鄭氏曰: 春朝, 受摯於朝, 受享於廟. 秋覲, 一受之於廟. 朝者, 位於
內朝而序進, 覲者, 位於廟門外而序入.

정현이 말하길, 봄에 하는 조례에서는 천자가 조정에서 예물을 받고, 종
묘에서 향(享)을 받았다. 가을에 하는 근례에서는 천자가 예물과 향을
모두 종묘에서 받았다. '조(朝)'를 할 때에는 내조(內朝)[15]에 위치하다가
서열에 따라 차례대로 천자 앞으로 나아가고, '근(覲)'을 할 때에는 종묘
의 문 밖에 위치하다가 차례대로 문 안으로 들어간다.

疏曰: 依, 狀如屛風, 以絳爲質, 高八尺, 東西當戶牖之間, 繡爲斧文,
亦曰斧依. 宁者, 爾雅云: "門屛之間謂之宁", 人君視朝所宁立處.

소에서 말하길, '의(依)'는 그 모양이 병풍과 같은 것으로, 붉은색 천으로

---

15) 내조(內朝)는 천자 및 제후가 정사를 처리하고 휴식을 취하던 장소이다. 외조
(外朝)에 상대되는 말이다. '내조'에는 두 종류가 있었는데, 그 중 하나는 노문
(路門) 밖에 위치하던 곳으로, 천자 및 제후가 정사를 처리하던 장소이며, 치조
(治朝)라고도 불렀다. 다른 하나는 노문 안에 위치하던 곳으로, 천자 및 제후가
정사를 처리한 이후, 휴식을 취하던 장소이며, 연조(燕朝)라고도 불렀다.

바탕을 짜며, 높이는 8척(尺)이 되고, 동서 방향으로 문과 들창 사이에 두며, 도끼 모양을 수놓았기 때문에, 또한 '부의(斧依)'라고도 부른다. '저(宁)'에 대해 『이아』에서는 "문과 병풍 사이의 공간을 '저(宁)'라고 부른다."[16]고 하였으니, 군주가 조회에 참관할 때 멈춰 서 있는 장소이다.

經文

> 諸侯見天子, 曰臣某侯某. 其與民言, 自稱曰寡人. 其在凶服, 曰適[丁歷反]子孤.〈057〉 臨祭祀, 內事曰孝子某侯某, 外事曰曾孫某侯某. 死曰薨, 復曰某甫復矣.〈058〉 旣葬, 見天子曰類見. 言諡曰類.〈059〉

제후가 천자를 찾아뵐 때에는 '신하 아무개 나라 후 아무개'라 부른다. 그가 자신의 백성들과 말을 하게 된다면, 자신을 가리켜서 '과덕한 사람'이라 부른다. 그가 상중에 있는 경우에는 '적['適'자는 '丁(정)'자와 '歷(력)'자의 반절음이다.]자인 고아'라 부른다. 제사에 임할 때, 그 제사가 내사인 경우라면, '효자 아무개 나라의 후 아무개'라 부르고, 외사인 경우라면, '증손 아무개 나라의 후 아무개'라 부른다. 제후가 죽었을 때에는 '훙(薨)'이라 부르고, 초혼을 할 때에는 "아무개 보시여, 돌아오소서."라고 말한다. 죽은 제후에 대해서 장례를 치르고 난 뒤, 제후의 지위를 계승한 아들이 천자를 찾아뵙는 것을 "비슷한 예법으로써 찾아뵙는다."라 부른다. 죽은 부친에 대해서 천자에게 시호를 청원하게 될 때에는 '비슷한 예법'이라 부른다.

---

16) 『이아』「석궁(釋宮)」: 兩階間謂之鄕. 中庭之左右謂之位. 門屛之間謂之宁. 屛謂之樹.

薨之爲言霢也. 幽昧之義.

‘훙(薨)’자는 몽(霢)자의 뜻으로, 어둡고 아득하다는 의미이다.

呂氏曰: 繼先君之德, 乃得受國而見天子, 故曰類見. 誄先君之善, 而請諡於天子, 故亦曰類.

여씨가 말하길, 선대 군주의 덕을 계승하면, 곧 그 국가를 이어받아서 천자를 알현할 수 있기 때문에, "비슷한 예법으로써 찾아뵙는다."라고 부른 것이다. 선대 군주의 선행에 대해 뇌(誄)[17]를 하고서, 천자에게 선대 군주에 대한 시호(諡號)를 청원하기 때문에, 이 또한 '비슷한 예법'이라고 부른다.

諸侯未及期相見曰遇, 相見於郤[隙]地曰會.〈054〉 諸侯使大夫問於諸侯曰聘.〈055〉 約信曰誓, 涖牲曰盟.〈056〉 [舊本自"諸侯未及期"以下至此, 在"諸侯見天子"之前, 上下失序, 今正之.]

제후가 정해진 기일보다 앞서 서로 만나보는 것을 '우(遇)'라 부르고, 국경 사이의 비워둔[‘郤’자의 음은 ‘隙(극)’이다.] 땅에서 정해진 날짜에 만나보는 것을 '회(會)'라 부른다. 제후가 대부를 시켜서, 상대방 제후에게 문안을 여쭙는 것을 '빙(聘)'이라 부른다. 말을 통해 서로 약속을 하는 것을 '서(誓)'라 부르고, 희생물을 잡아서 맹약을 맺는 것을 '맹(盟)'이라

---

17) 뇌(誄)는 죽은 자의 행적들을 열거하여, 그 기록들을 읽으며, 시호(諡號)를 짓는 것을 뜻한다. '뇌'자는 "묶는대[累]."는 뜻이다. 즉 죽은 자의 행적을 하나로 엮는다는 의미이다.

부른다. [옛 판본에는 '제후가 정해진 기일보다 앞서'라는 구문으로부터 그 이하로
이곳 문장까지는 "제후가 천자를 찾아뵙는다."[18]라고 한 문장 앞에 수록되어 있었는
데, 이것은 앞뒤의 순서가 잘못된 것이므로, 여기에서 이를 바로잡는다.]

集說

郤地, 閑隙之地也. 約信者, 以言語相要約爲信也.

'극지(郤地)'는 양국의 국경 사이에 있는 비워둔 땅을 뜻한다. '약신(約信)'
은 말을 통해 서로 지켜야 할 약속을 맺어서 신의로 삼는다는 뜻이다.

經文

諸侯使人使[去聲]於諸侯, 使者自稱曰寡君之老.〈060〉[舊在"言謚
曰類"之下.] 公侯有夫人, 有世婦, 有妻, 有妾. 夫人自稱於天子,
曰老婦.〈063〉 自稱於諸侯, 曰寡小君.〈064〉 自稱於其君, 曰小
童. 自世婦以下, 自稱曰婢子.〈065〉[舊在"庶人曰妻"之下.] 列國之
大夫, 入天子之國曰某士, 自稱曰陪臣某, 於外曰子, 於其國
曰寡君之老, 使者自稱曰某.〈067〉[舊在"子於父母則自名也"之下.]

제후가 신하를 시켜서 상대방 제후에게 사신['使'자는 거성으로 읽는다.]으
로 보낼 때, 사신으로 간 자는 자신을 지칭하며, '저희 군주의 노신'이라
말한다. [옛 판본에는 "시호를 청원하게 될 때에는 '비슷한 예법[類]'이라고 부른
다."[19]라고 한 문장 뒤에 수록되어 있었다.] 공작과 후작은 부인을 두며, 세부
를 두고, 처를 두며, 첩을 둔다. 공작과 후작의 정부인은 천자에게 자신

---

18) 『예기』「곡례하」 057장 : 諸侯見天子, 曰臣某侯某. 其與民言, 自稱曰寡人. 其
在凶服, 曰適子孤.

19) 『예기』「곡례하」 059장 : 旣葬, 見天子曰類見. 言謚曰類.

을 지칭하며, '노부(老婦)'라 말한다. 제후의 부인이 다른 나라의 제후에게 자신을 지칭할 때에는 '과소군(寡小君)'이라 부른다. 제후의 부인이 자신의 남편인 군주에게 스스로를 지칭할 때에는 '어린 아이'라 부른다. 세부로부터 그 이하의 여자들이 자신의 군주에게 스스로를 지칭할 때에는 '미천한 자'라 부른다. [옛 판본에는 "서인의 정부인을 '처(妻)'라 부른다."[20]라고 한 문장 뒤에 수록되어 있었다.] 제후국의 대부가 천자의 수도에 들어서게 되면, '아무개 나라의 사'라 부르고, 스스로를 지칭하여서는 '신하의 신하인 아무개'라 부르며, 외지에서는 '~자(子)'라 부르고, 본인이 속한 제후국에서는 '저희 군주의 노신'이라 부르며, 사신으로 간 경우라면 자신을 지칭하며 '아무개'라 부른다. [옛 판본에는 "자식이 부모를 대하는 경우라면, 자신의 이름을 댄다."[21]라고 한 문장 뒤에 수록되어 있었다.]

浅見

近按: 此節首言天子及后夫人之稱號, 次言王朝之官, 次言列國諸侯及夫人以下之稱號, 次言列國之大夫. 舊本多失次, 今悉正之.

내가 살펴보니, 이 문단에서는 첫 부분에서 천자 및 왕후와 부인들이 칭호를 언급했고, 그 다음에는 천자의 조정에 속해 있는 관리들을 언급했으며, 그 다음에는 제후국의 제후와 부인 및 그 이하의 자들에 대한 칭호를 언급했고, 그 다음에는 제후국에 속한 대부에 대해 언급했다. 옛 판본은 대체로 순서가 잘못되어, 이곳에서는 자세히 살펴 바로잡았다.

---

20) 『예기』「곡례하」 062장 : 天子之妃曰后, 諸侯曰夫人, 大夫曰孺人, 士曰婦人, 庶人曰妻.
21) 『예기』「곡례하」 066장 : 子於父母, 則自名也.

大夫七十而致事.〈上028〉 若不得謝, 則必賜之几杖.〈上029〉 行役以婦人, 適四方, 乘安車.〈上030〉 自稱曰老夫, 於其國則稱名.〈上031〉 越國而問焉, 必告之以其制.〈上032〉 [舊在上篇"百年曰期頤"之下. 今以大夫稱名之類而附此.]

대부의 경우 70세가 되면 자신이 맡았던 임무를 군주에게 돌려주고 관직에서 물러난다. 만약 사직을 허락받지 못한다면, 군주는 반드시 그에게 안석과 지팡이를 하사해야 한다. 다시 공무를 집행하기 위해 외지로 나가게 되면, 부인을 대동하게 하여 봉양을 잘 받도록 한다. 또한 각 지역으로 파견될 때에는 안거(安車)[1]에 타도록 한다. 스스로를 일컫게 될 때에는 '노부(老夫)'라 부르고, 모국에서 공식적인 석상에 참가하게 되면, 자신을 일컫게 될 때 이름을 댄다. 다른 나라에서 찾아와 자문을 구하게 되면, 반드시 옛 고사를 들어서 일러준다. [옛 판본에는 「곡례상」편의 "100세가 되면, 수명이 거의 다 되어가기 때문에, 기(期)라고 부르고, 봉양을 해주어야 한다."[2]라고 한 문장 뒤에 수록되어 있었다. 여기에서는 대부의 칭호와 명칭에 대한 부류로 여겨 이곳에 덧붙였다.]

不得謝, 謂君不許其致事, 而辭謝也.

---

1) 안거(安車)는 앉아서 탈 수 있었던 작은 수레를 뜻한다. 일반적으로 수레를 탈 때에는 서서 탔는데, 이 수레는 연로한 고위 관료 및 부인들이 앉아서 탈 수 있도록 설계가 되어, 편안하다는 뜻에서 '안(安)'자가 붙은 것이다. 『주례』「춘관(春官)·건거(巾車)」편에는 "安車, 彤面鷖總, 皆有容蓋."라는 기록이 있고, 이에 대한 정현의 주에서는 "安車, 坐乘車. 凡婦人車皆坐乘."이라고 풀이했다.

2) 『예기』「곡례상」 027장 : 人生十年曰幼, 學. 二十曰弱, 冠. 三十曰壯, 有室. 四十曰强, 而仕. 五十曰艾, 服官政. 六十曰耆, 指使. 七十曰老, 而傳. 八十九十曰耄, 七年曰悼, 悼與耄, 雖有罪, 不加刑焉. 百年曰期, 頤.

'부득사(不得謝)'는 군주가 그의 사직을 허락하지 않아 사직을 사양했다는 뜻이다.

淺見

近按: 上言自稱曰某者, 大夫爲使在他國, 與其國君言, 則稱名也. 此自稱曰老夫者, 使在他國與人言, 則稱老夫也. 上言於其國曰寡君之老者, 在本國而與人言也. 此言於其君則稱名者, 在本國而與其君言也. 大抵君前臣名, 無彼此一也.

내가 살펴보니, 앞에서는 스스로를 지칭하며 아무개라 한다고 했는데, 대부가 사신이 되어 다른 나라에 있을 때 그 나라의 군주와 말을 하게 되면 이름을 대는 것이다. 이곳에서는 스스로를 지칭하며 노부라고 했는데, 사신이 되어 다른 나라에 있을 때 다른 사람들과 말을 하게 되면 노부라고 지칭하는 것이다. 앞에서는 자신의 나라에서는 과군지노라고 했는데, 그것은 본국에 있을 때 다른 사람과 말을 할 때에 해당한다. 이곳에서 군주에게 말을 할 때 이름을 지칭한다고 했는데, 본국에 있을 때 군주와 말을 할 때에 해당한다. 대체로 군주 앞에서 신하가 이름을 댄다는 측면에서는 차이가 없다.

天子之妃曰后, 諸侯曰夫人, 大夫曰孺人, 士曰婦人, 庶人曰
妻.〈062〉 [舊在"庶人僬僬"之下.]

천자의 정부인을 '왕후(后)'라 부르고, 제후의 정부인을 '부인(夫人)'이
라 부르며, 대부의 정부인을 '유인(孺人)'이라 부르고, 사의 정부인을
'부인(婦人)'이라 부르며, 서인의 정부인을 '처(妻)'라 부른다. [옛 판본에
는 "서인은 용모를 꾸미지 않고 빠른 걸음으로 걷는다."[1]라고 한 문장 뒤에 수록되
어 있었다.]

集說

鄭氏曰: 妃, 配也. 后之言後也. 夫之言扶, 孺之言屬, 婦之言服, 妻
之言齊.

정현이 말하길, '비(妃)'자는 배필이라는 뜻이다. '후(后)'자는 "뒤에 있
다."는 뜻이며, '부(夫)'자는 "떠받친다."는 뜻이고, '유(孺)'자는 "친속이
된다."는 뜻이며, '부(婦)'자는 "복종한다."는 뜻이고, '첩(妻)'자는 "일심
동체가 된다."는 뜻이다.

淺見

近按: 前旣言自天子至於大夫稱號不同之禮. 此則言其至於士庶人
之配匹其稱號, 亦不同之禮也.

내가 살펴보니, 앞에서는 이미 천자로부터 대부에 이르기까지 사용하는
칭호가 다른 예법에 대해 언급하였다. 이곳에서는 사와 서인의 배필에
이르기까지 그 칭호 또한 다르다는 예법을 언급한 것이다.

---

1) 『예기』「곡례하」 061장 : 天子穆穆, 諸侯皇皇, 大夫濟濟, 士蹌蹌, 庶人僬僬.

納女於天子, 曰備百姓, 於國君, 曰備酒漿, 於大夫, 曰備掃[去聲]灑[所買反].〈119〉[舊在下篇之末.]

천자에게 딸을 시집보낼 때에는 "천자께서 거느리시는 여러 첩들 중의 한 명으로 충당하길 원합니다."라고 말하며, 제후에게 딸을 시집보낼 때에는 "술이나 젓갈을 담그는데 필요한 여자로 충당하길 원합니다."라고 말하고, 대부에게 딸을 시집보낼 때에는 "집안을 청소하는데['掃'자는 거성으로 읽는다. '灑'자는 '所(소)'자와 '買(매)'자의 반절음이다.] 필요한 여자로 충당하길 원합니다."라고 말한다. [옛 판본에는 「곡례하」편의 마지막에 수록되어 있었다.]

集說

呂氏曰: 不敢以伉儷自期, 願備妾滕之數而已. 皆自卑之辭.

여씨가 말하길, 천자에게 시집을 보내면서 이처럼 말한 것은 자신의 딸이 감히 천자와 짝이 되는 정식 배필이 되기를 스스로 기대하지 않고, 천자가 채워야 하는 첩들의 수를 채우기만을 바랄 따름이라는 뜻이다. 이러한 말들은 모두 스스로를 겸손하게 낮추는 말이다.

淺見

近按: 備百姓, 欲其廣繼嗣也. 備酒漿, 使之佐中饋也. 備掃洒, 給使令也. 其言每下而愈益卑屈者, 蓋天子國君不乏使令之人故也歟.

내가 살펴보니, '비백성(備百姓)'이라는 말은 널리 자손을 퍼트리기를 바란다는 뜻이다. '비주장(備酒漿)'은 그녀로 하여금 집안 살림을 맡아보는 여자를 돕도록 한다는 뜻이다. '비소쇄(備掃洒)'는 심부름을 하는 일에 보탠다는 뜻이다. 그 말들이 밑으로 내려갈수록 더욱 낮아지는 것은 천자와 제후는 심부름을 하는 자들이 부족하지 않기 때문일 것이다.

問天子之年, 對曰聞之, 始服衣若干尺矣.〈073〉 問國君之年,
長曰能從宗廟社稷之事矣, 幼曰未能從宗廟社稷之事也.〈074〉

천자의 나이를 묻게 되면, 천자의 신하가 대답하길, "제가 듣기로는 몇
척 정도 되는 옷을 비로소 입기 시작하셨다고 합니다."라고 말한다. 제
후의 나이를 묻게 되면, 제후의 신하가 대답을 하며, 제후의 나이가 장
성한 나이에 해당한다면, "종묘와 사직의 제사를 잘 해내실 수 있습니
다."라고 말하고, 나이가 아직 어리다면, "종묘와 사직의 제사에 대해서
아직 잘 해내실 수 없습니다."라고 말한다.

集說

若, 如也, 未定之辭. 數始於一而成於十, 干字從一從十, 故言若干.
謂或如一, 或如十, 凡數之未定者皆可言. 顔註云: "干, 箇也."

'약(若)'자는 "~와 같다."는 뜻으로, 확정하지 않는 말이다. 수(數)는 1부
터 시작해서 10에서 완성이 되는데, '간(干)'자는 '일(一)'자와 '십(十)'자
로 구성되어 있기 때문에, '약간(若干)'이라고 말한 것이다. 즉 이 말은
혹은 1과 같기도 하고, 혹은 10과 같기도 하다는 뜻으로, 수(數)가 확정
되지 않은 것에 대해서 모두 '약간(若干)'이라고 말할 수 있다. 안사고[1]
의 주에서는 "'간(干)'자는 '~개'라는 뜻이다."[2]라고 했다.

---

1) 안사고(顔師古, A.D.581~A.D.645) : 당(唐)나라 때의 학자이다. 자(字)는 주(籒)
   이다. 안지추(顔之推)의 손자이다. 훈고학(訓詁學)에 뛰어났다. 오경(五經)의 문
   자를 교정하여, 『오경정본(五經定本)』을 찬술하기도 하였다.
2) 이 문장은 『한서』「식화지(食貨志)」편의 "又民用錢, 郡縣不同, 或用錢輕, 百加
   若干."이라는 기록에 대한 안사고(顔師古)의 주이다.

近按: 天子至尊, 不可以事言, 但稱其服之長短. 國君則舉其事之重
者而言也.

내가 살펴보니, 천자는 지극히 존귀하여 구체적인 일을 통해 말할 수 없
고, 단지 옷의 크기를 지칭할 따름이다. 제후의 경우에는 시행하는 사안
중에서도 중대한 것을 들어 말한다.

問大夫之子, 長曰能御矣, 幼曰未能御也.〈075〉 問士之子, 長曰能典謁矣, 幼曰未能典謁也.〈076〉 問庶人之子, 長曰能負薪矣, 幼曰未能負薪也.〈077〉 問國君之富, 數[上聲]地以對, 山澤之所出.〈078〉 問大夫之富, 曰有宰食力, 祭器·衣服不假.〈079〉 問士之富, 以車數對.〈080〉 問庶人之富, 數[上聲]畜[許又反]以對.〈081〉 [舊在"疑人必於其倫"之下.]

대부의 아들에 대해서 그 나이를 묻게 되면, 대부의 가신(家臣)이 대답하며, 대부의 아들이 장성한 나이에 해당한다면, "수레를 잘 몰 수 있습니다."라고 말하고, 나이가 아직 어리다면, "수레를 아직은 잘 몰 수 없습니다."라고 말한다. 사의 아들에 대해서 그 나이를 묻게 되면, 사의 아전들이 대답하며, 아들이 장성한 나이에 해당한다면, "빈객들을 대하며 아뢰고 청하는 일을 잘 합니다."라고 말하고, 나이가 아직 어리다면, "아뢰고 청하는 일을 아직은 잘 하지 못합니다."라고 말한다. 서인의 아들에 대해서 그 나이를 묻게 되면, 그의 동료가 대답하며, 아들이 장성한 나이에 해당한다면, "땔나무를 짊어질 수 있습니다."라고 말하고, 나이가 아직 어리다면, "땔나무 짊어지는 일을 아직은 잘 할 수 없습니다."라고 말한다. 제후의 부유한 정도에 대해서 질문을 하면, 제후의 신하는 나라의 면적으로['數'자는 상성으로 읽는다.] 대답하며, 산림과 연못 지역에서 생산되는 물건들까지도 대답한다. 대부의 부유한 정도에 대해서 질문하면, 대부의 가신이 대답하길, "다스리는 읍(邑)이 있으시고, 백성들에게 거둬들인 세금으로 먹고 살만 하셔서, 제기나 제복 등을 다른 사람에게 빌리지 않습니다."라고 말한다. 사의 부유한 정도에 대해서 질문하면, 그의 아전은 사가 소유한 수레의 숫자로 대답한다. 서인의 부유한 정도에 대해서 질문하면, 그의 동료는 서인이 소유한 가축['畜'자는 '許(허)'자와 '又(우)'자의 반절음이다.]의 수를 셈하여['數'자는 상성으로 읽는다.] 대답을 한다. [옛 판본에는 "사람을 비교할 때에는 반드시 그와 비슷한 부류

속에서 비교한다."[1]라고 한 문장 뒤에 수록되어 있었다.]

古者五十命爲大夫, 故不問其年而問其子之長幼. 御, 謂御車也. 幼
則未能. 謁, 請也. 典謁者, 主賓客告請之事. 士賤無臣下, 自典告
也. 負薪, 庶人力役之事. 宰, 邑宰也. 有宰則有采地矣. 食力, 謂食
下民賦稅之力. 衣服, 祭服也. 上士三命得賜車馬, 故問士富, 則以
車數對也. 庶人受田有定制, 惟畜牧之多寡在乎人, 故數畜以對也.

고대에는 50세가 되면 대부로 임명이 되었다. 그렇기 때문에 대부의 나
이에 대해서 묻지 않고, 그 아들의 나이에 대해서 묻는 것이다. '어(御)'
자는 수레를 몬다는 뜻이다. 나이가 어리다면 잘 할 수 없다. '알(謁)'자
는 "청원한다."는 뜻이다. 따라서 '전알(典謁)'이라는 말은 빈객들을 대
하며 아뢰고 청원하는 일을 주관한다는 뜻이다. 사의 신분은 미천하기
때문에 그 밑에 신하가 없으므로, 그 아들이 직접 아뢰는 일을 맡는다.
"땔나무를 짊어진다."라고 한 이유는 서인들은 노동에 종사하기 때문이
다. '재(宰)'자는 '읍의 수장'을 뜻한다. 재가 있다는 말은 곧 채지(采地)
를 가지고 있다는 뜻이다. '식력(食力)'은 고을 백성들에게 거둬들인 세
금의 힘으로 음식을 먹는다는 뜻이다. '의복(衣服)'은 곧 제복을 뜻한다.
상사(上士) 중 천자에게 소속되어 3명(命)의 등급에 해당된다면, 수레와
말을 하사받을 수 있다. 그렇기 때문에 사의 부유함에 대해서 질문을
하면, 수레의 숫자로 대답하는 것이다. 서인들이 받는 토지의 크기에는
정해진 제도가 있는데, 다만 가축의 수량은 그 사람의 노력 여하에 달린
것이다. 그렇기 때문에 가축의 수를 헤아려서 대답한다.

---

1) 『예기』 「곡례하」 072장 : 儗人必於其倫.

浅見

近按: 問年幷言天子, 而問富不言者, 天子富有四海, 非所問也. 若國君, 則地有小大, 故數地以對之也.

내가 살펴보니, 나이를 묻는 것에 있어서는 천자에 대한 경우까지도 언급했는데, 부유함을 묻는 것에 있어서는 천자에 대한 경우를 언급하지 않았다. 천자의 부유함은 사해를 소유하고 있으니 질문할 것이 못 된다. 제후의 경우라면 땅에 크고 작은 차이가 있다. 그렇기 때문에 땅의 크기를 헤아려서 대답한다.

君大夫之子, 不敢自稱曰余小子, 大夫士之子, 不敢自稱曰嗣子某, 不敢與世子同名.〈007〉[舊在"不名家相長妾"之下.]

군주와 대부의 자식은 감히 자신을 '여소자(余小子)'라고 부르지 못하며, 대부와 사의 자식은 감히 자신을 '사자(嗣子) 아무개'라고 부르지 못하고, 감히 세자와 같은 글자로 이름을 짓지 못한다. [옛 판본에는 "가상과 장첩을 부를 때 이름으로 부르지 않는다."[1]라고 한 문장 뒤에 수록되어 있었다.]

淺見

近按: 自"納女於天子"以上, 通言天子至於士庶人之事. 自"問年"以下至此, 兼以其子而言之也.

내가 살펴보니, "천자에게 딸을 시집보낸다."[2]라고 한 구문으로부터 그 이상은 천자로부터 사·서인에 이르기까지 해당하는 사안을 통괄적으로 말한 것이다. "나이를 묻는다."[3]라고 한 구문으로부터 이곳 문장에 이르기까지는 그들 계층의 자식에 대한 경우까지도 겸해서 말한 것이다.

---

1) 『예기』「곡례하」 006장 : 國君不名卿老世婦, 大夫不名世臣姪娣, 士不名家相長妾.

2) 『예기』「곡례하」 119장 : 納女於天子, 曰備百姓, 於國君, 曰備酒漿, 於大夫, 曰備埽灑.

3) 『예기』「곡례하」 073장 : 問天子之年, 對曰聞之, 始服衣若干尺矣.

天子不言出, 諸侯不生名, 君子不親惡. 諸侯失地名, 滅同姓名.〈068〉 [舊在"自稱曰某"之下.]

천자에게는 "나갔다."라고 기록하지 않고, 제후에게는 그가 살아있는 경우라면, 그의 이름을 기록하지 않으니, 군자는 악을 가까이 하지 않기 때문이다. 제후가 자신의 나라를 잃게 되면, 그 사람의 이름을 기록하고, 동성인 국가를 멸망시키면, 또한 그 사람의 이름을 기록한다. [옛 판본에는 "자신을 지칭하며, 아무개라고 부른다."[1]라고 한 문장 뒤에 수록되어 있었다.]

集說

疏曰: 君子不親惡者, 謂孔子書經, 見天子大惡, 書出以絶之, 諸侯大惡, 書名以絶之. 君子不親此惡, 故書出名以絶之.

소에서 말하길, "군자는 악을 가까이 하지 않는다."라는 말은 공자가 『춘추』의 경문을 기록하면서, 천자에게 큰 잘못이 있음을 보게 되면, "나갔다."라고 기록하여 그러한 잘못을 근절시켰고, 제후에게 큰 잘못이 있음을 보게 되면, 제후의 이름을 기록하여 그러한 잘못을 근절시켰다는 뜻이다. 군자는 이러한 잘못을 가까이 하지 않기 때문에, '출(出)'자나 이름을 기록하여서 그들의 죄를 나타낸 것이다.

經文

天子死曰崩, 諸侯曰薨, 大夫曰卒, 士曰不祿, 庶人曰死. 在牀曰尸, 在棺曰柩. 羽鳥曰降[如字], 四足曰漬[自], 死寇曰兵.〈107〉

---

1) 『예기』 「곡례하」 067장 : 列國之大夫, 入天子之國曰某士, 自稱曰陪臣某, 於外曰子, 於其國曰寡君之老, 使者自稱曰某.

천자가 죽은 것을 '붕(崩)'이라 부르고, 제후가 죽은 것을 '훙(薨)'이라 부르며, 대부가 죽은 것을 '졸(卒)'이라 부르고, 사가 죽은 것을 '불록(不祿)'이라 부르며, 서인이 죽은 것을 '사(死)'라 부른다. 시신이 침상에 놓여 있을 때에는 '시(尸)'라 부르고, 관에 안치되었을 때에는 '구(柩)'라 부른다. 조류가 죽었을 때에는 '강(降)'이라[降'자는 글자대로 읽는다.] 부르고, 들짐승들이 죽었을 때에는 '자(漬)'라[漬'자의 음은 '自(자)'이다.] 부른다. 환란 때 죽은 것을 '병(兵)'이라 부른다.

集說

疏曰: 卒, 終竟也. 士祿以代耕, 不祿, 不終其祿也. 死者, 澌也. 消盡無餘之謂. 尸, 陳也. 古人病困, 氣未絕之時, 下置在地, 氣絕之後, 更還牀上. 所以如此者, 凡人初生在地, 病將死, 故下復其初生, 冀得脫死重生也, 若其不生, 復反本牀. 旣末殯斂, 陳列在牀, 故曰尸也.

소에서 말하길, '졸(卒)'자는 모든 것을 끝마쳤다는 뜻이다. 사 계급은 녹봉을 받는데, 이로써 직접 경작하는 수고로움을 대신하게 되니, '불록(不祿)'이라는 말은 그가 받는 녹봉을 끝까지 받지 못했다는 뜻이다. '사(死)'라는 말은 다했다는 뜻이다. 소진되어서 남은 것이 없다는 의미이다. '시(尸)'는 늘어놓는다는 뜻이다. 고대인들은 병이 위독하면 아직 그 생명의 기운이 끊어지지 않았을 때, 그를 들어서 땅바닥에 내려놓고, 기운이 완전히 끊어진 이후에 다시 들어서 침상 위에 올려둔다. 이처럼 하는 이유는 무릇 사람은 처음 태어날 때 땅 위에 있었으므로, 병이 위독하여 죽음을 맞이하려고 하기 때문에, 땅에 내려놓음으로써 그가 처음 태어났을 때의 상태로 돌아가게 하여, 그가 죽음의 그늘을 벗어버리고 거듭 살아나기를 기대하는 것이다. 만약 그가 다시 소생하지 못한다면, 다시 그를 들어서 본래 위치하고 있었던 침상에 돌려놓는다. 아직 빈소를 차리지 않고 염을 하지 않았다면, 침상에 시신을 늘어놓기 때문에, '시(尸)'라고 부른다.

呂氏曰: 柩, 久也. 比化者無使土親膚, 故在棺欲其久也. 羽鳥, 飛翔
之物, 降而下則死矣. 獸, 能動之物, 腐敗則死矣. 漬, 謂其體腐敗漸
漬也. 兵者, 死於寇難之稱也.

여씨가 말하길, '구(柩)'자는 변하지 않고 오래간다는 뜻이다. 부패 방지
를 위해서, 시신을 관에 넣음으로써 흙이 직접 시신에 닿지 못하게 한
다. 그렇기 때문에 관에 시신을 넣음으로써 온전한 상태가 오래 지속되
도록 바라는 것이다. '우조(羽鳥)'는 날아다니는 동물인데, 추락하여 땅
에 떨어지면 죽게 된다. '수(獸)'는 활발하게 움직일 수 있는 동물인데,
육체가 부패되면 죽게 된다. '자(漬)'는 그 육체가 부패하여 점진적으로
축축해진다는 뜻이다. '병(兵)'이라는 말은 환란 때 죽은 자를 부르는 칭
호이다.

經文

**祭王父曰皇祖考, 王母曰皇祖妣, 父曰皇考, 母曰皇妣, 夫曰
皇辟**[璧].〈108〉

왕부(王父)[2]에 대한 제사를 지낼 때에는 '황조고(皇祖考)'라 부르고, 왕
모(王母)[3]에 대한 제사를 지낼 때에는 '황조비(皇祖妣)'라 부르며, 부친
에 대한 제사를 지낼 때에는 '황고(皇考)'라 부르고, 모친에 대한 제사를
지낼 때에는 '황비(皇妣)'라 부르며, 남편에 대한 제사를 지낼 때에는
'황벽(皇辟)'이라고['辟'자의 음은 '璧(벽)'이다.] 부른다.

---

2) 왕부(王父)는 부친의 아버지, 즉 조부(祖父)를 지칭하는 말이다. 『이아』「석친(釋
  親)」편에는 "父之考爲王父."라는 기록이 있다.
3) 왕모(王母)는 부친의 어머니, 즉 조모(祖母)를 지칭하는 말이다. 『이아』「석친(釋
  親)」편에는 "父之妣爲王母."라는 기록이 있다.

曰皇曰王, 皆以君之稱尊之也. 考, 成. 妣, 媲. 辟, 法也. 妻所法式也.

'황(皇)'이라 부르고, '왕(王)'이라 부르는 말들은 모두 군주에 대한 칭호를 사용하여 그들을 존귀하게 높이는 것이다. '고(考)'자는 "이룬다."는 뜻이다. '비(妣)'자는 "짝이 된다."는 뜻이다. '벽(辟)'자는 "본받는다."는 뜻이니, 아내가 남편을 본받아서 따른다는 의미이다.

經文

生曰父, 曰母, 曰妻. 死曰考, 曰妣, 曰嬪. 壽考曰卒, 短折[巾設反]曰不祿.〈109〉 [舊在"幣曰量幣"之下.]

부친이 살아계실 때에는 부친을 '부(父)'라 부르고, 모친이 살아계실 때에는 모친을 '모(母)'라 부르며, 아내가 살아있을 때에는 아내를 '처(妻)'라 부른다. 부친이 돌아가셨을 때에는 부친을 '고(考)'라 부르고, 모친이 돌아가셨을 때에는 모친을 '비(妣)'라 부르며, 아내가 죽었을 때에는 아내를 '빈(嬪)'이라 부른다. 장수를 하고 죽었을 때에는 '졸(卒)'이라 부르고, 단명을['折'자는 '巾(건)'자와 '設(설)'자의 반절음이다.] 하였을 때에는 '불록(不祿)'이라고 부른다. [옛 판본에는 "사용되는 폐물의 경우에는 '치수에 맞는 폐물'이라고 부른다."[4]라고 한 문장 뒤에 수록되어 있었다.]

淺見

右傳之第八章.

여기까지는 전 8장이다.

---

4) 『예기』「곡례하」 106장 : 幣曰量幣.

言自天子至於庶人, 吉凶·終始·稱號不同之禮也.

천자로부터 서인에 이르기까지 길흉·종시·칭호가 다른 예법에 대해
언급하였다.

전(傳) 9장

天子祭天地, 祭四方, 祭山川, 祭五祀, 歲徧. 諸侯方祀, 祭山川, 祭五祀, 歲徧. 大夫祭五祀, 歲徧. 士祭其先.〈082〉 [舊在"數畜以對"之下.]

천자는 천지에 제사지내며, 사방(四方)[1]에 제사지내고, 산천에 제사지내며, 오사(五祀)[2]에 제사지내는데, 이러한 제사를 1년 동안 두루 지내

---

[1] 사방(四方)은 사방의 신(神)들을 가리킨다. 경우에 따라서 가리키는 신들이 다르다. 『예기』「곡례하(曲禮下)」편에는 "天子祭天地, 祭四方, 祭山川, 祭五祀, 歲徧."이라는 기록이 있는데, 이에 대한 정현의 주에서는 "祭四方, 謂祭五官之神於四郊也. 句芒在東, 祝融·后土在南, 蓐收在西, 玄冥在北."이라고 풀이했다. 즉 '사방'에 해당하는 신은 오관(五官)을 주관하는 신들로, 사방의 교외에서 제사를 지냈기 때문에 '사방'이라고 표현한 것이다. 동쪽 교외에서는 구망(句芒)에 대한 제사를 지냈고, 남쪽 교외에서는 축융(祝融)과 후토(后土)에 대한 제사를 지냈으며, 서쪽 교외에서는 욕수(蓐收)에 대한 제사를 지냈고, 북쪽 교외에서는 현명(玄冥)에 대한 제사를 지냈다. 한편 『예기』「제법(祭法)」편에는 "四坎壇, 祭四方也."라는 기록이 있는데, 이에 대한 정현의 주에서는 "四方, 卽謂山林·川谷·丘陵之神也. 祭山林·丘陵於壇, 川谷於坎."이라고 풀이했다. 즉 '사방'에 해당하는 신은 산림이나 하천 등에 있는 신들로, 특정 대상이 없다. 산림이나 구릉의 신들에게 제사를 지낼 때에는 제단을 쌓아서 지냈고, 하천이나 계곡의 신들에게 제사를 지낼 때에는 구덩이를 파서 지냈다.

[2] 오사(五祀)는 본래 주택 내외에 있는 대문[門], 방문[戶], 방 가운데[中霤], 부뚜막[竈], 도로[行]를 주관하는 다섯 신(神)들을 가리키기도 하며, 이들에게 지내는 제사를 지칭하기도 한다. 한편 계층별로 봤을 때, 통치자 계급은 통치 범위를 자신의 집으로 생각하여, 각각 다섯 대상에 대해서 대표적인 장소에서 제사를 지내기도 한다. 『예기』「월령(月令)」편에는 "天子乃祈來年于天宗, 大割祠于公社及門閭, 臘先祖五祀. 勞農以休息之."라는 기록이 있고, 이에 대한 정현의 주에서는 "五祀, 門, 戶, 中霤, 竈, 行也."라고 풀이했다. 한편 '오사' 중 행(行) 대신 우물[井]을 포함시키기도 한다. 『회남자(淮南子)』「시칙훈(時則訓)」편에는 "其位

게 된다. 제후는 자신의 국가가 속한 방위에 대해서만 제사지내며, 영토 안에 있는 산천에 대해서만 제사지내고, 오사에 제사지내는데, 1년 동안 두루 지내게 된다. 대부는 오사에 대해서 제사지내는데, 1년 동안 두루 지내게 된다. 사는 그들의 선조에 대해서만 제사지낸다. [옛 판본에는 "소유한 가축의 수를 셈하여 대답을 한다."[3]라고 한 문장 뒤에 수록되어 있었다.]

集說

呂氏曰: 此章汎論祭祀之法. 冬日至祭天, 夏日至祭地, 四時各祭其方以迎氣, 又各望祭其方之山川. 五祀, 則春祭戶, 夏祭竈, 季夏祭中霤, 秋祭門, 冬祭行, 此所謂歲徧. 諸侯有國, 國必有方, 祭其所居之方而已, 非所居之方, 及山川不在境內者, 皆不得祭, 故曰方祀.

여씨가 말하길, 이곳 문장에서는 제사를 지내는 예법에 대해서 범범하게 논의하고 있다. 동지(冬至)일이 되면 하늘에 대한 제사를 지내고, 하지(夏至)일이 되면 땅에 대한 제사를 지내는데, 사계절마다 이처럼 각각의 방위에서 제사를 지내며, 그 계절의 기운을 맞이하고, 또한 각각 그 방위에 있는 산천에 망제(望祭)[4]를 지낸다. 오사(五祀)에 제사를 지내는 경우에는 봄에는 호(戶)에 제사를 지냈고, 여름에는 조(竈)에 제사를 지냈

北方, 其日壬癸, 盛德在水, 其蟲介, 其音羽, 律中應鐘, 其數六, 其味鹹, 其臭腐. 其祀井, 祭先腎."이라는 기록이 있다. 그리고 이들에 대해 제사를 지내는 이유에 대해서, 『논형(論衡)』「제의(祭意)」편에서는 "五祀報門·戶·井·竈·室中霤之功. 門·戶, 人所出入, 井·竈, 人所欲食, 中霤, 人所託處, 五者功鈞, 故俱祀之."라고 설명한다. 즉 '오사'에 대한 제사는 그들에 대한 공덕에 보답을 하는 것으로, 문(門)과 호(戶)는 사람들이 출입을 하는데 편리함을 제공해주었고, 정(井)과 조(竈)는 사람들이 음식을 먹을 수 있도록 해주었으며, 중류(中霤)는 사람이 거처할 수 있도록 해주었기 때문에, 이들에 대해서 제사를 지내는 것이다.

3) 『예기』「곡례하」081장 : 問庶人之富, 數畜以對.
4) 망제(望祭)는 제사지내는 대상에 직접 찾아가서 지내는 제사가 아니라, 산 등에 올라서, 멀리 바라보며 지내는 제사이다. 『서』「우서(虞書)·순전(舜典)」편에는 "望于山川, 徧于群神."이라는 용례가 있다.

으며, 계하에는 중류(中霤)에서 제사를 지냈고, 가을에는 문(門)에 제사를 지냈으며, 겨울에는 행(行)에 제사를 지냈으니, 이것이 이른바 "1년 동안 두루 지낸다."는 말이다. 제후의 경우에는 자신의 국가만 소유하고 있고, 제후국들은 반드시 사방 중 어느 한 방위에 해당하므로, 그 나라가 위치한 방위에 대해서만 제사지낼 따름이니, 나라가 위치한 방위가 아니거나 자신의 국경 내에 있지 않은 산천에 대해서는 모두 제사를 지낼 수 없다. 그렇기 때문에 '해당 방위에 대한 제사'라고 말한 것이다.

經文

天子以犧牛, 諸侯以肥牛, 大夫以索牛, 士以羊豕.〈084〉 [舊在"淫祀無福"之下.]

천자의 제사에서는 희생물을 사용할 때 잡색이 섞이지 않은 순색의 소를 사용하며, 제후는 우리에서 키운 소를 사용하고, 대부는 구해온 소를 사용하며, 사는 양과 돼지를 사용한다. [옛 판본에는 "음사를 지낸다고 하더라도, 신이 축복을 내려주는 일은 없다."[5]라고 한 문장 뒤에 수록되어 있었다.]

集說

毛色純而不雜曰犧, 養於滌者曰肥, 求得而用之曰索.

희생물의 털색이 순일하여 잡색이 섞이지 않은 짐승을 '희(犧)'라 부르고, 척(滌)[6]에서 기른 짐승을 '비(肥)'라 부르며, 기르지 않고 구해서 쓰

---

5) 『예기』「곡례하」083장 : 凡祭, 有其廢之, 莫敢擧也, 有其擧之, 莫敢廢也, 非其所祭而祭之, 名曰淫祀. 淫祀無福.

6) 척(滌)은 짐승우리를 뜻한다. 본래 군주가 제사 때 사용하게 될 희생물들을 기르는 우리를 뜻한다. '척'이라고 부르는 이유는 그 장소를 청결하게 유지하기 때문이다. 『춘추공양전』「선공(宣公) 3년」편에는 "帝牲在于滌三月."이라는 기록이 있

는 짐승을 '색(索)'이라 부른다.

經文

凡摯, 天子鬯, 諸侯圭, 卿羔, 大夫鴈, 士雉, 庶人之摯匹[木]. 童子委摯而退. 野外軍中無摯, 以纓·拾·矢, 可也.〈117〉 婦人之摯, 棋[矩]·榛·脯·脩·棗·栗.〈118〉 [舊在"不饒富"之下.]

무릇 예물의 경우, 천자는 창주를 사용하며, 제후들은 규(圭)나 벽(璧)을 사용하고, 경은 새끼양을 사용하며, 대부는 기러기를 사용하고, 사는 꿩을 사용하며, 서인들이 사용하는 예물은 집에서 키운 오리['匹'자의 음은 '木(목)'이다.]이다. 어린아이들은 본래 예물을 건네는 경우가 없지만, 간혹 그러한 상황이 되면, 가지고 간 예물을 땅에 내려놓고, 물러나와 그 자리를 피해서 빈객과 주인이 시행하는 의례절차를 밟지 않는다. 본래 야외에서 만나보거나 군대 안에서 만나볼 때에는 예물을 가져가지 않지만, 당시 자신이 소장하고 있는 말에 매다는 끈, 활 쏠 때 사용하는 활팔찌, 화살 등을 예물로 사용해서 상대방에게 주는 것은 괜찮다. 부인들이 사용하는 예물은 호깨나무 열매['棋'자의 음은 '矩(구)'이다.] 개암나무 열매, 육포, 조미육포, 대추, 밤이다. [옛 판본에는 "풍요롭게 지내지 않는다."7)라고 한 문장 뒤에 수록되어 있었다.]

集說

摯, 與贄同, 執物以爲相見之禮也. 鬯, 釀秬黍爲酒曰秬鬯, 和以鬱

고, 이에 대한 하휴(何休)의 주에서는 "滌, 宮名, 養帝牲三牢之處也. 謂之滌者, 取其蕩滌潔淸."이라고 풀이했다.
7) 『예기』「곡례하」 116장 : 大享不問卜, 不饒富.

金之草則曰鬱鬯, 不以鬱和之則直謂之鬯, 言其芬香條暢於上下也. 天子無客禮而言摯者, 用以禮見於神而已. 圭, 命圭也. 公桓圭, 侯信圭, 伯躬圭, 子穀璧, 男蒲璧, 此不言璧, 略也. 羔, 取其群而不失類, 且潔素也. 鴈, 取其知時, 且飛有行列也. 雉, 取其性之耿介, 且文飾也. 匹, 讀爲鶩, 野鴨曰鳧, 家鴨曰鶩, 不能飛騰, 如庶人之終守耕稼也. 童子不敢與成人爲禮, 或見師友而執摯, 則奠委于地, 而自退避之也. 纓, 馬之繁纓, 卽馬鞅也. 拾, 射韝也. 矢, 箭也. 或野外, 或軍中, 隨所有用之也. 榛, 形似珊瑚, 味甜美, 一名石李. 榛, 似栗而小. 脯, 卽今之脯也. 脩, 用肉煆治加薑桂乾之. 幷棗栗六物, 婦初見舅姑, 以此爲摯也.

'지(摯)'자는 지(贄)자와 동일하니, 물건을 가지고 가서 이로써 서로 만나볼 때의 예물로 삼는 것이다. '창(鬯)'에 대해서 설명하자면, 검은색의 찰기장으로 빚어서 만든 술은 '거창(秬鬯)'이라고 부르며, 그 술에 울금이라는 풀을 섞게 되면, '울창(鬱鬯)'이라고 부르는데, 울금을 섞지 않았다면, 단지 '창(鬯)'이라고만 부르니, 창(鬯)이라는 말은 그 술의 향기가 상하로 퍼진다는 뜻이다. 천자에게는 빈객으로 찾아가는 예법이 없는데도, 이곳 경문에서 예물에 대해 언급하고 있는 것은 이것을 예물로 삼아서 신을 찾아뵙는 것을 뜻할 따름이다. '규(圭)'는 명규(命圭)[8]이다. 제후들 중 공작은 환규(桓圭)[9]를 사용하고, 후작은 신규(信圭)[10]를 사용

---

8) 명규(命圭)는 명규(命珪)라고도 부른다. '명규'는 본래 천자가 제후 및 대신(大臣)들에게 지급하였던 규(圭)를 뜻한다. 임명을 한다는 뜻에서 '명(命)'자를 붙여서 부르는 것이다. 신하들의 등급에 따라 지급하던 '명규'는 그 크기와 무늬가 각각 달랐다.

9) 환규(桓圭)는 조회 때 천자 및 각 신하들이 잡게 되는 육서(六瑞) 중의 하나이다. 공작이 잡던 규(圭)이다. 한 쌍의 기둥을 '환(桓)'이라고 부르는데, 이 무늬를 '규'에 새겼기 때문에, '환규'라고 부른다. '규'의 길이는 9촌(寸)으로 만들었다.

10) 신규(信圭)는 신규(身圭)이다. '신(信)'자와 '신(身)'자의 소리가 비슷하기 때문에 잘못 전이된 것이다. '신규'는 후작이 들게 되는 규(圭)이다. 사람의 형상을 새겨 넣었기 때문에 '신규'라고 부르는 것이며, 그 무늬는 궁규(躬圭)에 비해

하며, 백작은 궁규(躬圭)[11]를 사용하고, 자작은 곡벽(穀璧)[12]을 사용하며, 남작은 포벽(蒲璧)[13]을 사용하는데, 이곳 문장에서 '벽(璧)'에 대해 언급하지 않은 이유는 문장을 생략해서 기록했기 때문이다. 새끼양을 사용하는 것은 양은 무리를 이루어 자신들의 무리에서 떨어지지 않는다는 점과 청결하고 흰빛을 낸다는 점에서 착안한 것이다. 기러기를 사용하는 것은 기러기가 계절을 알고 있다는 점과 비행을 할 때 대오를 갖춰서 나는 점에서 착안한 것이다. 꿩을 사용하는 것은 꿩의 성질이 정직하다는 점과 화려한 무늬가 있다는 점에서 착안한 것이다. '필(匹)'자는 '목(鶩)'자로 읽으니, 야생 오리를 '부(鳧)'라고 부르며, 집에서 사육한 오리를 '목(鶩)'이라고 부르는데, 이것을 예물로 사용하는 이유는 그것들이 높이 날아오르지 못하는 점이 마치 서인들이 종신토록 자신의 경작지를 지키며 일을 하는 것과 같기 때문이다. 어린아이는 감히 성인과 함께

세밀하다. 신중하게 행동하여 자신의 몸을 잘 보호하고자 이러한 형상을 새겨 넣은 것이다. 그리고 '신규'의 길이는 7촌(寸)이 된다. 『주례』「춘관(春官)·대종백(大宗伯)」편에는 "侯執信圭. 伯執躬圭."라는 기록이 있고, 이에 대한 정현의 주에서는 "信當爲身, 聲之誤也. 身圭·躬圭, 蓋皆象以人形爲瑑飾, 文有麤縟耳. 欲其愼行以保身. 圭皆長七寸."이라고 풀이했다.

11) 궁규(躬圭)는 백작이 들게 되는 규(圭)이다. 사람의 형상을 새겨 넣었기 때문에 '궁규'라고 부르는 것이며, 그 무늬는 신규(信圭)에 비해 거칠다. 신중하게 행동하여 자신의 몸을 잘 보호하고자 이러한 형상을 새겨 넣은 것이다. 그리고 '궁규'의 길이는 7촌(寸)이 된다. 『주례』「춘관(春官)·대종백(大宗伯)」편에는 "侯執信圭. 伯執躬圭."라는 기록이 있고, 이에 대한 정현의 주에서는 "信當爲身, 聲之誤也. 身圭·躬圭, 蓋皆象以人形爲瑑飾, 文有麤縟耳. 欲其愼行以保身. 圭皆長七寸."이라고 풀이했다.

12) 곡벽(穀璧)은 조회 때 천자 및 각 신하들이 잡게 되는 육서(六瑞) 중의 하나이다. 자작이 잡던 벽(璧)이다. 곡식을 무늬로 새겨 넣었기 때문에 '곡(穀)'자를 붙여서 '곡벽'이라고 부르는 것이다. '벽'의 지름은 5촌(寸)이었다.

13) 포벽(蒲璧)은 조회 때 천자 및 각 신하들이 잡게 되는 육서(六瑞) 중의 하나이다. 남작이 잡던 벽(璧)이다. '포(蒲)'는 자리를 짜는 왕골을 뜻하는데, 왕골이 만개하여 꽃을 피운 모습을 무늬로 새겨 넣었기 때문에 '포벽'이라고 부르는 것이다. '벽'의 지름은 5촌(寸)이었다.

이러한 의례를 시행할 수 없는데, 간혹 스승이나 친구들을 만나보게 되어 예물을 가져가게 된다면, 땅에 내려놓고 스스로 물러나서 그 자리를 피하게 된다. '영(纓)'은 말에 매다는 번영(繁纓)[14]이니, 곧 말에 매다는 거슴걸이 끈에 해당한다. '습(拾)'은 활을 쏠 때 팔에 끼우는 팔찌이다. '시(矢)'는 화살이다. 간혹 만나보는 장소가 야외이거나 군대 안이라고 한다면, 가지고 있는 물건에 따라서 예물로 사용한다. 호깨나무 열매는 그 모습이 산호(珊瑚)와 비슷하고, 감미로운 맛이 나는데, 석리(石李)라고도 부른다. 개암나무 열매는 밤과 비슷한데 보다 작은 것이다. '포(脯)'는 곧 오늘날의 육포에 해당한다. '수(脩)'는 고기를 건조시키며 생강이나 계피 등의 조미를 가미하여 말린 것이다. 이러한 물건들과 대추 및 밤을 합치면 여섯 가지 물건이 되는데, 며느리가 처음으로 시부모를 뵐 때, 이것들을 예물로 삼는다.

經文

天子穆穆, 諸侯皇皇, 大夫濟濟[上聲]**, 士蹌蹌**[七羊反]**, 庶人僬僬**
[子妙反].〈061〉[舊在"寡君之老"之下.]

천자는 그 덕이 매우 그윽하고 온화하여 공경스럽고, 제후는 장엄하고 성대하여 밝게 드러나며, 대부는 꾸밈이 가지런하며 한결같고['濟'자는 상성으로 읽는다.] 사는 날듯이 거동하여 느긋하고 여유로우며['蹌'자는 '七(칠)'자와 '羊(양)'자의 반절음이다.] 서인은 용모를 꾸미지 않고 빠른 걸음으로 걷는다. ['僬'자는 '子(자)'자와 '妙(묘)'자의 반절음이다. 옛 판본에는 '저희 군주의 노신'[15]이라고 한 문장 뒤에 수록되어 있었다.]

---

14) 번영(繁纓)에서의 '번(繁)'은 말에 채우는 복대이고, '영(纓)'은 거슴걸이이다.
15) 『예기』「곡례하」060장 : 諸侯使人使於諸侯, 使者自稱曰寡君之老.

呂氏曰: 穆穆, 函深和敬之貌. 皇皇, 壯盛顯明之貌. 濟濟, 脩飾齊一
之貌. 蹌蹌, 翔擧舒揚之貌. 庶人見乎君不爲容, 進退趨走, 傶傶雖
無所考, 大抵趨走促數, 不爲容之貌也.

여씨가 말하길, '목목(穆穆)'은 그 덕이 매우 그윽하고 온화하여 공경스
러운 모습이다. '황황(皇皇)'은 장엄하고 성대하여 밝게 드러나는 모습이
다. '제제(濟濟)'는 꾸밈이 가지런하며 한결같은 모습이다. '창창(蹌蹌)'
은 날듯이 거동하여 느긋하고 여유로운 모습이다. 서인들이 군주를 찾
아뵐 때에는 용모를 꾸미지 않으므로, 나아가고 물러남에 빠른 걸음으
로 걷게 되는데, '초초(傶傶)'라는 말에 대해서는 비록 그 뜻을 고찰해볼
수 있는 자료가 없지만, 대략적으로 빠른 걸음으로 걸어, 발걸음이 많게
되므로, 용모를 꾸미지 못하는 모습을 뜻하는 것 같다.

爲[去聲]天子削爪者副[普逼反]之, 巾以絺[摛]. 爲國君者華之, 巾
以綌[隙]. 爲大夫累[力果反]之, 士襱[帝]之, 庶人龁[恨沒反]之.〈上
132〉[舊在"不用挾"之下.]

천자를 위하여['爲'자는 거성으로 읽는다.] 참외를 깎을 때에는 껍질을 깎고
나서 네 등분으로 쪼개고 다시 가로로 자른['副'자는 '普(보)'자와 '逼(핍)'자
의 반절음이다.] 다음 고운 갈포['絺'자의 음은 '摛(리)'이다.]로 덮어서 올린다.
제후를 위하여 참외를 깎을 때에는 껍질을 깎고 나서 반으로 쪼개고 다
시 가로로 자른 다음 거친 갈포['綌'자의 음은 '隙(극)'이다.]로 덮어서 올린
다. 대부를 위하여 참외를 올릴 때에는 껍질만 벗겨서['累'자는 '力(력)'자와
'果(과)'자의 반절음이다.] 올린다. 사에 대해서는 꼭지만 따서['襱'자의 음은
'帝(제)'이다.] 주고, 서인들은 직접 깨물어['龁'자는 '恨(한)'자와 '沒(몰)'자의 반

절음이다.] 먹는다. [옛 판본에는 "젓가락을 사용해서 먹지 않는다."[16]라고 한 문장 뒤에 수록되어 있었다.]

疏曰: 削, 刊也. 副, 析也. 絺, 細葛也. 刊其皮而析爲四解, 又橫解而以細葛巾覆之而進也. 華, 半破也. 綌, 麤葛也. 諸侯禮降, 故破而不四析, 亦橫斷之, 用麤葛巾覆之而進也. 累, 倮也, 不巾覆也. 蕰, 謂脫花處. 蕰之者, 去蕰而已. 齕, 齧也. 齕之, 不橫斷也.

소에서 말하길, '삭(削)'자는 "깎는다."는 뜻이다. '부(副)'자는 "자른다."는 뜻이다. '치(絺)'자는 가는 갈포를 뜻한다. 참외의 껍질을 깎고서 네 조각으로 자르며, 또한 가로로 다시 한 번 잘라서, 가는 갈포로 덮어서 올리는 것이다. '화(華)'자는 반으로 쪼갠다는 뜻이다. '격(綌)'자는 거친 갈포를 뜻한다. 제후에 해당하는 예법은 천자보다 낮추기 때문에, 반으로 쪼개기만 하고, 네 등분으로 자르지 않는 것이며, 또한 반으로 쪼갠 것을 가로로 다시 잘라서, 거친 갈포를 사용하여 덮어서 올린다. '누(累)'자는 "벗긴다."는 뜻이며, 천을 이용해서 덮지 않는다. '체(蕰)'자는 꽃이 피는 꼭지 부분을 딴다는 뜻이다. "체한다."는 말은 곧 꼭지만 제거할 따름이라는 뜻이다. '흘(齕)'자는 "깨문다."는 뜻이다. "깨물어 먹는다."는 말은 가로로 자르지 않는다는 뜻이다.

劉氏曰: 大夫以上皆曰爲者, 有司爲之也. 士庶人不曰爲者, 自爲之也.

유씨가 말하길, 대부 이상의 계급에 대해서는 모두 '위(爲)'자를 기록하고 있으니, 유사(有司)[17]가 그 일을 대신한다는 뜻이다. 사와 서인에 대

---

16) 『예기』「곡례상」 131장 : 羹之有菜者用梜, 其無菜者不用梜.
17) 유사(有司)는 관리를 뜻하는 용어이다. '사(司)'자는 담당한다는 뜻이다. 관리들은 각자 담당하고 있는 업무가 있었으므로, 관리를 '유사'라고 불렀던 것이다. 일반적으로 하위관료들을 지칭하여, 실무자를 뜻하는 용어로 많이 사용된다.

해서는 '위(爲)'자를 기록하지 않았으니, 직접 그 일을 한다는 뜻이다.

經文

凡奉者當心, 提者當帶.〈001〉 執天子之器則上[上聲]衡, 國君則平衡, 大夫則綏[讀曰妥]之, 士則提之.〈002〉 [舊在下篇之首.]

무릇 물건들 중 받들어서 올리고 있어야 하는 것들은 손을 올려서 가슴 쪽에 대고 있어야 하고, 손에 들고 있어야 하는 물건들은 팔을 굽혀서 허리띠에 대고 있어야 한다. 신하가 천자의 기물을 들게 된다면 자신의 가슴보다 높게 들며['上'자는 상성으로 읽는다.] 평형이 되도록 받들고, 제후의 기물을 들게 된다면 자신의 가슴과 평형이 되도록 받들며, 대부의 기물을 들게 된다면 받들기를 가슴 밑으로 해서 들고['綏'자는 '타(妥)'자로 풀이한다.] 사의 기물을 들게 된다면 단지 손에 들고만 있다. [옛 판본에는 「곡례하」편의 첫 부분에 수록되어 있었다.]

集說

疏曰: 物有宜奉持者, 有宜提挈者. 奉者仰手當心, 提者屈臂當帶. 上, 高也. 衡, 平也, 平正當心.

소에서 말하길, 물건 중에는 마땅히 받들어서 올리고 있어야 하는 것이 있고, 또 손에 들고 있어야 할 것도 있다. 받들어서 올려야 하는 물건은 손으로 치켜들어 자기 가슴 쪽에 대야 하고, 손에 들고 있어야 하는 물건은 팔을 굽혀서 허리띠 쪽에 대야 한다. '상(上)'자는 "높이 든다."는 뜻이다. '형(衡)'자는 "평형이 된다."는 뜻이니, 평형이 되게 드는 지점은 가슴 쪽이 된다.

그러나 때로는 고위관료까지도 지칭하는 용어로 사용되기도 한다.

天子視, 不上於袷[劫], 不下於帶. 國君綏[妥]視, 大夫衡視, 士
視五步.〈110〉 凡視, 上於面則敖[傲], 下於帶則憂, 傾則姦.〈111〉
[舊在"短折曰不祿"之下.]

천자를 바라볼 때에는 시선이 옷깃['袷'자의 음은 '劫(겁)'이다.] 위로 올라가
지 않고, 허리띠 아래로 내려가지 않는다. 제후를 바라볼 때에는 시선
을 내려트려서['綏'자의 음은 '妥(타)'이다.] 보니 얼굴 아래와 옷깃 사이 지
점을 바라보고, 대부를 바라볼 때에는 시선을 얼굴과 수평이 되도록 바
라보며, 사를 바라볼 때에는 좌우로 다섯 걸음 정도의 거리를 둘러볼
수 있다. 무릇 상대방을 바라볼 때에는 시선을 얼굴보다 위로 두면 거
만하게['敖'자의 음은 '傲(오)'이다.] 보이고, 허리띠보다 아래로 두면 근심이
있는 것처럼 보이며, 옆으로 비껴보면 간사하게 보인다. [옛 판본에는 "단명
을 하였을 때에는 '불록(不祿)'이라 부른다."[18]라고 한 문장 뒤에 수록되어 있었다.]

天子視, 謂視天子也. 袷, 朝服祭服之曲領也. 妥, 頹下之貌. 視國君
者, 目不得平看於面, 當視其面之下·袷之上也. 衡, 平也. 大夫之
臣視大夫, 平看其面也. 士視五步者, 士之屬吏, 亦不得高面下帶,
而視上得旁視左右五步之間也.

'천자시(天子視)'는 천자를 본다는 뜻이다. '겁(袷)'자는 조복과 제복에
달린 굽어 있는 옷깃을 뜻한다. '타(妥)'자는 아래로 늘어진 모양을 뜻한
다. 제후국의 군주를 볼 때에는 눈을 얼굴과 수평이 되도록 바라볼 수
없으니, 마땅히 제후의 얼굴 아래와 옷깃 사이의 지점을 바라보아야 한
다. '형(衡)'자는 "수평이 된다."는 뜻이다. 대부에게 소속된 가신들이 대

---

18) 『예기』「곡례하」 109장 : 生曰父, 曰母, 曰妻. 死曰考, 曰妣, 曰嬪. 壽考曰卒,
短折曰不祿.

부를 바라볼 때에는 눈이 대부의 얼굴과 수평이 되도록 바라본다. "사를 바라볼 때 다섯 걸음으로 한다."는 말은 사에게 소속된 아전들이 사를 바라볼 때에는 또한 눈을 사의 얼굴 위로 치켜떠서 바라보거나 허리띠 아래로 내려다볼 수는 없지만, 좌우로 다섯 걸음 정도의 거리는 둘러볼 수 있다는 뜻이다.

上於面, 則其氣驕, 知其不能以下人矣, 下於帶, 則其神奪, 知其憂 在乎心矣. 視流則容側, 必有不正之心存乎胷中矣. 此君子之所以 愼也.

시선을 상대방의 얼굴보다 위로 두게 된다면, 그 자의 성향이 교만하여 상대방보다 겸손하게 자신을 낮출 수 없다는 사실을 알 수 있다. 시선을 상대방이 차고 있는 허리띠보다 아래로 두게 된다면, 그의 정신이 다른 곳에 가 있으므로 마음에 근심이 있다는 사실을 알 수 있다. 시선을 좌우로 돌리면 전체적인 모습이 삐딱하게 되니, 반드시 가슴 속에 부정한 마음이 도사리고 있는 것이다. 이러한 이유 때문에 군자가 이러한 행동들을 조심했던 것이다.

國君撫式, 大夫下之. 大夫撫式, 士下之. 禮不下庶人.〈上180〉 刑 不上大夫.〈上181〉 刑人不在君側.〈上182〉 [舊在"不失色於人"之下.]

군주가 수레를 타고 가다가 종묘를 지나치게 되어 수레의 식(式)을 잡으며 예의를 표하면, 대부는 수레에서 내려 예의를 표한다. 대부가 식을 잡으며 예의를 표하면, 사는 수레에서 내려 예의를 표한다. 예법은 사 계급까지만 적용되며, 서인에게까지는 적용시키지 않는다. 형벌은 사 계급까지만 적용되며, 대부에게까지는 적용시키지 않는다. 형벌을 받은 적이 있던 자는 군주의 곁에 있지 않는다. [옛 판본에는 「곡례상」편의 "남에게 얼굴을 붉히는 실수를 해서는 안 된다."[19)라고 한 문장 뒤에 수록되어 있었다.]

集說

此爲相遇於途, 君撫式以禮大夫, 則大夫下車, 大夫撫式以禮士, 則士下車. 庶人則否, 故云禮不下庶人也. 大夫或有罪, 以八議定之, 議所不赦則受刑. 此云不上大夫者, 言不制大夫之刑, 猶不制庶人之禮也. 刑人不在君側者, 言人君當近有德之人, 又以慮其怨恨而爲變也. 閽弑餘祭者, 是刑人在側之禍也.

이곳 문장은 길에서 서로 만나게 되었을 경우에 해당하며, 군주가 식을 잡고서 대부에게 예의를 표하면 대부는 수레에서 내리고, 대부가 식을 잡고서 예의를 표하면 사는 수레에서 내린다. 서인의 경우에는 이러한 예법을 따르지 않기 때문에, "예법이 서인에게까지는 내려가지 않는다."라고 말했다. 대부에게 혹여 죄가 있다면, 팔의(八議)[20)로 그의 죄를 판정하니, 심의를 해도 용서받을 수 없는 경우여야만 형벌을 받게 된다. 이곳 문장에서 "대부에게까지는 적용시키지 않는다."라고 했는데, 이 말은 대부에 대한 형벌을 제정하지 않았다는 뜻이니, 이것은 서인들의 예

---

19) 『예기』「곡례상」179장 : 介冑, 則有不可犯之色. 故君子戒愼, <u>不失色於人</u>.
20) 팔의(八議)는 여덟 가지 심의를 뜻한다. 팔벽(八辟)이라고도 부른다. 이러한 심의를 거쳐 죄를 경감하거나 사면하게 된다. 심의 내용은 첫 번째 군주와 친족인지의 여부, 두 번째 군주와 오래전부터 친분이 있었는지의 여부, 세 번째 그 자가 현명한 자인가의 여부, 네 번째 그 자에게 뛰어난 재능이 있는지의 여부, 다섯 번째 그 자가 공적을 세운 적이 있었는지의 여부, 여섯 번째 그 자가 존귀한 신분인지의 여부, 일곱 번째 그 자가 국가의 정무에 대해서 근면하게 일해 왔는지의 여부, 여덟 번째 그 자가 선대 왕조의 후예들이라면, 신하로 대할 수 없으므로, 빈객(賓客)으로 대해야 하는지의 여부이다. 『주례』「추관(秋官)·소사구(小司寇)」편에는 "以八辟麗邦法附刑罰. 一曰議親之辟. 二曰議故之辟. 三曰議賢之辟. 四曰議能之辟. 五曰議功之辟. 六曰議貴之辟. 七曰議勤之辟. 八曰議賓之辟."이라는 기록이 있다.

법을 제정하지 않았다는 말과 같다. 형벌을 받은 자를 군주의 곁에 두지 않는다는 말은 군주는 마땅히 덕이 있는 자를 가까이 해야 한다는 뜻이며, 또한 형벌을 받은 적이 있는 자가 원한을 품고서 변심을 하게 될까 염려되기 때문이다. 문지기가 오나라 자작인 여제를 시해한 것[21]은 형벌을 받은 적이 있던 자를 곁에 두었기 때문에 초래된 화이다.

經文

國君春田不圍澤, 大夫不掩群, 士不取麛[迷]卵.〈032〉 歲凶, 年穀不登, 君膳不祭肺, 馬不食穀, 馳道不除, 祭事不縣[玄]. 大夫不食粱, 士飲酒不樂.〈033〉 君無故, 玉不去身, 大夫無故, 不徹縣[玄], 士無故, 不徹琴瑟.〈034〉 [舊在"男女相答拜也"之下.]

군주는 봄 사냥 때 연못을 포위하여 씨를 말리지 않고, 대부는 짐승 무리를 습격하지 않으며, 사는 새끼['麛'자의 음은 '迷(미)'이다.]나 알을 잡지 않는다. 흉년이 들어 한 해의 농작물이 제대로 수확되지 않았다면, 군주는 성찬을 차려서 폐로 제사지내는 일을 하지 않고, 말에게는 곡식을 먹이지 않으며, 군주의 수레가 달리는 길에는 청소를 하지 않고, 제사 때에도 음악을 연주['縣'자의 음은 '玄(현)'이다.]하지 않는다. 대부의 경우에는 조밥을 추가적으로 차리지 않고, 사의 경우에는 술은 마시되 음악은 연주하지 않는다. 군주는 특별한 변고가 없으면, 패옥을 몸에서 떼지 않으며, 대부는 특별한 변고가 없으면, 종이나 경과 같은 악기['縣'자의 음은 '玄(현)'이다.]들을 거둬들이지 않고, 사는 특별한 변고가 없으면, 금슬 등의 악기를 거둬들이지 않는다. [옛 판본에는 "남자와 여자는 서로 답배를 한다."[22]라고 한 문장 뒤에 수록되어 있었다.]

---

21) 『춘추』「양공(襄公) 29년」 : 閽弑吳子餘祭.

春田, 蒐獵也. 澤廣故曰圍, 群聚故曰掩. 麛, 鹿子也, 凡獸子亦通名
之. 麛卵微, 故曰取. 君·大夫·士位有等降, 故所取各有限制. 膳
者, 美食之名. 肺爲氣主, 周人所重, 故食必先祭肺. 言不祭肺, 示不
殺牲爲盛饌也. 馳道, 人君驅馳車馬之路. 不除, 不墇除也. 祭必有
鍾磬之懸, 今不懸, 言不作樂也.

'춘전(春田)'은 봄 사냥을 뜻한다. 연못은 그 범위가 넓기 때문에 "포위
한다."고 말한 것이고, 짐승 무리는 모여 있기 때문에 "습격한다."고 말
한 것이다. '미(麛)'자는 본래 사슴의 새끼를 뜻하는데, 모든 뭍짐승들의
새끼들에 대해서도 통칭해서 '미(麛)'라고 부른다. 짐승의 새끼와 알들은
크기가 작기 때문에 "잡는다."고 말한 것이다. 군주·대부·사의 지위에
는 차이가 있기 때문에, 그들이 잡아들이는 것에도 각각 제한이 있다.
'선(膳)'은 맛좋은 음식들을 부르는 말이다. '폐(肺)'는 기운을 주관하는
장기이므로, 주나라 사람들은 이 부위를 중시하였다. 그렇기 때문에 음
식을 먹을 때 반드시 먼저 희생물의 폐를 조금 덜어내서 제사를 지냈던
것이다. 따라서 "폐로 제사를 지내지 않는다."라고 한 말은 희생물을 잡
아서 성찬을 차리지 않는다는 뜻을 나타낸다. '치도(馳道)'는 군주가 수
레를 달리게 하는 도로이다. '불제(不除)'는 청소를 하지 않는다는 뜻이
다. 제사에는 반드시 종이나 경 등의 악기를 매달게 되는데, 현재 이 문
장에서는 "매달지 않는다."고 하였으니, 이 말은 곧 악기 연주를 하지
않는다는 뜻이다.

---

22) 『예기』「곡례하」 031장 : 男女相答拜也.

大夫見於國君, 國君拜其辱, 士見於大夫, 大夫拜其辱, 同國
始相見, 主人拜其辱.〈029〉

대부가 군주를 찾아뵙게 되면, 군주는 그의 노고를 위로하며 절을 하고,
사가 대부를 찾아뵙게 되면, 대부는 그의 노고를 위로하며 절을 하고,
같은 나라에 살고 있지만 처음으로 서로 만나보는 경우라면, 주인은 빈
객의 노고를 위로하며 절을 한다.

集說

君拜大夫之辱, 大夫拜士之辱, 皆謂初爲大夫初爲士而來見也. 此
後朝見, 則有常禮矣.

군주가 대부의 노고에 대해 절을 하고, 대부가 사의 노고에 대해 절을
하는 것은 모두 처음으로 대부의 신분이 되었거나 처음으로 사의 신분
이 되어, 찾아와 만나보는 경우를 뜻한다. 이러한 일이 있은 이후 일반
적으로 조회 때 만나보는 경우에는 그에 대한 일상적인 예법이 있다.

淺見

近按: 此言異國之君·大夫相見之事, 故其下文特擧同國相見以言
之, 則其爲異國可知矣. 異國大夫非其臣, 故拜其辱也.

내가 살펴보니, 이것은 다른 나라의 군주와 대부가 서로 만나보는 사안
에 해당한다. 그렇기 때문에 뒤의 문장에서 특별히 같은 나라에 사는
자들이 서로 만나보는 경우를 제시해서 말한 것이니, 앞의 내용이 서로
다른 나라에 거주하는 경우임을 알 수 있다. 다른 나라의 대부는 자신의
신하가 아니다. 그렇기 때문에 그의 노고에 대해 절을 하는 것이다.

君於士, 不答拜也, 非其臣, 則答拜之. 大夫於其臣, 雖賤, 必答拜之.〈030〉 男女相答拜也.〈031〉 [舊在"無不答拜"之下.] 介者不拜, 爲[去聲]其拜而蓌[子臥反]拜.〈上218〉 [舊在"必自御之"之下.]

군주는 사에 대해서 본래 답배를 하지 않지만, 그가 자신의 신하가 아니라면 답배를 한다. 대부는 자신의 가신에 대해서 비록 그가 미천한 신분이라 하더라도 반드시 답배를 한다. 남자와 여자는 서로 답배를 한다. [옛 판본에는 "답배를 하지 않는 경우가 없다."[1]라고 한 문장 뒤에 수록되어 있었다.] 갑옷을 입은 자는 절을 하지 않으니, 갑옷을 입은 자가 절을 하게 되면, 절을 할 때 몸을 굽히기 힘들기['蓌'자는 '子(자)'자와 '臥(와)'자의 반절음이다.] 때문이다. ['爲'자는 거성으로 읽는다. 옛 판본에는 「곡례상」편의 "반드시 직접 그를 맞이해야 한다."[2]라고 한 문장 뒤에 수록되어 있었다.]

介, 甲也.

'개(介)'자는 갑옷을 뜻한다.

朱子曰: 蓌猶言有所枝拄, 不利屈伸也.

주자가 말하길, '좌(蓌)'는 갑옷이 몸을 지탱하고 고정시켜주는 점이 있어서, 굽히고 펴기 어렵다고 말하는 것과 같다.

---

1) 『예기』「곡례하」 028장 : 凡非弔喪, 非見國君, <u>無不答拜者</u>.
2) 『예기』「곡례상」 217장 : 君命召, 雖賤人, 大夫士<u>必自御之</u>.

史載筆, 士載言.〈上184〉 [舊在“德車結旌”之下.] 儗人必於其倫.〈072〉
[舊在“不服其藥”之下.]

사(史)는 필기구를 수레에 싣고서 가고, 사는 옛 관련 문서들을 수레에 싣고서 간다. [옛 판본에는 「곡례상」편의 “덕거에서는 정을 결박해둔다.”3)라고 한 문장 뒤에 수록되어 있었다.] 사람을 비교할 때에는 반드시 그와 비슷한 부류 속에서 비교한다. [옛 판본에는 “그가 만든 약을 군주나 부모에게 복용시키지 않는다.”4)라고 한 문장 뒤에 수록되어 있었다.]

集說

疏曰: 不得以貴比賤, 爲不敬也.

소에서 말하길, 존귀한 자를 미천한 자와 비교할 수 없으니, 이러한 일은 불경한 짓에 해당하기 때문이다.

淺見

近按: 此無其類, 然載筆·載言, 皆必有儗人之事, 故附之.

내가 살펴보니, 뒤의 구문에 있어서는 비슷한 부류의 기록이 없다. 그런데 필기구를 싣고 문서를 싣는다고 한 것에는 모두 사람을 비교하는 일들이 포함된다. 그렇기 때문에 그 내용에 덧붙인 것이다.

---

3) 『예기』「곡례상」 183장 : 兵車不式, 武車綏旌, 德車結旌.
4) 『예기』「곡례하」 071장 : 君有疾飮藥, 臣先嘗之, 親有疾飮藥, 子先嘗之. 醫不三世, 不服其藥.

四郊多壘, 此卿大夫之辱也. 地廣大荒而不治, 此亦士之辱
也.〈上193〉[舊在"不同國"之下.]

사방의 교외에 보루가 많은 것은 경과 대부에게는 치욕스러운 일이다.
땅은 광대하지만 매우 황폐하여 경작조차 이루어지지 않는 것은 또한
경이나 대부뿐만 아니라 사에게도 치욕스러운 일이다. [옛 판본에는 「곡례
상」편의 "같은 나라에서 살지 않는다."[1]라고 한 문장 뒤에 수록되어 있었다.]

集說

壘者, 屯軍之壁. 卿大夫不能謀國, 數見侵伐, 故多壘. 土廣人稀, 荒
穢不理, 此二者固皆卿大夫之責, 士卑不與謀國, 而田里之事則其職
也, 故言亦士之辱.

보루라는 것은 군대를 배치시키는 주둔지이다. 경과 대부들이 나라를
제대로 수호하지 못하여, 다수의 침약을 당하게 되었기 때문에, 보루를
많이 만들게 된 것이다. 토지가 광대한데 사람이 적다면, 황폐해져서 경
작을 하지 못하게 되니, 이 두 가지 것들은 진실로 경과 대부들의 책임
이다. 그런데 사 계층은 신분이 낮으므로, 경이나 대부들과 함께 국가를
수호하기 위한 일에 참여할 수 없고, 경작지를 다스리는 일에만 책무가
있다. 그렇기 때문에 또한 사에게도 치욕스러운 일이 된다고 언급한 것
이다.

----

1) 『예기』「곡례상」 192장 : 父之讐, 弗與共戴天, 兄弟之讐, 不反兵, 交遊之讐,
不同國.

國君去其國, 止之曰: "奈何去社稷也?" 大夫曰: "奈何去宗廟
也?" 士曰: "奈何去墳墓也?" 國君死社稷, 大夫死衆, 士死制.
〈037〉 [舊在"拜而後對"之下.]

군주가 그 나라를 버리고 떠나게 되면, 그를 제지하며 "어찌하여 사직을
버리고 떠나시는 것입니까?"라고 하며, 대부가 그 나라를 버리고 떠나
게 되면, 그를 제지하며 "어찌하여 종묘를 버리고 떠나시는 것입니까?"
라고 하고, 사가 그 나라를 버리고 떠나게 되면, 그를 제지하며 "어찌하
여 선조의 묘를 버리고 떠나시는 것입니까?"라고 한다. 군주는 국가를
위해 목숨을 바치고, 대부는 군사들을 위해 목숨을 바치며, 사는 제도의
수호를 위해 목숨을 바친다. [옛 판본에는 "절을 한 이후에 대답을 한다."[2]라고
한 문장 뒤에 수록되어 있었다.]

集說

死社稷, 謂國亡與亡也. 死衆, 謂討罪禦敵, 敗則死之也. 死制, 受命
於君, 難毋苟免也.

'사사직(死社稷)'은 국가가 망하면 함께 죽는다는 뜻이다. '사중(死衆)'은
죄인을 토벌하고 적군을 방어하다가 패하게 되면 죽는다는 뜻이다. '사
제(死制)'는 군주의 명령을 지키다가 곤경에 처하게 되면 구차하게 모면
하지 않는다는 뜻이다.

方氏曰: 國君曰死社稷, 而大夫士不曰死宗廟墳墓, 何也? 蓋止其去
者存乎私情, 死其事者止乎公義也.

----

2) 『예기』「곡례하」 036장 : 大夫私行, 出疆必請, 反必有獻. 士私行, 出疆必請,
反必告. 君勞之, 則拜, 問其行, 拜而后對.

방씨가 말하길, 군주에 대해서는 "사직을 위해서 목숨을 바친다."고 말했는데, 대부와 사에 대해서는 "종묘와 묘를 위해서 목숨을 바친다."고 말하지 않았다. 그 이유는 어째서인가? 아마도 대부와 사가 그 나라를 버리고 떠날 때, 만류하는 것은 사적인 감정에 달려 있는 것이고, 그 일을 위해 죽는다는 것은 공적인 도리에 달려있기 때문일 것이다.

淺見

右傳之第九章.

여기까지는 전 9장이다.

言自天子至於庶人尊卑·小大·儀則不同之禮也.

천자로부터 서인에 이르기까지 신분·대소·의칙의 다른 예법을 언급하였다.

전(傳) 10장

經文

凡祭宗廟之禮, 牛曰一元大武.〈086〉 豕曰剛鬣.〈087〉 豚曰腯[突]
肥.〈088〉 羊曰柔毛.〈089〉 雞曰翰音.〈090〉 犬曰羹獻.〈091〉 雉曰
疏[疎]趾.〈092〉 兔曰明視.〈093〉 脯曰尹祭.〈094〉 藁[考]魚曰商祭.
〈095〉 鮮[仙]魚曰脡[挺]祭.〈096〉 水曰清滌.〈097〉 酒曰清酌.〈098〉
黍曰薌[香]合.〈099〉 梁曰薌萁[基].〈100〉 稷曰明粢[杏].〈101〉 稻曰嘉
蔬.〈102〉 韭曰豐本.〈103〉 鹽曰鹹鹺[才自反].〈104〉 玉曰嘉玉.〈105〉
幣曰量幣.〈106〉 [舊在"必告于宗子"之下.]

무릇 종묘 제례에 있어서, 사용되는 희생물 중 소의 경우에는 한 마리
의 발자국이 큰 소라고 부른다. 돼지의 경우에는 털이 뻣뻣한 돼지라고
부른다. 작은 돼지의 경우에는 몸집이 살찌고['腯'자의 음은 '突(돌)'이다.]
탱탱한 작은 돼지라고 부른다. 양의 경우에는 털이 가늘고 부드러운 양
이라고 부른다. 닭의 경우에는 소리가 울려 퍼지는 닭이라고 부른다.
개의 경우에는 국으로 끓여서 바치는 개고기라고 부른다. 꿩의 경우에
는 발가락이 쭉 펴져서 발가락 사이가 널리 벌어진['疏'자의 음은 '疎(소)'이
다.] 꿩이라고 부른다. 토끼의 경우에는 시야가 밝은 토끼라고 부른다.
포의 경우에는 제사에 바치는 반듯한 모양의 포라고 부른다. 말린['藁'자
의 음은 '考(고)'이다.] 어포의 경우에는 건조하고 습한 정도를 적절하게 맞
춘 어포라고 부른다. 신선한['鮮'자의 음은 '仙(선)'이다.] 물고기의 경우에는
제사에 바치는 곧게 펴진['脡'자의 음은 '挺(정)'이다.] 물고기라고 부른다.
물의 경우에는 맑고 깨끗한 술이라고 부른다. 술의 경우에는 맑은 술로
따른 술잔이라고 부른다. 메기장의 경우에는 향기롭고 찰진['薌'자의 음은
'香(향)'이다.] 메기장밥이라고 부른다. 수수의 경우에는 알갱이를 달고 있
는 향기로운 줄기['萁'자의 음은 '基(기)'이다.]라고 부른다. 조의 경우에는

신명과 소통하는 조['粢'자의 음은 '咨(자)'이다.]라고 부른다. 쌀의 경우에는 아름답고 무성한 쌀이라고 부른다. 부추의 경우에는 뿌리가 풍성한 부추라고 부른다. 소금의 경우에는 짠맛이 풍부한 소금['醝'자는 '才(재)'자와 '自(자)'자의 반절음이다.]이라고 부른다. 옥의 경우에는 흠이 없는 아름다운 보옥이라고 부른다. 폐물의 경우에는 치수에 맞는 폐물이라고 부른다. [옛 판본에는 "반드시 종자에게 그 사실을 보고해야만 한다."[1]라고 한 문장 뒤에 수록되어 있었다.]

集說

此以下凡二十一物. 元, 頭也. 武, 足迹也. 牛肥則迹大. 豕肥則鬣剛. 腯者, 充滿之貌. 羊肥, 則毛細而柔弱. 翰, 長也. 雞肥則鳴聲長. 犬肥則可爲羹以獻. 雉肥則兩足開張, 故曰疏趾. 免肥則目開而視明, 故曰明視. 尹, 正也. 脯欲剸割方正. 槀, 乾也. 商, 度也. 商度其燥濕之宜. 脡, 直也. 魚之鮮者不餒敗, 則挺然而直. 水, 玄酒也. 水可漑濯, 故曰淸滌. 古之酒醴, 皆有淸有糟, 未泲者爲糟, 旣泲者爲淸也. 黍熟則粘聚不散, 其氣又香, 故曰薌合. 梁, 穀之强者, 其莖葉亦香, 故曰薌萁. 稷, 粟也, 明則足以交神, 祭祀之飯, 謂之粢盛. 蔬, 與疏同. 立苗疏, 則茂盛. 嘉, 美也. 韭, 其根本豐盛也. 鹹醝, 鹽味之厚也. 嘉玉, 無瑕之玉也. 量幣, 中廣俠長短之度也.

이곳 구문부터 이하의 구문 내용은 제사 때 사용되는 21가지 사물들에 대한 것이다. '원(元)'자는 가축의 머리를 뜻한다. '무(武)'자는 발자국을 뜻한다. 소가 살찌게 되면 발자국도 커진다. 돼지가 살찌게 되면 털이 뻣뻣해진다. '돌(腯)'은 몸집이 충만한 모양을 뜻한다. 양이 살찌게 되면 털이 가늘어지고 부드러워진다. '한(翰)'자는 "길다."는 뜻이다. 닭이 살찌게 되면 울음소리가 길게 울려 퍼진다. 개가 살찌게 되면 국으로 끓여서 바칠 수 있다. 꿩이 살찌게 되면 두 발이 벌어지며 길쭉하게 펴지게

---

1) 『예기』「곡례하」 085장 : 支子不祭, 祭必告于宗子.

된다. 그렇기 때문에 '발가락이 쭉 펴져서 발가락 사이가 널리 벌어진 꿩'이라고 부르는 것이다. 토끼가 살찌게 되면 미간 사이가 벌어지게 되어 시야가 밝아지게 된다. 그렇기 때문에 '시야가 밝은 토끼'라고 부른다. '윤(尹)'자는 "반듯하다."는 뜻이다. 포를 만들 때에는 납작하게 펼쳐 잘라서 그 모양이 반듯하게 되도록 한다. '고(槀)'자는 "말렸다."는 뜻이다. '상(商)'자는 "살핀다."는 뜻이다. 건조하고 습한 정도를 적절하게 맞춰서 말렸다는 뜻이다. '정(脡)'자는 "곧다."는 뜻이다. 신선한 물고기는 홀쭉하거나 변질되지 않았으니, 조리를 했을 때 펼쳐둔 것처럼 그 모양이 곧게 된다. '수(水)'는 현주(玄酒)[2]를 뜻한다. 물로는 세척을 할 수 있기 때문에, "맑고 깨끗하다."라고 말한 것이다. 고대에 사용했던 술은 모든 경우에 있어서 맑은 술도 있게 되고 탁한 술도 있게 되는데, 거르지 않은 것은 탁한 술이 되고 거른 술은 맑은 술이 된다. 메기장이 익게 되면 그것으로 지은 밥은 차지게 되어 밥알이 흩어지지 않으며, 그 냄새 또한 향기롭다. 그렇기 때문에 "향기롭고 차지다."라고 말한 것이다. 수수는 곡식 중에서도 알갱이가 딱딱한 것이며, 수수가 달린 줄기와 잎사귀 또한 향기롭다. 그렇기 때문에 '알갱이를 달고 있는 향기로운 줄기'라고 말한 것이다. '직(稷)'자는 조를 뜻하며, '명(明)'이라고 부른다면 그것으로써 신명과 소통할 수 있다는 뜻이 되므로, 제사 때 밥을 차려내는 것을 "조를 담는다."라고 부른다. '소(蔬)'자는 소(疏)자와 동일하다. 벼를 심을 때 듬성듬성 심게 되면 쌀알이 무성하게 맺히게 된다. '가(嘉)'

---

2) 현주(玄酒)는 고대의 제례(祭禮)에서 술 대신 사용한 물[水]을 뜻한다. '현주'의 '현(玄)'자는 물은 흑색을 상징하므로, 붙여진 글자이다. '현주'의 '주(酒)'자의 경우, 태고시대 때에는 아직 술이 없었기 때문에, 물을 술 대신 사용했다. 따라서 후대에는 이 물을 가리키며 '주'자를 붙이게 된 것이다. '현주'를 사용하는 것은 가장 오래된 예법 중 하나이므로, 후대에도 이러한 예법을 존숭하여, 제사 때 '현주' 또한 사용했던 것이며, '현주'를 술 중에서도 가장 귀한 것으로 여겼다. 『예기』「예운(禮運)」편에는 "故玄酒在室, 醴醆在戶."라는 기록이 있는데, 이에 대한 공영달(孔穎達)의 소(疏)에서는 "玄酒, 謂水也. 以其色黑, 謂之玄. 而太古無酒, 此水當酒所用, 故謂之玄酒."라고 풀이했다.

자는 "아름답다."는 뜻이다. 부추의 뿌리는 풍성하다. '함차(鹹醝)'는 소금의 짠맛이 풍부하다는 뜻이다. '가옥(嘉玉)'은 흠이 없는 옥을 뜻한다. '양폐(量幣)'는 폭과 길이가 치수에 맞는다는 뜻이다.

大饗不問卜, 不饒富. 〈116〉 [舊在"對以禮"之下.]

큰 제사 때에는 점을 쳐서 날짜를 묻지 않으며, 풍요롭게 지내지 않는다. [옛 판본에는 "예에 맞게 대답해야 한다."[3]라고 한 문장 뒤에 수록되어 있었다.]

集說

呂氏曰: 冬至祀天, 夏至祭地, 日月素定, 故不問卜. 至敬不壇, 掃地而祭, 牲用犢, 酌用陶匏, 席用藁秸, 視天下之物, 無以稱其德, 以少爲貴焉, 故不饒富.

여씨가 말하길, 동지에는 하늘에게 제사를 지내고, 하지에는 땅에게 제사를 지내는데, 해와 달의 운행은 고정되어 있어서 미리 예측할 수 있기 때문에, 점을 쳐서 날짜를 묻지 않는 것이다. 지극히 공경을 다해야 하는 제사에서는 제단을 쌓지 않고, 그 장소만 청소하고서 제사를 지내며, 희생물로는 송아지를 사용하고, 술잔은 질그릇이나 표주박을 사용하며, 자리는 볏짚을 엮은 것으로 사용하니, 천하의 사물들 중에 천지의 덕에 걸맞은 것이 없으므로, 적은 것을 존귀하게 여기는 것이다. 그래서 풍요롭게 지내지 않는다.

---

3) 『예기』「곡례하」 115장 : 在朝言禮, 問禮對以禮.

凡祭, 有其廢之, 莫敢擧也, 有其擧之, 莫敢廢也, 非其所祭而
祭之, 名曰淫祀. 淫祀無福.〈083〉 [舊在"士祭其先"之下.]

무릇 제사에서는 그 대상을 폐지하게 되면 그 대상에게는 감히 제사를
시행하지 않으며, 이미 제사 대상에 포함시켜서 제사를 시행하고 있다
면 감히 그 대상을 제외시키지 않으니, 제사를 지내야 할 대상이 아닌
데도 제사를 지내는 것을 '음사(淫祀)'라 부른다. 음사를 지낸다고 하더
라도 신이 축복을 내려주는 일은 없다. [옛 판본에는 "사는 그들의 선조에 대
해서만 제사를 지낸다."4)라고 한 문장 뒤에 수록되어 있었다.]

集說

呂氏曰: 廢之莫敢擧, 如已毁之宗廟·變置之社稷, 不可復祀也. 擧
之莫敢廢, 如已修之壇墠而輒毁, 已正之昭穆而輒變也. 非所祭而
祭之, 如法不得祭, 與不當祭而祭之者也.

여씨가 말하길, 제사를 폐지하면 감히 다시 지낼 수 없으니, 이미 훼철
한 종묘나 다른 곳으로 장소를 옮긴 사직 등에 대해서는 본래의 대상에
게 다시 제사를 지낼 수 없다. 제사를 시행하면 감히 폐지할 수 없으니,
이미 쌓아둔 제단을 갑작스럽게 헐어버리거나 이미 정비한 소목의 질서
를 갑작스럽게 바꾸는 경우와 같은 것이다. 제사를 지내야 하는 대상이
아닌데도 제사를 지내는 것은 마치 예법상 제사를 지낼 수 없거나 마땅
히 제사를 지내지 않아야 하는데도 제사를 지내는 경우를 뜻한다.

---

4) 『예기』「곡례하」 082장 : 天子祭天地, 祭四方, 祭山川, 祭五祀, 歲徧. 諸侯方
祀, 祭山川, 祭五祀, 歲徧. 大夫祭五祀, 歲徧. 士祭其先.

凡祭於公者, 必自徹其俎.〈上195〉 [舊在"牲死則埋之"之下.] 餕餘不
祭. 父不祭子, 夫不祭妻.〈上129〉 [舊在"其餘皆寫"之下.]

무릇 군주의 제사를 돕는 자들은 반드시 제 스스로 자기 몫으로 올라온
도마의 고기를 치워서 가져가야 한다. [옛 판본에는 「곡례상」편의 "제사 때
사용하는 희생물이 죽으면 땅에 묻는다."[5]라고 한 문장 뒤에 수록되어 있었다.] 제
사를 지내고 남은 음식들을 받아오게 되면, 그 음식으로는 제사를 지내
지 않는다. 부친을 제사지낸 음식으로는 자식에 대한 제사를 지내지 않
고, 남편을 제사지낸 음식으로는 아내에 대한 제사를 지내지 않는다.
[옛 판본에는 「곡례상」편의 "기타 씻을 수 없는 그릇에 담긴 것들이라면, 모두 다른
곳에 옮겨 담아서 먹는다."[6]라고 한 문장 뒤에 수록되어 있었다.]

淺見

此謂助祭於公所得俎肉之餕餘, 不可又用而祭之. 雖父之尊, 不以
祭其子, 雖夫之尊, 不以祭其妻也.

이것은 군주가 있는 곳에서 제사를 돕고 도마에 올렸던 고기 중 남은
것들을 얻었는데, 이것을 재차 사용하여 제사를 지낼 수 없다는 뜻이다.
비록 부친처럼 존귀한 대상에게 제사를 지내고 남은 것이라 하더라도
그것으로 자식에 대한 제사를 지낼 수 없고, 비록 남편처럼 존귀한 대상
에게 제사를 지내고 남은 것이라 하더라도 그것으로 아내에 대한 제사
를 지낼 수 없다.

---

5) 『예기』「곡례상」 194장 : 臨祭不惰. 祭服敝則焚之, 祭器敝則埋之, 龜筴敝則埋
之, 牲死則埋之.
6) 『예기』「곡례상」 128장 : 御食於君, 君賜餘, 器之漑者不寫, 其餘皆寫.

經文

禮曰: "君子抱孫不抱子." 此言孫可以爲王父尸, 子不可以爲
父尸. 爲君尸者, 大夫士見之則下之. 君知所以爲尸者則自下
之, 尸必式. 乘必以几.〈上162〉 [舊在"以全交也"之下.]

고대의 예법에서는 "군자는 손자는 안아주지만 아들은 안지 않는다."고
하였다. 이 말은 곧 손자는 왕부(王父)의 시동이 될 수 있지만, 아들은
부친의 시동이 될 수 없다는 사실을 뜻한다. 군주의 시동이 된 자를 만
약 대부와 사가 보게 된다면, 자신들이 타고 있던 수레에서 내리게 된
다. 군주도 시동으로 삼은 자임을 알아보게 된다면 직접 수레에서 내리
며, 시동은 반드시 식(式)을 잡고서 예의를 표시한다. 시동이 수레에 오
를 때에는 반드시 안석을 지참하고 탄다. [옛 판본에는 「곡례상」편의 "상호
간의 우호를 온전히 유지한다."[1]라고 한 문장 뒤에 수록되어 있었다.]

集說

呂氏曰: 抱孫不抱子, 古禮經語也. 曾子問曰: "孫幼, 則使人抱之."
抱孫之爲言, 生於孫幼, 且明尸必以孫, 以昭穆之同也. 古之祭祀必
有尸, 尸, 神象也. 主人之事尸, 以子事父也. 尸必筮, 求諸神而不敢
專也. 在散齋之日, 或道遇之, 故有爲尸下之禮.

여씨가 말하길, "손자는 안지만 아들은 안지 않는다."는 말은 고대의 『예
경』에 기록된 말이다. 『예기』「증자문(曾子問)」편에서는 "손자가 너무
어린 경우라면, 다른 사람을 시켜서 시동을 안고 있게 한다."[2]라고 하였
으니, "손자를 안는다."는 말은 "손자가 너무 어리다."는 뜻에서 파생된
말이며, 또한 시동은 반드시 손자로 세운다는 뜻도 나타내고 있으니, 조

---

1) 『예기』「곡례상」 161장 : 君子不盡人之歡, 不竭人之忠, 以全交也.
2) 『예기』「증자문(曾子問)」 054장 : 曾子問曰: 祭必有尸乎, 若厭祭亦可乎. 孔子
曰: 祭成喪者, 必有尸, 尸必以孫, 孫幼, 則使人抱之, 無孫, 則取於同姓, 可也.

부와 손자의 소목 항렬이 같기 때문이다. 고대의 제사에서는 반드시 시동을 세웠는데, 시동은 죽은 자의 신령을 형상화하기 때문이다. 그러므로 제주가 시동을 섬기는 일은 자식이 부친을 섬기는 도리로써 하게 된다. 시동을 선정할 때에는 반드시 점을 쳤으니, 신들에게 그 의향을 물어보는 것으로, 자기 마음대로 할 수 없기 때문이다. 산재(散齋)³⁾를 하는 날에 간혹 길에서 시동을 만날 수도 있기 때문에, 시동을 위해 수레에서 내리게 되는 예법이 생기게 된 것이다.

淺見

近按: 右言宗廟祭祀之禮.

내가 살펴보니, 여기까지는 종묘제사의 예법을 언급하였다.

---

3) 산제(散齊)는 산재(散齋)라고도 부른다. '산제'는 제사를 지낼 때 제사보다 앞서 7일 동안 수레도 몰지 않고, 음악도 연주하지 않으며, 조문도 하지 않으면서, 재계를 하는 것이다. 『예기』「제의(祭義)」편에는 "致齊於內, 散齊於外."라는 기록이 있고, 이에 대한 정현의 주에서는 "散齊, 七日不御不樂不弔耳."라고 풀이했다. 또한 『예기』「제통(祭統)」편에도 "散齊七日以定之, 致齊三日以齊之."라는 기록이 있다.

生與來日, 死與往日.〈上167〉[舊在"處於內"之下.]

상례를 치를 때, 살아 있는 자들에 관한 사항은 돌아가신 다음 날부터 날짜를 셈하고, 죽은 자에 관한 사항은 돌아가신 날부터 날짜를 셈한다. [옛 판본에는 「곡례상」편의 "평소처럼 집안에 거처하게 된다."[1]라고 한 문장 뒤에 수록되어 있었다.]

與, 猶數也. 成服杖, 生者之事也. 數死之明日爲三日, 斂殯, 死者之事也. 從死日數之爲三日. 是三日成服者, 乃死之第四日也.

'여(與)'자는 "계산한다."는 뜻이다. 성복(成服)[2]을 하며 지팡이를 잡는 일은 살아 있는 자들에게 해당하는 사안이다. 이 일은 돌아가신 날 다음 날부터 계산하여 3일째에 시행한다. 소렴(小斂)과 대렴(大斂)[3]을 하고, 빈소를 차리는 일은 죽은 자에게 해당하는 사안이다. 이 일은 돌아가신 날부터 계산을 하여 3일째에 시행한다. 따라서 "3일째에 성복을 한다." 는 말은 곧 돌아가시고 난 뒤, 제 4일째 되는 날에 한다는 뜻이다.

---

1) 『예기』「곡례상」166장 : 五十不致毁, 六十不毁. 七十唯衰麻在身, 飮酒食肉, 處於內.
2) 성복(成服)은 상례(喪禮)에서 대렴(大斂) 이후, 죽은 자와의 관계에 따라, 각각 규정에 맞는 상복(喪服)을 갖춰 입는다는 뜻이다.
3) 대렴(大斂)은 상례(喪禮) 절차 중 하나이다. 소렴(小斂)을 끝낸 뒤에, 시신을 관에 안치하는 절차이다.

經文

外事以剛日, 內事以柔日.〈上203〉 凡卜筮日, 旬之外曰遠某日,
旬之內曰近某日. 喪事先遠日, 吉事先近日.〈上204〉 曰: "爲[去
聲]日, 假爾泰龜有常", "假爾泰筮有常." 卜筮不過三, 卜筮不
相襲.〈上205〉 龜爲卜, 筴爲筮. 卜筮者, 先聖王之所以使民信時
日, 敬鬼神, 畏法令也, 所以使民決嫌疑, 定猶與[去聲]也. 故曰:
"疑而筮之, 則弗非也, 日而行事, 則必踐[如字]之."〈上206〉 [舊在
"入門而問諱"之下.]

외사는 강일(剛日)[4]에 해당하는 날에 시행하고, 내사는 유일(柔日)에
해당하는 날에 시행한다. 무릇 의식을 치르기 위해 날짜를 점칠 때, 해
당 하는 날이 열흘 이후의 날에 해당한다면, 먼 어느 날이라고 부르며,
열흘 이내의 날에 해당한다면, 가까운 어느 날이라고 부른다. 상사에서
는 먼 날에 대해서 먼저 점을 치고, 길사에서는 가까운 날에 대해서 먼
저 점을 친다. 점치는 자가 거북점을 치며 말하길, "길일을 정하기 위하
여['爲'자는 거성으로 읽는다.] 그대 귀중한 거북에 있는 신령스러움을 잠시
빌리노라."라고 말한다. 그리고 시초점을 칠 때에는 "길일을 정하기 위
하여 그대 귀중한 시초에 있는 신령스러움을 잠시 빌리노라."라고 말한
다. 거북점과 시초점은 세 번 이상 치지 않고, 또 거북점과 시초점은
서로 연달아서 치지 않는다. 거북껍질로는 거북점을 치고, 시초로는 시
초점을 친다. 거북점과 시초점은 선대 성왕이 이로써 백성들로 하여금
시간과 날짜를 믿게 한 것이고, 귀신을 공경하게 한 것이며, 법령을 두
려워하게 했던 것이다. 그리고 거북점과 시초점을 이용하여, 백성들로

---

4) 강일(剛日)은 십간(十干)을 음양(陰陽)으로 구분했을 때, 양(陽)에 해당하는 날
짜를 뜻한다. 십간에 따라 날짜를 구분할 때 갑(甲)·병(丙)·무(戊)·경(庚)·
임(壬)자가 들어가는 날이 '강일'이 된다. '강일'과 반대되는 말은 유일(柔日)이
며, 십간 중 을(乙)·정(丁)·기(己)·신(辛)·계(癸)자가 들어가는 날이 '유일'
이 된다.

하여금 의심스러운 것을 결정하게 만들고, 주저하며 망설이는['與'자는 거성으로 읽는다.] 일을 확정하게 했던 것이다. 그렇기 때문에 "의문스러우면 시초점을 치되 그 결과를 부정해서는 안 되며, 점을 쳐서 날짜를 정하여 그 일을 시행하기로 했다면, 반드시 그 일을 실천['踐'자는 글자대로 읽는다.]해야 한다."라고 한 것이다. [옛 판본에는 「곡례상」편의 "그 집에 들어서면, 피휘를 해야만 하는 글자들을 물어본다."[5]라고 한 문장 뒤에 수록되어 있었다.]

集說

甲・丙・戊・庚・壬爲剛, 乙・丁・己・辛・癸爲柔. 外事如治兵・巡狩・朝聘・盟會之類, 內事如宗廟之祭・冠昏之類. 假, 因也, 託也. 泰者, 尊上之辭. 有常, 言其吉凶常可憑信也. 不過三者, 一不吉, 至再至三, 終不吉, 則止而不行. 襲, 因也. 卜不吉則止, 不可因而更筮, 筮不吉亦然. 筮, 著也. 踐, 履也. 猶, 獸名; 與, 亦獸名. 二物皆進退多疑, 人之多疑惑者似之, 故謂之猶與.

십간(十干) 중 갑(甲)・병(丙)・무(戊)・경(庚)・임(壬)자가 들어가는 날이 '강일(剛日)'이 되고, 을(乙)・정(丁)・기(己)・신(辛)・계(癸)자가 들어가는 날이 '유일(柔日)'이 된다. '외사(外事)'는 군대를 다스리거나 순수(巡守)를 하거나 조빙(朝聘) 및 회맹 등의 부류이고, '내사(內事)'는 종묘에서 지내는 제사나 관례 및 혼례 등의 부류이다. '가(假)'자는 "~따른다."는 뜻이며, "~의탁한다."라는 뜻이다. '태(泰)'자는 존귀하게 높일 때 붙이는 말이다. '유상(有常)'은 그것으로 길흉을 판정할 때 항상 믿고 의지할 수 있다는 뜻이다. "세 번을 넘지 않는다."는 말은 한 번 점을 쳐서 길하다는 점괘가 나오지 않으면, 두 번 세 번 점을 치게 되는데, 최종적으로 불길하다는 점괘가 나오게 되면, 거기에서 멈추며 다시 점을 치지 않는다는 뜻이다. '습(襲)'자는 '~연유하여'라는 뜻이다. 거북점

---

5) 『예기』「곡례상」 202장 : 入竟而問禁, 入國而問俗, <u>入門而問諱</u>.

을 쳤는데 불길하다는 점괘가 나오면 거기에서 멈추는 것이니, 거북점
으로 불길하다는 점괘가 나왔다고 해서 다시 시초점을 쳐서는 안 되고,
시초점을 쳐서 불길하다는 점괘가 나왔을 때에도 이처럼 한다. '협(筴)'
자는 시초를 뜻한다. '천(踐)'자는 "실천한다."는 뜻이다. '유(猶)'는 짐승
의 이름이며, '여(與)' 또한 짐승의 이름이다. 두 동물은 모두 움직일 때
의심이 많은데, 사람들 중 의심과 의혹이 많은 자는 이러한 동물들과 그
모습이 흡사하다. 그렇기 때문에 의심이 많아서 주저하는 것을 '유여(猶
與)'라고 부르는 것이다.

淺見

右言卜筮擇日之法.

여기까지는 거북점과 시초점을 통해 날짜를 택하는 예법을 언급하였다.

名子者, 不以國, 不以日月, 不以隱疾, 不以山川.〈上107〉 [舊在 "筋力爲禮"之下.] 父前子名, 君前臣名.〈上110〉 [舊在"二十冠而字"之 下.] 子於父母, 則自名也.〈066〉 [舊在"自稱曰婢子"之下.]

자식의 이름을 지을 경우에는 국명으로 짓지 않고, 해나 달 등의 고유 명사로 짓지 않으며, 그에게 있는 은질(隱疾)[1]로 짓지 않고, 산천 등의 지명으로 짓지 않는다. [옛 판본에는 「곡례상」편의 "을 써야 하는 일에 중점을 두고 예법을 시행한다."[2]라고 한 문장 뒤에 수록되어 있었다.] 남자는 성인이 되어 자를 받았다 하더라도, 자식은 부친 앞에서 자신의 자를 쓰지 않고 이름을 일컫게 되며, 군주 앞에서도 신하들은 자신의 이름을 일컫게 된다. [옛 판본에는 「곡례상」편의 "20세가 되면 관례를 치러주며 자를 지어준다."[3]라고 한 문장 뒤에 수록되어 있었다.] 자식이 부모를 대하는 경우라면, 자신의 이름을 댄다. [옛 판본에는 "스스로를 지칭할 때에는 미천한 자라고 부른다."[4]라고 한 문장 뒤에 수록되어 있었다.]

淺見

近按: 上言父前子名者, 人於父前呼其子以名也. 此則言子自稱其 名也.

내가 살펴보니, 앞에서 '부전자명(父前子名)'이라고 했는데, 남이 그 사람의 부친 앞에서 그 아들을 부를 때에는 이름으로 부른다는 뜻이다. 이곳의 내용은 자식이 스스로를 지칭할 때 이름을 댄다는 뜻이다.

---

1) 은질(隱疾)은 겉으로 잘 드러나지 않는 질병들을 뜻한다.
2) 『예기』「곡례상」 106장 : 貧者, 不以貨財爲禮, 老者, 不以筋力爲禮.
3) 『예기』「곡례상」 109장 : 男子二十, 冠而字.
4) 『예기』「곡례하」 065장 : 自稱於其君, 曰小童. 自世婦以下, 自稱曰婢子.

國君不名卿老世婦, 大夫不名世臣姪[迭]娣, 士不名家相[去聲]
長妾.〈006〉[舊在"無藉者襲"之下.]

제후는 경로와 세부를 부를 때 이름으로 부르지 않고, 대부는 세신과
질·제를 부를 때['姪'자의 음은 '迭(질)'이다.] 이름으로 부르지 않으며, 사
는 가상과['相'자는 거성으로 읽는다.] 장첩을 부를 때 이름으로 부르지 않는
다. [옛 판본에는 "깔개가 없는 옥이라면 습(襲)을 한다."[1]라고 한 문장 뒤에 수록
되어 있었다.]

集說

不名, 不以名呼之也.

'불명(不名)'은 이름으로 그를 부르지 않는다는 뜻이다.

疏曰: 上卿貴, 故曰卿老. 世婦, 兩媵也. 次於夫人而貴於諸妾也. 世
臣, 父在時老臣也. 姪, 是妻之兄女. 娣, 是妻之妹, 從妻來爲妾也.
家相, 助知家事者. 長妾, 妾之有子者.

소에서 말하길, 상경(上卿)[2]은 존귀한 존재이므로, '경로(卿老)'라고 부
른다. '세부(世婦)'는 두 명의 잉첩이니, 부인(夫人)[3] 다음의 서열이며,

---

1) 『예기』「곡례하」 005장 : 執玉, 其有藉者則裼, <u>無藉者則襲</u>.
2) 상경(上卿)은 주(周)나라 제도에서, 경(卿) 중에서 가장 높은 자들을 뜻한다. 주
   나라 제도에서 천자 및 제후들은 모두 경을 두었으며, 상·중·하 세 등급으로
   구분하였다.
3) 부인(夫人)은 제후의 부인을 뜻한다. 『예기』「곡례하(曲禮下)」편에는 "公侯有夫
   人, 有世婦, 有妻, 有妾."이라는 기록이 있다. 즉 공작과 후작은 정부인인 부인
   (夫人)을 두고, 그 외에 세부(世婦), 처(妻), 첩(妾)을 둔다. 또한 『논어』「계씨(季
   氏)」편에는 "邦君之妻, 君稱之曰夫人, 夫人自稱曰小童."이라는 기록이 있다.
   즉 군주의 처를 군주가 직접 부를 때에는 부인(夫人)이라고 부르며, 부인(夫人)이

여러 첩들 중에서 가장 존귀한 자가 된다. '세신(世臣)'은 부친이 생존해 계실 때부터 근무하였던 노신을 뜻한다. '질(姪)'은 처 언니의 딸이다. '제(娣)'는 처의 여동생들로, 처가 시집을 올 때 함께 따라와서 첩이 된 자들이다. '가상(家相)'은 집안일을 도와주는 자이다. '장첩(長妾)'은 첩들 중 자식을 낳은 자이다.

經文

卒哭乃諱. 禮不諱嫌名, 二名不偏諱.〈上196〉 逮事父母, 則諱王父母, 不逮事父母, 則不諱王父母.〈上197〉 君所無私諱, 大夫之所有公諱.〈上198〉 詩書不諱, 臨文不諱.〈上199〉 廟中不諱.〈上200〉 夫人之諱, 雖質君之前, 臣不諱也, 婦諱不出門. 大功小功不諱.〈上201〉 入竟[境]而問禁, 入國而問俗, 入門而問諱.〈上202〉
[舊在"自徹其俎"之下.]

졸곡(卒哭)을 하게 되면 곧 죽은 자의 이름을 피휘하게 된다. 예법에 따르면 피휘를 할 때에는 음이 같아도 글자가 다르면 그 글자는 피휘하지 않고, 두 글자로 된 이름을 피휘할 때에는 한 글자씩은 피휘하지 않는다. 부모를 섬기는 자들은 조부모의 이름을 피휘하고, 어려서 고아가 되어 제대로 부모를 섬길 수 없었다면 조부모의 이름을 피휘하지 않는다. 군주가 있는 장소에서는 개인적으로 피휘하던 글자들을 그대로 쓰고, 대부가 있는 장소에서는 군주와 관련된 피휘 글자들을 모두 피해서 쓴다. 『시』나 『서』 등을 읽거나 쓸 때에는 피휘하는 글자들을 적용하지

자신을 지칭할 때에는 소동(小童)이라고 부른다. 참고적으로 천자의 부인은 후(后)라고 부르고, 대부(大夫)의 부인은 유인(孺人)이라고 부르며, 사(士)의 부인은 부인(婦人)이라고 부르고, 서인(庶人)의 부인은 처(妻)라고 부른다. 그러나 이러한 구분은 일률적으로 적용되는 것은 아니다.

않고, 의례 관련 기록들에도 피휘하는 글자들을 적용하지 않는다. 종묘 안에서는 피휘를 적용하지 않는다. 제후의 부인에 대한 피휘는 비록 군주의 앞에서 직접 대면하고 있는 상태라 하더라도, 신하는 피휘를 하지 않으며, 부인들에 대한 피휘는 그녀들이 살았던 건물을 벗어나서는 적용되지 않는다. 친척들 중 대공복과 소공복을 입는 관계에 해당하는 친척에 대해서는 피휘를 하지 않는다. 국경['竟'자의 음은 '境(경)'이다.]에 들어서게 되면 그 나라에서 적용하고 있는 금령에 대해 물어보고, 그 나라의 국성에 들어서게 되면 그 나라에서 시행되고 있는 풍속에 대해 물어보며, 그 집에 들어서면 피휘를 해야만 하는 글자들을 물어본다. [옛 판본에는 「곡례상」편의 "제 스스로 자기 몫으로 올라온 도마의 고기를 치워서 가져가야 한다."[4]라고 한 문장 뒤에 수록되어 있었다.]

集說

嫌名, 音同者. 不偏諱, 謂可單言. 廟中之諱, 以卑避尊, 如有事於高祖, 則不諱曾祖以下也. 質, 猶對也. 夫人之諱與婦之諱, 皆謂其家先世.

'혐명(嫌名)'은 음이 같은 경우를 뜻한다. "한 글자씩은 피휘하지 않는다."는 말은 한 글자씩은 부를 수 있다는 뜻이다. 종묘 안에서의 피휘는 낮은 자가 높은 자와 관련된 글자를 피휘하는 것이니, 예를 들어 고조에게 제사를 지내게 된다면, 증조 이하의 선조에 대해서는 관련 글자들을 피휘하지 않는다. '질(質)'자는 "대면한다."는 뜻이다. 부인(夫人)에 대한 피휘 글자와 부인들에 대한 피휘 글자들은 모두 그녀들의 집안에서 선대 조상들에 대해 피휘했던 글자들을 뜻한다.

---

4) 『예기』「곡례상」 195장 : 凡祭於公者, 必自徹其俎.

右言名諱之禮.

여기까지는 이름을 피휘하는 예법을 언급하였다.

經文

齊[側階反]者, 不樂不弔.〈上163〉[舊在"乘必以几"之下.]

재계['齊'자는 '側(측)'자와 '階(계)'자의 반절음이다.]를 하는 자는 즐거워하지도 않고 슬퍼하지도 않는다. [옛 판본에는 「곡례상」편의 "수레에 오를 때에는 반드시 안석을 지참하고 탄다."1)라고 한 문장 뒤에 수록되어 있었다.]

集說

呂氏曰: 齊者, 致精明之德也. 樂則散, 哀則動, 皆有害於齊者也.

여씨가 말하길, 재계를 한다는 말은 정성스럽고 맑은 덕성을 지극하게 한다는 뜻이다. 사람은 즐거워하게 되면 주위가 흩어지고, 슬퍼하게 되면 감정이 동요하게 되니, 이러한 모든 것들은 재계를 하는데 해로움을 가져다준다.

經文

登城不指, 城上不呼[去聲].〈上053〉2) [舊在"鄕長者所視"之下.]

성벽에 올라서는 여기저기 손가락으로 가리키지 않으며, 성벽 위에서는 소리를 지르지['呼'자는 거성으로 읽는다.] 않는다. [옛 판본에는 「곡례상」편의 "연장자가 바라보는 곳을 바라본다."3)라고 한 문장 뒤에 수록되어 있었다.]

---

1) 『예기』「곡례상」162장 : 禮曰: 君子抱孫不抱子. 此言孫可以爲王父尸, 子不可以爲父尸. 爲君尸者, 大夫士見之則下之. 君知所以爲尸者則自下之, 尸必式. 乘必以几.
2) 『예기』「곡례상」053장 : 從長者, 而上丘陵, 則必鄕長者所視, 登城不指, 城上不呼.

城, 人所恃以爲安固者, 有所指, 則惑見者; 有所呼, 則駭聞者.

성(城)은 사람들이 믿고 의지하는 건축물이며, 이것을 통해 환란과 외적의 침입으로부터 안심하고 살아가게 된다. 그런데 성벽에 올라서 손가락으로 여기저기를 가리키게 되면 그 모습을 본 자들로 하여금 불안하게 만들고, 소리를 지르게 되면 그 소리를 들은 자들로 하여금 놀라게 만든다.

經文

適墓不登壟, 助葬必執紼.〈上171〉 臨喪不笑.〈上172〉 揖人, 必違其位.〈上173〉 望柩不歌. 入臨不翔. 當食不歎.〈上174〉 鄰有喪, 舂不相[去聲].〈上175〉 里有殯, 不巷歌. 適墓不歌. 哭日不歌.〈上176〉 送喪不由徑, 送葬不辟[避]塗潦. 臨喪則必有哀色, 執紼不笑.〈上177〉 臨樂不歎.〈上178〉 介冑, 則有不可犯之色. 故君子戒愼, 不失色於人.〈上179〉 [舊在"不問其所欲"之下.]

무덤에 가서는 봉분에 오르지 않고, 장례를 도울 때에는 반드시 상여줄을 잡고서 힘껏 도와야 한다. 상에 임해서는 웃지 않는다. 남에게 읍을 할 때에는 반드시 그 자리에서 뒤로 물러나서 한다. 영구를 바라볼 때에는 노래를 부르지 않는다. 곡을 하기 위해 들어설 때에는 용모를 꾸미며 나는 듯이 걷는 행위를 하지 않는다. 상에 임한 경우라 하더라도 식사를 하게 되면 탄식을 하지 않는다. 이웃에 상이 발생하면, 절구를 찧을 때 노래를 부르지['相'자는 거성으로 읽는다.] 않는다. 마을에 빈소를

---

3) 『예기』 「곡례상」 053장 : 從長者, 而上丘陵, 則必鄕長者所視, 登城不指, 城上不呼.

차린 집이 있다면 거리에서 노래를 부르지 않는다. 묘에 갈 때에는 노래를 부르지 않는다. 곡하는 날에는 노래를 부르지 않는다. 시신을 전송할 때에는 지름길을 경유하지 않으며, 장례 행렬을 전송할 때에는 진흙탕도 피하지['辟'자의 음은 '避(피)'이다.] 않는다. 상에 참석하게 되면 반드시 슬퍼하는 기색을 보여야 하며, 상여줄을 잡을 때에는 웃어서는 안 된다. 음악을 연주하는 장소에 가서는 탄식을 하지 않는다. 갑옷을 착용하게 되면 남이 감히 범접할 수 없는 표정을 지어야 한다. 그러므로 군자는 항상 경계하며 조심해서, 남에게 얼굴을 붉히는 실수를 해서는 안 된다. [옛 판본에는 「곡례상」편의 "그가 바라는 것들에 대해서 묻지 않는다."[4]라고 한 문장 뒤에 수록되어 있었다.]

集說

入臨, 入哭也. 不翔, 不爲容也. 五家爲鄰. 相者, 以音聲相勸相. 蓋舂人歌以助舂也.

'입림(入臨)'은 들어가서 곡을 한다는 뜻이다. "나는 듯이 걷지 않는다."는 말은 용모를 꾸미지 않는다는 뜻이다. 다섯 집을 묶어서 1개의 '인(鄰)'으로 삼는다. "돕는다."는 말은 노래를 불러서 서로 열심히 하도록 권면하며 돕는 것이다. 무릇 절구를 찧는 사람들은 노래를 불러서 절구 찧는 일을 열심히 하도록 서로 도왔기 때문이다.

浅見

右凡言動止聲容之節也.

여기까지는 행동거지와 목소리 및 용모를 갖추는 예절을 범범하게 언급하였다.

---

4) 『예기』 「곡례상」 170장 : 賜人者, 不曰來取, 與人者, <u>不問其所欲</u>.

經文

兵車不式, 武車綏[而追反]旌, 德車結旌.〈上183〉 [舊在"刑人不在君側"之下.]

전쟁용 수레에서는 식을 잡고서 공경을 표시하지 않고, 전쟁용 수레에는 정(旌)[1]을 드리우며['綏'자는 '而(이)'자와 '追(추)'자의 반절음이다.] 덕거에는 정을 결박해둔다. [옛 판본에는 「곡례상」편의 "형벌을 받은 적이 있던 자는 군주의 곁에 있지 않는다."[2]라고 한 문장 뒤에 수록되어 있었다.]

集說

疏曰: 兵車, 革路也. 尙武猛無推讓, 故不式. 武車, 亦革路也. 取其建戈刃, 卽云兵車, 取其威猛, 卽云武車也. 旌, 車上旌旞也. 尙威武, 故舒散若垂綏然. 玉·金·象·木四路不用兵, 故曰德車德. 美在內, 不尙赫奕, 故纏結其旌於竿也.

소에서 말하길, '병거(兵車)'는 혁로(革路)이다. 전쟁용 수레에서는 무용과 용맹을 숭상하고 겸손함을 차리지 않기 때문에, 식(式)을 잡는 예법을 따르지 않는다. '무거(武車)' 또한 혁로를 뜻한다. 창과 칼을 세워두었다는 측면에서 병거라 부르는 것이며, 위엄과 용맹함의 측면에서 무거라 부르는 것이다. '정(旌)'은 수레에 세우는 깃발이다. 위엄과 무용을 숭상하기 때문에 깃발을 펄럭이도록 펼쳐서 마치 늘어트린 모양처럼 하는 것이다. 다섯 가지 수레 중 옥로(玉路)·금로(金路)·상로(象路)·목로(木路)는 전쟁용으로 사용하지 않기 때문에, '덕거(德車)'라고 부른다. 아름다운 덕성은 내재된 것이며 겉으로 드러나는 화려한 아름다움을 숭

---

1) 정(旌)은 가느다란 새의 깃털인 석우(析羽)를 오색(五色)으로 채색하여, 깃술처럼 장식한 깃발이다. 『주례』「춘관(春官)·사상(司常)」편에는 "全羽爲旞, 析羽爲旌."이라는 기록이 있다. 한편 '정'은 깃발들을 범칭하는 용어로도 사용된다.
2) 『예기』「곡례상」 182장 : 刑人不在君側.

상하지 않는다. 그렇기 때문에 깃발이 펄럭이지 못하도록 깃발을 깃대에 결박해두는 것이다.

經文

前有水, 則載[戴]靑旌.〈上185〉 前有塵埃, 則載鳴鳶.〈上186〉 前有車騎, 則載飛鴻.〈上187〉 前有士師, 則載虎皮.〈上188〉 前有摯獸, 則載貔貅.〈上189〉 行, 前朱雀而後玄武, 左靑龍而右白虎. 招搖在上, 急繕[如字]其怒.〈上190〉 進退有度, 左右有局, 各司其局.〈上191〉 [舊在"士載言"之下.]

행차하는 길 앞에 물이 있다면, 청색 참새를 그린 깃발을 세운다.['載'자의 음은 '戴(대)'이다.] 행차하는 길 앞에 먼지가 일어나게 되면, 울고 있는 솔개를 그린 깃발을 세운다. 행차하는 길 앞에 수레와 말들이 있다면, 날고 있는 기러기를 그린 깃발을 세운다. 행차하는 길 앞에 병사들이 있다면, 호랑이 가죽으로 만든 깃발을 세운다. 행차하는 길 앞에 사나운 맹수들이 나타난다면, 비휴를 그린 깃발을 세운다. 군대가 출동할 때 선봉 부대에는 주작을 그린 깃발을 세우며 후군에는 현무를 그린 깃발을 세우고, 좌측 부대에는 청룡을 그린 깃발을 세우며 우측 부대에는 백호를 그린 깃발을 세운다. 본대에는 북두칠성을 그린 깃발을 그 앞에 세워서, 병사들의 전투력을 고취시킨다.['繕'자는 글자대로 읽는다.] 군대가 나아가고 물러남에는 법도가 있고, 좌측과 우측에는 각각 분담하는 영역이 있으니, 각 부대의 장수는 자신의 부대를 통솔하여 그 영역을 담당한다. [옛 판본에는 「곡례상」편의 "사는 옛 관련 문서들을 수레에 싣고서 간다."[3]라고 한 문장 뒤에 수록되어 있었다.]

---

3) 『예기』「곡례상」 184장 : 史載筆, 土載言.

疏曰: 王行宜警備, 故前有變異, 則擧類示之. 青旌者, 青雀也, 是水鳥.

소에서 말하길, 천자가 행차를 하게 되면 마땅히 삼엄한 경계를 하게 된
다. 그렇기 때문에 전방에 변고가 발생하면 변고에 해당하는 종류의 깃
발을 내걸어서 변고를 표시하게 된다. '청정(靑旌)'이라는 것은 청색으로
된 참새를 그린 깃발로, 물가에서 사는 새에 해당한다.

鳶, 鴟也. 鴟鳴則風生, 風生則塵埃趨. 鴻, 鴈也. 鴈飛有行列, 與車
騎相似. 虎威猛, 亦士師之象. 行, 軍旅之出也. 朱鳥·玄武·青龍·
白虎, 四方宿名也. 以爲旗章, 其旒數皆放之. 龍旗則九旒, 雀則七
旒, 虎則六旒, 龜蛇則四旒也. 招搖, 北斗七星也, 居四方宿之中, 軍
行法之, 作此擧之於上, 以指正四方, 使戎陣整肅也.

'연(鳶)'자는 솔개를 뜻한다. 솔개가 울면 바람이 불며, 바람이 불면 먼
지가 일어난다. '홍(鴻)'자는 기러기를 뜻한다. 기러기가 날 때에는 대열
을 맞추고 있으니, 그 모습이 마치 수레와 말들이 대오를 짜고 있는 모
습과 흡사하다. 호랑이는 위엄이 있고 맹렬하므로, 또한 병사들을 상징
한다. '행(行)'자는 군대의 출정을 뜻한다. 주조(朱鳥)[4]·현무(玄武)[5]·

---

[4] 주조(朱鳥)는 남쪽 하늘의 별자리들을 총칭하는 용어이다. 하늘의 주요 별자리인
28수(宿) 중 남쪽 방위에 해당하는 정수(井宿)·귀수(鬼宿)·류수(柳宿)·성수
(星宿)·장수(張宿)·익수(翼宿)·진수(軫宿) 등 7개의 별자리를 총칭한다. 이
일곱 별자리를 서로 연결하면, 새의 형상이 되며, 붉은색[朱]은 불[火]의 색깔에
해당하는데, 방위와 오행(五行)을 연관시키면, 불은 남쪽에 해당하기 때문에, '주
조'라고 부르는 것이다.

[5] 현무(玄武)는 북쪽 하늘의 별자리들을 총칭하는 용어이다. 하늘의 주요 별자리인
28수(宿) 중 북쪽 방위에 해당하는 두수(斗宿)·우수(牛宿)·여수(女宿)·허수
(虛宿)·위수(危宿)·실수(室宿)·벽수(壁宿) 등 7개의 별자리를 총칭한다. 이
일곱 별자리를 서로 연결하면, 거북이[武]의 형상이 되며, 검은색[玄]은 물[水]의
색깔에 해당하는데, 방위와 오행(五行)을 연관시키면, 물은 북쪽에 해당하기 때문
에, '현무'라고 부르는 것이다.

청룡(靑龍)6) · 백호(白虎)7)는 사방의 별자리들을 뜻하는 용어이다. 이 별자리들을 깃발의 무늬로 만들고, 깃발에 다는 깃술의 숫자는 모두 각각의 별자리에 따른다. 즉 청룡의 깃발에는 9개의 깃술을 달고, 주작의 깃발에는 7개의 깃술을 달며, 백호의 깃발에는 6개의 깃술을 달고, 현무8)의 깃발에는 4개의 깃술을 단다. '초요(招搖)'는 북두칠성이니, 네 방위의 별자리들 중에서도 정중앙에 위치하는데, 군대가 출동할 때에는 이처럼 각 방위의 수호를 받으며 간다는 모습을 본뜨게 된다. 그렇기 때문에 북두칠성을 그린 깃발을 만들어서 본대의 앞에 내세우고, 이 깃발을 이용하여 군대의 각 방위별 위치를 바로잡아서, 진형을 정돈하게 만든다.

呂氏曰: 急, 迫之也. 繕, 言作而致其怒也.

여씨가 말하길, '급(急)'자는 "~을 재촉한다."는 뜻이다. '선(繕)'자는 고무시켜서 그들의 분노를 이끌어낸다는 뜻이다.

---

6) 청룡(靑龍)은 동쪽 하늘의 별자리들을 총칭하는 용어이다. 하늘의 주요 별자리인 28수(宿) 중 동쪽 방위에 해당하는 각수(角宿) · 항수(亢宿) · 저수(氐宿) · 방수(房宿) · 심수(心宿) · 미수(尾宿) · 기수(箕宿) 등 7개의 별자리를 총칭한다. 이 일곱 별자리를 서로 연결하면, 용의 형상이 되며, 파란색[靑]은 나무[木]의 색깔에 해당하는데, 방위와 오행(五行)을 연관시키면, 나무는 동쪽에 해당하기 때문에, '청룡'이라고 부르는 것이다.

7) 백호(白虎)는 서쪽 하늘의 별자리들을 총칭하는 용어이다. 하늘의 주요 별자리인 28수(宿) 중 서쪽 방위에 해당하는 규수(奎宿) · 루수(婁宿) · 위수(胃宿) · 묘수(昴宿) · 필수(畢宿) · 자수(觜宿) · 삼수(參宿) 등 7개의 별자리를 총칭한다. 이 일곱 별자리를 서로 연결하면, 호랑이의 형상이 되며, 흰색[白]은 쇠[金]의 색깔에 해당하는데, 방위와 오행(五行)을 연관시키면, 쇠는 서쪽에 해당하기 때문에, '백호'라고 부르는 것이다.

8) 귀사(龜蛇)는 거북이와 뱀을 뜻하는데, 고대인들은 현무(玄武)에 대해서 거북이라고 여기기도 하고, 거북이와 뱀이 합쳐진 모습으로도 여겼기 때문에, '현무'를 '귀사'라고도 부르는 것이다.

右言師行之法也.

여기까지는 군대를 출동시키는 예법을 언급하였다.

凡僕人之禮, 必授人綏, 若僕者降等, 則受, 不然則否.〈上213〉
若僕者降等, 則撫僕之手, 不然, 則自下拘[溝]之.〈上214〉[舊在"溝
渠必步"之下.]

무릇 마부가 된 자가 지켜야 하는 예법에서는 반드시 상대방에게 정수
(正綏)를 건네야 하니, 만약 마부의 신분이 상대방보다 낮다면 상대방
은 사양하지 않고 받으며, 그렇지 않은 경우라면 건네받지 않는다. 만
약 마부의 신분이 상대방보다 낮은 경우라면 사양하지 않고 정수를 받
아야 하지만, 이때에도 마부의 손을 지그시 눌러서 겸양의 예를 표하고,
마부의 신분이 낮지 않다면 마부의 손 아래쪽으로부터 정수를 건네받는
다. ['拘'자의 음은 '溝(구)'이다. 옛 판본에는 「곡례상」편의 "도랑을 지나갈 때에는
반드시 수레에서 내려서 도보로 이동한다."[1]라고 한 문장 뒤에 수록되어 있었다.]

集說

凡爲車之僕者, 必以正綏授人, 不但臣於君爲然也. 若僕之等級卑
下, 如士於大夫之類, 則授綏之時, 直受之而已, 無辭讓也. 非降等
者, 則不受. 降等者, 雖當受其綏, 然猶撫止其手, 如不欲其親授然,
然後受之, 亦謙讓之道也. 不降等者, 己雖不欲受, 而彼必授, 則郤
手從僕之手下, 而自拘取之也.

무릇 수레의 마부가 된 자들은 반드시 정수(正綏)를 수레에 오르는 자에
게 건네야 하니, 단지 신하가 군주에 대해서만 그렇게 하는 것이 아니
다. 만약 마부가 된 자의 신분이 낮은 경우, 예를 들어 사가 대부를 대
하는 경우와 같다면, 정수를 건네게 될 때 단지 그것을 건네받기만 할
따름이며 사양하지 않는다. 마부의 신분이 낮은 경우가 아니라면 정수

---

1) 『예기』「곡례상」 212장 : 車驅而騶至于大門, 君撫僕之手, 而顧命車右就車, 門
閭溝渠必步.

를 건네받지 않는다. 마부의 신분이 낮은 경우에는 비록 그가 건네는 정수를 받아야 하지만, 오히려 그의 손을 눌러서 저지하니, 마치 그가 직접 건네게 하고 싶지 않다는 뜻을 표하는 것으로, 이렇게 한 연후에야 정수를 건네받는데, 이 또한 겸양의 도리에 해당한다. 마부의 신분이 낮지 않은 경우에는 수레를 타게 되는 본인이 비록 직접 건네받고 싶어 하지 않지만, 마부가 기어코 정수를 건네게 되면, 손을 뒤집어서 마부의 손 아래쪽으로부터 직접 정수를 잡게 된다.

經文

故君子式黃髮, 下卿位, 入國不馳, 入里必式.〈上216〉

그러므로 군자가 수레를 타고 길을 갈 때, 머리칼이 누런 노인을 보게 되면 반드시 수레의 식을 잡고서 예의를 표하며, 경이 위치하게 되는 자리를 지나칠 때에는 반드시 수레에서 내리고, 국성에 들어와서는 사람들이 다칠 수 있으므로 수레를 빨리 몰지 않으며, 마을에 들어서면 반드시 식을 잡고 예의를 표한다.

集說

式黃髮, 敬老也. 下卿位, 敬大臣也.

머리가 누런 노인에게 수레의 식을 잡고 예의를 표하는 것은 노인을 공경하기 때문이다. 경들이 위치하게 되는 자리를 지나칠 때 수레에서 내리는 것은 대신들을 공경하기 때문이다.

鄭氏曰: 發句言故, 明此象篇雜辭也歟.

정현이 말하길, 이곳 구문을 시작하며 '그러므로'라고 하였는데, 이것은 곧 이곳 문장들이 여러 편들의 글들을 여기저기에서 따다가 기록한 것임을 나타낸다.

近按: 此節舊以爲國君之事, 然曰君子, 則非專指國君也. 卿位, 君將出而卿大夫序立門外, 以待君出之處也. 雖非君出而卿不在, 君子不以虛位而慢之也.

내가 살펴보니, 이곳 문단을 옛 판본에서는 제후에 대한 사안으로 여겼다. 그런데 '군자(君子)'라고 했다면 이것은 제후만을 가리키는 것이 아니다. '경위(卿位)'는 군주가 국경 밖으로 나가려고 할 때 경과 대부는 차례대로 문밖에 서 있으며 군주가 밖으로 나오기를 기다리는 지점을 뜻한다. 비록 군주가 실제로 출타하는 것이 아니어서 경이 그 자리에 있지 않지만, 군자는 빈자리라고 하여 소홀하게 대하지 않기 때문이다.

客車不入大門. 婦人不立乘. 犬馬不上於堂.〈上215〉 [舊本客車以
下在上節故君子之上, 今互換之以犬馬終焉.]

빈객의 수레는 상대방 집의 대문까지는 들어가지 않는다. 부인들은 수
레에 탈 때 서서 타지 않는다. 개와 말은 당 위에 올리지 않는다. [옛
판본에는 '객거(客車)'라는 말로부터 그 이하의 구문들이 앞 문단인 '고군자(故君
子)' 앞에 수록되어 있었는데, 이곳에서는 이를 뒤바꾸어 개와 말에 대한 내용으로
결론을 맺도록 했다.]

浅見

右言僕御乘車之禮也.

여기까지는 마부가 수레를 몰고 수레에 오르는 예법을 언급하였다.

右傳之第十章.

여기까지는 전 10장이다.

汎言上下之通禮.

상하계층의 통상적인 예법을 범범하게 언급하였다.

右曲禮上下篇, 今分爲經一章·傳十章. 舊經雜記諸禮, 文義不倫,
今以父子·君臣·男女·長幼·朋友之倫, 分其類, 吉凶·終始·小
大·輕重·先後之序, 次其言, 章分類合井然, 有條誠有便於初學之
觀也. 嗚呼! 禮儀三百之大, 威儀三千之多, 雖未易言, 然其要只在
"毋不敬"之一言而已. 學者苟能從事於斯, 以立其本, 又能叅究十有
一章之旨而力行之, 則人倫之道無所不備, 而禮之全體不外是矣, 可
不勉哉!

여기까지는 「곡례상」편과 「곡례하」편인데, 이곳에서는 이를 경 1장과 전 10개 장으로 나누었다. 옛 경문에는 여러 예법들을 뒤섞어 기록하여 문맥의 뜻이 매끄럽지 못했는데, 이곳에서는 부자·군신·남녀·장유·붕우라는 인륜의 항목을 기준으로 비슷한 부류들을 구분하였고, 길흉·시종·대소·경중·선후의 순서에 따라 그 말들을 차례대로 기록하였으니, 장에 따른 구분과 비슷한 부류들의 취합이 정연하게 되어 진실로 이를 처음 보는 자들에게 살펴보기 편리한 점이 생겼다. 오호라! 예의 300가지의 거대함과 위의 3,000가지의 많음에 대해서는 쉽게 말할 수 없지만, 그 요점은 "공경하지 않음이 없다."라는 한 마디에 있을 따름이다. 배우는 자가 만약 이에 잘 따라서 근본을 확립하고, 또 11개 장의 뜻을 면밀히 살펴 힘써 시행할 수 있다면, 인륜의 도리에 갖추지 않는 바가 없게 되고, 예의 전체도 여기에서 벗어나지 않게 되니, 힘쓰지 않을 수 있겠는가!

禮記淺見錄卷第三

『예기천견록』 3권

「단궁상(檀弓上)」

淺見

近按: 此篇雜記諸子言行有得有失·有常有變, 每章異旨不相聯屬,
如論·孟諸書之比不可强分其類, 姑仍其舊, 但其間或有一事而先
後倒置, 不可不正者, 與夫先賢訓釋容有可議者, 則別擧而陳之爾.
先儒謂此篇首言子游及篇內多言之, 疑是其門人所記, 然論語記孔
門諸子之言, 雖以顏子之亞聖不以子稱, 而獨有子·曾子稱子, 故程
子謂成於二子之門人. 此篇亦唯二子稱子, 而子游則稱字, 又多言
曾子之失禮, 若是成於子游之門人, 則不應以字而稱其師, 若如論語
而二子稱子謂亦成於二子之門人, 則亦不應言曾子之失禮也. 愚臆
謂論語之書成於二子門人之手而二子以子稱, 後世記禮者因之, 亦
以二子稱子而諸子稱字也歟, 雖至于今, 其稱亦然, 爲可見矣. 若夫
曾子失禮之事, 其有無未可知, 然夫子嘗曰: "參也魯", 則是其天性
質魯, 其在幼年動作成儀之間, 必有不能皆如諸子之辨慧捷敏者矣,
至加三省之功而得聞一貫之後, 則道德之高, 又非諸子之所可企, 寧
有所失者乎? 此亦觀此篇者所當先知者也.

내가 살펴보니, 「단궁」편은 여러 사람들의 언행에 나타난 득실과 상례
와 변례를 뒤섞어 기록하고 있어 매 장마다 그 뜻이 달라 서로 연관되지
않는다. 이것은 마치 『논어』와 『맹자』 등의 책들과 비슷하여 억지로 부
류를 나눌 수 없어, 옛 판본의 기록을 따르되 중간에 간혹 어떤 사안에
있어 선후가 도치된 부분이 있어 바로잡지 않을 수 없는 점들이 있거나
선현들의 해석에 있어 의론할 만한 것들이 있는 경우에는 별도로 이를
제시하고 그 내용을 진술하였다. 선대 학자들은 「단궁」편의 첫 부분에
서 자유를 언급하였고, 「단궁」편 안에는 그의 말이 여러 차례 기록되어

있어서 이것이 그의 문인들이 기록한 것이 아닐까 의심하였다. 『논어』의 경우 공자 문하의 여러 제자들의 말을 기록하였고, 비록 안자와 같은 아성에 대해서 '자(子)'자를 붙여 부르지 않고 유독 유자와 증자에 대해서만 자자를 붙여서 불렀으므로, 정자는 『논어』가 유자와 증자의 문인들에 의해서 결집되었다고 여겼다. 「단궁」편에서도 유자와 증자에 대해서만 자자를 붙여서 불렀고, 자유에 대해서는 그의 자(字)자를 지칭했으며, 또 증자가 범한 실례를 언급한 것이 많다. 만약 이것이 자유의 문인들에 의해 결집이 된 것이라면 그의 자로 자신의 스승을 지칭해서는 안 되며, 또 『논어』와 같이 유자와 증자에 대해서만 자자를 붙여서 불렀으므로, 「단궁」편 또한 유자와 증자의 문인들에 의해 결집되었다고 한다면, 또한 증자가 범한 실례를 언급해서는 안 된다. 내가 생각하기에 『논어』라는 책이 유자와 증자의 문인들에 의해 결집되어 유자와 증자에 대해서만 자자를 붙여서 불렀는데, 후세에 『예기』를 기록한 자가 그 체제에 따랐으므로, 유자와 증자에 대해서는 자자를 붙여서 불렀고, 나머지 공자의 제자들에 대해서는 자로 지칭했을 것이다. 비록 현재에 이르러서도 그 칭호가 또한 이러하니, 이와 같은 사실을 확인할 수 있다. 증자가 범한 실례의 경우에는 그것이 실제로 있었던 일인지 아닌지 확인할 수 없다. 그러나 공자는 일찍이 "증삼은 노둔하다."[1]라고 평했으니, 그의 천성과 자질은 노둔하였고, 그에 따라 어렸을 때의 행동거지에는 분명 여러 제자들처럼 총명하고 민첩하게 모든 일을 해낼 수 없었던 점이 있었을 것이다. 그리고 세 차례 반성을 해보는 노력을 더하고 공자의 학문이 일관되었다는 가르침을 듣게 된 이후에는 도덕이 고매하게 되어 다른 제자들이 따를 수 없었는데, 어떻게 잘못을 범할 수 있겠는가? 이것은 「단궁」편을 읽기 전에 먼저 알아야만 하는 사실이다.

---

1) 『논어』「선진(先進)」: 柴也愚, 參也魯, 師也辟, 由也喭. 子曰, "回也其庶乎, 屢空. 賜不受命, 而貨殖焉, 億則屢中."

「단궁」편 문장 순서 비교

『예기집설』	『예기천견록』	
	구분	문장
上001		上001
上002		上002
上003		上003
上004		上004
上005		上005
上006		上006
上007		上013
上008		上007
上009		上008
上010		上009
上011		上010
上012		上011
上013		上012
上014		上014
上015		上015
上016		上016
上017	1장	上017
上018		上018
上019		上019
上020		上020
上021		上021
上022		上022
上023		上023
上024		上024
上025		上025
上026		上026
上027		上027
上028		上028
上029		上029
上030		上030
上031		上031
上032		上032

『예기집설』	『예기천견록』	
	구분	문장
上033		上033
上034		上034
上035		上035
上036		上036
上037		上037
上038		上038
上039		上039
上040		上040
上041		上041
上042		上042
上043		上043
上044		上044
上045		上045
上046		上046
上047		上047
上048		上048
上049	1장	上049
上050		上050
上051		上051
上052		上052
上053		上053
上054		上054
上055		上055
上056		上062
上057		上063
上058		上056
上059		上057
上060		上058
上061		上059
上062		上060
上063		上061
上064		上064
上065		上065

『예기집설』	『예기천견록』	
	구분	문장
上066		上066
上067		上067
上068		上068
上069		上069
上070		上070
上071		上071
上072		上072
上073		上073
上074		上074
上075		上075
上076		上076
上077		上077
上078		上078
上079		上079
上080		上080
上081		上081
上082	1장	上082
上083		上083
上084		上084
上085		上085
上086		上086
上087		上087
上088		上088
上089		上089
上090		上090
上091		上091
上092		上092
上093		上093
上094		上094
上095		上095
上096		上096
上097		上097
上098		上098

『예기집설』	『예기천견록』	
	구분	문장
上099		上099
上100		上100
上101		上101
上102		上102
上103		上103
上104		上105
上105		上106
上106		上107
上107		上108
上108		上109
上109		上110
上110		上111
上111		上112
上112		上113
上113		上114
上114		上115
上115	1장	上116
上116		上117
上117		上118
上118		上145
上119		上148
上120		上137
上121		上138
上122		上139
上123		上143
上124		上123
上125		上140
上126		上141
上127		上142
上128		上144
上129		下002
上130		上149
上131		上130

『예기집설』	『예기천견록』	
	구분	문장
上132		下012
上133		下011
上134		上146
上135		上147
上136		上104
上137		上126
上138		上124
上139		上125
上140		上127
上141		上128
上142	1장	上129
上143		上151
上144		上120
上145		上122
上146		上121
上147		上119
上148		上131
上149		上132
上150		上133
上151		上134
下001		上150
下002		下001
下003		下003
下004		下008
下005		下009
下006		下010
下007		下006前
下008	2장	下004
下009		下006後
下010		上135
下011		上136
下012		下007
下013		下014

『예기집설』	『예기천견록』	
	구분	문장
下014		下016
下015		下017
下016		下018
下017		下019
下018		下013
下019		下005
下020		下021
下021		下022
下022		下029
下023		下028
下024		下023
下025		下031
下026		下024
下027		下025
下028	2장	下026
下029		下027
下030		下044
下031		下030
下032		下035
下033		下036
下034		下032
下035		下033
下036		下034
下037		下037
下038		下038
下039		下039
下040		下040
下041		下041
下042		下042
下043		下015
下044	무분류	下020
下045		下043
下046		下045

『예기집설』	『예기천견록』	
	구분	문장
下047		下046
下048		下047
下049		下048
下050		下049
下051		下050
下052		下051
下053		下052
下054		下053
下055		下054
下056		下055
下057		下056
下058		下057
下059		下058
下060		下059
下061		下060
下062		下061
下063	무분류	下062
下064		下063
下065		下064
下066		下065
下067		下066
下068		下067
下069		下068
下070		下069
下071		下070
下072		下071
下073		下072
下074		下073
下075		下074
下076		下075
下077		下076
下078		下077
下079		下078

『예기집설』	『예기천견록』	
	구분	문장
下080		下079
下081		下080
下082		下081
下083		下082
下084		下083
下085		下084
下086		下085
下087		下086
下088		下087
下089		下088
下090		下089
下091		下090
下092		下091
下093		下092
下094		下093
下095		下094
下096	무분류	下095
下097		下096
下098		下097
下099		下098
下100		下099
下101		下100
下102		下101
下103		下102
下104		下103
下105		下104
下106		下105
下107		下106
下108		下107
下109		下108
下110		下109
下111		下110
下112		下111

『예기집설』	『예기천견록』	
	구분	문장
下113		下112
下114		下113
下115		下114
下116		下115
下117		下116
下118		下117
下119		下118
下120		下119
下121		下120
下122		下121
下123		下122
下124		下123
下125		下124
下126		下125
下127		下126
下128	무분류	下127
下129		下128
下130		下129
下131		下130
下132		下131
下133		下132
下134		下133
下135		下134
下136		下135
下137		下136
下138		下137
下139		下138
下140		下139
下141		下140
下142		下141
		下142

제 1 장

經文

公儀仲子之喪, 檀弓免[問]焉. 仲子舍其孫而立其子, 檀弓曰: "何居[姬]? 我未之前聞也." 趨而就子服伯子於門右.〈001〉 曰: "仲子舍其孫而立其子何也?" 伯子曰: "仲子亦猶行古之道也. 昔者文王舍伯邑考而立武王, 微子舍其孫腯[徒本反]而立衍也. 夫仲子亦猶行古之道也." 子游問諸孔子, 孔子曰: "否! 立孫."〈002〉

공의중자의 상에 대해서, 단궁은 단문(袒免)[1]을 하고['免'자의 음은 '問(문)'이다.] 조문을 갔다. 그가 이처럼 예법에 어긋나는 행동을 한 이유는 공의중자가 적손을 버려두고 대신 서자를 후계자로 세웠기 때문인데, 단궁은 "이 무슨 까닭['居'자의 음은 '姬(희)'이다.]인가? 나는 이처럼 따르는 도리를 들어보지 못했다."라고 했다. 그리고는 곧 종종걸음으로 나아가서 문 오른쪽에 있던 자복백자에게 다가갔다. 단궁이 묻기를, "공의중자가 적손을 버려두고 서자를 후계자로 삼은 것은 무슨 까닭인가?"라고 하였다. 그러자 자복백자는 "공의중자 또한 고대의 도리를 시행하려고 했을 것이다. 옛날에 문왕도 적장자인 백읍고를 폐하고 무왕을 후계자로 삼았었고, 미자도 적손인 돈['腯'자는 '徒(도)'자와 '本(본)'자의 반절음이다.]을 폐하고, 동생인 연을 후계자로 삼았었다. 따라서 공의중자 또한 고대의 도리를 시행하려고 했었던 것이다."라고 대답했다. 자유는 이러한 일화를 전해 듣고, 공자에게 이것이 맞는 말인지를 질문하였는데, 공자는 "아니다! 자복백자의 말은 틀렸다. 단궁의 말처럼 적손을 세우는 것이 올바른 예법이다."라고 했다.

---

1) 단문(袒免)은 상의의 한쪽을 벗어 좌측 어깨를 드러내고, 관(冠)을 벗고 머리끈으로 머리를 묶는다는 뜻이다. 먼 친척이 죽었을 때, 해당하는 상복(喪服)이 없다면, 이처럼 '단문'을 해서 애도하는 마음을 표현하게 된다.

伯邑考, 文王之長子, 武王之兄也. 腯, 微子之適孫也.

'백읍고(伯邑考)'는 문왕의 장자이며 무왕의 형이다. '돈(腯)'은 미자의
적손이다.

近按: 此章言公儀仲子之喪, 檀弓爲非禮之免, 以譏其舍適孫而立庶
子之失也. 蓋喪雖人道之終, 而立後又正始之事, 故以此托始而因
以檀弓名篇. 苟以類分則後節司寇惠子之喪, 子游麻衰牡麻絰者,
正與此同, 當屬此下, 然此篇汎記諸子議禮之言, 本無終始先後之
序, 不必如此屑屑以强分之也. 子游平日於仲子之事問諸孔子, 而
知舍孫立子之非正, 故於惠子之喪又爲之服, 以正其廢嫡立庶之失,
適孫猶不可舍, 況適子乎?

내가 살펴보니, 이 문장은 공의중자의 상에 단궁은 비례에 해당하는 문
(免)[2]을 하여 그가 적손을 폐하고 서자를 세웠던 잘못을 기롱했음을 기
록하였다. 비록 상이라는 것이 인도의 마침이 되지만, 후계자를 세우는
것은 또한 시작을 올바르게 하는 사안이 된다. 그렇기 때문에 이것으로
시작을 의탁하고, 이를 통해 '단궁(檀弓)'으로 편명을 정한 것이다. 만약
비슷한 부류에 따라 구분한다면 다음 문단에 나오는 사구혜자의 상에
자유가 길복에나 쓰이는 포로 상복을 만들어서 입고, 자최복에나 착용
하는 질을 쓰고서 조문을 갔던 일화[3]가 바로 이곳의 경우와 합치되어,
이곳 구문 뒤로 연결시켜야 한다. 그러나 「단궁」편은 여러 사람들이 예
에 대해 의론한 말들을 범범하게 기록하고 있으며, 본래부터 시작과 끝
및 선후에 따른 순서가 없으니, 이와 같이 소소한 것까지 억지로 구분할
필요는 없다. 자유는 평소 공의중자의 일화를 공자에게 질문하여, 적손

---

2) 문(免)은 '문(絻)'이라고도 부른다. 문포(免布)나 문복(免服)과 같은 뜻이다.
3) 『예기』「단궁상」071장 : 司寇惠子之喪, 子游爲之麻衰, 牡麻絰. 文子辭曰: "子
辱與彌牟之弟游, 又辱爲之服, 敢辭." 子游曰: "禮也."

을 폐하고 서자를 세우는 것은 올바른 일이 아님을 알았다. 그렇기 때문에 혜자의 상에서는 또한 그를 위해 이와 같은 복장을 착용하여, 적자를 폐하고 서자를 세운 잘못을 바로잡았던 것인데, 적손도 오히려 폐할 수 없는데 하물며 적자의 경우라면 어떠하겠는가?

事親有隱而無犯, 左右就養[去聲]無方, 服勤至死, 致喪三年.
事君有犯而無隱, 左右就養有方, 服勤至死, 方喪三年. 事師
無犯無隱, 左右就養無方, 服勤至死, 心喪三年.〈003〉

부모를 섬길 때에는 허물을 덮어두고 면전에서 허물을 직접적으로 지적
함이 없으며, 좌우로 나아가 봉양을 함에「養'자는 거성으로 읽는다.」특별히
정해진 제한이 없고, 힘든 일에 복무하며 목숨을 바쳐서 하고, 부모가
돌아가셨을 때에는 상례의 법도를 지극히 하여 삼년상을 치른다. 군주
를 섬길 때에는 면전에서 허물을 직접적으로 지적하고 허물을 덮어주는
일이 없으며, 좌우로 나아가 봉양을 할 때에는 특별히 정해진 제한이
있고, 힘든 일에 복무하며 목숨을 바쳐서 하고, 군주가 돌아가셨을 때에
는 부모에 대한 상례에 견주어서 삼년상을 치른다. 스승을 섬길 때에는
면전에서 허물을 지적하는 일도 없고 허물을 덮어주는 일도 없으며, 좌
우로 나아가 봉양을 할 때에는 부모에 대한 경우와 마찬가지로 특별히
정해진 제한이 없고, 힘든 일에 복무하며 목숨을 바쳐서 하고, 스승이
돌아가셨을 때에는 심상(心喪)[1]의 방법으로 삼년상을 치른다.

饒氏曰: 子之於親, 不分職守, 事事皆當理會, 無可推托; 事師如事
父, 故皆無方有. 方言, 左不得越右, 右不得越左, 有一定之方. 臣之
事君, 當各盡職守, 故曰有方.

---

1) 심상(心喪)은 죽음에 대해 애도함이 상을 치르는 것과 같지만, 실제적으로 상복
을 입지 않는 것을 뜻한다. 주로 스승이 죽었을 때, 제자들이 치르는 상을 가리킨
다. 『예기』「단궁상(檀弓上)」편에서는 "事師無犯無隱, 左右就養無方, 服勤至
死, 心喪三年."이라는 기록이 있고, 이에 대한 정현의 주에서는 "心喪, 戚容如父
而無服也."라고 풀이했다.

요씨[2]가 말하길, 자식은 부모에 대해서, 신하가 군주를 대하듯 직분과 임무를 분간하지 않으니, 모든 일에 대해서 마땅히 도리에 합치되도록 해야 하며 회피할 수 없다. 그리고 스승을 섬기는 일은 부모를 섬기는 일과 같기 때문에, 모든 일에 있어 특별히 정해진 방향이 없다. "방향이 있다."는 말은 좌측에 있어서는 우측으로 넘어갈 수 없고, 우측에 있어서는 좌측으로 넘어갈 수 없으며, 일정하게 정해진 방향이 있다는 뜻이다. 신하는 군주에 대해서, 마땅히 각자 자신의 직분과 임무를 다해야 한다. 그렇기 때문에 '유방(有方)'이라고 말한 것이다.

朱氏曰: 親者, 仁之所在, 故有隱而無犯; 君者, 義之所在, 故有犯而無隱; 師者, 道之所在, 故無犯無隱也.

주씨가 말하길, 부모와의 관계에는 인(仁)이 포함되어 있다. 그렇기 때문에 허물을 덮어줌은 있으나 면전에서 허물을 탓함이 없다. 군주와의 관계에는 의(義)가 포함되어 있다. 그렇기 때문에 면전에서 허물을 탓함은 있으나 허물을 덮어줌이 없다. 스승과의 관계에는 도(道)가 포함되어 있다. 그렇기 때문에 허물을 탓함도 없고 허물을 덮어줌도 없다.

劉氏曰: 隱皆以諫言. 父子主恩, 犯則爲責善而傷恩, 故幾諫而不可犯顏; 君臣主義, 隱則是畏威阿容而害義, 故匡救其惡, 勿欺也而犯之. 師生處恩義之間, 而師者道之所在, 諫必不見拒, 不必犯也; 過則當疑問, 不必隱也. 隱非掩惡之謂, 若掩惡而不可揚於人, 則三者皆當然也. 惟秉史筆者不在此限. 就養, 近就而奉養之也. 致喪, 極其哀毀之節也. 方喪, 比方於親喪而以義竝恩也. 心喪, 身無衰麻之

---

2) 요로(饒魯, A.D.1194~A.D.1264) : =쌍봉요씨(雙峰饒氏)·요쌍봉(饒雙峰)·요씨(饒氏). 송(宋)나라 때의 학자이다. 호(號)는 쌍봉(雙峰)이고, 자(字)는 백여(伯興)·중원(仲元)이다. 저서로는 『오경강의(五經講義)』·『논맹기문(論孟紀聞)』·『춘추절전(春秋節傳)』·『학용찬술(學庸纂述)』·『근사록주(近思錄注)』 등이 있다.

服, 而心有哀戚之情, 所謂若喪父而無服也.

유씨가 말하길, 이곳에 기록된 '은(隱)'자는 모두 간언을 한다는 것을 기준으로 말한 것이다. 부자관계에서는 은혜로움을 위주로 하니, 면전에서 허물을 탓하게 된다면, 친구사이에서나 하듯 선함을 권면하게 되어 은혜로움에 해를 끼치게 된다. 그렇기 때문에 은미한 말로 조심스럽게 간언을 하되 부모가 싫은 안색을 나타내도록 할 수 없다. 군신관계에서는 의로움을 위주로 하니, 은미한 말로만 간언을 하게 된다면 군주를 두려워하며 그의 잘못에 대해서 받아들이기만 하게 되어 의로움을 해치게 된다. 그렇기 때문에 그의 잘못된 점을 바로잡으며 속이지 말고 허물을 직접적으로 드러내야 한다. 스승과 학생의 관계는 은혜로움과 의로움 사이에 놓이게 되고, 스승에게는 도가 포함되어 있으니, 간언을 하더라도 반드시 거절당하지 않게 되므로, 허물을 직접적으로 드러낼 필요가 없다. 그리고 허물이 있다면 마땅히 질의를 해야 하므로, 은미한 말로 간언을 할 필요도 없다. '은(隱)'이라는 것은 악함을 감춘다는 뜻이 아니니, 만약 악함을 감추고 사람들에게 그 사실을 드러낼 수 없다고 한다면, 부자·군신·사제 관계에서는 모두 이처럼 해야 할 것이다. 그리고 오직 역사를 기록하는 사관만이 이러한 제한에서 자유로울 수 있게 된다. '취양(就養)'은 가까이 다가가서 봉양을 한다는 뜻이다. '치상(致喪)'은 슬퍼하고 애통해하는 법도를 지극히 나타낸다는 뜻이다. '방상(方喪)'은 부모에 대한 상에 견주어 치러서, 군신관계에 적용되는 의로움으로 부자관계에 적용되는 은혜로움을 포섭하는 것이다. '심상(心喪)'은 자신의 몸에 직접적으로 상복을 걸치지는 않고, 마음으로만 슬퍼하는 감정을 나타낸다는 뜻이니, 이른바 부친에 대한 상처럼 치르되 상복은 없다는 뜻이다.

季武子成寢, 杜氏之葬[才浪反]在西階之下, 請合葬焉, 許之. 入宮而不敢哭. 武子曰: "合葬, 非古也, 自周公以來, 未之有改也. 吾許其大而不許其細, 何居[姬]?" 命之哭.〈004〉

계무자가 자신의 침을 지었는데, 두씨의 무덤['葬'자는 '才(재)'자와 '浪(랑)'자의 반절음이다.]이 침의 서쪽 계단 아래에 놓이게 되었다. 그래서 두씨는 무덤을 합장하길 청원하였고, 계무자가 그 일을 허락했다. 두씨는 궁에 들어섰는데도 감히 곡을 하지 않았다. 그러자 계무자는 "합장을 하는 것은 고대의 예법이 아니며, 주공으로부터 그 이래로 이것을 고친 자가 아직까지 없었다. 그런데도 내가 합장이라는 커다란 사안에 대해 허락을 했는데, 곡을 하는 것처럼 사소한 사안에 대해서 허락하지 않을 리가 있겠소?['居'자의 음은 '姬(희)'이다.]"라고 말하고, 두씨에게 곡을 하도록 명령했다.

劉氏曰: 成寢而夷人之墓, 不仁也; 不改葬而又請合焉, 非孝也; 許其合而又命之哭焉, 矯僞以文過也. 且寢者, 所以安其家, 乃處其家於人之冢上, 於女安乎? 墓者, 所以安其先, 乃處其先於人之階下, 其能安乎? 皆不近人情, 非禮明矣.

유씨가 말하길, 침을 지으면서 남의 묘를 평평하게 만들어버리는 것은 인하지 못한 일이다. 그리고 장례를 치른 장소를 바꾸지 않고 재차 합장을 청원하는 것 또한 효가 아니다. 합장에 대해 허락을 하고 또 곡을 하도록 명령하는 것은 거짓과 속임수를 써서 자신의 잘못이 드러나지 않도록 꾸미는 것이다. 또 침(寢)이라는 것은 자신의 집에서도 편안하게 거주하는 건축물인데, 곧 남의 무덤 위에 그 집을 짓게 된다면 그대는 편안하겠는가? 묘(墓)라는 것은 그의 선조를 편안하게 머물도록 하는 곳인데, 곧 남의 계단 아래에 그 선조를 머물게 한다면, 편안하게 머물 수 있겠는가? 이 모두는 인정과 거리가 머니 비례가 됨이 분명하다.

子上之母死而不喪, 門人問諸子思曰: "昔者子之先君子喪出
母乎?" 曰: "然." 子之不使白也喪之, 何也?" 子思曰: "昔者吾先
君子無所失道, 道隆則從而隆, 道污則從而污, 伋則安能! 爲
伋也妻者, 是爲白也母; 不爲伋也妻者, 是不爲白也母." 故孔
氏之不喪出母, 自子思始也.〈005〉

자사의 아들 자상의 모친이 죽었는데, 그녀에 대한 상례를 치르지 않아
서, 문인들은 의혹이 들어 자사에게 질문하길, "옛날에 선생님의 부친이
신 백어께서는 집에서 쫓겨난 모친에 대해서 상을 치르시지 않았습니
까?"라고 하자 자사는 "상례를 치르셨다."라고 대답했다. 문인들이 재차
"선생님께서는 아들이신 백으로 하여금 상례를 치르지 않게끔 하셨는
데, 이것은 무슨 이유입니까?"라고 질문하자 자사는 "옛날에 나의 부친
께서는 도에서 벗어나는 일을 한 적이 없으셨고, 단지 도에 따라 융성
하게 해야 하면 그에 따라 융성하게 시행하셨고, 도에 따라 낮춰서 해
야 하면 그에 따라 낮춰서 시행하셨으나 내가 어찌 이러한 일을 잘 할
수 있겠는가! 나의 처가 된 자는 내 아들인 백의 모친이 되고, 나의 처
가 아닌 자는 백의 모친도 아니다."라고 했다. 그러므로 공씨의 가문에
서 출모(出母)[3]를 위해 상을 치르지 않았던 것은 자사로부터 시작된 것
이다.

集說

子上之母, 子思出妻也. 禮爲出母齊衰杖期, 而爲父後者無服, 心喪
而已.

---

3) 출모(出母)는 부친에게 버림을 받은 자신의 생모(生母)를 뜻한다. 또한 부친이
   죽은 이후 다른 집으로 재차 시집을 간 자신의 생모를 뜻하기도 한다.

자상의 모친은 자사의 쫓겨난 아내이다. 예법에 따르면 출모가 죽었을 때에는 그녀를 위해서 자최복을 입고 지팡이를 잡고서 기년상(期年喪)[4]을 치른다고 했으며, 만약 부친의 후계자가 된 자라면, 출모를 위해서는 상복을 입지 않고 심상(心喪)으로만 치를 뿐이라고 했다.

淺見

近按: 爲父後者, 承祖之重, 與祖爲體, 而出母與廟絶, 故不敢以我之私恩而爲之服也. 愚觀後章曰: "伯魚之母死, 期而猶哭. 夫子曰: '嘻! 甚.' 然後除之." 又曰: "子思之母死於衛, 赴於子思, 子思哭於廟. 人曰: '庶氏之母死, 何爲哭於孔氏之廟乎? 子思遂哭於他室." 以此二者觀之, 則伯魚喪期, 而子思亦哭於廟, 今不使子上喪之者何也? 蓋有出母, 有嫁母, 亦有出而嫁者, 是其有差歟. 臆謂伯魚之母出而不嫁, 則雖絶而有未盡絶者, 故孔子使伯魚喪之; 子思之母, 伯魚卒後, 雖嫁庶氏, 而伯魚在時未嘗見絶, 故猶可哭於廟門之外. 若子上之母, 則是已出而又嫁者歟, 故不使白也喪之, 此其恩義輕重之差, 不容無辨, 但人疑而問之, 則難乎自言其家事也, 故以聖人無所失道對之. 聖人禮義之所由出, 故可隆而隆, 可汚而汚, 其權度在我而無不合於中道也. 賢者但當守禮之經而已, 故曰: "我則安能如是也?" 直據其理而答之, 然參究前後之事而求之, 則其微旨可見矣.

내가 살펴보니, 부친의 후계자가 된 자는 조부의 중책을 계승하여 조부와는 한 몸체가 되지만, 출모는 종묘와 관계가 끊어졌다. 그렇기 때문에 감히 자신의 사적인 온정으로 인해 그녀에 대한 상복을 착용할 수 없는 것이다. 내가 뒤의 장들을 보니, "백어의 친모가 죽었는데, 1년이 지났음에도 백어가 여전히 곡을 했다. 공자는 '아! 너무 지나치구나.'라고 했고, 백어는 그 말을 듣고서야 곡하는 것을 그만두었다."[5]라고 했다. 또 "자사

---

4) 기년상(期年喪)은 1년 동안 치르는 상을 뜻한다. 일반적으로 자최복(齊衰服)을 입고 치르는 상을 뜻한다. '기년(期年)'은 1년을 뜻하는데, '자최복'은 일반적으로 1년 동안 입게 되는 상복이기 때문이다.

의 모친이 위나라에서 죽었는데, 자사에게 부고를 알려와 자사는 묘에서 곡을 했다. 문인이 '서씨 집안의 모친이 된 여인이 죽었는데, 어떻게 공씨 집안의 묘에서 곡을 할 수 있습니까?'라고 하자 자사는 마침내 다른 방으로 가서 곡을 했다."6)라고 했다. 이 두 문장을 통해 살펴보면, 백어는 기년상을 치렀고, 자사 또한 묘에서 곡을 했는데, 현재 자상으로 하여금 모친에 대한 상을 치르지 못하도록 한 것은 어째서인가? 아마도 출모가 있고 개가한 모친도 있고 또 쫓겨난 뒤에 개가한 모친도 있어서 이러한 차등이 생겼을 것이다. 내가 생각하기에 백어의 모친은 쫓겨났지만 개가를 하지 않았으니, 비록 관계가 단절되었지만 완전히 단절되지는 않은 것이다. 그래서 공자는 백어로 하여금 그녀에 대한 상을 치르도록 했다. 자사의 모친은 백어가 죽은 이후 비록 서씨의 집안으로 개가를 했지만, 백어가 생존했을 때에는 일찍이 쫓겨나지 않았다. 그렇기 때문에 여전히 묘문 밖에서 곡을 할 수 있었다. 자상의 모친과 같은 경우에는 이미 쫓겨났고 또 개가까지 했을 것이다. 그래서 백으로 하여금 그녀에 대한 상을 치르지 않도록 했으니, 이것은 온정과 도의 및 경중에 따른 차등으로, 변별하지 않을 수 없던 것인데, 문인들이 의문이 들어 질문을 했지만, 스스로 자신의 집안일에 대해 말하기가 어려웠던 것이다. 그래서 성인은 도에서 벗어나는 일을 한 적이 없다고 대답했다. 성인은 예의가 도출되는 대상이다. 그렇기 때문에 높일 수 있는 것에 대해서는 높이고 낮출 수 있는 것에 대해서는 낮췄는데, 그 법도는 나에게 달려 있으며 중도에 합치되지 않는 것이 없다. 현자는 단지 예의 큰 규범을 지키기만 할 따름이다. 그렇기 때문에 "내가 어찌 이와 같은 것들을 잘 할 수 있겠는가?"라고 말했다. 이것은 단지 그 이치를 들어 대답한 것인데, 전후의 사정을 면밀히 살펴보면 그 속에 숨어있는 뜻을 확인할 수 있다.

---

5) 『예기』「단궁상」 036장 : 伯魚之母死, 期而猶哭. 夫子聞之曰: "誰與哭者?" 門
   人曰: "鯉也." 夫子曰: "嘻! 其甚也!" 伯魚聞之, 遂除之.

6) 『예기』「단궁하」 114장 : 子思之母死於衛, 赴于子思, 子思哭于廟. 門人至, 曰:
   "庶氏之母死, 何爲哭于孔氏之廟乎?" 子思曰: "吾過矣! 吾過矣!" 遂哭于他室.

孔子曰: "拜而后稽顙, 頹乎其順也; 稽顙而后拜, 頎[懇]乎其至
也. 三年之喪, 吾從其至者." 〈006〉

공자가 말하길, "절을 한 이후에 머리를 땅에 닿도록 하는 것은 예법의
순서에 따르는 것이다. 그 반대로 머리를 땅에 닿도록 한 이후에 절을
하는 것은 자신의 애달픈 감정을 지극히 나타내는['頎'자의 음은 '懇(간)'이
다.] 것이다. 삼년상을 치르는 경우라면, 나는 자신의 애달픈 감정을 지
극히 나타내는 방법을 따르겠다."라고 했다.

集說

此言喪拜之次序也. 拜, 拜賓也. 稽顙者, 以頭觸地, 哀痛之至也. 拜
以禮賓, 稽顙以自致, 謂之順者, 以其先加敬於人, 而后盡哀於己,
爲得其序也. 頎者, 惻隱之發也, 謂之至者, 以其哀常在於親, 而敬
暫施於人, 爲極自盡之道也. 夫子從其至者, 亦與其易也, 寧戚之意.

이곳에서는 상례를 치를 때 절을 하는 순서에 대해 언급하고 있다. '배
(拜)'라는 것은 빈객에게 절을 한다는 뜻이다. '계상(稽顙)'이라는 것은
머리가 땅에 닿도록 하는 것으로, 애통함이 지극하기 때문이다. 절을 하
여 빈객을 예법에 맞게 대우하고, 이마를 땅에 닿도록 하여 제 스스로
지극한 감정을 드러내는 것을 '순(順)'이라 부른 것은 앞서 타인에게 공
경함을 나타내고 그 이후에 자신의 슬픔을 극진하게 나타내므로, 이것
은 그 순서에 알맞은 것이 되기 때문이다. '기(頎)'라는 것은 측은한 마
음을 나타내는 것인데, 이것을 지(至)라고 부른 이유는 애통한 마음이
항상 돌아가신 부모를 향해 있지만, 공경하는 마음이 잠시 타인에게 베
풀어지게 되니, 제 스스로 극진히 하는 도리를 지극하게 실천한 것이 되
기 때문이다. 공자가 그 지극함을 따르겠다고 한 것은 또한 수월하게
치르기 보다는 차라리 슬퍼하는 것이 낫다는 뜻에 해당한다.

孔子少孤, 不知其墓, 殯於五父[上聲]之衢. 人之見之者, 皆以
爲葬也, 其愼[舊讀爲引, 今如字.]也. 蓋殯也, 問於郰[鄒]曼[萬]父[甫]
之母, 然後得合葬於防.〈013〉

공자는 어렸을 때 부친을 여의어서 고아가 되었기 때문에, 부친의 묘가
어디에 있는지 알 수 없었다. 그래서 모친이 돌아가셨을 때, 오보['父'자
는 상성으로 읽는다.]의 길가에 가매장을 하였다. 사람들 중 이 모습을 본
자들은 모두들 공자가 모친의 장례를 치르는 것이라고 여겼는데, 이것
은 공자의 신중함['愼'자는 옛 주석에서는 '인(引)'자로 풀이하였는데, 이곳에서는
글자대로 읽는다.] 때문이었다. 아마도 가매장을 하고서 추만보['郰'자의 음
은 '鄒(추)'이다. '曼'자의 음은 '萬(만)'이다. '父'자의 음은 '甫(보)'이다.]의 모친에
게 부친의 묘가 어디에 있는지 물어본 이후에야 그 장소를 알게 되어서
부친의 묘가 있는 방 땅에서 모친의 영구를 합장할 수 있었다.

不知其墓者, 不知父墓所在也. 殯於五父之衢者, 殯母喪也. 禮無殯
於外者, 今乃在衢, 先儒謂欲致人疑問, 或有知者告也. 人見柩行於
路, 皆以爲葬, 然以引觀之, 殯引飾棺以柳翣, 此則殯引耳. 按家語
孔子生三歲而叔梁紇死, 是少孤也. 然顔氏之死, 夫子成立久矣, 聖
人人倫之至, 豈有終母之世, 不尋求父葬之地, 至母殯而猶不知父墓
乎? 且母死而殯於衢路, 必無室廬而死於道路者, 必不得已之爲耳.
聖人禮法之宗主, 而忍爲之乎?

"그 묘를 알 수 없었다."는 말은 부친의 묘가 어디에 있는지 알 수 없었
다는 뜻이다. "오보의 길가에 빈을 했다."는 말은 모친의 상례를 치르며
가매장을 했다는 뜻이다. 예법에 따르면 외지에 가매장을 하는 경우가
없는데, 이곳 기록에서는 공자가 길가에 가매장을 했다고 언급했다. 선
대 유학자들은 이 문제에 대해서, 사람들이 의혹을 품도록 하여 혹시라

도 부친의 묘를 알고 있는 자가 있다면 일러주기를 바랐기 때문이라고 풀이했다. 사람들은 도로에서 시신을 실은 영구가 행차하는 것을 보고, 모두들 그 절차가 장례의 단계라고 여겼다. 그러나 관을 끄는 줄을 기준으로 살펴보면, 가매장을 하고 발인을 할 때 유삽(柳翣)으로 관을 치장하니, 여기에서 말한 것은 가매장을 할 때 매단 끈일 따름이다. 『공자가어』를 살펴보면, 공자가 태어난 후 3살이 되었을 때, 부친 숙량흘이 죽었다고 했으니,[1] 이것이 바로 어려서 고아가 되었다는 사실을 나타낸다. 그런데 모친 안씨가 죽은 것은 공자가 이미 성인이 된 후 한참이 지난 뒤였다. 성인(聖人)은 인륜의 지극함을 실천하는 자인데, 어떻게 모친이 돌아가시기 전까지도 부친의 장례를 치른 장소를 찾지 않고, 모친의 시신을 가매장할 때가 되어서도 여전히 부친의 묘가 어디에 있는지 알지 못할 수가 있는가? 또 모친이 죽었을 때, 길가에 가매장을 했다고 했는데, 이처럼 하는 것은 반드시 거처지가 없이 길가에서 죽은 경우에만 부득이하게 시행하는 방법일 따름이다. 성인은 예법을 창시한 종주가 되는데, 어떻게 이러한 행위를 참아낼 수 있었겠는가?

經文

孔子旣得合葬於防曰: "吾聞之, 古也墓而不墳. 今丘也東西南北之人也, 不可以弗識[志]也." 於是封之, 崇四尺.〈007〉[舊在前節之前, 先後倒置.]

공자는 부친의 묘가 있는 방 땅에 모친의 영구를 합장하였다. 그런 뒤에 말하길, "내가 듣기로 고대에는 묘를 만들면서 흙을 쌓아서 높이 솟은 모양으로 만들지 않았다고 했다. 그런데 현재 나는 이곳저곳을 돌아

---

1) 『공자가어』「본성해(本姓解)」: 而私禱尼丘之山以祈焉, 生孔子, 故名丘, 字仲尼. 孔子三歲而叔梁紇卒, 葬於防.

다니며 유세를 하는 입장이므로, 이곳이 무덤이라는 것을 표시['識'자의 음은 '志(지)'이다.]하지 않을 수가 없다."라고 했다. 그런 뒤에 이곳에 흙을 높이 쌓아올려서, 그 높이를 4척(尺)으로 만들었다. [옛 판본에는 앞 문장의 앞에 기록되어 있었는데, 선후가 뒤바뀐 것이다.]

集說

東西南北之人, 言其宦遊無定居也.

'동서남북지인(東西南北之人)'이라는 말은 자신이 벼슬살이를 하기 위해 여기저기 떠돌게 되어, 정해진 거처가 없다는 뜻이다.

淺見

近按: 少孤不知其墓, 殯於衢路, 問於他人, 然後得合葬者, 先賢卜其誣妄誠是也. 然以此節觀之, 則曰: "古也墓而不墳, 今也封之, 崇四尺", 則防墓之遵古不墳明矣, 所謂不知其墓者, 非眞不知父墓之在防也, 但無立壟與地齊平, 其在平日望拜展掃致敬而已, 不敢近踐其域也. 及至合葬, 則必就其堃而穴其地, 不可有尺寸毫髮之違失也, 故聖人敬愼之心, 雖知其兆正在乎此, 不敢以幼少之所未見, 平日之所傳聞而自定也, 必待舊人明知其處者而問之, 然後得合葬也. 此卽入太廟每事問之, 心雖知亦問, 敬愼之至也. 故其愼也之愼不必改爲引也. 苟不前知其所, 則雖有曼父之母之言, 豈敢遽信而合葬乎? 其非不知也, 亦明矣. 五父之衢, 必是近防所適之路. 曼父之母舊居是衢, 嘗見防墓而明知之者也. 顏氏在時, 不可預擬合葬而問於其母, 旣喪之後, 又不可違離殯側而往問於曼父之家, 故及葬之日, 經於五父之衢, 問於曼父之母, 其進遲徊不遽往而襄事, 故當時見者, 亦必不察而異之, 況後世乎? 然記者猶能識此而曰: "其愼也." 但不知其非殯而曰殯, 以致後世之疑者, 又不能知記者之意, 改愼爲引, 益致其誤. 先賢嘗以義理反覆論辨, 以明記者之誣. 然以二節之言求之, 則問之而後葬者, 於事情義理無甚悖戾, 而益見聖人敬愼

之心. 但記者不能明言其故, 若實不知其墓而殯於衢者, 然人自疑
之, 意是聖人必有所敬慎而變其常也, 故曰: "其慎也, 蓋殯也."其‧
蓋二字, 皆疑其辭而不敢定以爲殯也, 說者乃敢改慎爲引, 盡失記者
之意, 是則記之者非甚誣, 而說之者爲大謬也.

내가 살펴보니, 어려서 고아가 되어 부친의 묘가 어디에 있는지 알 수
없어 길가에 가매장을 했고, 다른 사람에게 묘의 위치를 물어본 이후에
야 합장을 할 수 있었다고 했는데, 선현들은 그 무람됨과 망령됨에 대해
변론했으니, 진실로 그 말이 옳다. 그런데 이곳 문단을 통해 살펴보면
"고대에는 묘를 만들면서 봉분을 쌓지 않았는데, 현재는 봉분을 쌓아서
그 높이를 4척으로 만들었다."고 했으니, 방 땅에 만든 묘는 옛 도리에
따라 봉분을 쌓지 않았던 것이 분명하다. 따라서 묘가 어디에 있는지
알 수 없었다는 말은 부친의 묘가 방 땅에 있었다는 것을 몰랐다는 말이
아니며, 단지 두둑을 쌓지 않아 무덤이 지면과 평평하게 되어 있었고,
평상시에는 멀리서 그곳을 바라보며 절을 하고 그 주위를 청소하며 공
경을 지극히 나타내며 감히 그 묘역에 가까이 가서 그 주변을 밟지 못했
던 것이다. 그러나 합장을 할 시기에 이르게 되자 그 무덤으로 가서 그
땅에 구멍을 파야 했고, 조금의 차이라도 생겨 위치를 어긋나게 하는 잘
못을 범할 수 없었다. 그렇기 때문에 성인은 공경함과 신중한 마음으로
인해 비록 그 묘역이 바로 이곳에 있다는 것을 알고 있었지만, 어려서
고아가 되어 직접 보지 못했고, 평소에도 전해 듣기만 하여 스스로 확정
할 수 없었던 것이다. 따라서 반드시 예전에 그 장소를 분명히 알고 있
었던 자가 나타나길 기다렸다가 물어보아야만 했고, 그런 뒤에야 합장
을 할 수 있었다. 이것은 곧 태묘에 들어가서 모든 일들에 대해 질문을
했던 것과 같은 경우이니, 마음으로는 비록 알고 있더라도 되물었던 것
은 공경함과 신중함이 지극한 것이다. 그래서 '기신야(其慎也)'라고 할
때의 '신(慎)'자는 굳이 인(引)자로 고칠 필요가 없다. 만약 이전에 그 장
소에 대해 알지 못하고 있었다면, 비록 추만보의 모친이 말을 해주었다
하더라도 어떻게 감히 그 말만 믿고 합장을 할 수 있었겠는가? 따라서
알지 못했던 것이 아님이 분명하다. 오보의 길가는 분명 방 땅과 가까이

있어 그곳으로 가는 길이었을 것이다. 추만보의 모친은 예전에 이 길가에 살았고 일찍이 방 땅의 묘를 본 적이 있어 명확하게 그 지점을 알고 있었던 자이다. 안씨가 생존해 있었을 때에는 미리부터 합장할 것을 고려하여 모친에게 그 장소를 물어볼 수 없었다. 그리고 안씨가 돌아가신 이후에는 또한 빈소의 곁을 떠나서 추만보의 집에 찾아가 물어볼 수 없었다. 그렇기 때문에 장례를 치르는 날에 이르러서야 오보의 길가를 경유하여 추만보의 모친에게 질문을 했던 것인데, 행차를 함에 머뭇거렸고 급히 가서 장례를 마치지 않았기 때문에, 당시에 이 모습을 지켜보는 자들 또한 분명 그 사정을 면밀하게 살피지 못하고 기이하게 여겼을 것이다. 하물며 후세에 있어서는 어떠하겠는가? 그러나 『예기』를 기록한 자는 오히려 이러한 사정을 알아차릴 수 있었기 때문에 "공자의 신중함이다."라고 했던 것이다. 다만 그것이 가매장을 하는 것이 아님을 몰랐기 때문에 '빈(殯)'이라 기록하여 후세의 의혹된 설명을 야기하게 된 것이며, 또 『예기』를 기록한 자의 의도를 알아차리지 못해서 '신(愼)'자를 인(引)자로 고쳐 더 큰 잘못을 일으켰던 것이다. 선대 현자들은 일찍이 의리를 기준으로 여러 차례 논변하여 『예기』를 기록한 자의 무람됨을 드러냈다. 그런데 이 두 문단의 기록을 통해 그 뜻을 살펴보면, 장소를 물어본 이후에야 장례를 치렀던 것은 사정과 의리에 큰 저해가 될 것이 없고, 오히려 이를 통해 성인의 공경되고 신중한 마음을 확인할 수 있다. 다만 『예기』를 기록한 자는 그 연유를 분명히 설명할 수 없어서 실제로 그 묘가 어디에 있는지 알 수 없어 길가에 가매장을 한 것처럼 보인 것인데, 그러나 분명 스스로도 이를 의문시 했을 것이니, 그 의도는 성인은 반드시 공경과 신중을 기하여 상례에서 바꾼 점이 있다고 여긴 것이다. 그래서 "신중함일 것이며, 아마도 가매장을 하고서."라고 말한 것이며, '기(其)'자와 '개(蓋)'자는 모두 의문시하는 말들로 감히 가매장을 한 것으로 확정하지 않았던 것이다. 그런데 이를 해설하는 자들은 감히 '신(愼)'자를 인(引)자로 고쳤으니, 진실로 『예기』를 기록한 자의 의중을 파악하지 못한 것이며, 이것은 『예기』를 기록한 자가 큰 잘못을 저지른 것이 아니라 이를 설명하는 자들이 큰 오류를 범한 것이다.

孔子先反, 門人後, 雨甚[句], 至[句], 孔子問焉, 曰: "爾來何遲也?" 曰: "防墓崩." 孔子不應. 三[去聲], 孔子泫[胡犬反]然流涕曰: "吾聞之, 古不脩墓."〈008〉

공자는 무덤을 쌓은 이후에 제자들보다 먼저 돌아왔고, 제자들은 늦게 출발했는데, 비가 매우 많이 내렸다.['甚'자에서 구문을 끊는다.] 이후 제자들이 도착하니,['至'자에서 구문을 끊는다.] 공자가 묻기를 "너희들은 어찌하여 이처럼 더디게 돌아왔는가?"라고 했다. 그러자 제자들은 "방 땅에 조성했던 묘가 큰 비로 인해 무너졌습니다. 그래서 그것을 보수하느라 늦었습니다."라고 대답했다. 공자는 제자들의 대답을 듣고도 아무런 말을 하지 않았다. 그러자 제자들은 공자가 무덤이 무너진 사실을 알아듣지 못한 것으로 생각하여, 이 일을 세 차례['三'자는 거성으로 읽는다.]나 아뢰었다. 그러자 공자는 묵묵히['泫'자는 '胡(호)'자와 '犬(견)'자의 반절음이다.] 눈물을 흘리며, "내가 듣기로 고대에는 무덤을 쌓을 때, 신중을 거듭하여 무너질 일이 없었으므로, 무덤을 보수하는 일이 없었다."라고 대답했다.

雨甚而墓崩, 門人脩築而後反. 孔子流涕者, 自傷其不能謹之於封築之時, 以致崩圮. 且言古人所以不脩墓者, 敬謹之至, 無事於脩也.

비가 많이 와서 묘가 무너졌고, 문인들이 묘를 보수한 이후에야 돌아온 것이다. 공자가 눈물을 흘린 이유는 제 스스로 무덤을 쌓을 때 신중을 기하지 못하여 붕괴가 되도록 만들었다는 것에 상심을 했기 때문이다. 그래서 고대 사람들이 묘를 보수하지 않았던 이유는 공경함과 신중함을 지극히 발휘하여, 보수할 일이 없었기 때문이라고 말한 것이다.

近按: 孔子先反者, 欲及日中而虞也. 門人後者, 卽下扁所謂"有司以
几筵舍奠于墓左"者也. 古不修墓者, 古也墓而不墳, 無事於修. 今反
古道封之爲墳, 以致其崩, 自傷其變禮, 而不以古道事其親也, 故泫
然而流涕. 聖人之事因時制宜, 無不合於中道也. 然其心惟恐其有
所不謹也.

내가 생각하기에, 공자가 먼저 되돌아온 이유는 그날 정오에 우제(虞
祭)[1]를 치르고자 했기 때문이다. 문인들 중 뒤늦게 온 자는 곧 「단궁하」
편에서 "별도의 유사를 묘에 남겨두게 되는데, 그 자는 안석과 자리를
펴두고, 음식을 차려서 묘의 좌측에 놓아두게 된다."[2]라고 한 자에 해당
한다. 고대에 묘를 보수하지 않았다는 것은 고대에는 묘를 만들며 봉분
을 쌓지 않았으니, 보수할 일이 없었기 때문이다. 지금은 옛 도리와는
반대로 흙을 쌓아서 봉문을 만들었고, 결국 봉문이 무너지는 일을 초래
하여, 예법을 변화시켜 고대의 도리로 부모를 섬기지 못했던 일에 스스
로 상심했던 것이다. 그래서 묵묵히 눈물을 흘렸던 것이다. 성인이 시행
하는 일은 그 때에 따라서 합당함에 맞추니, 중도에 합치되지 않는 일이
없다. 그러나 마음에는 신중하지 못한 바가 있지 않을까 항상 걱정하게
된다.

---

1) 우제(虞祭)는 장례(葬禮)를 치르고 난 뒤에 지내는 제사를 뜻한다.
2) 『예기』「단궁하」037장 : 旣反哭, 主人與有司視虞牲. 有司以几筵舍奠於墓左,
反, 日中而虞.

孔子哭子路於中庭, 有人吊者, 而夫子拜之. 旣哭, 進使者而
問故. 使者曰: "醢之矣!" 遂命覆[芳服反]醢.〈009〉

공자는 자로가 죽었다는 소식을 듣고서 마당 가운데에서 자로를 위해
곡을 했다. 자로를 조문하기 위해 찾아온 자가 있어서 공자는 그에게
절을 하였다. 곡하는 일을 끝내고 찾아온 자에게 나아가 자로가 죽은
연유에 대해서 물었다. 그러자 조문하러 찾아온 자는 "자로가 죽은 뒤
에 사람들은 그의 시체를 젓갈로 담갔습니다!"라고 말해주었다. 그러자
공자는 제자들에게 명령하여 집안에 있던 젓갈을 모두 내다버리게['覆'자
는 '芳(방)'자와 '服(복)'자의 반절음이다.] 했다.

集說

子路死於孔悝之難, 遂爲衛人所醢. 孔子哭之中庭, 師友之禮也. 聞
使者之言而覆棄家醢, 蓋痛子路之禍, 而不忍食其似也.

자로는 공리의 변란 때 죽었으며, 결국 위나라 사람들에 의해 젓갈로 담
기게 되었다. 공자가 마당 가운데에서 그를 위해 곡을 했는데, 이것은
스승이자 벗으로서 취했던 예법이다. 사신으로 찾아온 자의 말을 듣고
서 집안에 있던 젓갈을 뒤엎어 버린 것은 자로가 당한 재앙을 통탄하여
차마 그 비슷한 것들을 먹을 수 없었기 때문이다.

經文

曾子曰: "朋友之墓, 有宿草而不哭焉."〈010〉

증자가 말하길, "벗의 무덤에 다년생 풀이 피어나게 되면 상을 치른 지
1년이 넘었으므로 곡을 하지 않는다."라고 했다.

草根陳宿, 是期年之外, 可無哭矣.

풀의 뿌리가 오래되었다는 것은 상을 치른 지 1년이 넘었다는 뜻이니, 곡을 하지 않아도 괜찮다.

經文

子思曰: "喪三日而殯, 凡附於身者, 必誠必信, 勿之有悔焉耳矣. 三月而葬, 凡附於棺者, 必誠必信, 勿之有悔焉耳矣."〈011〉

자사가 말하길, "상을 당하게 되면 3일이 지난 뒤에 빈소를 차리며, 시신에게 입히는 의복이나 이불 등에 대해서는 반드시 성심과 신의를 다해서, 후한이 될 것을 남겨서는 안 될 따름이다. 3개월이 지난 뒤에 장례를 치르며, 관에 부장하는 물건들에 대해서는 반드시 성심과 신의를 다해서, 후한이 될 것을 남겨서는 안 될 따름이다."라고 했다.

集說

方氏曰: 必誠, 謂於死者無所欺; 必信, 謂於生者無所疑.

방씨가 말하길, '필성(必誠)'이라는 말은 죽은 자에 대해서 속이는 바가 없다는 뜻이다. '필신(必信)'이라는 말은 산 자에 대해서 의혹되게 할 바가 없다는 뜻이다.

經文

喪三年以爲極[句], 亡則弗之忘矣. 故君子有終身之憂, 而無一朝之患. 故忌日不樂.〈012〉

상에서는 삼년상을 치르는 것을 가장 지극하다고 여기며,「'極'자에서 구문을 끊는다.」 장례를 치르게 되더라도 부모를 잊을 수 없는 것이다. 그렇기 때문에 군자는 종신토록 품게 되는 근심이 있다 하더라도, 하루아침에 발생하는 우환은 없는 것이다. 그래서 부모의 기일에는 음악을 연주하지 않는 것이다.

集說

喪莫重於三年. 旣葬曰亡. 雖已葬而不忘其親, 所以爲終身之憂而忌日不樂也.

상에서는 삼년상보다 중대한 것이 없다. 이미 장례를 치른 상태를 '망(亡)'이라고 부른다. 비록 장례를 끝냈다 하더라도 부모를 잊을 수가 없으니, 종신토록의 우환이 되어 기일에는 음악을 연주하지 않는 것이다.

經文

鄰有喪, 舂不相; 里有殯, 不巷歌.〈014〉 喪冠不緌.〈015〉

이웃에 상이 발생하면, 절구질을 할 때, 노래를 부르며 서로 박자를 맞추는 일을 하지 않는다. 또 마을에 빈소가 차려지게 되면, 거리에서 노래를 부르지 않는다. 상을 당했을 때 쓰는 관에서는 턱 끈의 남은 부분을 앞으로 늘어트리지 않는다.

集說

冠必有笄以貫之, 以紘繫笄, 順頤而下結之曰纓, 垂其餘於前者, 謂之緌. 喪冠不緌, 蓋去飾也.

관에는 반드시 비녀를 두어서 관을 꿰어 관에 달린 끈을 비녀와 연결하고, 그 끈은 턱을 따라 밑으로 내려서 묶게 되니, 이것을 '영(纓)'이라고 부르고, 묶고 난 나머지 끈을 앞으로 늘어뜨리는데, 이것을 '유(緌)'라고 부른다. 상을 치를 때 쓰는 관에 유(緌)의 방식을 취하지 않는 것은 아마도 치장의 요소를 제거하기 위해서일 것이다.

有虞氏瓦棺, 夏后氏塈[稷]周, 殷人棺槨, 周人牆置翣.〈016〉

유우씨 때에는 와관의 방법을 사용했고, 하후씨 때에는 직['塈'자의 음은 '稷(직)'이다.]주의 방법을 사용했으며, 은나라 때에는 관과 곽을 사용했고, 주나라 때에는 영구를 가릴 때 삽을 두었다.

瓦棺, 始不衣薪也. 塈周, 或謂之土周; 塈者, 火之餘燼, 蓋治土爲甎而四周於棺之坎也. 殷世始爲棺槨, 周人又爲飾棺之具, 蓋彌文矣. 牆, 柳衣也, 柳者, 聚也, 諸飾之所聚也. 以此障柩, 猶垣墻之障家, 故謂之墻. 翣, 如扇之狀.

'와관(瓦棺)'은 애초부터 섶을 두르지 않은 것이다. '직주(塈周)'는 토주(土周)라고도 부르는데, '직(塈)'이라는 것은 불을 피우고 남은 불씨이니, 흙을 구워서 벽돌을 만들고 관을 안치하는 구덩이 네 벽면을 벽돌로 두르게 된다. 은나라 때에는 처음으로 관과 외관인 곽을 만들었으며, 주나라 사람들은 또한 관을 치장하는 도구들을 만들었으니, 아마도 문식을 확장했기 때문일 것이다. '장(牆)'은 유의(柳衣)를 뜻하는데, '유(柳)'라는 것은 "모으다."는 뜻이며, 장식을 하는 여러 물건들이 모여진 것을 뜻한다. 이러한 장식물로써 영구를 가리는 것이 마치 담장으로 집을 가리는 것과 같기 때문에, 이것을 '장(牆)'이라고 부른다. '삽(翣)'이라는 것은 부채의 모습과 비슷한 것이다.

經文

周人以殷人之棺槨葬長殤, 以夏后氏之堲周葬中殤·下殤, 以有虞氏之瓦棺葬無服之殤.〈017〉

주나라에서는 은나라 때 사용했던 관곽을 이용해서 장상인 자들을 장례지냈고, 하후씨 때 사용했던 직주를 이용해서 중상과 하상인 자들을 장례지냈으며, 유우씨 때 사용했던 와관을 이용해서 아직 상복 관계가 성립되지 않은 채 죽은 자를 장례지냈다.

集說

十六至十九爲長殤, 十二至十五爲中殤, 八歲至十一爲下殤, 七歲以下爲無服之殤, 生末三月不爲殤.

16세로부터 19세 사이에 요절한 자를 '장상(長殤)'이라 하며, 12세로부터 15세 사이에 요절한 자를 '중상(中殤)'이라 하고, 8세로부터 11세 사이에 요절한 자를 '하상(下殤)'이라 하며, 7세 이하의 나이에 요절한 자를 상복 관계가 없이 요절한 자라 하는데, 태어난 후 3개월도 되지 않아 죽은 자에 대해서는 요절한 것으로 여기지 않는다.

經文

夏后氏尚黑, 大事斂用昏, 戎事乘驪, 牲用玄. 殷人尚白, 大事

> 斂用日中, 戎事乘翰, 牲用白. 周人尚赤, 大事斂用日出, 戎事
> 乘騵[元], 牲用騂.〈018〉

하후씨 때에는 흑색을 숭상하여 상사에서 염(斂)[1]을 할 때 해가 저물녘에 했고, 전쟁과 관련된 일에서는 검은 말에 멍에를 메게 했으며, 제사 때 사용한 희생물은 검은색의 것들을 사용했다. 은나라 때에는 백색을 숭상하여 상사에서 염을 할 때에는 한낮에 했고, 전쟁과 관련된 일에서는 백색의 말에 멍에를 메게 했으며, 제사 때 사용한 희생물은 백색의 것들을 사용했다. 주나라 때에는 적색을 숭상하여, 상사에서 염을 할 때에는 일출 때 했고, 전쟁과 관련된 일에서는 적색의 털빛에 검은색의 갈기를 가진 말['騵'자의 음은 '元(원)'이다.]에 멍에를 메게 했으며, 제사 때에는 적색의 것들을 사용했다.

集說

大事, 喪事也. 驪, 黑色. 翰, 白色. 騵, 赤馬而黑鬣尾也.

'대사(大事)'는 상사를 뜻한다. '여(驪)'는 흑색의 말이다. '한(翰)'은 백색의 말이다. '원(騵)'은 몸통이 적색인 말이며 흑색으로 된 말갈기와 꼬리털을 가지고 있는 말이다.

經文

> 穆公之母卒, 使人問於曾子曰: "如之何?" 對曰: "申也聞諸申
> 之父曰: '哭泣之哀, 齊[咨]·斬之情, 饘[旃]粥之食, 自天子達.
> 布幕, 衛也; 縿[綃]幕, 魯也'"〈019〉

---

1) 염(斂)은 시신에 옷을 입혀서 관에 안치하는 것을 뜻한다.

목공의 모친이 죽자 목공은 사람을 시켜서 증자의 아들인 증신에게 묻기를, "어떻게 치러야 합니까?"라고 했다. 증신이 대답하길, "제가 저희 부친께 듣기로는 '곡을 하고 눈물을 흘리며 슬픔을 드러내는 것, 자최복 ['齊'자의 음은 '咨(자)'이다.]이나 참최복을 입어서 정감을 드러내는 것, 다른 음식을 먹지 않고 죽만['饘'자의 음은 '旃(전)'이다.] 먹는 것 등은 천자로부터 서인들에 이르기까지 누구나 따르는 공통된 예법이다. 다만 포를 이용해서 막을 만드는 것은 제후들이 따르는 예법인데, 비단['綃'자의 음은 '綃(초)'이다.]을 이용해서 막을 만든 것은 본래 천자가 따르는 예법으로, 이처럼 하게 되면 그 예법을 참람되게 사용한 것이다.'라고 했습니다."라고 했다.

集說

穆公, 魯君. 申, 參之子也. 厚曰饘, 稀曰粥. 幕所以覆於殯棺之上. 衛以布爲幕, 諸侯之禮也; 魯以綃爲幕, 蓋僭天子之禮矣.

'목공(穆公)'은 노나라 군주이다. '신(申)'은 증삼의 아들이다. 된죽을 '전(饘)'이라 부르고, 묽은 죽을 '죽(粥)'이라 부른다. '막(幕)'은 영구의 위를 덮는 것이다. 위나라에서는 포로 막을 만들었는데 이것은 제후들이 따르는 예법이다. 노나라에서는 비단으로 막을 만들었는데, 아마도 천자가 따르는 예법을 참람되게 사용했던 것이다.

經文

晉獻公將殺其世子申生, 公子重[平聲]耳謂之曰: "子蓋[盍]言子之志於公乎?" 世子曰: "不可. 君安驪姬, 是我傷公之心也." 〈020〉

진나라 헌공은 총애하던 여희의 간언에 속아서, 그의 세자인 신생을 죽이려고 하였다. 이 사실을 알고 있던 공자 중이는['重'자는 평성으로 읽는다.] 신생에게, "그대는 어찌하여['蓋'자는 '합(盍)'자의 뜻이다.] 그대의 뜻을 부군께 알리지 않는 것입니까?"라고 했다. 그러자 신생은 "불가하오. 부군께서는 현재 여희를 총애하고 계시는데, 내가 만약 여의의 참소가 잘못되었다는 사실을 밝히게 된다면 여희는 분명 주살을 당할 것이니, 이것은 곧 내가 부군의 마음을 해치는 꼴이 되오."라고 했다.

집설 集說

重耳, 申生異母弟, 卽文公也. 蓋, 何不也. 明其讒則姬必誅, 是使君失所安而傷其心也.

'중이(重耳)'는 신생의 이복형제이니, 곧 문공(文公)을 가리킨다. '개(蓋)'자는 "어찌 아니하는가?"라는 뜻이다. 참소에 대해서 밝히게 된다면 여희는 반드시 주살을 당할 것이니, 이것은 곧 군주로 하여금 편안히 여기는 자를 잃게 하여 그 마음을 해치는 꼴이 된다.

경문 經文

曰: "然則蓋行乎?" 世子曰: "不可. 君謂我欲弑君也. 天下豈有無父之國哉! 吾何行如之?"〈021〉 使人辭於狐突曰: "申生有罪, 不念伯氏之言也, 以至于死. 申生不敢愛其死. 雖然, 吾君老矣, 子少, 國家多難[去聲], 伯氏不出而圖吾君. 伯氏苟出而圖吾君, 申生受賜而死." 再拜稽首乃卒. 是以爲恭世子也.〈022〉

중이가 말하길, "그렇다면, 어찌하여 다른 나라로 떠나가지 않는 것입니까?"라고 했다. 그러자 신생이 말하길, "불가하오. 부군께서는 내가 군주를 시해하고자 했다고 말씀하시오. 천하에 어찌 어버이가 없는 나라가 있을 수 있단 말인가! 그리고 떠나간다면 내가 어디로 간단 말인가?"라고 했다. 신생은 사람을 시켜 스승인 호돌에게 사죄의 뜻을 알리며, "저는 죄를 지었는데, 이 모두는 선생님의 말씀을 깊이 새기지 않았기 때문에 죽을죄를 얻는 지경에 이르게 된 것입니다. 저는 죽는 것을 애석하게 여기지 않습니다. 그러나 저희 군주께서는 이미 나이가 많으시고, 군주의 아들은 너무 어리며, 국가에 환란['難'자는 거성으로 읽는다.]이 많은데, 선생님께서는 출사하여 저희 군주와 함께 국정을 도모하지 않고 계십니다. 선생님께서 진실로 출사하여 저희 군주와 함께 국정을 도모하신다면, 저는 군주의 명령을 기꺼이 받아들여서 편안히 죽을 수 있겠습니다."라고 하였다. 그리고 곧 재배를 하며 머리를 땅에 조아리고 죽었다. 이러한 까닭으로 신생은 '공세자(恭世子)'라는 시호를 얻었다.

集說

狐突, 申生之傅. 伯氏, 其字也. 辭, 將去而告違, 蓋與之乘訣也. 申生自經而死, 陷父於不義, 不得爲孝, 但得諡恭而已.

'호돌(狐突)'은 신생의 사부이다. '백씨(伯氏)'는 그의 자(字)이다. '사(辭)'는 장차 떠나가게 되어 떠난다는 사실을 아뢴다는 뜻이니, 그와 영원히 결별하게 되었기 때문이다. 신생은 제 스스로 목을 매고 죽었으니, 자신의 부친을 의롭지 못한 사람으로 만들었다. 그래서 시호에 '효(孝)'자를 얻지 못하고 단지 '공(恭)'자만을 붙이게 되었을 따름이다.

淺見

近按: 圖吾君者, 圖謀而輔君也. 申生雖以讒死, 不敢明驪姬之過, 而不忍傷公之心, 猶欲望伯氏之出, 而必欲輔公之治, 其愛君憂國之誠切至矣. 獻公有子如此, 而信讒不察, 使至於自經卒, 亦不能保其所愛之子, 以至再弒而國幾於亡, 可以爲萬世之永鑑矣.

내가 살펴보니, '도오군(圖吾君)'이라는 말은 도모하여 군주를 보필한다는 뜻이다. 신생은 비록 참소로 인해 죽게 되었지만 감히 여희의 잘못을 밝히지 않았으니, 차마 부군의 마음을 상심시킬 수 없었기 때문이다. 그런데도 여전히 스승이 출사하여 반드시 부군의 정사를 보필하기를 희망했었으니, 부군을 사랑하고 나라를 걱정하는 정성이 매우 지극하다. 헌공에게는 이와 같은 자식이 있었는데, 참소를 맹신하고 실정을 살피지 않아서 스스로 목을 매달아 죽게 만드는 지경에 이르렀고, 또한 총애하는 자식을 보호하지 못하여 재차 시해를 당해 국가가 거의 망하는 지경에 이르도록 했으니, 만세토록 이를 거울로 삼아야 한다.

魯人有朝祥而莫[暮]歌者, 子路笑之. 夫子曰: "由! 爾責於人,
終無已夫! 三年之喪, 亦已久矣夫!" 子路出, 夫子曰: "又多乎
哉! 踰月則其善也."〈023〉

예법에 따르면, 삼년상을 치를 때에는 24개월째에 대상(大祥)1)을 치르
고, 한 달을 더 넘겨서 만 25개월을 넘기게 되면, 탈상을 하게 되어 노
래를 불러도 된다. 그런데 노나라 사람 중에 어떤 자는 아침에 대상을
치르고, 그날 저녁에['莫'자의 음은 '暮(모)'이다.] 노래를 불렀다. 그래서 그
모습을 보고 자로가 그를 비웃었다. 그러자 공자는 "자로야! 네가 남에
대해서 책망하는 것이 매우 심하구나! 그 자는 삼년상을 치렀으니 이
또한 매우 긴 기간 동안 예법대로 행동했다고 할 수 있다!"라고 했다.
이후 자로가 밖으로 나가자 공자는 "그가 노래를 부를 수 있는 시기가
많이 남았겠는가! 한 달을 넘기고 나서 노래를 불렀다면 그의 행동은
올바른 행동이 되었을 것이다."라고 했다.

朝祥暮歌, 固爲非禮, 特以禮敎衰廢之時, 而此人獨能行三年之喪,
故夫子抑子路之笑. 然終非正禮, 恐學者致疑, 故俟子路出, 乃正言
之. 其意若曰, 名爲三年之喪, 實則二十五月, 今已至二十四月矣,
此去可歌之月, 又豈多有日月乎哉! 但更踰月而歌, 則爲善矣. 蓋聖
人於此, 雖不責之以備禮, 亦未嘗許之以變禮也.

아침에 대상에 대한 제사를 지내고 저녁에 노래를 부르는 것은 진실로
비례가 되는데, 다만 예악과 교화가 쇠퇴하고 피폐해진 시기에, 그 사람

---

1) 대상(大祥)은 부모의 상(喪) 및 삼년상 등을 치를 때 그 대상이 죽은 후 만 2년
만에 탈상을 하며 지내는 제사이다.

은 홀로 삼년상의 의례를 시행할 수 있었다. 그렇기 때문에 공자가 자로의 비웃음을 억눌렀던 것이다. 그렇지만 이러한 행위는 결국 정식 예법이라 할 수 없고, 학생들이 의혹을 일으키게 될 것을 염려하였기 때문에, 자로가 밖으로 나가는 것을 기다렸다가 올바르게 말을 해준 것이다. 공자가 한 말의 속뜻은 다음과 같다. 부모의 상에 대해서 삼년상이라고 했지만, 실제로는 만 25개월을 치르는 것인데, 현재 이미 24개월을 보낸 것이니, 노래를 부를 수 있게 되는 달의 차이가 어찌 많은 기간이 남았다고 할 수 있는가! 단지 다시금 참고 한 달만 넘겨서 노래를 불렀다면 올바른 행위가 된다. 무릇 공자는 이러한 일에 대해서 비록 정식 예법대로 맞춰야 한다고 책망하지 않았지만, 또한 예법을 변화시키는 것에 대해서는 일찍이 허락하지 않았다.

經文

魯莊公及宋人戰于乘[去聲]丘, 縣[玄]賁[奔]父御, 卜國爲右. 馬驚敗績, 公隊[墜], 佐車授綏, 公曰: "末之卜[舊如字, 今讀作僕.]也." 縣賁父曰: "他日不敗績, 而今敗績, 是無勇也." 遂死之. 圉人浴馬, 有流矢在白肉. 公曰: "非其罪也." 遂誄之. 士之有誄, 自此始也.〈024〉

노나라 장공은 송나라와 승구['乘'자는 거성으로 읽는다.] 땅에서 전쟁을 했는데, 현분보['縣'자의 음은 '玄(현)'이다. '賁'자의 음은 '奔(분)'이다.]는 장공의 수레를 몰았고, 복국은 수레에 함께 타는 호위무사가 되었다. 그런데 도중 말이 놀라서 수레가 넘어지는 일이 발생하여, 결국 장공은 땅에 떨어졌고['隊'자의 음은 '墜(추)'이다.] 뒤따르던 예비 수레에서 새끼줄을 건네주어 장공이 그 수레에 타게 되었다. 그러자 장공은 "못나게도 용기가 없는 마부['卜'자를 옛 주석에서는 글자대로 읽었는데, 이곳에서는 '僕(복)'자로 풀이한다.]로다."라고 했다. 그 말을 들은 현분보는 "다른 날에는 수레가 전도되는 일이 없었는데, 현재 수레가 전도되었으니, 이것은 저에게 용기가 없다는 것을 나타냅니다."라고 했다. 그리고는 곧 수레를 몰아서 전쟁터로 달려 나갔으나 전장에서 죽었다. 이후 말을 관리하던 자가 말을 목욕시켰는데, 빗맞은 화살이 정강이 살에 박혀 있었다. 그 사실을 안 장공은 "수레가 전도된 것은 그의 잘못이 아니었구나."라고 탄식하며, 결국 그에게 뇌를 지어주었다. 사 계급에서 뇌를 짓게 된 것은 이로부터 시작되었다.

集說

乘丘, 魯地. 縣·卜, 皆氏也. 凡車右以勇力者爲之. 大崩曰敗績. 公隊車而佐車授之綏以登, 是登佐車也. 佐車, 副車也. 綏, 挽以升車之索也. 末之卜者, 言卜國微末無勇也, 二人遂赴聞而死. 圉人, 掌馬者. 及浴馬方見流矢中馬股間之肉, 則知非二子之罪矣. 生無爵則死無諡, 殷大夫以上爲爵, 士雖周爵, 卑不應諡. 莊公以義起, 遂誄其赴敵之功以爲諡焉.

'승구(乘邱)'는 노나라 땅이다. '현(縣)'과 '복(卜)'은 모두 씨에 해당한다. 무릇 거우(車右)는 용맹한 자로 선발한다. 크게 전도되는 것을 '패적(敗績)'이라고 부른다. 장공이 수레에서 떨어져서 뒤따르던 예비 수레에서 장공에게 수를 건네어 올라탔으니, 이것은 좌거(佐車)[2]에 올라탄 것이다. '좌거(佐車)'는 뒤따르는 예비 수레이다. '수(綏)'는 수레에 탈 때 당겨주어 올라타게 하는 새끼줄이다. '말지복(末之卜)'이라는 말은 복국(卜國)은 못나서 용기가 없다는 뜻이니, 두 사람은 결국 전쟁터로 달려 나가서 죽었다. '어인(圉人)'은 말을 관리하는 자이다. 말을 목욕시킬 때 빗나간 화살이 말 정강이 사이의 살에 박혀 있음을 보게 되었으니, 수레가 전도된 것은 두 사람의 죄가 아님을 알게 된 것이다. 생전에 작위가

---

2) 좌거(佐車)는 전쟁이나 사냥을 할 때 뒤따르는 보조 수레를 뜻한다.

없다면 죽어서도 시호를 받는 일이 없는데, 은나라 때에는 대부 이상의 신분에 대해서만 작위를 주었고, 사라는 작위가 비록 주나라 때 생겨난 작위라고 하지만, 신분이 미천하여 시호를 받지는 못했다. 장공은 의로운 마음이 들어서 결국 전쟁터로 달려가서 적을 대적했던 공적에 맞는 뇌(誄)를 하여, 시호를 지어주었던 것이다.

近按: 卜, 當如此篇下文"扶君, 卜人師扶右"之卜, 讀作僕. 蓋馬驚, 御者之罪, 而非車右之責, 不當舍僕御之縣賁父而責車右之卜國也. 苟責卜國, 則不應卜國無答辭, 而縣賁父乃自責其無勇, 而遂死之也. 舊說知其說之不通, 以爲二子俱死. 然於經文未見有卜國亦死之意也. 故以爲僕御之僕, 則縣賁父自責而死, 卜國不死之意, 明矣.

내가 살펴보니, '말지복(末之卜)'에서의 복(卜)자는 마땅히 「단궁상」편의 아래 문장에 나오는 "군주를 부축함에 복인의 수장은 오른쪽을 부축한다."라고 했을 때의 '복(卜)'자와 같아서 복(僕)자로 풀이한다. 말이 놀란 것은 수레를 모는 자의 잘못이니, 거우의 책임이 아니다. 따라서 수레를 몰았던 현분보를 놔두고 거우인 복국을 책망했던 것은 합당하지 않기 때문이다. 만약 복국을 책망했다면 복국이 대답하는 말이 수록되지 않고, 현분보가 자신에게 용맹이 없음을 자책하여 결국 목숨을 던졌는데, 이것은 합당하지 않다. 옛 주석에서는 이러한 설명은 뜻이 통하지 않는다는 사실을 알았으므로, 두 사람 모두 죽은 것이라고 여겼다. 그러나 경문에는 복국 또한 죽었다는 뜻이 나타나지 않는다. 그러므로 '복(卜)'자를 복어(僕御)라고 할 때의 복(僕)자로 여긴다면, 현분보가 자책하여 목숨을 바치고, 복국은 죽지 않았다는 뜻이 자명해진다.

> 曾子寢疾, 病, 樂正子春坐於牀下, 曾元·曾申坐於足, 童子
> 隅坐而執燭. 〈025〉

증자가 병환으로 침상에 누워 있었는데 병이 위독해졌다. 그때 제자였
던 악정자춘은 침상 아래에 앉아 있었으며, 아들인 증원과 증신은 증자
의 발이 있는 곳에 앉아 있었고, 동자는 방구석에 앉아서 등불을 잡고
있었다.

> 病者, 疾之甚也. 子春, 曾子弟子. 元與申, 曾子子也.

'병(病)'이라는 것은 질환이 심해진 것이다. '자춘(子春)'은 증자의 제자
이다. 증원(曾元)과 증신(曾申)은 증자의 아들들이다.

> 童子曰: "華而睆[呼板反], 大夫之簀[責]與?" 子春曰: "止!" 曾子聞
> 之, 瞿[懼]然曰: "呼[吁]!" 曰: "華而睆, 大夫之簀與?" 曾子曰: "然.
> 斯季孫之賜也. 我未之能易也, 元起易簀." 曾元曰: "夫子之病
> 革[亟]矣, 不可以變. 幸而至於旦, 請敬易之." 曾子曰: "爾之愛
> 我也不如彼. 君子之愛人也以德, 細人之愛人也以姑息, 吾何
> 求哉? 吾得正而斃焉, 斯已矣." 擧扶而易之, 反席未安而
> 沒. 〈026〉

동자가 증자에게 말하길, "선생님께서 누우신 대자리는 화려하고도 광
택['睆'자는 '呼(호)'자와 '板(판)'자의 반절음이다.]이 나니, 대부들만 쓸 수 있
는 대자리['簀'자의 음은 '責(책)'이다.]가 아닙니까?"라고 했다. 그러자 옆에

있던 악정자춘은 "말을 멈춰라."라고 했다. 증자가 그 얘기를 듣고, 놀란 낯빛으로['瞿'자의 음은 '懼(구)'이다.] "아!['呼'자의 음은 '吁(우)'이다.] 그렇구나."라고 말했다. 그러자 동자는 재차 "대자리가 화려하고도 광택이 나니, 대부들만 쓸 수 있는 대자리가 아닙니까?"라고 했다. 증자는 "그렇다. 네 말이 맞다. 이 대자리는 예전에 계손이 나에게 선물로 줬던 것이다. 내가 미처 이것을 바꾸지 못했구나. 원아, 일어나서 이 대자리를 바꾸어라."라고 했다. 증원은 "아버님의 병환이 위중하니['革'자의 음은 '亟(극)'이다.] 아버님의 몸을 움직일 수가 없습니다. 다행히 아버님의 병환에 차도가 있으면, 내일 아침에 바꾸도록 하겠습니다."라고 했다. 그러자 증자는 "네가 나를 친애하는 것이 저 동자만도 못하구나. 군자가 사람을 친애하는 것은 덕으로써 하고, 소인들이 사람들을 친애하는 것은 구차하게 편안히만 하는 것으로써 한다. 내가 무엇을 원하겠는가? 나는 올바름을 얻고 죽겠으니, 바로 대자리를 바꾸는 것이다."라고 했다. 그래서 여러 사람들이 증자를 부축하고 난 뒤 대자리를 바꿨는데, 이후 증자를 재차 자리로 모셔옴에 아직 편안히 눕지도 못했는데 죽고 말았다.

集說

華者, 畵飾之美好. 睆者, 節目之平瑩. 簀, 簟也. 止, 使童子勿言也. 瞿然, 如有所驚也. 呼者, 歎而噓氣之聲. 曰, 童子再言也. 革, 急也. 變, 動也. 彼, 謂童子也. 童子知禮, 以爲曾子未嘗爲大夫, 豈可臥大夫之簀. 曾子識其意, 故然之. 且言此魯大夫季孫之賜耳, 於是必欲易之, 易之而沒, 可謂斃於正矣.

'화(華)'라는 것은 아름다운 그림으로 장식한 것을 뜻다. '환(睆)'이라는 것은 마디마다 매끄럽고 광택이 난다는 뜻이다. '책(簀)'이라는 것은 대자리를 뜻한다. '지(止)'자는 동자로 하여금 말을 못하게 한다는 뜻이다. '구연(瞿然)'은 놀랄만한 점이 있는 듯한 모습을 뜻한다. '우(呼)'라는 것은 탄식을 하며 숨을 내쉴 때 나는 소리를 뜻한다. '왈(曰)'이라는 것은 동자가 재차 한 말을 뜻한다. '극(革)'자는 "위급하다."는 뜻이다. '변(變)'자는 "움직이다."는 뜻이다. '피(彼)'자는 동자를 뜻한다. 동자는 관련 예법을 알고 있었는데, 증자가 일찍이 대부의 신분이 된 적이 없었는데도, 어찌 대부가 사용하는 대자리에 누울 수 있겠느냐고 여긴 것이다. 증자는 그의 뜻을 알아보았기 때문에 그렇다고 인정했던 것이다. 또 이 물건은 일찍이 대부의 신분인 계손이 선물로 준 것일 뿐이라고 말한 것이며, 이때 기필코 그것을 바꾸고자 하였고, 대자리를 바꾸고 나서 죽었으니, 올바름에 따르다 죽었다고 평가할 수 있다.

始死, 充充如有窮; 旣殯, 瞿瞿[履]如有求而不得; 旣葬, 皇皇如有望而不至. 練而慨然, 祥而廓然.〈027〉

부모가 이제 막 돌아가셨을 때에는 근심이 가득하여, 막다른 길에 봉착한 듯 하고, 빈소를 차리고 나면, 눈을 두리번거리게['瞿'자의 음은 '履(구)'이다.] 되니, 마치 무언가를 찾으나 찾지 못한 듯 하며, 장례를 치르고 나면, 마음이 안정되지 못하고 분주하여, 마치 부모가 다시 돌아오기를 바라지만 오지 않는 듯이 한다. 소상(小祥)[1]을 치르고 나서는 세월이 너무 빨리 흘러가는 것을 개탄하며, 대상(大祥)을 치르고 나서는 막막하여 즐겁지 않게 된다.

---

1) 소상(小祥)은 본래 부모 및 군주의 상(喪)에서, 부모가 죽은 지 만 1년 만에 지내는 제사이다. 이 제사가 끝나면, 자식은 3년상을 지낼 때의 복장과 생활방식을 조금씩 덜어내게 된다. 또한 '소상'은 친족 및 타인의 상에서 1년이 지났을 때를 가리키기도 한다.

疏曰: 事盡理屈爲窮, 親始死, 孝子匍匐而哭之, 心形充屈, 如急行道極, 無所復去, 窮急之容也. 瞿瞿, 眼目速瞻之貌, 如有所失而求覓之不得然也. 皇皇, 猶栖栖也. 親歸草土, 孝子心無所依託, 如有望彼來而彼不至也. 至小祥, 但卿歎日月若馳之速也. 至大祥, 則情意寥廓不樂而已.

소에서 말하길, 그 사안이 모두 다하고 이치 또한 막힌 것을 '궁(窮)'이라고 한다. 부모가 이제 막 돌아가시게 되면, 자식은 포복을 하고 곡을 하니, 정신과 몸이 흐트러져서 마치 급히 길을 가고자 하지만 막다른 길이 되어 재차 길을 갈 수 없게 되어서, 어려움에 봉착하여 급급해하는 모습처럼 되는 것이다. '구구(瞿瞿)'는 눈동자를 두리번거리는 모습이니, 마치 잃어버린 것이 있어서 찾으려고 하지만 얻지 못하는 모습과 같은 것이다. '황황(皇皇)'은 "안정되지 못하고 몹시 분주하다."는 뜻이다. 부친의 육신이 흙으로 되돌아가니, 자식된 자의 마음에는 의지할 곳이 없게 되어, 마치 그가 오기를 바라지만 그가 오지 않았을 때와 같다. 소상을 치르는 시기가 되면, 다만 말이 질주를 하듯 세월이 빨리 흘러감에 개탄을 하게 된다. 대상을 치르는 시기가 되면, 마음이 막막하여 즐겁지 않을 따름이다.

邾婁[閭]復之以矢, 蓋自戰於升陘[刑]始也.〈028〉

주려['婁'자의 음은 '閭(려)'이다.]가 전쟁터에서 죽은 자에 대해 초혼을 하며 옷 대신 화살을 사용했으니, 무릇 전쟁터에서 죽은 자에 대해 초혼을 하는 의식은 주려가 승형['陘'자의 음은 '刑(형)'이다.] 땅에서 전쟁을 했을 때로부터 시작되었다.

魯僖公二十一年, 與邾人戰于升陘, 魯地. 邾師雖勝, 而死傷者多, 軍中無衣, 復者用矢. 釋云: "邾人呼邾聲曰婁, 故曰邾婁."

노나라 희공 21년에, 주나라와 승형 땅에서 전쟁을 했으니, 이 땅은 노나라 땅이다. 주나라 군대는 비록 승리를 했지만 사상자가 많았고, 군대 안에 옷이 없었으므로, 초혼을 할 때 옷 대신 화살을 사용했다. 『경전석문』에서는 "주나라 사람이 '주(邾)'자를 발음할 때에는 '려(婁)'라고 했다. 그렇기 때문에 '주려(邾婁)'라고 한 것이다."라고 했다.

魯婦人之髽[莊華反]而弔也, 自敗於臺[狐]鮐[苔]始也.〈029〉

노나라의 부인들이 상을 치를 때 하는 머리모양인 좌['髽'자는 '莊(장)'자와 '華(화)'자의 반절음이다.]를 틀고 조문을 한 것은 호태['臺'자의 음은 '狐(호)'이고, '鮐'자의 음은 '苔(태)'이다.]의 전투에서 패배했던 일로부터 시작되었다.

吉時以纚韜髮, 凶則去纚而露其紒, 故謂之髽. 狐貽之戰, 在魯襄公四年, 蓋爲邾人所敗也. 髽不以弔, 時家家有喪, 故髽而相弔也.

길한 때에는 이(纚)를 이용해서 머리카락을 감싸서 숨겼고, 흉한 때에는 이를 제거하고 머리카락을 노출시켰다. 그렇기 때문에 이러한 머리모양을 '좌(髽)'라고 부른 것이다. 호태 땅에서의 전쟁은 노나라 양공 4년에 일어났는데, 주나라에 의해 패배를 당하였다. 좌를 하고는 조문을 하지 않는데, 당시 집집마다 상이 발생했기 때문에 좌를 하고서 서로 조문을 했던 것이다.

方氏曰: 矢所以施於射, 非所以施於復; 髽所以施於喪, 非所以施於弔. 因之而不改, 則非矣.

방씨가 말하길, 화살은 활쏘기를 할 때 사용하는 것이니, 초혼을 할 때 사용할 수 있는 물건이 아니다. 좌는 상을 치를 때 사용하는 머리방식이니, 조문을 할 때 사용하는 방식이 아니다. 각각의 일들로 인한 경우이지만 이 방법을 고치지 않았으니, 비례가 된다.

經文

南宮縚[叨]之妻之姑之喪, 夫子誨之髽, 曰: "爾毋從從[摠]爾! 爾毋扈扈[戶]爾! 蓋榛以爲笄, 長[仗]尺而總八寸."〈030〉

남궁도['縚'자의 음은 '叨(도)'이다.]의 아내는 공자의 조카가 되는데, 그녀의 시어머니가 죽자 공자는 그녀에게 좌를 트는 방법에 대해서 가르쳐주며, "너는 좌를 틀 때, 너무 높게['從'자의 음은 '摠(총)'이다.] 틀지 말고, 너무 넓게['扈'자의 음은 '戶(호)'이다.] 틀지도 말아야 한다! 무릇 기년복을 착용할 때에는 개암나무로 만든 비녀를 꼽게 되니, 그 길이['長'자의 음은 '仗(장)'이다.]는 1척으로 만들고, 머리를 묶고 난 뒤 남은 머리를 늘어트릴 때에는 그 길이가 8촌이 되어야 한다."라고 했다.

集說

縚妻, 夫子兄女也. 姑死, 夫子教之爲髽. 從從, 高也. 扈扈, 廣也. 言爾髽不可大高, 不可大廣, 又教以笄總之法. 笄卽簪也. 吉笄尺二寸, 喪笄一尺. 斬衰之笄用箭竹, 竹之小者也. 婦爲舅姑皆齊衰不杖, 期當用榛木爲笄也. 束髮謂之總, 以布爲之, 旣束其本末而總之, 餘者垂於髻後, 其長八寸也.

남궁도의 처는 공자 형의 딸을 뜻한다. 그녀의 시어머니가 죽자 공자는 그녀에게 교육을 하여 좌의 머리모양을 하도록 했던 것이다. '총총(從從)'은 높다는 뜻이다. '호호(扈扈)'는 넓다는 뜻이다. 즉 이 말은 너의 좌하는 머리모양을 너무 높게 해서는 안 되고, 너무 넓게 해서도 안 된다고 말한 것이며, 또한 비녀를 꼽고 머리를 묶는 법도를 가르친 것이다. '계(笄)'는 비녀를 뜻한다. 길한 때 꼽게 되는 비녀는 그 길이가 1척 2촌이고, 상을 당했을 때 꼽는 비녀는 그 길이가 1척이다. 참최복에 꼽게 되는 비녀는 전죽을 사용해서 만드니, '전죽(箭竹)'이라는 것은 대나무 중에서도 그 크기가 작은 것을 뜻한다. 부인은 시부모를 위해서 모두 자최복을 착용하며 지팡이는 잡지 않으니, 기년상을 치를 때에는 마땅히 개암나무를 이용해서 비녀를 만들어야 한다. 머리카락을 묶는 것을 '총(總)'이라 부르고, 포를 이용해서 만드는데, 이러한 도구와 방식을 통해서, 이미 머리카락의 처음과 끝을 묶어서 감싸게 되며, 묶을 수 없는 나머지 머리카락들은 상투를 튼 곳 뒤로 내려트리게 되니, 그 길이는 8촌이 된다.

經文

孟獻子禪[大感反], 縣[玄]而不樂, 比[毘]御而不入. 夫子曰: "獻子加於人一等矣."〈031〉

맹헌자는 부모의 상을 치르면서, 담제사[2]['禪'자는 '大(대)'자와 '感(감)'자의 반절음이다.]를 지냄에 악기를 걸어두기만 하고['縣'자의 음은 '玄(현)'이다.] 연주를 하지 않았으며, 상의 기간이 끝나서 그의 부인이 시중을 드는

---

2) 담제(禪祭)는 상복(喪服)을 벗을 때 지내는 제사이다.

때가 되었는데되['比'자의 음은 '뿌(비)'이다.] 침소로 들어가지 않았다. 공자
는 이러한 일들을 보고서, "맹헌자는 남보다 한 등급 더 뛰어나구나."라
고 칭찬했다.

集說

孟獻子, 魯大夫仲孫蔑也. 禫, 祭名. 禫者, 澹澹然平安之意. 大祥後
間一月而禫, 故云中月而禫. 禮, 大夫判縣, 縣而不樂者, 但縣之而
不作也. 比御而不入者, 雖比次婦人之當御者, 而猶不復寢也. 親喪
外除, 故夫子美之.

'맹헌자(孟獻子)'는 노나라 대부 중손멸이다. '담(禫)'은 제사 명칭이다.
'담(禫)'이라는 것은 담담하고 평안하다는 뜻이다. 대상을 지낸 이후 1개
월을 건너서 담제사를 지낸다. 그렇기 때문에 "1개월이 지나고 나서 담
제사를 지낸다."[3]라고 한 것이다. 예법에 따르면, 대부는 판현(判縣)[4]으

---

3) 『의례』「사우례(士虞禮)」: 朞而小祥, 曰, "薦此常事." 又朞而大祥, 曰, "薦此祥事." <u>中月而禫</u>. 是月也吉祭, 猶未配.

4) 판현(判縣)은 악기를 설치할 때 두 쪽 방면에 설치한다는 뜻이다. 매달아두는
악기인 종(鍾)이나 경(磬) 등을 중심으로 언급하였기 때문에 '현(縣)'자를 붙인
것이다. 경(卿)과 대부(大夫)들이 따랐던 형식이다. 참고적으로 천자가 악기를
설치하는 방식은 궁현(宮縣)이라고 하며, 4면에 악기들을 설치하는 것이고, 제후
가 악기를 설치하는 방식은 헌현(軒縣)이라고 하며, 3면에 악기들을 설치하는
것이고, 경이나 대부가 악기를 설치하는 방식은 '판현'이라고 하며, 2면에 악기들
을 설치하는 것이고, 대부(大夫) 또는 사(士)가 악기를 설치하는 방식을 '특현(特
縣)'이라고 부른다. 대부가 경과 마찬가지로 '판현'을 설치한다는 주장에서는 '사'
계급이 '특현을 설치한다고 주장하며, 대부가 '특현'을 설치한다는 주장에서는 '사'
계급은 단지 금슬(琴瑟)만 설치한다고 주장한다. 『주례』「춘관(春官)·소서(小
胥)」편에는 "正樂縣之位, 王, 宮縣, 諸侯, 軒縣, 卿大夫, 判縣, 士, 特縣."이라는
기록이 있고, 이에 대한 정현의 주에서는 정사농(鄭司農)의 주장을 인용하여,
"宮縣, 四面縣, 軒縣, 去其一面, 判縣, 又去其一面, 特縣, 又去其一面."이라고
풀이했다. 한편 가의(賈誼)의 『신서(新書)』「심미(審微)」편에는 "禮, 天子之樂
宮縣, 諸侯之樂軒縣, 大夫特縣, 士有琴瑟."이라는 기록이 있다.

로 한다고 했는데,5) '현이불악(縣而不樂)'이라는 말은 단지 악기를 걸어
두기만 하고 연주를 하지 않았다는 뜻이다. '비어이불입(比御而不入)'이
라는 말은 비록 부인이 마땅히 시중을 들어야 하는 때가 되었는데도, 여
전히 평소처럼 침으로 들어가지 않았다는 뜻이다. 부모의 상에서는 상
의 기간이 끝나더라도 슬픔이 지속되었기 때문에, 공자가 그를 칭찬했
던 것이다.

經文

> 孔子旣祥, 五日彈琴而不成聲, 十日而成笙歌. 有子, 蓋旣祥
> 而絲屨・組纓.(032)

공자는 대상을 끝내고 5일이 지난 후에 금을 연주했지만 소리가 제대로
나지 않았고, 10일이 지난 후에 생황을 연주하고 노래를 불렀는데, 그
제야 조화를 이루었다. 유약의 경우에는 대상을 끝내고나서 곧바로 명
주의 코 장식이 있는 신발을 신었고, 오채색의 무늬가 들어간 끈이 달
린 관을 썼다고 했다.

集說

禮, 旣祥, 白屨無絢, 縞冠素紕, 組之文五采. 今方祥, 卽以絲爲屨之
飾, 以組爲冠之纓, 服之吉者也. 此二者, 皆譏其變吉之速. 然蓋者,
疑辭, 恐記者亦是得於傳聞, 故疑其辭也. 引孔子之事者, 以見餘哀
未忘也.

예법에 따르면, 대상을 끝내고 나면 백색의 신발에 신코 장식이 없는 것

「단궁상(檀弓上)」 313

으로 신으며, 흰 명주 관에 흰색의 가선을 두른다. 그리고 관의 끈 무늬
는 오채색으로 만들게 된다. 현재 대상을 막 끝낸 상황인데, 곧바로 명
주로 신발의 장식을 하고, 조를 관의 끈으로 삼았으니, 길복에 착용하는
것들이다. 이 두 가지 것들을 지적한 것은 모두 길례로 바꾼 것이 매우
빠르다는 점을 기롱하는 것이다. 그런데 '개(蓋)'라는 글자는 의문이 들
때 쓰는 말이니, 아마도 『예기』를 기록한 자 또한 이 내용이 전승되어
온 것이라 생각했기 때문에, 그 말에 대해서 의문을 표시했던 것이다.
공자의 일화를 인용한 이유는 마음에 남아 있는 애달픈 감정을 아직은
모두 잊을 수 없다는 뜻을 나타내기 위해서이다.

經文

死而不弔者三: 畏·厭[壓]·溺.〈033〉

죽은 자에 대해 조문을 하지 않는 경우는 세 가지 있다. 첫 번째는 전쟁
터에 나아가 겁에 질려 죽은 경우이며, 두 번째는 압사['厭'자의 음은 '壓
(압)'이다.]를 당한 경우이고, 세 번째는 익사를 당한 경우이다.

集說

方氏曰: 戰陣無勇, 非孝也, 其有畏而死者乎? 君子不立巖墻之下,
其有厭而死者乎? 孝子舟而不游, 其有溺而死者乎? 三者皆非正命,
故先王制禮, 在所不弔.

방씨가 말하길, 전쟁터에 나아가 용맹함이 없다면 **효**가 아니니,[6] 두려

---

6) 『예기』「제의(祭義)」033장 : 曾子曰, 身也者, 父母之遺體也. 行父母之遺體,
敢不敬乎? 居處不莊, 非孝也. 事君不忠, 非孝也. 涖官不敬, 非孝也. 朋友不
信, 非孝也. <u>戰陣無勇, 非孝也</u>. 五者不遂, 災及於親, 敢不敬乎?

움에 떨면서 죽을 수 있겠는가? 군자는 무너질 것 같은 담장 아래에 서 있지 않으니,[7] 압사를 당할 수 있겠는가? 효자는 배를 타되 헤엄을 치지 않으니,[8] 익사를 당할 수 있겠는가? 이 세 가지 경우에 속하는 자들은 자신의 수명을 다한 것이 아니다. 그렇기 때문에 선왕이 예법을 제정할 때, 이러한 경우에 속하는 자들에 대해서는 조문을 하지 않는 경우로 둔 것이다.

陳氏曰: 明理可以治懼, 見理不明者, 畏懼而不知所出, 多自經於溝瀆, 此眞爲死於畏矣, 似難專指戰陳無勇也. 或謂鬪狠亡命曰畏.

진씨[9]가 말하길, 이치에 밝게 되면 두려움을 다스릴 수 있으니, 이치를 보고도 밝지 못한 자는 두려워하며 표출해야 할 것을 알지 못하여, 대부분 도랑에서 제 스스로 목을 매달아 죽게 되니,[10] 이러한 자들이 진실로 두려움 때문에 죽은 자들일 것이다. 따라서 전쟁터에서 용맹함을 발휘하지 못하고 죽은 자들만을 전적으로 가리킨다고 생각하기는 어려울 것 같다. 혹자는 다투기를 좋아하여 부여받은 명령을 잊고 제멋대로 행동하는 것을 '외(畏)'라고 부른다고 했다.

---

7) 『맹자』「진심상(盡心上)」: 孟子曰, "莫非命也, 順受其正, 是故知命者不立乎巖牆之下. 盡其道而死者, 正命也, 桎梏死者, 非正命也."

8) 『예기』「제의(祭義)」 038장 : 樂正子春下堂而傷其足, 數月不出, 猶有憂色. …… 壹擧足而不敢忘父母, 是故道而不徑, 舟而不游, 不敢以先父母之遺體行殆.

9) 진호(陳澔, A.D.1260~A.D.1341) : =진가대(陳可大)·진호(陳澔). 남송(南宋) 말기 원(元)나라 초기 때의 학자이다. 자(字)는 가대(可大)이다. 사람들에게 경귀선생(經歸先生)으로 칭송을 받았다. 저서로는 『예기집설(禮記集說)』 등이 있다.

10) 『논어』「헌문(憲問)」: 子貢曰, "管仲非仁者與? 桓公殺公子糾, 不能死, 又相之." 子曰, "管仲相桓公, 霸諸侯, 一匡天下, 民到于今受其賜. 微管仲, 吾其被髮左衽矣. 豈若匹夫匹婦之爲諒也, 自經於溝瀆而莫之知也?"

子路有姊之喪, 可以除之矣, 而不除也. 孔子曰: "何不除也?"
子路曰: "吾寡兄弟而不忍也." 孔子曰: "先王制禮, 行道之人
皆弗忍也." 子路聞之, 遂除之.〈034〉

자로에게 누이의 상이 발생했는데, 기간이 끝나서 상복을 벗을 수 있음
에도 자로는 차마 벗지 못하고 있었다. 이 모습을 본 공자는 "너는 어찌
하여 상복을 벗지 않는가?"라고 했다. 자로는 "저에게는 형제가 적습니
다. 따라서 누이에 대한 슬픈 마음이 남아 있어서, 차마 벗을 수가 없습
니다."라고 했다. 공자가 말하길, "선왕이 예를 제정하셨으니, 도를 시
행하는 자들은 모두들 자신의 친족에 대해 상복을 차마 벗지 못하는 마
음을 가지고 있지만, 예법을 어길 수 없기 때문에 다들 벗게 되는 것이
다."라고 했다. 자로는 그 말을 듣고서 마침내 상복을 벗었다.

集說

行道之人, 皆有不忍於親之心, 然而遂除之者, 以先王之制, 不敢
違也.

도를 시행하는 자들은 모두 친족에 대해서 차마 상복을 벗지 못하는 마
음이 있는데도, 결국 상복을 벗게 되는 것은 선왕이 제정한 제도를 감히
위배할 수 없기 때문이다.

經文

太公封於營丘, 比[뮤]及五世, 皆反葬於周. 君子曰: "樂[岳], 樂
[洛]其所自生. 禮, 不忘其本." 古之人有言曰: "狐死正丘首[去
聲], 仁也."〈035〉

태공은 영구인 제나라에 분봉을 받았지만 주왕실에 머물며 직무를 수행하였고, 그가 죽었을 때에도 주나라 수도에서 장례를 치렀다. 그래서 그의 자손들은 5세대에 이르기까지['比'자의 음은 '畀(비)'이다.] 모두 주나라 수도로 돌아와서 장례를 치렀다. 군자는 "악['樂'자의 음은 '岳(악)'이다.]이라는 것은 자신이 출생하게 된 근원에 대해서 즐거워하는['樂'자의 음은 '洛(락)'이다.] 것이다. 예라는 것은 자신의 근본을 잊지 않는 것이다."라고 말했다. 고대인들이 했던 말 중에는 "여우는 죽음에 이르러서 자신이 살았던 땅을 향하여 머리를 향하게['首'자는 거성으로 읽는다.] 하고 죽으니, 이것은 인한 것이다."라는 말이 있다.

集說

太公雖封於齊, 而留周爲太師, 故死而遂葬於周. 子孫不敢忘其本, 故亦自齊而反葬於周, 以從先人之兆, 五世親盡而後止也. 樂生而敦本, 禮樂之道也. 生而樂於此, 豈可死而倍於此哉! 狐雖微獸, 丘其所窟藏之地, 是亦生而樂於此矣, 故及死而猶正其首以向丘, 不忘其本也. 倍本忘初, 非仁者之用心, 故以仁目之.

태공은 비록 제나라에 분봉을 받았지만, 주나라 수도에 머물면서 태사의 직책을 수행했다. 그렇기 때문에 그가 죽었을 때에는 결국 주나라 수도에서 장례를 치렀던 것이다. 그의 자손들은 감히 그 근본을 잊을 수가 없었기 때문에, 또한 제나라로부터 되돌아와서 주나라 수도에서 장례를 치렀으니, 선조들의 묘역이 있는 장소에 따른 것인데, 5세대가 지나 친근한 관계가 다한 이후에야 이처럼 하는 방법을 멈췄다. 태어나게 된 근본에 대해 즐거워하는 것은 근본을 돈독히 하는 것이니, 이것이 바로 예악의 도이다. 인간은 태어나게 되면 자신의 근본에 대해서 즐거워하는데, 어찌 죽을 때에 이르러서 이러한 것들을 배반할 수 있겠는가! 여우는 비록 하찮은 동물이지만, '구(丘)'는 자신이 살던 동굴이 있는 땅이니, 이러한 동물들 또한 태어나게 되면, 자신의 근본을 즐거워하게 된다. 그렇기 때문에 죽음에 이르러서도 여전히 그 머리를 바르게 하여 그 언덕 쪽을 향하는 것은 근본을 잊을 수가 없기 때문이다. 근본을 등지고 시초를 잊는 것은 인한 자의 마음 씀이 아니다. 그렇기 때문에 '인(仁)'으로 지목했던 것이다.

經文

> 伯魚之母死, 期[朞]而猶哭. 夫子聞之曰: "誰與[平聲]哭者?" 門人曰: "鯉也." 夫子曰: "嘻[希]! 其甚也!" 伯魚聞之, 遂除之.〈036〉

백어의 친모가 죽었는데, 그 여인은 출모(出母)였다. 1년이 지났는데도['期'자의 음은 '朞(기)'이다.] 백어가 여전히 곡을 했다. 공자가 그 소리를 듣고, "지금 곡을 하는 자는['與'자는 평성으로 읽는다.] 누구인가?"라고 묻자 문인들은 "아드님인 리입니다."라고 대답했다. 그러자 공자는 "아!['嘻'자의 음은 '希(희)'이다.] 너무 지나치구나!"라고 했다. 백어는 그 말을 듣고 곧 곡하는 일을 그만두었다.

集說

伯魚之母出而死. 父在爲母期而有禫, 出母則無禫. 伯魚乃夫子爲後之子, 則於禮無服, 期可無哭矣. 猶哭, 夫子所以歎其甚.

백어의 모친은 그 집에서 쫓겨난 상태에서 죽었다. 부친이 생존해 계실 때, 죽은 모친을 위해서는 기년상을 치르고 담제를 지내는데, 출모의 경우에는 담제를 치르지 않는다. 백어의 경우에는 곧 공자의 가계를 잇는 아들이 된다. 따라서 예법에 따르면 출모를 위해서는 규정에 따른 상복이 없으며, 1년이 지나게 되면 곡을 하지 않아도 된다. 그런데도 여전히 곡을 했기 때문에, 공자는 그의 지나침에 대해서 한탄을 했던 것이다.

經文

舜葬於蒼梧之野, 蓋三妃未之從也. 季武子曰: "周公蓋祔." 〈037〉

순임금이 붕어했을 때에는 창오의 들판에서 장례를 치렀는데, 순임금의 세 부인들이 죽었을 때에는 순임금의 장지에서 장례를 치르지 않았다. 계무자는 "주공 때부터 남편의 무덤에 합장을 하기 시작했다."라고 했다.

集說

疏云: 舜長妃娥皇·次妃女英·次妃癸比, 皆不從舜之葬, 此記者言合葬之事, 古人未有, 因引季武子之言, 謂自周公以來, 始祔葬也. 書"陟方乃死." 蔡氏曰: "史記舜崩於蒼梧之野, 孟子言卒於鳴條, 未知孰是. 今零陵九嶷有舜冢云."

소에서 말하길, 순임금의 첫째 부인 아황, 둘째 부인 여영, 셋째 부인 계비는 모두들 순임금을 뒤따라 순임금의 장지에서 장례를 치르지 않았으니, 이곳의 『예기』 문장을 기록한 자는 고대인들에게는 아직까지 합장하는 일이 없었고, 계무자의 말을 인용한 것에 따르면, 주공으로부터 그 이후로 비로소 합장을 하게 되었다고 말하고 있다. 『서』에서는 "사방에 대한 순수에 올랐다가 곧 돌아가셨다."[11]라 했고, 채씨[12]는 "『사기』에서는 순임금이 창오의 들판에서 붕어하였다고 했고,[13] 『맹자』에서는

---

11) 『서』「우서(虞書)·순전(舜典)」: 舜生三十徵庸, 三十在位. 五十載, 陟方乃死. 帝釐下土, 方設居方, 別生分類, 作汩作, 九共, 九篇, 槀飫.

12) 채침(蔡沈, A.D.1167~A.D.1230): =구봉채씨(九峯蔡氏)·채구봉(蔡九峯). 남송(南宋) 때의 학자이다. 자(字)는 중묵(仲黙)이고, 호(號)는 구봉(九峯)이다. 주자의 문인이자 사위이다. 주자가 완성하지 못했던 『서집전(書集傳)』을 완성하였다.

13) 『사기』「오제본기(五帝本紀)」: 舜年二十以孝聞, 年三十堯擧之, 年五十攝行天子事, 年五十八堯崩, 年六十一代堯踐帝位. 踐帝位三十九年, 南巡狩, 崩於蒼梧之野.

명조에서 돌아가셨다고 했는데,[14] 어느 기록이 옳은지는 잘 모르겠다. 현재 영릉 구역 지역에는 순임금의 무덤이라고 부르는 곳이 있다."라고 했다.

淺見

近按: 堯老而舜攝, 巡狩四岳以觀諸侯. 舜老而禹攝, 其禮亦然. 舜不應耄期倦于勤, 而使禹攝位, 老不聽政十有餘年之後, 而復出巡狩以崩于野也. 孟子於當時好事者之言, 如舜與伊尹·孔子·百里奚之事, 必以事證義理反復而論辯之, 豈自爲無稽之言, 以爲卒於鳴條也? 此言葬于蒼梧, 未可深信, 然亦不言崩于此地, 後世作史者, 因此而遂以爲巡狩而崩也歟. 零陵所謂舜冢者, 是亦好事以此而附會者歟.

내가 살펴보니, 요임금이 연로하게 되자 순임금이 섭정했고, 사악(四嶽)[15]을 순수하여 제후들을 만나보았다. 순임금이 연로하게 되자 우임금이 섭정했고, 그가 시행한 예법 또한 이와 같았다. 순임금은 나이가 연로하다고 하여 해야 할 일들에 대해 게으름을 피울 수 없어서 우임금으로 하여금 그 자리를 대신하도록 했고, 연로하여 정사를 직접 듣지 않은지 십여 년이 지난 이후에 다시 밖으로 나가 순수를 시행하다가 들판에서 죽었다. 맹자는 당시 호사가들의 말에 대해, 예를 들어 순임금·이윤·공자·백리해에 대한 일들에 있어서 반드시 구체적인 실증과 의리를 통해 반복해서 논변을 했을 것인데, 어떻게 상고해보지도 않은 말을 하여 명조에서 죽었다고 했겠는가? 이곳에서 창오에서 장례를 치렀다고

---

14) 『맹자』「이루하(離婁下)」: 孟子曰, 舜生於諸馮, 遷於負夏, 卒於鳴條, 東夷之人也.

15) 사악(四嶽)은 오악(五嶽) 중 중앙의 숭산(嵩山)을 제외한 나머지 산들을 뜻하니, 동쪽의 태산(泰山), 서쪽의 화산(華山), 남쪽의 형산(衡山), 북쪽의 항산(恒山)을 지칭한다. 실질적으로는 천자의 수도를 제외한 나머지 사방의 국가들을 가리킨다.

한 말은 확신할 수 없으며, 또 이곳에서 죽었다고도 말하지 않았는데, 후세의 역사가들은 이 기록으로 인해 마침내 순수를 하다가 죽었다고 여기게 되었을 것이다. 영릉에 이른바 순임금의 무덤이 있다고 하는 것들 또한 호사가들이 이러한 기록을 토대로 견강부회했을 것이다.

曾子之喪, 浴於爨室.〈038〉

증자가 죽었을 때, 그의 아들은 증자의 시신을 부엌에서 목욕시켰다.

集說

士喪禮“浴於適室”, 無浴爨室之文. 舊說, 曾子以曾元辭易簀, 矯之以謙儉, 然反席未安而沒, 未必有言及此. 使果曾子之命, 爲人子者, 亦豈忍從非禮而賤其親乎? 此難以臆說斷之, 當闕之以俟知者.

『의례』「사상례(士喪禮)」편에서는 "적실(適室)[1]에서 시신을 목욕시킨다."라 했고, 부엌에서 목욕을 시킨다는 기록은 없다. 옛 학설에 따르면, 증자는 증원이 대자리를 바꾸도록 한 것에 대해 만류하였기 때문에, 겸손함과 검소함으로 아들의 잘못을 바로잡은 것이라고 했는데, 자리로 되돌아와서는 안정된 자세를 취하기도 전에 죽었으므로, 결코 이곳에서 언급한 내용까지 일러주었던 것이 아니다. 증자가 명령한대로 한 것이라 하더라도, 자식된 자가 어찌 비례에 따라서 자신의 부모를 천시하는 일을 참아낼 수 있겠는가? 이곳의 기록은 억측으로 판단하기 어려우니, 마땅히 그 논의를 생략하여, 후대의 지혜로운 자가 판가름해주기를 기다려야 한다.

---

1) 적실(適室)은 정침(正寢)에 있는 방[室]을 뜻한다. 정침(正寢)은 천자(天子)와 제후(諸侯)의 경우에는 노침(路寢)이라고 부르고, 경(卿)·대부(大夫)·사(士)의 경우에는 '적실' 또는 적침(適寢)이라고 부른다. 『의례』「사상례(士喪禮)」편에는 "士喪禮, 死于適室, 幠用斂衾."이라는 기록이 있는데, 이데 대한 정현의 주에서는 "適室, 正寢之室也."라고 풀이했고, 가공언(賈公彦)의 소(疏)에서는 "若對天子諸侯謂之路寢, 卿大夫士謂之適室, 亦謂之適寢, 故下記云'士處適寢', 摠而言之, 皆謂之正寢."이라고 풀이했다. 또 『예기』「단궁하(檀弓下)」편에는 "妻之昆弟爲父後者死, 哭之適室."이라는 기록이 있는데, 이에 대한 공영달(孔穎達)의 소(疏)에서는 "適室, 正寢也."라고 풀이했다.

大功廢業. 或曰: "大功誦可也."〈039〉

대공복을 입고 치르는 상에서는 몸으로 하는 과업을 익히지 않는다. 혹자는 "대공복을 입고 치르는 상에서는 입으로 하는 과업은 익혀도 괜찮다."고 말하기도 한다.

集說

業者, 身所習, 如學舞·學射·學琴瑟之類. 廢之者, 恐其忘哀也. 誦者, 口所習, 稍暫爲之亦可. 然稱"或曰", 亦未定之辭也.

'업(業)'이라는 것은 몸으로 익히는 것들이니, 예를 들어 춤을 익히고, 활쏘기를 익히며, 금슬을 익히는 부류가 여기에 해당한다. "폐지한다."는 것은 아마도 애달픈 마음을 잊게 될까를 염려했기 때문이다. '송(誦)'이라는 것은 입으로 익히는 것들이니, 잠시 입으로 익힐 수 있는 것들을 해도 무방한 것이다. 그런데 '혹왈(或曰)'이라고 말한 이유는 또한 확정할 수 없을 때 쓰는 말이기 때문이다.

經文

子張病, 召申祥而語[去聲]之曰: "君子曰終, 小人曰死. 吾今日其庶幾乎!"〈040〉

자장의 병이 위독해지자 아들인 신상을 불러서 말하길['語'자는 거성으로 읽는다.] "사람이 죽었을 때, 그 자가 군자인 경우라면 그 죽음을 '종(終)'이라 하며, 소인인 경우라면 '사(死)'라 한다. 나는 오늘에서야 군자와 가까워졌구나!"라고 했다.

申祥, 子張子也. 終者, 對始而言; 死則漸盡無餘之謂也. 君子行成德立, 有始有卒, 故曰終; 小人與群物同朽腐, 故曰死, 疾沒世而名不稱, 爲是也. 子張至此, 亦自信其近於君子也.

'신상(申祥)'은 자장의 아들이다. '종(終)'이라는 말은 시작과 대비시켜 말한 것이고, '사(死)'의 경우에는 소멸되어 남는 것이 없다는 뜻이다. 군자는 행실이 완성되고 덕이 확립되었으므로, 시작도 있고 마침도 있다. 그렇기 때문에 끝마침이라고 부르는 것이다. 소인은 뭇 사물들과 마찬가지로 썩고 부패하게 된다. 그렇기 때문에 죽음이라고 부르는 것이다. 그러므로 세상을 떠날 때 그 이름이 일컬어지지 않는 것을 걱정하는 이유도[2] 바로 이러한 연유 때문이다. 자장은 자신이 죽음에 이르게 되었을 때, 또한 제 스스로 군자와 가까워졌다고 확신했던 것이다.

經文

曾子曰: "始死之奠, 其餘閣也與!" 〈041〉

증자가 말하길, "이제 막 돌아가셨을 때 시신 옆에 차려두는 음식들은 생전에 드시던 찬장 위의 음식들로도 충분하다!"라고 했다.

集說

始死以脯醢醴酒, 就尸床而奠于尸東, 當死者之肩, 使神有所依也. 閣, 所以庋置飲食, 蓋以生時庋閣上所餘脯醢爲奠也.

이제 막 돌아가셨을 때 포 · 젓갈 · 단술로써 시신이 놓여 있는 침상에

---

2) 『논어』 「위령공(衛靈公)」 : 子曰, "君子疾沒世而名不稱焉."

나아가서 시신의 동쪽에 차려놓으니, 죽은 자의 어깨 부위에 해당하게 하여, 신령으로 하여금 의지할 곳이 있게 만드는 것이다. '각(閣)'은 시렁을 걸어서 음식을 올려두던 곳으로, 생전에 찬장 위에 남겨 두었던 포와 젓갈로 차려내는 것이다.

曾子曰: "小功不爲位也, 者是委巷之禮也. 子思之哭嫂也爲位, 婦人倡踊. 申祥之哭言思也亦然."〈042〉

증자가 말하길, "소공복을 입고 치르는 상에서 곡하는 위치를 정하지 않는 것은 누추한 마을에서나 시행하는 예이다. 자사가 형수를 위해 곡을 했을 때에는 곡하는 자리를 정하고, 그의 부인이 먼저 용을 했는데, 이것은 예법에 맞는 조치이다. 반면 신상은 자기 처의 곤제가 되는 언사에 대해서, 곡을 했을 때에도 이처럼 했는데, 이것은 비례이다."라고 했다.

集說

委, 曲也. 曲巷, 猶言陋巷. 細民居於陋巷, 不見禮儀, 鄙朴無節文, 故譏小功不爲位, 是曲巷中之禮也. 言思, 子游之子, 申祥妻之昆弟也.

'위(委)'자는 곡(曲)자의 뜻이다. '곡항(曲巷)'은 곧 누추한 마을을 뜻한다. 평민들은 누항에 거처하여 예의를 볼 수 없었고, 누추하고 질박하여 규범에 따른 형식을 갖춤이 없었다. 그렇기 때문에 소공복을 입고 치르는 상에서 곡하는 자리를 마련하지 않은 것은 누추한 마을에서나 시행하는 예라고 기록한 것이다. '언사(言思)'는 자유의 아들이니, 신상 처의 곤제가 된다.

馬氏曰: 凡哭必爲位者, 所以敍親疏恩紀之差. 嫂叔疑於無服而不爲位, 故曰無服而爲位者惟嫂叔. 蓋無服者, 所以遠男女近似之嫌; 而爲位者, 所以篤兄弟內喪之親. 子思哭嫂爲位, 婦人倡踊, 以婦人有相爲娣姒之義, 而不敢以已之無服先之也. 至於申祥之哭言思, 亦如子思, 蓋非禮矣. 妻之昆弟, 外喪也, 而旣無服, 則不得爲哭位之主矣.

마씨가 말하길, 무릇 곡을 할 때에는 반드시 자리를 마련해야 하니, 친소관계나 은정의 깊이에 따른 차등을 질서세우는 방법이다. 형제의 아내나 남편의 형제들에 대해서는 상복관계가 성립되지 않아서 곡하는 위치를 마련하지 않는 것처럼 오해할 수 있다. 그렇기 때문에 "상복관계가 성립되지 않지만 곡하는 위치를 마련하는 것은 오직 형제의 아내나 남편의 형제들에게만 한정된다."3)라고 말한 것이다. 무릇 이러한 관계에서 상복관계를 성립시키지 않는 이유는 남녀사이에서 가까이 한다는 혐의를 멀리하기 위해서이고, 그런데도 곡하는 위치를 마련하는 것은 형제사이에 발생한 내상(內喪)4)의 친근함을 돈독하게 하기 위해서이다. 자사가 형수에 대한 곡을 하며 곡하는 자리를 마련하고, 그의 부인이 먼저 용을 했던 것은 부인들에게는 서로 손아래 동서와 손위 동서가 되는 도의가 포함되어 있으므로, 상복관계가 성립되지 않는 본인이 감히 부인보다 먼저 할 수 없기 때문이다. 신상은 언사에 대해 곡을 하는 일에 있어서 또한 자사가 시행했던 것처럼 했으니, 이것은 비례가 된다. 처의 곤제는 외상(外喪)5)에 해당하며, 이미 상복관계가 성립되지 않는 관계이므로, 마치 주인처럼 곡하는 위치를 정할 수 없기 때문이다.

---

3) 『예기』「분상(奔喪)」 021장 : 無服而爲位者, 唯嫂叔, 及婦人降而無服者麻.

4) 내상(內喪)은 대문(大門) 안에서 발생한 상(喪)을 뜻한다. 즉 집안에서 발생한 상(喪)을 뜻하며, 외상(外喪)과 반대가 된다.

5) 외상(外喪)은 대문(大門) 밖에서 발생한 상(喪)을 뜻한다. 즉 자신과 같은 집에서 살고 있지 않은 친인척에 대한 상(喪)을 뜻한다.

古者冠縮縫, 今也衡[橫]縫. 故喪冠之反吉, 非古也.〈043〉

고대에는 관을 만들 때, 길례와 흉례의 차이와 상관없이 모든 관을 세로로 꿰맸고, 현재는 흉례 때 쓰는 관은 세로로 꿰매지만, 길례 때 쓰는 관은 가로로['衡'자의 음은 '橫(횡)'이다.] 꿰맨다. 그러므로 상례 때 쓰는 관의 꿰맨 방법은 길례 때 쓰는 관과 반대가 되니, 이것은 고대의 제도가 아니라 주나라 때의 제도일 따름이다.

集說

疏曰: 縮, 直也. 殷尚質, 吉凶冠皆直縫. 直縫者, 辟積襵少, 故一一前後直縫之. 衡, 橫也. 周尚文, 冠多辟積, 不一一直縫, 但多作襵而幷橫縫之. 若喪冠質, 猶疎辟而直縫, 是與吉冠相反. 時人因言古喪冠與吉冠反, 故記者釋之云, 非古也, 止是周世如此耳. 古則吉凶冠同直縫也.

소에서 말하길, '축(縮)'자는 세로를 뜻한다. 은나라 때에는 질박함을 숭상했으므로, 길례와 흉례 때 쓰는 관을 모두 세로로만 꿰맸다. 세로로 꿰맨다는 것은 포갤 때 주름이 적게 잡히도록 하는 것이다. 그렇기 때문에 일일이 앞뒤에서 세로로 꿰맨 것이다. '형(衡)'자는 가로를 뜻한다. 주나라 때에는 화려함을 숭상했으므로, 관은 포개는 것을 많게 했으니, 일일이 세로로 꿰맨 것이 아니라 단지 주름을 많이 잡아서 한꺼번에 가로로 꿰맸다. 상례 때 쓰는 관의 경우에는 질박하므로, 여전히 포갠 것을 적게 하여 세로로 꿰매니, 이것은 길례 때 쓰는 관과 반대가 된다. 당시 사람들은 이러한 이유 때문에 고대에 상례 때 썼던 관과 길례 때 썼던 관이 반대가 된다고 여겼다. 그렇기 때문에 『예기』를 기록한 자는 그 의미를 해석하여, 이것은 고대의 제도가 아니니, 단지 주나라 때부터 이처럼 한 것일 뿐이라고 했다. 즉 고대에는 길례와 흉례 때 쓰는 관을 모두 세로로 꿰맸다.

曾子謂子思曰: "伋! 吾執親之喪也, 水漿不入於口者七日." 子
思曰: "先王之制禮也, 過之者, 俯而就之; 不至焉者, 跂[棄]而
及之. 故君子之執親之喪也, 水醬不入於口者三日, 杖而後能
起."〈044〉

증자가 자사에게 일러주며, "급아! 나는 부모의 상을 치르면서, 미음조
차 먹지 않은 것을 칠일 동안 했느니라."라고 했다. 그러자 자사가 말하
길, "선왕께서 예를 제정했을 때에는 지나친 자에 대해서는 굽히게 해서
나아가게 했고, 미치지 못하는 자에 대해서는 발돋움을['跂'자의 음은 '棄
(기)'이다.] 해서라도 쫓아오게 했습니다. 그렇기 때문에 군자가 부모의
상을 치를 때, 미음을 먹지 않는 기간은 삼일로 하고, 그 이후에는 미음
을 먹었기 때문에 지팡이를 잡고서 일어날 수 있었던 것입니다."라고
했다.

集說

三日, 中制也; 七日, 則幾於滅性矣. 有扶而起者, 有杖而起者, 有面
垢而已者.

삼일 동안 하는 것은 예제에 맞는 것이고, 칠일 동안 한다면 거의 생명
을 잃는 지경에 이른 것이다. 부축하여 일어나는 자도 있고, 지팡이를
잡고 일어나는 자도 있으며, 얼굴에 얼룩이 생기게만 하는 자도 있다.[6]

----

6) 『예기』 「상복사제(喪服四制)」 006장 : 杖者何也? 爵也. 三日授子杖, 五日授大
夫杖, 七日授土杖. 或曰擔主, 或曰輔病, 婦人童子不杖, 不能病也, 百官備,
百物具, 不言而事行者, 扶而起. 言而后事行者, 杖而起. 身自執事而后行者,
面垢而已. 禿者不髽, 傴者不袒, 跛者不踊, 老病不止酒肉. 凡此八者, 以權制
者也.

曾子曰: "小功不稅[他外反], 則是遠兄弟終無服也, 而可乎?"〈045〉

증자가 말하길, "소공복을 입고 치르는 상에 있어서, 본래는 태['稅'자는 '他(타)'자와 '外(외)'자의 반절음이다.]를 하지 않는데, 만약 먼 지역에 사는 재종형제 등이 부고를 알려오는 경우 태를 하지 않으면, 먼 형제에 대해 서는 상복관계가 없어지게 되니, 이처럼 해도 좋겠는가?"라고 했다.

集說

稅者, 日月已過, 始聞其死, 追而爲之服也. 大功以上然, 小功輕, 故 不稅. 曾子據禮而言, 謂若是小功之服不稅, 則再從兄弟之死在遠 地者, 聞之恒後時, 則終無服矣, 其可乎?

'태(稅)'라는 것은 시간이 이미 경과하였는데 그제야 비로소 그의 죽음에 대한 소식을 접하게 되어, 그 기간을 미루어서 그를 위해 상복을 착용하는 것을 뜻한다. 대공복 이상의 수위에 해당하는 상복인 경우라면 이처럼 하는데, 소공복의 경우는 그 수위가 낮기 때문에 태를 하지 않는 것이다. 증자는 예에 따라 언급한 것이니, 곧 소공복을 입고 치르는 상에서 태를 하지 않는다면, 재종형제의 죽음에 있어서 그가 먼 지역에 사는 경우라면, 그의 죽음에 대한 소식을 듣는 것이 항상 복상 기간보다 뒤늦게 도착하니, 끝내 상복관계가 없게 되는데, 그것이 좋겠느냐는 뜻이다.

經文

伯高之喪, 孔氏之使者未至, 冉子攝束帛 · 乘[去聲]馬而將之. 孔子曰: "異哉! 徒使我不誠於伯高."〈046〉

백고의 상이 발생했을 때, 공자는 사람을 시켜서 부의를 보냈지만 심부름을 하는 자가 도착하지 않았다. 그래서 염자는 그 대신 속백과 네 마리['乘'자는 거성으로 읽는다.]의 말을 빌려서 그것을 가지고 대신 조문을 했다. 그 사실을 안 공자는 "이상한 일이구나! 헛되게도 나로 하여금 백고에게 성실하지 못하게 만들었구나."라고 했다.

攝, 貨也. 十个爲束, 每束五兩. 蓋以四十尺帛, 從兩頭各卷至中, 則每卷二丈爲一个, 束帛是十个二丈, 今之五匹也. 乘馬, 四馬也. 徒, 空也. 伯高不知何人, 意必與孔子厚者, 冉子知以財而行禮, 不知聖人之心, 則于其誠, 不于其物也. 雖若自責之言, 而實則深責冉子矣.

'섭(攝)'자는 "빌리다."는 뜻이다. 10개를 1속(束)이라 하며, 매 속(束)마다 다섯 쌍이 된다. 무릇 40척의 비단을 양쪽 끝으로부터 각각 말아서 중간에 이르게 되면, 각각의 두루마리는 2장을 1개로 삼게 되고, 속백은 2장짜리 비단이 10개가 있는 것으로, 현재의 5필에 해당한다. '승마(乘馬)'는 4마리의 말을 뜻한다. '도(徒)'자는 "헛되다."라는 뜻이다. 백고는 어떤 사람인지 알 수 없지만, 의미상 분명 공자와 관계가 깊었던 자일 것이니, 염자는 그 사실을 알고 있었기 때문에, 이러한 재화를 가지고 예를 시행했던 것인데, 성인의 마음은 정성스러움에 치중하고 재화에 치중하지 않음을 헤아리지 못한 것이다. 비록 스스로를 책망하는 말처럼 보이지만, 실제로는 염자에 대해서 매우 깊이 책망하는 것이다.

伯高死於衛, 赴於孔子. 孔子曰: "吾惡[烏]乎哭諸? 兄弟, 吾哭諸廟; 父之友, 吾哭諸廟門之外; 師, 吾哭諸寢; 朋友, 吾哭諸

寢門之外; 所知, 吾哭諸野. 於野則已疏, 於寢則已重. 夫由賜
也見我, 吾哭諸賜氏." 遂命子貢爲之主, 曰: "爲[去聲]爾哭也來
者[句], 拜之; 知伯高而來者, 勿拜也."〈047〉

백고는 위나라에서 죽었는데, 공자에게 부고를 알렸다. 공자가 말하길,
"나는 어디에서['惡'자의 음은 '烏(오)'이다.] 곡을 해야 한단 말인가? 형제에
대해서라면 나는 묘에서 곡을 해야 하고, 부친의 벗에 대해서라면 나는
묘문의 밖에서 곡을 해야 하며, 스승에 대해서라면 나는 침에서 곡을
해야 하고, 벗에 대해서라면 나는 침문의 밖에서 곡을 해야 하며, 서로
알고 지내던 자에 대해서라면 나는 들에서 곡을 해야 한다. 그런데 백
고에 대해서 들에서 곡을 하게 된다면, 너무 소원하게 대하는 것이 되
고, 그렇다고 해서 침에서 곡을 하게 된다면, 너무 친근하게 대하는 것
이 된다. 무릇 백고는 사를 통해서 나를 만나보게 되었으니, 나는 사씨
의 집에서 곡을 해야겠구나."라고 했다. 그리고는 자공에게 명령하여
곡하는 자리의 주인으로 삼고, "네가 곡하는 것을 위해['爲'자는 거성으로
읽는다.] 찾아와 조문하는 자에게는['者'자에서 구문을 끊는다.] 절을 하되, 백
고를 알기 때문에 찾아와 조문하는 자에게는 절을 해서는 안 된다."라
고 말해주었다.

集說

告死曰赴, 與訃同. 已, 太也.

죽음에 대한 소식을 알리는 것을 '부(赴)'라고 부르니, '부(訃)'와 동일한
것이다. '이(已)'자는 너무라는 뜻이다.

馬氏曰: 兄弟出於祖而內所親者, 故哭之廟; 父友聯於父而外所親
者, 故哭之廟門外; 師以成己之德, 而其親視父, 故哭諸寢; 友以轉
己之仁, 而其親視兄弟, 故哭諸寢門之外. 至於所知, 又非朋友之比,

有相趨者, 有相揖者, 有相問者, 有相見者, 皆泛交之者也. 孔子哭伯高以野爲大疏, 而以子貢爲主. 君子行禮, 其審詳於哭泣之位如此者, 是其所以表微者歟.

마씨가 말하길, 형제는 같은 조상으로부터 나온 자이므로 내적으로 친근한 자에 해당하기 때문에, 묘에서 곡을 하는 것이다. 부친의 벗은 부친과 관련이 있는 자이므로 외적으로 친근한 자에 해당하기 때문에, 묘문의 밖에서 곡을 하는 것이다. 스승은 나의 덕을 완성시켜주는 자이므로 그에 대한 친근함은 부친에 견주게 된다. 그렇기 때문에 침에서 곡을 하는 것이다. 벗은 나의 인함을 보필하는 자이므로 그에 대한 친근함은 형제에 견주게 된다. 그렇기 때문에 침문의 밖에서 곡을 하는 것이다. 서로 알고 지내던 자에 있어서는 또한 벗에 견줄 수 없지만, 서로 조문을 알리는 관계에 있는 자도 있고, 서로 읍을 하는 사이에 있는 자도 있으며, 서로 안부를 묻는 관계에 있는 자도 있고, 서로 찾아가 만나보는 관계에 있는 자도 있는데, 이들은 모두 범범하게 교류하는 자들이다. 공자는 백고에게 곡을 하며, 들에서 한다면 너무 소원하게 대하는 것이라고 여겼고, 자공을 곡하는 자리를 담당하는 주인으로 삼았다. 군자가 예를 시행할 때, 곡을 하며 눈물을 흘리는 자리에 대해서도 이처럼 세심하게 살폈으니, 이것이 바로 그 은미한 뜻을 나타내는 것이라 할 수 있다.

方氏曰: 伯高之於孔子, 非特所知而已. 由子貢而見, 故哭於子貢之家, 且使之爲主, 以明恩之有所由也. 爲子貢而來, 則弔生之禮在子貢; 知伯高而來, 則傷死之禮在伯高. 或拜或不拜, 凡以稱其情耳, 故夫子誨之如此.

방씨가 말하길, 백고는 공자에 대해서 단지 서로 알고 지내던 사이일 뿐만이 아니다. 자공을 통해 알게 되었기 때문에, 자공의 집에서 곡을 했던 것이고, 또 자공으로 하여금 곡하는 자리를 담당하는 주인으로 삼아서, 은혜로운 정감이 유래하게 된 원인을 밝힌 것이다. 자공을 위해서 찾아오는 자의 경우라면, 살아있는 자에게 조문하는 예가 자공에게 해당하는 것이고, 백고를 알아서 찾아오는 자의 경우라면, 죽은 자를 애도하는 예가 백고에게 해당하는 것이다. 어떤 자에게는 절을 하고 또 어떤 자에게는 절을 하지 않는 이유는 무릇 그 정감에 맞추는 것일 뿐이다. 그렇기 때문에 공자는 이처럼 깨우쳐준 것이다.

曾子曰: "喪有疾, 食肉飮酒, 必有草木之滋焉", 以爲薑桂之謂也.〈048〉

증자가 말하길, "상을 치르던 도중 병에 걸리게 되면 기력이 쇠하게 되니, 기력을 보충하기 위해서 고기도 먹으며 술도 마시는데, 병 때문에 이것들을 달게 먹을 수가 없으므로, 반드시 초목의 달콤한 열매를 곁들여야 한다."라고 했는데, 초목의 열매라는 것은 생강이나 계피를 뜻한다.

喪有疾, 居喪而遇疾也. 以其不嗜, 故加草木之味. "以爲薑桂之謂" 一句, 乃記者釋草木之滋, 亦或曾子稱禮書之言而自釋之歟.

'상유질(喪有疾)'이라는 말은 상을 치르던 도중 병이 발생하였다는 뜻이다. 달게 먹을 수 없기 때문에 초목의 맛있는 열매를 더하게 된다. '이위 강계지위(以爲薑桂之謂)'라는 한 구문은 『예기』를 기록한 자가 '초목지자(草木之滋)'라는 말을 풀이한 것이며, 그것이 아니라면 혹은 증자가 예서에 기록된 말을 일컬으며 스스로 해석한 말일 것이다.

子夏喪[平聲]其子而喪[去聲]其明. 曾子弔之曰: "吾聞之也, 朋友喪明則哭之." 曾子哭, 子夏亦哭曰: "天乎! 予之無罪也!" 曾子怒曰: "商! 女[汝]何無罪也? 吾與女事夫子於洙・泗之間, 退而老於西河之上, 使西河之民疑女於夫子, 爾罪一也. 喪[平聲]爾親, 使民未有聞焉, 爾罪二也. 喪爾子, 喪爾明, 爾罪三也. 而曰爾何無罪與[平聲]?" 子夏投其杖而拜曰: "吾過矣! 吾過矣! 吾離[去聲]群而索[悉各反]居亦已久矣." 〈049〉

자하가 아들의 상['喪'자는 평성으로 읽는다.]을 당했는데, 곡을 너무 심하게 하여 실명['喪'자는 거성으로 읽는다.]을 하였다. 증자가 자하를 조문하며 말하길, "내가 듣기로 벗이 실명을 하게 되면 곡을 한다고 했다."라고 하였다. 그리고 증자는 곧 곡을 했는데, 자하 또한 곡을 하며, "하늘이시여! 저에게는 죄가 없습니다! 그런데도 어찌하여 제 눈을 가져가셨습니까!"라고 말했다. 그 말을 들은 증자는 화를 내며, "상아! 너['女'자의 뜻은 '여(汝)'이다.]는 어찌하여 죄가 없다고 하는가? 나는 너와 함께 수사의 사이에서 선생님을 섬겼었다. 그런데 너는 물러나 서하에 홀로 거처하며 여생을 보내고, 서하 땅의 사람들로 하여금 선생님과 네가 다를 바가 없다고 여기도록 했으니, 이것이 너의 첫 번째 죄이다. 또 너는 부모의 상['喪'자는 평성으로 읽는다.]을 치를 때, 백성들 중에는 너의 효성스러움을 칭송하는 자가 없었으니, 이것이 너의 두 번째 죄이다. 또 네가 아들의 상을 치를 때 실명까지 하게 되었으니, 이것이 너의 세 번째 죄이다. 그런데도 너는 어찌하여 죄가 없다고 말할 수 있는가?['與'자는 평성으로 읽는다.]"라고 했다. 그 말을 들은 자하는 집고 있던 지팡이를 내던지고 증자에게 절을 하며, "나의 잘못이다! 나의 잘못이다! 내가 벗들과 떨어져서['離'자는 거성으로 읽는다.] 홀로['索'자는 '悉(실)'자와 '各(각)'자의 반절음이다.] 산 것이 오래되었기 때문에, 이처럼 죄를 짓게 된 것이다."라고 했다.

以哭甚, 故喪明也. 洙·泗, 魯二水名. 西河, 子夏所居. 索, 散也. 久
不親友, 故有罪而不自知.

곡을 너무 심하게 했기 때문에 실명을 하게 된 것이다. '수(洙)'와 '사
(泗)'는 노나라에 있는 두 강의 이름이다. '서하(西河)'는 자하가 머물
던 곳이다. '삭(索)'은 "흩어진다."는 뜻이다. 오래도록 벗들과 친근하
게 지내지 않았기 때문에, 죄를 지었음에도 제 스스로 알지 못했던 것
이다.

張子曰: 子夏喪明, 必是親喪之時尚强壯, 其子之喪氣漸襄, 故喪明.
然而曾子之責, 安得辭也! 疑女於夫子者, 子夏不推尊夫子, 使人疑
夫子無以異於子夏, 非如曾子惟尊夫子, 使人知尊聖人也.

장자[7]가 말하길, 자하가 실명을 하였는데, 분명 부모의 상을 치를 때
에는 여전히 건장한 상태였지만, 자식의 상을 치를 때에는 기운이 점
차 쇠약해졌기 때문에 실명을 하게 된 것이다. 그러므로 증자가 책망
하는 말에 대해서 어떻게 변명을 할 수 있겠는가! '의녀어부자(疑女於
夫子)'라는 말은 자하가 공자를 추존하지 않아서, 사람들로 하여금 공
자가 자하와 다를 바가 없도록 의심케 하였던 것으로, 증자처럼 공자
를 추존하여 사람들로 하여금 성인을 추존해야 함을 알게 한 것과는
다른 것이다.

---

7) 장재(張載, A.D.1020~A.D.1077) : =장자(張子)·장횡거(張橫渠). 북송(北宋)
때의 유학자이다. 북송오자(北宋五子) 중 한 사람으로 칭해진다. 자(字)는 자후
(子厚)이다. 횡거진(橫渠鎭) 출신으로, 이곳에서 장기간 강학을 했기 때문에 횡
거선생(橫渠先生)으로 일컬어지기도 한다.

夫晝居於內, 問其疾可也; 夜居於外, 弔之可也. 是故君子非
有大故, 不宿於外; 非致齊[齋]也, 非疾也, 不晝夜居於內.⟨050⟩

무릇 낮에 정침에 머물게 되면 그가 질병에 걸린 것처럼 생각되므로,
병문안을 하는 것이 옳다. 밤에 밖에 머물게 되면 그에게 상이 발생한
것처럼 생각되므로, 조문을 하는 것이 옳다. 이러한 까닭으로 군자는
큰 변고가 발생한 경우가 아니라면, 밖에 머물지 않았던 것이고, 치재
['齊'자의 음은 '齋(재)'이다.]를 하거나 병에 걸린 경우가 아니라면, 밤낮으
로 정침 안에 머물러 있지 않았던 것이다.

集說

內者, 正寢之中. 外, 謂中門外也. 晝而居內似有疾, 夜而居外似有喪.

'내(內)'라는 것은 정침(正寢)[8]의 안을 뜻한다. '외(外)'는 중문(中門)[9]

---

8) 정침(正寢)은 노침(路寢)과 같은 말이다. 또한 정전(正殿)이라고도 불렀다. 군주
가 정무를 처리하던 장소이다. 천자에게는 6개의 침(寢)이 있었는데, 가장 앞쪽에
있는 1개의 침이 바로 정침(正寢)이 되고, 나머지는 5개의 침은 연침(燕寢)이
된다. 또한 군주의 부인이 사용하는 정침을 뜻하기도 한다. 또한 군주 이하의
계층에게 있어서는 공적인 업무를 처리하거나 일을 할 때 사용하는 공간을 뜻하
기도 한다.

9) 중문(中門)은 내(內)와 외(外) 사이에 있는 문을 뜻한다. 궁(宮)에 있어서는 혼문
(閽門)을 뜻하기도 한다. 또 천자(天子)의 궁성(宮城)에는 다섯 개의 문이 있었다
고 전해지는데, 가장 밖에 있는 문부터 순차적으로 나열해보면, 고문(皐門), 치
문(雉門), 고문(庫門), 응문(應門), 노문(路門)이다. 이러한 다섯 개의 문들 중
노문(路門)은 가장 안쪽에 있으므로, 내문(內門)로 여기고, 고문(皐門)은 가장
밖에 있으므로, 외문(外門)으로 여긴다. 따라서 나머지 치문(雉門), 고문(庫門),
응문(應門)은 내외(內外)의 사이에 있으므로, 이 세 개의 문을 '중문'으로 여기기
도 한다. 『주례』「천관(天官)·혼인(閽人)」편에는 "掌守王宮之中門之禁."이라
는 기록이 있는데, 이에 대한 손이양(孫詒讓)의 『정의(正義)』에서는 "此中門實

밖을 뜻한다. 낮인데도 정침의 안에 기거하는 것은 마치 질병이 있는 것처럼 보이고, 밤인데도 밖에 기거하는 것은 마치 상을 치르는 것처럼 보인다.

應氏曰: 致齊居內, 非在房闥之中, 蓋亦端居深處於宎奧之內耳.

응씨가 말하길, 치제(致齊)[10]를 치를 때에는 안에 머물지만 침실 안에 머무는 것이 아니다. 무릇 단정한 자세로 방구석인 아랫목에서 조용히 머물게 될 따름이다.

高子皐之執親之喪也, 泣血三年, 未嘗見[現]齒, 君子以爲難.〈051〉

고자고가 부모의 상을 치름에 3년 동안 마치 피를 흘리듯 소리도 내지 않고 눈물을 흘렸고, 웃을 때에도 일찍이 이빨을 보인['見'자의 음은 '現(현)'이다.] 적이 없었으니, 군자는 고자고의 행동을 보고, 이처럼 하는 것은 사람들이 따를 수 없는 것이라고 평가했다.

不專屬雉門. 當兼庫·雉·應三門言之. 蓋五門以路門爲內門, 皐門爲外門, 餘三門處內外之間, 故通謂之中門."이라고 풀이했다. 한편 정중앙에 있는 문을 '중문'이라고도 부른다.

10) 치제(致齊)는 치재(致齋)라고도 부른다. '치제'는 제사를 지내기 이전 3일 동안 몸과 마음을 정숙하게 재계하는 의식이다. '치제' 이전에는 '산제(散齊)'를 하여 7일 동안 정숙하게 한다. '치제'는 그 이후 3일 동안 몸과 마음을 더욱 정숙하게 재계하여, 신과 소통할 수 있도록 준비하는 것이다. 『예기』「제통(祭統)」편에는 "故散齊七日以定之, 致齊三日以齊之. 定之之謂齊, 齊者精明之至也, 然後可以交于神明也."라는 기록이 있다.

子皐, 名柴, 孔子弟子.

'자고(子皐)'의 이름은 '시(柴)'이며, 공자의 제자이다.

疏曰: 人涕淚, 必因悲聲而出; 血出則不由聲也. 子皐悲無聲, 其涕亦出, 如血之出, 故云泣血. 人大笑則露齒本, 中笑則露齒, 微笑則不見齒.

소에서 말하길, 사람이 눈물을 흘릴 때에는 반드시 비통한 소리를 내며 눈물을 흘리게 되고, 피가 나오게 되면 소리를 내지 않는다. 자고는 비통했지만 소리를 내지 않으면서 또한 눈물도 흘린 것이니, 마치 피가 나올 때의 모습과 같았다. 그렇기 때문에 "눈물을 흘리되 피를 흘리는 것처럼 했다."라고 말한 것이다. 사람이 크게 웃게 되면 잇몸이 드러나게 되고, 보통으로 웃게 되면 이빨이 드러나게 되며, 작게 웃으면 이빨조차 보이지 않게 된다.

衰, 與其不當[去聲]物也, 寧無衰. 齊衰不以邊坐, 大功不以服勤.〈052〉

상복이 규정에 따라 제대로 만들어진 것이 아니라면['當'자는 거성으로 읽는다.] 차라리 입지 않는 것이 낫다. 자최복을 입고 있을 때에는 한쪽으로 치우친 자세로 앉아 있을 수 없고, 대공복을 입고 있을 때에는 노역에 참여할 수 없다.

疏曰: 物, 謂升縷及法制長短幅數也. 邊坐, 偏倚也. 喪服宜敬, 坐起必正, 不可著衰而偏倚也. 大功雖輕, 亦不可著衰服而爲勤勞之事也.

소에서 말하길, '물(物)'은 상복의 올수 및 법도에 따라 제작하게 되는 길이와 폭의 수치 등을 뜻한다. '변좌(邊坐)'는 한쪽으로 기대어 앉는다는 뜻이다. 상복을 착용했을 때에는 마땅히 공경스러운 태도를 취해야 하니, 앉고 일어날 때에도 반드시 바른 자세로 해야 하므로, 상복을 입었을 때에는 한쪽으로 기대어 앉을 수가 없다. 대공복은 비록 수위가 낮은 상복이지만, 또한 이러한 상복을 착용하고 있다면 노역하는 일을 시행할 수 없다.

孔子之衛, 遇舊館人之喪, 入而哭之哀, 出, 使子貢說[脫]驂[參]
而賻之. 子貢曰: "於門人之喪, 未有所說驂, 說驂於舊館, 無乃
已重乎?" 夫子曰: "予鄉[去聲]者入而哭之, 遇於一哀而出涕.子
惡夫涕之無從也, 小子行之!" 〈053〉

공자가 위나라로 갔는데, 옛적에 머물던 여관 주인의 상을 접하게 되었
다. 그래서 그 집에 들어가서 곡을 하며 애도하는 마음을 표하고, 밖으
로 나와서, 자공을 시켜서 수레에 있던 말['驂'자의 음은 '參(참)'이다.]을 풀
어내['說'자의 음은 '脫(탈)'이다.] 그것을 부의로 보내라고 하였다. 그러자
자공은 "문인의 상에 있어서도 선생님께서는 일찍이 말을 풀어서 부의
로 보내신 적이 없습니다. 그런데 옛 여관의 주인에게 말까지 풀어서
부의로 보내게 된다면, 너무 과하게 대하는 것이 아닙니까?"라고 했다.
공자는 그 말을 듣고 "내가 이전에['鄉'자는 거성으로 읽는다.] 그의 집에 들
어섰을 때, 옛 주인을 위해 곡을 했는데, 그 아들인 상주가 한결같이 애
통해하기에 눈물이 흘렀다. 나는 눈물을 흘릴 이유도 없이 눈물을 흘리
는 것을 싫어한다. 그러므로 그와 나는 은정이 두터웠던 것이니, 제자
들아 내가 일러준 대로 시행하거라!"라고 했다.

舊館人, 舊時舍館之主人也. 駕車者, 中兩馬爲服馬, 兩旁各一馬爲
驂馬. 遇一哀而出涕, 情亦厚矣; 情厚者禮不可薄, 故解脫驂馬以爲
之賻. 凡以稱情而已, 客行無他財貨故也. 惡夫涕之無從者, 從, 自
也, 今若不賻, 則是於死者無故舊之情, 而此涕爲無自而出矣. 惡其
如此, 所以必當行賻禮也.

'구관인(舊館人)'은 옛적에 머물던 여관의 주인을 뜻한다. 수레에 말을
맬 때에는 네 마리의 말을 걸게 되니, 가운데 두 마리의 말을 '복마(服

馬)'라고 하며, 양측에 있는 각각의 한 마리 말들을 '참마(驂馬)'라고 한다. 한결같이 슬퍼함을 보아서 눈물을 흘렸던 것은 정감이 또한 두터웠기 때문이며, 그에 대한 정감이 두터운 경우에는 예를 야박하게 시행할수 없다. 그렇기 때문에 참마를 풀어서 그에 대해 부의로 보냈던 것이다. 무릇 이러한 조치는 정감의 수위에 맞춘 것일 따름인데, 본국을 떠나서 다른 나라에 머물러 있던 상태이므로 다른 재화가 없었기 때문이다. 눈물을 흘림에 이유가 없는 것을 미워한다고 했는데, '종(從)'자는 '~부터'라는 뜻이니, 지금 만약 부의를 하지 않는다면, 죽은 자에 대해서 옛날에 쌓았던 정감이 없었던 것이고, 현재 눈물을 흘린 것은 아무런 이유도 없이 흘린 것이 된다. 이처럼 하는 것을 미워하니, 반드시 부의를 보내는 예를 시행해야만 했던 것이다.

經文

孔子在衛, 有送葬者, 而夫子觀之, 曰: "善哉爲喪乎! 足以爲法矣. 小子識[志]之!" 子貢曰: "夫子何善爾也?" 曰: "其往也如慕, 其反也如疑." 子貢曰: "豈若速反而虞乎?" 子曰: "小子識之! 我未之能行也."〈054〉

공자가 위나라에 있을 때, 영구를 장지로 전송하는 자가 있었다. 공자가 상주의 행동을 관찰하고서 말하길, "상례를 아주 잘 치르는구나! 그의 행동은 법도로 삼기에 충분하다. 제자들아 잘 보고 기억['識'자의 음은 '志(지)'이다.]해두거라!"라고 했다. 자공이 말하길, "선생님께서는 어떤 점이 좋다고 하신 겁니까?"라고 물었다. 그러자 공자가 대답하길, "그가 장지로 갈 때에는 부모를 사모하듯이 행동하였고, 그가 장지에서 되돌아올 때에는 부모가 정말로 돌아가셨는지 의심하며 천천히 발걸음을 옮긴 것이 바로 잘한 점이다."라고 했다. 자공이 재차 물으며, "어찌 신속히 되돌아와서 우제를 치르는 것만 같겠습니까? 그가 되돌아오는 것이 너무 더딘 것이 아닙니까?"라고 했다. 그러자 공자가 말하길, "제자들아 잘 기억해두거라! 나도 저 사람처럼 효성스럽게는 못했었다."라고 했다.

集說

往如慕, 反如疑, 此孝子不死其親之至情也. 子貢以爲如疑則反遲, 不若速反而行虞祭之禮, 是知其禮之常, 而不察其情之至矣.

장지로 갈 때 그리워하는 듯 하고, 장지에서 돌아올 때 의심스러워하는 듯 하니, 이것은 자식이 부모의 죽음을 인정할 수 없는 지극한 감정이다. 자공은 의심스러워하는 듯이 오게 된다면 돌아오는 것이 더디게 되니, 신속히 되돌아와서 우제의 예법을 시행하는 것만 못하다고 여긴 것인데, 이것은 예의 일정한 규범에 대해서만 안 것이고, 지극한 정감에 대해서는 살피지 못한 것이다.

淺見

近按: 子貢所謂速反而虞者, 禮之常也. 夫子所謂我未之能行者, 蓋自追傷其前日先反而防墓崩之事也. 其反如疑, 卽所謂旣葬, 皇皇如有望而不至者也. 疑若復來而留待其至, 不忍遽棄而歸, 孝子不死其親之情至矣. 聖人所以善之也.

내가 살펴보니, 자공이 "신속히 되돌아와서 우제를 치른다."고 한 말은 예의 일정한 규범에 해당한다. 공자가 "나도 잘 해내지 못했다."고 한 것은 이전에 자신이 먼저 되돌아와서 방 땅의 묘가 무너졌던 일[11]을 떠올려보고 상심하며 했던 말인 것 같다. 그가 되돌아옴에 의심하는 듯이 했다는 것은 "장례를 치르고 나면, 마음이 안정되지 못하고 분주하여, 마치 부모가 다시 돌아오기를 바라지만 오지 않는 듯이 한다."[12]는 뜻에

---

11) 『예기』「단궁상」 008장 : 孔子先反, 門人後, 雨甚, 至, 孔子問焉, 曰: "爾來何遲也?" 曰: "防墓崩." 孔子不應. 三, 孔子泫然流涕曰: "吾聞之, 古不脩墓."

해당한다. 다시 오지 않을까 의심하며 머물러서 찾아오기를 기다리니, 차마 급히 떠나서 되돌아오지 못하는 것으로, 이것은 자식이 부모의 죽음을 인정하지 못하는 지극한 정감에 해당한다. 따라서 성인이 칭찬했던 것이다.

---

12) 『예기』 「단궁상」 027장 : 始死, 充充如有窮; 旣殯, 瞿瞿如有求而弗得; <u>旣葬, 皇皇如有望而弗至</u>. 練而慨然, 祥而廓然.

顏淵之喪, 饋祥肉, 孔子出受之; 入, 彈琴而后食之.〈055〉

안연의 상을 치를 때, 그의 집안에서는 안연에 대한 대상을 치르고 나서 제사를 지냈던 고기를 공자에게 보냈다. 공자는 밖으로 나와서 직접 그것을 받았으며, 들어와서는 금을 연주하여 슬픈 감정을 해소한 뒤에야 그것을 먹었다.

集說

彈琴而后食者, 蓋以和平之聲, 散感傷之情也.

금을 연주한 이후에 먹은 이유는 조화로운 소리를 통해서 상심하는 마음을 해소시키기 위해서이다.

經文

子夏問於孔子曰: "居父母之仇, 如之何?" 夫子曰: "寢苫[詩占反] 枕[去聲]干, 不仕, 弗與共天下也. 遇諸市朝, 不反兵而鬪."〈062〉

자하가 공자에게 묻기를 "부모의 원수에 대해서는 어떻게 해야 합니까?"라고 하자, 공자가 대답하길, "거적['苫'자는 '詩(시)'자와 '占(점)'자의 반절음이다.]에 누움에 방패를 베개로 삼아 잠을 자고['枕'자는 거성으로 읽는다.] 벼슬살이를 하지 않으며, 원수와는 같은 하늘아래에서 함께 살지 않는다. 시장이나 조정에서 만나게 되면, 되돌아가서 병장기를 가져오지 않고, 항상 지니고 다녔던 병장기를 꺼내 즉시 싸운다."라고 했다.

不反兵者, 不反而求兵, 言恒以兵器自隨.

'불반병(不反兵)'이라는 말은 되돌아가서 병장기를 찾지 않는다는 뜻이니, 즉 항상 병장기를 휴대하고 다닌다는 뜻이다.

經文

曰: "請問, 居昆弟之仇, 如之何?" 曰: "仕不與共國, 銜君命而使[去聲], 雖遇之不鬪." 曰: "請問, 居從[去聲]父昆弟之仇, 如之何?" 曰: "不爲魁, 主人能, 則執兵而陪其後."〈063〉 [舊在"殷士也"之下, "孔子之喪"之間.]

자하가 재차 질문하길, "청컨대 더 묻고자 합니다. 곤제의 원수에 대해서는 어떻게 해야 합니까?"라고 하자, 공자가 대답해주길, "벼슬살이를 할 때, 그와 더불어 같은 나라에서 벼슬살이를 하지 않고, 군주의 명령을 받들어 사신으로 갈 때에는['使'자는 거성으로 읽는다.] 비록 원수와 만나더라도 싸우지 않는다."라고 했다. 그러자 자하가 재차 질문하길, "청컨대 더 묻고자 합니다. 종['從'자는 거성으로 읽는다.]부와 종곤제의 원수에 대해서는 어떻게 해야 합니까?"라고 하자, 공자가 대답해주길, "원수를 갚을 때 앞장서지 않으니, 그의 자식이 원수를 갚을 능력이 된다면, 병장기를 휴대하고 그의 뒤에서 돕는다."라고 했다. [옛 판본에는 "은나라 때 사 계급에 대한 장례에서 하는 치장 형식이다."[1]라고 한 말과 "공자의 상이 발생했다."[2]라고 한 말 사이에 수록되어 있었다.]

---

1) 『예기』「단궁상」061장 : 子張之喪, 公明儀爲志焉. 褚幕丹質, 蟻結于四隅, 殷士也.

2) 『예기』「단궁상」064장 : 孔子之喪, 二三子皆絰而出; 群居則絰, 出則否.

近按: 復讎之事, 曲禮亦已言之. 此於父母之仇, 曰不反兵, 彼則於
兄弟言之, 此則於昆弟之仇, 曰仕不與共國, 彼則於交遊之讎, 曰不
同國, 此於從父昆弟之仇, 曰不爲魁而陪其後, 又不及交遊之讎. 從
父昆弟之仇, 尙不可爲魁, 況交遊乎? 曲禮之說過於不重, 必是記者
之誤, 當以此章夫子之言, 爲正也.

내가 살펴보니, 원수에게 복수하는 사안은 『예기』「곡례(曲禮)」편에서도
이미 언급하였다. 이곳에서는 부모의 원수에 대해 "병장기를 가지러 되
돌아가지 않는다."라 했고, 「곡례」편에서는 형제의 원수에 대해서 이처
럼 언급했으며, 이곳에서는 곤제의 원수에 대해서 "벼슬살이를 할 때,
그와 더불어 같은 나라에서 벼슬살이를 하지 않는다."라 했고, 「곡례」편
에서는 친구의 원수에 대해서 "같은 나라에서 살지 않는다."고 했으며,3)
이곳에서는 종부와 종곤제의 원수에 대해서 "앞장서지 않고 뒤에서 돕
는다."라 했고, 또 친구의 원수에 대해서는 언급하지 않았다. 종부와 종
곤제의 원수에 대해서도 오히려 앞장서지 않는데, 하물며 친구의 원수
에 대해서는 어떠하겠는가? 「곡례」편의 말은 상대적으로 덜 중요한 관
계인 친구에 대해 지나치게 발언했다. 따라서 이것은 분명 『예기』를 기
록한 자의 잘못일 것이니, 마땅히 이곳 문장에 나온 공자의 말을 정론으
로 삼아야 한다.

---

3) 『예기』「곡례상(曲禮上)」 192장 : 父之讎, 弗與共戴天, 兄弟之讎, 弗反兵, 交遊
之讎, 不同國.

經文

孔子與門人立, 拱而尙右, 二三子亦皆尙右. 孔子曰: "二三子
之嗜學也, 我則有姊之喪故也." 二三子皆尙左.〈056〉

공자가 문인들과 함께 서 있을 때, 공수의 손 자세를 취하되 우측 손이
위로 가도록 포개고 있었다. 이 모습을 본 문인들 또한 모두 우측 손이
위로 가도록 포개었다. 문인들의 행동을 본 공자는 "그대들은 배우기를
좋아하는구나. 그러나 나에게는 누이의 상이 있기 때문에 이러한 손 모
양을 취한 것이다."라고 했다. 그러자 문인들은 모두 좌측 손이 위로 가
도록 포개었다.

集說

吉事尙左, 陽也; 凶事尙右, 陰也. 此蓋拱立而右手在上也.

길사(吉事)[1]에서는 좌측을 높이니, 좌측이 양에 해당하기 때문이며, 흉
사(凶事)[2]에서는 우측을 높이니, 우측이 음에 해당하기 때문이다. 이곳
에서 말하는 내용은 아마도 공수를 하고 서 있을 때, 우측 손이 위로
가도록 손을 포갰던 것을 말하는 것 같다.

---

1) 길사(吉事)는 길하고 상서로운 일을 가리킨다. 고대에는 일반적으로 제사, 관례
(冠禮), 혼례(婚禮) 등을 가리켜서 '길사'라고 불렀다. 『예기』「곡례상(曲禮上)」
편에는 "喪事先遠日, 吉事先近日."이라는 기록이 있고, 이에 대한 정현의 주에서
는 "吉事, 祭祀·冠·取之屬也."라고 풀이했다.
2) 흉사(凶事)는 불길한 일을 가리킨다. 재난이나 재해를 뜻하기도 하며, 전쟁을
뜻하기도 한다. 한편 상사(喪事)의 일들을 가리키기도 한다.

孔子蚤作, 負手曳杖, 消搖於門, 歌曰: "泰山其頹乎! 梁木其壞
乎! 哲人其萎乎!" 旣歌而入, 當戶而坐. 子貢聞之, 曰: "泰山其
頹, 則吾將安仰? 梁木其壞, 哲人其萎, 則吾將安放[上聲]? 夫子
殆將病也!" 遂趨而入.〈057〉

공자는 어느 날 아침 일찍 일어나서, 뒷짐을 지고 지팡이를 끌고 문 앞
으로 갔다. 그곳에서 유유자적하며 노래를 불렀는데, "태산은 장차 무너
지겠구나! 양목은 장차 부러지겠구나! 철인은 장차 죽게 되겠구나!"라고
했다. 노래를 끝내고 난 뒤 안으로 들어가서, 방문 앞에 당도하여 앉았
다. 자공이 노래 소리를 듣고서 "태산이 무너지게 되면 나는 장차 무엇
을 우러러 볼 수 있겠는가? 양목이 부러지고 철인이 죽게 되면, 나는
장차 누구를 본받을[‘放’자는 상성으로 읽는다.] 수 있겠는가? 선생님께서는
아마도 병이 위중해지실 것이다!"라고 했다. 그리고는 마침내 급히 발걸
음을 옮겨서 안으로 들어갔다.

消搖, 寬縱自適之貌. 泰山爲衆山所仰, 梁木亦衆木所仰, 而放者,
猶哲人爲衆人所仰望而放效也.

‘소요(消搖)’는 편안하게 유유자적하는 모습을 뜻한다. ‘태산(泰山)’은 모
든 산들이 우러러보는 산이며, ‘양목(梁木)’ 또한 모든 나무들이 우러러
보는 나무인데, ‘방(放)’이라고 기록한 이유는 마치 철인을 모든 사람들
이 선망하게 되어 그를 본받게 된다는 뜻과 같다.

夫子曰: "賜! 爾來何遲也? 夏后氏殯於東階之上, 則猶在阼也. 殷人殯於兩楹之間, 則與賓主夾之也. 周人殯於西階之上, 則猶賓之也. 而丘也, 殷人也. 予疇昔之夜, 夢坐奠於兩楹之間. 夫明王不興, 而天下其孰能宗予? 予殆將死也!" 蓋寢疾七日而沒.〈058〉

공자가 말하길, "사야! 너는 왜 이리 늦게 오는 것이냐? 내가 너에게 들려줄 말이 있다. 하후씨 때에는 동쪽 계단 위에 빈소를 마련했으니, 여전히 죽은 자를 주인으로 삼아서 빈소를 동쪽 계단에 둔 것이다. 은나라 때에는 계단 위의 양쪽 기둥 사이에 빈소를 마련했으니, 이처럼 빈소를 마련하게 되면 빈객과 주인이 서게 되는 동서쪽 계단 사이에 있게 되어, 빈객과 주인의 사이에 있게 된다. 주나라 때에는 서쪽 계단 위에 빈소를 마련했으니, 여전히 죽은 자를 빈객으로 여겨서 빈소를 서쪽 계단에 둔 것이다. 그런데 내 조상은 은나라 출신이니, 나 또한 은나라 사람이라 할 수 있다. 나는 어젯밤 꿈을 꾸었는데, 내가 양쪽 기둥 사이에 앉아서 전제(奠祭)[3]를 받고 있었다. 이 꿈을 풀이해보자면, 성왕이 다시 나타나지 않고 천하 사람들 중 그 누가 나를 종주로 삼을 수 있겠는가? 그러므로 이것은 필시 내가 죽은 다음에 일어날 일일 것이다. 그러므로 나는 아마도 머지않아 죽게 될 것이다!"라고 했다. 그런 뒤에 공자는 병으로 침상에 누워 있기를 7일 동안 한 뒤 죽었다.

集說

猶在阼, 猶賓之者, 孝子不忍死其親殯之於此, 示猶在阼階以爲主,

---

3) 전제(奠祭)는 죽은 자 및 귀신들에게 음식을 헌상하는 제사이다. 상례(喪禮)를 치를 때, 빈소를 차리고 나면, 매일 아침과 저녁에 음식을 바치며 제사를 지내게 되는데, '전제'는 주로 이러한 제사를 뜻한다.

猶在西階以爲賓客也. 在兩楹之間, 則是主與賓夾之, 故言與而不言猶也. 孔子其先宋人, 成湯之後, 故自謂殷人. 疇, 發語之辭. 昔之夜, 猶言昨夜也. 夢坐於兩楹之間, 而見饋奠之事, 知是凶徵者, 以殷禮殯在兩楹間, 孔子以殷人而享殷禮, 故知將死也. 又自解夢奠之占云, 今日明王不作, 天下誰能尊己而使南面坐于尊位乎? 此必殯之兆也. 自今觀之, 萬世王祀, 亦其應矣.

"여전히 동쪽 계단에 있다."라는 말과 "여전히 빈객으로 대한다."는 말은 자식은 자기 부모의 죽음에 대해서 차마 이곳에 빈소를 마련할 수 없다는 뜻으로, "여전히 동쪽 계단에 두어서 주인으로 삼는다."는 의미와 "여전히 서쪽 계단에 두어서 빈객으로 삼는다."는 의미를 나타낸다. 양쪽 기둥 사이에 두게 되면, 주인과 빈객이 서로 그 공간을 끼고 있게 된다. 그렇기 때문에 '더불어'라고 말한 것이며, '여전히'라고 말하지 않은 것이다. 공자의 선조는 송나라 사람으로, 성탕의 후예이다. 그렇기 때문에 공자 스스로 은나라 사람이라고 말한 것이다. '주(疇)'자는 발어사이다. '석지야(昔之夜)'라는 말은 어젯밤이라고 말하는 것과 같다. 양쪽 기둥 사이에 앉아서 궤전(饋奠)[4]을 받는 일에 대해서 꿈을 꾸었는데, 이것이 흉사의 징후임을 알았던 것은 은나라의 예에서는 양쪽 기둥 사이에 빈소를 두었고, 공자는 은나라 출신이므로 은나라의 예를 향유하기 때문에, 장차 자신이 죽게 되리라는 것을 알았던 것이다. 또한 공자 본인이 전제사에 대한 꿈을 점쳐서 그것을 풀이하며, "오늘날 성왕이 다시 나타나지 않는데, 천하 사람들 중에서 그 누가 나를 존귀하게 받들 수 있어서, 나로 하여금 남쪽을 향하도록 하여 존귀한 위치에 앉도록 할 수 있겠는가? 이것은 반드시 빈소를 차리게 되리라는 조짐에 해당한다."고 말한 것이다. 오늘날의 관점에서 보자면, 공자에 대해서 영원토록 성왕에 대한 제사로 섬기고 있으니, 이러한 일들이 또한 공자의 해몽과 호응한다.

---

4) 궤전(饋奠)은 상중(喪中)에 시행하는 전제사[奠祭]를 가리킨다.

孔子之喪, 門人疑所服. 子貢曰: "昔者夫子之喪顏淵, 若喪子 而無服. 喪子路亦然. 請喪夫子若喪父而無服."〈059〉

공자가 죽자 문인들은 공자를 위해 어떤 상복을 입어야 할지 갈피를 잡지 못했다. 자공이 말하길, "예전에 선생님께서 제자인 안연의 상을 치르실 때, 마치 자신의 아들 상을 치르듯 하셨지만, 상복을 착용하지는 않으셨다. 그리고 자로의 상을 치를 때에도 또한 선생님은 안연 때처럼 하셨다. 청컨대 선생님의 상을 치를 때, 부친의 상을 치르는 것처럼 하되, 상복은 입지 맙시다."라고 했다.

集說

以後章二三子絰而出言之, 此所謂無服, 蓋謂弔服加麻也. 凡弔服 不得稱服.

뒤의 문장에서는 문인들이 질(絰)을 두르고서 밖으로 나갔다고 했으니,[5] 이곳에서 상복이 없다고 말한 것은 아마도 조복에 마질을 더한 복장을 뜻하는 것 같다. 무릇 조복에 대해서는 상복이라고 부를 수 없다.

方氏曰: 若喪父而無服, 所謂心喪也.

방씨가 말하길, 마치 부친에 대한 상을 치르는 것처럼 하되 상복을 입지 않는다고 한 말은 이른바 심상(心喪)을 뜻한다.

---

5) 『예기』「단궁상」 064장 : 孔子之喪, 二三子皆絰而出, 群居則絰, 出則否.

孔子之喪, 公西赤爲志焉. 飾棺墻, 置翣設披[被義反], 周也. 設
崇, 殷也. 綢[叨]練設旐[直小反], 夏也.〈060〉

공자의 상에 대해 공서적은 융성하게 치르고자 하였다. 그래서 삼대 때
의 장례 제도를 두루 적용하였으니, 관에 홑이불을 덮어서 치장하고, 그
겉에 담장처럼 천을 둘렀으며, 영구를 실은 수레 주변에는 삽을 설치하
고 양쪽에 새끼줄['披'자는 '被(피)'자와 '義(의)'자의 반절음이다.]을 두어, 그것
을 당겨서 수레가 균형을 유지하도록 하였으니, 이것은 주나라 때의 제
도에 해당한다. 또한 타고 가는 수레에는 깃발을 세우고 숭아의 장식을
하였으니, 이것은 은나라 때의 제도에 해당한다. 깃발의 장대에 흰색의
비단을 묶어두고['綢'자의 음은 '叨(도)'이다.] 그 위에 거북이와 뱀을 그린
깃발['旐'자는 '直(직)'자와 '小(소)'자의 반절음이다.]을 묶어두었으니, 이것은
하나라 때의 제도에 해당한다.

疏曰: 孔子之喪, 公西赤以飾棺榮夫子, 故爲盛禮, 備三王之制, 以
章明志識焉. 於是以素爲褚, 褚外加墻, 車邊置翣, 恐柩車傾虧, 而
以繩左右維持之, 此皆周之制也. 其送葬乘車所建旌旗, 刻繪爲崇
牙之飾, 此則殷制. 又綢盛旌旗之竿以素錦, 於杠酋設長尋之旋, 此
則夏禮也.

소에서 말하길, 공자의 상에서, 공서적은 관을 장식하여 공자를 영예롭
게 하고자 했다. 그렇기 때문에 융성한 예를 시행하여, 삼왕의 제도를
갖춰서 뜻한 바와 지식을 드러낸 것이다. 이때 흰색으로 관을 덮는 홑이
불을 만들고, 저 겉에 담장처럼 천을 두르는 것을 더했으며, 영구를 실
은 수레 주변에는 삽을 설치하였고, 영구를 실은 수레가 기울어질 것을
염려하여, 새끼줄을 좌우에 두어, 그것을 당겨 균형을 유지하였는데, 이

러한 조치들은 모두 주나라 때의 제도에 해당한다. 장례를 전송하며 타는 승거에 정기(旌旗)[6]를 세워두고, 비단으로 새겨서 승아의 장식을 하는데, 이러한 조치들은 은나라 때의 제도에 해당한다. 깃발의 장대에 흰색의 비단을 묶어두고, 깃대 위에 길이가 1심(尋)[7]에 해당하는 조(旐)[8]를 묶어두었으니, 이러한 조치들은 하나라 때의 제도에 해당한다.

經文

子張之喪, 公明儀爲志焉. 褚幕丹質, 蟻結于四隅, 殷士也.〈061〉

자장의 상에서, 그의 제자 공명의가 장례를 치르며 치장하는 것을 드러내고자 하였다. 저를 휘장처럼 설치하되 붉은색 바탕의 포를 이용해서 만들었고, 네 귀퉁이에는 왕개미가 서로 왕래하는 모습을 그렸는데, 이것은 은나라 때 사 계급에 대한 장례에서 하는 치장 형식이다.

集說

疏曰: 褚者, 覆棺之物, 若大夫以上, 其形似幄, 士則無褚. 公明儀尊其師, 故特爲褚, 不得爲幄, 但似幕形, 故云褚幕, 以丹質之布而爲之也. 又於褚之四角, 畫蚍蜉之形, 交結往來, 故云蟻結于四隅. 此殷禮士葬飾也.

---

6) 정기(旌旗)는 깃발들을 범칭하는 말이다.
7) 심(尋)은 자리의 크기가 반상(半常)인 것으로, 8척(尺)이 되는 것을 뜻한다. 『의례』「공사대부례(公食大夫禮)」편에는 "司宮具几與蒲筵常, 緇布純. 加萑席尋, 玄帛純. 皆卷自末."이라는 기록이 있는데, 이에 대한 정현의 주에서는 "半常曰尋."이라고 풀이했다.
8) 조(旐)는 거북이와 뱀의 무늬를 그린 깃발이다. 『주례』「춘관(春官)·사상(司常)」편에는 "鳥隼爲旟, 龜蛇爲旐."라는 기록이 있다.

소에서 말하길, '저(褚)'라는 것은 관을 덮는 물건이니, 대부 이상의 계급이라면, 그 모습이 천막과 유사하고, 사의 경우에는 저가 없다. 공명의는 자신의 스승을 존숭하였기 때문에, 특별히 저를 설치하였지만, 천막처럼 설치할 수가 없어서, 단지 휘장의 형태처럼만 설치하였다. 그렇기 때문에 '저막(褚幕)'이라고 말한 것이며, 붉은색 바탕의 포로 그것을 만들었다. 또 저의 네 귀퉁이에는 왕개미의 모습을 그리며, 왕래하는 모습을 나타내었다. 그렇기 때문에 "네 모퉁이에 왕개미가 왕래하는 모습을 그렸다."라고 말한 것이다. 이것은 은나라의 예에서 사 계급을 장례치를 때 치장하는 형식이다.

經文

孔子之喪, 二三子皆絰而出; 群[勻]居則絰, 出則否.⟨064⟩

공자의 상이 발생하자 제자들은 모두 질을 둘렀고, 밖으로 나갈 때에도 질을 두른 상태로 나갔다. 반면 제자들이 서로를 위해 상을 치를 때에는['群'자의 음은 '勻(균)'이다.] 질을 둘렀지만, 밖으로 나갈 때에는 질을 두르지 않았다.

集說

弔服加麻者, 出則變之; 今出外而不免絰, 所以隆師也. 群者, 諸弟子相爲朋友之服也. 儀禮註云: "朋友雖無親, 有同道之恩, 相爲服緦之絰帶", 亦弔服也, 故出則免之.

조복에 마로 제작한 질을 두른 경우, 밖으로 나가게 되면 복장을 바꾸게 되는데, 현재는 밖으로 나갔음에도 질을 벗지 않았으니, 스승에 대한 예를 융성하게 나타내기 위해서이다. '군(群)'이라는 것은 여러 제자들이 서로 벗을 위해 상을 치르는 경우를 뜻한다. 『의례』에 대한 정현의 주에서는 "벗에 대해서는 비록 친소관계가 성립되지 않지만, 도를 함께 하는 은정이 포함되어 있으니, 벗이 죽었을 때에는 서로를 위해서 시마복(緦麻服)⁹⁾에 착용하는 질대(絰帶)를 착용한다."¹⁰⁾라고 했으니, 이 또한 조복을 뜻한다. 그렇기 때문에 밖으로 나가게 되면 질대를 벗는 것이다.

經文

易[異]墓, 非古也.⟨065⟩

묘에 있는 초목을 베어버리는 것은['易'자의 음은 '異(이)'이다.] 고대의 예법이 아니다.

集說

疏曰: 易, 謂變治草木, 不使荒穢. 古者, 殷以前, 墓而不墳, 不易治也.

소에서 말하길, '이(易)'자는 초목을 베어서 잡목이 우거지도록 하지 않는 것이다. '고(古)'라는 것은 은나라 이전을 뜻하며, 당시에는 묘만 만들고 봉분을 쌓지 않았고, 초목을 베어버리지 않았다.

---

9) 시마복(緦麻服)은 상복(喪服) 중 하나로, 오복(五服)에 속한다. 가장 조밀한 삼베를 사용해서 만든다. 이 복장을 입게 되는 기간은 상황에 따라서 차이가 있지만, 일반적으로 3개월이 된다. 친족의 백숙부모(伯叔父母)나 친족의 형제(兄弟)들 및 혼인하지 않은 친족의 자매(姊妹) 등을 위해서 입는다.

10) 이 문장은 『의례』「상복(喪服)」편의 "朋友麻."라는 기록에 대한 정현의 주이다.

子路曰: "吾聞諸夫子, 喪禮, 與其哀不足而禮有餘也, 不若禮不足而哀有餘也. 祭禮, 與其敬不足而禮有餘也, 不若禮不足而敬有餘也."〈066〉

자로가 말하길, "내가 선생님께 들었는데, 상례에 있어서는 슬퍼하는 마음이 부족하고 예에 대해서 풍족하게 치르는 것보다는 차라리 예에 대해서 부족한 면이 있더라도 슬퍼하는 마음을 지극히 하는 것이 더 낫다고 하셨다. 그리고 제례에 있어서도 공경하는 마음이 부족하고 예에 대해서 풍족하게 치르는 것보다는 차라리 예에 대해서 부족한 면이 있더라도 공경하는 마음을 지극히 하는 것이 더 낫다고 하셨다."라고 하였다.

集說

有其禮而無其財, 則禮或有所不足, 哀敬則可自盡也. 此夫子反本之論, 亦寧儉 · 寧戚之意.

해당하는 예의 규정이 있더라도 그에 걸맞은 재화가 없다면, 예에 대해서 간혹 부족한 면이 있을 수도 있지만, 슬퍼하는 마음과 공경하는 마음의 경우에는 제 스스로 다할 수 있다. 이것은 바로 공자가 근본을 반추했던 논의로, 또한 차라리 검소하게 지내는 것이 낫고, 또 차라리 슬퍼하는 것이 낫다는 뜻에 해당한다.11)

---

11) 『논어』「팔일(八佾)」: 林放問禮之本. 子曰, "大哉問! 禮, 與其奢也寧儉, 喪, 與其易也寧戚."

曾子弔於負夏, 主人既祖, 填[奠]池[徹], 推柩而反之, 降婦人而后行禮. 從[去聲]者曰: "禮與?" 曾子曰: "夫祖者, 且也. 且胡爲其不可以反宿也?"〈067〉

증자가 위나라 부하라는 지역으로 찾아가서 조문을 하였는데, 당시 상주는 이미 조전을 시행한 상태인데도, 차려둔 음식을['填'자의 음은 '奠(전)'이다.] 물리고['池'자의 음은 '徹(철)'이다.] 영구를 끌어다가 다시 본래의 장소로 되돌려놓았고, 부인을 양쪽 계단 사이로 내려가게 한 다음에 조문을 받는 의례를 시행하였다. 증자의 종자는['從'자는 거성으로 읽는다.] 이러한 조치를 괴이하게 여겨서, "이것이 예법에 맞는 것입니까?"라고 물었다. 증자가 대답하길, "무릇 '조(祖)'라는 것은 장차라는 뜻이다. 그러므로 장차 시행하려고 했지만, 실제로는 아직 시행한 것이 아니니, 영구를 되돌려놓고 하루를 보내는 것이 어찌 불가하다고 할 수 있겠는가?"라고 했다.

集說

劉氏曰: 負夏, 衛地也. 葬之前一日, 曾子往弔, 時主人已祖奠, 而婦人降在而階之間矣. 曾子至, 主人榮之, 遂徹奠推柩而反向內以受弔, 示死者將出行, 遇賓至而爲之暫反也, 亦事死如事生之意, 然非禮矣. 柩旣反, 則婦人復升堂以避柩, 至明日乃復還柩向外, 降婦人於階間, 而後行遣奠之禮. 故徒者見柩初已遷, 而復推反之, 婦人已降, 而又升堂, 皆非禮, 故問之. 而曾子答之云, 祖者, 且也, 是且遷柩爲將行之始, 未是實行, 又何爲不因復反? 越宿至明日, 乃還柩遣奠而遂行乎? 事之有無不可知, 其義亦難强解, 或記者有遺誤也. 所以徹奠者, 奠在柩西, 欲推柩反之, 故必先徹而後可旋轉也. 婦人降階間, 亦以奠在車西, 故立車後, 今柩反, 故亦升避也.

유씨가 말하길, '부하(負夏)'는 위나라 땅이다. 장례를 치르기 하루 전에 증자는 그곳에 찾아가서 조문을 하였고, 당시 상주는 이미 조전(祖奠)[12]을 올린 상태였고, 부인은 양쪽 계단 사이로 내려가 있었다. 증자가 도착하자 상주는 증자가 찾아온 것을 영광으로 여겨서, 마침내 올렸던 조전을 치우고, 영구를 끌어서 본래의 장소로 되돌려서 안쪽을 향하도록 하고서 조문을 받았는데, 죽은 자가 장차 장지로 떠나가려고 했는데, 조문객이 찾아오게 되어 그를 위해 잠시 되돌렸다는 뜻을 나타낸 것으로, 이것은 또한 죽은 자를 섬기기를 살아있는 자를 섬기듯 한다는 뜻에 해당한다. 그러나 이처럼 하는 것은 비례이다. 영구를 이미 되돌려놓았다면, 부인은 다시 당상으로 올라가서 영구를 피해야 하고, 다음날이 되어서야 다시 영구의 방향을 본래대로 바깥쪽으로 되돌리며, 부인이 계단 사이로 내려간 이후에야 견전(遣奠)[13]의 의례를 시행해야 한다. 그렇기 때문에 증자를 따라갔던 자가 영구가 애초에 이미 옮겨진 상태인데 다시 그것을 끌어다가 되돌려 놓고, 부인이 이미 내려가 있었는데 다시 당상으로 올라간 것을 보았는데, 이것은 모두 비례에 해당하기 때문에, 질문을 했던 것이다. 그런데 증자는 다음과 같이 대답을 하였다. '조(祖)'자는 장차라는 뜻으로, 장차 영구를 옮기려던 시기는 장지로 행차를 하려는 시작됨이 되는데, 아직 실제로 시행한 것이 아니니, 또한 어찌 다시 되돌려 놓을 수가 없겠는가? 그 날을 넘겨서 다음날이 되면, 다시금 영구의 방향을 되돌려서 견전을 지내고, 그런 뒤에 행차를 떠나도 되지 않겠는가? 이러한 일화가 실제로 있었던 일인지 아닌지에 대해서도 알 수 없고, 그 의미 또한 억지로 해석하기 어려우며, 혹은 『예기』를 기록한 자가 빠트린 부분이나 잘못 기록한 것이 있을 수도 있다. 차려둔 음식을 치웠던 까닭은 영구의 서쪽에 음식을 차려두었는데, 영구를 끌어다가 되돌려놓고자 하였기 때문에, 먼저 음식을 치워야만 영구의 방향

---

12) 조전(祖奠)은 발인 하루 전에 올리는 전제(奠祭)를 가리킨다.

13) 견전(遣奠)은 장차 장례(葬禮)를 치르고자 할 때, 지내게 되는 전제새[奠祭]를 뜻한다.

을 틀어서 되돌려 놓을 수 있었기 때문이다. 부인이 내려가서 계단 아래에 있었던 것은 또한 음식을 수레의 서쪽에도 차려놓았기 때문이다. 그래서 수레의 뒤에 서 있었던 것인데, 현재 상황은 영구를 되돌려 놓았기 때문에, 다시 그 당상으로 올라가서 자리를 피해준 것이다.

經文

從者又問諸子游曰: "禮與?" 子游曰: "飯[上聲]於牖下, 小斂於戶內, 大斂於阼, 殯於客位, 祖於庭, 葬於墓, 所以卽遠也. 故喪事有進而無退." 曾子聞之曰: "多矣乎予出祖者!"⟨068⟩

종자는 증자가 한 말에 의구심이 들어서, 되돌아와서 자유에게 증자가 조문을 갔을 때 일어났던 상황을 설명하고, 재차 묻기를 "이처럼 하는 것이 정말로 예에 맞는 것입니까?"라고 했다. 그러자 자유가 대답하길, "들창 아래에서 시신의 입에 반['飯'자는 상성으로 읽는다.]을 하고, 그보다 밖인 호의 안쪽에서 소렴을 하며, 그보다 밖인 동쪽 계단 위에서 대렴을 하고, 그보다 밖인 빈객이 서는 위치에서 빈을 하며, 그보다 밖인 마당에서 조를 하고, 그보다 밖인 묘에서 장례를 치르니, 이것은 곧 단계가 진행될수록 멀리 나아가는 것을 뜻한다. 그러므로 상사에 있어서 나아가는 일은 있어도 물러나는 일은 없는 것이다."라고 설명했다. 증자가 이 말을 듣고는 "내가 출조에 대해 설명한 것보다 낫구나!"라고 평가했다.

集說

從者疑曾子之言, 故又請閣於子游也. 飯於牖下者, 尸沐浴之後, 以米及貝, 實尸之口中, 時尸在西室階下南首也. 斂者, 包裹斂藏之也. 小斂在戶之內, 大斂出在東階, 未忍離其爲主之位也. 主人奉尸斂于棺, 則在西階矣. 掘肂於西階之上, 肂, 陳也, 謂陳尸於坎也. 置棺于肂中而塗之, 謂之殯. 及啓而將葬, 則設祖奠於祖廟之中庭而後行. 自牖下而戶內, 而阼, 而客位, 而庭, 而墓, 皆一節遠於一節, 此謂有進而往, 無退而還也, 豈可推柩而反之乎? 多矣乎予出祖者, 多, 猶勝也, 曾子聞之, 方悟己說之非, 乃言子游所說出祖之事, 勝於我之所說出祖也.

종자는 증자의 대답에 의문이 들었기 때문에, 재차 자유에게 청원하여 질문을 했던 것이다. "들창 아래에서 반(飯)[14]을 한다."는 말은 시신을 목욕시킨 이후에 쌀과 돈을 시신의 입에 채우는 것을 뜻하니, 당시 시신은 서쪽 실의 계단 아래에서 남쪽으로 머리를 두게 된다. '염(斂)'이라는 것은 시신을 감싸서 함께 매장하는 것을 뜻한다. '소렴(小斂)'은 방문의 안쪽에서 시행하고, '대렴(大斂)'은 밖으로 나와서 동쪽 계단에서 시행하니, 아직까지는 시신을 주인의 자리에서 차마 떨어트릴 수가 없기 때문이다. 상주가 시신을 받들어서 관에 안치하게 되면, 그 장소는 서쪽 계단에 해당한다. 서쪽 계단 위에 구덩이를 파고 안치를 하게 되는데, '사(肂)'자는 "늘어놓다."는 뜻으로, 구덩이에 시신을 늘어놓는다는 의미이다. 시신을 늘어놓는 곳에서 관에 안치하고 흙으로 채우니, 이것을 '빈(殯)'이라고 부른다. 그곳을 계빈(啓殯)[15]하여 장례를 치르려고 하면, 조묘에 있는 중정에서 조전을 진설한 이후에 시행한다. 들창 아래로부터 방문의 안쪽, 동쪽 계단, 빈객이 서는 위치, 마당, 묘에 이르기까지, 이 모든 절차에 있어서 하나의 절차에서는 그 이전 절차보다도 장소가 멀어지게 되니, 이것이 바로 나아가서 밖으로 가게 되는 경우는 있지만, 물러나서 되돌아오는 경우가 없다는 뜻으로, 어찌 영구를 끌어내서 본래의 자리로 되돌릴 수 있겠는가? '다의호여출조(多矣乎予出祖)'라는 말

---

14) 반(飯)은 반함(飯含)이라고도 부른다. 상례를 치를 때 시신의 입에 옥·구슬·쌀·화폐 등을 넣는 것이다.

15) 계빈(啓殯)은 장례(葬禮) 절차 중 하나이다. 장례를 치르기 위하여, 빈소에 임시로 가매장했던 영구를 꺼내는 절차를 뜻한다.

에서 '다(多)'자는 "낫다."는 뜻이니, 증자는 자유가 한 말을 들어보고, 자신이 설명한 말이 잘못되었다는 사실을 깨닫게 되어서, 곧바로 자유가 출조(出祖)에 대해 설명한 사안이 자신이 출조에 대해 설명한 것보다 낫다고 말한 것이다.

經文

曾子襲裘而弔, 子游裼裘而弔. 曾子指子游而示人曰: "夫[扶]夫也, 爲習於禮者, 如之何其裼裘而弔也?" 主人旣小斂, 袒括髮, 子游趨而出, 襲裘・帶・絰而入. 曾子曰: "我過矣! 我過矣! 夫夫是也."〈069〉

증자는 갓옷을 겉옷으로 가리고 조문을 했고, 자유는 겉옷을 걷어서 갓옷을 드러내고 조문을 했다. 증자가 자유를 지목하여 다른 사람들에게 보여주며 말하길, "저['夫'자의 음은 '扶(부)'이다.] 사람은 예를 익힌 자이다. 그런데 어찌하여 갓옷을 드러낸 상태에서 조문을 한단 말인가?"라고 했다. 상주가 소렴을 끝내고, 단(袒)16)을 하고 머리를 틀자 자유는 종종걸음으로 나갔다가 갓옷을 가리고 대와 질을 차고서 들어왔다. 그 모습을 본 증자는 "내가 잘못한 것이구나! 내가 잘못한 것이구나! 저 사람이 하는 것이 옳다."라고 했다.

集說

疏曰: 凡弔喪之禮, 主人未變服之前, 弔者吉服. 吉服者, 羔裘玄冠,

---

16) 단(袒)은 상의 중 좌측 어깨 쪽을 드러내는 방법이다. 일반적으로 상중(喪中)에 남자들이 취하는 복장 방식을 뜻한다. 한편 일반적인 의례절차에서도 단(袒)의 복장 방식을 취하는 경우가 있다.

緇衣素裳, 又袒去上服以露裼衣, 此裼裘而弔, 是也. 主人既變服之後, 弔者雖著朝服, 而加武以絰. 武, 吉冠之卷也. 又掩其上服者, 是朋友又加帶, 此襲裘帶絰而入, 是也.

소에서 말하길, 무릇 상사에 조문하는 예에 있어서, 상주가 아직 복식을 바꾸기 이전이라면, 조문객은 길복을 착용한다. '길복(吉服)'이라는 것은 검은 양의 가죽으로 만든 옷에 현관(玄冠)[17]을 착용하고, 검은색의 상의와 흰색의 하의를 착용하며, 또한 상의를 걷어서 석의(裼衣)[18]를 드러내니, 이것이 바로 "갓옷을 석(裼)하고서 조문을 했다."는 말에 해당한다. 상주가 이미 복식을 바꾼 이후라면, 조문객은 비록 조복을 착용하고 있었더라도, 관의 테에 질(絰)을 더하게 된다. '무(武)'라는 것은 길관(吉冠)[19]에 있는 권(卷)이다. 또한 상의를 가리는 것은 벗을 위해서 대(帶)를 더하는 것이다. 이것이 바로 "갓옷을 습(襲)하고 대(帶)와 질(絰)을 하고서 들어갔다."는 말에 해당한다.

方氏曰: 曾子徒知喪事爲凶, 而不知始死之時尙從吉, 此所以始非子游而終善之也.

방씨가 말하길, 증자는 다만 상사가 흉례에 해당한다는 사실만 알았던

---

17) 현관(玄冠)은 흑색으로 된 관(冠)이다. 고대에는 조복(朝服)을 입을 때 착용을 하였다. 『의례』「사관례(士冠禮)」편에는 "主人玄冠朝服, 緇帶素韠."이라는 기록이 있다.

18) 석의(裼衣)는 고대에 의례를 시행할 때 입었던 옷이다. 가죽옷이나 갈옷 위에 걸쳤던 외투 중 하나이다. '석의' 위에는 습의(襲衣)를 걸쳤기 때문에, 중간에 입는 옷이라는 뜻에서 '중의(中衣)'라고도 부른다.

19) 길관(吉冠)은 길복(吉服)을 착용할 때 쓰는 관(冠)이다. '길복'은 제례(祭禮)나 의례(儀禮)를 시행할 때 착용하는 제복(祭服)과 예복(禮服)을 가리킨다. 신분의 등급 및 제사의 종류의 따라서 '길복'이 변화되는데, '길관' 또한 각 길복에 따라 변화된다. 한편 일상적으로 쓰는 '관' 또한 '길관'이라고 부른다. 길흉(吉凶)에 의해 각 시기를 구분하게 되면, 상사(喪事)나 재앙 등을 당했을 때에는 흉(凶)에 해당하고, 그 나머지 시기는 길(吉)한 시기에 해당하기 때문이다.

것이고, 이제 막 죽었을 때에는 여전히 길례에 따른다는 사실을 알지 못한 것이다. 이것이 바로 최초 자유를 비판했다가 끝내 그를 칭찬하게 된 이유이다.

經文

子夏旣除喪而見[現], 予[上聲]之琴, 和[去聲]之而不和, 彈之而不成聲, 作而曰: "哀未忘也, 先王制禮而弗敢過也." 子張旣除喪而見, 予之琴, 和之而和, 彈之而成聲, 作而曰: "先王制禮, 不敢不至焉."〈070〉

자하가 상을 끝낸 이후에 공자를 찾아뵈었는데['見'자의 음은 '現(현)'이다.] 공자는 그에게 금을 타도록 시켰다.['予'자는 상성으로 읽는다.] 자하가 금을 연주하여 조화를 이루려고['和'자는 거성으로 읽는다.] 했지만 소리가 조화를 이루지 못했고, 금을 연주하는 것도 제대로 된 소리를 내지 못했다. 그러자 자하가 일어나서 말하길, "슬픔을 아직 잊을 수가 없기 때문입니다. 그러나 선왕께서 예를 제정하셨으므로, 감히 지나치게 시행하지 않고자 했습니다."라고 했다. 자장이 상을 끝낸 이후에 공자를 찾아뵈었는데, 공자는 그에게 금을 타도록 시켰다. 자장이 금을 연주하여 조화를 이루려고 했는데 소리가 조화를 이루었고, 금을 연주하는 것도 제대로 된 소리를 냈다. 그러자 자장이 일어나서 말하길, "선왕께서 예를 제정하셨으니, 감히 미치지 못함이 없도록 하고자 했습니다."라고 했다.

集說

均爲除喪, 而琴有和不和之異者, 蓋子夏是過之者, 俯而就之, 出於勉强, 故餘哀未忘而不能成聲; 子張是不至者, 跂而及之, 故哀已盡而能成聲也.

둘 모두 상을 끝낸 상태인데, 금을 탐에 소리가 조화를 이루거나 조화를 이루지 못하는 차이점이 발생했다. 그 이유는 자하는 상례를 지나치게 시행한 자이므로 숙여서 나아갔지만, 억지로 하는 것에서 비롯되었기 때문에, 남아있던 슬픔을 잊지 못하여 제대로 된 소리를 낼 수 없었던 것이다. 반면 자장은 상례를 지극히 치르지 않은 자이므로 깨금발을 하여 도달하였기 때문에, 슬픔을 이미 모두 다 없애서 소리를 제대로 낼 수 있었던 것이다.

經文

司寇惠子之喪, 子游爲[去聲]之麻衰, 牡麻絰. 文子辭曰: "子辱與彌牟之弟游, 又辱爲之服, 敢辭." 子游曰: "禮也."〈071〉

사구 혜자의 상에 자유는 그를 위해['爲'자는 거성으로 읽는다.] 길복에나 쓰이는 포로 상복을 만들어서 입고, 자최복에나 착용하는 질을 쓰고서 조문을 갔다. 그러자 혜자의 형인 문자는 사양을 하며, "선생께서는 욕되게도 제 동생과 교우를 하셨고, 또한 욕되게도 제 동생을 위해 상복을 착용하셨으니, 감히 선생께서 조문하시는 것을 사양하겠습니다."라고 했다. 그러자 자유는 "이처럼 하는 것이 예입니다."라고 했다.

集說

惠子, 衛將軍文子彌牟之弟. 惠子廢適子虎而立庶子, 故子游特爲非禮之服以譏之, 亦檀弓免公儀仲子之意也. 麻衰, 以吉服之布爲衰也. 牡麻絰, 以雄麻爲絰也. 麻衰乃吉服十五升之布, 輕於弔服. 弔服之絰一股而環之, 今用牡麻絞絰, 與齊衰絰同矣.

'혜자(惠子)'는 위나라 장군 문자인 미모의 동생이다. 혜자는 적자인 호를 폐위시키고 서자를 세웠다. 그렇기 때문에 자유가 특별히 비례의 복장을 착용하고 가서 그를 기롱한 것이니, 이것은 또한 단궁이 공의중자의 상에서 문을 했던 것과 같은 뜻이다. '미최(麻衰)'라는 것은 길복을 만들 때 사용하는 포로 상복을 만든 것을 뜻한다. '모마질(牡麻絰)'은 암수 중 수컷에 해당하는 마를 이용해서 질(絰)을 만든 것이다. '마최(麻衰)'는 곧 길복에 사용되는 15승(升)[20]의 포를 이용해서 만든 것이니, 조복보다도 수위가 낮은 복장이다. 조복에 착용하는 질은 1가닥으로 두르게 되는데, 현재는 모마로 질을 꼬았으니, 자최복에 착용하는 질과 같은 것이다.

경문

文子退, 反哭. 子游趨而就諸臣之位. 文子又辭曰: "子辱與彌牟之弟游, 又辱爲之服, 又辱臨其喪, 敢辭." 子游曰: "固以請." 文子退, 扶適[的]子南面而立, 曰: "子辱與彌牟之弟游, 又辱爲之服, 又辱臨其喪, 虎也敢不復位!" 子游趨而就客位. 〈072〉

문자가 물러나서 자리로 돌아가 곡을 했다. 그러자 자유는 종종걸음으로 다가가 여러 가신들이 서는 위치로 갔다. 문자는 자유의 행동을 보고 재차 사양하며, "선생님께서는 욕되게도 제 동생과 교우하셨고, 또 욕되게도 제 동생을 위해 복장을 착용하셨으며, 또 욕되게도 상에 찾아주셨으니, 감히 선생님께서 가신의 위치에 서는 것을 사양하겠습니다."라고 했다. 그러자 자유는 "진실로 조문하기를 청합니다."라고 했다. 문자는 자유의 말을 듣고, 자유가 자신의 동생을 기롱하기 위해 찾아왔다는 사실을 깨달았다. 그래서 물러나 적자인['適'자의 음은 '的(적)'이다.] 호

20) 승(升)은 옷감과 관련된 단위이다. 고대에는 포(布) 80가닥[縷]을 1승(升)으로 여겼다. 『의례』「상복(喪服)」편에서는 "冠六升, 外畢."이라는 기록이 있는데, 이에 대한 정현의 주에서는 "布八十縷爲升."이라고 풀이했다.

를 부축하여 데려오고, 남쪽을 바라보게 하여 서 있게 하고 말하였다. "선생님께서는 욕되게도 제 동생과 교우하셨고, 또 욕되게도 제 동생을 위해 복장을 착용하셨으며, 또 욕되게도 상에 찾아주셨으니, 그의 적자인 호가 감히 그 자리에 다시 서지 않을 수 있겠습니까!"라고 했다. 그러자 자유는 자신의 뜻이 관철되었으므로, 종종걸음으로 이동하여 빈객이 서는 위치로 나아갔다.

集說

次言敢辭者, 辭其立於臣位也. 此時尙未喩子游之意, 及子游言固以請, 則文子覺其譏矣, 於是扶適子正喪主之位焉, 而子游之志達矣. 趨就客位, 禮之正也.

그 다음에 감히 사양한다고 말한 것은 신하가 서는 위치에 자유가 서 있겠다는 것을 사양한 것이다. 이 시기까지는 아직까지도 자유의 본래 뜻을 깨닫지 못한 상태였는데, 자유가 굳이 조문하길 청하게 되자 문자는 자유가 기롱을 하고 있다는 사실을 깨달았다. 그래서 이때 적자를 부축하여 상주의 위치에 서게 하니, 자유의 뜻이 관철된 것이다. 그래서 빈객이 서는 위치로 종종걸음으로 나아간 것이니, 예에 따른 올바른 행동이다.

經文

將軍文子之喪, 旣除喪而后越人來弔, 主人深衣 · 練冠, 待于廟, 垂涕洟. 子游觀之, 曰: "將軍文氏之子, 其庶幾乎! 亡於禮者之禮也, 其動也中[去聲]."〈073〉

장군 문자의 상에 그의 아들은 이미 상을 끝냈는데, 그 이후에 월나라 사람이 찾아와서 조문을 하였다. 그러자 문자의 아들은 심의를 입고 연관(練冠)21)을 착용하고서, 신주가 있는 묘에서 기다렸으며, 조문객이 오자 곡은 하지 않고 눈물만 흘렸다. 자유가 그 모습을 관찰하고 말하길, "장군인 문씨의 아들은 그 행동이 예법에 가깝구나! 본래 상을 끝낸 뒤에 조문을 받는 예의 규정이 없는데도, 이러한 상황에 처해서 적절한 예를 시행했으니, 그의 행동은 모두 절도에 맞는구나.['中'자는 거성으로 읽는다.]"라고 했다.

集說

將軍文子, 卽彌牟也. 主人, 文子之子也. 禮無弔人於除喪之後者, 亦無除喪後受人之弔者. 深衣, 吉凶可以通用; 小祥練服之冠, 不純吉, 亦不純凶. 廟者, 神主之所在, 待而不迎, 受弔之禮也. 不哭而垂涕, 哭之時已過, 而哀之情未忘也. 庶幾, 近也. 子游善其處禮之變, 故曰, 文氏之子, 其近於禮乎! 雖無此禮而爲之禮, 其擧動皆中節矣.

장군인 문자는 곧 '미모(彌牟)'이다. '주인(主人)'은 문자의 아들이다. 예법에는 상을 끝낸 이후에 조문을 하는 경우가 없고, 또 상을 끝낸 이후에 조문을 받는 경우도 없다. '심의(深衣)'는 길사와 흉사에 모두 착용할 수 있는 옷이고, 소상 때 연복에 착용하는 관의 경우에는 완전히 길한 복장도 아니고, 또한 완전히 흉한 복장도 아니다. '묘(廟)'라는 곳은 신주가 위치하는 곳이니, 그곳에서 기다리기만 하고 조문객을 맞이하지 않았던 것은 조문을 받는 예에 해당한다. 곡을 하지 않고 눈물만 흘렸던 것은 곡을 하는 시점이 이미 경과하였지만, 애통한 마음을 아직 잊지 못했기 때문이다. '서기(庶幾)'는 "가깝다."는 뜻이다. 그렇기 때문에 다음과 같이 말한 것이다. 문씨의 아들이 취했던 행동은 예에 가깝다고 할 수 있다! 비록 이러한 예가 기존의 예법에는 없는 것인데도, 그 상황에 처해서 이러한 예를 시행했으니, 그의 행동은 모두 절도에 맞는구나.

---

21) 연관(練冠)은 상(喪) 중에 착용하는 관(冠)이다. 부모의 상 중에서 1주기에 지내는 제사 때 착용을 하였다.

幼名, 冠[去聲]字, 五十以伯仲, 死諡, 周道也.〈074〉

어렸을 때에는 이름으로 부르고, 관례를 치르게 되면['冠'자는 거성으로 읽는다.] 자(字)로 부르며, 50세가 넘어가게 되면 백씨(伯氏)나 중씨(仲氏) 등으로 부르게 되고, 죽게 되면 시호로 부르게 되니, 이처럼 하는 것은 주나라 때의 도에 해당한다.

集說

疏曰: 凡此之事, 皆周道也. 又殷以上有生號, 乃爲死後之稱, 更無別諡, 堯·舜·禹·湯之例是也. 周則死後別立諡.

소에서 말하길, 무릇 이러한 사안들은 모두 주나라 때의 도에 해당한다. 또한 은나라 이전에는 생전에 호가 지어졌고, 그가 죽은 이후에 그를 부르는 칭호로 삼았으니, 별도로 시호를 정하는 일이 없었다. '요(堯)'·'순(舜)'·'우(禹)'·'탕(湯)' 등의 임금들을 이처럼 부르는 것이 바로 그 용례이다. 주나라의 경우에는 죽은 이후에 별도의 시호를 정했다.

朱子曰: 儀禮賈公彦疏云: "少時便稱伯某甫, 至五十乃去某甫而專稱伯仲", 此說爲是.

주자가 말하길, 『의례』에 대한 가공언[22]의 소에서 말하길, "젊었을 때에는 곧 백(伯) 아무개인 보(甫)라고 부르고, 50세가 되면 아무개 보(甫)라는 말을 생략하고, 오로지 백(伯)이나 중(仲) 등으로 부른다."라고 했는데, 이 주장이 옳다.

----

22) 가공언(賈公彦, ?~?) : 당(唐)나라 때의 유학자이다. 정현(鄭玄)을 존숭하였다. 예학(禮學)에 조예가 깊었다. 『주례소(周禮疏)』, 『의례소(儀禮疏)』 등의 저서를 남겼으며, 이 저서들은 『십삼경주소(十三經注疏)』에 포함되었다.

絰也者, 實也. 〈075〉

상례에 사용되는 '질(絰)'이라는 것은 자식의 충실한 마음을 뜻한다.

집說

麻在首·在要皆曰絰, 分言之則首曰絰, 要曰帶. 絰之言實, 明孝子
有忠實之心也.

마는 머리에도 쓰고 허리에도 차게 되는데, 이것들을 모두 '질(絰)'이라
고 부르며, 구별하여 말한다면, 머리에 쓰는 것을 '질(絰)'이라 부르고,
허리에 차는 것을 '대(帶)'라 부른다. '질(絰)'자의 뜻은 "가득차다."는 뜻
이니, 자식에게 있는 진실되고 가득한 마음을 나타낸다.

經文

掘中霤而浴, 毀竈以綴[拙]足. 〈076〉

어떤 자가 죽게 되면 방의 중앙에 구덩이를 만들고 그 위에 침상을 걸
쳐놓으며 침상 위에서 시신을 목욕시키고, 부엌을 허물어서 나온 벽돌
로 시신의 발이 뒤틀리지 않도록 고정시킨다.['綴'자의 음은 '拙(졸)'이다.]

집說

疏曰: 中霤, 室中也. 死而掘室中之地作坎, 以牀架坎上, 尸於牀上
浴, 令俗沖入坎也. 死人冷强, 足辟戾, 不可著屨, 故用毀竈之甓, 連
綴死人足令直, 可著屨也.

소에서 말하길, '중류(中霤)'라는 것은 방의 중앙을 뜻한다. 어떤 자가

죽게 되면 방의 중앙을 파서 구덩이를 만들고, 침상을 구덩이 위에 올린 뒤에 시신을 침상 위에 올려놓고 목욕을 시켜서, 목욕물이 구덩이로 떨어지도록 한다. 죽은 자의 몸은 차가워지고 굳어지므로 발이 뒤틀리게 되니 신을 신길 수 없다. 그렇기 때문에 부엌을 허물어서 나온 벽돌을 이용하여, 죽은 자의 발이 곧게 뻗도록 묶어두어, 신발을 신길 수 있도록 만드는 것이다.

經文

及葬, 毁宗躐行, 出于大門, 殷道也. 學者行之.〈077〉

장례를 치러야 할 때가 되면, 종묘의 서쪽 담장을 허물고, 그곳을 밟고서 대문을 빠져나가니, 이처럼 하는 것은 은나라 때의 도이다. 공자에게서 수학했던 자들은 이러한 예를 실천하였다.

集說

疏曰: 毁宗, 毁廟也. 殷人殯於廟, 至葬, 柩出, 毁廟門西邊墙, 而出于大門. 行, 神之位, 在廟門西邊, 當所毁宗之外. 生時出行, 則爲壇幣告行神, 告竟車躐行壇上而出, 使道中安穩如在壇. 今向毁宗處出, 仍得躐行此壇如生時之出也. 學於孔子者行之, 效殷禮也.

소에서 말하길, '훼종(毁宗)'은 종묘를 허문다는 뜻이다. 은나라 때에는 묘에서 빈소를 마련하였고, 장례를 치러야 할 때가 되면 영구를 출발시키며 묘문의 서쪽 담을 허물고 그곳을 지나 대문으로 빠져나갔다. '행(行)'이라는 것은 도로의 신이 있는 자리이니, 묘문의 서쪽 가장자리는 헐린 종묘의 바깥쪽에 해당한다. 생전에 외국으로 출타하게 되면, 제단을 만들고 폐물을 사용하여 도로의 신에게 아뢰며, 아뢰는 일이 다 끝나면 수레로 제단 위를 지나치게 한 뒤에 국경을 빠져나가니, 마치 제단이 있을 때처럼 여정 중 안전하게 해달라는 뜻이다. 그런데 현재 종묘의 허문 곳으로부터 밖으로 나가게 되면, 곧 이러한 제단을 밟고 지나갈 수 있어서 마치 생전에 국경 밖을 벗어날 때 하던 것처럼 된다. 공자에게서 수학을 하여 예를 시행했던 자들은 은나라 때의 예를 본받았던 것이다.

經文

子柳之母死, 子碩請具. 子柳曰: "何以哉?" 子碩曰: "請粥[育]庶弟之母." 子柳曰: "如之何其粥人之母以葬其母也? 不可." 旣葬, 子碩欲以賻布之餘具祭器. 子柳曰: "不可. 吾聞之也, 君子不家於喪. 請班諸兄弟之貧者."〈078〉

자류의 모친이 죽었는데, 자류의 동생인 자석은 장례 때 사용될 기물 및 재화를 갖추고자 청했다. 자류가 말하길, "재화가 없는데, 무엇으로써 그것들을 갖추겠는가?"라고 했다. 자석은 "서제의 모친을 다른 집에 시집보내고['粥'자의 음은 '育(육)'이다.] 그녀를 통해 나온 재화로 마련하는 것이 어떻습니까?"라고 했다. 자류는 "어떻게 남의 모친을 팔아서 내 모친에 대한 장례를 치르겠는가? 그것은 불가한 일이다."라고 했다. 장례를 끝내고 부의로 들어온 재화가 있었는데, 자석은 그 재화를 팔아서 제기를 갖추고자 하였다. 그러나 자류는 "그것도 불가한 일이다. 내가 듣기로 군자는 상을 통해서 재화를 증식하지 않는다고 했다. 그러니 형제들 중 가난한 자들에게 나눠주는 것이 좋을 것 같다."라고 했다.

集說

子柳, 魯叔仲皮之子, 子碩之兄也. 具, 謂喪事合用之器物也. 何以哉, 言何以爲用乎? 謂無其財也. 鄭云: "粥, 謂嫁之也, 妾賤, 取之曰買." 布, 錢也. 不家於喪, 惡因死者而爲利也. 班, 猶分也. 不粥庶弟之母者, 義也; 班兄弟之貧者, 仁也. 夫欲粥庶母以治葬, 則乏於財可知矣. 而不家於喪之言, 確然不易, 古人之安貧守禮蓋如此.

'자류(子柳)'는 노나라 숙중피의 아들이며, 자석의 형이다. '구(具)'자는 상사에 사용되는 기물들을 뜻한다. '하이재(何以哉)'는 "무엇으로써 사용하겠는가?"라는 뜻이니, 그에 걸맞은 재화가 없다는 의미이다. 정현은 "'육(粥)'자는 시집을 보낸다는 뜻이니, 첩은 미천한 신분이므로, 첩을 들이는 것을 '사다'라고 부른다."라고 했다. '포(布)'자는 화패를 뜻한다. 상을 통해 가산을 늘리지 않는다는 이유는 죽은 자로 인해 이로움을 축적하는 것을 미워하기 때문이다. '반(班)'자는 "나누다."는 뜻이다. 서제의 모친을 다른 집에 시집보내지 않았던 것은 의(義)에 해당하고, 형제 중 가난한 자들에게 나눠주었던 것은 인(仁)에 해당한다. 무릇 서모를 시집보내서 장례를 치르고자 했다면 재화가 부족했다는 사실을 알 수 있다. 그런데도 상을 통해 가산을 증식하지 않는다고 한 말은 확실히 쉽게 할 수 있는 말이 아니니, 고대인들이 가난함을 편안하게 여기고, 예를 고수함이 이와 같았기 때문이다.

經文

> 君子曰: "謀人之軍師, 敗則死之; 謀人之邦邑, 危則亡之." 〈079〉

군자가 말하길, "남의 군대를 부리는 장수가 되었는데 만약 전쟁에서 패하게 된다면 본인 또한 죽어야 마땅하다. 남의 나라를 위해 정사를 도모했는데 그 나라가 위태롭게 된다면 자신 또한 물러나는 것이 마땅하다."라고 했다.

集說

應氏曰: 衆死而義不忍獨生, 焉得而不死; 國危而身不可獨存, 焉得而不亡.

웅씨가 말하길, 병사들이 죽었으므로 의에 따라 차마 홀로 살아갈 수 없으니, 어찌 죽지 않을 수 있겠는가? 나라가 위태로워지면 제 자신만 홀로 그 자리를 보존할 수 없으니, 어찌 물러나지 않을 수 있겠는가?

經文

公叔文子升於瑕丘, 蘧伯玉從[去聲]. 文子曰: "樂哉斯丘也! 死
則我欲葬焉." 蘧伯玉曰: "吾子樂之, 則瑗[于願反]請前." 〈080〉

공숙문자가 하구에 오름에 거백옥이 그 뒤를 따라['從'자는 거성으로 읽는다.] 함께 올라갔다. 그러자 공숙문자는 "이 언덕은 매우 좋구나! 내가 죽으면 나는 이곳에서 내 장례를 치르고 싶다."라고 했다. 그러자 거백옥은 "그대가 이 땅을 좋아하니, 나는['瑗'자는 '于(우)'자와 '願(원)'자의 반절음이다.] 청컨대 먼저 내려가겠소."라고 했다.

集說

二子皆衛大夫, 文子名拔, 伯玉名瑗.

두 사람은 모두 위나라의 대부로, 문자의 이름은 '발(拔)'이고, 백옥의 이름은 '원(瑗)'이다.

劉氏曰: 伯玉之請前, 蓋始從行於文子之後, 及聞文子之言, 而惡其
將欲奪人之地, 自爲身後計, 遂譏之曰, 吾子樂此, 則我請前行以去
子矣. 示不欲與聞其事, 可謂長於風喩者矣.

유씨가 말하길, 백옥이 먼저 내려가길 청원한 이유는 아마도 처음에는 문자의 뒤를 따라 올라갔다가 곧 문자가 하는 말을 듣고서 그가 남의 땅을 탐내며 제 스스로 자신이 죽은 뒤의 계책을 도모하는 것이 싫었기 때문에, 결국 그를 기롱하며, "그대가 이 땅을 좋아한다면, 나는 청컨대 그대보다 먼저 내려가서 그대를 떠나겠네."라고 말한 것이다. 이것은 곧 그와 함께 그 일을 도모하는 것에 참여하고 싶지 않다는 뜻을 나타내는 것이니, 백옥은 완곡한 언사를 통해 풍자하는 것에 뛰어났던 사람이라고 평가할 수 있다.

經文

> 弁人有其母死而孺子泣者, 孔子曰: "哀則哀矣, 而難爲繼也. 夫禮, 爲可傳也, 爲可繼也, 故哭踊有節."〈081〉

변 땅의 사람들 중 그 모친이 돌아가시자 마치 어린아이가 우는 것처럼 마구 눈물을 흘리는 자가 있었다. 공자가 그 모습을 보고, "슬퍼하는 측면에서 그의 모습은 슬픔을 드러내는 것이라 할 수 있다. 그러나 남들이 따라 하기가 어렵구나. 무릇 예라는 것은 전수할 수 있어야 하며, 남들이 따라할 수 있어야 한다. 그렇기 때문에 곡을 하고 용을 함에도 절도가 있는 것이다."라고 했다.

集說

弁, 地名. 孺子泣者, 其聲若孺子, 無長短高下之節也. 聖人制禮, 期於使人可傳可繼, 故哭踊皆有其節. 若無節, 則不可傳而繼矣.

'변(弁)'은 지명이다. '유자읍(孺子泣)'이라는 것은 그 울음소리가 어린아이와 같아서, 장단과 고하의 절도가 없다는 뜻이다. 성인이 예를 제정할 때에는 전수할 수 있고 따라할 수 있는 것들로 기획하였다. 그렇기 때문에 곡을 하고 용을 함에도 모두 절도가 있는 것이다. 만약 절도가 없다면 전수할 수도 없고 따라할 수도 없게 된다.

叔孫武叔之母死, 旣小斂, 擧者出[句], 尸出戶[句], 袒[句], 且投
其冠, 括髮. 子游曰: "知禮."〈082〉

숙손무숙의 모친이 돌아가셔서, 소렴을 끝내고, 시신을 들고서 밖으로
나왔는데['出'자에서 구문을 끊는다.] 시신이 호를 빠져나오자['戶'자에서 구문
을 끊는다.] 숙손무숙은 서둘러 단을 했고['袒'자에서 구문을 끊는다.] 또 그
관을 내던진 다음에 머리카락을 틀어 올렸다. 자유는 그 모습을 보고,
"예를 아는구나."라고 하여, 그를 비난하였다.

禮, 始死將斬衰者笄纚, 將齊衰者素冠, 小斂畢而徹帷, 主人括髮
于房, 婦人髽于室. 擧者出, 擧尸以出也. 括髮當在小斂之後, 尸出
堂之前, 主人爲將奉尸, 故袒而括髮耳. 今武叔待尸出戶, 然後袒而
去冠括髮, 失禮節矣. 故註以子游知禮之言爲嗤之也.

예에 따르면, 이제 막 돌아가셨을 때 장차 참최복을 착용하게 되는 자는
비녀를 꼽고 이로 머리를 싸매게 되며, 자최복을 착용하는 자는 소관(素
冠)[23]을 착용하고 되는데, 소렴이 모두 끝나면 휘장을 치우고, 상주는
방에서 머리를 틀고 단을 하며, 부인은 실에서 북상투를 튼다. '거자출
(擧者出)'이라는 말은 시신을 들고서 밖으로 나온다는 뜻이다. 머리를
트는 것은 마땅히 소렴을 한 이후와 시신이 당으로 나오기 이전에 해야
하는데, 상주가 시신을 받들게 되기 때문에, 단을 하고서 머리를 트는
것일 뿐이다. 그런데 현재 무숙은 시신이 호 밖으로 나오기를 기다렸다
가 그 이후에야 단을 하고 관을 벗은 뒤에 머리를 틀었으니, 예의 절차
를 잃은 것이다. 그렇기 때문에 정현의 주에서는 자유가 예를 안다고

---

23) 소관(素冠)은 상사(喪事)나 흉사(凶事)의 일을 접했을 때 쓰게 되는 흰색 관
(冠)이다.

한 말을 비웃는 뜻으로 풀이한 것이다.

淺見

近按: 舊說以上戶作尸, 以擧者出爲句, 尸出戶爲句. 愚謂擧者出, 是已擧尸而出, 不必更言尸出也. 當依經本字作戶爲是. 上言出尸, 是擧尸而出戶也; 下言出戶, 是主喪者之出戶也. 擧尸者, 旣出戶之後, 主人亦隨而出戶, 乃袒而括髮也. 禮, 主人括髮 · 袒于房, 今出戶而袒 · 括髮, 非禮也, 故子游以爲知禮而譏之.

내가 살펴보니, 옛 주장에서는 앞의 '호(戶)'자를 시(尸)자로 기록하여, '거자출(擧者出)'을 하나의 구문으로 보고, 또 '시출호(尸出戶)'를 하나의 구문으로 보았다. 내가 생각하기에 '거자출(擧者出)'이라는 것은 이미 시신을 들어서 밖으로 나온 것이므로, 재차 시신을 들고 나온다는 말을 할 필요가 없다. 따라서 경문의 본래 글자에 따라서 '호(戶)'자로 기록하는 것이 옳다. 즉 앞의 '출시(出尸)'라는 것은 시신을 들어서 방문 밖으로 나온다는 뜻이고, 뒤의 '출호(出戶)'는 상을 주관하는 자가 방문 밖으로 나온다는 뜻이다. 시신을 든 자들이 이미 방문 밖으로 나온 이후이니, 상주 또한 그 뒤를 따라 방문 밖으로 나오고, 그런 뒤에 단을 하고 머리를 틀게 된다. 예법에 따르면 주인은 방에서 머리를 틀고 단을 하는데, 지금은 방문 밖으로 나와서 단을 하고 머리를 틀었으니, 비례이다. 그렇기 때문에 자유가 예를 안다고 하여 그를 기롱한 것이다.

扶君, 卜[僕]人師扶右, 射人師扶左. 君薨以是擧.〈083〉

군주를 부축함에 복인['卜'자의 음은 '僕(복)'이다.]의 수장은 오른쪽을 부축하고, 사인의 수장은 왼쪽을 부축한다. 군주가 죽게 되면 이 사람들을 이용해서 군주의 시신을 들게 한다.

集說

君疾時, 僕人之長扶其右體, 射人之長扶其左體. 此二人皆平日贊正服位之人, 故君旣薨, 遇遷尸, 則仍用此人也.

군주가 질병에 걸렸을 때, 복인의 수장은 군주의 몸 중 오른쪽을 부축하고, 사인의 수장은 왼쪽을 부축한다. 이 두 사람은 모두 평상시 때 임금의 복장을 가다듬고 자리를 정돈하는 일을 돕는 자들이다. 그렇기 때문에 군주가 죽게 되어 시신을 옮길 때가 되면, 곧 이 사람들을 이용하게 된다.

經文

從[去聲]母之夫, 舅之妻, 二夫[扶]人相爲[去聲]服, 君子未之言也. 或曰: "同爨緦."〈084〉

종모['從'자는 거성으로 읽는다.]의 남편과 구의 처, 두 사람['夫'자의 음은 '扶(부)'이다.]의 관계에서 입게 되는 상복에 대한 기록이 없다. 그래서 두 사람이 서로를 위해 상복을 입는 것에 대해서['爲'자는 거성으로 읽는다.] 군자는 언급을 하지 않았다. 어떤 자는 "한솥밥을 먹는 사이라면 서로를 위해 시마복을 입는다."라고 하였다.

從母, 母之姊妹. 舅, 母之兄弟. 從母夫於舅妻無服, 所以禮經不載, 故曰"君子未之言." 時偶有甥至外家, 見此二人相依同居者, 有喪而無文可據, 於是或人爲"同爨緦"之說以處之, 此亦原其情之不可已, 而極禮之變焉耳.

'종모(從母)'는 모친의 자매들을 뜻한다. '구(舅)'는 모친의 형제들을 뜻한다. 종모의 남편은 구의 처에 대해서 상복관계가 성립되지 않고, 『예』의 경문에도 관련 기록이 수록되어 있지 않기 때문에, "군자가 말을 하지 않았다."라고 한 것이다. 당시 우연히 어떤 자의 생질이 외가에 가게 되었는데, 두 사람이 서로 의지하며 함께 사는 것을 보았다. 때마침 상이 발생하였는데 근거로 삼을 수 있는 관련 기록이 없었다. 이때 어떤 자는 "한솥밥을 먹은 자는 시마복을 입는다."라는 말하여, 이로써 대처하게 되었는데, 이것은 또한 정감상 그만둘 수 없는 것에 근원한 것이고, 예의 변화를 지극히 발휘한 것일 따름이다.

或問: "從母之夫·舅之妻皆無服, 何也?" 朱子曰: "先王制禮, 父族四, 故由父而上爲族, 曾祖父緦麻, 姑之子·姊妹之子·女子子之子, 皆由父而推之也. 母族三, 母之父·母之母·母之兄弟. 恩止於舅, 故從母之夫·舅之妻, 皆不爲服, 推不去故也. 妻族二, 妻之父·妻之母. 乍看似乎雜亂無紀, 子細看則皆有義存焉."

혹자가 묻기를 "종모의 남편과 구의 처에 대해서는 서로를 위해 모두 상복을 입지 않는다고 하는데, 무슨 뜻입니까?"라고 했다. 주자가 대답하길, "선왕이 예를 제정할 때, 부계 친족은 네 부류로 제정하였다. 그렇기 때문에 부친으로부터 그 위의 친족에 있어서, 증조부의 형제에 대해서는 시마복을 입는데, 고모의 아들, 자매의 아들, 딸의 아들에 대해서는 모두 부친으로부터 미루어가는 관계에 해당한다. 모계 친족은 세 부류로 제정하였으니, 모친의 부친, 모친의 모친, 모친의 형제들이 그들이다. 그 은정은 구에서 끝난다. 그렇기 때문에 종모의 남편과 구의 처에 있어서는 모두 상복을 입지 않으니, 관계를 미루는 것이 이 둘의 관계에는 미치지 않기 때문이다. 처의 친족은 두 부류로 제정하였으니, 처의 부친, 처의 모친이 그들이다. 얼핏 살펴본다면 혼란스럽고 무질서한 것 같지만, 자세히 살펴본다면 이 모두에 대해서는 해당하는 의미가 있다."라고 했다.

淺見

近按: 前說, 是言從母之夫與舅之妻相爲服也. 後說, 是言甥爲從母之夫及舅之妻而服也. 後說近是.

내가 살펴보니, 앞의 주장은 종모의 남편과 구의 처는 서로를 위해 상복을 착용한다는 뜻이다. 뒤의 주장은 생질은 종모의 남편과 구의 처에 대해서 상복을 착용한다는 뜻이다. 뒤의 주장이 정답에 가까운 것 같다.

喪事欲其縱縱[總]爾, 吉事欲其折折[提]爾. 故喪事雖遽[其據反] 不陵節, 吉事雖止不怠. 故騷騷爾則野, 鼎鼎爾則小人, 君子 蓋猶猶爾.〈085〉

상사에서는 신속하게 처리하면서도 절차를 준수하고자 하며['縱'자의 음은 '總(총)'이다.] 길사에서는 행동거지를 예에 맞추고자 한다.['折'자의 음은 '提(제)'이다.] 그렇기 때문에 상사에서는 비록 급박하게['遽'자는 '其(기)'자와 '據(거)'자의 반절음이다.] 처리해야 하지만 그 절차를 건너뛸 수 없고, 길사 에서는 비록 멈춰서 있는 시간이 있지만 태만하게 굴어서는 안 된다. 그러므로 너무 분주하고 소란스럽게 하면 비루한 꼴이 되고, 너무 느긋 하게 하여도 소인처럼 되니, 군자는 너무 빠르지도 않고 너무 느리지도 않게 하여 완급에 맞게 한다.

集說

縱縱, 給於趨事之貌. 折折, 從容中禮之貌. 喪事雖是急遽, 而不可 陵躐其節次; 吉事雖有立而待事之時, 而不可失於怠惰. 若騷騷而 太疾, 則鄙野矣; 鼎鼎而太舒, 則小人之爲矣; 猶猶而得緩急之中, 君子行禮之道也.

'총총(縱縱)'은 신속하게 처리해야 할 일에 대해서 절차를 준수하는 모습 을 뜻한다. '제제(折折)'는 행동거지를 예에 맞추는 모습을 뜻한다. 상사 는 비록 급박하게 처리해야 할 일이지만 그 절차를 건너뛸 수 없고, 길사 에는 비록 서 있으면서 일을 처리할 때까지 기다려야 하는 시간이 있지 만 태만한 모습을 보여서 실례를 범할 수 없다. 만약 몹시 소란스럽고 분주하게 처리한다면 비루한 꼴이 되고, 느긋하게 하여 너무 천천히 한다 면 소인이 하는 꼴이 된다. 너무 빠르지도 않고 너무 느리지도 않게 하여 완급의 적절함을 맞추는 것이 바로 군자가 예를 시행할 때의 도이다.

喪具, 君子恥具. 一日二日而可爲也者, 君子弗爲也.〈086〉

상을 치를 때 소용되는 기물들을 일찍 갖추는 것을 군자는 수치스럽게
여긴다. 하루나 이틀 정도의 시간으로 갖출 수 있는 것들을 군자는 미
리 마련하지 않는다.

集說

喪具, 棺衣之屬. 君子恥於早爲之而畢具者, 嫌不以久生期其親也. 然
"六十歲制, 七十時制, 八十月制, 九十日修", 蓋慮夫倉卒之變也. 一日
二日可辨之物, 則君子不豫爲之, 所謂"絞紟衾冒, 死而后制"者也.

'상구(喪具)'는 관이나 의복류 등을 뜻한다. 군자는 너무 일찍 그것들을
마련하여 기물들을 모두 갖추는 것을 부끄럽게 여기니, 부모가 오래도
록 살아계시기를 바라지 않고 부모의 죽음에 대해 기약하는 것처럼 보
이게 될까를 염려했기 때문이다. 그런데 "나이가 60세가 되면 관을 미리
제작해서 준비해 두고, 70세가 되면 부장하게 될 의복과 기물들 중 비교
적 얻기 힘든 것들을 미리 제작해서 준비해 두며, 80세가 되면 부장하게
될 의복과 기물들 중 비교적 얻기 쉬운 것들을 미리 제작해서 준비해
두고, 90세가 되면 미리 준비해둔 것들을 날마다 손질한다."라고 한 이
유는 해당 대상이 갑작스럽게 죽게 되는 변고를 염려했기 때문이다. 하
루나 이틀 만에 갖출 수 있는 물건들의 경우, 군자는 미리 그것들을 갖
추지 않으니, 이른바 "염할 때 시신을 묶는 끈인 교, 홑이불인 금, 이불
인 금, 시신을 전체적으로 감싸는 모는 그가 죽은 뒤에야 제작한다."는
뜻에 해당한다.[1]

---

1) 『예기』「왕제(王制)」 123장 : 六十歲制, 七十時制, 八十月制, 九十日修, 唯絞紟
衾冒, 死而后制.

喪服, 兄弟之子猶子也, 蓋引而進之也; 嫂叔之無服也, 蓋推而遠[去聲]之也; 姑姊妹之薄也, 蓋有受我而厚之者也.〈087〉

상복에 있어서 형제의 자식들이 죽었을 때에는 자신의 자식이 죽었을 때와 동일한 상복을 착용하니, 이처럼 하는 이유는 그와의 은정으로 인해 그의 관계를 끌어 올려서 친밀한 관계로 포함시키기 때문이다. 형제의 아내와 남편의 형제 사이에는 확연한 구분이 있으니, 그 둘 사이에는 상복관계가 성립되지 않는데, 이처럼 하는 이유는 남녀사이에서 발생하는 혐의를 멀리하기 위해, 그 둘의 관계를 미루어서 멀리 대하기['遠'자는 거성으로 읽는다.] 때문이다. 고모와 자매가 시집을 갔을 때에는 그녀들에 대한 상복의 수위를 낮추니, 무릇 본인을 대신해서 그녀들을 위해 수위가 높은 상복을 입어줄 사람이 있기 때문이다.

方氏曰: 兄弟之子, 雖異出也, 然在恩爲可親, 故引而進之, 與子同服; 嫂叔之分, 雖同居也, 然在義爲可嫌, 故推而遠之, 不相爲服. 姑姊妹在室, 與兄弟姪皆不杖期, 出適則皆降服大功而從輕者, 蓋有受我者服爲之重故也. 言其夫受之, 而服爲之杖期以厚之, 故於本宗相爲皆降一等也.

방씨가 말하길, 형제의 자식은 비록 다른 부모에게서 태어났지만, 은정에 있어서는 친근하게 대할 수 있다. 그렇기 때문에 끌어 올려서 나아가게 하여, 자식에 대한 상복과 동일하게 한 것이다. 형제의 아내와 남편의 형제는 구분에 있어서 비록 같은 집에 살고 있다 하더라도, 의리에 따라 혐의스러운 점이 생길 수 있다. 그렇기 때문에 미루어서 멀리하여, 서로 간에 상복을 입지 않는 것이다. 고모와 자매가 시집을 가지 않았을 때에는 형제의 자식들에 대한 경우와 마찬가지로, 모두 지팡이를 잡지 않는 기년복을 착용하는데, 그녀들이 출가를 했다면 모두에 대해서 상복의 수위를 낮춰서 대공복을 착용하고, 수위가 낮은 것을 따르게 되니, 무릇 나를 대신해서 상복을 입는 자가 있어서, 그들이 그녀를 위해 수위가 무거운 상복을 착용하기 때문이다. 즉 그녀의 남편이 나를 대신하여 상복을 착용할 때 그녀를 위해 지팡이를 잡게 되는 기년복을 착용하여 후하게 대한다는 뜻이다. 그렇기 때문에 그녀의 친정에서는 서로를 위해 모두들 한 등급씩 낮춰서 상복을 착용하는 것이다.

經文

食於有喪者之側, 未嘗飽也.〈088〉

공자는 상을 당한 자 옆에서 음식을 먹을 때 일찍이 배불리 먹은 적이 없었다.[2]

集說

應氏曰: 食字上疑脫孔子字.

응씨가 말하길, '식(食)'자 앞에는 아마도 '공자(孔子)'라는 글자가 누락된 것 같다.

---

2) 『논어』「술이(述而)」 : 子食於有喪者之側, 未嘗飽也.

曾子與客立於門側, 其徒趨而出, 曾子曰: "爾將何之." 曰: "吾父死, 將出哭於巷." 曰: "反哭於爾次!" 曾子北面而弔焉.〈089〉

증자가 빈객과 함께 문 옆에 서 있었는데, 증자의 제자가 빠른 걸음으로 밖으로 나갔다. 증자가 그를 바라보며, "너는 어디로 가려고 하느냐?"라고 했다. 그러자 제자는 "제 부친께서 돌아가셔서, 밖으로 나가 거리에서 곡을 하려고 합니다."라고 했다. 증자는 "되돌아가서 너의 차(次)에서 곡을 하거라!"라고 말했다. 이후 증자는 북쪽을 바라보고 조문을 하였다.

集說

其徒, 門弟子也. 次, 其人所立之位次也.

'기도(其徒)'는 문하의 제자를 뜻한다. '차(次)'는 그 사람이 서 있게 되는 자리를 뜻한다.

經文

孔子曰: "之死而致死之, 不仁而不可爲也; 之死而致生之, 不知[去聲]而不可爲也. 是故竹不成用, 瓦不成味[沬], 木不成斲, 琴瑟張而不平, 竽笙備而不和, 有鍾磬而無簨[筍]簴[巨]. 其曰明器, 神明之也."〈090〉

공자가 말하길, "죽은 자를 전송할 때 죽은 자를 대하는 예로만 대한다면, 불인한 일이 되므로 시행할 수 없다. 한편 죽은 자를 전송할 때 살아있는 자를 대하는 예로만 대한다면, 지혜롭지['知'자는 거성으로 읽는다.]

못한 일이 되므로 시행할 수 없다. 이러한 까닭으로 대나무로 만든 기물들은 쓸모가 없게 만들고, 옹기로 만든 기물들은 매끄럽게 광택을['沬' 자의 음은 '沬(매)'이다.] 내지 않는 것이며, 나무로 만든 기물들은 조각을 하지 않는 것이고, 금슬에 대해서는 그 줄을 걸어두기는 하지만 조율을 하지 않아서 연주를 할 수 없게 만들며, 우생에 대해서는 갖추기는 하지만 소리를 제대로 내지 못하는 것으로 준비하여 연주할 수 없게 만들고, 종이나 석경 등도 갖추기는 하지만 그것들을 매다는 틀인 순거['簨' 자의 음은 '筍(순)'이다. '簴' 자의 음은 '巨(거)'이다.]를 갖추지 않아서 연주를 하지 못하게 만든다. 이러한 기물들을 '명기(明器)'라 부르는 이유는 신명의 도에 따라 죽은 자를 대하기 때문이다."라고 했다.

集說

劉氏曰: 之, 往也. 之死, 謂以禮往送於死者也. 往於死者, 而極以死者之禮待之, 是無愛親之心爲不仁, 故不可行也; 往於死者, 而極以生者之禮待之, 是無燭理之明爲不知, 故亦不可行也. 此所以先王爲明器以送死者, 竹器則無縢線而不成其用; 瓦器則麤質而不成其黑光之沬; 木器則樸而不成其雕斲之文; 琴瑟則雖張絃而不平, 不可彈也; 竽笙雖備具而不和, 不可吹也; 雖有鍾磬而無縣桂之簨簴, 不可擊也. 凡此皆不致死, 亦不致生, 而以有知無知之閒待死者, 故備物而不可用也. 備物則不致死, 不可用則亦不致生, 其謂之明器者, 蓋以神明之道待之也.

유씨가 말하길, '지(之)'자는 "보낸다."는 뜻이다. '지사(之死)'는 예에 따라서 죽은 자를 전송한다는 뜻이다. 죽은 자를 전송하면서 죽은 자를 대하는 예로만 지극히 대우한다면, 이것은 친애하는 마음이 없는 것으로 불인이 된다. 그렇기 때문에 시행할 수 없는 것이다. 죽은 자를 전송하면서 살아있는 자를 대하는 예로만 지극히 대우한다면, 이것은 사리를 고찰하는 지혜가 없는 것으로 지혜롭지 못한 것이 된다. 그렇기 때문에 이 또한 시행할 수 없는 것이다. 이것은 선왕이 명기를 사용하여 죽은 자를 전송한 이유이니, 죽기의 경우에는 끝에 붙어 있는 끈이 없어서 쓸모가 없고, 와기의 경우에는 거칠고 질박하여 흑색의 광택을 내지 않았으며, 목기의 경우에는 다듬지 않고 조각한 무늬를 새기지 않았고, 금슬의 경우에는 비록 줄을 걸어두었지만 조율을 하지 않아서 연주를 할 수 없으며, 우생은 비록 기구를 갖췄지만 소리가 조화롭지 않아서 불어서 연주할 수 없고, 비록 종과 석경이 있지만 그것들을 매다는 순거가 없으므로 그것들을 두들겨서 연주할 수 없다. 무릇 이러한 것들은 죽은 자를 대하는 예에 대해 지극히 하는 것도 아니고, 또한 산 자를 대하는 예에 대해서도 지극히 하는 것도 아니며, 지혜로움과 지혜롭지 못한 그 중간에서 죽은 자를 대하는 것이다. 그렇기 때문에 기물들을 갖추기만 하고 사용할 수 없도록 하는 것이다. 기물을 갖추게 되면 죽은 자를 대하는 예에 대해 지극히 하는 것이 아니고, 사용할 수 없게 한다면 또한 산 자를 대하는 예에 대해서도 지극히 하는 것이 아닌데, 이러한 기물들을 '명기(明器)'라고 부르는 이유는 아마도 신명에 대한 도에 따라서 죽은 자를 대하기 때문일 것이다.

經文

有子問於曾子曰: "問[聞]喪[去聲]於夫子乎?" 曰: "聞之矣, 喪欲速貧, 死欲速朽." 有子曰: "是非君子之言也." 曾子曰: "參也, 聞諸夫子也." 有子又曰: "是非君子之言也." 曾子曰: "參也與子游聞之." 有子曰: "然. 然則夫子有爲[去聲]言之也." 曾子以斯言告於子游. 子游曰: "甚哉! 有子之言似夫子也. 昔者夫子居於宋, 見桓司馬自爲石槨, 三年而不成. 夫子曰: '若是其靡也! 死不如速朽之愈也!' 死之欲速朽, 爲[去聲]桓司馬言之也."〈091〉

유자가 증자에게 묻기를, "그대는 관직을 잃었을[('喪'자는 거성으로 읽는다.] 때의 예에 대해서 선생님께 따로 들은['問'자의 음은 '聞(문)'이다.] 바가 있는가?"라고 했다. 그러자 증자는 "나는 들은 바가 있네. 지위를 잃게 되면 빨리 가난해지기를 바라고, 죽게 되면 그 육신이 빨리 썩기를 바란다고 하셨네."라고 했다. 유자가 그 말을 듣고서, "그 말은 군자의 말이 아닐 것이네."라고 했다. 증자는 "내가 분명히 선생님께 들었네."라고 했다. 유자는 다시 "그 말은 군자의 말이 아닐 것이네."라고 하여 재차 부인했다. 그러자 증자는 "나는 자유와 함께 선생님께 그 말을 들었네."라고 했다. 유자는 "그런가. 그렇다면 선생님께서는 연유가['爲'자는 거성으로 읽는다.] 있어서 그런 말씀을 하셨을 것이네."라고 했다. 증자는 유자의 말을 자유에게 일러주었다. 자유가 말하길, "그의 말이 참으로 맞구나! 유자의 말은 선생님께서 하신 말씀과 비슷하다. 예전에 선생님께서는 송나라에 머무셨던 적이 있었는데, 그때 환사마가 제 스스로 석곽을 만드는 것을 보셨다. 그런데 3년이 지나도록 석곽을 완성하지 못했다. 그 일을 두고 선생님께서는 '이처럼 사치스럽단 말인가! 이처럼 할 바에야 죽어서 빨리 그 육신이 썩어버리는 것만 못하다.'라고 하셨다. 죽었을 때 빨리 썩기를 바란다는 것은 환사마 때문에['爲'자는 거성으로 읽는다.] 하신 말씀이다."라고 했다.

仕而失位曰喪. 桓司馬, 卽桓魋. 靡, 侈也.

벼슬살이를 하다가 그 지위를 잃게 되는 것을 '상(喪)'이라 부른다. '환사마(桓司馬)'는 환퇴를 가리킨다. '미(靡)'자는 "사치스럽다."는 뜻이다.

"南宮敬叔反, 必載寶而朝. 夫子曰: '若是其貨也! 喪不如速貧之愈也.' 喪之欲速貧, 爲敬叔言之也."〈092〉

계속하여 자유가 말하길, "예전에 남궁경숙은 지위를 잃어서 노나라를 떠났다가 이후에 다시 돌아왔다. 그런데 그가 돌아와서는 기어코 보물을 수레에 싣고서 조회에 나아갔다. 이처럼 했던 것은 뇌물을 주어서 지위를 회복하고자 했던 것이다. 그래서 선생님께서는 이 일을 두고, '이처럼 재화를 쓴단 말인가! 이처럼 할 바에야 지위를 잃었을 때 빨리 가난해지는 것만 못하다.'라고 하셨다. 지위를 잃었을 때 빨리 가난해지기를 바란다는 것은 경숙 때문에 하신 말씀이다."라고 했다.

集說

敬叔, 魯大夫, 孟僖子之子, 仲孫閱也. 嘗失位去魯, 後得反, 載寶而朝, 欲行賂以求復位也.

'경숙(敬叔)'은 노나라의 대부로 맹희자의 아들인 중손열이다. 일찍이 지위를 잃어서 노나라를 떠났다가 이후에 되돌아올 수 있었는데, 보물을 싣고 와서 조회에 나갔으니, 뇌물을 주어서 지위를 회복하고자 했던 것이다.

經文

曾子以子游之言告於有子. 有子曰: "然. 吾固曰非夫子之言也." 曾子曰: "子何以知之?" 有子曰: "夫子制於中都, 四寸之棺, 五寸之槨, 以斯知不欲速朽也. 昔者夫子失魯司寇, 將之荆, 蓋先之以子夏, 又申之以冉有, 以斯知不欲速貧也."〈093〉

증자는 자유가 했던 말을 유자에게 일러주었다. 그러자 유자가 말하길, "그렇다. 그래서 내가 진실로 이 말은 선생님이 하신 말씀이 아니라고 한 것이다."라고 했다. 증자는 "그대는 어떻게 그러한 사실을 알았는가?"라고 물었다. 유자가 대답하길, "선생님께서 중도의 재를 맡으셨을 때, 그곳에서 관곽에 대한 규범을 시행하였는데, 관은 4촌의 두께로 만드셨고, 곽은 5촌의 두께로 만드셨다. 이처럼 관곽을 두껍게 만드신 것을 보고 나는 선생님께서 죽었을 때 그 시신이 빨리 썩기를 바라지 않으셨다는 사실을 알았다. 그리고 예전에 선생님께서 노나라의 사구에서 물러나셨을 때, 초나라로 가고자 하셨는데, 그곳에서 벼슬살이를 하실 수 있는지를 확인하기 위해, 먼저 자하를 보내셔서 실정을 확인하게 했고, 또 염유를 재차 보내셨다. 이처럼 거듭 확인하기 위해 제자를 보내신 것을 보고, 나는 선생님께서 지위를 잃었을 때 빨리 가난해지기를 바라지 않으셨다는 사실을 알았다."라고 했다.

集說

定公九年, 孔子爲中都宰. 制, 棺槨之法制也. 四寸 · 五寸, 厚薄之度. 將適楚, 而先使二子繼往者, 蓋欲觀楚之可仕與否, 而謀其可處之位歟.

정공 9년에 공자는 중도의 재가 되었다. '제(制)'자는 관곽을 만드는 규범과 제도를 뜻한다. 4촌으로 하고 5촌으로 했다는 말은 두께를 나타내는 치수이다. 초나라에 가고자 하여 먼저 두 제자를 시켜 연이어 보낸 것은 무릇 초나라에서 벼슬살이를 할 수 있는지 또는 없는지를 확인하여, 머물만한 지위를 얻고자 했기 때문일 것이다.

淺見

近按: 位者, 君之所司, 不可謀也. 若曰謀其可居之事則可也.

내가 살펴보니, 지위라는 것은 군주가 임명하는 것으로, 개인적으로 도모할 수 없다. 만약 "머물만한 일들에 대해서 도모했다."라고 말한다면 괜찮다.

陳莊子死, 赴於魯, 魯人欲勿哭, 繆[穆]公召縣[玄]子而問焉. 縣子曰: "古之大夫, 束脩之問不出竟[境], 雖欲哭之, 安得而哭之?"〈094〉

제나라 진장자가 죽자 노나라에 부고를 알려왔다. 노나라 사람들은 그에 대한 곡을 하지 않고자 했는데, 당시 제나라는 강성한 나라였으므로 곡을 하지 않아도 되는지 걱정이 되었다. 그래서 목공['繆'자의 음은 '穆(목)'이다.]은 당시 예에 대해 명성이 높았던 현자['縣'자의 음은 '玄(현)'이다.]를 초빙하여 그에 대한 질문을 하였다. 그러자 현자는 "고대의 대부들은 속수를 보내어 교류를 하는 사소한 예조차 국경['竟'자의 음은 '境(경)'이다.]을 벗어나면 시행하지 않았습니다. 그러니 비록 그에 대해 곡을 하고자 한들 어떻게 곡을 할 수 있겠습니까?"라고 했다.

集說

大夫訃於他國之君, 曰: "君之外臣實大夫某死." 莊子, 齊大夫, 名伯. 齊强魯弱, 不容略其赴. 縣子名知禮, 故召問之. 脩, 脯也. 十脡爲束. 問, 遺也. 爲人臣者無外交, 不敢貳君也, 故雖束脩微禮, 亦不以出竟.

대부가 다른 나라의 군주에게 부고를 알릴 때에는 "군주의 외신인 과대부 아무개가 죽었습니다."[1]라고 말하게 된다. '장자(莊子)'는 제나라 대부로, 이름은 백(伯)이다. 당시 제나라는 강성했고 노나라는 약소했으므로, 부고를 알린 일에 대해서 간략히 대처하는 것을 받아들일 수 없었는데, 현자는 당시 예를 잘 알고 있는 자로 명성이 높았기 때문에, 그를

---

1) 『예기』「잡기상(雜記上)」 007장 : 大夫訃於同國, 適者, 曰某不祿. 訃於士, 亦曰某不祿. 訃於他國之君, 曰君之外臣寡大夫某死. 訃於適者, 曰吾子之外私寡大夫某不祿, 使某實. 訃於士, 亦曰吾子之外私寡大夫某不祿, 使某實.

초빙하여 물어본 것이다. '수(脩)'자는 포를 뜻한다. 10정(脡)[2]을 1속(束)으로 삼는다. '문(問)'자는 "보낸다."는 뜻이다. 신하가 된 자는 외국과 교류함이 없으니, 감히 군주에 대해서 두 마음을 품을 수 없기 때문이다.[3] 그렇기 때문에 비록 속수처럼 하찮은 예에 대해서도 국경 밖에서 시행하지 못하게 한 것이다.

經文

"今之大夫, 交政於中國, 雖欲勿哭, 焉得而弗哭? 且臣聞之, 哭有二道, 有愛而哭之, 有畏而哭之." 公曰: "然. 然則如之何而可?" 縣子曰: "請哭諸異姓之廟." 於是與哭諸縣氏.〈095〉

계속하여 현자가 일러주길, "오늘날 대부들은 제 마음대로 다른 나라의 군주들과 교류를 하고 있으니, 이것은 군주의 힘이 미약하고 신하의 힘이 강성하기 때문입니다. 따라서 비록 그를 위해 곡을 하지 않고자 하더라도, 어떻게 곡을 하지 않을 수 있겠습니까? 또 제가 듣기로는 곡에는 두 가지 방법이 있다고 합니다. 첫 번째는 그 자를 사랑하기 때문에 곡하는 것이고, 두 번째는 그 사람을 두려워하기 때문에 곡하는 것입니다."라고 했다. 그러자 목공은 "그렇습니다. 당신의 말이 맞습니다. 그렇다면 어떻게 해야 좋겠습니까?"라고 물었다. 현자는 "청컨대 군주께

---

2) 정(脡)은 기다란 육포(肉脯)를 세는 단위이다. 접혀 있는 것을 셀 때에는 구(朐)자를 사용하였다. 『춘추공양전』「소공(昭公) 25년」편에는 "高子執簞食與四脡脯."라는 기록이 있는데, 이에 대한 하휴(何休)의 주에서는 "屈曰朐, 申曰脡."이라고 풀이했다.

3) 『예기』「교특생(郊特牲)」 011장 : 朝覲大夫之私覿, 非禮也. 大夫執圭而使, 所以申信也. 不敢私覿, 所以致敬也. 而庭實私覿, 何爲乎諸侯之庭? 爲人臣者無外交, 不敢貳君也.

서는 성이 다른 자의 집에 가셔서, 그곳의 묘에서 곡을 하십시오."라고
했다. 그래서 목공은 현씨의 집에서 곡하는 일에 참여하게 되었다.

集說

交政於中國, 言當時君弱臣強, 大夫專盟會之事, 以與國君相交接
也. 此變禮之由也. 愛之哭出於不能已, 畏之哭出於不得已, 哭伯高
於賜氏, 義之所在也; 哭莊子於縣氏, 勢之所迫也.

"중국에서 정치를 교류한다."는 말은 당시 군주의 힘이 미약하고 신하가
강성하여, 대부가 자기 마음대로 회맹의 일을 주관하여, 나른 나라의 군
주와 서로 교류하였다는 뜻이다. 이것은 예가 변화된 유래에 해당한다.
그 사람을 사랑하여 곡하는 것은 그만둘 수 없는 감정에서 비롯되는 것
이고, 두려워하여 곡하는 것은 부득이한 사정에서 비롯된 것이다. 공자
가 사씨의 집에서 백고를 위해 곡을 했던 것[4]은 의(義)에 따라서 한 것
이고, 현씨의 집에서 장자를 위해 곡을 했던 것은 세력에 의해 핍박을
당했기 때문이다.

經文

仲憲言於曾子曰: "夏后氏用明器, 示民無知也. 殷人用祭器,
示民有知也. 周人兼用之, 示民疑也." 曾子曰: "其不然乎! 其
不然乎! 夫明器, 鬼器也. 祭器, 人器也. 夫古之人, 胡爲而死
其親乎?"〈096〉

---

4) 『예기』 「단궁상」 047장 : 伯高死於衛, 赴於孔子. 孔子曰: "吾惡乎哭諸? 兄弟,
吾哭諸廟; 父之友, 吾哭諸廟門之外; 師, 吾哭諸寢; 朋友, 吾哭諸寢門之外; 所
知, 吾哭諸野. 於野則已疏, 於寢則已重. 夫由賜也見我, 吾哭諸賜氏." 遂命子
貢爲之主, 曰: "爲爾哭也來者, 拜之; 知伯高而來者, 勿拜也."

중헌이 증자에게 말하길, "하후씨 때 죽은 자를 전송하며 명기를 사용했던 이유는 백성들에게 죽은 자에게는 지력이 없다는 사실을 보여주기 위함이다. 은나라 때 제기를 사용했던 이유는 백성들에게 죽은 자에게는 지력이 있다는 사실을 보여주기 위함이다. 한편 주나라 때에는 이둘을 모두 사용했는데, 이처럼 한 이유는 백성들에게 죽은 자에게는 지력이 없는 것 같기도 하고 있는 것 같기도 하여 의심스럽다는 점을 보여주기 위함이다."라고 했다. 그러자 증자는 "그런 뜻이 아니다! 그런 뜻이 아니다! 무릇 명기라는 것은 귀신들이 사용하는 기물이다. 또 제기라는 것은 사람들이 사용하는 기물이다. 각 왕조에서 사용하는 것이 달랐던 이유는 각 왕조에서 숭상하는 바에 따랐던 것일 뿐이지, 죽은 자에게 지력이 있는지 또는 없는지 등을 백성들에게 보여주기 위한 것과는 상관이 없다. 만약 그대의 말대로라면, 무릇 고대인들이 어떻게 이처럼 시행하여, 자신의 부모에 대해 지력이 없는 자로만 대할 수 있었겠는가?"라고 했다.

仲憲, 孔子弟子原憲也. 示民無知者, 使民知死者之無知也. 爲其無知, 故以不堪用之器送之; 爲其有知, 故以祭器之可用者送之. 疑者, 不以爲有知, 亦不以爲無知也. 然周禮惟大夫以上得兼用二器, 士惟用鬼器也. 曾子以其言非, 乃曰"其不然乎." 再言之者, 甚不然之也. 蓋明器・祭器, 固是人鬼之不同, 夏・殷所用不同者, 各是時王之制, 文質之變耳, 非謂有知・無知也. 若如憲言, 則夏后氏何爲而忍以無知待其親乎?

'중헌(仲憲)'은 공자의 제자인 원헌이다. "백성들에게 무지함을 보인다."는 말은 백성들로 하여금 죽은 자에게는 지력이 없다는 사실을 알게끔 한다는 뜻이다. 죽은 자는 지력이 없다고 여겼기 때문에, 실제로 사용할 수 없는 기물들을 이용하여 죽은 자를 전송했다는 뜻이다. 한편 은나라 때에는 죽은 자에게 지력이 있다고 여겼기 때문에, 실제로 사용할 수 있는 제기를 이용하여 죽은 자를 전송했다는 뜻이다. '의(疑)'라는 말은 완전히 지력이 있는 것으로 여긴 것도 아니고, 또한 완전히 지력이 없는 것으로 여긴 것도 아니라는 뜻이다. 그런데 주나라의 예법에 따른다면, 오직 대부 이상의 계급에서만 두 가지 기물들을 함께 사용할 수 있었고, 사 계급은 오직 귀기만을 사용했을 따름이다. 증자는 그의 말이 틀렸다고 여기고, 곧 "그렇지 않다."라고 말했는데, 두 차례나 언급한 이유는 매우 그렇지 않다고 여겼기 때문이다. 무릇 명기와 제기는 사람과 귀신이 쓰임을 달리하는 것인데, 하나라와 은나라에서 사용되었던 기물이 서로 다른 이유는 각각 당시의 제왕이 제정한 제도로, 화려함과 질박함의 차이가 있었기 때문이지, 죽은 자에게 지력이 있거나 없는 것을 뜻하는 것이 아니다. 만약 중헌의 말대로라면, 하후씨는 어떻게 이처럼 시행하여 지력이 없는 대상으로 여겨서 자신의 부모를 대우하는 일을 차마 할 수 있었겠는가?

經文

公叔木[式樹反]有同母異父之昆弟死, 問於子游. 子游曰: "其大功乎!" 狄儀有同母異父之昆弟死, 問於子夏. 子夏曰: "我未之前聞也. 魯人則爲之齊衰." 狄儀行齊衰. 今之齊衰, 狄儀之問也. ⟨097⟩

공숙수['木'자는 '式(식)'자와 '樹(수)'자의 반절음이다.]에게는 모친이 같지만 부친이 다른 곤제가 있었는데 그 곤제가 죽었다. 그러나 이러한 경우에 어떤 상복을 착용해야 하는지 알 수 없었기 때문에, 자유에게 그 규정을 물어보았다. 자유는 관련된 규정이 없었으므로, 스스로 판단하여, "대공복을 착용해야 할 것 같다."라고 대답해주었다. 한편 적의에게도 모친이 같지만 부친이 다른 곤제가 있었는데 그 곤제가 죽었다. 적의 또한 어떤 복장을 착용해야 하는지 알 수 없어서, 자하에게 물어보았다. 자하는 "나는 그러한 규정에 대해서 이전에 들어본 적이 없다. 그러나 노나라 사람들은 그를 위해 자최복을 입고 3개월 동안 상을 치르고 있다."라고 대답해주었다. 그러자 적의는 그 말대로 자최복을 입고 3개월 동안 상을 치렀다. 오늘날 이러한 경우에 자최복을 입고 3개월 동안 상을 치르게 된 것은 적의가 질문한 것으로부터 비롯되었다.

集說

公叔木, 衛公叔文子之子. 同父母之兄弟期, 則此同母而異父者, 當降而爲大功也. 禮經無文, 故子游以疑辭答之. 魯人齊衰三月之服, 行之久矣, 故子夏擧以答狄儀. 而記者云, 因狄儀此問, 而今皆行之也. 此記二子言禮之不同.

'공숙수(公叔木)'는 위나라 공숙문자의 아들이다. 부모가 같은 형제들의 상에서는 기년복을 착용하니, 이러한 경우처럼 모친이 같고 부친이 다른 자에 대해서는 마땅히 등급을 낮춰서 대공복을 착용해야 한다. 예의 경문에는 관련 기록이 없었기 때문에, 자유는 확정하지 못하는 말로 대답했던 것이다. 노나라 사람들은 이러한 경우의 상을 오래전부터 자최복을 입고 3개월 동안 치르는 복식으로 치러왔다. 그렇기 때문에 자하는 이러한 예시를 거론해서 적의에게 대답해준 것이다. 『예기』를 기록한 자는 적의가 이러한 질문을 한 것으로부터 연유해서, 오늘날에는 모두들 이러한 규정대로 시행한다고 말한 것이니, 이곳 기록에서는 두 사람이 예(禮)에 대해 언급한 내용이 다르다는 점을 기록하고 있는 것이다.

鄭氏曰: 大功是.

정현이 말하길, 대공복을 착용하는 것이 옳다.

子思之母死於衛, 柳若謂子思曰: "子, 聖人之後也. 四方於子乎觀禮, 子蓋愼諸!" 子思曰: "吾何愼哉! 吾聞之, 有其禮, 無其財, 君子弗行也; 有其禮, 有其財, 無其時, 君子弗行也. 吾何愼哉!"⟨098⟩

자사의 모친은 부친인 백어가 죽자 위나라로 시집을 갔다. 그런데 그 모친이 죽었다는 소식이 들려왔다. 유약은 자사에게 말하길, "그대는 성인의 후예입니다. 사방의 모든 사람들이 그대를 통해서 예가 어떻게 시행되는지를 확인하려고 하니, 그대는 신중히 처신해야 할 것입니다!"라고 했다. 그러자 자사는 "내가 무엇을 신중히 한단 말이오! 내가 듣기로, 해당하는 예의 규정이 있는데, 그 예를 시행할만한 재화가 없다면, 군자는 예를 시행하지 않는다고 하였고, 또 해당하는 예의 규정이 있고, 그것을 시행할만한 재화도 있지만, 그것을 시행할 적절한 때가 아니라면, 군자는 시행하지 않는다고 했소. 그런데 내가 무엇을 신중히 한단 말이오!"라고 했다.

集說

柳若, 衛人. 伯魚卒, 其妻嫁於衛. 有其禮, 謂禮所得爲者, 然無財則不可爲禮. 時爲大, 有禮有財, 而時不可爲, 則亦不得爲之也.

'유약(柳若)'은 위나라 사람이다. 자사의 부친인 백어가 죽자 그 처는 위나라에 시집을 갔다. "그 예가 있다."는 말은 예에 따라 할 수 있는 것이 있다는 뜻이지만, 해당하는 재화가 없다면 예를 시행할 수 없다. 예에서는 때가 가장 중대하므로,[5] 해당하는 예의 규정도 있고 재화도 있지만, 때에 따라 할 수 없다면, 또한 예를 시행할 수 없다.

---

5) 『예기』 「예기(禮器)」 005장 : 禮, 時爲大, 順次之, 體次之, 宜次之, 稱次之. 堯授舜, 舜授禹, 湯放桀, 武王伐紂, 時也. 詩云, 匪革其猶, 聿追來孝.

縣子瑣曰: "吾聞之, 古者不降, 上下各以其親. 滕伯文爲[去聲]
孟虎齊衰, 其叔父也; 爲孟皮齊衰, 其叔父也."〈099〉

현자쇄가 말하길, "내가 듣기로, 은나라 때에는 상복의 수위를 낮추는
일이 없었으니, 상하 계층이 각자 그들의 친족 관계에 따라 상복을 착
용했다. 예를 들어 등나라 백작 문은 자신의 숙부인 맹호를 위해서['爲'
자는 거성으로 읽는다.] 상복의 수위를 낮추지 않고 자최복을 착용했으니,
맹호가 숙부였기 때문이다. 또 조카인 맹피를 위해서 상복의 수위를 낮
추지 않고 자최복을 착용했으니, 문이 맹피의 숙부였기 때문이다."라고
했다.

集說

疏曰: 古者, 殷時也. 周禮以貴降賤, 以適降庶, 惟不降正耳. 而殷世
以上, 雖貴不降賤也. 上下各以其親, 不降之事也. 上, 謂旁親族曾
祖從祖及伯叔之班; 下, 謂從子從孫之流, 彼雖賤, 不以己尊降之,
猶各隨本屬之親輕重而服之, 故云上下各以其親. 滕國之伯, 名文.
爲孟虎著齊衰之服者, 虎是文之叔父也; 又爲孟皮著齊衰之服者, 文
是皮之叔父也. 言滕伯上爲叔父·下爲兄弟之子, 皆著齊衰也.

소에서 말하길, '고자(古者)'라는 것은 은나라 때를 뜻한다. 주나라 때의
예법에서는 존귀한 자는 미천한 자에 대해 수위를 낮췄고, 적자는 서자
에 대해서 수위를 낮췄으니, 오직 직계 가족에 대해서만 수위를 낮추지
않았을 따름이다. 그런데 은나라 이전에는 비록 존귀한 신분이라 하더
라도, 미천한 자에 대해 수위를 낮추지 않았다. 상하 계층이 각각 자신
의 친족 관계에 따라 상복의 수위를 따랐으니, 수위를 낮추지 않았던 사
안에 해당한다. '상(上)'은 방계 친족인 증조의 형제 및 조부의 형제, 그
리고 백부나 숙부 등에 해당하는 자들을 뜻한다. '하(下)'는 형제들의 자
식 및 형제들의 손자 부류를 말한다. 그들이 비록 미천한 신분이라 하더

라도, 자신의 존귀한 신분으로써 그들에 대한 상복의 수위를 낮추지 않았고, 오히려 각각 본래의 친족 관계에 따른 상복의 수위에 맞춰서 상을 치렀던 것이다. 그렇기 때문에 "상하 계층이 각각 본래의 친족 관계에 따랐다."라고 말한 것이다. 등나라 백작의 이름은 '문(文)'이다. 맹호를 위해서 자최복이라는 상복을 착용한 이유는 맹호가 문의 숙부에 해당하기 때문이다. 또 맹피를 위해서 자최복이라는 상복을 착용한 이유는 문은 맹피의 숙부에 해당하기 때문이다. 즉 등나라 백작은 위로는 숙부의 입장이 되고, 아래로는 형제의 자식이라는 입장이 되는데, 모두 자최복을 착용했다는 뜻이다.

経文

后木曰: "喪, 吾聞諸縣子曰: '夫喪, 不可不深長思也. 買棺外內易[異].' 我死則亦然."〈100〉

후목이 자식에게 말하길, "상에 대해서 나는 예전에 현자에게서 들은 내용이 있다. 현자는 '무릇 상에서는 깊이 생각하지 않을 수가 없다. 관을 살 때에는 내외가 깔끔하게['易'자의 음은 '異(이)'이다.] 만들어진 것을 사야 한다.'라고 했다. 그러므로 내가 죽거든 네가 또한 그의 말처럼 하거라."라고 했다.

集說

后木, 魯孝公子惠伯鞏之後.

'후목(后木)'은 노나라 효공의 아들 혜백공의 후손이다.

馮氏曰: 此條重在"不可不深長思"一句. 買棺之時, 外內皆要精好, 此是孝子當爲之事, 非是父母豫所屬託, 而曰: "我死則亦然." 記禮者記失言也.

풍씨6)가 말하길, 이곳 구문의 중요 내용은 "깊이 생각하지 않을 수가 없다."라는 한 구문에 있다. 관을 살 때 내외가 모두 깔끔하게 되어 있는 것으로 사는 것은 자식으로서 마땅히 해야 할 일이니, 부모가 미리 부탁할 것은 아니다. 그런데도 "내가 죽거든 또한 그처럼 하여라."라고 했으니, 이 말을 기록한 것은 『예기』를 기록한 자가 후목의 실언을 기롱하기 위해 기록한 것이다.

經文

曾子曰: "尸未設飾, 故帷堂, 小斂而徹帷." 仲梁子曰: "夫婦方亂, 故帷堂, 小斂而徹帷."〈101〉

증자가 말하길, "어떤 자가 이제 막 죽었을 때, 시신에게 아직 염이나 습을 하지 않았기 때문에, 당에 휘장을 설치하여, 사람들이 보지 못하도록 하고, 소렴을 끝내고서야 휘장을 치운다."라고 했다. 중량자가 말하길, "부부에게 있어 아직 곡하는 장소가 정해지지 않았기 때문에, 당에 휘장을 설치하는 것이고, 소렴을 끝내고서야 휘장을 치운다."라고 했다.

集說

始死去死衣, 用斂衾覆之以俟浴. 旣復之後, 楔齒綴足是畢, 具脯醢之奠, 事雖小定, 然尸猶未襲斂也, 故曰"未設飾." 於是設帷於堂者, 不欲人褻之也, 故小斂畢乃徹帷. 仲梁子謂夫婦方亂者, 以哭位未定也. 二子各言禮意. 鄭云: "斂者動搖尸, 帷堂爲人褻之. 言方亂, 非

---

6) 양헌풍씨(亮軒馮氏, ?~?) : =풍씨(馮氏). 자세한 행적이 남아 있지 않다.

也. 仲梁子, 魯人."

어떤 자가 이제 막 죽게 되면, 죽은 자가 입고 있었던 옷을 벗기고, 염을 할 때 사용하는 이불로 덮고서, 시신을 목욕시킬 때까지 기다린다. 초혼을 끝낸 이후에는 뿔잔을 이빨 사이에 넣어서 입을 벌리고, 다리가 굳어지며 휘어지는 것을 방지하기 위해, 고정을 시키는데, 그 일이 다 끝나면 포나 젓갈 등을 갖춰 음식을 차려낸다. 이러한 일까지 치르면, 상사의 진행이 비록 어느 정도 안정된 것이지만, 시신은 여전히 습과 염을 하지 않은 상태이다. 그렇기 때문에 "아직은 치장을 하지 않은 것이다."라고 말한 것이다. 이 시기에 당에는 휘장을 치는데, 그 이유는 사람들로 하여금 꺼려하도록 만들지 않기 위해서이다. 그렇기 때문에 소렴을 끝내게 되면 곧바로 휘장을 치운다. 중량자가 "부부는 그 방위가 혼란스럽다."라고 했는데, 이처럼 말한 이유는 곡하는 자리가 아직 정해지지 않았기 때문이다. 두 사람은 각각 예의 뜻을 언급한 것이다. 정현은 "염을 할 때에는 시신을 움직이게 되니, 당에 휘장을 설치하는 이유는 사람들이 시신의 모습을 보게 되면 꺼려하기 때문이다. '방위가 혼란스럽다.'라고 말한 것은 잘못된 주장이다. 중량자는 노나라 사람이다."라고 했다.

經文

小斂之奠, 子游曰: "於東方." 曾子曰: "於西方, 斂斯席矣." 小斂之奠在西方, 魯禮之末失也.〈102〉

소렴을 할 때 차려내는 음식에 대해서, 자유는 "동쪽에 진설한다."라고 했고, 증자는 "서쪽에 진설한다. 염을 할 때에는 서쪽에 펴둔 석 위에 진설한다."라고 했다. 소렴을 할 때 음식을 서쪽에 차려내는 것은 노나라 말엽에 생겨난 실례이다.

疏曰: 儀禮小斂之奠, 設於東方, 奠又無席; 魯之衰末, 奠於西方, 而又有席. 曾子見時如此, 將以爲禮, 故云小斂於西方. 斯, 此也. 其斂之時, 於此席上而設奠矣. 故記者正之云, 小斂之奠, 所以在西方, 是魯人行禮末出失其義也.

소에서 말하길, 『의례』의 기록에 따르면 소렴 때 차려내는 음식들은 동쪽에 진설하고, 음식을 차려둔 곳에는 또한 석을 깔아두지 않는다. 노나라 말엽에는 서쪽에 음식을 진설하였고 또 석도 깔아두었다. 증자는 당시에 이와 같이 하는 것을 보고서 이것을 예로 규정하고자 했다. 그렇기 때문에 소렴 때에는 서쪽에 음식을 설치한다고 말한 것이다. '사(斯)'자는 이것이라는 뜻이다. 염을 할 때 이러한 석 위에 음식을 설치한다는 의미이다. 그렇기 때문에 『예기』를 기록한 자는 그 내용을 바로잡으며, 소렴 때 음식을 차려내는 것을 서쪽에 두게 된 것은 노나라 사람들이 예를 시행해 오다가 말엽이 되어서 그 의미를 놓친 것이라고 한 것이다.

縣子曰: "絟[去逆反]衰·繐[歳]裳, 非古也." ⟨103⟩

현자가 말하길, "거칠고 간격이 벌어진 갈포로['絟'자는 '去(거)'자와 '逆(역)'자의 반절음이다.] 상복의 상의를 만들고, 가늘고 성긴 베로['繐'자의 음은 '歳(세)'이다.] 상복의 하의를 만드는 것은 고대의 제도가 아니다."라고 했다.

方氏曰: 葛之麤而踈者謂之絟, 布之細而陳者謂之繐. 五服一以麻, 各有升數. 若以絟爲衰, 以繐爲裳, 則取其輕凉而已, 非古制也.

방씨가 말하길, 갈포 중 거칠고 간격이 벌어진 것을 '격(綌)'이라 부르고, 포 중 가늘고 사이가 성긴 것을 '세(繐)'라 부른다. 오복은 모두 마로 만들게 되며, 각각의 수위에 따라서 올수에 차이가 있다. 만약 격으로 상복의 상의를 만들고 세로 상복의 하의를 만든다면, 가볍고 시원하게 만든다는 뜻에 따라 상복을 만든 것일 따름이니, 고대의 제도가 아니다.

經文

杜橋之母之喪, 宮中無相[去聲], 以爲沽[古]也. ⟨105⟩

두교라는 자가 있었는데 그의 모친이 죽었다. 그러나 그는 상을 치르며 빈궁(殯宮) 안에 상례 절차를 도와주는 자를['相'자는 거성으로 읽는다.] 세우지 않았다. 그래서 당시 사람들은 그의 행동을 평가하며 너무 거칠고 소략하다고['沽'자의 음은 '古(고)'이다.] 하였다.

集說

疏曰: 沽, 麤略也. 孝子喪親, 悲迷不復自知, 禮節事儀, 皆須人相導, 而杜橋家母死, 宮中不立相待, 故時人謂其於禮爲麤略也.

소에서 말하길, '고(沽)'자는 거칠고 소략하다는 뜻이다. 자식은 부모의 상을 치를 때에는 슬픔에 헤매게 되어 제 스스로 어찌할 바를 모르게 되니, 예의 절차들과 그 일들에 대해서는 모두 다른 사람의 인도가 필요로 하게 된다. 그런데 두교의 집에서는 모친이 죽었는데 빈궁 안에서 도와주는 자를 세우지 않았다. 그렇기 때문에 당시 사람들은 그의 행동이 예로 따지자면 너무 거칠고 소략하다고 평가한 것이다.

夫子曰: "始死, 羔裘‧玄冠者, 易之而已." 羔裘‧玄冠, 夫子
不以弔.⟨106⟩

공자는 "어떤 자가 이제 막 죽게 되면, 새끼양의 가죽으로 만든 갓옷과
현관의 복식은 바꿀 따름이다."라고 했다. 그리고 공자는 새끼양의 가
죽으로 만든 갓옷과 현관의 차림을 하고서 조문을 하지 않았다.

集說

疏曰: 養疾者朝服, 羔裘‧玄冠, 卽朝服也. 始死, 則去朝服, 著深
衣. 時有不易者, 又有小斂後羔裘弔者, 記者因引孔子行禮之事
言之.

소에서 말하길, 질병에 걸린 자를 봉양할 때에는 조복을 착용하는데, 새
끼양의 가죽으로 만든 갓옷과 현관은 곧 조복의 차림에 해당한다. 어떤
자가 이제 막 죽게 되면, 조복을 벗게 되고 심의를 착용한다. 당시에는
이러한 복장을 바꾸지 않았던 자가 있었고, 또한 소렴을 한 이후인데도
새끼양의 가죽으로 만든 갓옷을 착용하고 조문을 하는 자가 있었다. 그
래서 『예기』를 기록한 자는 이러한 일이 있었으므로, 공자가 예를 시행
했던 사안을 인용하여 올바른 방침을 언급했던 것이다.

子游問喪具. 夫子曰: "稱[去聲]家之有亡[如字]." 子游曰: "有無
惡[烏]乎齊[去聲]?" 夫子曰: "有, 毋過禮. 苟亡矣, 斂首足形, 還
[旋]葬, 縣[玄]棺而封[窆], 人豈有非之者哉?"〈107〉

자유가 공자에게 장례를 치를 때 사용되는 기물들에 대해 질문하였다.
공자는 "가산의 정도['亡'자는 글자대로 읽는다.]에 따라 맞춘다.['稱'자는 거성
으로 읽는다.]"라고 대답하였다. 자유는 "가산의 정도에 따라 시행되는 예
의 수위를 어떻게['惡'자의 음은 '烏(오)'이다.] 조정해야 합니까?['齊'자는 거성
으로 읽는다.]"라고 재차 질문하였다. 공자는 "부유하더라도 예를 벗어나
서 지나치게 후한 장례를 치러서는 안 된다. 정말로 가난한 경우라면,
염을 하여 시신의 머리·다리·몸 등을 감싸고, 곧바로 장지로 떠나게
되며['還'자의 음은 '旋(선)'이다.] 장지에 가서도 하관할 때 사용되는 기물들
을 설치할 수 없으므로, 손으로 직접 영구에 매달린 끈을 잡아끌어서[
'縣'자의 음은 '玄(현)'이다.] 하관을['封'자의 음은 '窆(폄)'이다.] 하더라도, 사람
들 중에 어찌 그를 비난하는 자가 있겠는가?"라고 했다.

喪具, 送終之儀物也. 惡乎齊, 言何以爲厚薄之劑量也. 毋過禮, 不
可以富而踰禮厚葬也. 還葬, 謂斂畢卽葬, 不殯而待月日之期也. 縣
棺而封, 謂以手懸繩而下之, 不設碑綽也. 人不非者, 以無財則不
可備禮也.

'상구(喪具)'는 죽은 자를 장례지내며 사용되는 기물들이다. '오호제(惡
乎齊)'라는 말은 "어떻게 후하게 해야 하는지 또는 박하게 해야 하는지
를 조절할 수 있느냐?"는 뜻이다. '무과례(毋過禮)'라는 말은 부유하다고
해서 예의 규정을 벗어나 지나치게 후한 장례를 치를 수 없다는 뜻이다.
'선장(還葬)'은 염을 끝낸 이후에 곧바로 장례를 치르는 것으로, 빈궁을
설치하여 일정 기간을 보내지 않는다는 뜻이다. '현관이폄(縣棺而封)'은

손으로 직접 영구에 달린 새끼줄을 끌어서 하관을 한다는 뜻으로, 하관할 때 사용하는 비률(碑綍)[7]을 설치하지 않는다는 의미이다. 사람들이 비난하지 않는 이유는 재화가 없다면 예에 따른 절차들을 갖출 수 없기 때문이다.

經文

司士賁[奔]告於子游曰: "請襲於牀." 子游曰: "諾." 縣子聞之曰: "汰哉叔氏! 專以禮許人." ⟨108⟩

사사를 맡고 있던 분['賁'자의 음은 '奔(분)'이다.]이 자유에게 자문을 구하며, "저는 침상에서 시신에 대한 습(襲)[8]을 하고자 합니다. 괜찮습니까?"라고 했다. 그러자 자유는 "괜찮다."라고만 대답하였다. 현자가 그 말을 듣고, "너무나 거만하구나 자유여! 마치 자기가 예의 규범인 것처럼 제 마음대로 허락을 해주었구나."라고 비난했다.

集說

賁, 司士之名也. 禮, 始死, 廢牀而置尸於地, 及復而不生, 則尸復登牀. 襲者, 斂之以衣也. 沐浴之後, 商祝襲祭服褖衣, 蓋布於牀上也,

---

7) 비률(碑綍)에서의 비(碑)자는 하관(下棺)할 때, 매장하는 구덩이 주변에 설치하는 풍비(豊碑)를 뜻한다. 률(綍)자는 풍비에 뚫린 구멍에 끼우는 끈을 말한다. 즉 '비률'은 도르래의 원리와 비슷한 것으로 하관할 때 사용한다. 『예기』「단궁하(檀弓下)」편에는 "公室視豊碑, 三家視桓楹."이라는 기록이 있는데, 이에 대한 정현의 주에서는 "豊碑, 斲大木爲之, 形如石碑. 於椁前後四角樹之, 穿中於間, 爲鹿盧, 下棺以綍繞. 天子六綍四碑, 前後各重鹿盧也."라고 풀이했다.

8) 습(襲)은 시신에 옷을 입히는 의식 절차이다. 한편 시신에 입히는 옷 자체도 '습'이라고 불렀다.

飯舍之後, 遷尸於襲上而衣之, 襲於牀者, 禮也, 後世禮失而襲於地
則褻矣. 司士知禮而請於子游, 子游不稱禮而答之以諾, 所以起縣
子之譏也. 汏, 矜大也. 言凡有證問禮事者, 當據禮答之, 子游專輒
許諾, 則如禮自己出矣, 是自矜大也. 叔氏, 子游字.

'분(賁)'은 사사(司士)[9]라는 관직을 맡고 있던 자의 이름이다. 예법에 따르면, 어떤 자가 이제 막 죽었을 때 침상을 치우고 땅바닥에 시신을 내려놓으며, 초혼을 했는데도 다시 살아나지 않는다면 시신을 다시 침상에 올려두게 된다. '습(襲)'이라는 것은 옷으로 시신을 감싼다는 뜻이다. 시신을 목욕시킨 이후에 상축(商祝)[10]은 제복과 단의(褖衣)[11]로 습을 하게 되니, 무릇 침상 위에 그 옷들을 펴두게 되고, 시신의 입에 쌀 등을 채운 이후, 옷을 펼쳐둔 곳 위로 시신을 옮겨서, 시신의 몸에 옷을 걸치게 되니, 침상에서 습을 하는 것이 올바른 예이다. 그런데 후세 사람들

---

9) 사사(司士)는 주대(周代) 때의 관직명이다. 『주례』의 체제에 따르면, 하대부(下大夫) 2명이 담당을 하였고, 그 휘하에는 중사(中士) 6명과 하사(下士) 12명이 배속되어 있었으며, 잡무를 맡아보던 말단 관리로는 부(府) 2명, 사(史) 4명, 서(胥) 4명, 도(徒) 40명이 있었다. 『주례』「하관사마(夏官司馬)」편에는 "司士, 下大夫二人, 中士六人, 下士十有二人, 府二人, 史四人, 胥四人, 徒四十人." 이라는 기록이 있다. 한편 '사사'가 담당했던 일들은 그 종류가 다양한데, 주로 관리들의 호적 장부 및 작록 등을 기록한 문서를 관리하였으며, 그들에 대한 공적과 품성을 판단하여 천자에게 작위와 봉록을 내려주도록 보고를 하였고, 조정에서 서열에 따른 자리 배치 등을 담당하였다. 『주례』「하관(夏官)·사사(司士)」편에는 "以德詔爵, 以功詔祿, 以能詔事, 以久奠食. 惟賜無常. 正朝儀之位, 辨其貴賤之等."이라는 기록이 있다.

10) 상축(商祝)은 상(商)나라 즉 은(殷)나라 때의 예법을 익혀서, 제사를 돕는 자를 뜻한다. 『예기』「악기(樂記)」편에는 "商祝辨乎喪禮, 故後主人."이라는 기록이 있는데, 이에 대한 공영달(孔穎達)의 소(疏)에서는 "商祝, 謂習商禮而爲祝者." 라고 풀이했다.

11) 단의(褖衣)는 흑색의 천으로 상의와 하의를 만들고, 붉은색으로 가장자리에 단을 댄 옷이다. 『의례』「사상례(士喪禮)」편에는 '단의'가 기록되어 있는데, 이에 대한 정현의 주에서는 "黑衣裳赤緣謂之褖."이라고 풀이했다.

은 실례를 범하여 땅에서 습을 하였으니, 예를 무람되게 한 것이다. 사사는 예를 알고 있어서 자유에게 청원했던 것인데, 자유는 예의 근거를 일컫지 않고 대답을 하며 허락한다고만 했으니, 이것이 바로 현자가 기롱을 하게 된 이유이다. '태(汰)'자는 지나치게 자만한 것을 뜻한다. 즉 예와 관련된 일에 대해서 자문을 구하는 자가 있다면, 마땅히 예의 규정을 제시하며 대답을 해주어야 하는데, 자유는 자기 마음대로 허락을 했으니, 마치 예의 규정이 자기로부터 나온 것처럼 한 것으로, 이것이 제 스스로 지나치게 거만하게 행동한 것이라는 뜻이다. '숙씨(叔氏)'는 자유의 자(字)이다.

經文

宋襄公葬其夫人, 醯醢百甕. 曾子曰: "旣曰明器矣, 而又實之." 〈109〉

송나라 양공이 그의 부인에 대한 장례를 치렀는데, 젓갈을 담은 옹기를 100개나 마련하였다. 증자가 이 일을 두고 말하길, "이미 명기라 불렀는데도 그 속을 모두 채웠으니, 비례이다."라고 했다.

集說

夏禮專用明器, 而實其半, 虛其半; 殷人專用祭器, 亦實其半; 周人兼用二器, 則實人器而虛鬼器.

하나라의 예법에 따르면, 장례를 치를 때 함께 부장하는 물건으로는 오로지 명기만을 사용했고, 또한 그 반만을 채웠으며 반은 비워두었다. 은나라 때에는 전적으로 제기만을 사용했지만, 또한 그 반만을 채웠다. 주나라 때에는 두 기물을 모두 사용했으니, 인기에 해당하는 제기는 가득 채웠고, 귀기에 해당하는 명기는 비워두었다.

> 孟獻子之喪, 司徒旅歸四布. 夫子曰: "可也." ⟨110⟩

맹헌자의 상에서 그의 가신인 사도는 그 휘하의 하사들을 시켜서, 부의로 들어왔던 재화 중 남은 것들을 부의를 보내준 사방의 여러 사람들에게 되돌려주도록 했다. 그 모습을 본 공자는 "염치를 차릴 줄 아니, 참으로 좋구나."라고 칭찬했다.

集說

疏曰: 送終旣畢, 賻布有餘, 其家臣司徒承主人之意, 使旅下士歸丕四方賻主人之泉布. 時人皆貪, 而獻子家獨能如此, 故夫子曰, "可也".

소에서 말하길, 죽은 자를 전송하는 일이 끝나면, 부의로 들어왔던 재화들 중 남은 것들에 대해서는 가신인 사도가 주인의 뜻을 받들어서, 여러 하사 무리들을 시켜 주인에게 부의를 보냈던 사방의 여러 사람들에게 부의를 되돌려주도록 한다. 당시 사람들은 모두들 탐욕스러웠지만, 맹헌자의 집에서는 유독 이처럼 할 수 있었다. 그렇기 때문에 공자가 "좋구나."라고 말한 것이다.

經文

> 讀賵, 曾子曰: "非古也, 是再告也." ⟨111⟩

장례 행렬이 출발하게 될 때 봉(賵)[12)에 대해 읽는데, 증자가 그것을 보

---

12) 봉(賵)은 부의를 보낸다는 뜻이며, 또한 부의로 보내는 특정 물건을 가리키기도 하다. '봉'은 상사(喪事)에 사용될 수레나 말을 부의로 보내는 것이다. 『예기』

고 "이처럼 하는 것은 고대의 예법이 아니니, 수레의 동서쪽에서 두 차례 아뢰는 것이 된다."라고 했다.

車馬曰賵, 賵所以助主人之送葬也. 旣受則書其人名與其物於方扳, 葬時柩賵行, 主人之史請讀此方板所書之賵, 蓋於柩東當前東西面而讀之. 古者奠之而不讀, 周則旣奠而又讀焉, 故曾子以爲再告也.

부의로 수레나 말을 보내는 것을 '봉(賵)'이라고 부르니, 봉이라는 것은 상주가 장례 행렬을 전송하는 것을 돕는 방법이다. 이미 그것을 받았다면 그 사람의 이름과 그가 부의로 보낸 물건을 나무판에 기록하게 되고, 장례를 치를 때 영구가 떠나려고 하면, 상주의 기록 담당관은 이러한 나무판에 기록한 봉에 대해 읽기를 청하게 되니, 아마도 영구의 동서쪽에서 이 기록을 읽었을 것이다. 고대에는 그것을 진열해두었고 읽지 않았는데, 주나라에 이르게 되면, 진열을 하고서 재차 진열해둔 것을 읽었다. 그렇기 때문에 증자는 두 차례 아뢰는 것이 된다고 여긴 것이다.

經文

成子高寢疾, 慶遺[去聲]入, 請曰: "子之病革[亟]矣, 如至乎太病, 則如之何?"⟨112⟩

성자고가 질병에 걸렸다. 그래서 경유('遺'자는 거성으로 읽는다.)는 그가 누워 있는 방으로 들어가서 청원을 하며, "그대의 질병은 위독('革'자의 음은 '亟

「문왕세자(文王世子)」편에는 "族之相爲也, 宜弔不弔, 宜免不免, 有司罰之. 至于賵賻承含, 皆有正焉."이라는 기록이 있는데, 이에 대한 진호(陳澔)의 『집설(集說)』에서는 "賵以車馬."라고 풀이했다.

(극)'이다.]한데 만약 그대가 죽게 된다면 어떻게 해야 합니까?"라고 했다.

集說

成子高, 齊大夫國伯高父, 諡成也. 遺, 慶封之族. 革, 與亟同, 急也.
大病, 死也, 諱之之辭

'성자고(成子高)'는 제나라 대부인 국백고보로, 시호는 '성(成)'이다. '유
(遺)'는 경봉의 족인이다. '극(革)'자는 극(亟)자와 같으니, "위급하다."는
뜻이다. '대병(大病)'은 죽음을 뜻하는데, 피휘를 하여 쓴 말이다.

經文

子高曰: "吾聞之也, 生有益於人, 死不害於人. 吾縱生無益於
人, 吾可以死害於人乎哉! 我死, 則擇不食之地而葬我焉."〈113〉

자고가 말하길, "내가 듣기로, 사람은 생전에 남에게 이로움을 주어야
하고, 죽어서는 남에게 해를 끼치지 말아야 한다고 했소. 나는 비록 생
전에 남에게 이로움을 준 일이 없지만, 내 죽음으로 인해 남에게 해를
끼칠 수가 있겠소! 내가 죽거든 경작을 할 수 없는 황폐한 땅을 택해서
나에 대한 장례를 치러주시오."라고 했다.

集說

不食之地, 謂不耕墾之土.

'불식지지(不食之地)'라는 말은 경작을 할 수 없는 황폐한 땅을 뜻한다.

子夏問諸夫子曰: "居君之母與妻之喪?" "居處 · 言語 · 飲食衎
[苦旦反]爾."〈114〉

자하가 공자에게 질문하길, "군주의 모친 및 군주의 아내에 대한 상을
치를 때에는 어떻게 해야 합니까?"라고 하자, 공자는 "거처를 하고, 말
을 하며, 음식을 먹을 때 온화하고 온순한 태도로['衎'자는 '苦(고)'자와 '旦
(단)'자의 반절음이다.] 시행해야 한다."라고 대답해주었다.

集說

君母 · 君妻, 雖皆小君, 皆服齊衰不杖期, 然恩義則淺矣, 故居其喪
則自處如此. 衎爾, 和適之貌. 此章以文勢推之, 喪下當有"如之何夫
子曰"字, 舊說謂記者之略, 亦或闕文歟. 又否則問當作聞.

군주의 모친 및 군주의 아내들은 비록 모두 소군(小君)13)이라 하고, 둘
모두에 대해서 자최복을 착용하고 지팡이를 잡지 않는 기년상으로 치른
다고 하지만, 은정과 의로움의 측면에서는 군주에 비해 얕다. 그렇기 때
문에 그녀들의 상을 치르게 되면, 제 스스로 거처를 할 때 이처럼 하게
된다. '간이(衎爾)'는 온화하고 온순한 모습을 뜻한다. 이곳 문장은 그
문맥으로 추리해보면, '상(喪)'자 뒤에는 마땅히 "어찌해야 합니까? 공자
가 말하길"이라는 글자들이 있어야 하는데, 옛 학설에서는 『예기』를 기
록한 자가 문장을 축약해서 기록한 것이라고 했고, 또는 문장이 누락된
것이라고 했다. 만약 이러한 원인이 아니라면, '문(問)'자는 마땅히 들었
다는 뜻의 '문(聞)'자로 고쳐야 한다.

---

13) 소군(小君)은 주대(周代)에 제후의 부인을 지칭하던 용어이다. 『춘추』「희공(僖
公) 2년」편에는 "夏五月辛巳, 葬我小君哀姜."이라는 용례가 있다.

賓客至, 無所館. 夫子曰: "生於我乎館, 死於我乎殯."〈115〉

먼 곳에서 빈객이 찾아왔는데 그들에게 숙소를 마련해줄 장소가 없었다. 공자가 말하길, "생전에는 내 집에 숙소를 마련하는 것이고, 죽었을 때에는 내 집에 빈소를 마련하는 것이다."라고 했다.

生旣館之, 死則當殯.

생전에 이미 숙소를 마련해 주었으니, 죽게 되면 마땅히 빈소를 차려주어야 한다.

應氏曰: 朋友以義合, 謂之賓客者, 以其自遠方而來也.

응씨가 말하길, 벗은 도의에 따라 의기투합한 것인데, 그들을 '빈객(賓客)'이라고 부른 것은 그들이 먼 지역에서 찾아왔기 때문이다.

國子高曰: "葬也者, 藏也. 藏也者, 欲人之弗得見也. 是故衣足以飾身, 棺周於衣, 槨周於棺, 土周於槨, 反壤樹之哉!"〈116〉

국자고가 말하길, "장례를 치른다고 할 때, '장(葬)'자는 감춘다는 뜻이다. 감춘다는 것은 사람들이 알아보지 못하게끔 하고자 함이다. 이러한 까닭으로 의복을 충분히 갖춰서 시신의 몸을 감싸고, 내관에는 의복들을 채우며, 내관은 또 외관에 넣고, 구덩이 속에 외관을 넣은 후 흙으로 덮게 된다. 그런데 오늘날에는 이러한 뜻과 상반되게 흙을 쌓아 올려서 봉분을 만들고, 나무를 심어서 표식을 한단 말인가! 이것은 잘못된 것이다."라고 했다.

疏曰: 子高之意人死可惡, 故備飾以衣衾棺槨, 欲其深邃不使人知, 今方反更封壤爲墳而種樹以標之哉? 國子意在於儉, 非周禮.

소에서 말하길, 자고의 의중은 사람이 죽게 되면 꺼려할 수 있기 때문에, 옷·이불·내관·외관 등을 준비하여 치장품을 갖추고, 깊숙이 파묻어서 사람들이 알아보지 못하게끔 하는 것인데, 현재는 반대로 흙을 쌓아올려 봉분을 만들고 나무를 심어서 표식을 하는가? 국자의 의도는 검소함을 지키는데 있었던 것으로, 주나라의 예법을 뜻하는 것이 아니다.

經文

孔子之喪, 有自燕[平聲]來觀者, 舍於子夏氏. 子夏曰: "聖人之葬人與[平聲]? 人之葬聖人也. 子何觀焉?"⟨117⟩

공자의 상을 치르는데, 연나라에서['燕'자는 평성으로 읽는다.] 찾아와 그 모습을 관찰하고자 한 자가 있었다. 그래서 자하의 집에 머물도록 했는데, 자하는 "그대는 성인이 일반인에 대해서 장례를 치르는 것이라고 알고 있었는가?['與'자는 평성으로 읽는다.] 그것이 아니라 일반인이 성인에 대한 장례를 치르는 것이다. 그러므로 그대는 무엇을 보고 배울 수 있겠는가?"라고 했다.

集說

延陵季子之葬其子, 夫子尙往觀之, 今孔子之葬, 燕人來觀, 亦其宜也. 然子夏之意, 以爲聖人葬人, 則事皆合禮; 人之葬聖人, 則未必皆合於禮也. 故語之曰: "子以爲聖人之葬人乎? 乃人之葬聖人也, 又何觀焉? 蓋謙辭也.

연릉의 계자가 그의 아들에 대한 장례를 치르는데, 공자는 일찍이 그곳에 찾아가서 그 모습을 관찰하였다. 현재 공자의 장례를 치르는데, 연나라 사람이 찾아와서 살펴보니, 이 또한 합당한 일이다. 그런데 자하의 생각에는 성인이 일반인에 대해 장례를 치르는 것이라면, 그 사안이 모두 예에 합당하게 되지만, 일반인이 성인에 대한 장례를 치르게 된다면, 반드시 모든 일들이 예에 합당하게 되지 않을 수도 있다. 그렇기 때문에 그 사람에게 말하며, "그대는 성인이 일반인에 대해 장례를 치르는 것이라고 여겼던 것인가? 지금 상황은 일반인이 성인에 대한 장례를 치르는 것인데, 또한 무엇을 관찰하려는 것인가?"라고 한 것이니, 이 말은 겸손하게 사양하는 말에 해당한다.

經文

"昔者夫子言之曰: '吾見封之若堂者矣, 見若坊[防]者矣, 見若覆[方救反]夏屋者矣, 見若斧者矣. 從若斧者焉.' 馬鬣封之謂也. 今一日而三斬板, 而已封, 尚行夫子之志乎哉!"〈118〉

계속하여 자하가 말해주길, "나는 예전에 선생님께 들은 이야기가 있는데, 선생님께서는 '나는 봉분을 쌓을 때 마치 당의 터를 만들듯이 네 면을 네모지게 하여 높게 쌓는 것을 본 적이 있다. 그리고 제방['坊'자의 음은 '防(방)'이다.]을 쌓는 것처럼 만드는 것도 보았으니, 남북 방향으로 높고 길게 만드는 방법이다. 또한 하나라 때의 지붕처럼['覆'자는 '方(방)'자와 '救(구)'자의 반절음이다.] 옆면을 넓고 낮게 만드는 것도 보았다. 한편 도끼의 칼날처럼 윗면을 좁게 만드는 것을 보았는데, 이것은 다른 방법들에 비해 검소하고 적은 노력으로도 완성시킬 수 있으니, 나는 이 방법에 따르겠다.'라고 하셨소. 선생님께서 말씀하신 봉분의 형태는 오늘날 세속에서 마렵봉(馬鬣封)이라 부르는 것이오. 이것은 하루 사이에 만들 수 있으니, 판축을 쌓아올리길 세 차례만 하게 되면 봉분이 다 만들어지게 되므로, 아마도 거의 선생님의 뜻대로 시행하는 것이 될 것이오!'라고 했다.

集說

此言封上有此四者之形. 封, 築土爲墳也. 若堂者, 如堂之基, 四方而高也. 坊, 堤也. 若坊者, 上平旁殺而南北長也. 若覆夏屋者, 旁廣而卑也. 若斧者, 止狹如刃, 較之上三者, 皆用功力多而難成, 此則儉而易就, 故俗謂之馬鬣封, 馬鬃鬣之上, 其肉薄, 封形似之也. 今一日者, 謂今封築孔子之墳不假多時, 一日之間三次斬板, 卽封畢而已止矣. 其法側板於坎之兩旁, 而用繩以約板, 乃內土於內而築之, 土與板平, 則斬斷約板之繩, 而升此板於所築土之上, 又實土於其中而築之, 如此者三, 而墳成矣, 故云三斬板而已封也. 尙, 庶幾也. 乎哉, 疑辭, 亦謙不敢質言也.

이곳 문장에서는 봉분을 쌓음에 네 가지 유형이 있었음을 말하고 있다. '봉(封)'자는 흙을 쌓아올려서 봉분을 만든다는 뜻이다. '약당(若堂)'이라는 말은 당의 터처럼 만들어서, 네 면을 네모지고 높게 만든다는 뜻이다. '방(坊)'자는 제방을 뜻한다. '약방(若坊)'이라는 말은 윗면은 평평하게 하고 옆면은 깎아지게 하여 남북으로 길게 만든다는 뜻이다. '약부하옥(若覆夏屋)'이라는 말은 옆면은 넓고 낮게 만든다는 뜻이다. '약부(若斧)'라는 말은 윗면을 협소하게 하여 마치 칼날처럼 만들게 되는데, 앞서 언급한 세 가지 유형과 비교해보면, 세 가지 유형은 모두 공력이 많이 들어가게 되고 만들기도 어렵지만, 이 방법은 검소하며 만들기도 쉽다. 그렇기 때문에 세속에서는 이러한 방식을 '말갈기처럼 만든 봉분'이라고 부르니, 말갈기의 살은 얇아서, 봉분의 형태가 그와 유사한 점이 있기 때문이다. '금일일(今一日)'이라는 것은 현재 공자의 봉분을 쌓음에 많은 시간이 소요되지 않고, 하루 사이에 세 차례 판축을 붙였다 떼어내게 되면, 봉분을 쌓는 일이 끝나서 멈추게 된다는 뜻이다. 그 방법은 구덩이 양쪽 측면에 판축을 붙이고, 새끼줄을 이용해서 결속을 시키면, 곧 그 안에 흙을 채워서 쌓고, 흙과 판축이 수평을 이루게 되면, 판축을 묶고 있던 새끼줄을 끊어버리고, 다시 흙을 쌓아올린 그 위에 이 판축을 붙이고, 다시 그 안에 흙을 채워서 쌓게 되는데, 이처럼 세 차례를 하게 되면 봉분이 완성된다. 그렇기 때문에 세 차례 판축을 떼어내고서 봉분 쌓는 일을 끝낸다고 말한 것이다. '상(尙)'자는 거의라는 뜻이다. '호재(乎哉)'는 확신하지 못할 때 쓰는 말이니, 또한 겸손하게 표현하여 감히 직접적으로 언급하지 않았던 것이다.

魯哀公誄孔丘曰: "天不遺耆老, 莫相[去聲]予位焉. 嗚呼哀哉! 尼父!"〈145〉

노나라 애공이 공자에 대해 뇌를 하며 말하길, "하늘이 이 노인을 세상에 남겨두시지 않아서, 내 지위를 보좌['相'자는 거성으로 읽는다.]하지 못하게 했구나. 오호라! 슬프구나! 니보여!"라고 했다.

集說

作謚者, 先列其生之實行, 謂之誄. 大聖之行, 豈容盡列? 但言天不留此老成, 而無有佐我之位者, 以寓其傷悼之意而已耳. 稱孔丘者, 君臣之辭, 此與左傳之言不同.

시호를 짓는 경우, 우선적으로 그가 생전에 실천했던 일들을 열거하니, 이것을 '뇌(誄)'라고 부른다. 대성(大聖)의 행동을 어찌 모두 열거할 수 있겠는가? 단지 하늘이 이 노성(老成)을 남겨두지 않아서, 나의 지위를 보좌하지 못하게 했다고 말하여, 상심하고 애도하는 뜻을 드러낸 것일 따름이다. '공구(孔丘)'라고 부른 이유는 군신 사이에서는 신하의 경우 이름을 지칭하기 때문인데, 이곳의 기록과 『좌전』의 기록은 일치하지 않는다.

經文

未仕者不敢稅人, 如稅人, 則以父兄之命.〈148〉

아직 벼슬살이를 하지 못한 자는 감히 남에게 물건을 보내줄 수 없으니, 만약 부득이하게 남에게 물건을 보내주어야만 하는 경우라면, 자신의 부형이 명령한 것이라 칭하며 물건을 보낸다.

稅人, 以物遺人也. 未仕者身未尊顯, 故內則不可專家財, 外則不可私恩惠也. 或有情義之所不得已而當遺者, 則稱尊者之命而行之.

'세인(稅人)'은 남에게 물건을 보낸다는 뜻이다. 아직 벼슬살이를 하지 못한 자는 존귀함을 드러낼 수 없다. 그렇기 때문에 내적으로는 가산에 대해서 마음대로 할 수 없고, 외적으로는 사적인 은정과 은혜를 베풀 수 없다. 혹여 정감과 도리상 부득이하게 물건을 보내야만 하는 경우가 있다면, 존귀한 자의 명령이라고 일컬으며 물건을 보낸다.

淺見

近按: 此以上汎記諸子言行得失之事者也. 此下則皆各一事, 而有先後之次者也.

내가 살펴보니, 이곳 문장까지는 여러 사람들의 언행에 나타난 득실의 사안들을 범범하게 기록한 것이다. 이후의 문장들은 모두 각각 하나의 사안이 되며 선후의 순서가 있다.

天子之棺四重[平聲], 水兕[似]革棺被之, 其厚三寸, 杝[移]棺一, 梓棺二. 四者皆周.〈137〉 棺束, 縮二衡[橫]三; 衽, 每束一.〈138〉 柏槨以端, 長[去聲]六尺.〈139〉 [舊在"不同居者皆弔"之下.]

천자가 사용하는 관은 4겹으로['重'자는 평성으로 읽는다.] 만든다. 첫 번째 관은 물소와 들소['兕'자의 음은 '似(사)'이다.]의 가죽으로 만든 관으로, 시신을 직접 감싸는 관이 되는데, 그 두께는 3촌이다. 그리고 그 겉에는 피나무['杝'자의 음은 '移(이)'이다.]로 만든 이관이 있게 되니, 1겹으로 만든다. 그리고 그 겉에는 가래나무로 만든 재관이 있게 되는데, 2겹으로 되어 있어서, 안쪽에 있는 관을 속관(屬棺)이라고 하며, 바깥쪽에 있는 관을 대관(大棺)이라고 부른다. 이처럼 4중으로 되어 있는 관들은 상하 및 사방을 둘러싼 형태로 제작한다. 관을 묶을 때에는 못을 사용하지 않았으므로, 가죽 끈을 이용해서 세로로 2줄을 묶고, 가로['衡'자의 음은 '橫(횡)'이다.]로 3줄을 묶는데, 결속에 사용하는 임은 매 묶음마다 1개씩 사용한다. 측백나무로 곽을 만들 때에는 나무의 밑동을 사용하고, 그 길이['長'자는 거성으로 읽는다.]는 6척으로 한다. [옛 판본에는 "함께 살고 있지 않더라도 모두 조문을 한다."[1]라고 한 문장 뒤에 수록되어 있었다.]

集說

水牛・兕牛之革耐濕, 故以爲親身之棺, 二革合被爲一重. 杝木亦耐濕, 故次於革, 卽下章所謂裨也. 梓木棺二, 一爲屬, 一爲大棺; 杝棺之外有屬棺, 屬棺之外又有大棺. 四者皆周, 言四重之棺, 上下四方悉周匝也. 古者棺不用釘, 惟以皮條直束之二道, 橫束之三道. 衽, 形如今之銀則子, 兩端大而中小, 漢時呼爲小要. 不言何物爲之, 其

---

1) 『예기』「단궁상」 136장 : 所識, 其兄弟不同居者, 皆弔.

亦木乎. 衣之縫合處曰衽, 以小要達合棺與蓋之際, 故亦各衽. 先鑿木置衽, 然後束以皮, 每束處必用一衽, 故云"衽每束一"也. 天子以柏木爲椑. 端, 猶頭也. 用柏木之頭爲之, 其長六尺.

물소와 들소의 가죽은 습기에 강하다. 그렇기 때문에 이 가죽을 이용해서 시신의 몸에 직접 닿는 관을 만드는 것인데, 두 가죽을 합쳐서 한 겹으로 만든다. 피나무 또한 습기에 강하다. 그렇기 때문에 가죽으로 만든 관 위를 덮는 관으로 사용하니, 곧 아래 문장에서 말한 '벽(椑)'에 해당한다.[2] 가래나무는 두 겹으로 만드는데, 한 겹은 속관(屬棺)이 되고, 그 위의 한 겹은 대관(大棺)이 된다. 따라서 이관(杝棺) 겉에는 속관이 있게 되고, 속관 겉에는 또한 대관(大棺)이 있게 된다. "네 개의 관이 모두 두른다."는 말은 네 겹으로 된 관은 상하 및 사방을 모두 둘러싼다는 뜻이다. 고대에는 관에 못을 사용하지 않았고, 오직 가죽 끈을 이용해서 세로로 2줄을 묶고 가로로 3줄을 묶었다. '임(衽)'이라는 것은 그 형태가 오늘날 은으로 만든 칙자(則子)와 같은 것인데, 양쪽 끝단은 크고 중앙은 작으며, 한나라 때에는 이것을 '소요(小要)'라고 불렀다. 어떠한 재료로 만든다고 언급하지 않았으니, 이 또한 나무로 만들었을 것이다. 옷에서 봉합한 곳을 '임(衽)'이라고 부르는데, 소요로는 관과 덮개가 합쳐지는 곳을 연결시킨다. 그렇기 때문에 또한 그 명칭을 '임(衽)'이라고 하는 것이다. 먼저 나무에 구멍을 뚫어서 임을 끼우고, 그런 뒤에 가죽 끈으로 묶게 되는데, 매 가죽 끈마다 반드시 한 개의 임을 사용해야만 한다. 그렇기 때문에 "임은 매 묶음마다 1개씩이다."라고 말한 것이다. 천자는 측백나무로 곽을 만든다. '단(端)'자는 밑동을 뜻한다. 측백나무의 밑동을 이용해서 만들게 되며, 그 길이는 6척이다.

---

2) 『예기』「단궁상」 123장 : 君卽位而爲椑, 歲壹漆之, 藏焉.

天子之殯也, 菆[才官反]塗龍輴[春]以椁, 加斧于椁上, 畢塗屋, 天子之禮也.〈143〉 [舊在"不以樂食"之下.]

천자의 빈소를 만들 때에는 끌채에 용의 무늬가 들어간 춘거를['輴'자의 음은 '春(춘)'이다.] 사용해서 영구를 싣고 빈소를 만드는 장소로 이동시킨다. 그런 뒤 수레 주변에 나무를 쌓고['菆'자는 '才(재)'자와 '官(관)'자의 반절음이다.] 진흙을 발라서 마치 곽의 형태로 만든다. 그런 뒤에 도끼 무늬가 들어간 천으로 관을 덮고, 네 기둥 위에 지붕을 올린 뒤 사면을 모두 진흙으로 바르게 되는데, 이것은 천자에게만 적용되는 예법이다. [옛 판본에는 "음악을 연주하며 식사하는 일을 거행하지 않는다."[3]라고 한 문장 뒤에 수록되어 있었다.]

疏曰: 菆, 叢也. 菆塗, 謂用木叢棺而四而塗之也. 龍輴, 殯時用輴車載柩, 而畫轅爲龍也. 以椁者, 此叢木象椁之形也. 繡覆棺之衣爲斧丈, 先菆四面爲椁, 使上與棺齊, 而上猶開, 以此棺衣從椁上入覆於棺, 故云"加斧于椁上"也. 畢, 盡也. 斧覆旣竟, 又四注爲屋以覆於上, 而下四面盡塗之也.

소에서 말하길, '찬(菆)'자는 "쌓는다."는 뜻이다. '찬도(菆塗)'는 관의 주변을 나무를 이용해서 쌓고 사면에 진흙을 바른다는 뜻이다. '용순(龍輴)'은 빈소를 마련할 때, 춘거를 이용해서 영구를 싣고 수레의 끌채에 용을 그린 것이다. '이곽(以椁)'이라는 말은 이러한 나무를 쌓아서 곽은 형태를 본떴다는 뜻이다. 수놓은 천으로 관을 덮는데 거기에 도끼 무늬를 그리게 되고, 우선적으로 사면을 쌓아서 곽(椁)처럼 만들되, 그 윗면이 관과 수평이 되도록 하고, 윗면은 여전히 개방해두며, 이러한 관을

---

3) 『예기』「단궁상」 142장 : 爲之不以樂食.

덮는 천은 곽처럼 쌓은 나무 위로부터 넣어서 관을 덮도록 한다. 그렇기 때문에 "곽 위에 도끼 무늬를 더한다."라고 말한 것이다. '필(畢)'자는 모두라는 뜻이다. 도끼 무늬가 들어간 천을 덮는 일이 끝났다면, 또한 네 기둥을 세워 지붕처럼 만들고 그 위를 가리며, 아래 네 면은 모두 진흙을 바르게 된다는 뜻이다.

經文

君卽位而爲椑[僻], 歲一漆之, 藏焉.〈123〉 [舊在"池視重霤"之下.]

제후가 즉위하게 되면, 자신의 시신을 안치할 관을['椑'자의 음은 '僻(벽)'이다.] 만들고, 매년 한 차례 옻칠을 하고, 그 속에 물건을 채워둔다. [옛 판본에는 "지를 설치할 때 그 수치는 중류의 숫자에 견주어서 한다."4)라고 한 문장 뒤에 수록되어 있었다.]

集說

疏曰: 君, 諸侯也. 人君無論少長, 體尊物備, 卽位卽造爲親尸之棺, 蓋杝棺也, 漆之堅強毼毼然, 故名椑. 每年一漆, 示始未成也. 藏焉者, 其中不欲空虛, 如急有待, 故藏物於中. 一說不欲令人見, 故藏之.

소에서 말하길, '군(君)'자는 제후를 뜻한다. 군주에게는 나이를 따지지 않고, 존귀한 신분에 맞춰 사물을 갖추므로, 즉위를 하게 되면 곧바로 자신의 시신을 안치할 관을 만드니, 아마도 이때의 관은 이관(杝棺)일 것이며, 옻칠을 하여 벽돌처럼 튼튼하게 만들게 된다. 그렇기 때문에 '벽(椑)'이라고 부르는 것이다. 매년 한 차례 옻칠을 하여, 아직 완성되

---

4) 『예기』「단궁상」 122장 : 池, 視重霤.

지 않았음을 나타내는 것이다. "물건을 넣어둔다."는 말은 그 속을 비워두어 마치 급급하게 시신이 빨리 들어오기를 기다리는 것처럼 보이고 싶지 않기 때문에, 그 안에 물건을 채워두는 것이다. 일설에는 사람들에게 보이고 싶지 않기 때문에 숨겨둔다고 풀이하기도 한다.

淺見

近按: 右言天子‧諸侯棺槨之異制. 然棺束衡縮之數與每束一衽者, 亦是通禮也歟.

내가 살펴보니, 여기까지는 천자와 제후가 사용하는 관과 곽의 제도에서 그 차이점을 언급하였다. 그러나 관을 묶을 때 가로와 세로로 들어가는 줄의 수치와 매 묶음마다 1개의 임이 들어가는 것은 아마도 두루 통용되는 예법이었을 것이다.

天子之哭諸侯也, 爵弁絰, 紂[緇]衣.〈140〉 或曰: "使有司哭之."〈141〉 爲[去聲]之不以樂食.〈142〉 [舊在"長六尺"之下.]

천자가 제후의 상에 대해 곡을 할 때에는 작변에 질(絰)을 두르고, 치의를['紂'자의 음은 '緇(치)'이다.] 착용한다. 어떤 자들은 "유사를 시켜서 곡을 대신하도록 한다."고 주장한다. 천자는 죽은 제후를 위하여['爲'자는 거성으로 읽는다.] 음악을 연주하며 식사하는 일을 거행하지 않는다. [옛 판본에는 "길이는 6척으로 한다."[1]라고 한 문장 뒤에 수록되어 있었다.]

諸侯薨而赴於天子, 天子哭之. 爵弁紂衣, 本士之祭服. 爵弁, 弁之色如爵也. 紂衣, 絲衣也.

제후가 죽어서 천자에게 부고를 알리면, 천자는 곡을 한다. 그때 작변을 쓰고 치의를 착용하니, 이것은 본래 사가 착용하는 제복이다. 작변은 변(弁)의 색깔이 참새와 같은 것이다. '치의(紂衣)'는 사의(絲衣)이다.

鄭氏曰: 絰, 衍字也.

정현이 말하길, '질(絰)'자는 연문으로 들어간 글자이다.

唯天子之喪, 有別[彼列反]姓而哭.〈144〉 [舊在"天子之禮也"之下.]

---

1) 『예기』「단궁상」 139장 : 柏槨以端, 長六尺.

오직 천자의 상에서만 성(姓)을 구별하여['別'자는 '彼(피)'자와 '列(렬)'자의
반절음이다.] 곡을 하게 된다. [옛 판본에는 "천자에게만 적용되는 예법이다."[2]라
고 한 문장 뒤에 수록되어 있었다.]

集說

諸侯朝覲天子, 爵同則其位同; 今喪禮則分別同姓・異姓・庶姓, 使
各相從而爲位以哭也.

제후가 천자를 조근하는 경우, 작위가 같다면 그 위치가 동일하게 되는
데, 현재는 상례를 치르는 경우이므로, 천자와 동성인 자, 이성인 자, 친
족관계가 없는 자 등을 구별하고, 각각의 부류별로 서열을 정하고 자리
를 마련하여 곡을 한다.

經文

公之喪, 諸達官之長杖.〈下002〉[舊在下篇之初.]

군주의 상에서는 여러 달관들 중에서도 수장만이 지팡이를 잡게 된다.
[옛 판본에는 「단궁하」편의 첫 부분에 수록되어 있었다.]

集說

方氏曰: 受命於君者, 其名達於上, 故謂之達官. 若府史而下, 皆長
官自辟除, 則不可謂之達矣. 受命於君者, 其恩厚, 故公之喪, 惟達
官之長杖.

---

2) 『예기』「단궁상」 143장 : 天子之殯也, 菆塗龍輴以椁, 加斧于椁上, 畢塗屋, <u>天
子之禮也</u>.

방씨가 말하길, 군주로부터 명을 받은 자는 그 이름을 상위 등급으로 다다르게 했기 때문에, 그 관리를 '달관(達官)'이라 부르는 것이다. 만약 부사(府史)³⁾ 이하의 관리들이라면, 이러한 자들은 모두 그 관부의 수장이 관리를 임명하게 되므로, 그들을 '달관(達官)'이라 부를 수 없다. 군주로부터 명을 받은 자는 그 은혜를 받음이 두텁기 때문에, 군주의 상에서 오직 달관에 해당하는 수장들만이 지팡이를 잡게 된다.

經文

士備入而後朝夕踊.〈149〉 [舊在"以父兄之命"之下.]

제후국의 군주가 죽게 되면, 모든 신하들은 곡과 용을 하게 되는데, 사까지 들어와야 모든 신하들이 자신의 대열에 있게 된다. 따라서 사가 모두 들어온 이후에야 아침저녁으로 용하는 의례를 시행한다. [옛 판본에는 "자신의 부형이 명령한 것이라고 칭하며 물건을 보낸다."⁴⁾라고 한 문장 뒤에 수록되어 있었다.]

集說

國君之喪, 諸臣有朝夕哭踊之禮, 哭雖依次居位, 踊必相視爲節, 不容有先後也. 士卑, 其入恒後, 士皆入, 則無不在者矣, 故擧士入爲畢而後踊焉.

---

3) 부사(府史)는 재화와 문서를 관리하는 말단직 관리를 말한다. 부(府)는 본래 창고를 관리하는 자이고, 사(史)는 문서 기록을 담당했던 자이다. 이 둘을 합쳐서 하급 관리들을 범칭하는 용어로도 사용한다. 『주례(周禮)』 「천관(天官) · 서관(序官)」 편에는 "府六人, 史十有二人."라는 기록이 있는데, 이에 대한 정현 주에서는 "府, 治藏, 史, 掌書者. 凡府 · 史, 皆其官長所自辟除."라고 풀이했다.

4) 『예기』 「단궁상」 148장 : 未仕者不敢稅人, 如稅人, 則以父兄之命.

제후국에서 군주에 대한 상이 발생하면, 모든 신하들은 조석으로 곡과 용을 하는 예법이 있게 되는데, 곡을 할 때에는 비록 서열에 따라 곡하는 자리를 정하게 되고, 용을 할 때에는 반드시 서로의 행동에 견주어서 절도에 맞게 해야 하지만, 지위에 따른 선후의 차이는 없다. 사의 신분은 미천하며, 그들이 들어왔을 때에는 항상 후열에 서게 되는데, 사가 모두 들어오게 되면, 대열에 위치하지 않은 자가 없게 된다. 그렇기 때문에 사가 들어오는 것을 기준으로 삼아 들어오는 일이 끝나는 기점으로 정하고, 그 이후에 용을 하는 것이다.

經文

父母之喪, 哭無時; 使必知其反也.〈130〉 [舊在"夕奠逮日"之下.]

부모의 상을 치를 때에는 곡을 할 때 특별히 정해진 시기가 없어서, 시도 때도 없이 곡을 하는 것이고, 만약 군주의 명령이 내려져서 사신의 임무를 맡게 되었다면, 되돌아왔을 때 반드시 제사를 지내어 자신이 되돌아온 사실을 알게끔 해야 한다. [옛 판본에는 "저녁에 올리는 전제사는 해가 질 때 올린다."[5]라고 한 문장 뒤에 수록되어 있었다.]

集說

未賓, 哭不絶聲, 殯後雖有朝夕哭之時, 然廬中思憶則哭, 小祥後哀至則哭, 此皆哭無時也. 使者, 受君之任使也. 小祥之后, 君有事使之, 不得不行, 然反必祭告, 俾親之神靈知其己反, 亦"出必告, 反必面"之義也.

아직 빈소를 차리기 이전이라면 곡을 하는 소리가 끊이질 않고, 빈소를

---

5) 『예기』「단궁상」 129장 : 朝奠日出, 夕奠逮日.

차린 이후에는 비록 조석으로 곡을 하는 규정된 시간이 있지만, 움막 안에서 부모를 생각하게 되면 시도 때도 없이 곡을 하게 되고, 소상을 지낸 이후에는 애통한 생각이 들게 되면 곡을 하니, 이러한 시기에는 모두 곡을 할 때 특별히 정해진 시기가 없는 것이다. '사(使)'라는 것은 군주로부터 사신의 임무를 맡은 것을 뜻한다. 소상을 치른 이후 군주에게 일이 발생하여 그를 사신으로 임명하게 된다면 부득이하게 따라야만 한다. 그러나 되돌아오면 반드시 제사를 지내어 아뢰게 되니, 부모의 신령으로 하여금 자신이 되돌아온 사실을 알게끔 하는 것이며, 이것은 또한 "집밖을 나설 때에는 반드시 부모에게 그 사실을 아뢰고, 집으로 되돌아와서는 반드시 부모를 뵌다."[6]라는 뜻에 해당한다.

淺見

近按: 孝子事亡如存, 出入告廟, 終身之常禮也, 不必小祥之後爲君使者然后爲然也. 且於經文未見有小祥之後爲君所使之意, 其說似乎牽强. 使必知其反者, 臆謂哭泣無時, 必盡其哀者, 使知窮而反本, 必號父母之至情也. 或曰哭泣無時, 不可過毀而滅性, 故使必知其反終之常理, 而不至於過哀也, 亦通.

내가 살펴보니, 자식이 돌아가신 부모를 섬길 때에는 생존해 계실 때처럼 하니, 출입하며 묘에 아뢰는 것은 종신토록 시행하는 일상적인 예법이다. 따라서 소상을 치른 이후 군주의 사신이 된 뒤에라야 이처럼 할 필요가 없다. 또 경문에는 소상을 치른 뒤에 군주가 사신으로 임명한다는 뜻이 나타나지 않으니, 그 주장은 아마도 견강부회에 가까운 것 같다. '사필지기반(使必知其反)'이라는 말은 내 생각에 곡을 하며 눈물을 흘리길 정해진 시기가 없이 시도 때도 없이 하게 되면 분명 그 슬픔을 다하게 되는데, 그 자로 하여금 끝까지 다하여 근본으로 되돌아가야 함

---

6) 『예기』「곡례상(曲禮上)」 037장 : 夫爲人子者, <u>出必告</u>, <u>反必面</u>, 所遊必有常, 所習必有業.

을 알게 하면, 분명 부모의 지극한 은정에 대해 부르짖게 된다는 뜻인 것 같다. 혹자는 곡을 하며 눈물을 흘리길 정해진 시기가 없이 하되 지나치게 몸을 훼손하여 생명을 잃을 지경에 이르게 해서는 안 된다. 그렇기 때문에 그 자로 하여금 반드시 끝에서 다시 되돌아와야 한다는 항상된 이치를 알게끔 하여 지나치게 슬퍼하는 지경에 이르지 않게 한다는 뜻이라고 하는데, 이 주장 또한 그 뜻이 통한다.

有殯, 聞遠兄弟之喪, 哭于側室; 無側室, 哭于門內之右. 同國
則往哭之.〈下012〉[舊在下篇"哭諸異室"之下.]

집에 빈소가 차려져 있을 때, 멀리 떨어져 살고 있는 형제의 상 소식을
접하게 된다면, 측실에서 곡을 한다. 만약 측실이 없는 경우라면 대문
안에서도 오른쪽에서 곡을 한다. 그리고 죽은 자가 같은 나라에 살고
있는 경우라면, 그의 집에 찾아가서 곡을 한다. [옛 판본에는 「단궁하」편의
"다른 실에 가서 곡을 한다."[1]라고 한 문장 뒤에 수록되어 있었다.]

집說

側室者, 燕寢之旁室也.

'측실(側室)'이라는 것은 연침(燕寢)[2]의 측면에 붙어 있는 실(室)이다.

經文

妻之昆弟爲父後者死, 哭之適室, 子爲主, 袒·免[問]·哭·踊.
夫入門右, 使人立於門外. 告來者, 狎則入哭. 父在, 哭於妻之

---

1) 『예기』「단궁하」 011장 : 妻之昆弟爲父後者死, 哭之適室, 子爲主, 袒·免·
   哭·踊. 夫入門右, 使人立於門外. 告來者, 狎則入哭. 父在, 哭於妻之室; 非爲
   父後者, 哭諸異室.
2) 연침(燕寢)은 본래 천자 및 제후들이 휴식을 취하던 장소를 가리킨다. 천자에게
   는 6개의 침(寢)이 있었는데, 앞쪽에 있는 1개의 침은 정전(正寢)으로, 이것을
   노침(路寢)이라고 부르며, 뒤쪽에 있는 다섯 개의 침을 통칭하여, '연침'이라고
   부른다. 『예기』「곡례하(曲禮下)」편에는 "天子有后, 有夫人"이라는 기록이 있는
   데, 이에 대한 공영달(孔穎達)의 소(疏)에서는 "周禮王有六寢, 一是正寢, 餘五
   寢在後, 通名燕寢."이라고 풀이하였다.

室; 非爲父後者, 哭諸異室.〈下011〉 [舊在前節之上.]

처의 형제 중 장인의 후계자가 된 자가 죽었다면 적실에서 곡을 하고, 자신의 아들을 상주 역할로 삼으며, 단·문['免'자의 음은 '問(문)'이다.]·곡·용을 하도록 시킨다. 본인의 경우 문으로 들어서면 오른쪽에 있게 되고, 다른 사람을 시켜서 문밖에 서 있도록 한다. 찾아와서 조문하는 자들에 대해서는 그 자가 알리게 되는데, 알려온 자가 평소 친하게 지내던 자라면 곧바로 들어와서 곡을 하도록 시킨다. 자신의 부친이 생존해 계신 경우라면, 처의 형제 중 후계자가 된 자를 위해서는 처의 실에서 곡을 한다. 만약 처의 형제 중 후계자가 아닌 자가 죽은 경우라면, 다른 실에 가서 곡을 한다. [옛 판본에는 앞 문장의 앞에 수록되어 있었다.]

集說

此聞妻兄弟之喪, 而未往弔時禮也. 父在, 己之父也. 爲父後, 妻之父也. 門外之人以來弔者告, 若是交游習狎之人, 則徑入哭之, 情義然也.

이 내용은 처의 형제에게 발상한 상에 대한 소식을 접했지만 직접 찾아가서 조문을 하지 못했을 때의 예를 뜻한다. "부친이 생존해 계시다."라고 한 말은 자신의 부친을 가리켜서 한 말이다. "부친의 후계자가 되다."라고 한 말은 처의 부친을 가리켜서 한 말이다. 문밖의 사람은 조문하기 위해 찾아온 자에 대해 아뢰게 되는데, 만약 평소 교유하며 친하게 지내던 자라면, 곧바로 들어와서 곡을 하게 시키니, 정감과 도리에 따라서 이처럼 하는 것이다.

子爲主者, 甥服舅緦, 故命己子爲主, 受弔拜賓也. 夫入門右者, 謂此子之父, 卽哭妻兄弟者.

"자식을 상주로 삼는다."는 말은 생질은 외삼촌을 위해서 시마복을 착용하기 때문에, 자신의 아들에게 상주의 역할을 수행하도록 명령하고, 조문을 받으며 빈객에게 절을 하도록 시키는 것이다. '부입문우(夫入門右)'라는 말은 여기에서 말한 자식의 부친을 가리켜서 한 말이니, 곧 처의 형제를 위해서 곡을 하는 자이다.

浅見

近按: 右言貴賤·親疎之喪, 哭·踊之禮.

내가 살펴보니, 여기까지는 신분의 차이와 친하고 소원한 관계에 따라 해당하는 상에서 곡을 하고 용을 하는 예법을 언급하였다.

國亡大縣邑, 公·卿·大夫·士皆厭[于業反]冠, 哭於大[泰]廟三日[句], 君不擧. 或曰: "君擧而哭於后土."〈146〉 [舊在"哀哉尼父"之下.]

제후국에서 큰 읍을 잃게 된다면 그 나라의 공·경·대부·사는 모두 염관을['厭'자는 '于(우)'자와 '業(업)'자의 반절음이다.] 착용하고, 태묘에서['大'자의 음은 '泰(태)'이다.] 3일 동안 곡을 한다.['日'자에서 구문을 끊는다.] 군주는 식사를 할 때 성찬을 차리지 않고 음악도 연주하지 않는다. 혹자는 "군주는 성찬을 들고 음악도 연주하게 되지만, 후토(后土)[1]에게 곡을 한다."고 주장한다. [옛 판본에는 "슬프구나! 니보여!"[2]라고 한 문장 뒤에 수록되어 있었다.]

厭冠, 喪冠也. 盛饌而以樂侑食曰擧. 后土, 社也.

'염관(厭冠)'은 상을 치를 때 쓰는 관이다. 성찬을 차려서 음악으로 식사를 권유하는 것을 '거(擧)'라고 부른다. '후토(后土)'는 사(社)[3]를 뜻한다.

應氏曰: 哭於太廟者, 傷祖宗基業之虧損; 哭於后土者, 傷土地封疆

---

1) 후토(后土)는 토지신을 뜻한다. 『주례』「춘관(春官)·대종백(大宗伯)」편에는 "王大封, 則先告后土."라는 기록이 있고, 이에 대한 정현의 주에서는 "后土, 土神也."라고 풀이했다.
2) 『예기』「단궁상」145장 : 魯哀公誄孔丘曰: "天不遺耆老, 莫相予位焉. 嗚呼哀哉! 尼父!"
3) 사(社)는 흙을 쌓아서 만든 제단을 뜻한다. 고대에는 분봉을 받게 되면, 흙을 쌓고 그곳에 적합한 나무를 심어서, 토지신이 머무는 장소로 여기고, 이곳에서 제사를 지냈다. 이러한 뜻에서 연유하여, '사'는 토지신에 대한 제사와 그 제단, 그리고 토지신을 가리키는 용어로도 사용되었고, 국가를 상징하는 용어로도 사용되었다.

之胺削也. 不舉, 自貶損也. 曰君舉者, 非也.

응씨가 말하길, 태묘에서 곡을 하는 것은 조상들이 터를 닦은 과업에 손상이 된 것을 상심하기 때문이며, 후토에게 곡을 하는 것은 봉토로 받은 토지가 줄어든 것에 대해 상심하기 때문이다. 식사를 할 때 성찬을 차리지 않고 음악도 연주하지 않는 것은 제 스스로 줄이고 낮추기 때문이다. 따라서 군주가 성찬도 차리고 음악도 연주한다고 한 말은 잘못된 주장이다.

淺見

近按: 此因上言哭泣之禮而類附之, 亦天子·諸侯之通禮, 非但國君而已.

내가 살펴보니, 이 문장은 앞에서 곡을 하고 눈물을 흘리는 예법을 언급했는데, 그와 비슷한 부류이므로 이곳에 덧붙인 것으로, 이 또한 천자와 제후에게 통용되는 예법이며, 단지 제후에게만 해당하는 예가 아니다.

孔子惡野哭者.〈147〉 [舊聯上文.]

공자는 이유도 없이 들판에서 곡하는 자를 미워했다. [옛 판본에는 앞 문장의 뒤에 수록되어 있었다.]

"所知吾哭諸野", 夫子嘗言之矣, 蓋哭其所知, 必設位而帷之以成禮; 此所惡者, 或郊野之際, 道路之間, 哭非其地, 又且倉卒行之, 使人疑駭, 故惡之也.

"서로 알고 지내던 자에 대해서라면, 나는 들에서 곡을 해야 한다."[1]라고 한 말은 공자가 일찍이 했던 말이니, 무릇 서로 알고 지내던 자에 대해서 곡을 할 때에는 반드시 자리를 마련하고 휘장을 쳐서, 예의 규범을 준수해야 한다. 그런데 이곳에서 이러한 자를 공자가 미워했던 까닭은 어떤 자가 교야 및 도로 사이에서, 곡을 해야 하는 장소가 아닌데도 곡을 하고, 또한 갑작스럽게 이런 일을 하여, 사람들을 놀라게 했기 때문에 미워했던 것이다.

子蒲卒, 哭者呼滅. 子皐曰: "若是野哉!" 哭者改之.〈104〉 [舊在 "總裳非古也"之下.]

---

1) 『예기』「단궁상」 047장: 伯高死於衛, 赴於孔子. 孔子曰: "吾惡乎哭諸? 兄弟, 吾哭諸廟; 父之友, 吾哭諸廟門之外; 師, 吾哭諸寢; 朋友, 吾哭諸寢門之外; <u>所知, 吾哭諸野</u>. 於野則已疏, 於寢則已重. 夫由賜也見我, 吾哭諸賜氏." 遂命子貢爲之主, 曰: "爲爾哭也來者, 拜之; 知伯高而來者, 勿拜也."

자포가 죽자 곡을 하는 자가 자포의 이름인 멸(滅)을 부르며 울부짖었다. 그 소리를 들은 자고는 "어찌 이처럼 야만스럽단 말인가!"라고 했다. 그 소리를 들은 자는 곡하던 방법을 고쳤다. [옛 판본에는 "가늘고 성긴 베로 상복의 하의를 만드는 것은 고대의 제도가 아니다."[2]라고 한 문장 뒤에 수록되어 있었다.]

集說

滅, 子蒲之名也. 復則呼名, 哭豈可呼名也! 野哉, 言其鄙野而不達於禮也.

'멸(滅)'은 자포의 이름이다. 초혼을 하게 되면 이름을 부르는데, 곡을 하면서 어찌 이름을 부를 수 있단 말인가! "야만스럽다."는 말은 그 자가 야만스러워서 예에 대해 알지 못한다는 뜻이다.

淺見

近按: 右言哭泣之失禮.

내가 살펴보니, 여기까지는 곡을 하며 눈물을 흘릴 때의 실례에 대해 언급하였다.

---

2) 『예기』「단궁상」 103장 : 縣子曰: "絰衰・繐裳, 非古也."

君復於小寢·大寢·小祖·大祖·庫門·四郊.〈126〉 [舊在"命赴
者"下.]

군주의 경우에는 그가 죽게 되면, 소침(小寢)·대침(大寢)·소조(小
祖)·태조·고문(庫門)1)·사교(四郊)2)에서 초혼을 한다. [옛 판본에는 "부
고를 알릴 자를 임명한다."3)라고 한 문장 뒤에 수록되어 있었다.]

---

1) 고문(庫門)에 대해서는 크게 두 가지 해설이 있다. 첫 번째는 치문(雉門)에 대한
해설처럼, 제후의 궁(宮)에 있는 문으로, 천자의 궁에 있는 고문(皋門)에 해당한
다고 보는 의견이다. 이것은 치문과 마찬가지로 『예기』「명당위(明堂位)」편의
"大廟, 天子明堂. 庫門, 天子皋門. 雉門, 天子應門."이라는 기록에 근거한 해설
이다. 손희단(孫希旦)의 『집해(集解)』에서는 이 문장 및 『시(詩)』, 『서(書)』,
『예(禮)』, 『춘추(春秋)』에 나타난 기록들을 근거로, 천자 및 제후는 실제로 3개의
문(門)만 설치했다고 풀이한다. 그러나 정현은 이 문장에 대해서, "言廟及門如天
子之制也. 天子五門, 皋庫雉應路. 魯有庫雉路, 則諸侯三門與."라고 풀이하였
다. 즉 종묘(宗廟) 및 문(門)에 대한 제도에서, 천자와 제후 사이에는 차등이 있
다. 따라서 천자는 5개의 문을 궁에 설치하는데, 그 문들은 고문(皋門), 고문(庫
門), 치문(雉門), 응문(應門), 노문(路門)이다. 제후의 경우에는 천자보다 적은
3개의 문을 궁에 설치하는데, 그 문들은 고문(庫門), 치문(雉門), 노문(路門)이
다. 두 번째 설명은 천자의 궁에 설치된 문들 중에서, 치문(雉門) 밖에 설치하는
문으로 해석하는 의견이다. 즉 이때의 고문(庫門)은 치문과 고문(皋門) 사이에
설치하는 문이 된다. 『예기』「교특생(郊特牲)」편에는 "獻命庫門之內, 戒百官
也."라는 기록이 있는데, 이에 대한 정현의 주에서는 "庫門, 在雉門之外. 入庫門
則至廟門外矣."라고 풀이하고 있다.
2) 사교(四郊)는 네 방면의 교(郊)를 뜻한다. '교'는 도성에서부터 일정정도 떨어진
구역을 뜻하는데, 이 '교'라는 구역이 도성을 사방으로 둘러싸고 있기 때문에, '교'
전체를 지칭할 때 '사교'라고 부른다. 『주례』「추관(秋官)·수사(遂士)」편에는
"掌四郊."라는 기록이 있는데, 이에 대한 정현의 주에서는 "鄭司農云, 謂百里外
至三百里也."라고 하였다. 즉 도성(都城)으로부터 사방으로 100리(里) 떨어진
지점부터 300리 떨어진 지점까지가 '사교'가 된다.
3) 『예기』「단궁상」 125장 : 父兄命赴者.

天子之郭門曰皐門, 明堂位言魯之庫門卽天子皐門, 是庫門者, 郭門也.

천자의 외성에 있는 문을 '고문(皐門)'이라고 부르는데, 『예기』「명당위(明堂位)」편에서는 노나라에 있는 고문(庫門)은 곧 천자에게 있는 고문(皐門)[4]이라고 했으니,[5] 여기에서 말한 '고문(庫門)'은 곧 곽문을 뜻한다.

疏曰: 君, 王侯也. 前曰廟, 後曰寢. 室有東西廂曰廟, 無東西廂有室曰寢. 小寢者, 高祖以下寢也, 王侯同. 大寢, 天子始祖之寢, 諸侯大祖之寢也. 小祖者, 高祖以下廟也, 王侯同. 大祖者, 天子始祖之廟, 諸侯大祖之廟也.

소에서 말하길, '군(君)'자는 천자와 제후를 뜻한다. 종묘의 건축물 중 앞에 있는 건물을 '묘(廟)'라 부르고, 뒤에 있는 건물을 '침(寢)'이라 부른다. 실(室)의 동서쪽에 있는 상(廂)을 '묘(廟)'라 부르고, 동서쪽에 상(廂)이 없고 실(室)이 있는 것을 '침(寢)'이라 부른다. '소침(小寢)'이라는 것은 고조 이하의 선조에 대한 침(寢)을 뜻하니, 천자와 제후가 동일하다. '대침(大寢)'은 천자에게는 시조에 대한 침을 뜻하고, 제후에게는 태조에 대한 침을 뜻한다. '소조(小祖)'라는 것은 고조 이하의 선조에 대한 묘를 뜻하니, 천자와 제후가 동일하다. '태조(太祖)'는 천자에게는 시조의 묘가 되고, 제후에게는 태조의 묘가 된다.

---

4) 고문(皐門)은 천자의 궁(宮)에 설치된 문들 중에서 가장 바깥쪽에 설치하는 문이다. 높다는 의미의 '고(高)'자가 '고(皐)'자와 통용되므로, 붙여진 명칭이다. 『시』「대아(大雅)・면(緜)」편에는 "迺立皐門, 皐門有伉."이라는 용례가 있고, 『예기』「명당위(明堂位)」편의 "大廟, 天子明堂. 庫門, 天子皐門. 雉門, 天子應門."이라는 기록에 대해, 정현의 주에서는 "皐之言高也."라고 풀이했다.

5) 『예기』「명당위(明堂位)」 014장 : 大廟, 天子明堂. 庫門, 天子皐門. 雉門, 天子應門.

復·揳[屑]齒·綴[拙]足·飯[上聲]·設飾·帷堂竝作.⟨124⟩ 父兄
命赴者.⟨125⟩ [舊在"漆之藏焉"之下.]

초혼을 하며, 시신의 입에 각사(角柶)를 넣어 벌리고['揳'자의 음은 '屑(설)'
이다.] 다리가 굽어지지 않도록 고정시키며['綴'자의 음은 '拙(졸)'이다.] 시신
의 입에 쌀 등을 채우고['飯'자는 상성으로 읽는다.] 시신에 대해 습(襲)과
염(斂)을 하며, 당에 휘장을 치는 등 총 6가지 일들은 동시에 시행한다.
대부 이상의 계급에서는 어떤 자가 죽게 되면, 그 자의 부형이 부고를
알릴 자를 임명한다. [옛 판본에는 "옻칠을 하고, 그 속에 물건을 채워둔다."[6]라
고 한 문장 뒤에 수록되어 있었다.]

集說

始死招魂之後, 用角柶柱尸之齒令開, 得飯含時不閉; 又用燕几拘綴
尸之兩足令直, 使著屨時不辟戾也. 飯者, 實米與貝于尸口中也. 設
飾, 尸襲斂也. 帷堂, 堂上設帷也. 作, 起爲也. 復至帷堂大事一時竝
起, 故云"竝作"也.

어떤 자가 이제 막 죽게 되어 초혼을 하게 되면, 그 이후에는 각사(角
柶)를 이용해서 시신의 이빨 사이에 걸어두어 입을 벌리게 하여, 반함
(飯含)을 할 때 입이 닫히지 않도록 한다. 또 연궤(燕几)[7]를 이용해서
시신의 양쪽 다리를 고정시켜 곧게 펴지도록 하여, 신발을 신길 때 다리
가 굽혀지지 않도록 한다. '반(飯)'이라는 것은 쌀과 화폐 등을 시신의
입 속에 채운다는 뜻이다. '설식(設飾)'은 시신에 대해서 습(襲)을 하고
염(斂)을 한다는 뜻이다. '유당(帷堂)'은 당 위에 휘장을 설치한다는 뜻
이다. '작(作)'은 시행한다는 뜻이다. 초혼으로부터 당에 휘장을 치는 것

---

6) 『예기』 「단궁상」 123장 : 君卽位而爲椑, 歲一漆之, 藏焉.
7) 연궤(燕几)는 휴식을 취할 때 몸을 기댈 수 있도록 만든 안석이다.

에 이르기까지 총 6가지 일들은 동시에 모두 시행한다. 그렇기 때문에 "모두 시행한다."라고 말한 것이다.

疏曰: 生時與他人有恩識者, 今死, 則其家宜使人往相赴告. 士喪禮: "孝子自命赴者", 若大夫以上, 則父兄命之也.

소에서 말하길, 생전에 다른 사람과 은정을 나누고 면식이 있는 자에 대해서는 현재 그 자가 죽게 되면, 그 집에서는 마땅히 사람을 시켜서 그곳에 찾아가 부고를 서로 알리도록 한다. 『의례』「사상례(士喪禮)」편에서는 "자식은 직접 부고를 알릴 자를 정한다."[8]라고 했는데, 만약 대부 이상의 계급이라면, 부형이 임명하게 된다.

經文

喪不剝奠也與[平聲], 祭肉也與.⟨127⟩ [舊在"庫門四郊"之下.]

상에서는 포나 젓갈 등을 차려내는 음식에 대해서 천으로 덮지 않는다. 그런데 어째서 음식에 대해서 천을 벗겨두지 않는단 말인가?['與'자는 평성으로 읽는다.] 만약 천으로 덮는 경우라면, 그 안에는 반드시 제사 때 사용되는 고기가 있기 때문일 것이다. [옛 판본에는 "고문과 사교에 초혼을 한다."[9]라고 한 문장 뒤에 수록되어 있었다.]

集說

剝者, 不巾覆也. 脯醢之奠, 不惡塵埃, 故可無巾覆. 凡覆之者, 必其

---

8) 『의례』「사상례(士喪禮)」 : 乃赴于君. 主人西階東, 南面命赴者, 拜送. 有賓則拜之.

9) 『예기』「단궁상」 126장 : 君復於小寢・大寢・小祖・大祖・庫門・四郊.

有祭肉者也.

'박(剝)'자는 천으로 덮지 않는다는 뜻이다. 포나 젓갈 등을 차려둘 때에
는 먼지가 내려앉는 것을 꺼리지 않는다. 그렇기 때문에 천으로 덮지
않을 수 있다. 무릇 덮는 경우라면 반드시 그 안에 제사 때 사용되는
고기가 있기 때문일 것이다.

淺見

近按: 兩也與者, 上設問而下答辭也, 以明始死脯醢之奠, 不用巾
覆也.

내가 살펴보니, 2개의 '야여(也與)'라는 말이 나오는데, 앞의 것은 질문
을 설정하는 것이고 뒤에서는 그에 대해 답하는 말이 되니, 이를 통해
어떤 자가 이제 막 죽었을 때, 그를 위해 차려내는 포와 젓갈 등의 음식
에 대해서는 천으로 덮지 않는다는 사실을 나타낸다.

旣殯, 旬而布材與明器.〈128〉 朝奠日出, 夕奠逮日.〈129〉 [舊聯上文.]

빈소를 차리고 난 뒤 10일이 지나게 되면, 곽과 명기를 만드는 자재들을 벌려두어서 건조시킨다. 아침에 올리는 전제사는 해가 뜰 때 올리고, 저녁에 올리는 전제사는 해가 질 때 올린다. [옛 판본에는 앞 문장 뒤에 수록되어 있었다.]

集說

材, 爲槨之木也. 布者, 分列而暴乾之也. 殯後旬日, 卽治此事. 逮日, 及日之未落也.

'재(材)'자는 곽을 만들 때 사용되는 나무이다. '포(布)'는 조목조목 벌려두어서 건조를 시킨다는 뜻이다. 빈소를 차린 이후 10일이 지나게 되면 이러한 일들을 시행한다. '체일(逮日)'은 해가 아직 다 넘어가기 전을 뜻한다.

經文

君於士, 有賜帟[亦].〈151〉 [舊在上篇之末.]

군주는 사에 대해서, 빈소를 차릴 때 그 위를 덮는 작은 장막['帟'자의 음은 '亦(역)'이다.]을 하사해주는 경우가 있다. [옛 판본에는 「단궁상」편의 마지막에 수록되어 있었다.]

集說

帟, 幕之小者, 置之殯上以承塵也. 大夫以上, 則有司供之; 士卑又不得自爲, 故君於士之殯, 以帟賜之也.

'역(帟)'자는 장막 중에서도 크기가 작은 것으로, 빈소 위에 설치하여 먼지가 떨어지는 것을 막는다. 대부 이상의 계급이라면, 유사가 장막을 공급하게 되는데, 사는 신분이 미천하고 또한 제 스스로 이것을 설치할 수 없다. 그렇기 때문에 군주는 사가 차린 빈소에 대해서, 작은 장막을 하사하게 된다.

有薦新, 如朔奠.〈120〉 [舊在"不葛帶"之下.]

새로운 음식을 바치게 된다면, 삭전의 의례 절차와 동일하게 한다. [옛 판본에는 "갈포로 엮은 대를 차지 않는다."[1]라고 한 문장 뒤에 수록되어 있었다.]

朔奠者, 月朔之奠也. 未葬之時, 大夫以上, 朔望皆有奠; 士則朔而已. 如得時新之味, 或五穀新熟而薦之, 則其禮亦如朔奠之儀也.

'삭전(朔奠)'은 매월 초하루에 지내는 전제사이다. 아직 장례를 치르기 이전이라면, 대부 이상의 계급은 매월 초와 보름에 모두 전제사를 지내게 되고, 사 계급에서는 매월 초하루에만 지낼 따름이다. 만약 그 계절에 새로 생산된 맛있는 음식을 얻게 되거나 혹은 오곡(五穀)[2]이 새로

---

1) 『예기』「단궁상」 119장 : 婦人不葛帶.
2) 오곡(五穀)은 곡식을 총칭하는 말로 사용되는데, 본래 다섯 가지 곡식을 뜻한다. 그러나 다섯 가지 곡식이 구체적으로 무엇을 가리키는지에 대해서는 이견이 많다. 『주례』「천관(天官)·질의(疾醫)」편에는 "以五味·五穀·五藥養其病."이라는 기록이 있고, 이에 대한 정현의 주에서는 "五穀, 麻·黍·稷·麥·豆也."라

수확되어 바치게 된다면, 그 예를 또한 매월 초하루에 지내는 전제사의 의례와 동일하게 한다.

經文

池, 視重[平聲]霤.〈122〉 [舊在"以其服除"之下.]

상거에 다는 빗물받이인 지(池)를 설치할 때, 그 수치는 생전에 가옥에 설치하던 빗물받이인 중류['重'자는 평성으로 읽는다.]의 숫자에 견주어서 한다. [옛 판본에는 "제 스스로 상복을 벗는다."3)라고 한 문장 뒤에 수록되어 있었다.]

集說

疏曰: 池者, 柳車之池也. 重霤者, 屋之承霤也, 以木爲之, 承於屋簷, 水霤入此木中, 又從木中而霤於地, 故云'重霤'也. 天子之屋四注, 四面皆有重霤; 諸侯四注而重霤去後; 大夫惟前後二; 士惟一在前. 生時屋有重霤, 故死時柳車亦象宮室, 而設池於車覆鼈甲之下, 墙帷之上. 蓋織竹爲之, 形如籠, 衣以靑布以承鼈甲. 名之曰"池", 以象重霤

고 풀이했다. 즉 이 문장에서는 '오곡'을 마(麻)·메기장[黍]·차기장[稷]·보리[麥]·콩[豆]으로 설명하고 있다. 그리고 『맹자』「등문공상(滕文公上)」편에는 "樹藝五穀, 五穀熟而民人育."이라는 기록이 있고, 이에 대한 조기(趙岐)의 주에서는 "五穀謂稻·黍·稷·麥·菽也."라고 풀이했다. 즉 이 문장에서는 '오곡'을 쌀[稻]·메기장[黍]·차기장[稷]·보리[麥]·대두[菽]로 설명하고 있다. 그리고 『초사(楚辭)』「대초(大招)」편에는 "五穀六仞."이라는 기록이 있는데, 이에 대한 왕일(王逸)의 주에서는 "五穀, 稻·稷·麥·豆·麻也."라고 풀이했다. 즉 이 문장에서는 '오곡'을 쌀[稻]·차기장[稷]·보리[麥]·콩[豆]·마(麻)로 설명하고 있다. 이 외에도 각종 주석에 따라 해당 작물이 달라진다.

3) 『예기』「단궁상」 121장 : 旣葬, 各以其服除.

也. 方面之數, 各視生時重霤.

소에서 말하길, '지(池)'라는 것은 유거(柳車)[4]에 다는 지(池)를 뜻한다. '중류(重霤)'라는 것은 지붕에 다는 빗물받이인 '승류(承霤)'를 뜻하니, 나무로 그것을 만들게 되고, 지붕의 처마에 달게 되어 빗물이 그 나무속으로 들어가게 하고, 또한 나무를 통해서 땅으로 떨어지도록 한다. 그렇기 때문에 '중류(重霤)'라고 부르는 것이다. 천자의 가옥에는 지붕에 4개의 기둥을 대고 사면에 모두 중류를 설치하는데, 제후의 경우에는 4개의 기둥을 대지만 중류에 있어서는 뒷면의 1개를 제거하고, 대부의 경우에는 오직 앞면과 뒷면에만 있어 총 2개의 중류를 설치하며, 사의 경우에는 단지 앞면에 1개의 중류를 설치할 뿐이다. 생전에 거처하던 가옥의 지붕에도 중류가 있었기 때문에, 그 자가 죽었을 때에도 또한 궁실을 본떠서 유거를 만들게 되어, 수레의 덮개인 별갑 아래와 담장처럼 두르는 유 위에 빗물받이인 지를 설치하게 된다. 아마도 대나무살을 짜서 만들었을 것이며, 그 형태는 대바구니와 흡사하고, 청색의 포로 감싸서 영구의 덮개를 바치게 했을 것이다. 이것을 '지(池)'라고 부른 이유는 이것을 통해서, 중류를 형상화했기 때문이다. 각 방면에 다는 숫자는 각자 생전에 설치하던 중류의 수에 견주게 된다.

經文

旣葬, 各以其服除.〈121〉 [舊在上句之上.]

장례를 끝났다면, 각자 제 스스로 상복을 벗는다. [옛 판본에는 앞 구문의 앞에 수록되어 있었다.]

---

4) 유거(柳車)는 상거(喪車)를 뜻한다. 상(喪)을 치를 때 사용하는 수레를 의미한다.

三月而葬, 葬而虞, 虞而卒哭. 親重, 而當變麻衰者變之, 其當除者 卽自除之, 不俟主人卒哭之變也.

3개월 뒤에 장례를 치르고, 장례를 치른 뒤에 우제를 지내며, 우제를 지내고서 졸곡(卒哭)[5]을 한다. 친족 관계가 가까운 자라서 마땅히 마로 된 상복을 바꿔야 하는 자라면 상복을 바꾸고, 상복을 벗어야 하는 자라면 곧 제 스스로 상복을 벗으니, 상주가 졸곡을 끝내고서 상복을 바꿀 때까지 기다리지 않는다.

經文

婦人不葛帶.〈119〉 [舊在"之志乎哉"之下.]

부인들은 갈포로 엮은 대를 차지 않는다. [옛 판본에는 "뜻대로 시행하는 것이 될 것이오."[6]라고 한 문장 뒤에 수록되어 있었다.]

集說

禮, 婦人之帶牡麻結本, 卒哭, 丈夫去麻帶, 服葛帶, 而首絰不變; 婦人以葛爲首絰, 以易去首之麻絰, 而麻帶不變, 所謂"不葛帶"也. 旣練則男子除絰, 婦人除帶, 婦人輕首重要故也.

---

5) 졸곡(卒哭)은 우제(虞祭)를 지낸 뒤에 지내는 제사이다. 이 제사를 지내게 되면, 수시로 곡(哭)하던 것을 멈추고, 아침과 저녁때에만 한 번씩 곡을 하게 된다. 그렇기 때문에 '졸곡'이라고 부르게 된 것이다.

6) 『예기』「단궁상」 118장 : 昔者夫子言之曰: '吾見封之若堂者矣, 見若坊者矣, 見若覆夏屋者矣, 見若斧者矣. 從若斧者焉.' 馬鬛封之謂也. 今一日而三斬板, 而已封, 尚行夫子之志乎哉!

예법에 따르면, 부인들의 대는 수컷의 마를 엮어서 만들고, 졸곡을 하게
되면 남자들은 마대를 제거하고, 갈대를 착용하며, 머리에 쓰는 수질은
바꾸지 않는다. 반면 부인들은 갈포로 엮어 수질을 만들어서 머리에 쓴
마질을 바꾸지만 마대는 바꾸지 않으니, 이것이 이른바 "갈포로 엮은 대
를 차지 않는다."는 뜻이다. 연제(練祭)[7]를 치르게 되면 남자는 질을 제
거하고 부인은 대를 제거하니, 부인들은 머리를 가볍게 여기고 허리를
중시하기 때문이다.

淺見

近按: 既葬卒哭, 男子除去麻帶, 服葛帶, 而首絰不變; 婦人以葛爲
首絰, 以除首之麻絰, 而麻帶不變. 此所謂既葬各以其服除, 而婦人
不葛帶也. 其序當如此, 舊在前節之上, 失其次矣.

내가 살펴보니, 장례를 마치고 졸곡을 치르게 되면 남자는 마대를 제거
하고 갈대를 착용하지만, 수질은 바꾸지 않는다. 반면 부인들은 갈포로
수질을 만들어서 머리에 쓰고 있던 마질을 제거하지만, 마대는 바꾸지
않는다. 이것이 바로 장례를 마치면 각각 그 복장을 제거하지만, 부인들
은 갈포로 만든 대를 차지 않는다는 뜻이다. 그 순서가 마땅히 이와 같
아야 하는데, 옛 판본에는 앞 문단의 앞에 수록되어 있었으니, 순서가
잘못된 것이다.

---

7) 연제(練祭)는 소상(小祥)과 같은 뜻이다.

練, 練衣, 黃裏, 線[七絹反]絹緣[去聲].〈131〉 葛要[平聲]絰, 繩屨無
絇.〈132〉 角瑱[吐練反].〈133〉 鹿裘, 衡[橫]長, 袪. 袪, 裼之可
也.〈134〉 [舊在"使必知其反也"之下.]

소상에는 연의를 착용하니, 연의는 황색의 옷감으로 중의(中衣)의 속단
을 대고, 옅은 홍색['線'자는 '七(칠)'자와 '絹(견)'자의 반절음이다.]의 비단으로
옷깃과 소매의 끝단['緣'자는 거성으로 읽는다.]을 댄 것이다. 남자들은 갈로
만든 요질을['要'자는 평성으로 읽는다.] 차게 되고, 승구라는 신발을 신되
신코 장식이 없는 것을 신는다. 각전을['瑱'자는 '吐(토)'자와 '練(련)'자의 반
절음이다.] 이용해서 귀를 가린다. 사슴가죽으로 만든 갓옷을 넓고['衡'자
의 음은 '橫(횡)'이다.] 길게 만든 것으로 바꿔 입고 소맷부리도 달게 된다.
소맷부리를 달았다면 석의(裼衣)를 착용해도 괜찮다. [옛 판본에는 "반드시
되돌아가야 함을 알게끔 해야 한다."[1]라고 한 문장 뒤에 수록되어 있었다.]

疏曰: 練, 小祥也. 小祥而著練冠練中衣, 故曰練也. 練衣者, 以練爲
中衣. 黃裏者, 黃爲中衣裏也. 正服不可變, 中衣非正服, 但承衰而
已. 線, 淺絳色. 緣, 謂中衣領及衰之緣也.

소에서 말하길, '연(練)'자는 소상을 뜻한다. 소상을 지내며 연관과 연중
의를 착용한다. 그렇기 때문에 소상을 '연(練)'이라 부르는 것이다. '연의
(練衣)'라는 것은 누인 명주로 중의를 만든 것이다. '황리(黃裏)'라는 것
은 황색의 천으로 중의의 속감을 댄다는 뜻이다. 정식 복장인 상복은
바꿀 수 없지만, 중의는 정복에 속하는 것이 아니며, 단지 상복에 받쳐
입는 것일 뿐이다. '전(線)'이라는 것은 옅은 홍색의 옷감을 뜻한다. '연

---

1) 『예기』「단궁상」 130장 : 父母之喪, 哭無時; <u>使必知其反也</u>.

(緣)'이라는 것은 중의의 옷깃과 소매의 끝단을 뜻한다.

小祥男子去首之麻絰, 惟餘要葛也, 故曰葛要絰. 繩屨者, 父母初喪
菅屨, 卒哭, 受齊衰删屨屨, 小祥受大功繩麻屨也. 無絇, 謂無屨頭
飾也. 瑱, 充耳也, 吉時君大夫士皆有之, 所以掩於耳. 君用玉爲之,
初喪去飾, 故無瑱; 小祥后微飾, 故用角爲之也.

소상 때 남자는 머리에 쓰고 있는 마질을 제거하고, 오직 허리에 찬 갈
포로 만든 요질만을 남긴다. 그렇기 때문에 "갈로 만든 요질을 찬다."라
고 말한 것이다. '승구(繩屨)'라는 것은 부모가 이제 막 돌아가셨을 경우
관구라는 신발을 신게 되는데, 졸곡을 하게 되면 자최복에 신는 괴표로
엮은 신발을 신게 되며, 소상을 치르게 되면 대공복에 신는 승마로 만든
신발을 신게 된다. '무구(無絇)'는 신발에 신코 장식이 없는 것을 뜻한
다. '전(瑱)'은 귀를 가리는 것이니, 길한 때 군주 · 대부 · 사 계급은 모
두 이러한 치장품을 차서 귀를 가리게 된다. 군주는 옥을 이용해서 이것
을 만드는데, 초상 때에는 장식을 제거하게 되므로 전을 하지 않고, 소
상을 치른 이후에는 장식을 조금 할 수 있게 되므로 짐승의 뿔로 이것을
만들어서 치장한다.

冬時吉凶衣裏皆有裘, 吉則貴賤有異, 喪則同用鹿皮爲之. 小祥之
前, 裘狹而短, 袂又無袪; 小祥稍飾, 則更易作橫廣大者, 又長之, 又
設其袪也. 裼者, 裘上之衣, 吉時皆有, 喪後凶質, 未有裼衣, 小祥後
漸向吉, 故加裼可也.

소에서 말하길, 겨울에는 길복이나 흉복 안에 모두 갓옷을 입게 되는데,
길복인 경우에는 신분의 귀천에 따라 차이가 있지만, 상복인 경우에는
모두 동일하게 사슴가죽으로 갓옷을 만든다. 소상을 치르기 이전에는
갓옷을 좁고 짧게 만들며, 소매에도 또한 소맷부리가 없다. 소상을 지내
게 되면 점진적으로 치장을 하게 되어, 다시금 가로로 길고 크게 만든
갓옷으로 바꿔 입고, 또한 그 옷을 길게 만들며, 소매에도 소맷부리를

달게 된다. '석(裼)'이라는 것은 갓옷 위에 입는 옷을 뜻하는데, 길한 시기에는 모두 이 옷을 착용하게 되지만, 상을 치른 후에는 흉한 시기가 되어 질박하게 꾸미게 되므로, 석의를 착용하지 않다가 소상을 치른 이후에는 점진적으로 길한 시기로 접어들게 되므로, 석의를 그 위에 착용해도 괜찮다.

經文

祥而縞, 是月禫, 徙月樂.〈150〉 [舊在"朝夕踊"之下.]

대상을 치르고서 호관을 쓰며, 담제사를 지내는 달에 담제사를 지내면, 그 달을 넘겨서는 음악을 연주하게 된다. [옛 판본에는 "조석으로 용을 한다."[2]라고 한 문장 뒤에 수록되어 있었다.]

集說

疏曰: 祥, 大祥也. 縞, 謂縞冠, 大祥日著之.

소에서 말하길, '상(祥)'자는 대상을 뜻한다. '호(縞)'자는 호관(縞冠)[3]을 뜻하니, 대상을 치른 날에 이 관을 착용한다.

淺見

近按: 是月禫者, 猶言是日哭, 指禫月而言, 非謂祥月而禫也, 故祥而縞是一句, 是月禫徙月樂, 又別是一句也.

---

2) 『예기』「단궁상」 149장 : 士備入而後朝夕踊.
3) 호관(縞冠)은 백색의 명주로 만든 관(冠)이다. 상제(祥祭)나 흉사(凶事) 때 착용했다.

내가 살펴보니, '시월담(是月禪)'이라는 것은 "이 날에 곡을 한다."라고
한 말과 같으니, 담제를 치르는 달을 가리켜서 한 말이지, 대상을 치르
는 달에 담제를 지낸다는 뜻이 아니다. 그렇기 때문에 '상이호(祥而縞)'
가 하나의 구문이 되며, '시월담사월악(是月禪徙月樂)'이 또한 별도의 한
구문이 된다.

右一章, 自始死之復, 至於殯·葬·祥·禪, 上下道行之禮. 經之舊
文, 多失其次, 今以事之先後而次之, 終始節目稍爲完備而成章也.

여기까지가 1장으로, 어떤 자가 이제 막 죽었을 때 초혼을 하는 것으로
부터, 빈소를 마련하고 장례를 치르며 대상을 치르고 담제사를 지내는
것에 이르기까지 상하 계층이 각각 시행하는 예법을 나타내고 있다. 그
런데 경문에 대해 옛 기록에서는 그 순서가 대체로 어긋나 있어서, 일의
선후에 따라 순서를 바로잡았으니, 처음과 끝의 절목들이 조금은 완비
되어 하나의 장을 이루었다.

禮記淺見錄卷第四

『예기천견록』 4권

제 2 장

君之適長殤, 車三乘; 公之庶長殤, 車一乘; 大夫之適長殤, 車
一乘.〈001〉

군주의 적자가 장상을 했을 때에는 견거(遣車)[1] 3대를 사용하고, 공의
서자가 장상을 했을 때에는 견거 1대를 사용하며, 대부의 적자가 장상
을 했을 때에는 견거 1대를 사용한다.

此言送殤遣車之禮. 君, 謂國君, 亦或有地大夫通得稱君也. 公, 專
言五等諸侯也. 十六至十九爲長殤. 葬此殤時, 柩朝廟畢將行, 設遣
奠以奠之, 牲體分析包裹, 用此車載之以遣送死者, 故名遣車. 車制
甚小, 以置之槨內四隅, 不容大爲之也. 禮, 中殤從上, 君適長三乘,
則中亦三乘, 下則一乘也; 公庶長一乘, 則中亦一乘, 下則無也; 大
夫適長一乘, 則中亦一乘, 下殤及庶殤並無也.

이곳 문장은 요절한 자를 전송하며 사용하는 견거의 예법을 언급하고

---

1) 견거(遣車)는 장례(葬禮)를 치를 때 사용되는 수레이다. 장례 때에는 장지(葬地)
에서 제사를 지내기 위해 희생물을 가져가게 된다. '견거'는 바로 희생물의 몸체를
싣고 가는 수레를 뜻한다.

있다. '군(君)'자는 제후국의 군주를 뜻하며, 또한 간혹 영지를 소유하고 있는 대부까지도 통칭하여, '군(君)'이라 부를 수 있다. '공(公)'은 전적으로 다섯 등급에 속하는 제후들을 가리키는 말이다. 16~19세 사이에 요절한 것을 '장상(長殤)'이라고 부른다. 이처럼 요절한 자를 장례 치를 때에는 영구에 대해 종묘에서 조묘(朝廟)[2]를 하고, 그 일이 끝나면 장차 행차를 시작하는데, 그 때에는 견전(遣奠)을 설치하여 전제사를 지내고, 희생물의 몸체는 나눠서 포장하며, 이 수레를 이용해서 포장된 고기를 실어 죽은 자를 전송하는 곳으로 보낸다. 그렇기 때문에 이 수레를 '견거(遣車)'라고 부른다. 이 수레를 제작할 때에는 매우 작게 만들어서, 곽 안의 네 모퉁이에 두게 되니 크게 만들 수 없다. 예법에 따르면, 중상(中殤)[3]의 경우 그 위의 등급에 따르니, 군주의 적자가 작상을 했을 때 3대의 수레를 사용한다면, 중상인 경우에도 또한 3대의 수레를 사용하고, 하상(下殤)[4]인 경우에는 1대의 수레를 사용한다. 또 공의 서자가 장상을 했을 때 1대의 수레를 사용한다면, 중상인 경우에도 1대의 수레를 사용하고, 하상인 경우에는 수레가 없게 된다. 또 대부의 적자가 장상을 했을 때 1대의 수레를 사용한다면, 중상인 경우에도 1대의 수레를 사용하고, 하상을 했거나 서자 중 요절한 자의 경우에는 모두 수레가 없게 된다.

---

2) 조묘(朝廟)는 종묘(宗廟)에 전제(奠祭)를 지낸다는 뜻이다. 또 『춘추』 「문공(文公) 6년」 경문(經文)에는 "閏月不告月, 猶朝于廟."라는 기록이 있고, 이에 대한 두예(杜預)의 주에서는 "諸侯每月必告朔聽政, 因朝宗廟."라고 풀이했다. 즉 제후들은 매월 반드시 고삭(告朔)을 하며 정사(政事)를 돌보게 되는데, 이것에 연유하여 종묘에서 전제사를 지낸다. 또한 '조묘'는 상례(喪禮)를 치르며 영구를 조묘로 이동시켜서, 장차 장지로 떠나게 됨을 아뢰는 의식이기도 하다.

3) 중상(中殤)은 12~15세 사이에 요절한 자를 뜻한다. 『의례』 「상복(喪服)」편에 "十五至十二爲中殤."이라는 기록이 있다.

4) 하상(下殤)은 8~11세 사이에 요절한 자를 뜻한다. 『의례』 「상복(喪服)」편에 "十一至八歲爲下殤."이라는 기록이 있다.

君於大夫, 將葬, 弔於宮, 及出, 命引之, 三步則止. 如是者三, 君退[句]. 朝亦如之, 哀次亦如之.〈003〉 [舊在"達官之長杖"之下.]

군주는 대부의 상에 대해서 장차 장례를 치르려고 하면, 빈소에 찾아가서 조문을 하고, 영구를 실은 수레가 행차를 하려고 하면, 명령을 내려서 수레를 끌고 가도록 하는데, 3보를 가게 되면 수레는 곧 멈추게 된다. 이와 같은 과정을 세 번 반복하게 되면, 영구는 장지로 떠나가게 되니, 군주는 곧 물러가게 된다.['退'자에서 구문을 끊는다.] 군주가 조문하러 찾아왔을 때 그 시기가 조묘(朝廟)를 하는 때라 하더라도 또한 이처럼 하고, 영구가 평상시 대부 본인이 빈객을 대하던 장소를 지나치게 되면, 자식은 애통한 마음을 느끼게 되어, 또한 이곳에서 잠시 멈춰 서게 하는데, 이때에도 또한 이와 같은 과정을 반복하여 행차를 하게 된다. [옛 판본에는 "달관들 중에서도 수장만이 지팡이를 잡게 된다."[5]라고 한 문장 뒤에 수록되어 있었다.]

集說

弔於宮, 於其殯宮也. 出, 柩已行也. 孝子攀號不忍, 君命引之, 奪其情也. 引者三步卽止, 君又命引之, 如是者三, 柩車遂行, 君卽退去. 君來時不必恒在殯宮, 或當柩朝廟之時亦如之; 或已出大門至平日待賓客次舍之處, 孝子哀而暫停柩車, 則亦如之.

'조어궁(弔於宮)'은 빈소에서 조문을 한다는 뜻이다. '출(出)'은 영구를 이미 끌어냈다는 뜻이다. 자식이 영구를 부여잡고 울부짖으며 영구가 밖으로 나가는 것을 참아낼 수 없으면, 군주는 명령을 하여 영구를 끌어내라고 하니, 자식의 정감을 떨쳐내는 것이다. 끌어내는 자는 3보를 간 뒤에 곧 멈추고, 군주는 재차 명령을 하여 끌어내도록 하는데, 이와 같

---

5) 『예기』「단궁하」 002장 : 公之喪, 諸達官之長杖.

은 과정을 3번 반복하면 영구를 실은 수레는 마침내 길을 떠나게 되고, 군주는 곧 물러나게 된다. 군주가 찾아왔을 때, 그 시기가 항상 빈소가 차려져 있을 때에만 해당하는 것이 아니며, 간혹 영구가 조묘를 할 때에 해당하기도 하니, 이때에도 또한 이처럼 한다. 그리고 간혹 이미 행차를 시작하여, 대문을 빠져나와 평소 주인이 빈객을 대할 때 서 있게 되는 장소에 도달하게 되면, 자식은 애통한 마음을 느껴 잠시 영구를 실은 수레를 멈추게 하니, 이때에도 이처럼 한다.

經文

> 喪, 公弔之, 必有拜者, 雖朋友·州里·舍人可也. 弔曰: "寡君承事." 主人曰: "臨[如字]."〈008〉 [舊在"皆執紼"之下.]

상에 있어서 군주가 그 집에 조문을 가게 되면, 반드시 군주 앞으로 나와서 절을 하는 자가 있어야 한다. 만약 주인의 후계자 및 친족이 없다면, 비록 죽은 자의 친구 및 마을 사람 또는 상사를 맡아보는 자가 나와서 절을 하더라도 무방하다. 조문을 하는 말에서는 부관이 군주의 말을 전하며, "저희 군주께서 상사의 일을 돕는데 참여하시고자 오셨습니다."라고 말한다. 그러면 상주는 "욕되게도 누추한 곳까지 왕림하시게[臨'자는 글자대로 읽는다.] 함을 깊이 사죄합니다."라고 말한다. [옛 판본에는 "모두들 관에 매달린 새끼줄을 잡고서 하관하는 일을 돕는다."[6]라고 한 문장 뒤에 수록되어 있었다.]

集說

此謂國君弔其諸臣之喪. 弔後, 主人當親往拜謝; 喪家若無主後, 必

---

6) 『예기』「단궁하」 007장 : 弔於葬者必執引; 若從柩, 及壙, 皆執紼.

使以次疏親往拜; 若又無疏親, 則死者之朋友, 及同州同里, 及喪家
典舍之人往拜, 亦可也. 寡君承事, 言來承助喪事, 此君語擯者傳命
以人之辭. 主人曰臨者, 謝辱臨之重也.

이 문장은 제후국의 군주가 신하들의 상에 조문하는 내용이다. 조문을
끝낸 이후 상주는 마땅히 직접 가서 절을 하며 군주가 직접 오게 한 것
에 대해 절을 하며 사죄하게 된다. 상을 당한 집에 만약 주인의 후계자
가 없는 경우라면, 반드시 친척들 중 그 다음 서열에 해당하는 자로 하
여금 군주에게 가서 절을 하도록 시킨다. 만약 친척들도 없다면, 죽은
자의 친구 및 같은 마을에 사는 사람, 또는 상을 당한 집에서 일을 맡아
보던 자로 하여금 군주에게 나아가 절을 하도록 시켜도 무방하다. '과군
승사(寡君承事)'라는 말은 찾아와서 상사를 돕는 일에 참여하겠다는 뜻
이니, 이것은 군주의 말을 부관이 전달하게 되어 들어와서 건네는 말에
해당한다. '주인왈림(主人曰臨)'이라는 말은 욕되게 상에 임해주신 것에
대해 깊이 사죄하는 말이다.

經文

君遇柩於路, 必使人弔之.〈009〉 大夫之喪, 庶子不受弔.〈010〉
[舊聯上文.] 大夫弔, 當事而至, 則辭焉. 弔於人, 是日不樂.〈00
6〉7) [舊在"倚其門而歌"之下.]

군주가 도로에서 뜻밖의 상여 행렬을 만나게 된다면, 반드시 사람을 시
켜 조문해야만 한다. 대부의 상에서 서자는 조문을 받지 않는다. [옛 판
본에는 앞 문장의 뒤에 수록되어 있었다.] 대부가 사에게 조문을 함에 만약

---

7) 『예기』「단궁하」 006장 : <u>大夫弔, 當事而至, 則辭焉. 弔於人, 是日不樂.</u> 婦人不
越疆而弔人. 行弔之日, 不飮酒食肉焉.

상주가 시행하고 있는 일이 있을 때 당도하게 된다면, 그 일을 돕는 자가 나와서 상주가 현재 어떠한 일을 시행하고 있다는 사실을 아뢴다. 남에게 조문을 하게 되면 그 날에는 음악을 연주하지 않는다. [옛 판본에는 "그의 문에 기대어서 노래를 불렀다."[8]라고 한 문장 뒤에 수록되어 있었다.]

集說

大夫弔, 弔於士也. 大夫雖尊, 然當主人有小斂 · 大斂或殯之事而至, 則擯者以其事告之. 辭, 猶告也. 若非當事之時, 則孝子下堂迎之. 是日不樂, 餘哀未忘也.

'대부조(大夫弔)'라는 말은 대부가 사에게 조문을 갔다는 뜻이다. 대부는 비록 존귀한 신분이지만 상주가 소렴 · 대렴 혹은 빈소를 마련하는 일이 있을 때가 되어서 당도하게 된다면, 부관이 나와 시행하고 있는 일을 대부에게 아뢴다. '사(辭)'자는 "아뢴다."는 뜻이다. 만약 시행하는 일이 없을 때 당도하게 된다면, 상주는 당하로 내려가서 그를 맞이한다. 조문을 한 날에는 음악을 연주하지 않는데, 마음에 슬픔이 남아 있어서 그에 대한 생각을 잊을 수 없기 때문이다.

經文

五十無車者, 不越疆而弔人.〈004〉 [舊在"哀次亦如之"之下.] 婦人不越疆而弔人, 行弔之日, 不飮酒食肉焉.〈006〉[9] [舊在"是日不樂"之下.]

---

8) 『예기』「단궁하」005장 : 季武子寢疾, 蟜固不說齊衰而入見, 曰: "斯道也, 將亡矣. 士唯公門說齊衰." 武子曰: "不亦善乎! 君子表微." 及其喪也, 曾點倚其門而歌.

9) 『예기』「단궁하」006장 : 大夫弔, 當事而至, 則辭焉. 弔於人, 是日不樂. 婦人不越疆而弔人, 行弔之日, 不飮酒食肉焉.

50세가 된 자들 중 수레가 없는 자는 국경을 넘어서까지 남에게 조문을 가지 않는다. [옛 판본에는 "빈객을 대하던 장소를 지나치게 되면, 자식은 애통한 마음을 느끼게 되어, 또한 이곳에서 잠시 멈춰 서게 하는데, 이때에도 또한 이와 같은 과정을 반복하여, 행차를 하게 된다."[10]라고 한 문장 뒤에 수록되어 있었다.] 부인은 국경 밖으로 나가서 남에게 조문을 가지 않는다. 조문을 시행한 날에는 술을 마시지 않고 고기도 먹지 않는다. [옛 판본에는 "그 날에는 음악을 연주하지 않는다."[11]라고 한 문장 뒤에 수록되어 있었다.]

淺見

近按: 上曰: "弔於人, 是日不樂", 是言君大夫之事也. 下曰: "行弔之日, 不飲酒食肉", 是言無車者與婦人之事也. 賤者不能擧樂, 但不飲酒食肉而已.

내가 살펴보니, 앞에서는 "남에게 조문을 하게 되면, 그 날에는 음악을 연주하지 않는다."라고 했는데, 이것은 군주와 대부가 시행하는 사안을 언급한 것이다. 뒤에서는 "조문을 시행한 날에는 술을 마시지 않고 고기도 먹지 않는다."라고 했는데, 이것은 수레가 없는 자와 부인들이 시행하는 사안을 언급한 것이다. 신분이 미천한 자는 음악을 연주할 수 없고, 단지 술을 마시지 않고 고기를 먹지 않을 따름이다.

---

10) 『예기』「단궁하」 003장 : 君於大夫, 將葬, 弔於宮, 及出, 命引之, 三步則止. 如是者三, 君退. 朝亦如之, 哀次亦如之.
11) 『예기』「단궁하」 006장 : 大夫弔, 當事而至, 則辭焉. 弔於人, 是日不樂. 婦人不越疆而弔人. 行弔之日, 不飲酒食肉焉.

有殯, 聞遠兄弟之喪, 雖緦必往; 非兄弟, 雖鄰不往.〈上135〉所識, 其兄弟不同居者, 皆弔.〈上136〉[舊在上篇"袪裼之可也"之下.]

집에 빈소가 차려져 있을 때, 멀리 떨어져 살고 있는 형제에 대한 상의 소식을 접하게 된다면, 비록 그 자가 자신과 관계가 멀어서 시마복을 착용하는 자라 하더라도, 반드시 찾아가서 곡을 해야 한다. 형제가 아니라면, 비록 이웃에 상이 발생했다 하더라도 찾아가지 않는다. 알고 지내던 자가 죽었을 경우, 죽은 자의 형제들이 죽은 자와 같은 집에서 살고 있지 않다 하더라도, 그 형제들에게 모두 찾아가서 조문을 한다. [옛 판본에는 「단궁상」편의 "소맷부리를 달았다면, 석의(裼衣)를 착용해도 괜찮다."[1] 라고 한 문장 뒤에 수록되어 있었다.]

集說

三年之喪, 在殯不得出弔, 然於兄弟則恩義存焉, 故雖緦服兄弟之異居而遠者, 亦當往哭其喪. 若非兄弟, 則雖近不往. 死者旣吾之所知識, 則其兄弟雖與死者不同居, 我皆當弔之, 所以成往來之情義也.

삼년상을 치를 때에는 빈소가 집안에 있으므로 밖으로 나가서 조문을 갈 수 없다. 그러나 형제의 경우라면, 은정과 도의가 둘 간의 관계에 포함되어 있으므로, 비록 시마복을 입어야 하는 형제이고, 멀리 떨어져 사는 자라 하더라도, 또한 마땅히 찾아가서 그의 상에 대해 곡을 해야만 한다. 만약 형제가 아닌 경우라면, 비록 가까운 곳에 사는 자라 하더라도 찾아가지 않는다. 죽은 자가 이미 나와 알고 지내던 자라면, 그의 형제들이 비록 죽은 자와 같은 집에 살고 있지 않다 하더라도, 나는 그 형제들에 대해 모두 찾아가서 조문을 해야만 하는 것으로, 서로 왕래하는 정감과 도의를 이루기 위해서이다.

---

1) 『예기』「단궁상」 134장 : 鹿裘, 衡長, 袪. 袪, 裼之可也.

近按: 上言"有殯, 非兄弟, 雖鄰不往", 下言"所識, 其兄弟不同居者, 皆弔", 則下節是非有殯之時也.

내가 살펴보니, 앞에서는 "빈소가 차려져 있을 때 형제가 아니라면 비록 이웃에 상이 발생했다 하더라도 찾아가지 않는다."라고 했고, 뒤에서는 "알고 지내던 자라면 그의 형제들이 죽은 자와 같은 집에 살고 있지 않다 하더라도 모두 찾아가서 조문을 한다."라고 했으니, 뒤의 문단은 빈소가 차려지지 않았을 때에 해당한다.

弔於葬者必執引[去聲]**; 若從柩, 及壙**[上聲]**, 皆執紼.**〈007〉[舊在"飮酒食肉焉"之下.]

장례를 치를 때 조문하는 자들은 반드시 영구가 실려 있는 수레의 새끼줄을 잡고서 끄는['引'자는 거성으로 읽는다.] 일을 돕는다. 만약 영구를 끄는 사람의 수가 충족되어 남은 인원들이 영구를 뒤따라가게 되면, 무덤에['壙'자는 상성으로 읽는다.] 이르러 하관을 할 때, 모두들 관에 매달린 새끼줄을 잡고서 하관하는 일을 돕는다. [옛 판본에는 "술을 마시고 고기를 먹는다."[1]라고 한 문장 뒤에 수록되어 있었다.]

集說

引, 引柩車之索也. 紼, 引棺索也.

'인(引)'자는 영구를 실은 수레의 새끼줄을 잡고서 끈다는 뜻이다. '불(紼)'자는 관에 매달린 새끼줄을 당긴다는 뜻이다.

引者, 長遠之名, 故在車, 車行遠也; 紼是撥擧之義, 故在棺, 棺惟撥擧, 不長遠也.

'인(引)'자는 멀리 간다는 뜻의 명칭이다. 그렇기 때문에 수레에 매달린 새끼줄에 그 명칭을 쓰게 되니, 수레가 멀리 가게 되기 때문이다. '불(紼)'자는 들어 올린다는 뜻이다. 그렇기 때문에 관에 매달린 새끼줄에 그 명칭을 쓰게 되니, 관은 유일하게 들어 올려지고, 수레처럼 직접 끌어서 먼 길을 가는 것이 아니다.

---

1) 『예기』「단궁하」 006장 : 大夫弔, 當事而至, 則辭焉. 弔於人, 是日不樂. 婦人不越疆而弔人. 行弔之日, 不飮酒食肉焉.

近按: 右自"君於大夫, 將葬弔"以下, 是言行弔之禮. 舊經多失次, 而 "五十無車, 不越疆而弔人"之下, "大夫弔"之上, 有"季武子寢疾", 至 "曾點倚其門而歌"二節雜入其中, 今以類而分之, 又以尊卑之序而 次之.

내가 살펴보니, "군주는 대부에 대해서 장례를 치르려고 할 때 조문을 한다."[2]라고 한 기록으로부터 그 이하는 조문을 시행하는 예법을 말한 것이다. 옛 경문은 대부분 순서가 잘못되어 있어서, "50세가 된 자들 중 수레가 없는 자는 국경을 넘어서까지 남에게 조문을 가지 않는다."[3]라 고 한 문장 뒤와 "대부가 조문을 한다."[4]라고 한 구문 앞에 "계무자가 질병으로 인해 침상에 누웠다."라고 한 구문으로부터 "증점이 문에 기대 어서 노래를 불렀다."라고 한 구문까지,[5] 두 문단이 그 가운데 뒤섞여 삽입되어 있었는데, 지금은 그 부류에 따라 구분하고, 신분의 차례에 따 라 순서를 정했다.

---

2) 『예기』「단궁하」003장 : 君於大夫, 將葬, 弔於宮, 及出, 命引之, 三步則止. 如 是者三, 君退. 朝亦如之, 哀次亦如之.

3) 『예기』「단궁하」004장 : 五十無車者, 不越疆而弔人.

4) 『예기』「단궁하」006장 : 大夫弔, 當事而至, 則辭焉. 弔於人, 是日不樂. 婦人不 越疆而弔人. 行弔之日, 不飮酒食肉焉.

5) 『예기』「단궁하」005장 : 季武子寢疾, 蟜固不說齊衰而入見, 曰: "斯道也, 將亡 矣. 士唯公門說齊衰." 武子曰: "不亦善乎! 君子表微." 及其喪也, 曾點倚其門 而歌.

經文

有若之喪, 悼公弔焉, 子游擯由左.(014) [舊在"我弔也與哉"之下.]

유약의 상이 발생했는데, 노나라 도공이 조문을 왔다. 그러자 자유가 상례 절차를 도우며, 도공의 왼쪽에 서서 일을 처리했다. [옛 판본에는 "내가 조문을 했단 말인가?"[1]라고 한 문장 뒤에 수록되어 있었다.]

集說

悼公, 魯君, 哀公之子. 擯, 贊相禮事也. 立者尊右, 子游由公之左, 則公在右爲尊矣. 少儀云: "詔辭自右"者, 謂傳君之詔命, 則詔命爲尊, 故傳者居右. 時相喪禮者亦多由右, 故子游正之也.

'도공(悼公)'은 노나라 군주로, 애공의 아들이다. '빈(擯)'자는 예에 따른 일들을 돕는다는 뜻이다. 서 있을 때에는 오른쪽을 존귀하게 여기는데, 자유가 도공의 좌측에서 도왔다면, 도공은 우측에 있게 되어 존귀한 자리에 위치하게 된다. 『예기』「소의(少儀)」편에서 "군주의 명령을 전달하는 자는 군주의 우측에서 한다."[2]라고 한 말은 곧 군주의 명령을 전달하게 된다면, 군주의 명령을 전달하는 일은 존귀한 일에 해당하기 때문에, 전달하는 자가 오른쪽에 위치한다는 뜻이다. 당시 상례를 돕는 자들은 또한 대부분 오른쪽에서 일을 처리했다. 그렇기 때문에 자유가 왼쪽에서 일을 처리하여 잘못을 바로잡았던 것이다.

---

1) 『예기』「단궁하」 013장 : 子張死, 曾子有母之喪, 齊衰而往哭之. 或曰: "齊衰不以弔." 曾子曰: "我弔也與哉?"

2) 『예기』「소의(少儀)」 059장 : 贊幣自左, 詔辭自右.

晉獻公之喪, 秦穆公使人弔公子重耳, 且曰: "寡人聞之, 亡國
恒於斯, 得國恒於斯. 雖吾子儼然在憂服之中, 喪[去聲]亦不可
久也, 時亦不可失也. 孺子其圖之!"⟨016⟩

진나라 헌공의 상이 발생했는데, 그의 아들 중이는 환란을 피해 오랑캐
땅에 피신해 있었다. 그래서 진나라 목공은 사람을 시켜 공자 중이에게
조문을 하도록 했고, 또한 "내가 듣기로, 나라를 잃는 것도 항상 이 시
기에 달려 있는 것이고, 나라를 얻는 것도 항상 이 시기에 달려 있는
것이라고 했소. 비록 그대는 단정한 태도로 부친의 대한 상에 처해 있
지만, 지위를 잃은['喪'자는 거성으로 읽는다.] 것을 오래도록 방치할 수만은
없는 것이고, 또 그 시기를 놓칠 수도 없는 것이오. 그러니 그대는 자신
의 나라로 되돌아가서 지위를 계승하도록 일을 도모하시오!"라는 말을
전했다.

集說

獻公薨時, 重耳避難在狄, 故穆公使人往弔之. 弔爲正禮, 故以"且
曰"起下辭. 寡人聞之者, 此使者傳穆公之言也. 恒於斯, 言常在此死
生交代之際也. 儼然, 端靜持守之貌. 喪, 失位也. 喪不可久·時不
可失者, 勉其奔喪反國以謀襲位, 故言孺子其圖之也. 此時秦已有
納之志矣.

헌공이 죽었을 때, 중이는 난리를 피해 오랑캐 땅에 머물고 있었다. 그
렇기 때문에 목공이 사람을 시켜서, 그에게 찾아가 조문을 하도록 했던
것이다. 조문은 정식 예법을 시행한 것이다. 그렇기 때문에 '또한 말하
길[且曰]'이라는 말로 다음 이야기를 일으켰다. '과인문지(寡人聞之)'라고
했는데, 이 말은 심부름을 하는 자가 목공의 말을 전한 것이다. '항어사
(恒於斯)'라는 말은 그 관건은 항상 죽은 자와 산 자가 교대하는 시기에

달려 있다는 뜻이다. '엄연(儼然)'은 단정하게 자신을 단속하는 모습을 뜻한다. '상(喪)'자는 지위를 잃었다는 뜻이다. 지위를 잃은 것을 오래도록 방치할 수 없고, 그 때를 놓칠 수도 없다는 말은 분상(奔喪)[3]하여 자신의 나라로 되돌아가서 지위를 계승하도록 도모하는데 힘쓰라는 뜻이다. 그렇기 때문에 "그대는 도모를 하시오."라고 말한 것이다. 이때부터 진나라에서는 이미 그를 진(晉)나라의 왕으로 들이려는 뜻을 가지고 있었다.

經文

以告舅犯, 舅犯曰: "孺子其辭焉! 喪[去聲]人無寶, 仁親以爲寶. 父死之謂何? 又因以爲利, 而天下其孰能說[如字]之? 孺子其辭焉!"〈017〉

중이는 다시 안으로 들어와서 진나라 목공이 전해준 말을 구범에게 일러주었다. 그러자 구범은 "그대는 그 청을 사양하시오! 지위를 잃고['喪'자는 거성으로 읽는다.] 나라를 떠난 자는 보배로 삼을 것이 없고, 오직 부모에 대해 인애하는 마음만을 보배로 삼을 따름이오. 부친이 돌아가신 것은 무엇이라 부르겠소? 부친이 돌아가신 것은 흉사 중에서도 매우 큰 일에 해당하오. 그런데 또한 그 일을 기회로 자신의 이익을 도모하게 된다면, 천하에 그 누가 그대에게 죄가 없다고 해명해줄['說'자는 글자대로 읽는다.] 수 있겠소? 그러니 그대는 목공의 청을 사양하시오!"라고 했다.

---

3) 분상(奔喪)은 타지에 있다가 상(喪)에 대한 소식을 듣고, 급히 되돌아오는 예법 (禮法)을 말한다. 『예기』「분상(奔喪)」편에 대해, 공영달(孔穎達)은 "案鄭目錄 云, 名曰奔喪者, 以其居他國, 聞喪奔歸之禮."라고 풀이했다.

舅犯, 重耳舅狐偃, 字子犯也. 公子旣聞使者之言, 入以告之子犯,
犯言當辭而不受可也. 失位去國之人, 無以爲寶; 惟仁愛思親, 乃其
寶也. 父死謂是何事? 正是凶禍大事, 豈可又因此凶禍以爲反國之
利, 而天下之人, 孰能解說我爲無罪乎? 此所以不當受其相勉反國
之命也.

'구범(舅犯)'은 중이의 외삼촌인 호언으로, 그의 자(字)는 자범이다. 중
이는 이미 사신이 전달한 말을 듣고, 들어와서 그 이야기를 자범에게 일
러주었던 것인데, 자범은 마땅히 사양해야 하며 호의를 받아들이지 않
는 것이 좋다고 말한 것이다. 지위를 잃고 나라를 떠난 자는 보배로 삼
을 것이 없고, 오직 인애의 마음으로 부모를 사모하는 것만을 보배로 여
겨야 한다. 부친이 죽은 것을 어떤 일이라 하겠는가? 이것은 바로 흉화
중에서도 큰일에 해당하는데, 어떻게 또한 이러한 흉화를 틈타서 자신
의 나라로 되돌아가는 이익을 꾀할 수 있겠는가? 그리고 천하의 사람들
중 그 누가 자신에게 죄가 없다고 해명해줄 수 있겠는가? 이것이 자신
의 나라로 되돌아갈 때 도와주겠다는 명을 받아들이지 말아야 하는 이
유이다.

經文

公子重耳對客曰: "君惠弔亡臣重耳, 身喪父死, 不得與[去聲]於
哭泣之哀, 以爲君憂. 父死之謂何? 或敢有他志, 以辱君義."
稽顙而不拜, 哭而起, 起而不私.〈018〉

공자 중이는 자범의 말을 듣고 밖으로 나와서, 진나라의 사신에게 대답
을 하며, "진나라 군주께서는 은혜롭게도 나라를 잃고 떠도는 저를 조문
해주셨습니다. 이것은 제가 지위를 잃어서, 부친이 돌아가셨는데도 부

친의 상을 치르는 곳에 참여하지['與'자는 거성으로 읽는다.] 못한 것을 군주께서 저를 대신하여 근심해주신 것입니다. 그러나 부친이 돌아가신 것은 무엇이라 부르겠습니까? 부친이 돌아가신 것은 흉사 중에서도 매우 큰일에 해당합니다. 따라서 제가 혹시라도 감히 다른 뜻을 품어 제 지위를 되찾고자 한다면, 이것은 군주께서 베푸신 뜻을 욕되게 만드는 꼴이 됩니다."라고 했다. 그리고 이마를 조아렸지만 절은 하지 않았고, 곡을 하고 일어섰는데, 일어서서는 사신과 사적인 대화를 재차 나누지 않았다.

集說

公子旣聞子犯之言, 乃出而答客. 惠弔亡臣重耳, 謝其來弔也. 不得與哭泣之哀, 言出亡在外, 不得居喪次也. 以爲君憂者, 致君憂慮我也. 他志, 謂求位之志. 辱君義者, 辱君惠弔之義也. 不私, 不再與使者私言也.

중이는 이미 자범의 말을 들었으므로, 곧 밖으로 나와서 빈객에게 대답을 한 것이다. "은혜롭게도 나라를 잃은 신하인 저를 조문하였다."는 말은 찾아와서 조문해준 것에 대해 감사를 표한다는 뜻이다. "곡하며 눈물을 흘리는 슬픔에 참여치 못했다."는 말은 나라에서 쫓겨나 타지에 있으므로, 상을 치르는 장소에 머물지 못했다는 뜻이다. "이것을 군주의 근심으로 삼았다."는 말은 군주가 나를 위해 매우 걱정을 해줬다는 뜻이다. '타지(他志)'는 지위를 얻으려는 뜻을 의미한다. '욕군의(辱君義)'라는 말은 군주가 은혜롭게 조문을 해준 뜻을 욕보이게 한다는 의미이다. '불사(不私)'는 재차 사신과 더불어서 사적인 말을 하지 않았다는 뜻이다.

子顯[去聲]以致命於穆公. 穆公曰: "仁夫公子重耳! 夫稽顙而不拜, 則未爲後也, 故不成拜. 哭而起, 則愛父也; 起而不私, 則遠[去聲]利也."〈019〉 [自"晉獻公之喪"至此, 舊在"故爲之服"之下.]

중이에게 조문을 갔던 자현['顯'자는 거성으로 읽는다.]은 되돌아와서, 목공에게 명령에 대한 보고를 하며 듣고 보았던 내용을 아뢰었다. 목공은 "공자 중이는 인한 자로구나! 무릇 이마를 조아렸지만 절을 하지 않았던 것은 그가 아직 부친의 후계자가 되지 못했기 때문이다. 그렇기 때문에 제대로 절을 하지 않았던 것이다. 그리고 곡을 하고 일어선 것은 곧 그가 부친을 사랑하기 때문이다. 또한 일어나서 사적인 말을 하지 않았던 것은 그가 이로움을 멀리하였기['遠'자는 거성으로 읽는다.] 때문이다."라고 평가했다. ['진나라 헌공의 상[4]이라는 구문부터 이곳 까지는 옛 판본에 "그러므로 그를 위해 상복을 착용한다."[5]라고 한 문장 뒤에 수록되어 있었다.]

集說

鄭註用國語, 知使者爲公子縶, 字子輈, 故讀顯爲輈也. 喪禮先稽顙後拜, 謂之成拜, 爲後者成拜, 所以謝弔禮之重; 今公子以未爲後, 故不成拜也. 愛父, 猶言哀痛其父也, 不私與使者言, 是無反國之意, 是遠利也. 愛父遠利, 皆仁者之事, 故稱之曰"仁夫公子重耳!"

정현의 주에서는 『국어』의 내용을 이용하여, 사신으로 찾아온 자가 공자 집이라는 사실을 알았던 것이니,[6] 그의 자(字)는 자현이다. 그렇기

---

4) 『예기』「단궁하」016장 : 晉獻公之喪, 秦穆公使人弔公子重耳, 且曰: "寡人聞之, 亡國恒於斯, 得國恒於斯. 雖吾子儼然在憂服之中, 喪亦未可久也, 時亦不可失也. 孺子其圖之!"

5) 『예기』「단궁하」015장 : 齊穀王姬之喪, 魯莊公爲之大功. 或曰: "由魯嫁, 故爲之服姊妹之服." 或曰: "外祖母也, 故爲之服."

때문에 '현(顯)'자를 현(韅)자로 풀이했다. 상례에서는 먼저 이마를 조아리고 그 이후에 절을 하니, 이것을 '성배(成拜)'라 부르고, 부친의 후계자가 된 자가 성배를 하는 것은 조문의 예에 대해서 감사를 표함을 중대하게 나타내기 위해서이다. 현재 공자 중이는 아직 후계자가 된 것이 아니기 때문에, 성배를 하지 않은 것이다. '애부(愛父)'는 자신의 부친에 대해서 애통한 마음을 나타낸다고 말하는 것과 같으며, 사적으로 사신과 대화를 나누지 않은 것은 본국으로 되돌아가고자 하는 뜻이 없는 것이니, 이로움을 멀리하는 태도이다. 부친을 사랑하고 이로움을 멀리하는 것들은 모두 인한 자가 따르는 사안이다. 그렇기 때문에 그를 평가하며, "인하구나, 공자 중이여!"라고 말한 것이다.

經文

子張死, 曾子有母之喪, 齊衰而往哭之. 或曰: "齊衰不以弔." 曾子曰: "我弔也與[平聲]哉?"〈013〉 [舊在"同國則往哭之"之下.]

자장이 죽었는데, 당시 증자는 모친에 대한 상을 치르고 있었다. 그래서 증자는 자최복을 착용하고서 자장의 집에 찾아가 곡을 했다. 혹자는 그것을 보고 "자최복을 착용하고서는 조문을 하지 않는다."라고 말하며, 증자를 저지하려고 했다. 그러자 증자는 "나는 단지 벗에 대해서 곡을 한 것이다. 내가 조문을 했단 말인가?['與'자는 평성으로 읽는다.]"라고 반문하였다. [옛 판본에는 "같은 나라에서 살고 있는 경우라면, 그의 집에 찾아가서 곡을 한다."7)라고 한 문장 뒤에 수록되어 있었다.]

---

6) 『국어』「진어이(晉語二)」: 乃使公子縶弔公子重耳于狄.

7) 『예기』「단궁하」 012장: 有殯, 聞遠兄弟之喪, 哭于側室; 無側室, 哭于門內之右. 同國則往哭之.

以喪母之服, 而哭朋友之喪, 踰禮已甚, 故或人止之. 而曾子之意則曰, 我於子張之死, 豈常禮之弔而已哉? 今詳此意, 但以友義隆厚, 不容不往哭之, 又不可釋服而往但往, 哭而不行弔禮耳. 故曰: "我弔也與哉."

모친에 대한 상을 치르는 복장을 착용하고서, 벗의 상에 곡을 했던 것이니, 예를 어긴 것이 매우 심한 것이다. 그렇기 때문에 혹자가 그를 저지하려고 했다. 그런데 증자의 의도는 곧 다음과 같다. "내가 자장의 죽음에 대해서 어찌 일상적인 조문의 예법에 따라 했겠는가?"라고 한 것인데, 이곳에 나타나는 증자의 뜻을 자세히 살펴보면, 단지 벗에 대한 도의는 두텁고 융성하여, 직접 가서 곡을 하지 않을 수 없었던 것인데, 또한 상복을 벗고서 갈 수도 없었다. 따라서 단지 찾아가서 곡만 하고 조문의 예는 시행하지 않았던 것일 뿐이다. 그래서 "내가 조문을 했단 말인가?"라고 말한 것이다.

劉氏曰: 曾子嘗問: "三年之喪, 弔乎?" 夫子曰: "三年之喪練, 不群立不旅行. 君子禮以飾情, 三年之喪而弔哭, 不亦虛乎?" 旣聞此矣, 而又以母喪弔友, 必不然也. 凡經中言曾子失禮之事, 不可盡信, 此亦可見.

유씨가 말하길, 증자는 일찍이 "자신이 삼년상을 치르는 도중인데, 남의 상에 조문을 해도 되는 것입니까?"라고 질문했다. 그러자 공자는 "자신이 삼년상을 치르는 중이라면 소상을 치른 상태라 하더라도, 사람들이 모여 있는 장소에 가서 뭇 사람들과 자리를 함께 하지 않으며, 뭇 사람들과 무리를 지어 다니지 않는다. 군자는 예법대로 시행하여 애통한 감정을 나타낼 따름인데, 삼년상을 치르는 도중에 남의 상에 가서, 자신의 애통한 감정을 누그러트리지도 못한 채, 남을 위하여 조문을 하고 곡을 하는 것은 또한 허례가 아니겠는가?"[8]라고 대답해주었다. 증자는 이미 이러한 대답을 들었는데, 또한 모친의 상을 치르면서 벗에게 조문을 갔다고 하니, 분명 그렇지 않았을 것이다. 무릇 경문 중에 증자가 실례를 범했다고 기록한 사안들은 모두 믿을 수가 없으니, 이 기록을 통해서도 믿을 수 없는 이유를 확인할 수 있다.

經文

季武子寢疾, 蟜[矯]固不說[脫]齊衰而入見, 曰: "斯道也, 將亡矣. 士唯公門說齊衰." 武子曰: "不亦善乎! 君子表微." 及其喪也, 曾點倚其門而歌.〈005〉 [舊在"不越疆而弔人"之下.]

계무자가 질병으로 인해 침상에 눕게 되었다. 당시 교고는['蟜'자의 음은 '矯(교)'이다.] 자최복을 입고 치르는 상중에 있었다. 그래서 계무자에게 문병을 갈 때, 자최복을 벗지['說'자의 음은 '脫(탈)'이다.] 않고 들어갔으며, 그를 찾아보고 "이처럼 상복을 그대로 착용하는 것이 올바른 도리입니다. 그런데 이러한 도리가 장차 없어지려고 합니다. 사는 오직 군주의 문 앞에서만 자최복을 벗고 들어갈 따름이다. 저는 이러한 도리를 지키기 위해 이처럼 착용한 것입니다."라고 했다. 그러자 계무자는 그의 행동이 마음에 들지 않았지만, "그대의 행동이 또한 좋지 않은가! 군자는 미세한 부분에서의 실례도 드러낼 수 있는 사람이다."라고 했다. 계무자의 상을 치를 때, 증점은 예를 어기며, 그의 문에 기대어 노래를 불렀다. [옛 판본에는 "국경을 넘어서까지 남에게 조문을 가지 않는다."9)라고 한 문장 뒤에 수록되어 있었다.]

---

8) 『예기』「증자문(曾子問)」 040장 : 曾子問曰: 三年之喪, 弔乎. 孔子曰: 三年之喪, 練, 不群立, 不旅行, 君子禮以飾情, 三年之喪而弔哭, 不亦虛乎.

9) 『예기』「단궁하」 004장 : 五十無車者, 不越疆而弔人.

季武子, 魯大夫季孫夙也. 蟜固, 人姓名. 點, 字皙, 曾子父也. 武子
寢疾之時, 蟜固適有齊衰之服, 遂衣凶服而問疾, 且曰, 大夫之門不
當釋凶服, 惟君門乃說耳. 此禮將亡, 我之凶服以來, 欲以救此將亡
之禮也. 武子善之, 言失禮之顯著者, 人皆可知, 若失禮之微細者,
惟君子乃能表明之也. 武子執政人所尊畏, 固之爲此, 欲以易時人
之觀瞻. 據禮而行, 武子雖憾, 不得而罪之也. 若倚門而歌, 則非禮
矣, 其亦狂之一端歟. 記者蓋善蟜固之存禮, 譏曾點之廢禮也.

'계무자(季武子)'는 노나라 대부인 계손숙이다. '교고(蟜固)'는 사람의 성
과 이름이다. 점(點)의 자(字)는 석(皙)으로, 증자의 부친이다. 계무자가
질병으로 인해 침상에 누워 있을 때, 교고는 때마침 자최복을 입는 상을
치르고 있어서, 결국 흉복을 착용하고서 문병을 갔고, 또한 "대부의 문
에서는 흉복을 벗어서는 안 되고, 오직 군주의 문에서만 벗을 따름이다.
현재 이러한 예가 장차 없어지려고 하여, 나는 흉복을 착용하고서 찾아
왔으며, 이를 통해서 장차 없어지려고 하는 예를 복원하고자 한다."고
했다. 계무자는 그를 칭찬하며, "현저하게 드러나는 실례는 사람들이 모
두 알 수 있지만, 소소하고 은미한 실례는 오직 군자만이 나타낼 수 있
을 뿐이다."라고 말했다. 계무자는 정권을 장악한 자로, 사람들이 존귀
하게 여기며 두려워했던 자인데, 교고는 이러한 예법을 시행하여, 당시
사람들이 계무자를 우러러보는 태도를 바꾸고자 했던 것이다. 예의 규
정에 따라 행동을 했으므로, 계무자가 비록 서운해 했더라도, 그에게 죄
를 줄 수 없었다. 만약 문에 기대어서 노래를 부른다면, 비례가 되니,
이 또한 경솔함을 드러내는 한 단서가 될 것이다. 『예기』를 기록한 자
는 아마도 교고가 예를 보존하려고 했던 점을 칭찬했던 것이고, 증점이
예를 어긴 행동에 대해서 기롱을 하고자 했던 것이다.

近按: 此因上言行弔之禮, 而附以貴賤行弔之有得失者也.

내가 살펴보니, 이것은 앞 문장에서 조문을 시행하는 예법을 언급한 것으로 인해, 각 계급이 조문을 행할 때 나타난 올바른 행동과 잘못된 행동들을 덧붙여 기록한 것이다.

喪禮, 哀戚之至也. 節哀, 順變也, 君子念始之者也.〈021〉 [舊在
"哭穆伯始也"之下.]

상례에서는 지극히도 애통한 자식의 마음이 나타나게 된다. 그런데도
예법을 제정하여 그 슬픔을 조절하도록 했던 것은 자식의 감정에 따르
면서도 점진적으로 변화를 시켜서 슬픔을 덜어주기 위함이다. 이처럼
했던 이유는 애통해함이 지속되다보면 생명을 잃을 수도 있으니, 군자
는 자신을 낳아준 부모에 대해 항상 유념하기 때문이다. [옛 판본에는 "목
백에게 곡을 했던 것에서부터 시작되었다."[1]라고 한 문장 뒤에 수록되어 있었다.]

集說

孝子之哀, 發於天性之極至, 豈可止遏, 聖人制禮以節其哀, 蓋順以
變之也. 言順孝子之哀情, 以漸變而輕減也. 始, 猶生也, 生我者父
母也, 毀而滅性, 是不念生我者矣.

자식의 애통한 마음은 천성의 지극함으로부터 표출되는 것이니, 어찌
멈출 수가 있겠는가? 그런데도 성인은 예법을 제정하여 그 슬픔을 절제
하도록 했으니, 무릇 그에 따름으로써 점진적으로 변화시키고자 했던
것이다. 즉 자식의 애통한 감정에 따라서 점진적으로 변화를 시켜 줄어
들도록 했다는 뜻이다. '시(始)'자는 "태어나다."는 뜻과 같으니, 나를 낳
아준 자는 부모인데, 자신의 몸을 해쳐 목숨을 잃게 되는 것은 나를 낳
아준 자를 유념치 않는 행동이다.

淺見

近按: 君子念父母生我之恩, 而不自知其哀戚之至, 故必爲禮以節其

---

1) 『예기』「단궁하」 020장 : 帷殯, 非古也, 自敬姜之哭穆伯始也.

哀, 而不使之過也.

내가 살펴보니, 군자는 부모가 나를 낳아준 은혜를 유념하고 있지만, 스스로는 그 슬픔이 지극해지는 것을 깨닫지 못한다. 그렇기 때문에 반드시 예법을 지켜 슬픔을 조절하여 그로 하여금 너무 지나치지 않게 해야 한다.

復, 盡哀之道也, 有禱祠之心焉. 望反諸幽, 求諸鬼神之道也. 北面, 求諸幽之義也.〈022〉[舊聯上文.]

초혼을 하는 것은 부모를 그리워하는 마음을 극진히 하는 도리에 해당하니, 초혼을 할 때에도 오사(五祀)에게 생명이 되돌아오기를 기도했던 마음을 지니고 있는 것이다. 귀신들이 머무는 그윽한 세상에서 부모의 혼백이 되돌아오기를 기대하는 것은 곧 귀신에 대해 기원하는 도리이다. 북쪽을 바라보는 것은 그윽한 세상에서 무언가를 찾고자 하는 뜻에 해당한다. [옛 판본에는 앞 문장의 뒤에 수록되어 있었다.]

集說

行禱五祀而不能回其生, 又爲之復, 是盡其愛親之道, 而禱祠之心猶未忘於復之時也. 望反諸幽, 望其自幽而反也. 鬼神處幽暗, 北乃幽陰之方, 故求諸鬼神之幽者必向北也.

오사에게 기도를 하더라도 그 생명을 되돌릴 수 없지만, 또한 부모를 위해 초혼을 하는 것은 부모를 사랑하는 마음을 극진히 하는 도리이고, 기도를 했던 마음을 초혼을 할 때에도 여전히 잊지 않은 것이다. '망반제유(望反諸幽)'라는 말은 그윽한 저 세상에서 되돌아오기를 기대한다는 뜻이다. 귀신은 그윽한 암흑의 세상에 머물게 되고, 북쪽은 곧 그윽하고 음한 방위가 된다. 그렇기 때문에 귀신이 머무는 그윽한 세상에서 찾고자 할 때에는 반드시 북쪽을 바라보는 것이다.

經文

袒·括髮, 變也. 愠, 哀之變也. 去[上聲]飾, 去美也. 袒·括髮,

> 去飾之甚也. 有所袒, 有所襲, 哀之節也.〈029〉[舊在"爲之節文也" 之下.]

단을 하고 괄발(括髮)[1]을 하는 것은 모습을 변화시키는 것이다. 원망함은 애통한 감정이 변화된 것이다. 치장을 제거하는['去'자는 상성으로 읽는다.] 것은 아름다운 것을 제거하는 것이다. 단과 괄발은 치장을 제거하는 것 중에서도 수위가 가장 높은 것이다. 단을 하는 경우도 있고, 습(襲)을 하는 경우도 있는 것은 애통한 감정에 대해 절제를 한 것이다. [옛 판본에는 "그 행위에 대해서 절제를 하여 법식을 꾸민 것이다."[2]라고 한 문장 뒤에 수록되어 있었다.]

集說

疏曰: 袒衣括髮, 形貌之變也; 悲哀慍恚, 哀情之變也. 去其尋常吉時之服飾, 是去其華美也. 去飾雖多端, 惟袒而括髮, 又去飾之中最甚者也. 理應常袒, 何以有袒時·有襲時? 蓋哀甚則袒, 哀輕則襲, 哀之限節也.

소에서 말하길, 옷에 대해 단(袒)을 하고 괄발(括髮)을 하는 것은 모습을 변화시키는 것이며, 비통하고 애통해하며 원망하게 되는 것은 슬퍼하는 감정이 변화된 것이다. 일상적으로 길한 때 착용하는 복식을 제거하는 것은 화려하고 아름다운 치장을 제거하기 때문이다. 치장을 제거함에 있어서는 비록 여러 단계가 있지만, 오직 단과 괄발만을 언급한 것은 이것이 또한 치장을 제거하는 것 중에서도 가장 수위가 높은 것이기 때문이다. 이치상 항상 단을 하고 있어야만 하는데, 어떻게 단을 하는 때가 있고, 또 습(襲)을 하는 때가 있을 수 있는가? 무릇 애통함이 심하

----

1) 괄발(括髮)은 상(喪)을 치를 때, 관(冠)을 벗고 머리를 마(麻)로 된 천으로 싸매는 것을 뜻한다.

2) 『예기』「단궁하」 028장 : 辟踊, 哀之至也. 有算, 爲之節文也.

다면 단을 하는 것이고, 애통함이 경감되면 습을 하는 것이니, 이것은 애통함에 대해 절제를 하고 제한을 한 것이다.

淺見

近按: 舊說袒括髮, 形貌之變也. 悲哀慍恚, 哀情之變也. 似以慍之一字爲句, 而與袒括髮爲兩事也. 愚恐慍哀之變四字, 卽釋袒括髮變也之一變字, 非有二也, 言袒括髮而變其形貌者, 是由哀之情之變也. 情變於內, 故形亦變於外也.

내가 살펴보니, 옛 학설에서는 단과 괄발에 대해 모습을 변화시킨 것이라고 했다. 그리고 비통하고 애통해하며 원망하게 되는 것은 슬퍼하는 감정이 변화된 것이라고 했다. 그런데 '온(慍)'이라는 하나의 글자를 하나의 구문으로 삼으면, 단을 하고 괄발을 하는 것과 두 가지 사안이 된다. 내가 생각하기에 '온애지변(慍哀之變)'이라는 네 글자는 곧 '단괄발변야(袒括髮變也)'에서의 '변(變)'이라는 한 글자를 풀이한 것으로, 두 가지 사안이 아니다. 따라서 이 말은 단과 괄발을 하여 모습을 변화시킨 것은 애통한 정감이 변화된 것에서 비롯된다는 뜻인 것 같다. 정감이 내면에서 변화되었기 때문에, 모습 또한 외적으로 변화된 것이다.

辟[婢亦反]踊, 哀之至也. 有筭, 爲之節文也.〈028〉[舊在"敬之心也"之下.]

가슴을 치고['辟'자는 '婢(비)'자와 '亦(역)'자의 반절음이다.] 발을 구르는 것은 애통함이 지극해서 나타나는 행위이다. 그러나 너무 지나치게 되면 생명을 해치게 되므로, 정해진 수치를 둔 것이니, 이것은 그 행위에 대해서 절제를 하여 법식을 꾸민 것이다. [옛 판본에는 "공경스러운 마음을 지니고 있기 때문이다."[1)]라고 한 문장 뒤에 수록되어 있었다.]

集說

疏曰: 拊心爲辟, 跳躍爲踊, 是哀痛之至極, 若不裁限, 恐傷其性, 故有筭以爲之準節. 每一踊三跳, 三踊九跳爲一節; 士三日有三次踊, 大夫四日五踊, 諸侯六日七踊, 天子八日九踊, 故云"爲之節文也.

소에서 말하길, 가슴을 두드리는 것을 '벽(辟)'이라고 하며, 발을 구르는 것을 '용(踊)'이라고 하는데, 이것은 애통함이 지극하기 때문에 나타나는 행동이다. 그런데 만약 절제를 하여 제한을 두지 않는다면, 아마도 그 생명을 해치게 될까 염려되기 때문에, 수치를 두어서 조절의 수위로 삼는 것이다. 매번 1차례 용을 하며 3번 발을 구르니, 3차례 용을 하며 9번 발을 구르는 것을 1절(節)로 삼는다. 사의 경우에는 3일 동안 3차례 용을 하고, 대부의 경우에는 4일 동안 5차례 용을 하며, 제후의 경우에는 6일 동안 7차례 용을 하고, 천자의 경우에는 8일 동안 9차례 용을 한다. 그렇기 때문에 "절문(節文)을 한 것이다."라고 말한 것이다.

---

1) 『예기』 「단궁하」 027장 : 奠以素器, 以生者有哀素之心也. 唯祭祀之禮, 主人自盡焉爾, 豈知神之所饗? 亦以主人有齊敬之心也!

拜稽顙, 哀戚之至隱也. 稽顙, 隱之甚也.〈023〉[舊在"幽之義也"之
下.]

절을 하고 머리를 땅바닥에 대는 것은 애통함이 지극한 것이다. 그 중
에서도 머리를 땅에 대는 것은 애통함이 더욱 지극한 것이다. [옛 판본에
는 "그윽한 세상에서 무언가를 찾고자 하는 뜻에 해당한다."[2]라고 한 문장 뒤에 수
록되어 있었다.]

集說

隱, 痛也. 稽顙者, 以頭觸地, 無復禮容. 就拜與稽顙言之, 皆爲至
痛, 而稽顙則尤其痛之甚者也.

'은(隱)'자는 애통함을 뜻한다. '계상(稽顙)'은 머리를 땅에 대는 것이니,
다시금 예법에 따른 행동거지를 꾸밈이 없다. 절을 하는 것과 머리를
땅에 댄다고 말한 것은 둘 모두 지극히 애통함을 나타내는 것인데, 머리
를 땅에 대는 경우에는 더욱이 그 애통함이 극심한 것에 해당한다.

經文

歠, 主人 · 主婦 · 室老, 爲其病也, 君命食[嗣]之也.〈031〉[舊在"辱
而葬"之下.]

죽을 마시게 될 때, 상을 치르는 주요 대상들인 주인 · 주부 · 실로(室
老)[3]들은 자칫 몸이 쇠약해져서 병에 걸릴 수가 있으므로, 군주는 명령

---

2) 『예기』「단궁하」 022장 : 復, 盡愛之道也, 有禱祠之心焉. 望反諸幽, 求諸鬼神
之道也. 北面, 求諸幽之義也.

을 내려서 그들에게 밥을['食'자의 음은 '嗣(사)'이다.] 먹도록 시킨다. [옛 판본에는 "후(厚)를 쓰고서 장례를 치렀다."⁴⁾라고 한 문장 뒤에 수록되어 있었다.]

疏曰: 親喪歠粥之時, 主人, 亡者之子; 主婦, 亡者之妻, 無則主人之妻也; 室老, 家之長相; 此三人竝是大夫之家貴者, 爲其歠粥病困之故, 君必命之食疏飯也.

소에서 말하길, 이 시기는 부모의 장례를 치르며 죽을 마시게 될 때를 뜻하는데, '주인(主人)'은 죽은 자의 아들을 뜻하고, '주부(主婦)'는 죽은 자의 처를 뜻한다. 죽은 자의 처가 없다면, 상주의 처를 뜻하게 된다. '실로(室老)'는 가신들의 우두머리이다. 이 세 사람은 모두 대부의 집에서 가장 존귀한 자가 되니, 그들이 죽을 마시며 쇠약해져서 병에 걸리게 될까를 염려하기 때문에, 군주는 반드시 그들에게 명령을 내려 거친 밥이라도 먹게 한다.

飯[上聲]用米·貝, 弗忍虛也. 不以食道, 用美焉爾.〈024〉

반함을['飯'자는 상성으로 읽는다.] 할 때에는 쌀과 화폐를 이용하게 되는데, 그 이유는 차마 시신의 입을 비워둔 상태로 놔둘 수 없기 때문이다. 그런데 이때 실제로 먹는 음식들을 사용하지 않기 때문에, 아름답고 청결한 물건을 사용할 따름이다.

---

3) 실로(室老)는 가신(家臣) 중의 우두머리를 뜻한다.
4) 『예기』 「단궁하」 030장 : 弁絰葛而葬, 與神交之道也, 有敬心焉. 周人弁而葬, 殷人冔而葬.

實米與貝于死者口中, 不忍其口之虛也. 此不是用飲食之道, 但用
此美潔之物以實之焉爾.

시신의 입안에 쌀과 화폐를 채우는 것은 시신의 입이 비워져 있는 것을
참아낼 수 없기 때문이다. 그런데 이때에는 실제로 음식을 먹는 도리에
따르는 것이 아니며, 단지 아름답고 깨끗한 사물을 이용해서, 입을 채울
따름이다.

近按: 上言君命食之, 生者之食也; 飯用米 · 貝, 死者之含也.

내가 살펴보니, 앞에서는 군주가 명령을 내려 거친 밥을 먹게 한다고 했
는데, 이것은 살아있는 자의 음식에 해당한다. 반함을 하며 쌀과 화폐를
이용하는 것은 죽은 자가 머금는 것에 해당한다.

銘, 明旌也. 以死者爲不可別已, 故以其旗識[式志反]之. 愛之,
斯錄之矣; 敬之, 斯盡其道焉耳.〈025〉 重[平聲], 主道也. 殷主綴
[拙]重焉, 周主重徹焉.〈026〉 奠以素器, 以生者有哀素之心也.
唯祭祀之禮, 主人自盡焉爾, 豈知神之所饗? 亦以主人有齊[齋]
敬之心也!〈027〉 [自"飯用米貝"以下至此, 舊在"隱之甚也"之下.]

명(銘)은 명정(明旌)[1]을 뜻한다. 죽은 자에 대해서는 가리게 되므로 구
별을 할 수 없다. 그렇기 때문에 깃발을 두어서 표식을['識'자는 '式(식)'자
와 '志(지)'자의 반절음이다.] 하는 것이다. 그를 사랑하므로, 그 깃발에 이
름을 기록하는 것이며, 그를 공경하기 때문에, 여기에 그 도리를 극진히
하는 것일 따름이다. 중에는['重'자는 평성으로 읽는다.] 신주에 대한 도리가
포함되어 있다. 은나라 때에는 우주(虞主)[2]를 만들게 되면 중을 묶어서
['綴'자의 음은 '拙(졸)'이다.] 묘(廟)에 매달아 두었고, 주나라 때에는 신주를
만들게 되면 중을 치워서 매장하였다. 전제사에서는 별다른 장식이 없
는 소기를 사용하여 음식을 올린다. 그 이유는 전제사를 올리는 자들에
게 애통하여 꾸밈을 갖출 수 없는 마음이 있기 때문이다. 오직 제사의
예에서만 주인은 제 스스로 문식을 극진히 꾸미게 될 따름이다. 그런데
어떻게 신이 흠향하게 될 것을 알 수 있는가? 그 이유는 또한 주인이
재계를['齊'자의 음은 '齋(재)'이다.] 하고 공경스러운 마음을 지니고 있기 때
문이다. ["반함을 할 때에는 쌀과 화폐를 이용한다."라고 한 구문으로부터 이곳 구
문까지는 옛 판본에 "애통함이 더욱 지극한 것이다."[3]라고 한 문장 뒤에 수록되어
있었다.]

---

1) 명정(銘旌)은 명정(明旌)이라고도 부른다. 영구(靈柩) 앞에 세워서 죽은 자의
   관직 및 성명(姓名)을 표시하는 깃발이다.
2) 우주(虞主)는 장례(葬禮)를 치른 뒤 우제(虞祭)를 지낼 때 세워두는 신주(神主)
   를 뜻한다.
3) 『예기』「단궁하」 023장 : 拜稽顙, 哀戚之至隱也. 稽顙, 隱之甚也.

士喪禮銘曰, 某氏某之柩. 初置于簷下西階上, 及爲重畢, 則置於重, 殯而卒塗, 始樹於肂坎之東. 疏云, 士長三尺, 大夫五尺, 諸侯七尺, 天子九尺. 若不命之士, 則以緇長半幅. 經末, 長終幅, 廣三寸. 半幅, 一尺也. 終幅, 二尺也. 是總長三尺. 夫愛之而錄其名, 敬之而盡其道, 曰愛曰敬, 非虛文也. 禮註云, 士重木長三尺. 始死作重以依神, 雖非主而有主之道, 故曰主道也. 殷禮始殯時, 置重于殯廟之庭, 曁成虞主, 則綴此重而懸於新死者所殯之廟; 周人虞而作主, 則徹重而埋之也.

『의례』「사상례(士喪禮)」편에서는 '명(銘)'에 대해서 '아무개 씨 아무개의 영구'라고 기록한다고 했다.4) 최초 처마 밑 서쪽 계단 위에 두었다가 중(重) 만드는 일이 끝나게 되면 중에 두고, 빈소를 마련하여 흙 바르는 일이 끝나면 비로소 하관을 하게 되는 구덩이 동쪽에 꼽게 된다. 소에서는 다음과 같이 말했다. 사의 경우 그 길이를 3척으로 하고, 대부의 경우 그 길이를 5척으로 하며, 제후의 경우 그 길이를 7척으로 하고, 천자의 경우 그 길이를 9척으로 한다. 만약 명(命)의 등급을 받지 못한 사인 경우라면, 검은색 천으로 만들며, 그 길이는 반폭이 되도록 한다. 붉은 비단의 끝은 그 길이가 종폭(終幅)이고, 너비가 3촌이다. 반폭(半幅)은 1척이다. 종폭은 2척이다. 따라서 총 길이는 3척이 된다. 무릇 그를 사랑하므로 그의 이름을 기록하는 것이고, 그를 공경하므로 그 도리를 지극히 하는 것이니, '애(愛)'라 기록하고, '경(敬)'이라 기록한 것은 공허하게 쓴 말이 아니다. 『예기』에 대한 정현의 주에서는 사의 경우 중은 그 길이를 3척이다. 어떤 자가 이제 막 죽었을 때, 중을 만들어서 신령이 의지하도록 하니, 비록 신주가 아니더라도 신주와 같은 도리가 포함되어 있다. 그렇기 때문에 '주도(主道)'라고 부른 것이다. 은나라 때의 예

---

4) 『의례』「사상례(士喪禮)」: 爲銘, 各以其物. 亡則以緇長半幅, 經末長終幅, 廣三寸. 書銘于末曰, "某氏某之柩." 竹杠長三尺, 置于宇, 西階上.

법에서는 처음으로 빈소를 차릴 때, 빈소가 차려진 곳 마당에 중을 설치하였고, 우주를 완성하게 되면, 이러한 중을 묶어서 이제 막 죽은 자에 대해 빈소를 마련한 묘에 매달아 두었고, 주나라 때에는 우제를 지내고 신주를 만들게 되면, 중을 치워서 매장했다.

鄭氏曰: 哀素, 言哀痛無飾也. 凡物無飾曰素. 哀則以素, 敬則以飾, 禮由人心而已.

정현이 말하길, '애소(哀素)'는 애통하여 법식에 따른 꾸밈이 없다는 뜻이다. 무릇 사물들 중에 꾸밈이 없는 것을 '소(素)'라고 부른다. 애통하다면 소(素)한 것을 사용하고, 공경한다면 꾸밈을 가미하게 되는데, 예는 사람의 마음에서 비롯될 따름이다.

方氏曰: 士喪禮有素俎, 士虞禮有素几, 皆其哀而不文故也. 喪葬凶禮, 故若是; 至於祭祀之吉禮, 則必自盡以致其文焉, 故曰: "唯祭祀之禮, 主人自盡焉爾." 然主人之自盡, 亦豈知神之所享必在於此乎? 且以表其齊敬之心而已.

방씨가 말하길, 「사상례」편에는 '소조(素俎)'5)라는 것이 나오고,6) 『의례』「사우례(士虞禮)」편에는 '소궤(素几)'7)라는 것이 나오는데,8) 둘 모

---

5) 소조(素俎)는 고대의 제사 때 사용된 제기(祭器) 중 하나이다. 희생물의 고기를 올려놓던 도마인데, 질박함을 숭상하여 백색의 나무로 제작하고 별다른 장식을 하지 않았기 때문에 '소(素)'자를 붙여서, '소조'라고 부르는 것이다.

6) 『의례』「사상례(士喪禮)」: 陳一鼎于寢門外, 當東塾少南, 西面. 其實特豚, 四鬄, 去蹄, 兩胉·脊·肺. 設扃鼏, 鼏西末. 素俎在鼎西, 西順. 覆匕, 東柄.

7) 소궤(素几)는 상례(喪禮) 때 사용하는 것으로, 흰 흙을 발라서 만든 작은 안석이다. 『주례』「춘관(春官)·사궤연(司几筵)」편에는 "凡喪事, 設葦席, 右素几."라는 기록이 있다. 즉 무릇 상사(喪事)에는 갈대로 엮은 자리를 설치하고, 오른쪽에는 '소궤'를 둔다.

8) 『의례』「사우례(士虞禮)」: 尊于室中北墉下當戶兩甒, 醴·酒, 酒在東, 無禁, 冪用絺布, 加勺, 南枋. 素几·葦席在西序下.

두 애통함을 나타내어 꾸밈을 가미하지 않기 때문이다. 상례와 장례는 흉례에 해당하기 때문에 이처럼 하는 것이다. 길례에 해당하는 제사의 경우라면, 반드시 제 스스로 그 문식을 지극히 가미하게 된다. 그렇기 때문에 "오직 제사의 예에서는 주인이 제 스스로 다할 따름이다."라고 말한 것이다. 그런데 주인이 제 스스로 다한다고 해도 또한 어떻게 흠향하는 장소가 반드시 이곳이라는 것을 신이 알 수 있는가? 또한 이를 통해서 그가 재계를 하고 공경한다는 마음을 나타낼 따름이다.

喪之朝也, 順死者之孝心也. 其哀離[去聲]其室也, 故至於祖·考之廟而后行. 殷朝而殯於祖, 周朝而遂葬.〈044〉 [舊在"所難言也"之下.]

상을 치를 때 조묘(朝廟)를 하는 것은 죽은 자의 효심에 따르기 때문이다. 또한 부모가 거처하던 곳을 떠나['離'자는 거성으로 읽는다.] 영원히 땅속에 묻히게 되는 것을 슬퍼하기 때문에, 조고의 묘에 이르러서 아뢴 이후에야 떠나가는 것이다. 은나라 때에는 조묘를 하고서 묘에 빈소를 마련했고, 주나라 때에는 조묘를 하고서 마침내 장지로 떠나갔다. [옛 판본에는 "말하기를 꺼려했던 부분이다."[9]라고 한 문장 뒤에 수록되어 있었다.]

子之事親出必告, 反必面, 今將葬而奉柩以朝祖, 固爲順死者之孝心, 然求之死者之心, 亦必自哀其違離寢處之居, 而永棄泉壤之下,

---

9) 『예기』「단궁하」 043장 : 君臨臣喪, 以巫祝桃茢, 執戈, 惡之也, 所以異於生也. 喪有死之道焉, 先王之所難言也.

亦欲至祖考之廟而訣別也. 殷尙質, 敬鬼神而遠之, 故大斂之後, 卽
奉柩朝祖而遂殯於廟; 周人則殯於寢, 及葬則朝廟也.

자식이 부모를 섬길 때에는 밖을 나설 때 반드시 부모에게 그 사실을
아뢰어야 하고, 집으로 되돌아와서는 반드시 부모를 뵈어야 하는데,[10]
현재 장례를 치르고자 하여 영구를 받들고 가서 조상에게 조묘를 하니,
이것은 진실로 죽은 자의 효심에 따르기 때문이다. 그런데 죽은 자의
마음을 헤아릴 때에는 또한 그가 거처하던 장소를 멀리 떠나서, 영원히
땅에 묻히게 됨을 제 스스로 슬퍼하게 되기 때문에, 또한 조고의 묘에
이르러서, 결별을 아뢰고자 하는 것이다. 은나라 때에는 질박함을 숭상
하여 귀신을 공경하되 소원하게 대했다.[11] 그렇기 때문에 대렴을 치른
이후에, 곧바로 영구를 받들어서 조상에게 조묘를 하고, 그것이 끝나면
마침내 묘에 빈소를 마련했던 것이다. 반면 주나라에서는 침에 빈소를
마련하였고, 장례를 치러야 할 때가 되면 조묘를 했다.

經文

弁絰葛而葬, 與神交之道也, 有敬心焉. 周人弁而葬, 殷人冔
[火羽反]而葬.〈030〉[舊在"哀之節也"之下.]

흰색의 명주로 만든 변(弁)을 쓰고 그 위에 갈로 엮은 환질(環絰)을 두
르고 장례를 치르는 것은 신과 교감하는 도리이니, 공경하는 마음이 포
함되어 있기 때문이다. 주나라 때에는 변을 쓰고서 장례를 치렀고, 은
나라 때에는 후['冔'자는 '火(화)'자와 '羽(우)'자의 반절음이다.]를 쓰고서 장례

---

10) 『예기』「곡례상(曲禮上)」 037장 : 夫爲人子者, 出必告, 反必面, 所遊必有常,
    所習必有業.
11) 『논어』「옹야(雍也)」 : 樊遲問知. 子曰, "務民之義, 敬鬼神而遠之, 可謂知矣."
    問仁. 曰, "仁者先難而後獲, 可謂仁矣."

를 치렀다. [옛 판본에는 "애통한 감정에 대해서 절제를 한 것이다."12)라고 한 문장 뒤에 수록되어 있었다.]

集說

居喪時, 冠服皆純凶, 至葬而吾親訖體地中, 則當以禮敬之心, 接於山川之神也. 於是以絹素爲弁, 如爵弁之制, 以葛爲環絰在首以送葬. 不敢以純凶之服交神者, 示敬也, 故曰"有敬心焉."

상을 치를 때 착용하는 관과 복장은 모두 순전한 흉복에 따르는데, 장례를 치르게 되면 자신의 부모가 그 신체를 땅에 의탁하게 되므로, 마땅히 예법에 따른 공경하는 마음으로, 산천의 신들과 교감해야만 한다. 이때 흰색의 명주로 변을 만들게 되는데, 작변(爵弁)13)의 모양으로 만들고, 갈을 엮어서 환질을 만들어 머리에 쓰고 장례를 전송한다. 감히 순전한 흉례에 따른 복장으로 신과 교감하지 못하는 이유는 공경함을 나타내기 위해서이다. 그렇기 때문에 "공경하는 마음이 있기 때문이다."라고 말한 것이다.

經文

葬於北方北首, 三代之達禮也, 之幽之故也.〈035〉 旣封, 主人贈, 而祝宿虞尸.〈036〉 [舊在"吾從周"之下.]

----

12) 『예기』「단궁하」029장 : 袒·括髮, 變也. 慍, 哀之變也. 去飾, 去美也. 袒·括髮, 去飾之甚也. 有所袒, 有所襲, 哀之節也.

13) 작변(爵弁)은 고대의 예관(禮冠) 중 하나로, 면류관[冕] 다음 등급에 해당한다. '작(爵)'자는 관의 모습이 참새의 머리처럼 생겼기 때문에 붙여진 명칭이다. 적색과 은미한 흑색이 나는 30승(升)의 포(布)로 만든다. 또한 '작변'은 작변복(爵弁服)을 지칭하기도 한다. 예복(禮服)의 경우 착용하는 관(冠)에 따라서 그 복장의 명칭을 붙이기도 하기 때문이다. '작변복'은 작변의 관, 분홍색의 하의, 명주로 만든 상의, 검은색의 대(帶), 매겹(韎韐)이라는 슬갑을 착용한다.

북쪽 땅에서 장례를 치르고 장례를 치를 때 시신의 머리를 북쪽으로 두는 것은 삼대(三代)[14]가 모두 따랐던 예법이니, 그가 그윽한 세상으로 가게 되기 때문이다. 무덤에 흙 뿌리는 일이 끝나면, 상주는 죽은 자에게 폐백을 드리고, 축관은 그보다 먼저 되돌아와서, 우제(虞祭)를 지낼 때 세우게 되는 시동을 준비시킨다. [옛 판본에는 "나는 주나라의 예법을 따르겠다."[15]라고 한 문장 뒤에 수록되어 있었다.]

集說

北方, 國之北也. 殯猶南首, 未忍以鬼神待其親也; 葬則終死事矣, 故葬而北首. 三代通用此禮也. 南方昭明, 北方幽暗. 之幽, 釋所以北首之義. 柩行至城門, 公使宰夫贈玄纁束, 旣窆, 則用此玄纁贈死者於墓之野. 此時祝先歸, 而肅虞祭之尸矣. 宿, 讀爲肅, 進也. 虞, 猶安也. 葬畢, 迎精而反, 日中祭之於殯宮, 以安之也. 男則男子爲尸, 女則女子爲尸. 尸之爲言主也, 不見親之形容, 心無所係, 故立尸而使之著死者之服, 所以使孝子之心主於此也. 禫祭以前男女異尸異几, 祭於廟, 則無女尸, 而几亦同矣.

'북방(北方)'은 국가의 북쪽 땅을 뜻한다. 빈소를 마련할 때에는 여전히 시신의 머리를 남쪽으로 두니, 아직까지 귀신을 대하는 방법으로 차마 자신의 부모를 대할 수 없기 때문이다. 그러나 장례를 치르게 되면 부모의 죽음에 대한 일들을 끝맺게 된다. 그렇기 때문에 장례를 치를 때에는 머리를 북쪽으로 두는 것이다. 삼대(三代)가 모두 이 예법을 사용했다. 남쪽은 밝은 장소이고 북쪽은 그윽하고 어두운 장소이다. '지유(之幽)'는 머리를 북쪽으로 두는 의미를 풀이한 말이다. 영구가 이동하여 성문에

---

14) 삼대(三代)는 하(夏), 은(殷), 주(周)의 세 왕조를 말한다. 『논어』「위령공(衛靈公)」편에는 "斯民也, 三代 之所以直道而行也."라는 기록이 있고, 이에 대한 형병(邢昺)의 소(疏)에서는 "三代, 夏殷周也."로 풀이했다.

15) 『예기』「단궁하」 034장 : 殷旣封而弔, 周反哭而弔, 孔子曰: "殷已慤, 吾從周."

당도하게 되면, 군주는 재부(宰夫)를 시켜서 현색과 훈색의 비단 1속(束)16)을 부의로 보내고, 흙 덮는 일이 끝나게 되면, 이러한 현색과 훈색의 비단을 이용하여, 무덤이 있는 들판에서 죽은 자에게 바치게 된다. 이 시기에 축관은 먼저 되돌아와서 우제를 지낼 때 세우게 되는 시동을 오도록 한다. '숙(宿)'자는 숙(肅)자로 풀이하니, '숙(肅)'자는 "나아간다."는 뜻이다. '우(虞)'자는 "안정을 시킨다."는 뜻이다. 장례를 끝내게 되면 정기(精氣)를 맞이하여 되돌아오고, 그날 정오에 빈소에서 제사를 지내서 신령을 안심시키는 것이다. 남자가 죽었을 때에는 남자를 시동으로 세우고, 여자가 죽었을 때에는 여자를 시동으로 세운다. '시(尸)'자는 "위주가 된다."는 뜻이니, 부모의 모습을 직접 볼 수 없어서, 마음을 다 잡을 수 없게 된다. 그렇기 때문에 시동을 세우고, 그 자로 하여금 죽은 자가 입었던 옷을 입도록 하여, 자식의 마음을 이곳에 집중하도록 만드는 것이다. 담제 이전에는 남녀에 대해서 시동도 달리 하고, 궤(几)도 달리하게 되는데, 묘에서 제사를 지내게 되면, 여자 시동은 없게 되고, 궤 또한 동일하게 사용한다.

經文

> 反哭升堂, 反諸其所作也. 主婦入于室, 反諸其所養[去聲]也. 〈032〉 反哭之弔也, 哀之至也. 反而亡焉, 失之矣, 於是爲甚. 〈033〉 殷旣封[窆]而弔, 周反哭而弔, 孔子曰: "殷已慤[殼], 吾從周." 〈034〉 [舊在"君命食之也"之下.]

---

16) 속(束)은 견직물을 헤아리는 단위이다. 1'속'은 10단(端)을 뜻하는데, 1단의 길이는 1장(丈) 8척(尺)이 되며, 2단이 합쳐서 1권(卷)이 되므로, 10단은 총 5필이 된다. 『주례』「춘관(春官)·대종백(大宗伯)」편에는 "孤執皮帛."이라는 기록이 있고, 이에 대한 가공언(賈公彦)의 소(疏)에서는 "束者十端, 每端丈八尺, 皆兩端合卷, 總爲五匹, 故云束帛也."라고 풀이했다.

장례를 끝내고 되돌아와서 상주는 묘(廟)의 당에 올라가서 반곡(反哭)17)을 하니, 이 장소에서 하는 이유는 평상시 제사 등의 의례를 시행하던 장소가 되기 때문이다. 또한 주부는 묘(廟)의 실에 들어가서 하게 되니, 평상시 음식을 차려서 봉양을['養'자는 거성으로 읽는다.] 하던 장소이기 때문이다. 반곡을 할 때 조문을 하는 이유는 상주의 애통함이 극심하므로 위로를 하기 위해서이다. 상주가 장례를 마치고 되돌아왔는데 부친이 이미 없어졌고, 그 모습을 다시는 볼 수 없게 되었으니, 이때 애통함이 가장 극심하게 나타난다. 은나라의 예법에 따르면, 흙으로 묻는['窆'자의 음은 '窆(폄)'이다.] 일이 끝나게 되면, 묘(墓)에서 직접 조문을 했다. 반면 주나라의 예법에 따르면, 상주가 반곡을 끝낼 때까지 기다린 뒤에 조문을 했다. 공자는 이 두 가지 사안을 평가하며, "은나라는 너무 질박하고 정성스러운['愨'자의 음은 '殼(각)'이다.] 마음에만 치중했으니, 나는 감정과 예법을 모두 충실히 발휘한 주나라의 예법에 따르겠다."라고 했다. [옛 판본에는 "군주는 명령을 내려서, 그들에게 밥을 먹도록 시킨다."18)라고 한 문장 뒤에 수록되어 있었다.]

此堂與室, 皆謂廟中也. 卒窆而歸, 乃反哭於祖廟. 其二廟者, 則先祖後禰. 所作者, 平生祭祀冠昏所行禮之處也. 所養者, 所饋食供養之處也. 賓之弔者升自西階, 曰如之何! 主人拜稽顙, 當此之時, 亡矣失矣, 不可復見吾親矣, 哀痛於是爲甚也. 賓弔畢而出, 主人送于門外, 遂適殯宮, 卽先時所殯正寢之堂也. 殷之禮, 窆畢, 賓就墓所弔主人; 周禮則俟主人反哭而后弔. 孔子謂殷禮大質愨者, 蓋親之

---

17) 반곡(反哭)은 장례(葬禮) 절차 중 하나이다. 장지(葬地)에 시신을 안치한 이후, 상주(喪主)는 신주(神主)를 받들고 되돌아와서 곡(哭)을 하는데, 이것을 '반곡'이라고 부른다.

18) 『예기』「단궁하」 031장 : 歠, 主人·主婦·室老, 爲其病也, 君命食之也.

在土固爲可哀,　不若求親於平生居止之所而不得,　其哀爲尤甚也.
故弔於墓者, 不如弔於家者之情文爲兼盡, 故欲從周也.

여기에서 말한 당(堂)과 실(室)은 모두 묘(廟)에 있는 것들이다. 봉분
쌓는 일을 끝내고 되돌아오면, 곧 조묘(祖廟)에서 반곡(反哭)을 하게
된다. 두 개의 묘가 있는 경우에는 먼저 조부의 묘에서 하고, 그 이후
에 부친의 묘에서 한다. '소작(所作)'이라는 말은 평상시 제사를 지내고
관례나 혼례 등의 예법을 치르던 장소를 뜻한다. '소양(所養)'이라는 말
은 음식을 바쳐서 봉양을 하던 장소를 뜻한다. 빈객이 조문을 할 때에
는 서쪽 계단을 통해서 올라가서, "이 일을 어찌합니까!"라고 말한다.
그러면 상주는 절을 하고 머리를 땅에 대는데, 이러한 시기에는 부친이
없어졌고, 그 모습을 찾을 수 없으니, 다시는 본인의 부친을 볼 수 없게
된 것으로, 애통함이 이때 가장 극심하게 나타난다. 빈객이 조문하는
것을 마치고 밖으로 나가면, 상주는 문밖에서 그를 전송하고, 마침내
빈소로 가게 되니, 곧 이전에 빈소를 차렸던 정침(正寢)의 당으로 가는
것이다. 은나라 때의 예법에 따르면, 흙으로 묻는 일이 끝나면, 빈객은
묘(墓)의 지정된 장소로 나아가서, 상주에게 조문을 한다. 반면 주나라
의 예법에 따르면, 상주가 반곡을 할 때까지 기다린 이후에 조문을 한
다. 공자는 은나라 때의 예법은 너무 질박하고 정성스러운 마음에만 치
중했다고 평가했는데, 무릇 부모의 육신이 땅에 묻혔으므로 애통해할
수 있지만, 부모가 평소에 머물던 장소에서 부모를 찾으나 그 소망을
이룰 수 없어서, 애통함이 극심하게 나타나는 것만 못하다. 그렇기 때
문에 묘(墓)에서 조문을 하는 것은 집에서 조문을 하여, 감정과 예법을
모두 다하는 것만 같지 못한 것이다. 그래서 주나라의 예법을 따르고자
했던 것이다.

旣反哭, 主人與有司視虞牲. 有司以几筵舍[釋]奠於墓左, 反,
日中而虞.〈037〉 葬日虞, 弗忍一日離[去聲]也.〈038〉 是日也, 以
虞易奠. 卒哭曰: "成事."〈039〉 是日也, 以吉祭易喪祭, 明日祔
于祖父.〈040〉 其變而之吉祭也, 比[卑]至於祔, 必於是日也接,
不忍一日未有所歸也.〈041〉 殷練而祔, 周卒哭而祔. 孔子善
殷.〈042〉 [舊在"祝宿虞尸"之下.]

반곡을 끝내게 되면, 상주는 유사와 함께 우제 때 쓸 희생물을 살펴보
게 된다. 그리고 또한 별도의 유사를 묘(墓)에 남겨두게 되는데, 그 자
는 안석과 자리를 펴두고 음식을 차려서 묘의 좌측에 놓아두게['舍'자의
음은 '釋(석)'이다.] 된다. 그리고 이 자가 되돌아오면, 상주는 곧 그 날 정
오에 우제를 치르게 된다. 장례를 치른 날 우제를 지내는 이유는 신령
으로 하여금 단 하루라도 회귀할 곳 없이 떠돌도록['離'자는 거성으로 읽는
다.] 함을 차마 할 수 없기 때문이다. 우제를 치르는 날에는 우제로써
상전(喪奠)[19]을 대신한다. 졸곡을 지낼 때에는 축사에서 "이제 슬퍼하
며 음식을 올리는 일이 완성되어, 길제가 되었습니다."라고 말하게 된
다. 졸곡을 치른 날에는 길제로써 상제를 대체하게 되고, 그 다음날에
는 조부의 묘(廟)에 부제(祔祭)[20]를 지낸다. 일상적인 예법을 따르는
것이 아니라 특별한 이유로 변례(變禮)를 따르게 될 때에는 길제로 접
어들 때까지['比'자의 음은 '卑(비)'이다.] 그 사이에 걸리는 강일(剛日)에는
반드시 날마다 제사를 지내야 한다. 이처럼 하는 이유는 차마 자신의

---

19) 상전(喪奠)은 상례(喪禮)를 시행하는 도중 아직 장례(葬禮)를 치르지 않은 상태
   에서, 음식물들을 진설하며 지내는 전(奠)제사를 뜻한다.

20) 부제(祔祭)는 '부(祔)'라고도 한다. 새로이 죽은 자가 있으면, 선조(先祖)에게
   '부제'를 올리면서, 신주(神主)를 합사(合祀)하는 것을 말한다. 『주례』「춘관(春
   官)·대축(大祝)」편에는 "付練祥, 掌國事."라는 기록이 있고, 이에 대한 정현의
   주에서는 "付當爲祔. 祭於先王以祔後死者."라고 풀이하였다.

부모로 하여금 귀의할 곳 없이 이리저리 떠돌게 할 수 없기 때문이다. 은나라 때에는 소상(小祥)을 치르고 부제를 지냈으며, 주나라 때에는 졸곡을 끝내고 부제를 지냈다. 공자는 두 제도를 평가하며, 은나라 때의 예법이 좋다고 칭찬했다. [옛 판본에는 "축관이 우제 때 세우게 되는 시동을 준비시킨다."21)라고 한 문장 뒤에 수록되어 있었다.]

集說

士之禮, 虞牲特豕. 几, 所以依神. 筵, 坐神之席也, 席敷陳曰筵. 孝子先反而視牲, 別令有司釋奠以禮地神, 爲親之託體於此也. 舍, 讀爲釋. 奠者, 置也, 釋置此祭饌也. 墓道向南, 以東爲左, 待此有司之反, 卽於日中時虞祭也.

사 계층이 따르는 예법에서 우제 때 사용하는 희생물은 한 마리의 돼지이다. '궤(几)'는 신이 의지하도록 하는 물건이다. '연(筵)'은 신이 앉게 되는 자리인데, 자리를 펼쳐둔 것을 '연(筵)'이라고 부른다. 자식은 먼저 되돌아와서 희생물을 살펴보고, 별도의 유사를 시켜서 음식을 차려 올리며 지신을 예우하도록 하니, 부모의 시신이 땅에 의탁해 있기 때문이다. '석(舍)'자는 석(釋)자로 풀이한다. '전(奠)'자는 '치(置)'자의 뜻이니, 이곳에 제사 때 올리는 음식들을 차려낸다는 의미이다. 묘의 길은 남쪽을 향해 있으니 동쪽이 좌측이 되고, 묘에 남아 있던 유사가 되돌아오기를 기다린 다음에 곧 그 날 정오에 우제를 치르게 된다.

弗忍一日離, 不忍其無所歸.

하루라도 떠돌도록 차마 할 수 없다는 것은 신령에게 회귀할 곳이 없도록 함을 차마 할 수 없기 때문이다.

---

21) 『예기』「단궁하」 036장 : 旣封, 主人贈, 而祝宿虞尸.

始死·小斂·大斂·朝夕·朔月·朝祖·贈遣之類, 皆喪奠也. 此日
以虞祭代去喪奠, 故曰: "以虞易奠"也. 卒哭曰成事者, 蓋祝辭曰:
"哀薦成事"也. 祭以吉爲成, 卒哭之祭, 乃吉祭故也. 吉祭, 卒哭之祭
也. 喪祭, 虞祭也. 卒哭在虞之後, 故云"以吉祭易喪祭"也. 祔之爲言
祔也. 附祭者, 告其祖父以當遷他廟, 而告新死者以當入此廟也. 明
日者, 卒哭之次日也. 孫必祔祖者, 昭穆之位同, 所謂以其班也. 上
文所言皆據正禮, 此言變者, 以其變易常禮也. 所以有變者, 以有他
故, 未及葬期而卽葬也. 孝經曰: "爲之宗廟, 以鬼享之." 孔子善殷之
祔者, 以不急於鬼其親也.

어떤 자가 이제 막 죽었을 때 음식을 차려내고, 소렴과 대렴을 하면서
음식을 차려내며, 조석으로 음식을 차려내고, 매월 초하루에 성대한 음
식을 차려내며, 영구를 조묘(祖廟)에 들일 때 음식을 차려내고, 부의를
보내고 영구를 실은 수레를 떠나보낼 때 음식을 차려내는 것들은 모두
상전(喪奠)이 된다. 장례를 치른 날에는 우제를 지냄으로써 상전을 대체
한다. 그렇기 때문에 "우제로써 전을 바꾼다."라고 말한 것이다. '졸곡왈
성사(卒哭曰成事)'라는 말은 아마도 축사에서, "슬퍼하며 음식 올리는
일이 이제 완성이 되었습니다."라고 하는 말과 같은 뜻인 것 같다. 제사
에서는 길제를 완성된 것으로 여기니, 졸곡을 하며 지내는 제사는 곧 길
제에 해당하기 때문이다. '길제(吉祭)'는 졸곡을 하며 지내는 제사를 뜻한
다. '상제(喪祭)'는 우제를 뜻한다. 졸곡을 치르는 시기는 우제 다음에
놓이기 때문에, "길제로써 상제를 바꾼다."라고 말한 것이다. '부(祔)'자
는 "붙이다."는 뜻이다. '부제(祔祭)'라는 것은 조부의 신주에게 다른 묘
로 신주를 옮겨야만 한다는 사실을 아뢰고, 이제 막 죽은 자의 신주에게
이곳 묘로 들여야만 한다는 사실을 아뢰는 것이다. '명일(明日)'이라는
말은 졸곡을 치른 다음날을 뜻한다. 손자 항렬의 사람을 반드시 조부의
묘에서 합사하는 이유는 소목의 차례가 동일하기 때문이니, 이것이 이
른바 "그 순서에 따라서 한다."라는 뜻에 해당한다. 앞 문장의 내용은
모두 정규 예법에 근거한 기록인데, 이곳 문장에서 '변(變)'이라고 언급
한 이유는 정규 예법을 변화시키기 때문이다. 변화되는 점이 발생한 이

유는 다른 연유가 있어서 장례의 기일에 도달하지도 않았는데, 곧바로 장례를 치러야 했기 때문이다. 『효경』에서는 "그를 위해 종묘를 만들어서, 귀신으로 받들며 흠향을 시켜드렸다."[22)]라고 했다. 공자가 은나라 때 시행한 부제를 칭찬한 이유는 부모를 귀신으로 섬기는 것에 있어서 급급하지 않았기 때문이다.

淺見

近按: 陳氏曰: "其變而之吉祭者, 上文所言皆據正禮, 此言變者, 變易常禮也. 所以有變者, 以有他故, 未及葬期而卽葬也." 愚謂此所謂變者, 非常變之變, 是自喪奠之凶禮變, 而至於卒哭與祔之吉祭也, 卽指上文所言而申其說, 非有異也.

내가 살펴보니, 진호는 '기변이지길제(其變而之吉祭)'라는 말에 대해, "앞 문장에서 언급한 것들은 모두 정규 예법에 근거한 것인데, 이곳에서 '변(變)'이라고 말한 것은 정규 예법을 변화시켰기 때문이다. 변화되는 점이 발생한 이유는 다른 연유가 있어서, 장례의 기일에 도달하지도 않았는데, 곧바로 장례를 치러야 했기 때문이다."라고 했다. 내가 생각하기에 이곳에서 말한 '변(變)'이라는 것은 상례(常禮)와 변례(變禮)라고 할 때의 '변(變)'자를 뜻하는 말이 아니며, 상전과 같은 흉례로부터 변화하여, 졸곡과 부제와 같은 길제에 이르렀다는 뜻으로, 곧 앞 문장에서 말한 내용을 가리켜 그에 대한 설명을 거듭 풀이한 것으로, 다른 연유가 있다는 것이 아니다.

右一章, 亦自始喪之復而言至於卒哭練祔之事. 但上篇之末自君復小寢以下一章, 是記其事, 故其言簡而切. 此一章是說其理, 故其義精而深. 此章經文亦多失次, 今又以先後而爲之次.

여기까지가 1장으로, 이 또한 초상 때 초혼을 하는 것으로부터 졸곡과

---

22) 『효경』「상친장(喪親章)」: 爲之宗廟, 以鬼享之. 春秋祭祀, 以時思之.

연제 및 부제 등의 사안을 언급하였다. 다만 「단궁상」편의 끝부분에서 "군주에 대해서는 소침에서 초혼을 한다."[23]라고 한 말로부터 그 이하의 한 장은 그 사안을 기록한 것이기 때문에 그 말이 간략하면서도 자세하다. 이곳 한 장은 그 의리를 설명한 것이기 때문에 그 의미가 정밀하면서도 깊다. 이곳 장의 경문 또한 대부분 순서가 어긋나 있어서, 이곳에서도 선후를 따져 그 순서를 바로잡았다.

---

23) 『예기』「단궁상」 126장 : <u>君復於小寢</u>·大寢·小祖·大祖·庫門·四郊.

무분류

經文

齊穀[告]王姬之喪, 魯莊公爲之大功. 或曰: "由魯嫁, 故爲之服
姊妹之服." 或曰: "外祖母也, 故爲之服." 〈015〉 [舊在"子游攤由左"
之下.]

제나라 양공(襄公)의 부인 왕희가 죽었다. 그래서 노나라에 부고를['穀'
자의 음은 '告(고)'이다.] 알려왔는데, 노나라 장공은 그녀를 위해서 대공복
을 착용했다. 이 일화를 두고, 어떤 자는 "왕희는 노나라의 주선으로 시
집을 갔다. 그렇기 때문에 장공이 자신의 자매 중 출가한 여자에 대해
착용하는 상복 규정에 따라 왕희를 위해 대공복을 착용한 것이다."라고
평했는데, 이 말은 예법에 맞는 것이다. 그런데 또 어떤 자는 "왕희는
장공에게 외조모가 되기 때문에, 장공이 왕희를 위해 대공복을 착용한
것이다."라고 평했는데, 이 말은 망령된 말이다. [옛 판본에는 "자유가 상례
절차를 도우며, 도공의 왼쪽에 서서 일을 처리했다."[1]라고 한 문장 뒤에 수록되어
있었다.]

集說

穀, 讀爲告. 齊襄公夫人王姬卒, 在魯莊之二年, 赴告於魯, 其初由
魯而嫁, 故魯君爲之服出嫁姊妹大功之服, 禮也. 或人旣不知此王
姬乃莊公舅之妻, 而以爲外祖母, 又不知外祖母服小功, 而以大功爲
外祖母之服, 其亦妄矣.

'곡(穀)'자는 "알린다."는 뜻으로 해석한다. 제나라 양공의 부인 왕희가
죽었는데, 그 일은 노나라 장공 2년에 일어났으며, 노나라에 부고를 알

---

1) 『예기』「단궁하」 014장 : 有若之喪, 悼公弔焉, 子游攤由左.

려왔다. 그녀는 애초에 노나라의 주선으로 시집을 가게 되었다. 그렇기 때문에 장공은 그녀를 위해서 출가한 자매에 대해 대공복을 입는 규정에 따라 복장을 착용했으니, 예법에 맞는 것이다. 혹자는 왕희가 장공 외삼촌의 처가 된다는 사실을 알지 못하고, 그녀를 외조모라고 여겼다. 또한 외조모에 대해서는 소공복을 착용한다는 사실을 모르고, 대공복을 외조모에 대한 상복으로 여겼으니, 이 또한 망령된 말이다.

淺見

近按: 此以下汎記吉凶之禮得失之事, 皆無次序, 並從舊文之先後.

내가 살펴보니, 이곳 구문으로부터 그 이하의 내용들은 길례와 흉례를 치를 때 나타난 득실의 사안을 범범하게 기록하고 있으며, 모두 순서가 없으니, 옛 기록의 순서에 따른다.

帷殯, 非古也, 自敬姜之哭穆伯始也.〈020〉[舊在"不私則遠利也"之下.]

조석으로 곡을 할 때 빈소에 휘장을 쳐두는 것은 고대의 예법이 아니다. 휘장을 친 상태에서 곡을 하는 것은 경강이 자신의 남편 목백에게 곡을 했던 것에서부터 시작되었다. [옛 판본에는 "사적인 말을 하지 않았던 것은 그가 이로움을 멀리하였기 때문이다."[1]라고 한 문장 뒤에 수록되어 있었다.]

集說

禮. 朝夕哭殯之時, 必褰開其帷. 敬姜哭其夫穆伯之殯, 乃以避嫌而不復褰帷, 自此以後, 人皆傚之. 故記者云"非古也." 穆伯魯大夫季悼子之子, 公甫靖也.

예법에 따르면, 조석으로 빈소에서 곡을 할 때에는 반드시 휘장을 걷어 올려야 한다. 경강이 남편 목백의 빈소에서 곡을 할 때, 곧 혐의를 피하고자하여 다시 휘장을 걷어 올리지 않았는데, 이로부터 그 이후로는 사람들이 모두 이 방법을 따라했다. 그렇기 때문에 『예기』를 기록한 자가 "고대의 예법이 아니다."라고 말한 것이다. '목백(穆伯)'은 노나라 대부 계도자의 아들로, 공보정이다.

經文

君臨臣喪, 以巫祝桃茢, 執戈, 惡之也, 所以異於生也. 喪有死之道焉, 先王之所難[去聲]言也.〈043〉[舊在"孔子善殷"之下.]

---

1) 『예기』「단궁하」019장 : 子顯以致命於穆公. 穆公曰: "仁夫公子重耳! 夫稽顙而不拜, 則未爲後也, 故不成拜. 哭而起, 則愛父也; 起而不私, 則遠利也."

군주가 신하의 상에 임하게 되면, 무(巫)와 축관(祝官)은 복숭아나무 가
지와 갈대로 엮은 빗자루를 들고, 소신(小臣)들은 창을 들게 된다. 이것
은 사악한 기운을 꺼려하기 때문이니, 이처럼 대하는 것은 살아있는 자
들을 대함과 달리 하기 위해서이다. 상에는 죽은 자를 꺼려하는 도리가
포함되어 있으니, 이것은 선왕도 말하기를 꺼려했던['難'자는 거성으로 읽
는다.] 부분이다. [옛 판본에는 "공자가 은나라 때의 예법이 좋다고 칭찬했다."[2]라
고 한 문장 뒤에 수록되어 있었다.]

桃性辟惡, 鬼神畏之. 苅, 苕帚也, 所以除穢. 巫執桃, 祝執苅, 小臣
執戈, 蓋爲其有凶邪之氣可惡, 故以此三物辟祓之也. 人死斯惡之
矣, 故喪禮實有惡死之道焉, 先王之所不忍言也.

복숭아나무의 성질은 악귀를 쫓아내니, 귀신이 그것을 두려워한다. '열
(苅)'자는 갈대로 엮은 빗자루이니, 더러움을 제거하기 위한 도구이다.
무(巫)는 복숭아나무 가지를 들고, 축관(祝官)은 갈대로 엮은 빗자루를
잡으며, 소신(小臣)은 창을 잡으니, 무릇 흉악하고 사악한 기운이 포함
되어 있어서 나쁜 영향을 받을 수 있기 때문이다. 그래서 이러한 세 가
지 사물들을 이용해서 그것들을 내쫓는 것이다. 사람이 죽게 되면 그를
꺼려하게 된다.[3] 그렇기 때문에 상례에는 실질적으로 죽은 자를 꺼려하
는 도리가 포함되어 있는 것인데, 선왕도 차마 그 부분에 대해서는 언급
하지 못했던 것이다.

---

2) 『예기』「단궁하」 042장 : 殷練而祔, 周卒哭而祔. 孔子善殷.
3) 『예기』「단궁하」 063장 : 人死, 斯惡之矣. 無能也, 斯倍之矣. 是故制絞衾, 設蔞
翣, 爲使人物惡也.

孔子謂; "爲明器者, 知喪道矣, 備物而不可用也." ⟨045⟩ [舊在"周朝而遂葬"之下, 此下竝從舊文之次.]

공자가 하나라 때의 예법을 평가하며 말하길, "명기를 만든 자는 상례의 도리를 아는 자로구나. 그 기물들을 모두 갖췄으나 실제로 사용할 수 없도록 만들었도다."라고 했다. [옛 판본에는 "주나라 때에는 조묘(朝廟)를 하고서 마침내 장지로 떠나갔다."[4]라고 한 문장 뒤에 수록되어 있었는데, 이곳 구문으로부터 그 뒤의 기록들은 모두 옛 판본의 문장 순서에 따른다.]

集說

此孔子善夏之用明器從葬.

이 말은 공자가 하나라 때 명기를 사용하여 장례의 부장품으로 사용하게 된 것을 칭찬한 기록이다.

經文

"哀哉! 死者而用生者之器也, 不殆於用殉乎哉!" ⟨046⟩

공자는 계속하여 은나라 때의 예법을 평가하며, "슬프구나! 죽은 자에게 제기(祭器)를 매장하는 것은 살아있는 자들이 사용하는 기물을 사용하게 하는 것이다. 이것은 곧 살아있는 자를 함께 순장하는 것에 가까운 짓이다!"라고 했다.

---

4) 『예기』「단궁하」 044장 : 喪之朝也, 順死者之孝心也. 其哀離其室也, 故至於祖 · 考之廟而後行. 殷朝而殯於祖, 周朝而遂葬.

此孔子非殷人用祭器從葬. 以人從死曰殉. 殆, 幾也. 用其器, 則近
於用人.

이 말은 공자가 은나라 때 제기를 사용하여 장례의 부장품으로 사용하
게 된 것을 비판한 기록이다. 살아있는 사람을 죽은 자와 함께 매장하는
것을 '순(殉)'이라 부른다. '태(殆)'자는 거의라는 뜻이다. 이러한 기물을
사용한다면, 살아있는 사람을 이용하는 것에 가깝다는 뜻이다.

經文

"其曰明器, 神明之也." 塗車·芻靈, 自古有之, 明器之道也.
孔子謂: "爲芻靈者善", 謂: "爲俑者不仁", 不殆於用人乎哉!
〈047〉

공자는 "그 기물들을 '명기(明器)'라고 부르는 이유는 신명의 도리에 따
라 대하기 때문이다."[5]라고 했다. 진흙을 빚어서 만든 수레와 풀을 엮
어서 만든 인형은 고대 때부터 있어왔던 것으로, 명기를 사용하는 도리
에 해당한다. 공자는 "풀을 엮어 인형을 만든 자는 선한 자이다."라고
했고, 또 "나무인형을 만들어서 그 모습을 사람과 매우 흡사하게 했던
자는 불인하다."라고 평가했으니,[6] 나무인형을 사용하는 것은 살아있는
사람을 죽은 자와 함께 매장하는 일과 유사하기 때문이다!

---

5) 『예기』「단궁상」 090장 : 孔子曰: "之死而致死之, 不仁而不可爲也; 之死而致生
之, 不知而不可爲也. 是故竹不成用, 瓦不成味, 木不成斲, 琴瑟張而不平, 竽
笙備而不和, 有鐘磬而無簨簴. 其曰明器, 神明之也."
6) 『맹자』「양혜왕상(梁惠王上)」 : 仲尼曰, '始作俑者, 其無後乎!' 爲其象人而用
之也. 如之何其使斯民飢而死也?"

謂之明器者, 是以神明之道持之也. 塗車, 以泥爲車也. 束草爲人形, 以爲死者之從衛, 謂之芻靈, 略似人形而已, 亦明器之類也. 中古爲木偶人謂之俑, 則有面目機發而太似人矣, 故孔子惡其不仁, 知末流必有以人殉葬者.

'명기(明器)'라고 부르는 이유는 신명에 대한 도리로 대하기 때문이다. '도거(塗車)'는 진흙을 빚어서 만든 수레이다. 풀을 엮어 인형을 만들어서 죽은 자를 호위하는 자로 삼았는데, 이것을 '추령(芻靈)'이라고 부른다. 이것은 대체적으로 사람의 모습과 유사하기만 할 따름이니, 또한 명기의 부류라고 할 수 있다. 중고시대에는 나무를 이용해서 사람처럼 만들었는데 그것을 '용(俑)'이라고 했으니, 얼굴에 이목구비가 있고 관절이 움직여서, 사람과 매우 흡사했다. 그렇기 때문에 공자는 그 불인함을 미워했던 것이니, 그 말단에 이르러서는 반드시 사람을 순장하는 일이 발생하게 되리라는 것을 알았기 때문이다.

穆公問於子思曰: "爲[去聲]舊君反服, 古與[平聲]?" 子思曰: "古之君子, 進人以禮, 退人以禮, 故有舊君反服之禮也. 今之君子, 進人若將加諸膝, 退人若將隊[墜]諸淵, 毋爲戎首, 不亦善乎! 又何反服之禮之有?"〈048〉

목공이 자사에게 "옛 군주를 위해서['爲'자는 거성으로 읽는다.] 되돌아와서 상복을 착용한다는 것은 고대의 예법입니까?['與'자는 평성으로 읽는다.]"라고 물었다. 그러자 자사는 "고대의 군주는 사람을 등용할 때 예법에 따라서 했으며, 불가피하게 그 사람을 사임시킬 때에도 예법에 따라서 했습니다. 그렇기 때문에 옛 군주를 위해 되돌아와 상복을 착용하는 예가 있었던 것입니다. 그런데 오늘날의 군주는 사람을 등용할 때 마치 무릎이라도 맞대는 것처럼 환영을 하지만, 그 사람을 내칠 때에는 마치 사지로 내몰듯이['隊'자의 음은 '墜(추)'이다.] 하고 있습니다. 그러므로 그 자가 도적의 괴수가 되지 않은 것만도 다행이라고 해야 하지 않겠습니까! 그런데 어떻게 되돌아와서 상복을 착용하는 예가 지켜질 수 있겠습니까?"라고 대답했다.

集說

隊諸淵, 言置之死地也. 戎首, 爲寇亂之首也.

'추저연(隊諸淵)'이라는 말은 사지로 내몬다는 뜻이다. '융수(戎首)'는 도적의 괴수가 되었다는 뜻이다.

經文

悼公之喪, 季昭子問於孟敬子曰: "爲君何食." 敬子曰: "食粥, 天下之達禮也.〈049〉 吾三臣者之不能居公室也, 四方莫不聞矣. 勉而爲瘠, 則吾能, 毋乃使人疑夫不以情居瘠者乎哉! 我則食食.[上如字, 下音嗣.]〈050〉

노나라 도공의 상이 발생했는데, 계소자는 어떤 음식을 먹어야 하는지 알 수 없어서, 맹경자에게 "군주가 죽었을 때에는 어떤 음식을 먹어야 하는가?"라고 물어보았다. 그러자 맹경자는 "죽을 먹는 것이 천하의 모든 사람들이 따르는 통상적인 예이다. 우리 세 가문의 신하들이 군주를 제대로 섬기지 못했다는 것은 천하의 모든 사람들이 알고 있는 사실이다. 억지로 죽을 먹으면서 몸을 초췌하게 만드는 것을 나는 할 수 있지만, 사람들로 하여금 내가 진실된 감정으로 이처럼 초췌하게 되지 않았다고 의심을 사지 않게 할 수는 없다! 그러므로 나는 그냥 밥을 먹겠다.['食食'에서 앞의 '食'자는 글자대로 읽으며, 뒤의 '食'자는 그 음이 '嗣(사)'이다.]"
라고 대답했다.

三臣, 仲孫·叔孫·季孫之三家也. 敬子言我三家不能居公室而以
臣禮事君者, 四方皆知之矣. 勉强食粥而爲毀瘠之貌, 我雖能之, 然
豈不使人疑我非以哀戚之眞情而處此瘠乎? 不若違禮而食食也.

'삼신(三臣)'은 중손·숙손·계손의 세 가문을 뜻한다. 맹경자는 "우리
세 가문이 군주에 대해서 신하가 따르는 예법으로 군주 섬기는 일을 제
대로 하지 못했는데, 이러한 사실은 천하의 모든 사람들이 알고 있소.
억지로 죽을 먹어서 몸을 초췌하게 만드는 것을 나는 비록 할 수 있지
만, 어찌 다른 사람들로 하여금 내가 슬퍼하는 진실된 감정으로 이처럼
몸을 초췌하게 만든 것이 아니라고 의심하지 않게 할 수 있겠는가? 예
법을 어기며 밥을 먹는 것만 못하다."라고 말한 것이다.

應氏曰: 季子之問, 有君子補過之心; 而孟氏之對, 可謂小人之無忌
憚者矣.

응씨가 말하길, 계소자의 질문에는 군자가 자신의 과실을 보완하려는
마음이 포함되어 있다. 그러나 맹경자의 대답은 소인처럼 거리낌이 없
는 것이라 평가할 수 있다.

衛司徒敬子死, 子夏弔焉, 主人未小斂, 絰而往. 子游弔焉, 主
人旣小斂, 子游出絰, 反哭. 子夏曰: "聞之也與[平聲]?" 曰: "聞
諸夫子, 主人未改服, 則不絰."〈051〉

위나라 사도경자가 죽었는데, 자하가 조문을 했다. 그런데 조문을 갔을 때 상주가 아직 소렴을 끝내지 않은 상태인데도, 자하는 질(絰)을 두르고 찾아가서 조문을 했다. 한편 자유 또한 조문을 갔었는데, 상주가 소렴을 끝낼 때까지 기다린 다음 자유는 밖으로 나가서 질을 두르고, 다시 안으로 들어가서 곡을 했다. 그 모습을 본 자하는 "그대는 이처럼 하는 방법을 들은 적이 있는가?['與'자는 평성으로 읽는다.]"라고 물어보았다. 그러자 자유는 "선생님께 들었네. 상주가 아직 복장을 바꾸지 않았다면, 조문객은 질을 두르지 않는다고 하셨네."라고 대답해주었다.

集說

司徒, 以官爲氏也. 主人未小斂, 則未改服, 故弔者不絰, 子夏絰而往弔, 非也. 其時子游亦弔, 俟其小斂後改服, 乃出而加絰反哭之, 則中於禮矣.

'사도(司徒)'는 관직명을 씨로 삼은 것이다. 상주가 소렴을 치르지 않았다면 아직 복장을 바꾸지 않은 상태이다. 그렇기 때문에 조문을 하는 자는 질을 두르지 않는 것인데, 자하는 질을 두르고 찾아가서 조문을 했으니, 비례이다. 그때 자유 또한 조문을 했는데, 소렴을 끝내고 복장을 바꿀 때까지 기다린 뒤에야 곧 밖으로 나와서 질을 두르고, 되돌아가서 곡을 했으니, 예법에 맞는 행동이다.

經文

曾子曰: "晏子可謂知禮也已, 恭敬之有焉." 有若曰: "晏子一狐裘三十年, 遣[去聲]車一乘, 及墓而反." 〈052〉

증자가 말하길, "안자는 예를 안다고 평가할 수 있겠소. 그는 공경함을 갖추고 있기 때문이오."라고 했다. 유약이 말하길, "안자는 한 벌의 갓옷을 30년 동안이나 입었고, 견거를['遣'자는 거성으로 읽는다.] 1대만 사용했으며, 묘에 이르러서는 하관을 끝내자 곧바로 되돌아왔다."라고 부인했다.

晏子, 齊大夫. 曾子稱其知禮, 謂禮以恭敬爲本也. 有若之言則曰, 狐裘貴在輕新, 乃三十年而不易, 是儉於己也; 遣車一乘, 儉其親也; 禮, 窆後有拜賓送賓等禮, 晏子窆訖卽還, 儉於賓也. 此三者, 皆以其儉而失禮者也.

'안자(晏子)'는 제나라 대부이다. 증자는 그가 예를 안다고 평가했는데, 예에서는 공경함을 근본으로 삼는다고 한 것이다. 유약의 말은 곧 다음과 같다. 여우가죽으로 만든 갓옷이 존귀한 이유는 가볍고 새것이기 때문인데, 30년이 지나도록 바꾸지 않았으니, 이것은 본인에 대해서 검소하게 처신한 것이다. 견거를 1대 사용한 것은 그의 부친에 대해서 검소하게 대한 것이다. 예법에 따르면, 하관을 끝낸 뒤에 빈객에게 절을 하고 빈객들을 전송하는 의례 절차들이 있게 되는데, 안자는 하관을 끝낸 뒤 곧바로 되돌아왔으니, 이것은 빈객에게 검소하게 대한 것이다. 이러한 세 가지 행동들은 모두 너무 검소하게 시행하여 실례를 범한 사례이다.

"國君七个, 遣車七乘; 大夫五个, 遣車五乘. 晏子焉知禮?"〈053〉

계속하여 유약이 증자의 말을 반박하며, "제후는 7덩이의 고기를 포장해서 사용하고, 견거는 7대를 사용하며, 대부는 5덩이의 고기를 포장해서 사용하고, 견거는 5대를 사용한다. 그러므로 어떻게 안자가 예를 안다고 할 수 있는가?"라고 했다.

遣車之數, 天子九乘, 諸侯七乘, 大夫五乘, 天子之士三乘, 諸侯之士無遣車也. 大夫以上皆大牢, 士小牢. 个, 包也. 凡包牲皆取下體, 每一牲取三體, 前脛折取臂臑, 後脛折取骼. 少牢二牲則六體, 分爲三个; 大牢三牲則九體, 大夫九體分爲十五段, 三段爲一包, 凡五包; 諸侯分爲二十一段, 凡七包; 天子分爲二十七段, 凡九包. 每遣車一乘, 則載一包也.

견거의 수에 대해서 말해보자면, 천자는 9대를 사용하고, 제후는 7대를 사용하며, 대부는 5대를 사용하고, 천자에게 소속된 사는 3대를 사용하며, 제후에게 소속된 사는 견거를 사용하지 못한다. 대부 이상의 계급들은 모두 태뢰(太牢)[7]를 사용하고, 사는 소뢰(少牢)[8]를 사용한다. '개(个)'자는 포장을 뜻한다. 무릇 희생물을 포장할 때에는 모두 하체의 고기를 가져다가 포장하고, 한 마리의 희생물에서 세 덩이를 포장하게 되니, 앞쪽에서 비(臂)와 노(臑) 부위를 잘라서 취하게 되고, 뒤쪽에서 격(骼)부위를 잘라서 취하게 된다. 소뢰에서는 2마리의 희생물을 사용하게 되므로 6덩이의 고기를 취하고, 이것들을 나눠서 3덩이로 포장하게 된다. 태뢰에서는 3마리의 희생물을 사용하게 되므로 9덩이의 고기를 취하고, 대부의 경우에는 9덩이의 고기를 나눠서 15개의 단(段)으로 만드는데, 3단을 1개로 포장하게 된다. 따라서 총 5개를 포장하게 된다. 제후의 경우에는 이것을 나눠서 21단으로 만들게 되니, 총 7개를 포장하게 된다. 천자의 경우에는 이것을 나눠서 27단으로 만들게 되니, 총 9개를 포장하게

---

7) 태뢰(太牢)는 제사에서 소[牛], 양(羊), 돼지[豕] 3가지 희생물을 갖춘 것을 뜻한다. 『장자』「지악(至樂)」편에는 "其太牢以爲膳."이라는 기록이 있는데, 이에 대한 성현영(成玄英)의 소(疏)에서는 "太牢, 牛羊豕也."라고 풀이하였다.

8) 소뢰(少牢)는 제사에서 양(羊)과 돼지[豕] 두 가지 희생물을 사용하는 것을 뜻한다. 『춘추좌씨전』「양공(襄公) 22년」편에는 "祭以特羊, 殷以少牢."라는 기록이 있는데, 이에 대한 두예(杜預)의 주에서는 "四時祀以一羊, 三年盛祭以羊豕. 殷, 盛也."라고 풀이하였다.

된다. 그리고 매 견거 1대마다 1개의 포장한 고기를 싣게 된다.

經文

曾子曰: "國無道, 君子恥盈禮焉. 國奢則示之以儉, 國儉則示之以禮." 〈054〉

증자는 유약의 말에 반박하며, "나라에 도가 없다면, 군자는 예법을 완전하게 구비하는 것을 치욕스럽게 생각한다. 따라서 나라의 풍조가 사치스럽다면, 검소함을 실천하여 올바른 뜻을 보여주는 것이고, 나라의 풍조가 지나치게 검소하다면, 예법의 규정대로 실천하여 올바른 뜻을 보여주는 것이다."라고 했다.

集說

曾子主權, 有子主經, 是以二端之論不合.

증자는 권도(權道)에 중점을 두었고, 유자는 본래의 규정에 중점을 두었기 때문에, 두 논의가 합치되지 않았던 것이다.

經文

國昭子之母死, 問於子張曰: "葬及墓, 男子·婦人安位?" 子張曰: "司徒敬子之喪, 夫子相, 男子西鄉[去聲], 婦人東鄉." 〈055〉

국소자의 모친이 돌아가셨는데 자장이 상례의 절차를 도왔다. 국소자는 자장에게 "장례를 치를 때 묘까지 당도하게 되면, 남자와 부인들은 어디에 위치해야 합니까?"라고 물었다. 그러자 자장은 "사도경자의 상에서

는 공자께서 그 절차를 돕게 되셨는데, 그때 남자들은 서쪽을 바라보는
['鄉'자는 거성으로 읽는다.] 곳에 위치했고, 부인들은 동쪽을 바라보는 곳에
위치했습니다."라고 대답했다.

國昭子, 齊大夫, 葬其母, 以子張相禮, 故問之. 夫子, 孔子也. 主人
家男子皆西向, 婦人皆東向, 而男賓在衆主人之南, 女賓在衆婦之
南, 禮也.

'국소자(國昭子)'는 제나라의 대부로, 그의 모친에 대한 장례를 치르게
되었는데, 자장이 상례의 절차를 도왔기 때문에 그에게 물어본 것이다.
'부자(夫子)'는 공자를 뜻한다. 상주의 집안에 속한 남자들은 모두 서쪽
을 바라보며 서고, 부인들은 모두 동쪽을 바라보며 서니, 남자 빈객은
중주인의 남쪽에 위치하는 것이고, 여자 빈객은 중부인의 남쪽에 위치
하는 것이 예법이다.

曰: "噫! 毋[無]!" 曰: "我喪也. 斯[去聲]沾[覘], 爾專之. 賓爲賓焉,
主爲主焉." 婦人從男子皆西鄉.〈056〉

국소자는 자장의 말을 듣고, "아! 그처럼 하는 것을 그만두시오![''毋'자의
음은 '無(무)'이다.]"라고 말했다. 그리고 재차 "우리 집안은 명성이 높은
가문인데 현재 장례를 치르고 있으니, 반드시 나라 사람들이 모두[''斯'자
는 거성으로 읽는다.] 찾아와서 우리가 시행하는 예법을 살펴볼 것이오.
[''沾'자의 음은 '覘(첨)'이다.] 그러니 반드시 옛 규범에서 바꾸는 점이 있어
야만 하오. 따라서 그대가 이 일을 전적으로 맡아서 처리하시오. 다만
빈객들은 빈객들끼리 위치하도록 만들고, 주인들은 주인들끼리 위치하

도록 만드시오."라고 했다. 이러한 이유로 국소자 가문의 부인들은 남자 주인들을 뒤따라 서서, 모두 서쪽을 바라보는 곳에 위치하게 되었다.

集說

昭子聞子張之言, 歎息而止之, 言我爲大夫, 齊之顯家, 今行喪禮, 人必盡來覘視, 當有所更改以示人, 豈宜一循舊禮? 爾當專主其事, 使賓自爲賓, 主自爲主, 可也. 於是昭子家婦人, 旣與男子同居主位而西向, 而女賓亦與男賓同居賓位而東向矣. 斯, 盡也. 沾, 讀爲覘. 此記禮之變.

국소자는 자장의 말을 듣고, 탄식을 하며 자장이 말해준 방법대로 서는 것을 그치게 했고, "나는 대부의 신분이며, 제나라에서도 명성이 높은 가문인데, 현재 상례를 시행하고 있으니, 사람들이 반드시 모두들 찾아와서 이러한 것들을 관찰할 것이다. 마땅히 변경시킨 점을 두어서 사람들에게 보여주어야 하는데, 어떻게 옛날의 예법에만 따를 수 있겠는가? 그대는 마땅히 이 일을 주관하여, 빈객들로 하여금 빈객들끼리 위치하도록 하고, 주인들은 주인들끼리 위치하도록 하는 것이 옳다."라고 했다. 이때 국소자 가문의 부인들은 남자들과 함께 주인이 서는 위치에 정렬하여 서쪽을 바라보게 되었고, 여자 빈객들 또한 남자 빈객들과 함께 빈객들이 서는 위치에 정렬하여 동쪽을 바라보게 되었다. '사(斯)'자는 모두라는 뜻이다. '첨(沾)'자는 엿보다는 뜻의 '첨(覘)'자로 해석한다. 이것은 예법이 변화하게 된 점을 기록한 것이다.

經文

穆伯之喪, 敬姜晝哭; 文伯之喪, 晝夜哭. 孔子曰: "知禮矣." 〈057〉

목백의 상에서 그의 아내인 경강은 낮에만 곡을 했고, 문백의 상에서 그의 모친이 경강은 밤낮으로 곡을 했다. 그 모습을 본 공자는 "그녀는 예를 아는구나."라고 칭찬했다.

集說

哭夫以禮, 哭子以情, 中節矣, 故孔子美之.

남편에 대해서 곡을 할 때에는 예에 따라서 하는 것이며, 자식에 대해서 곡을 할 때에는 정감에 따라서 하는 것이니, 절도에 맞은 것이다. 그렇기 때문에 공자가 그녀를 칭찬한 것이다.

經文

文伯之喪, 敬姜據其牀而不哭, 曰: "昔者吾有斯子也, 吾以將爲賢人也, 吾未嘗以就公室. 今及其死也, 朋友諸臣未有出涕者, 而內人皆行哭失聲. 斯子也, 必多曠於禮矣夫!"〈058〉

문백의 상에서 그의 모친 경강은 침상에 앉아서 곡을 하지 않았다. 그리고는 곧 "예전에 내 자식이 살아있을 때, 나는 내 자식이 현명한 사람이라고 생각했다. 그래서 나는 일찍이 공실에 가서도 그가 어떻게 행동하는지 관찰하지 않았다. 그런데 현재 아들이 죽었는데도 그의 벗과 여러 신하들 중에 눈물을 흘리지 않는 자가 있고, 내인만이 모두 곡을 하며 목이 쉬었다. 이것은 내 아들이 살아있을 때 분명 예에 대해서 소홀하게 행동했던 점이 많았기 때문일 것이다!"라고 했다.

集說

以爲賢人, 必知禮矣, 故凡我平日出入公室, 未嘗與俱而觀其所行, 蓋信其賢而知禮也; 至死而覺其曠禮, 故歎恨之.

현명한 사람이라고 여겨서 반드시 예를 잘 알 것이라고 생각했다. 그렇기 때문에 경강이 평상시에 공실을 출입하며, 일찍이 다른 사람들과 함께 그가 행동하는 것을 관찰하지 않았던 것이니, 무릇 그의 현명함을 믿어서 예를 알 것이라고 여겼기 때문이다. 그런데 그가 죽게 되자 그가 예에 대해서 소홀하게 했다는 것을 깨달았다. 그렇기 때문에 한탄을 한 것이다.

鄭氏曰: 季氏, 魯之宗卿, 敬姜有會見之禮.

정현이 말하길, 계씨는 노나라의 종경(宗卿)[9]이었으므로, 경강에게도 회동을 하거나 알현하는 예법이 적용되었던 것이다.

季康子之母死, 陳褻衣. 敬姜曰: "婦人不飾, 不敢見舅姑. 將有四方之賓來, 褻衣何爲陳於斯?" 命徹之.〈059〉

계강자의 모친이 죽었을 때 모친의 속옷을 펼쳐두었다. 계강자의 종조모인 경강이 그 모습을 보고, "부인들은 치장을 하지 않으면 감히 시부모를 뵙지 않는 것이다. 그런데 현재 사방에서 빈객들이 찾아오게 될 것인데, 그녀의 속옷을 어찌하여 이곳에 펼쳐두었는가?"라고 말하고는 곧 명령을 하여 속옷을 치우도록 하였다.

---

9) 종경(宗卿)은 군주와 같은 종인(宗人) 중 대신(大臣)에 오른 자를 뜻한다. 『춘추좌씨전』「성공(成公) 14년」편에는 "是先君宗卿之嗣也, 大國又以爲請, 不許, 將亡."이라는 기록이 있는데, 이에 대한 두예(杜預)의 주에서는 "同姓之卿."이라고 풀이했다. 한편 '종경'은 조정의 신하들 중 의례(儀禮)·제사(祭祀) 및 종묘(宗廟)와 관련된 일들을 전담하는 관리들의 수장을 범칭하는 용어로도 사용된다.

敬姜, 康子之從祖母也.

'경강(敬姜)'은 계강자의 종조모이다.

應氏曰: 敬姜森然法度之語.

응씨가 말하길, 경강은 엄숙한 자태로 법도에 따른 말을 한 것이다.

經文

有子與子游立, 見孺子慕者. 有子謂子游曰: "予壹不知夫喪之踊也, 予欲去[上聲]之久矣. 情在於斯, 其是也夫!"〈060〉

유자가 자유와 함께 서 있었는데, 그때 마침 어린아이가 부모를 그리워하며 울부짖는 모습을 보게 되었다. 유자가 자유에게 말하길, "나는 항상 상례에서 용을 왜 하는지 깨닫지 못하여, 오래전부터 이것을 규정에서 제거하고자['去'자는 상성으로 읽는다.] 했었다. 그런데 저 어린아이가 울부짖는 것처럼 용에도 그 애통한 마음이 나타나는 것이로구나!"라고 했다.

集說

有子言喪禮之有踊, 我常不知其何爲而然. 壹者, 專一之義, 猶常也. 我久欲除去之矣, 今見孺子之號慕若此, 則哀情之在於此踊, 亦如此孺子之慕也夫!

유자는 상례에 용의 절차가 포함되어 있는 것에 대해서, 일찍이 그것을 어떤 이유로 이처럼 제정했는지 알지 못했다고 말한 것이다. '일(壹)'자는 전일하다는 뜻으로, 항상이라는 의미이다. "즉 나는 오래전부터 용하는 것을 제거하고자 하였는데, 현재 어린아이가 이처럼 부모를 그리워하며 울부짖고 있으니, 애통함 감정이 이러한 용의 절차에 나타나는 것이 또한 이처럼 어린아이가 부모를 그리워하는 것과 같구나!"라고 한 것이다.

淺見

近按: 陳說以於斯之斯爲此踊, 其是之是爲此孺子, 而以二者皆爲非也. 愚恐斯指孺子慕而言, 是卽得禮爲是之是. 蓋喪之踊有節者也, 孺子慕者, 哀之過而無節者也, 故上篇孔子以爲哀則哀矣, 而難爲繼也. 是與辟踊之有節者相反也. 有子之意以爲喪與其易寧戚, 故見孺子慕者而曰: "哀戚之情, 只在於此孺子之慕, 而不在於踊. 此誠哀戚之至, 而於禮爲是也夫." 蓋以此孺子慕者爲是, 而欲從之, 以踊爲非, 而欲去之也, 故子游言禮之所當有品節者以答之也.

내가 살펴보니, 진호는 '어사(於斯)'라고 할 때의 '사(斯)'자를 '이러한 용'이라 여겼고, '기시(其是)'라고 할 때의 '시(是)'자를 '이러한 어린아이'라고 여겼는데, 둘 모두 비례가 된다고 여긴 것이다. 내가 생각하기에, '사(斯)'자는 아마도 "어린아이가 부모를 그리워한다."는 것을 가리켜서 말한 것이고, '시(是)'자는 예법에 맞아서 옳다고 할 때의 '시(是)'가 될 것이다. 상례에서 시행하는 용에는 절도가 있는데, 어린아이가 부모를 그리워하는 것은 슬퍼함이 지나쳐서 절도가 없는 경우에 해당한다. 그렇기 때문에 「단궁상」편에서 공자는 슬퍼하는 측면에서 그의 모습은 슬픔을 드러내는 것이라고 할 수 있지만 남들이 따라 하기가 어렵다고 했다.[10] 이것은 가슴을 두드리고 용을 하는 절차에 절도가 있는 것과는 상반된다. 따라서 유자의 의도는 상을 치를 때에는 수월하게 치르기보다는 차라리 슬퍼하는 것이 낫다고 여긴 것이다. 그래서 어린아이가 부모를 그리워하는 모습을 보고서, "슬퍼하는 정감은 단지 이와 같이 어린

---

10) 『예기』「단궁상」 081장 : 弁人有其母死而孺子泣者, <u>孔子曰: "哀則哀矣, 而難爲繼也. 夫禮, 爲可傳也, 爲可繼也, 故哭踊有節."</u>

아이가 부모를 그리워하는 것에 있으며, 용을 하는 것에 있지 않다. 이것은 진실로 슬퍼함이 지극한 것이 예법에 맞다는 것을 나타낸다."라고 한 것이다. 즉 이와 같이 어린아이가 부모를 그리워하는 것은 옳은 행동이므로 그것을 따르고자 했지만, 용을 하는 것은 잘못되었다고 여겨서 그것을 제거하고자 한 것이다. 그래서 자유는 예에서는 마땅히 조절함이 있어야 한다고 대답한 것이다.

子游曰: "禮有微情者, 有以故興物者, 有直情而徑行者, 戎狄
之道也. 禮道則不然." 〈061〉

자유가 말하길, "예에는 그 과도한 감정을 줄이는 경우도 있고, 반대로
일부러 어떤 사물들을 만들어서 이것을 통해 감정을 북돋는 경우도 있
다. 따라서 단지 감정에만 내맡겨서 경솔하게 행동하는 것이 있다면,
이것은 오랑캐들이나 따르는 도리에 해당한다. 선왕이 제정한 예의 도
리에서는 그렇지 않다."라고 했다.

集說

子游言先王制禮, 使賢者俯而就之, 不肖者企而及之. 慮賢者之過
於情也, 故立爲哭踊之節, 所以殺其情, 故曰"禮有微情者." 微, 猶殺
也. 慮不肖者之不及情也, 故爲之興起衰絰之物, 使之睹服思哀, 故
曰"有以故興物者." 此二者, 皆制禮者, 酌人情而爲之也. 若直肆己
情, 徑率行之, 或哀或不哀, 慢无制節, 則是戎狄之道矣. 中國禮義
之道, 則不如是也.

자유는 선왕이 예법을 제정함에 현명한 자로 하여금은 숙여서 나아가게
했고, 불초한 자로 하여금 흥기시켜서 그곳에 도달하도록 했다고 말한
것이다. 즉 현명한 자가 그 감정에 지나칠 것을 염려하였기 때문에, 곡
을 하고 용을 하는 절차를 제정하여 그 감정을 억누르도록 했던 것이다.
그렇기 때문에 "예에는 정감을 쇠미하게 만드는 것도 있다."라고 말한
것이다. '미(微)'자는 "줄인다."는 뜻이다. 그리고 불초한 자가 그 정감에
미치지 못할 것을 염려하였기 때문에, 그를 위해서 상복이나 질과 같은
물건들을 만들어서 그로 하여금 이러한 복장을 보고, 사모하고 애통해
하는 마음이 들도록 했던 것이다. 그렇기 때문에 "일부러 사물을 만든
것도 있다."라고 말한 것이다. 이 두 가지 것들은 모두 예를 제정할 때,
사람의 정감에 따라서 제정을 한 것이다. 만약 직접적으로 자신의 감정

에만 내맡겨서 경솔하게 시행한다면, 어떤 때에는 슬픈 마음이 들더라도 또 어떤 때에는 슬픈 마음이 들지 않게 되어, 태만하여 절제함이 없게 되면, 이것은 오랑캐들이나 따르는 도리가 된다. 중국에서 제정한 예의의 도리에 따른다면, 이처럼 하지 않는다.

經文

> "人喜則斯陶, 陶斯咏, 咏斯猶[搖], 猶斯舞, 舞斯慍, 慍斯戚, 戚斯歎, 歎斯辟[婢亦反], 辟斯踊矣. 品節斯, 斯之謂禮."〈062〉

계속하여 자유가 말하길, "사람이 기뻐하게 되면 이에 갑갑한 마음이 일어나게 되고, 마음이 갑갑하게 되면 기쁜 감정을 표출하기 위해 입으로 노래를 읊조리게 되며, 입으로 노래를 읊조리다보면 분에 차지 않아서 이에 몸을 움직이게['猶'자의 음은 '搖(요)'이다.] 되고, 몸을 움직이게 되면 이에 춤을 추게 된다. 그런데 춤을 추다보면 거기에서는 기쁜 마음과 상반되는 성난 감정이 생겨나게 되고, 성난 감정이 일어나게 되면 이에 슬퍼하는 감정이 일어나게 되며, 슬퍼하게 되면 이에 탄식이 나오고, 탄식을 내뱉게 된 마음을 씻어내지 못하면 그 울분으로 인해 가슴을 치게['辟'자는 '婢(비)'자와 '亦(역)'자의 반절음이다.] 되며, 가슴을 쳐도 씻어내지 못하면 발을 구르게 된다. 이러한 감정의 갈래를 조절하게 되니, 이것을 바로 예라고 부른다."라고 했다.

集說

此言樂極生哀之情.

이것은 즐거움이 지극해지면 거기에서 슬픈 감정이 생겨난다는 뜻이다.

疏曰: 喜者, 外境會心之謂. 斯, 語助也. 陶, 謂鬱陶, 心初悅而未暢之意. 鬱陶之情暢, 則口歌咏之也; 咏歌不足, 漸至動搖身體, 乃至起舞; 足蹈手揚, 樂之極也. 外境違心之謂慍. 凡喜怒相對, 哀樂相生, 若舞無節, 形疲厭倦; 事與心違, 所以怒生. 慍怒之生由於舞極, 故曲禮云: "樂不可極也." 此凡九句, 首末各四句, 是哀樂相對, 中間舞斯慍一句, 是哀樂相生. 慍斯戚者, 怒來觸心, 憤恚之餘, 轉爲憂戚; 憂戚轉深, 因發歎息; 歎恨不泄, 遂至撫心; 撫心不泄, 乃至跳踊奮擊, 亦哀之極也. 故夷狄無禮, 朝殯夕歌, 童兒任情, 倏啼欻笑. 今若品節此二塗, 使踊舞有數, 則能久長, 故云: "斯之謂禮." 品, 階格也. 節, 制斷也.

소에서 말하길, '희(喜)'라는 것은 외부의 사물이 마음과 부합될 때 일어나는 감정을 뜻한다. '사(斯)'자는 어조사이다. '도(陶)'자는 갑갑함을 뜻하니, 마음에 최초 기뻐하는 감정이 생겼지만 아직 완전히 펼쳐지지 않았다는 뜻이다. 갑갑했던 감정이 펼쳐지게 되면 입으로는 노래를 읊조리게 된다. 그리고 노래를 읊조리는 것으로도 부족하게 되면, 점진적으로 몸을 움직이는 상태에 도달하게 되니, 이처럼 되면 곧 춤을 추게 된다. 발을 구르고 손을 펼쳐서 춤을 추는 것은 즐거움이 지극하다는 것을 나타낸다. 외부의 사물이 마음과 어긋날 때 일어나는 감정을 '온(慍)'이라고 부른다. 무릇 기쁨과 성남은 서로 대비가 되지만, 슬픔과 즐거움은 서로의 감정 속에서 생겨난다. 만약 춤을 출 때 절제함이 없다면 몸이 지치고 싫증이 나게 되어 그 사안과 마음이 어긋나게 되니 성남이 생겨나는 이유이다. 성남은 춤을 지극하게 춘 것에서부터 생겨나게 된다. 그렇기 때문에 『예기』「곡례(曲禮)」편에서는 "즐거움을 극도로 누려서는 안 된다."[1]라고 말한 것이다. 여기에서 말하고 있는 총 9개의 구문에서, 앞과 뒤에 있는 각각의 4개 구문은 슬프거나 즐거운 감정들이 서로 대비가 되는데, 중간에 있는 "춤을 추게 되면 이에 성남이 일어난다."라고

---

1) 『예기』「곡례상(曲禮上)」 002장 : 敖不可長, 欲不可從, 志不可滿, 樂不可極.

한 구문은 곧 슬픔과 즐거움이 서로의 감정 속에서 생겨난다는 뜻을 나타낸다. "성내게 되면 이에 슬퍼지게 된다."라는 말은 성나는 감정이 도래하여 그 마음을 울리게 되면, 분통하고 화난 감정의 찌꺼기가 근심스럽고 슬픈 감정으로 전이된다. 근심스럽고 슬픈 감정이 점차 깊어지게 되면, 이로 인하여 탄식이 나오고, 한탄스러운 마음을 씻어내지 못하면, 결국 가슴을 치는 지경에 이르게 되고, 가슴을 쳤는데도 그 감정을 씻어내지 못하면, 곧 날뛰고 광분하여 이리저리 치게 되는데, 이것은 또한 슬픈 감정이 지극히 나타난 것이다. 그렇기 때문에 오랑캐에게는 예가 없어서, 아침에 빈소를 마련하고도 저녁에 노래를 불렀던 것이고, 어린아이는 감정에만 내맡겨서, 갑작스럽게 울다가도 또 갑작스럽게 웃게 되는 것이다. 만약 이러한 두 가지 감정의 갈래를 조절하여, 용을 하거나 춤을 추는 것에 대해서 일정한 법도를 갖추게 한다면, 오래도록 할 수 있다. 그렇기 때문에 "이러한 것을 예라고 부른다."라고 말한 것이다. '품(品)'자는 층차를 두어서 바로잡는 것을 뜻한다. '절(節)'자는 조절하여 단정한다는 뜻이다.

孫氏曰: 當作人喜則斯陶, 陶斯咏, 咏斯猶, 猶斯舞, 舞斯蹈矣; 人悲則斯慍, 慍斯戚, 戚斯歎, 歎斯辟, 辟斯踊矣. 蓋自喜至蹈, 凡六變, 自悲至踊, 亦六變. 此所謂孺子慕者之直情也. 舞蹈辟踊, 皆本此情, 聖人於是爲之節.

손씨가 말하길, 이 문장은 마땅히 "사람이 기뻐하게 되면 갑갑함이 생겨나고, 갑갑하게 되면 노래를 읊조리게 되며, 노래를 읊조리면 몸을 움직이게 되고, 몸을 움직이게 되면 춤을 추게 되며, 춤을 추게 되면 날뛰게 된다. 반면 사람이 슬퍼하게 되면 성난 감정이 생겨나고, 성나게 되면 탄식을 하게 되며, 탄식을 하게 되면 가슴을 치게 되고, 가슴을 치게 되면 발을 구르게 된다."라고 기록해야 한다. 무릇 기뻐한다는 것으로부터 날뛴다는 것에 이르기까지 총 6단계로 변화가 일어나고, 슬퍼한다는 것으로부터 발을 구르게 되는 것에 이르기까지도 총 6단계로 변화가 일어나게 된다. 이것은 바로 어린아이가 부모를 그리워하는 진실된 감정을 뜻한다. 춤을 추며 날뛰고 가슴을 치고 발을 구르는 것들은 모두 이러한 감정에 근본을 둔 것인데, 성인은 이러한 감정에 대해서 절도를 마련한 것이다.

經文

"人死, 斯惡之矣; 無能也, 斯倍之矣. 是故制絞[交]·衾, 設蔞 [柳]·翣, 爲[去聲]使人勿惡也."〈063〉

계속하여 자유가 말하길, "사람이 죽게 되면 다른 사람들은 그를 꺼려하게 된다. 사람이 무능하게 된다면 다른 사람들은 그를 등지게 된다. 이러한 까닭으로 성인은 시신을 치장하는 교['絞'자의 음은 '交(교)'이다.]와 금을 제정하였고, 또 관을 치장하는 유['蔞'자의 음은 '柳(유)'이다.]와 삽을 제정하여, 사람들로 하여금 죽은 자를 꺼려하지 않게끔['爲'자는 거성으로 읽는다.] 했던 것이다."라고 했다.

集說

以其死而惡之, 以其無能而倍之, 恐太古無禮之時, 人多如此, 於是推原, 聖人所以制禮之初意, 止爲使人勿惡勿倍而已. 絞·衾以飾其體, 蔞·翣以飾其棺, 則不見死者之可惡也.

그 자가 죽었기 때문에 그를 꺼려하게 되고, 그 자가 무능하기 때문에 사람들이 등지게 되는데, 아마도 태고시대처럼 예가 없었을 때에는 사람들이 대부분 이처럼 했기 때문에, 이때 본원을 탐구하여, 성인이 이를 통해 예를 제정했는데, 그 최초의 뜻은 단지 사람들로 하여금 꺼려하거나 등지지 않게끔 했던 것일 뿐이다. 교와 금으로는 죽은 자의 몸을 치장하고, 유와 삽으로는 시신을 실은 관을 치장하니, 사람들이 꺼려할 수 있는 죽은 자의 모습을 드러내지 않는 것이다.

"始死, 脯‧醢之奠, 將行, 遣[去聲]而行之, 旣葬而食[嗣]之. 未
有見其饗之者也. 自上世以來, 未之有舍[上聲]也, 爲使人勿倍
也. 故子之所刺[次]於禮者, 亦非禮之訾[疵]也."〈064〉

계속하여 자유가 말하길, "어떤 자가 이제 막 죽었을 때에는 포와 젓갈
등을 차려서 음식을 진설하게 되고, 장례를 치르려고 할 때에는 견전을
지낸 뒤에 그 희생물의 고기를 포장하여, 견거에 실려['遣'자는 거성으로
읽는다.] 함께 보내게 되고, 장례를 끝내게 되면 우제를 치르면서 음식을
대접하게['食'자의 음은 '嗣(사)'이다.] 된다. 그러나 일찍이 신들이 직접 찾
아와서 이러한 음식들을 흠향하는 것을 보았던 자는 없었다. 그런데도
상고시대에 예를 제정했을 때부터 그 이후로 이러한 예법을 내버리고
['舍'자는 상성으로 읽는다.] 시행하지 않았던 자가 없다. 그 이유는 이러한
예법 절차를 시행하게 되면, 근본에 보답하고 시초를 반추하는 생각을
그만둘 수 없기 때문이다. 따라서 성인이 이러한 예법을 제정하여, 사
람들로 하여금 죽은 자를 등지지 않게끔 했던 것이다. 그러므로 그대가
상례의 절차 중 용에 대해서 비판하며['刺'자의 음은 '次(차)'이다.] 그 규정
을 제거하려고 했지만, 용은 또한 예의 잘못된 허물이['訾'자의 음은 '疵
(자)'이다.] 아니다."라고 했다.

始死, 卽爲脯醢之奠; 將葬, 則有包裹牲體之遣; 旣葬, 則有虞祭之
食. 何嘗見死者享之乎? 然自上世制禮以來, 未聞有舍而不爲者, 爲
此則報本反始之思, 自不能已矣, 豈復有倍之之意乎? 先王制禮, 其
深意蓋如此. 今子刺喪之踊而欲去之者亦, 不足以爲禮之疵病也.

어떤 자가 이제 막 죽었을 때에는 곧바로 포와 젓갈 등을 차려서 진설한
다. 장례를 치르게 되면, 희생물의 고기를 포장하여 실어 보내는 견거가

있게 되고, 장례를 끝내게 되면, 우제를 차려서 음식을 대접하는 절차가 있게 된다. 그런데 어떻게 일찍이 죽은 자가 그것들을 흠향하는 것을 보아서 이처럼 했겠는가? 그런데도 상고시대에 예를 제정했을 때로부터 그 이후로는 이러한 것들을 내버리고 시행하지 않았던 자가 있다는 것을 들어보지 못했으니, 이처럼 하게 된다면, 근본에 보답하고 시초를 반추하는 생각을 제 스스로 그만둘 수 없게 되니, 어찌 다시금 죽은 자를 등지는 뜻을 품을 수 있겠는가? 선왕이 예를 제정했을 때, 그 깊은 뜻은 아마도 이와 같았을 것이다. 현재 유자가 상에서 용하는 것을 비판하며, 이것을 제거하고자 했지만, 용을 또한 예의 병폐라고 여기기에는 부족한 것이다.

淺見

近按: 哭踊之節, 聖人所以爲之中制也. 自古賢者恒少, 不肖者恒多, 苟無禮制以爲之節, 則有哀情, 若孺子慕者, 雖過而猶可也, 不肖而忘哀者, 則斯惡斯倍, 而人理滅矣, 故聖人制爲禮節, 使賢者不敢過, 不肖者企而及, 故因其哀戚之情而爲踊以節之. 今有子雖刺而欲去之, 然非禮之所可訾毁者也.

내가 살펴보니, 곡과 용을 하는 절차는 성인이 그것을 제도에 적합하도록 하기 위해 만든 것이다. 예로부터 현명한 자는 항상 그 수가 적었고, 불초한 자는 항상 그 수가 많았다. 만약 예의 제도를 두어 그것을 절제하지 않는다면, 어린아이가 부모를 그리워하는 것과 같은 슬픈 감정을 가진 자들은 비록 지나치더라도 오히려 괜찮지만, 불초한 자들은 슬픔을 잊어 꺼리고 등지게 되어 결국 사람의 도리가 없어지게 될 것이다. 그러므로 성인이 예의 절도를 제정하여 현명한 자들로는 감히 지나치지 않게끔 했던 것이고, 불초한 자들은 기획하여 도달하게끔 했던 것이다. 그러므로 슬퍼하는 정감에 따라서 용을 하여 그것을 조절한 것이다. 현재 유자는 비록 이것을 비판하며 제거하려고 했지만, 예 자체를 헐뜯었던 것은 아니다.

吳侵陳, 斬祀殺厲. 師還[旋]出竟[境], 陳大[泰]宰嚭[普彼反]使[去聲]
於師, 夫差謂行人儀曰: "是夫也多言. 盍嘗問焉? 師必有名,
人之稱斯師也者, 則謂之何." ⟨065⟩

오나라가 진나라를 침략함에 사당의 나무를 베어버렸고 역병에 걸린 자
들을 죽였다. 이후 군대를 되돌려['還'자의 음은 '旋(선)'이다.] 국경을['竟'자의
음은 '境(경)'이다.] 빠져나오자 진나라 태재인['大'자의 음은 '泰(태)'이다.] 비
가['嚭'자는 '普(보)'자와 '彼(피)'자의 반절음이다.] 사신으로 파견되어['使'자는
거성으로 읽는다.] 오나라 진영으로 찾아갔다. 그러자 오나라 자작인 부차
는 행인인 의에게 말하길, "그 자는 말을 잘 하는 사람이다. 어찌 시험
삼아 물어보지 않을 수 있겠는가? 군대가 출병할 때에는 반드시 명분이
있어야 하니, 현재 사람들이 우리 군대를 지칭하며, 어떤 명분을 일컫고
있는지 물어보아라."라고 했다.

魯哀公元年, 吳師侵陳. 斬祀, 伐祠祀之木也. 殺厲, 殺疫病之人也.
太宰·行人, 皆官名. 夫差, 吳子名. 是夫, 猶言此人, 指嚭也. 多言,
猶能言也. 盍, 何不也. 嘗, 試也. 師必有名者, 言出師伐人, 必得彼
國之罪, 以顯我出師之名也. 今眾人稱我此師, 謂之何名乎?

노나라 애공 1년에 오나라는 진나라를 침략했다. '참사(斬祀)'는 제사를
지내는 사당의 나무를 베어버렸다는 뜻이다. '살려(殺厲)'는 역병에 걸린
자를 죽였다는 뜻이다. '태재(大宰)'와 '행인(行人)'은 모두 관직 이름이
다. '부차(夫差)'는 오나라 자작의 이름이다. '시부(是夫)'는 '이 사람[此
人]'이라는 뜻이니, 곧 비(嚭)를 가리킨다. '다언(多言)'은 "말을 잘한다."
는 뜻이다. '합(盍)'자는 "어찌 ~를 아니하는가?"라는 뜻이다. '상(嘗)'자
는 "시험하다."는 뜻이다. '사필유명(師必有名)'이라는 말은 군대를 출병
시켜서 다른 사람을 벌했을 때에는 반드시 상대방 나라에서 죄를 지었

기 때문이니, 이를 통해서 자신이 군대를 출병시키게 된 명분을 드날린
다는 뜻이다. 즉 "현재 사람들은 우리 군대에 대해서 평가하며 어떤 명
분을 일컫느냐?"는 의미이다.

經文

大宰嚭曰: "古之侵伐者, 不斬祀, 不殺厲, 不獲二毛. 今斯師
也, 殺厲與[平聲]? 其不謂之殺厲之師與?" 曰: "反爾地, 歸爾子,
則謂之何?" 曰: "君王討敝邑之罪, 又矜而赦之, 師與[平聲]有無
名乎?"〈066〉

행인인 의가 부차의 말을 태재인 비에게 전달했다. 그러자 태재 비는
"고대에 침략을 하고 정벌을 했던 자들은 사당의 나무를 베지 않았고,
역병에 걸린 자를 죽이지 않았으며, 머리카락이 반백인 노인들을 포로
로 잡지 않았습니다. 그런데 현재 오나라 군대는 역병에 걸린 자들까
지 죽이지 않았습니까?['與'자는 평성으로 읽는다.] 그러므로 사람들이 역병
에 걸린 자들까지 죽인 군대라고 부르지 않겠습니까?"라고 대답했다.
행인 의가 이 말을 부차에게 전달하니, 부차는 "너희에게서 빼앗은 땅
을 되돌려주고, 너희 나라에서 잡은 포로를 되돌려준다면, 뭐라고 칭하
겠는가?"라고 하며, 이 말을 전하라고 명했다. 행인 의가 이 말을 태재
비에게 전달하자 태재 비는 "군왕께서 우리나라가 범한 죄를 토벌하시
고도 다시금 불쌍하게 여기셔서 용서를 해주신다면, 군왕께서 일으키
신 군대에 대해['與'자는 평성으로 읽는다.] 명성이 없을 수 있겠습니까?"라
고 했다.

集說

二毛, 斑白之人也. 子, 謂所獲臣民也. 還其侵略之地, 縱其俘獲之

民, 是矜而赦之矣, 豈可又以無名之師議之乎? 此言齧善於辭令, 故
能救敗亡之禍.

'이모(二毛)'는 머리카락이 반백인 사람을 뜻한다. '자(子)'는 포로로 잡
은 신하와 백성들을 뜻한다. 침략해서 뺏은 땅을 되돌려주고 포로로 잡
은 백성들을 풀어주는 것은 바로 불쌍히 여겨서 용서를 해주는 것인데,
어찌 또한 명분도 없이 일으킨 군대라 평가할 수 있겠는가? 이것은 비
가 외교를 잘했기 때문에, 나라가 패망하게 될 재앙을 구원할 수 있었음
을 뜻한다.

石梁王氏曰: 是時吳亦有大宰齧如何?

석량왕씨[1]가 말하길, 당시 오나라에도 또한 태재 비가 있었는데, 어찌
된 일인가?

經文

顔丁善居喪. 始死, 皇皇焉如有求而弗得; 及殯, 望望焉如有
從而弗及; 旣葬, 慨焉如不及其反而息.〈067〉

노나라에는 안정이라는 사람이 있었는데, 그는 부모의 상을 아주 잘
치렀다. 그의 부모가 막 돌아가셨을 때, 그는 몹시 분주하게 돌아다니
며 마치 부모를 찾으나 볼 수 없는 것처럼 행동했다. 빈소를 차렸을
때에는 묵묵히 응시하며 마치 부모를 쫓고자 하지만 부모에게 미치지
못하는 것처럼 행동했다. 또 장례를 끝냈을 때에는 슬픔에 흐느끼고
부모가 다시 되돌아오지는 않을까라고 생각하며 가다서기를 반복하였
으니, 마치 부모가 되돌아옴을 쫓지 못하는 것처럼 했고, 또 집에 되

---

1) 석량왕씨(石梁王氏, ?~?) : 자세한 이력이 남아 있지 않다.

돌아와서도 부모가 되돌아오기를 기다리고 있는 것처럼 했다.

集說

顔丁, 魯人. 皇皇, 猶栖栖也. 望望, 往而不顧之貌. 慨, 感悵之意.
始死, 形可見也; 旣殯, 柩可見也; 葬則無所見矣. 如有從而弗及, 似
有可及之處也. 葬後則不復如有所從矣, 故但言"如不及其反." 又云
"而息"者, 息, 猶待也, 不忍失忘其親, 猶且行且止, 以待其親之反
也. 蓋葬者往而不反, 然孝子於迎精而反之時, 猶如有所疑也.

'안정(顔丁)'은 노나라 사람이다. '황황(皇皇)'은 "몹시 분주하다."라는 뜻
이다. '망망(望望)'은 길을 떠나며 뒤돌아보지 않는 모양을 뜻한다. '개
(慨)'자는 슬픔을 느낀다는 뜻이다. 어떤 자가 이제 막 죽게 되면 그 형
체를 볼 수 있고, 빈소를 차리게 되면 시신을 싣고 있는 영구를 볼 수
있다. 그러나 장례를 치르고 나면 부모의 모습을 확인할 수 있는 것이
없다. "쫓음이 있으나 미치지 못하는 것과 같다."는 말은 마치 도달할
수 있는 곳이 있는 것 같다는 뜻이다. 장례를 치른 뒤라면 다시는 쫓을
수 있는 것이 있는 것처럼 할 수 없다. 그렇기 때문에 단지 "그 되돌아
옴에 미치지 못한 것처럼 했다."라고 말한 것이다. 또 '이식(而息)'이라
고 했는데, '식(息)'자는 "기다린다."는 뜻이니, 차마 그 부모를 완전히
잊어버릴 수가 없으니, 여전히 길을 가다가도 멈추는 것을 반복하며, 자
신의 부모가 되돌아오기를 기다린다는 뜻이다. 무릇 장례에서는 가기만
하고 되돌아오지는 않는다. 그러나 자식은 부모의 정기를 맞이하여 되
돌아올 때, 여전히 되돌아오지는 않을까라는 의문을 품은 것처럼 행동
하게 된다.

子張問曰: "書云: '高宗三年不言, 言乃讙', 有諸?" 仲尼曰: "胡爲其不然也! 古者天子崩, 王世子聽於冢宰三年."〈068〉

자장이 "『서』에서 '고종은 3년 동안 말을 하지 않았고, 말을 하게 되자 신하들이 기뻐했다.'[2]라고 했는데, 실제로 이러한 일이 있었습니까?"라고 물었다. 그러자 공자는 "어찌 그렇지 않았겠는가! 옛날에는 천자가 붕어하면 왕세자는 삼년상을 치르게 되므로, 3년 동안 총재에게 정사를 맡기고 보고만 받았다."라고 대답해주었다.

集說

言乃讙者, 命令所布, 人心喜悅也.

'언내환(言乃讙)'이라는 말은 명령을 내리자 사람들이 마음으로 기뻐했다는 뜻이다.

經文

知[去聲]悼子卒, 未葬. 平公飲酒, 師曠·李調侍, 鼓鍾. 杜蕢[快]自外來, 聞鍾聲, 曰: "安在?" 曰: "在寢". 杜蕢入寢, 歷階而升, 酌曰: "曠飲[去聲]斯!" 又酌曰: "調飲斯!" 又酌, 堂上北面坐飲之, 降趨而出.〈069〉

진나라 대부인 지도자가['知'자는 거성으로 읽는다.] 죽었는데, 아직 장례를

---

2)『서』「주서(周書)·무일(無逸)」: 其在高宗時, 舊勞于外, 爰曁小人, 作其卽位, 乃或亮陰, 三年不言, 其惟不言, 言乃雍, 不敢荒寧, 嘉靖殷邦.

치르지 않은 상태였다. 그런데 진나라 평공은 술을 마셨고, 그때 사광과 이조가 시중을 들었으며, 음악까지 연주하였다. 두괴는['蕢'자의 음은 '快(쾌)'이다.] 밖에 있다가 들어왔는데, 종을 울리는 소리를 들었다. 그래서 "이 소리는 어디에서 나는 것인가?"라고 물었다. 그러자 옆에 있던 자가 "침에서 연주하는 것입니다."라고 대답했다. 두괴가 침으로 들어가서, 계단을 통해 당상으로 올라갔다. 그리고는 곧 술을 따라서 "사광아! 이 술을 마셔라!['飮'자는 거성으로 읽는다.]"라고 했고, 재차 술을 따라서 "이조야! 이 술을 마셔라!"라고 했으며, 또한 술을 따라서 당상에서 북쪽을 바라보며 앉아 그 술을 마셨다. 그리고는 곧 당하로 내려가서 빠른 걸음으로 빠져나가려고 했다.

知悼子, 晉大夫, 名罃. 平公, 晉侯彪也. 凡三酌者, 旣罰二子, 又自罰也.

'지도자(知悼子)'는 진나라의 대부로 이름은 앵(罃)이다. '평공(平公)'은 진나라 후작인 표(彪)이다. 모두 세 차례 술잔을 따른 것은 두 사람에 대해서 책망을 한 것이고, 또한 제 스스로 자책을 한 것이다.

平公呼而進之, 曰: "蕢! 曩者爾心或開予, 是以不與爾言. 爾飮曠, 何也?" 曰: "子·卯不樂, 知悼子在堂, 斯其爲子·卯也大矣. 曠也, 大師也, 不以詔, 是以飮之也." 〈070〉

진나라 평공은 두괴가 아무런 말도 없이 나가려는 것을 보고 괴이하게 생각했다. 그래서 그를 불러 앞으로 다가오게 하고, "두괴야! 나는 네가 처음 이곳에 들어왔을 때, 네 마음에 혹여 나에게 간언을 올려 깨우쳐 줄 것이 있을 것이라고 생각했다. 그래서 너에게 아무런 말도 하지 않았던 것이다. 그런데 너는 이곳에 들어와서 사광에게 술을 마시게 했으니, 그 이유가 무엇이냐?"라고 말했다. 그러자 두괴는 "주임금이 죽은 갑자일과 걸임금이 죽은 을묘일은 불길한 날로 여겨서, 군주는 그날 음악을 연주하지 않습니다. 그런데 현재 지도자의 상이 발생하여, 아직 그의 시신이 빈소에 있는 상태입니다. 지도자는 군주의 신하이니 그의 죽음은 갑자일이나 을묘일보다도 중대한 사안이 됩니다. 그러나 사광은 태사의 직책을 맡고 있었음에도, 현재 음악을 연주해서는 안 된다는 사실을 군주께 아뢰지 않았습니다. 이러한 이유로 저는 사광에게 벌주를 건넨 것입니다."라고 대답했다.

集說

言爾之初入, 我意爾必有所諫敎開發於我, 我是以不先與爾言. 乃三酌之後, 竟不言而出, 爾之飮曠何說也? 瞶言桀以乙卯日死, 紂以甲子日死, 謂之疾日, 故君不擧樂. 在堂, 在殯也. 況君於卿‧大夫, 比葬不食肉, 比卒哭不擧樂. 悼子在殯, 而可作樂燕飮乎? 桀‧紂異代之君, 悼子同體之臣, 故以爲大於子‧卯也. 詔, 告也. 罰其不告之罪也.

"네가 처음 들어왔을 때, 나는 네가 반드시 간언을 올려서 나를 깨우쳐 줄 것이 있으리라 생각하여, 나는 너에게 먼저 말을 하지 않았던 것이다. 그런데 세 차례 술잔을 따른 이후에 끝내 말을 하지 않고 나가니, 네가 사광에게 술을 마시게 한 것은 무엇을 말하려고 함인가?"라고 말한 것이다. 그러자 두괴는 "걸임금은 을묘일에 죽었고, 주임금은 갑자일에 죽었는데, 이 두 날을 불길한 날이라고 말합니다. 그렇기 때문에 군주는 그날에는 음악을 연주하지 않습니다."라고 했다. 여기에서 '재당(在堂)'은 시신이 빈소에 있다는 뜻이다. 즉 "하물며 군주는 경과 대부의 상에 대해서, 장례를 치를 때까지 고기도 먹지 않고, 또 졸곡을 할 때까지 음악을 연주하지 않습니다. 현재 지도자의 시신이 빈소에 있는데, 음악을 연주하며 연회를 베풀어서 술을 마실 수 있겠습니까?"라고 한 것이다. 결과 주는 이전 왕조의 군주이고, 지도자는 군주와 생사를 함께 한 신하이다. 그렇기 때문에 그의 죽음을 걸주가 죽은 갑자일이나 을묘일보다도 중대한 것으로 여긴 것이다. '조(詔)'자는 "아뢰다."는 뜻이다. 군주에게 아뢰지 않은 죄에 대해서 벌을 준 것이다.

經文

"爾飲調, 何也?" 曰: "調也, 君之褻臣也, 爲一飲一食, 忘君之疾, 是以飲之也."〈071〉

진나라 평공은 두괴에게 "너는 사광에게 했던 것처럼, 이조에게도 술을 마시게 했는데, 그것은 또 어떤 이유 때문인가?"라고 했다. 그러자 두괴는 "이조는 군주를 측근에서 섬기는 신하입니다. 그런데 한 차례 술을 마시고 한 차례 음식을 맛보는 것에만 정신이 팔려서, 군주께서 예를 어기고 있다는 것도 잊고 있었습니다. 그래서 그에게도 벌주를 건넨 것입니다."라고 대답했다.

集說

言爲近習之臣, 貪於一飲一食, 而忘君違禮之疾, 故罰之也.

이조는 군주를 가까이에서 섬기는 신하가 되는데, 한번 술을 마시고 한번 음식을 맛보는 것을 탐하여, 군주가 예를 어긴 잘못에 대해서는 잊었다. 그렇기 때문에 벌을 주었다는 뜻이다.

"爾飲, 何也?" 曰: "蕢也, 宰夫也, 非刀匕是共[供], 又敢與[去聲]
知防, 是以飲之也."〈072〉

진나라 평공은 두괴에게 "두 사람에 대한 것은 그렇다고 해도 네가 술을
마신 것은 무슨 이유 때문인가?"라고 했다. 그러자 두괴는 "저는 재부의
직무를 맡고 있습니다. 따라서 칼이나 수저를 공급하는['共'자의 음은 '供
(공)'이다.] 일을 담당하고 있는데, 자신의 소임도 시행하지 않았고, 또 감
히 군주의 잘못을 간언하는 일에 참여를['與'자는 거성으로 읽는다.] 했습니
다. 이러한 이유로 저 또한 벌주를 마셨던 것입니다."라고 대답했다.

集說

非, 猶不也. 宰夫職任刀匕, 今乃不專供刀匕之職, 而敢與知諫爭防
閑之事, 是侵官矣, 故自罰也.

'비(非)'자는 불(不)자의 뜻이다. 재부의 직무는 칼이나 수저와 관련되어
있는데, 현재 칼이나 수저를 공급하는 직무를 맡아보지 않았고, 감히 간
언을 올려서 잘못을 막는 일에 참여했으니, 이것은 다른 관직의 임무를
침해한 것이다. 그렇기 때문에 스스로를 자책한 것이다.

經文

平公曰: "寡人亦有過焉. 酌而飲寡人!" 杜蕢洗而揚觶[志]. 公謂
侍者曰: "如我死, 則必毋廢斯爵也." 至于今, 旣畢獻, 斯揚觶,
謂之杜擧.〈073〉

진나라 평공은 두괴의 말을 듣고 곧 자신의 잘못을 깨달았다. 그래서
"과인도 죄가 있다. 그러니 너는 나에게 술을 따라서 내가 벌주를 마시

도록 하라!"라고 명령했다. 두괴가 그 명령을 받들어 술잔을 씻은 뒤에 그 잔을['觶'자의 음은 '志(지)'이다.] 들어 올렸다. 평공은 술을 마신 뒤 시중을 드는 자에게 "만일 내가 죽게 되더라도 반드시 이 술잔을 버리지 말도록 하라."라고 명령했다. 오늘날 진나라에서는 연례를 시행할 때 술을 바치는 절차가 모두 끝나게 되면, 이 술잔을 들어 올렸으며, 이 술잔을 '두거(杜擧)'라고 불렀다.

集說

揚觶, 擧觶也. 盥洗而後擧, 致潔敬也. 平公自知其過, 旣命蕢以酌, 又欲以此爵爲後世戒, 故記者云, 至今晉國行燕禮之終, 必擧此觶. 謂之杜擧者, 言此觶乃昔者杜蕢所擧也. 春秋傳作"屠蒯", 文亦不同.

'양치(揚觶)'는 술잔을 들었다는 뜻이다. 대야에서 씻고 난 뒤에 들어 올리는 것은 청결함과 공경함을 다하기 위해서이다. 평공은 제 스스로 자신의 잘못을 알게 되었으므로, 두괴에게 명령하여 술잔을 따르도록 했고, 또한 이 술잔을 후세에 대한 경계의 지침으로 삼고자 했다. 그렇기 때문에 『예기』를 기록한 자가 현재 진나라에서는 연례를 시행할 때, 그 행사의 끝에서는 반드시 이 술잔을 들어 올렸다고 말한 것이다. 그리고 이 술잔을 '두거(杜擧)'라고 부른다고 했는데, 이 말은 곧 치(觶)라는 술잔이 바로 예전에 두괴가 들어 올렸던 잔이라는 뜻이다. 『춘추전』에서는 '도괴(屠蒯)'라고 기록했고, 그 문장의 기록 또한 동일하지 않다.

經文

公叔文子卒, 其子戍[戌]請諡於君, 曰: "日月有時, 將葬矣, 請所以易其名者."〈074〉

위나라 대부인 공숙문자가 죽었다. 그래서 그의 아들인 서는['戌'자의 음은 '庶(서)'이다.] 군주에게 아비의 시호를 지어달라고 청원하며, "장례를 치르는 데에는 정해진 시기가 있는데, 현재 장례를 치르고자 합니다. 따라서 제 아비의 이름을 대신할 수 있는 시호를 내려주시기를 청원합니다."라고 했다.

文子, 衛大夫, 名拔. 君, 靈公也. 大夫·士三月而葬. 有時, 猶言有數也. 死則諱其名, 故爲之謚, 所以代其名也.

'문자(文子)'는 위나라의 대부로, 이름은 발(拔)이다. '군(君)'은 영공을 가리킨다. 대부와 사는 3개월째에 장례를 치른다. '유시(有時)'는 정해진 기한이 있다는 뜻이다. 그 자가 죽게 되면 그의 이름을 피휘한다. 그렇기 때문에 시호를 지어서 이름 대신 부르게 한다.

君曰: "昔者衛國凶饑, 夫子爲粥與國之餓者, 是不亦惠乎? 昔者衛國有難[去聲], 夫子以其死衛寡人, 不亦貞乎! 夫子聽衛國之政, 脩其班制, 以與四鄰交. 衛國之社稷不辱, 不亦文乎! 故謂夫子貞惠文子." 〈075〉

위나라 군주는 "예전에 위나라에 기근이 들었던 적이 있었는데, 그대의 부친은 죽을 쑤어서 기아에 굶주리던 자들에게 주었으니, 이러한 행동은 또한 은혜로운 일이라 할 수 있지 않겠는가! 또 예전에 위나라에 난리가 ['難'자는 거성으로 읽는다.] 발생했을 때, 그대의 부친은 목숨을 걸고 과인을 지켜주었으니, 이것은 또한 충정이라고 할 수 있지 않겠는가! 또한 그대의 부친은 생전에 위나라의 정사를 돌보며, 신분의 서열에 따른 제도와 각 절차에 맞는 규정들을 정비하여, 사방의 이웃 나라들과 교류를 맺었다. 그 결과 위나라의 사직을 욕되게 하지 않았으니, 이것은 또한 찬란함이라고 할 수 있지 않겠는가! 그러므로 그대의 부친에 대해서는 그 시호를 '정혜문자(貞惠文子)'라고 짓노라."라고 했다.

集說

魯昭公二十年, 盜殺衛侯之兄縶, 時齊豹作亂, 公如死鳥, 此衛國之亂也. 班者, 尊卑之次. 制者, 多寡之節. 因舊典而脩擧之也. 據先後則惠在前, 論小大則貞爲重, 故不曰"惠貞", 而曰"貞惠"也. 此三字爲諡, 而惟稱"文子"者, 鄭云: "文足以兼之."

노나라 소공 20년에 도적이 위나라 후작의 형 집을 죽였고, 당시 제표가 난리를 일으켰는데, 위나라 군주는 사조 땅으로 갔으니, 이것이 위나라에서 일어난 난리이다. '반(班)'이라는 것은 신분에 따른 서열을 뜻한다. '제(制)'라는 것은 절차에 따른 많고 적은 차이를 뜻한다. 옛 전적에 따라 정비하여 시행했던 것이다. 선후의 순서로 따지자면 '혜(惠)'에 해당하는 일이 앞에 놓이지만, 그 공적의 크기로 따지자면 '정(貞)'에 해당하는 일이 더 중대하다. 그렇기 때문에 '혜정(惠貞)'이라고 짓지 않고 '정혜(貞惠)'라고 지은 것이다. '혜(惠)', '정(貞)', '문(文)'이라는 세 글자는 모두 시호가 되는데, 단지 '문자(文子)'라고만 지칭하는 이유에 대해서, 정현은 "문(文)이라고만 해도 나머지 두 사안까지 통괄하기에 충분하기 때문이다."라고 했다.

經文

石駘[音]仲卒, 無適子, 有庶子六人, 卜所以爲後者, 曰: "沐浴佩玉則兆." 五人者皆沐浴佩玉. 石祁子曰: "孰有執親之喪而沐浴佩玉者乎?" 不沐浴佩玉. 石祁子兆, 衛人以龜爲有知也.〈076〉

위나라 대부 석태중이['駘'자의 음은 '咍(태)'이다.] 죽었는데, 그에게는 적자가 없었고 6명의 서자만 있었다. 그래서 후사가 없으므로 거북점을 치는 자가 후계자를 정하기 위해서, "그대들은 목욕을 하고 옥을 차시오. 그렇게 한 뒤에 내가 점을 치겠소."라고 했다. 5명의 서자들은 모두 목욕을 하고 옥을 찼는데, 석기자만은 "그 누가 부친의 상을 치르는 도중에 목욕을 하고 옥을 찬단 말인가?"라고 했다. 그리고는 홀로 목욕도 하지 않고 옥도 차지 않았다. 이후 점을 치니, 석기자에 대한 점괘만 길하다고 나왔다. 그러자 위나라 사람들은 거북점에 영험함이 있다고 여겼다.

駘仲, 衛大夫. 曰沐浴佩玉則兆, 卜人之言也.

'태중(駘仲)'은 위나라 대부이다. "목욕을 하고 옥을 차면 점을 치겠다고 말했다."는 말은 거북점을 치는 사람이 한 말이다.

方氏曰: 兆亦有凶, 卜者以求吉爲主, 故經以兆言吉也.

방씨가 말하길, 거북점을 쳐서 나온 조짐에는 또한 흉한 결과도 나오게 되는데, 점을 칠 때에는 길한 조짐을 얻는 것을 위주로 한다. 그렇기 때문에 경문에서는 조짐이라는 말로 길하다는 뜻을 나타낸 것이다.

經文

陳子車死於衛, 其妻與其家大夫謀以殉葬, 定而后陳子亢[剛]至. 以告曰: "夫子疾, 莫養[去聲]於下, 請以殉葬." 〈077〉

제나라 대부인 진자거가 위나라에서 죽었다. 그의 처는 그 집의 가신과 함께 의논하여, 진자거가 죽었을 때 그 밑에서 봉양의 도리를 못했으니 순장을 하자고 했다. 그런 이후 순장할 사람을 선택했는데, 그 이후에 진자거의 형제인 진자강이['亢'자의 음은 '剛(강)'이다.] 도착했다. 그래서 순장을 하기로 한 사실을 알리며, "부자께서 위독하셨을 때, 그 밑에서 봉양['養'자는 거성으로 읽는다.]의 도리를 다하지 못했으니, 청컨대 순장을 하려고 합니다."라고 했다.

集說

子車, 齊大夫. 子亢, 其兄弟, 卽孔子弟子子禽也. 疾時不在家, 家人不得以致其養, 故云"莫養於下"也. 於是欲殺人以殉葬. 定, 謂已議定所殺之人也.

'자거(子車)'는 제나라의 대부이다. '자강(子亢)'은 그의 형제로, 곧 공자의 제자인 자금을 가리킨다. 병에 걸려 위독했을 때 집에 있지 않았으니, 집안사람들이 그에 대한 봉양의 도리를 다할 수 없었다. 그렇기 때문에 "그 밑에서 봉양을 못했다."라고 말한 것이니, 이때 사람을 죽여서 함께 순장하고자 했던 것이다. '정(定)'자는 이미 의논을 해서 죽여서 순장할 사람을 정했다는 뜻이다.

經文

子亢曰: "以殉葬, 非禮也. 雖然, 則彼疾當養者, 孰若妻與宰? 得已, 則吾欲已; 不得已, 則吾欲以二子者之爲之也." 於是弗果用.〈078〉

진자강이 말하길, "장례를 치를 때 순장을 하는 것은 비례가 됩니다. 비록 그렇다고 하지만 순장을 하고자 한다면, 제 형의 질병에 대해서 마땅히 부양을 해야만 하는 자로 결정해야 하는데, 그 누가 처나 가신보다 적합하겠습니까? 따라서 그만둘 수 있다면 나는 그만두고 싶지만, 만약 부득이하게 시행한다면, 나는 이 두 사람을 순장시켜야 한다고 생각합니다."라고 했다. 그래서 이때에는 결국 순장의 방법을 사용하지 않았다.

<hr>

集說

宰, 卽家大夫也. 二子, 謂妻與宰也. 子亢若但言非禮, 未必能止之, 今以當養者爲當殉, 則不期其止而自止矣.

'재(宰)'는 곧 대부 집안의 가신을 뜻한다. '이자(二子)'는 처와 가신을 가리킨다. 자강이 만약 비례가 된다고만 말했다면, 반드시 저지를 할 수 있지는 않았을 것인데, 현재 부양에 적합한 자를 순장에 적합한 자로 삼는다고 했다면, 저지하기를 바라지 않았더라도 제 스스로 그만두게 된다.

<hr>

淺見

近按: 莫養於下者, 非謂疾時, 家人不得以致其養也, 蓋謂無能致養於地下也與.

내가 살펴보니, 밑에서 봉양을 하지 못했다는 말은 질병에 걸렸을 때 집안사람들이 그에 대한 봉양의 도리를 지극히 하지 못했다는 뜻이 아니니, 아마도 지하에서 봉양의 도리를 지극히 할 수 없다는 뜻인 것 같다.

子路曰: "傷哉貧也. 生無以爲養[去聲], 死無以爲禮也." 孔子曰: "啜菽飲水盡其歡, 斯之謂孝; 斂首足形, 還[旋]葬而無槨, 稱[去聲]其財, 斯之謂禮." 〈079〉

자로가 말하길, "아 가난하다는 것은 이토록 슬픈 일이로구나! 부모가 생존해 계실 때에는 제대로 봉양을['養'자는 거성으로 읽는다.] 하지 못하고, 또 돌아가셨을 때에도 예에 따라 장례를 치르지 못하는구나."라고 탄식했다. 그러자 그 얘기를 들은 공자는 "콩을 씹어 먹고 맹물을 마시더라도 부모를 기쁘게 할 수 있다면, 이것을 효라고 부른다. 또 재산이 넉넉하지 못하여, 부모의 머리와 발만 염하고, 기일에 맞추지 못하고 곧바로['還'자의 음은 '旋(선)'이다.] 장례를 치르며 곽을 설치하지 않았더라도, 그가 가진 재산에 맞춰서['稱'자는 거성으로 읽는다.] 한다면, 이것을 예라고 부른다."라고 가르쳐주었다.

世固有三牲之養, 而不能歡者, 亦有厚葬以爲觀美, 而不知陷於僭禮之罪者, 知此, 則孝與禮可得而盡矣, 又何必傷其貧乎? 還葬, 說見上篇.

세상에는 진실로 날마다 세 마리의 희생물을 사용하여 봉양을 하더라도, 기쁘게 해드릴 수 없는 자가 있고,[1] 또 장례를 후하게 치러서 아름답게 보이려고 했지만, 그것이 참례의 죄에 빠진 것임을 알지 못하는 자도 있으니,[2] 이러한 사실을 안다면, 효와 예에 대해서 다할 수 있는데,

---

1) 『효경』「기효행장(紀孝行章)」: 事親者, 居上不驕. 爲下不亂. 在醜不爭. 居上而驕則亡, 爲下而亂則刑, 在醜而爭則兵. 三者不除, 雖日用三牲之養, 猶爲不孝也.

2) 『논어』「선진(先進)」: 顔淵死, 門人欲厚葬之. 子曰, "不可." 門人厚葬之. 子曰,

또 어찌 가난함에 대해 상심할 필요가 있겠는가? '선장(還葬)'에 대해서
는 앞 편에 그 설명이 나온다.

經文

衛獻公出奔, 反於衛, 及郊將班邑於從[去聲]者而后入. 柳莊曰:
"如皆守社稷, 則孰執羈靮[的]而從? 如皆從, 則孰守社稷? 君反
其國而有私也, 毋乃不可乎?" 弗果班.〈080〉

위나라 헌공이 쫓겨나서 제나라로 달아난 일이 있었는데, 이후 다시 위
나라로 되돌아오게 되었다. 그런데 위나라의 교외에 도달하자 자신을
따라서['從'자는 거성으로 읽는다.] 함께 제나라로 갔던 자들에게 읍을 상으
로 하사하고, 그런 이후에 국성으로 들어가고자 했다. 그러자 유장은
"만약 모든 신하들이 사직을 지키고 있었다면, 그 누가 군주께서 타시는
수레의 말고삐를['靮'자의 음은 '的(적)'이다.] 잡고서 따를 수 있었겠습니까?
또 그 반대로 모든 신하들이 군주를 따라나섰다면, 그 누가 사직을 지
킬 수 있었겠습니까? 군주가 본인의 나라로 되돌아오심에 사적인 은정
을 베풂이 있다면, 불가한 일이 아니겠습니까?"라고 간언을 올렸다. 그
러자 읍을 나눠주지 않았다.

集說

獻公以魯襄十四年奔齊, 二十六年歸衛. 羈, 所以絡馬, 靮, 所以靶
馬. 莊之意, 謂居者行者均之爲國, 不當獨賞從者以示私恩.

헌공은 노나라 양공 14년에 쫓겨나서 제나라로 달아났다가 26년에 다시

"回也視予猶父也, 予不得視猶子也. 非我也, 夫二三子也."

위나라로 되돌아왔다. '기(羈)'는 말에 매는 고삐이고, '적(靮)'은 말에 물리는 재갈이다. 유장의 뜻은 나라에 머물러 있는 자나 군주를 뒤따라갔던 자나 모두 나라를 위해서 일한 것이니, 유독 따라갔던 자들에게만 상을 하사하여, 사적인 은정을 나타내서는 안 된다는 의미이다.

衛有大史曰柳莊, 寢疾. 公曰: "若疾革[亟], 雖當祭必告." 公再拜稽首請於尸曰: "有臣柳莊也者, 非寡人之臣, 社稷之臣也. 聞之死, 請往." 不釋服而往, 遂以襚之, 與之邑裒氏與縣[玄]潘氏, 書而納諸棺曰: "世世萬子孫毋變也." ⟨081⟩

위나라 태사 중 유장이라는 자가 있었다. 그가 병에 걸려 자리에 눕게 되자 군주는 그의 집 사람들에게 명령하여, "만약 유장의 병이 위독해지면['革'자의 음은 '亟(극)'이다.] 비록 내가 제사를 지내고 있더라도 반드시 알려야 한다."라고 하였다. 그런데 실제로 유장은 군주가 제사를 지내고 있을 때 죽었다. 그래서 그의 집 사람들이 부고를 알려오자 군주는 재배를 하고 머리를 조아리며 시동에게 청원하길, "신하 중 유장이라는 자가 있습니다만 그 자는 제 신하가 아니라 사직을 수호하는 신하입니다. 그런데 현재 그가 죽었다는 부고를 알려왔습니다. 그러니 청컨대 그에게 조문을 가고자 합니다."라고 했다. 그리고는 제복(祭服)도 벗지 않은 상태로 그의 집으로 찾아갔고, 그곳에서 그 옷을 벗어 부의로 삼았다. 그리고 또한 구씨와 현반씨라는['縣'자의 음은 '玄(현)'이다.] 두 읍을 하사하고, 이 두 땅을 하사한다는 기록을 작성하여 관에 넣어주며, "대대로 그대 후손들에게도 이 땅의 주인은 바뀌지 않을 것이다."라고 하였다.

以衣服贈死者曰襚. 裘‧縣潘, 二邑名. 萬子孫, 謂莊之後世也. 莊
之疾, 公嘗命其家, 若當疾亟之時, 我雖在祭事, 亦必入告. 及其死
也, 果當公行事之際, 遂不釋祭服而往, 因釋以襚之, 又賜之二邑.
此雖見國君尊賢之意, 然棄祭事而不終, 以諸侯之命服而襚大夫, 書
封邑之券而納諸棺, 皆非禮矣.

의복을 죽은 자에게 부의로 보내는 것을 '수(襚)'라고 부른다. '구(裘)'와
'현반(縣潘)'은 두 읍의 이름이다. '만자손(萬子孫)'은 유장의 후세를 뜻
한다. 유장이 질병에 걸렸을 때, 군주는 일찍이 그의 집에 명령을 내려
서, 만약 병이 심각해지게 되면 내가 비록 제사를 지내고 있더라도, 또
한 반드시 들어와서 아뢰라고 했던 것이다. 그런데 그가 죽었을 때, 과
연 그 시기가 군주가 제사를 지내고 있었던 때에 해당해서, 군주는 제복
을 벗지도 않고 찾아갔으며, 그곳에서 그 옷을 벗고서 부의로 보내주었
으며, 또한 두 읍을 하사했다. 이것은 비록 제후가 현명한 자를 존귀하
게 대한다는 뜻을 드러내지만, 제사를 치르는 일을 버려두고 끝내지 않
은 상태에서, 제후의 명복(命服)[3]을 대부에게 부의로 보내주고, 읍을 봉
해준다고 기록한 문서를 관에 넣어준 것은 모두 비례에 해당한다.

陳乾[干]昔寢疾, 屬[燭]其兄弟而命其子尊己曰: "如我死, 則必
大爲我棺, 使吾二婢子夾我." 陳乾昔死, 其子曰: "以殉葬, 非
禮也, 況又同棺乎!" 弗果殺. 〈082〉

---

3) 명복(命服)은 본래 천자가 신하들에게 제정했던 명(命)의 등급에 따른 복장을
뜻한다. 후대에는 각 계층에 따른 복장규정을 범칭하는 말로도 사용되었다.

진간석이['乾'자의 음은 '干(간)'이다.] 병으로 누웠다. 그래서 그의 형제들을 불러 모으고['屬'자의 음은 '燭(촉)'이다.] 그 자리에서 자신의 아들인 존기에게 명령하길, "만일 내가 죽게 된다면, 반드시 내가 들어갈 관은 크게 만들어서, 내가 총애했던 소첩 2명을 죽여 내 몸의 양쪽 옆에 넣어 순장해라."라고 했다. 진간석이 죽자 그의 아들은 "순장으로 장례를 치르는 것은 비례가 되는데, 하물며 같은 관에 넣을 수가 있겠는가!"라고 했다. 그리고는 결국 부친의 두 소첩을 죽이지 않았다.

屬, 如周禮: "屬民讀法"之屬, 猶合也, 聚也. 記者善尊己守正, 而不從其父之亂命.

'촉(屬)'자는 『주례』에서 "백성들을 모아서 법령을 읽어준다."[4]라고 할 때의 '촉(屬)'자이니, "모으다."라는 뜻이며, "취합한다."는 뜻이다. 『예기』를 기록한 자는 존기가 올바른 법도를 지키고, 그의 부친이 잘못 내린 명령을 따르지 않은 것에 대해 칭찬한 것이다.

仲遂卒于垂, 壬午猶繹, 萬入去[上聲]籥. 仲尼曰: "非禮也. 卿卒不繹." 〈083〉

노나라 장공의 아들이자 경의 지위에 있는 중수가 제나라 수 땅에서 죽었다. 당시 노나라 선공은 종묘에서 제사를 지내고 있었는데, 그 소식을 들었음에도 계속해서 제사를 지냈고, 그 다음날인 임오일에도 역제[5]

---

4) 『주례』「지관(地官)·당정(黨正)」: 正歲, <u>屬民讀法</u>而書其德行道藝.

를 지냈다. 다만 중수의 죽음으로 인해 만무(萬舞)만 추게 하고, 약무(籥舞)는 추게 하지 않았다.['去'자는 상성으로 읽는다.] 이 모습을 본 공자는 "이처럼 하는 것은 비례이다. 경이 죽었을 때 그 시기가 군주의 제삿날에 해당한다면, 군주는 음악을 사용하지 않는 것이고, 또 그 다음날 지내는 역제도 지내지 않는 것이다."라고 평가했다.

集說

仲遂, 魯莊公子, 東門襄仲也, 爲魯卿. 垂, 齊地名. 祭宗廟之明日, 又設祭禮以尋繹昨日之祭, 謂之繹, 殷謂之肜. 言壬午, 則正祭辛巳日也. 萬舞, 執干以舞也. 籥舞, 吹籥以舞也. 萬入去籥者, 言此繹祭時, 以仲遂之卒, 但用無聲之干舞以入, 去有聲之籥舞而不用也.

'중수(仲遂)'는 노나라 장공의 아들인 동문양중으로, 노나라의 경이 되었다. '수(垂)'는 제나라에 있는 지명이다. 종묘에서 제사를 지낸 다음날 재차 제례를 실시하여 전날 시행한 제사를 거듭 시행하니, 이 제사를 '역(繹)'이라고 부르며, 은나라 때에는 '융(肜)'이라고 불렀다. '임오(壬午)'라고 했으니, 본래의 정규 제사는 신사일에 지냈던 것이다. '만무(萬舞)'는 방패를 잡고 추는 춤이다. '약무(籥舞)'는 피리를 불며 추는 춤이다. '만입거약(萬入去籥)'이라는 말은 이러한 역제를 지낼 때, 중수의 죽음으로 인해 단지 소리를 내지 않는 방패춤만 사용하여 무용수들을 마당으로 들였고, 소리가 나게 되는 약무(籥舞)는 생략하여 사용하지 않았다는 뜻이다.

陳氏曰: 春秋之法, 當祭而卿卒, 則不用樂, 明日則不繹. 故叔弓之卒, 昭公去樂卒事, 君子以爲禮; 仲遂之卒, 宣公猶繹, 而萬入去籥, 聖人以爲非禮.

---

5) 역제(繹祭)는 일종의 제례 의식 중 하나이다. 정규 제사를 지낸 다음날 지내는 제사이다.

진씨[6]가 말하길, 춘추시대의 법도에 따르면, 제사를 지낼 때 경이 죽게 되면 음악을 사용하지 않았고, 그 다음날에는 역제를 지내지 않았다. 그 렇기 때문에 숙궁이 죽었을 때, 소공은 음악을 제거하고 일을 끝냈다고 했는데, 군자는 이것을 두고 예에 맞다고 평가했고,[7] 중수가 죽었을 때, 선공이 여전히 역제를 지내고, 만무는 추게 하되 약무는 생략했는데, 성 인은 이것을 두고 비례라고 평가한 것이다.

經文

> 季康子之母死, 公輸若方小. 斂, 般[班]請以機封[窆], 將從之.
> 公肩假曰: "不可, 夫魯有初."〈084〉

계강자의 모친이 죽었는데, 장인(匠人)들의 수장을 맡은 공수약은 나이 가 너무 어렸다. 따라서 관(棺)을 곽(槨)에 안치시킬 때, 그 일을 감당 하기가 어려울 것 같아서, 공수반은['般'자의 음은 '班(반)'이다.] 자신이 만 든 기구를 이용해서 하관을['封'자의 음은 '窆(폄)'이다.] 하자고 청원했다. 그래서 공수약은 그 말에 따르려고 했다. 그런데 공견가는 반대를 하며, "그렇게 할 수 없다. 노나라에는 예로부터 지켜오던 방법이 있다."라고 했다.

---

6) 진상도(陳祥道, A.D.1159~A.D.1223) : =장락진씨(長樂陳氏)·진씨(陳氏)·진 용지(陳用之). 북송대(北宋代)의 유학자이다. 자(字)는 용지(用之)이다. 장락(長 樂) 지역 출신으로, 1067년에 과거에 급제하여 태상박사(太常博士) 등을 지냈다. 왕안석(王安石)의 제자로, 그의 학문을 전파하는데 공헌하였다. 저서에는 『예서 (禮書)』, 『논어전해(論語全解)』 등이 있다.

7) 『춘추좌씨전』「소공(昭公) 15년」: 十五年春, 將禘于武公, 戒百官. 梓愼曰, "禘 之日其有咎乎!吾見赤黑之祲, 非祭祥也, 喪氛也. 其在涖事乎!" 二月癸酉, 禘. 叔弓涖事, 籥入而卒. 去樂, 卒事, 禮也.

公輸, 氏; 若, 名; 爲匠師. 方小, 年尙幼也. 斂, 下棺於槨也. 般, 若之族, 素多技巧, 見若掌斂事而年幼, 欲代之而試用其巧技也. 機窆, 謂以機關轉動之器下棺, 不用碑與綍也. 魯有初, 言魯國自有故事也.

'공수(公輸)'는 씨에 해당하고, '약(若)'은 이름에 해당하는데, 장인(匠人)들을 다스리는 수장이 되었다. '방소(方小)'는 나이가 여전히 어렸다는 뜻이다. '염(斂)'이라는 말은 관을 곽에 안치한다는 뜻이다. '반(般)'은 약의 족인으로, 평소부터 재주가 많았다. 약이 염하는 일을 담당해야 하는데, 나이가 어린 것을 보고 그를 대신하여 시험 삼아 자신의 재주로 만든 기구를 사용하려고 했던 것이다. '기폄(機窆)'이라는 말은 기관이 움직이는 기물을 이용해서 하관을 하고, 비률을 사용하지 않는다는 뜻이다. '노유초(魯有初)'라는 말은 노나라에는 예로부터 지켜오던 일이 있었다는 뜻이다.

經文

"公室視豊碑, 三家視桓楹." 〈085〉

계속하여 공견가가 말하길, "공실에서는 풍비에 견주어서, 그에 합당한 것을 사용하고, 삼가에서는 환영에 견주어서, 그에 합당한 것을 사용한다."라고 했다.

集說

豊碑, 天子之制; 桓楹, 諸侯之制.

'풍비(豊碑)'는 천자가 사용하는 제도에 해당하고, '환영(桓楹)'은 제후가 사용하는 제도에 해당한다.

疏曰: 凡言視者, 比擬之辭. 豐, 大也. 謂用大木爲碑, 穿鑿去碑中之
木使之空, 於空間著鹿盧兩頭各入碑木, 以綍之一頭係棺縅, 以一頭
繞鹿盧, 旣訖, 而人各背碑負綍末頭, 聽鼓聲以漸却行而下之也. 桓
楹, 不似碑, 形如大楹耳. 通而言之亦曰碑. 說文: "桓, 郵亭表也." 如
今之橋旁表柱也. 諸侯二碑, 兩柱爲一碑而施鹿盧, 故鄭云"四植"也.

소에서 말하길, 무릇 '시(視)'라고 말한 것들은 견준다는 뜻에서 쓴 말이
다. '풍(豐)'자는 "크다."는 뜻이다. 큰 나무를 사용해서 기둥[碑]을 만들
고, 구멍을 뚫어서 기둥 안의 나무들을 제거하여 그 속이 비도록 하며,
빈 공간에는 도르래[鹿盧]를 설치하고, 양쪽 뭉치가 각각 기둥의 나무로
들어가도록 하며, 새끼줄의 한쪽 끝은 관에 연결하고, 다른 끝은 도르래
에 연결한다. 묶는 일이 끝나면, 사람들은 각각 기둥을 등지고, 새끼줄의
끝을 어깨에 짊어지며, 북을 울리는 소리를 듣게 되면, 조금씩 뒤로 물러
나서, 관을 내리게 된다. '환영(桓楹)'이라는 것은 비(碑)와는 다른 것으
로, 그 형태가 큰 기둥처럼 생긴 것일 뿐이다. 그런데 통괄적으로 말하게
되면, 이 또한 '비(碑)'라고도 부른다. 『설문해자』에서는 "'환(桓)'은 문서
를 전달하는 우정(郵亭)이라는 곳의 표목이다."라고 했으니, 오늘날 교량
의 측면에 세워두는 표시 기둥과 같은 것이다. 제후의 경우에는 2개의
비를 사용하여, 양쪽 기둥을 1개의 비로 삼아서, 도르래를 설치한다. 그
렇기 때문에 정현은 "4개의 기둥을 꼽는다."라고 말한 것이다.

經文

"般! 爾以人之母嘗巧, 則豈不得以? 其母以嘗巧者乎? 則病者
乎? 噫!" 弗果從.〈086〉

계속하여 공견가가 말하길, "공수반이여! 너는 남의 모친을 이용해서 자
신의 기교를 시험하려고 하는데, 누가 강제로 그처럼 시켰느냐? 어찌
부득이해서 이처럼 시행한단 말인가? 어찌 남의 부모를 이용해서 네 기

교를 시험하려고 하느냐? 만약 네 기교를 시험하지 못한다면, 네 마음에 응어리라도 진단 말인가? 아! 안타깝도다."라고 탄식했다. 그러자 과연 공수반의 의견을 따르지 않게 되었다.

集說

疏曰: 嘗, 試也. 言爾欲以人母嘗試己之巧事, 誰有强逼於爾而爲此乎? 豈不得休已者哉! 又語之云, 其無以人母嘗試己巧, 則於爾病者乎? 言不得嘗巧, 豈於爾有所病. 假言畢, 乃更噎而傷嘆, 於是衆人遂止.

소에서 말하길, '상(嘗)'자는 "시험하다."는 뜻이다. 즉 "네가 남의 모친을 이용해서 자신의 기교를 시험하려고 하는데, 누가 너에게 강요를 해서 이러한 짓을 하는가? 어찌 부득이해서 이처럼 한단 말인가!"라는 뜻이다. 또 말하길, "남의 모친으로 자신의 기교를 시험하지 못한다면, 너에게 안타까운 마음이 든단 말인가?"라고 했는데, 이 말은 곧 기교를 시험할 수 없는 것이 어떻게 너에게 안타까운 점이 되겠느냐는 의미이다. 공견가는 자신의 말을 끝내고, 재차 탄식을 하며 한탄을 하였으니, 이를 통해 여러 사람들은 그 방법을 따르지 않게 되었다.

一說, "則豈不得以其母以嘗巧者乎"作一句, 言爾以他人母試巧, 而廢其當用之禮, 則亦豈不得自以己母試巧而不用禮乎? 則於爾心亦有所病而不安乎? 蓋使之反求諸心, 以己度人, 而知其不可也.

일설에서는 '즉기부득이기모이상교자호(則豈不得以其母以嘗巧者乎)'라는 것을 하나의 구문을 끊어서 해석을 한다고 하니, 즉 "네가 다른 사람의 모친을 이용해서 자신의 기교를 시험하고, 마땅히 시행해야 하는 예법을 폐지하게 된다면, 또한 어찌 네 스스로 자신의 모친을 이용해서 자신의 기교를 시험하고, 예법을 사용하지 않는 일을 하지 않는가? 그렇다면 네 마음에도 또한 근심스러운 점이 생겨서 불안하지 않겠는가?"라는 뜻이 되는데, 무릇 그로 하여금 자신의 마음에서 돌이켜보고, 자신을 통해 남을 헤아려서 불가함을 알게끔 했던 것이다.

應氏曰: 周衰禮廢, 而諸侯僭天子, 故公室之窆棺視豊碑; 大夫僭諸
侯, 故三家之窆棺視桓楹. 其陵替承襲之弊, 有自來矣.

응씨가 말하길, 주나라가 쇠약해지자 예법 또한 폐지되어서, 제후들은
참람되게 천자의 예법을 사용했다. 그렇기 때문에 공실에서 하관을 하
며 풍비에 견주어서 해당 기물을 사용했고, 대부들은 참람되게 제후의
예법을 사용했기 때문에 삼가에서 하관을 하며 환영에 견주어서 해당
기물을 사용했던 것이다. 상하 계층이 신분질서를 잃고 서로를 답습했
던 폐단은 이로부터 시작된 것이다.

經文

戰于郎, 公叔禺[遇]人遇負杖入保者息, 曰: "使之雖病也, 任之
雖重也, 君子不能爲謀也, 士弗能死也, 不可. 我則旣言矣." 與
其鄰重[童]汪踦[紀]往, 皆死焉. 魯人欲勿殤重汪踦, 問於仲尼.
仲尼曰: "能執干戈以衛社稷, 雖欲勿殤也, 不亦可乎!"〈087〉

제나라가 침범을 하여 노나라와 함께 낭 땅에서 전쟁을 하였다. 소공의
아들이었던 공숙우인은['禺'자의 음은 '遇(우)'이다.] 백성들이 피신하여 보
성(保城)으로 들어가는 행렬을 보았는데, 그들은 너무도 지친 나머지
지팡이에 의지하며 길가에서 휴식을 취하기도 하였다. 그러자 공숙우인
은 "백성들에게 지나친 부역을 시켜서 피곤하게 만들고, 또 과중한 세금
을 부여하여 부담을 주더라도, 위정자들이 협심을 하여 외적을 막는 방
책을 만들게 된다면, 백성들은 피곤하고 부담스러워 하더라도, 자신의
책무를 다할 수 있다. 그런데 현재 신하들은 마음을 모아서 방책을 만
들어내지도 못하고, 사들은 목숨을 바쳐 국가를 수호하려고 하지 않으

니, 이것은 매우 잘못된 일이다. 나는 이미 나 스스로 이러한 말을 했으니, 실천하지 않으면 안 된다."라고 했다. 그리고는 곧 그 이웃에 살고 있던 동자['重'자의 음은 '童(동)'이다.] 왕기['踦'자의 음은 '紀(기)'이다.]와 함께 전쟁터로 달려갔지만 둘 모두 전사하였다. 노나라 사람들은 동자인 왕기를 가상하게 여겨서, 그에 대한 장례를 요절한 자에 대한 예법이 아닌, 성인에 대한 예법을 따르고자 하였다. 그래서 이처럼 치러도 되는지를 공자에게 물었는데, 공자는 "창과 방패를 잡고 사직을 수호할 수 있었으니, 비록 요절한 자에 대한 예법을 적용하고자 하지 않더라도, 또한 어찌 불가능한 일이겠는가!"라고 칭찬하였다.

集說

戰于郎, 魯哀公十一年齊伐魯也. 禺人, 昭公子公爲也. 遇魯人之避齊師而入保城邑者, 疲倦之餘, 負其杖而息于塗, 禺人乃歎之曰, 徭役之煩, 雖不能堪也; 稅斂之數, 雖過於厚也; 若上之人恊心以禦寇難, 猶可塞責也. 今卿·大夫不能畫謀策, 士不能捐身以死難, 豈人臣事君之道哉? 甚不可也. 我旣出此言矣, 可不思踐吾言乎! 於是與其隣之童子汪踦者, 皆往鬪而死於敵. 魯人以踦有成人之行, 欲以成人之喪禮葬之, 而孔子善其權禮之當也.

낭 땅에서 전쟁을 했다는 것은 노나라 애공 11년에 제나라가 노나라를 공격한 일을 가리킨다. '우인(禺人)'은 소공의 아들인 공위를 가리킨다. 노나라 사람들이 제나라 군대를 피해서, 피난처로 만든 보성(保城)으로 들어오는 것을 보았는데, 피로에 지친 나머지 지팡이에 의지하여 길가에서 휴식을 취하고 있었다. 그래서 우인이 곧 탄식을 하며, "부역이 많아서 비록 감당할 수 없거나 또 세금이 많아서 비록 너무 지나치게 되더라도, 위정자가 마음을 모아서 외적을 막아낸다면, 오히려 백성들이 자신의 책무를 다할 수 있게 된다. 그런데 현재 경과 대부들은 협의를 하여 묘책을 세우지도 못하고, 사들은 목숨을 바쳐서 죽음으로써 외적을 막아내지 못하고 있으니, 어찌 신하들이 군주를 섬기는 도리라 할 수 있겠는가? 이것은 매우 잘못된 일이다. 나는 이미 이러한 말을 내뱉었으니, 내 말을 실천해야겠다는 생각을 하지 않을 수 있겠는가!"라고 말한 것이다. 이때 그는 그의 이웃에 사는 동자 왕기라는 자와 함께 전쟁터로 달려 나갔지만 적군과 싸우다가 죽었다. 노나라 사람들은 왕기에게 성인다운 행동이 있었다고 여겨서, 그에 대해 성인에게 적용하는 상례의 규정을 이용하여, 장례를 치르고자 하였고, 예법에 대해 권도를 발휘한 것이 합당하다는 점에 대해 공자가 칭찬한 것이다.

經文

子路去魯, 謂顏淵曰: "何以贈我?" 曰: "吾聞之也, 去國則哭于墓而后行, 反其國不哭, 展墓而入." 謂子路曰: "何以處我?" 子路曰: "吾聞之也, 過墓則式, 過祀則下."〈088〉

자로가 노나라를 떠나게 되었다. 자로는 전송을 나온 안연에게, "그대는 이제 길을 떠나는 나에게 어떤 말을 해주겠는가?"라고 하였다. 그러자 안연은 "내가 듣기로, 나라를 떠나는 사람은 묘에서 곡을 한 이후에 떠나간다고 했으며, 다시 되돌아올 때에는 곡을 하지 않고, 묘를 살펴본 이후에야 들어온다고 했네."라고 했다. 그리고는 곧 자로에게 "그대는 남아있는 나에게 어떤 말을 해주겠는가?"라고 하였다. 그러자 자로는 "내가 듣기로, 묘를 지나치게 되면 수레에서 식을 하여 공경의 뜻을 표하고, 사당을 지나치게 되면 수레에서 내려서 공경을 뜻을 표한다고 했네."라고 했다.

集說

哭墓, 哀墓之無主也. 不忍丘壟之無主, 則必有返國之期, 故爲行者言之. 墓與祀, 人所易忽也, 而能加之敬, 則無往而不用吾敬矣. 敬則無適而不安, 故爲居者言之也.

묘에서 곡을 한다는 말은 무덤을 정비할 주인이 없다는 사실을 슬퍼하기 때문이다. 무덤을 정비할 주인이 없다는 사실을 참아낼 수 없으므로, 반드시 그 나라로 되돌아오겠다는 기약을 하게 된다. 그렇기 때문에 떠나가는 자를 위해서 이러한 말을 해준 것이다. 묘와 사당은 사람들이 소홀히 대하기 쉬운 장소인데, 그곳에 대해서 공경함을 발휘할 수 있다면, 가는 곳마다 자신의 공경함을 드러내지 못할 곳이 없게 된다. 공경하게 되면 머무는 곳마다 편안하지 못할 곳이 없게 된다. 그렇기 때문에 머물러 있는 자를 위해서 이러한 말을 해준 것이다.

方氏曰: 凡物展之則可省而視, 故省謂之展.

방씨가 말하길, 무릇 물건을 펼쳐두게 되면 살펴서 자세히 관찰할 수 있다. 그렇기 때문에 살펴본다는 말을 '전(展)'이라고 한 것이다.

經文

工尹商陽與陳棄疾追吳師, 及之. 陳棄疾謂工尹商陽曰: "王事也, 子手弓而可[句]." 手弓[句]. "子射[石]諸!" 射之, 斃一人, 韔[暢]弓. 又及, 謂之, 又斃二人. 每斃一人, 揜其目. 止其御曰: "朝不坐, 燕不與[去聲], 殺三人, 亦足以反命矣." 孔子曰: "殺人之中, 又有禮焉."〈089〉

오나라가 초나라를 공격했다가 패배하여 달아나고 있었다. 초나라의 공윤인 상양은 진기질과 함께 군주의 명령에 따라 패배하여 달아나는 오나라 군대를 쫓게 되었다. 그 후미에 당도하게 되었는데, 진기질은 공윤인 상양에게, "우리가 하는 일은 초왕(楚王)의 명령에 따른 일이다. 그러니 그대는 활을 손에 드는 것이 좋소."라고 말했다.['可'자에서 구문을 끊는다.] 그래서 손으로 활을 들었다.['弓'자에서 구문을 끊는다.] 진기질은 상양에게 "그대는 활을 쏘시오![‘射’자의 음은 ‘石(석)’이다.]"라고 말했다. 그래서 활을 쏘아 한 사람을 죽였고, 다시 활을 활집에[‘韔’자의 음은 ‘暢(창)’이다.] 넣었다. 재차 뒤쫓아서 그 후미에 당도했는데, 진기질은 앞서와 같이 말을 하여, 상양은 두 사람을 쏘아서 죽였다. 상양은 매 사람을 죽일 때마다 자신의 눈을 가렸다. 그리고 세 사람을 죽이고 난 뒤, 수레를 모는 자에게 수레를 멈추게 하며, "나는 말단 관리이니, 조정에 참여할 때에도 자리에 앉지 못하고, 연회가 열릴 때에도 참여를[‘與’자는 거성으로 읽는다.] 못하는 신분인데, 세 사람을 쏘아서 죽였으니, 이것은 또한 군주의 명령에 따른 것이라 할 수 있다."라고 말하고, 자신의 나라로 되돌아갔다. 공자는 그 일화를 전해 듣고, "사람을 죽이는 일에 있어서도 또한 예가 있구나."라고 평가했다.

集說

工尹, 楚官名, 追吳師事, 在魯昭公十二年. "子手弓而可"爲句, 使之執弓也. 手弓, 商陽之弓在手也. 韔, 弓衣也. 謂之, 再告之也. 掩目而不忍視, 止御而不忍驅, 有惻隱之心焉. 商陽自言位卑禮薄, 如此亦可以稱塞矣. 孔子謂其有禮, 以敗北之師本易窮, 而商陽乃能節制其縱殺之心, 是仁意與禮節竝行, 非事君之禮止於是也. 特取其善於追敗者, 亦非謂臨敵未決, 而不忍殺人也.

'공윤(工尹)'은 초나라에 있었던 관직 이름이며, 오나라 군대를 추격했던 일은 노나라 소공 12년에 일어난 것이다. '자수궁이가(子手弓而可)'에서 구문을 끊으니, 그로 하여금 활을 잡도록 했다는 뜻이다. '수궁(手弓)'은 상양이 활을 손에 들었다는 뜻이다. '창(韔)'은 활집이다. '위지(謂之)'는 재차 알려주었다는 뜻이다. 눈을 가려서 차마 그 시체를 보지 못했던 것이고, 수레를 멈춰서 차마 쫓아갈 수 없었던 것이니, 측은지심을 가지고 있었기 때문이다. 상양은 제 스스로 지위가 낮고 적용되는 예법도 적다고 말한 것이니, 이처럼 했다면 또한 그 책무를 다했다고 할 수 있다. 공자는 그곳에도 예가 있다고 한 것이니, 패주한 군대에 대해서는 본래 궁지로 몰아넣기가 쉽지만, 상양은 곧 살인을 자행하려는 마음을 절제할 수 있었으니, 이것은 인자한 뜻과 예의범절을 함께 시행한 것이 므로, 군주를 섬기는 예법이 여기에만 그친다는 뜻이 아니다. 다만 패주한 군대를 뒤쫓는 것에 있어서, 그 올바름의 측면에서 말한 것이며, 이 것은 또한 적군을 대적함에 아직 전쟁이 끝나지도 않았는데, 차마 사람을 죽일 수 없다는 것을 뜻함이 아니다.

經文

諸侯伐秦, 曹桓[宣]公卒于會. 諸侯請含[去聲], 使之襲.〈090〉

제후들이 진나라를 공격하기로 모의했다. 그래서 회맹을 했었는데, 조나라 선공이['桓'자의 음은 '宣(선)'이다.] 회맹의 장소에서 죽었다. 제후들은 함을['含'자는 거성으로 읽는다.] 해주기를 청했는데, 그에게 습을 하도록 시켰다.

集說

曹伯之卒, 魯成公十三年也. 襲, 賤者之事, 諸侯從之, 不知禮也.

조나라 백작이 죽은 것은 노나라 성공 13년에 일어난 사건이다. '습(襲)'이라는 것은 신분이 미천한 자에게 시행하는 일인데, 제후들이 그 예법에 따랐으니, 예를 제대로 알지 못했기 때문이다.

襄公朝于荆, 康王卒, 荆人曰: "必請襲." 魯人曰: "非禮也." 荆
人强[上聲]之, 巫先拂柩. 荆人悔之.〈091〉

노나라 양공은 초(楚)나라에 조회를 갔다. 그런데 때마침 초나라 강
왕이 죽었다. 초나라 사람들은 양공에게, "필히 습을 해주기를 청합니
다."라고 했다. 그러자 노나라 사람들은 "이처럼 하는 것은 비례이니,
할 수 없습니다."라고 대답했다. 그러나 초나라 사람들은 강압적으로[
'强'자는 상성으로 읽는다.] 요구를 하여, 노나라에서는 어쩔 수 없이 그에
따를 수밖에 없었는데, 함께 따라갔던 무(巫)를 시켜서, 우선적으로 빗
자루와 복숭아나무를 이용해서 영구를 털어내도록 했다. 이 모습을 본
초나라 사람들은 자신들이 잘못된 예를 강요했다는 것을 뒤늦게 깨닫고
후회했다.

荆, 禹貢州名, 楚立國之本號, 魯僖公元年始稱楚. 魯襄公以二十八
年朝楚, 適遭楚子昭之喪, 魯人知襲之非禮而不能違, 於是以君臨臣
喪之禮先之, 及其覺之而悔, 已無及矣. 此其適權變之宜, 足以雪恥.

'형(荆)'은 『서』「우공(禹貢)」편에 나오는 주(州)의 이름으로, 초나라가
나라를 세웠을 때의 본래 호칭이며, 노나라 희공 1년이 되어서야 비로
소 '초(楚)'라고 지칭하기 시작했다. 노나라 양공 28년에 초나라에 조회
를 갔었는데, 때마침 초나라 자작인 소의 상을 접하게 되었다. 그런데
노나라 사람들은 습을 하는 것이 비례가 됨을 알고 있었지만 어길 수가
없었다. 그래서 이때 군주는 신하의 상에 임하는 예법에 따라 우선적으
로 대처하였고, 초나라 사람들이 잘못을 깨닫고 뉘우치게 되었지만, 이
미 돌이킬 수 없었다. 이것은 권도에 따라 변례(變禮)를 시행한 것이 합
당하여, 치욕을 씻기에 충분했음을 나타낸다.

滕成公之喪, 使子叔敬叔弔進書, 子服惠伯爲介. 及郊, 爲[去聲]
懿伯之忌, 不入. 惠伯曰: "政也, 不可以叔父之私不將公事." 遂
入.〈092〉

등나라 성공의 상이 발생했다. 그래서 노나라에서는 자숙경숙을 시켜서
조문의 말을 전하게 했고, 자복혜백으로는 경숙을 보좌하는 부관으로
삼았다. 등나라 교외에 도착했을 때, 그 날은 경숙의 5대 종조인 의백의
기일(忌日)이 되었기 때문에['爲'자는 거성으로 읽는다.] 꺼려하며 들어가기
를 주저하고 있었다. 그러자 혜백은 "이 일은 군주의 명령에 따라 조문
을 하는 일이니, 감히 숙부에 대한 사사로움으로 군주에 대한 일을 그
르쳐서는 안 된다."라고 충고를 해주었다. 그래서 결국 등나라 국성으
로 들어가게 되었다.

忌字, 只是忌日, 懿伯是敬叔從祖, 適及滕郊而遇此日, 故欲緩至次
日乃入. 故惠伯以禮曉之曰, 公事有公利, 無私忌, 乃先入, 而叔弓
亦遂入焉.

'기(忌)'자는 단지 기일을 뜻하며, 의백은 경숙의 종조가 된다. 즉 등나
라의 교외에 이르렀을 때, 때마침 그 기일이 되었기 때문에 하루를 늦춰
서 다음 날에야 들어가고자 했다는 뜻이다. 그래서 혜백은 예의 규정에
따라 그를 깨우쳐주며, 공적인 일에는 공적인 이로움을 따지는 것이며,
사직인 기일은 관여시키지 않는다고 하고, 곧 먼저 들어간 것이며, 숙궁
또한 그 말에 따라 뒤따라 들어간 것이다.

哀公使人弔蕢尙, 遇諸道, 辟[闢]於路, 畫[獲]宮而受弔焉.〈093〉

애공은 사람을 보내서 괴상에게 조문을 하도록 시켰다. 그런데 사신이 괴상의 집에 당도하기 이전에 길에서 괴상을 만나게 되었다. 그러자 괴상은 길을 깨끗하게 쓸어내고서['辟'자의 음은 '闢(벽)'이다.] 그곳에 궁실에서의 위치를 그리고['畫'자의 음은 '獲(획)'이다.] 조문을 받았다.

哀公, 魯君. 辟於路, 辟讀爲闢, 謂除闢道路, 以畫宮室之位而受弔也.

'애공(哀公)'은 노나라의 군주이다. '벽어도(辟於道)'에서의 '벽(辟)'자는 벽(闢)자로 풀이하니, 도로를 깨끗하게 쓸어내고서 궁실에서의 위치를 그리고 조문을 받았다는 뜻이다.

近按: 辟當讀爲避, 蓋不可當路而受弔, 故避入路旁而受弔也歟.

내가 살펴보니, '辟'자는 마땅히 '避(피)'자로 풀이해야 하니, 도로에 해당하는 곳에서는 조문을 받을 수 없기 때문에, 자리를 피해 도로 옆으로 가서 조문을 받았다는 뜻인 것 같다.

曾子曰: "蕢尚不如杞梁之妻之知禮也. 齊莊公襲莒于奪[兌], 杞
梁死焉. 其妻迎其柩於路而哭之哀."〈094〉

증자가 그 소식을 전해 듣고, "괴상은 예를 잘 알고 있었던 기량의 처만
도 못하구나. 제나라 장공이 거나라를 협소한 길에서['奪'자의 음은 '兌(태)'
이다.] 습격을 했을 때, 전쟁에 참여했던 기량이 전사하였다. 그러자 기
량의 처는 길에서 그 영구를 맞이하여, 슬프게 곡을 했다."라고 했다.

襄公二十三年, 齊侯襲莒. 襲者, 以輕兵掩其不備而攻之也. 左傳言
"杞殖·華還載甲, 夜入且于之隧." 且于, 莒邑名. 隧, 狹路也. 鄭云
"或爲兌", 故讀奪爲兌. 梁卽殖, 以戰死, 故妻迎其柩.

노나라 양공 23년에 제나라 후작은 거나라를 습격하였다. '습(襲)'이라
는 말은 재빠른 군사를 이용해서 대비하지 못한 상태의 적을 엄습하여
공격한다는 뜻이다. 『좌전』에서는 "기식과 화환이 무기들을 싣고, 야밤
에 거나라 차우의 좁은 길목으로 들어갔다."[1]라고 했는데, '차우(且于)'
는 거나라에 소속된 읍의 이름이다. '수(隧)'는 협소한 길을 뜻한다. 정
현은 "다른 판본에서는 '태(兌)'자로도 기록한다."라고 했다. 그렇기 때
문에 '탈(奪)'자를 '태(兌)'자로 해석한 것이다. '기량(杞梁)'은 곧 기식
(杞殖)을 가리키니, 전사를 했기 때문에 그의 처가 영구를 맞이했던 것
이다.

---

1) 『춘추좌씨전』「양공(襄公) 23년」: 齊侯還自晉, 不入, 遂襲莒. 門于且于, 傷股
而退. 明日, 將復戰, 期于壽舒. 杞殖·華還載甲夜入且于之隧, 宿於莒郊. 明
日, 先遇莒子於蒲侯氏.

"莊公使人弔之, 對曰: '君之臣不免於罪, 則將肆諸市朝, 而妻妾執. 君之臣免於罪, 則有先人之敝廬在, 君無所辱命.'"〈095〉

계속하여 증자가 말하길, "장공이 사람을 시켜서, 기량에 대해 조문을 하려고 했는데, 그의 처가 대답을 하며, '군주의 신하가 그 죄를 벗지 못한다면, 장차 그 시신은 시장과 조정에 나뒹굴게 될 것이고, 또 죽은 자의 처와 첩은 포박이 될 것입니다. 만약 군주의 신하가 죄를 벗게 된다면, 제 남편에게는 초라하지만 머물던 집이 있으니, 그곳에서 조문을 받아야 군주에 대해서 그 명령을 욕되게 함이 없게 됩니다.'"라고 일러 주었다.

肆, 陳尸也. 妻妾執, 拘執其妻妾也. 左傳言"齊侯弔諸其室."

'사(肆)'자는 시신을 늘어놓는다는 뜻이다. '처첩집(妻妾執)'은 그의 처와 첩을 포박한다는 뜻이다. 『좌전』에서는 제나라 후작이 그의 집에서 조문을 했다고 기록했다.[2]

孺子䴡[他昆反]之喪, 哀公欲設撥[半末反], 問於有若. 有若曰: "其可也. 君之三臣猶設之."顔柳曰: "天子龍輴[春]而槨幬[道],

---

2) 『춘추좌씨전』「양공(襄公) 23년」: 齊侯歸, 遇杞梁之妻於郊, 使弔之. 辭曰, "殖之有罪, 何辱命焉? 若免於罪, 猶有先人之敝廬在, 下接不得與郊弔." 齊侯弔諸其室.

諸侯輴而設幬, 爲楡[于]沈[審], 故設撥. 三臣者廢輴而設撥, 竊
禮之不中[去聲]者也, 而君何學[如字]焉?〈096〉

애공에게는 돈이라는['幰'자는 '他(타)'자와 '昆(곤)'자의 반절음이다.] 어린 아들이 있었는데 그가 죽었다. 애공은 그를 위해서 발을['撥'자는 '半(반)'자와 '末(말)'자의 반절음이다.] 설치하려고 하여 유약에게 자문을 구했다. 유약은 "괜찮습니다. 군주에게 소속된 세 가문의 신하들도 오히려 발을 설치하고 있습니다."라고 대답해주었다. 그러나 안류는 반대를 하며, "천자의 경우에는 용의 그림이 그려진 춘거를['輴'자의 음은 '春(춘)'이다.] 사용하고, 그 주위에 나무를 쌓아서 곽처럼 만들고, 또 그 위를 가리게['幬'자의 음은 '道(도)'이다.] 됩니다. 제후의 경우에는 춘거는 사용하지만 용의 그림이 없게 되고, 나무를 쌓아서 곽처럼 만들지 않고 그 위를 덮게 되고, 대신 유심을['楡'자의 음은 '于(우)'이다. '沈'자의 음은 '審(심)'이다.] 만들어 두기 때문에, 발을 설치하는 것입니다. 그런데 현재 세 가문의 신하들은 춘거를 사용하지 않으면서도 발만을 설치하였으니, 예법 중에서도 합당하지['中'자는 거성으로 읽는다.] 못한 것을 훔쳐서 사용하는 것인데, 군주께서는 어찌 그것을 배우고자['學'자는 글자대로 읽는다.] 하십니까?"라고 했다.

集說

幰, 哀公之少子. 舊說以撥爲綍, 未知是否. 三臣, 魯之三家也. 顏柳言天子之殯, 用輴車載柩; 而畫轅爲龍, 槪幬者, 叢木爲槪形而覆幬其上, 前言 "加斧于槪上", 是也. 諸侯輴而設幬, 則有輴而無龍, 有幬而無槪也. 楡沈, 以水浸楡白皮之汁以播地, 取其引車不澁滯也. 今三家廢輴不用而猶設撥, 是徒有竊禮之罪, 而非有中用之實者也.

'돈(幰)'은 애공의 어린 아들이다. 옛 학설에서는 '발(撥)'을 불(綍)이라고 여겼는데, 어느 주장이 옳은지 모르겠다. '삼신(三臣)'은 노나라의 세 가

문을 뜻한다. 안류는 천자가 빈소를 마련할 때, 춘거(輴車)³)를 사용하여
영구를 싣는다고 했고, 끌채에 용의 그림을 그리며, 곽주를 한다고 했는
데, '곽주(槨幬)'라는 것은 나무를 쌓아서 곽(槨)의 형태로 만들고, 그 위
를 휘장으로 덮는 것을 뜻하니, 앞에서 "도끼 무늬가 들어간 천으로 곽
위를 덮는다."⁴)라고 한 말이 바로 이것을 가리킨다. 제후의 경우에는 춘
거를 사용하고 도를 설치한다고 했다면, 춘거는 사용하되 끌채에 용의
무늬가 없는 것이며, 휘장으로 덮지만 나무를 쌓아서 곽처럼 만든 것은
없게 된다. '유심(楡沈)'은 느릅나무의 흰 껍질을 물에 끓여서 그 즙을
땅에 뿌려, 수레를 당길 때 수레가 잘 움직이지 않게 되는 것을 방지
하는 것이다. 현재 삼가에서 춘거의 예법을 폐지하고 사용하지 않았는
데, 오히려 수레를 잘 끌 수 있도록 발을 설치하였으니, 이것은 단지 예
법을 훔친 죄에 해당하는 것이며, 또 예법을 사용한 것이 실정과 들어맞
는 것도 아니다.

集說

方氏曰: 爲輴之重也, 故爲楡沈以滑之; 欲楡沈之散也, 故設撥以發
之. 無輴則無所用沈; 無所用沈, 則無所用撥. 三臣旣知輴之可廢, 而
不知撥之不必設, 是竊禮之不中者也. 撥雖無所經見, 然以文考之,
爲楡沈故設撥, 則是以手撥楡沈而洒於道也. 先儒以爲紼, 失之矣.

방씨가 말하길, 춘거는 무겁기 때문에 유심을 만들어서 그 바닥을 미끄
럽게 만드는 것이며, 유심을 뿌리고자 하였기 때문에 발을 설치하여 흩
뿌리는 것이다. 춘거가 없다면 유심을 사용할 곳이 없게 되고, 유심을
사용할 곳이 없다면 발도 사용할 곳이 없게 된다. 세 가문의 신하들은
춘거를 폐지할 수 있다는 사실은 알았지만, 발을 설치할 필요가 없다는

---

3) 춘거(輴車)는 빈소를 설치할 때 영구를 싣는 수레를 뜻한다.
4) 『예기』「단궁상」143장 : 天子之殯也, 菆塗龍輴以槨, <u>加斧于槨上</u>, 畢塗屋, 天
   子之禮也.

사실은 몰랐으니, 이것은 예 중에서도 적절하지 못한 것을 훔친 것이다. '발(撥)'에 대해서는 비록 경문에 그 설명이 나타나지 않지만, 문맥을 통해 고찰해보면, 유심을 위해서 발을 설치하므로, 이것은 손으로 발을 잡고 유심을 적셔서 도로에 뿌리는 것이 된다. 선대 유학자들은 발(撥)을 불(紼)이라고 여겼는데, 이것은 잘못된 주장이다.

浅見

近按: 方氏以撥爲非紼, 而散楡沈於道者, 得矣. 然謂以手撥之則於設撥之意, 恐未合. 蓋撥必是發散楡沈之器也, 故謂之設. 若但以手撥之, 則不當謂之設也. 紼則無貴賤皆用之, 撥之非紼, 無疑矣.

내가 살펴보니, 방씨는 발(撥)은 불(紼)이 아니며 길에 유심을 흩뿌리기 위한 것이라고 여겼는데, 이것은 옳은 말이다. 그러나 손으로 흩뿌린다고 했는데, 이것은 발을 설치하는 의도와는 합치되지 않는 것 같다. 발이라는 것은 분명 유심을 흩뿌리기 위한 기구일 것이다. 그렇기 때문에 그것에 대해 "설치한다."라고 말한 것이다. 만약 단지 손으로 흩뿌린다고 했다면, 설치한다고 말하는 것은 합당하지 않다. 불의 경우에는 신분의 차등과 상관없이 모두 사용하는 것이니, 발이 불이 아니라는 사실은 의심할 것이 없다.

悼公之母死, 哀公爲[去聲]之齊衰. 有若曰: “爲妾齊衰, 禮與[平聲]?” 公曰: “吾得已乎哉! 魯人以妻我.”〈097〉

도공의 모친은 애공의 첩이었다. 그런데 그녀가 죽게 되자 애공은 그녀를 위해서['爲'자는 거성으로 읽는다.] 자최복을 착용하였다. 유약이 말하길, “첩을 위해서 자최복을 입는 규정이 예법에 있습니까?['與'자는 평성으로 읽는다.]”라고 했다. 그러자 애공은 “내가 그만 둘 수 있겠는가! 노나라 사람들이 그녀를 나의 본처라고 부르고 있다.”라고 했다.

以妻我, 以爲我妻也. 此哀公溺情之擧文過之辭.

‘이처아(以妻我)’라는 말은 나의 처로 여긴다는 뜻이다. 이곳 문장의 내용은 애공이 자신의 감정에만 따라서 문식을 과도하게 꾸며 시행한 일을 기록한 것이다.

疏曰: 天子·諸侯絕旁期; 於妾無服; 惟大夫爲貴妾緦.

소에서 말하길, 천자와 제후는 친족에 대해서 방계 친족에 대해서는 기년복을 입지 않으며, 첩에 대해서는 상복을 입지 않는다. 오직 대부만이 귀첩(貴妾)[1]을 위해서 시마복을 착용한다.

---

1) 귀첩(貴妾)은 처(妻)가 시집을 오면서 함께 데려왔던 일가붙이가 되는 여자와 자식의 첩(妾) 등을 지칭하는 말이다.

季子皐葬其妻, 犯人之禾. 申祥以告, 曰: "請庚之". 子皐曰: "孟氏不以是罪予, 朋友不以是棄予, 以吾爲邑長於斯也. 買道而葬, 後難繼也." 〈098〉

공자의 제자인 계자고가 성(成) 땅의 읍재로 있었을 때, 자신의 부인에 대한 장례를 치렀는데, 잘못하여 남의 경작지를 침범하게 되었다. 신상은 이러한 실수를 아뢰며, "청컨대 그 부분을 변상해주십시오."라고 했다. 그러자 자고는 "맹씨는 이 일로 나를 벌주지 못할 것이고, 내 벗들 또한 이 일을 가지고 나를 저버리지 않을 것이니, 나는 이곳의 읍재로 있기 때문이다. 만약 내가 길을 사서 장례를 치르게 된다면, 이후에는 이처럼 따르기가 어렵게 될 것이다."라고 대답했다.

集說

劉氏曰: 季子皐, 孔子弟子高柴也. 夫子嘗曰"柴也愚." 觀家語所稱及此經所記"泣血三年"及"成人爲衰"之事觀之, 賢可知矣. 此葬妻犯禾, 亦爲成宰時事, 有無固不可知. 然曰"孟氏不以是罪予, 朋友不以是棄予"者, 以犯禾之失小, 而買道之害大也. 何也? 以我爲邑宰, 尚買道而葬, 則後必爲例, 而難乎爲繼者矣. 此亦愚而過慮之一端, 然出於誠心, 非文飾之辭也. 鄭註謂其恃寵虐民, 而方氏又加以不仁不恕之說, 則甚矣, 豈有賢如子皐而有是哉!

유씨가 말하길, '계자고(季子皐)'는 공자의 제자인 고시를 가리킨다. 공자는 일찍이 "시는 어리석다."[2]라고 했는데, 『공자가어』에서 언급한 일들을 살펴보고, 또 이곳 경문의 기록 속에서 "3년 동안 마치 피를 흘리듯 소리도 내지 않고 눈물을 흘렸다."[3]라고 한 것과 "성 땅의 사람들이

---

2) 『논어』「선진(先進)」: 柴也愚, 參也魯, 師也辟, 由也喭. 子曰, "回也其庶乎, 屢空. 賜不受命, 而貨殖焉, 億則屢中."

그 때문에 상복을 입었다."[4]라고 했던 일들을 살펴보면, 그가 현명했다는 사실을 알 수 있다. 이곳 문장에서는 그가 처에 대한 장례를 치르며 남의 경작지를 침범했다고 했고, 그 일은 또한 그가 성 땅의 읍재가 되었을 때의 일이니, 이러한 일이 실제로 있었는지 또는 없었는지에 대해서는 진실로 알 수가 없다. 그러나 "맹씨는 이 일로 나를 벌주지 못하고, 벗들도 이 일로 나를 버리지 못한다."라고 말한 것은 남의 경작지를 침범한 실수는 작지만 길을 샀을 때의 해로움은 크기 때문이다. 어째서인가? 본인은 읍재의 신분인데도 오히려 길을 사서 장례를 치렀다고 한다면, 이후에는 반드시 그것을 전거로 삼을 것이므로 계속되기가 어렵다. 이것은 또한 어리석고 지나치게 걱정을 했던 한 측면을 나타내지만, 진실된 마음에서 도출된 것이지 문식을 꾸미고자 한 말이 아니다. 정현의 주에서는 총애하는 것을 믿고서 백성들에게 잔악하게 굴었다고 평가했고, 방씨 또한 불인함과 서를 이루지 못했다는 말로 설명했는데, 이것은 너무 지나친 평가이다. 어찌 자고처럼 현명한 자에게 이와 같은 면모가 있었겠는가!

淺見

近按: 此非高柴之事也. 以家語所記觀之, 則方長不折, 豈犯人禾? 啓蟄不殺, 豈忍虐民? 避難而行, 尙且不徑不寶, 豈其葬妻而犯人之田乎? 此非高柴之事明矣. 且所謂孟氏不以罪, 朋友不以棄者, 誠諂邪無恥者之言, 古之愚也直, 豈有計其榮辱毀譽之心, 而汚曲不直如此哉? 抑爲邑長於斯, 而買道而葬, 後難繼也, 則爲邑民於斯, 犯其禾而不庚者, 爲可繼耶? 劉氏謂犯禾之失小, 而買道之害大者, 何哉? 鄭氏 · 方氏之說誠是矣. 謂非高柴之事而記者之誤, 則可, 謂爲

---

3) 『예기』「단궁상」051장 : 高子皐之執親之喪也, <u>泣血三年</u>, 未嘗見齒, 君子以爲難.

4) 『예기』「단궁하」135장 : 成人有其兄死而不爲衰者, 聞子皐將爲成宰, 遂爲衰. 成人曰, "蠶則績而蟹有匡, 范則冠而蟬有緌, 兄則死而子皐爲之衰."

高柴之事而違護其短, 則過矣.

내가 살펴보니, 이것은 고시의 일화가 아니다. 『공자가어』의 기록을 통해 살펴보면, 자라나는 초목에 대해서는 꺾지 않았다고 했는데, 어떻게 남의 경작물을 침범했겠는가? 그리고 곤충들이 겨울잠에서 깨어나게 되면 그것들을 죽이지 않았다고 했는데,[5] 어떻게 백성들에게 잔악하게 굴수 있었겠는가? 그리고 난리를 피해 길을 떠날 때에도 오히려 지름길로 가지 않았고 구멍을 파서 가지도 않았는데, 어떻게 자신의 처에 대한 장례를 치르면서 남의 경작지를 침범할 수 있겠는가? 이것은 고시의 일화가 아니라는 것이 분명하다. 또 "맹씨는 이 일로 나를 벌주지 못하고, 벗들도 이 일로 나를 버리지 못한다."라고 했는데, 이것은 매우 아첨하고 삿되며 부끄러움이 없는 말에 해당하는데, 옛날의 어리석은 자들은 정직했다고 했으니,[6] 어떻게 영리와 욕됨 및 헐뜯고 기림을 계산하는 마음을 가지고 이처럼 추잡하게 굽히며 강직하지 못할 수 있겠는가? 또 이곳의 읍재가 되었는데 길을 사서 장례를 치르게 되면 후세에 따라 하기가 어렵다고 한다면, 이곳의 읍민들이 남의 경작물을 침범하고도 배상하지 않는 것은 따라 해도 괜찮단 말인가? 유씨는 남의 경작물을 침범한 잘못은 작지만 길을 샀을 때의 해악은 크다고 했는데 이것은 무슨 말인가? 정씨와 방씨의 주장이 참으로 옳다. 그러므로 이것을 고시의 일화가 아니고 『예기』를 기록한 자가 잘못 기록한 것이라고 한다면 괜찮지만, 이것을 고시의 일화로 여기고 그의 잘못을 감싸서 옹호하려고 한다면 지나친 해석이다.

---

5) 『공자가어』「제자행(弟子行)」: 足不履影, <u>啓蟄不殺, 方長不折</u>, 執親之喪, 未嘗見齒, 是高柴之行也.

6) 『논어』「양화(陽貨)」: 子曰, "古者民有三疾, 今也或是之亡也. 古之狂也肆, 今之狂也蕩, 古之矜也廉, 今之矜也忿戾, <u>古之愚也直</u>, 今之愚也詐而已矣."

經文

仕而未有祿者, 君有饋焉曰"獻", 使[去聲]焉曰"寡君". 違而君薨, 弗爲服也.〈099〉

벼슬살이를 시작했지만 아직 녹봉을 하사받지 못한 자는 군주로부터 음식이 하사되면, 그 음식을 '헌(獻)'이라 부르고, 사신으로[使'자는 거성으로 읽는다.] 갔을 때에는 자신의 임금을 가리켜서 '과군(寡君)'이라 지칭한다. 도의가 어긋나서 떠나가게 되면 군주가 죽었을 때, 군주를 위해서 상복을 착용하지 않는다.

集說

方氏曰: 湯之於伊尹, 學焉而後臣之, 方其學也, 賓之而不臣. 此所謂仕而未有祿者, 若孟子之在齊是也. 惟其賓之而弗臣, 故有饋焉, 不曰'賜'而曰'獻', 將命之使不曰'君'而曰'寡君', 蓋獻爲貢上之辭, 而寡則自謙之辭故也. 以其有賓主之道, 而無君臣之禮, 故違而君薨, 弗爲服也. 其曰違, 則居其國之時, 固服之矣.

방씨가 말하길, 탕임금은 이윤에 대해서, 학문을 익히고 난 뒤에 그를 신하로 삼았으니, 학문을 익힐 때에는 빈객으로 대했던 것이며, 신하로 대했던 것이 아니다. 이곳에서 이른바 벼슬살이를 했지만 아직 녹봉을 받지 못한 자라고 한 경우는 마치 맹자가 제나라에 머물러 있었던 경우와 같다. 단지 빈객으로만 대하고 신하로 여기지 않았기 때문에, 군주가 음식을 보내게 될 때에도 '사(賜)'라고 부르지 않고 '헌(獻)'이라고 불렀던 것이며, 명령을 받들어 사신으로 가게 될 때에도, 자신의 군주를 가리켜서 '군(君)'이라 지칭하지 않고 '과군(寡君)'이라고 불렀던 것이니, 무릇 '헌(獻)'은 윗사람에게 무언가를 바칠 때 쓰는 말이며, '과(寡)'는 제 스스로 겸손하게 낮추는 말이기 때문이다. 둘 사이에 빈객과 주인이 따르는 도리가 포함되어 있고, 군주와 신하가 따르는 예가 적용되지 않기 때문에, 떠나게 되면 그 군주가 죽게 되더라도 그를 위해서 상복을 착용하지 않는다. "떠난다."라고 했으므로, 그 나라에 머물러 있을 때에는 진실로 상복을 착용하는 것이다.

虞而立尸, 有几筵.〈100〉

우제를 지내게 되면 비로소 시동을 세워서 신령을 형상화하게 되고, 시동이 사용할 수 있는 안석과 대자리를 설치하게 된다.

葬之前, 事以生者之禮; 葬則親形已藏, 故虞祭則立尸以象神也. 筵, 席也. 大斂之奠, 雖有席而無几; 此時則設几與筵相配也.

장례를 치르기 이전이라면, 살아있는 자를 섬기는 예법으로 섬기게 된다. 장례를 치르게 되면, 부모의 육신이 이미 무덤으로 들어갔기 때문에, 우제를 지내고서 시동을 세워 신령을 형상화한다. '연(筵)'자는 자리를 뜻한다. 대렴을 할 때의 전제사에서도 비록 석을 설치하게 되지만 안석은 없다. 이 시기가 되어야만 궤와 연이 서로 짝을 이루며 설치된다.

卒哭而諱, 生事畢而鬼事始已.〈101〉

졸곡을 하게 되면 죽은 자의 이름을 피휘하여 시호를 사용하게 된다. 그 이유는 살아있는 자처럼 섬기는 일이 끝나고 귀신으로 섬기는 일이 시작되었기 때문이다.

卒哭而諱其名, 蓋事生之禮已畢, 事鬼之事始矣. 已, 語辭.

졸곡을 지내면서 죽은 자의 이름을 피휘하는 것은 살아있는 자를 섬길 때의 예법으로 섬기는 일이 모두 끝나고, 귀신을 섬길 때의 예법으로 섬기는 일이 시작되기 때문이다. '이(已)'자는 어조사이다.

經文

旣卒哭, 宰夫執木鐸以命于宮曰: "舍故而諱新." 自寢門至于庫門.〈102〉

졸곡이 끝나게 되면, 재부(宰夫)[1]를 시켜서 목탁을 두드리며, 궁에 명령을 전달하도록 시키니, 재부는 "체천(遞遷)이 되시는 분의 피휘를 버리고, 이제 막 돌아가신 분의 이름을 피휘하라."라고 전달하는데, 그 일을 침문(寢門)으로부터 고문(庫門)에 이르기까지 시행한다.

---

1) 재부(宰夫)는 주(周)나라 때 천관(天官)에 소속된 관직이다. 조정 내에서의 법도를 담당하였으며, 신하들의 서열을 바로잡았고, 금령 등에 대한 일을 담당하였다. 천관의 수장인 대재(大宰)와 부관인 소재(小宰)를 보좌하였다. 『주례』의 체제에 따르면 하대부(下大夫) 4명이 담당을 하였다. 『주례』「천관총재(天官冢宰)」편에는 "宰夫, 下大夫四人."이라는 기록이 있고, 『주례』「천관(天官) · 재부(宰夫)」편에는 "宰夫之職掌治朝之灋, 以正王及三公六卿大夫群吏之位, 掌其禁令."이라는 기록이 있다.

周禮大喪·小喪, 宰夫掌其戒令. 故卒哭後, 使宰夫執金口木舌之鐸振之, 以命令于宮也. 其令之之辭曰"舍故而諱新." 故, 謂高祖之父當遷者. 諱多則難避, 故使之舍舊諱而諱新死者之名也. 以其親盡, 故可不諱. 庫門, 自外入之第一門, 亦曰皐門.

『주례』에서는 대상과 소상 때 재부가 금령을 담당한다고 했다.[2] 그렇기 때문에 졸곡을 치른 이후에 재부를 시켜서 쇠로 만든 틀에 나무로 된 방울이 달린 기구를 잡고서, 그것을 두드리며 궁에 명령을 전달한다. 명령을 하는 말에서는 "옛 피휘를 버리고 새로운 피휘를 하라."라고 말하게 된다. '고(故)'자는 고조의 부친으로 체천에 해당하는 자를 뜻한다. 피휘가 많으면 일일이 피휘하기가 어렵게 된다. 그렇기 때문에 재부로 하여금 옛 피휘를 버리게 하고 이제 막 죽은 자의 이름을 피휘하라고 시키는 것이다. 대수(代數)가 다하여 친함이 모두 소진하였기 때문에, 피휘를 하지 않을 수 있는 것이다. '고문(庫門)'은 외부로부터 들어올 때 첫 번째 당도하게 되는 문이니, 이 문을 또한 '고문(皐門)'이라고도 부른다.

二名不偏諱, 夫子之母名徵在, 言在不稱徵, 言徵不稱在.〈103〉

두 글자로 된 이름에 대해서 피휘를 할 때에는 두 글자를 동시에 쓸 때에만 피휘를 하는 것이지, 한 글자마다 피휘를 하지는 않는다. 예를 들어 공자의 모친은 그 이름이 '징재(徵在)'인데, '재(在)'자를 언급할 때에는 '징(徵)'자를 언급하지 않았고, 반대로 '징(徵)'자를 언급할 때에는 '재(在)'자를 언급하지 않았다.

----

2) 『주례』「천관(天官)·재부(宰夫)」: 大喪小喪, 掌小官之戒令, 帥執事而治之.

二名, 二字爲名也. 此記避諱之禮.

'이명(二名)'은 두 글자로 이름을 지었다는 뜻이다. 이곳 기록은 피휘를 하는 예법에 대해 기록하고 있다.

軍有憂, 則素服哭於庫門之外, 赴車不載櫜[高]韔. ⟨104⟩

군대가 패전하게 된다면, 군주는 소복을 착용하고서, 종묘와 가까운 곳인 고문 밖에서 곡을 한다. 그리고 패전의 사실을 알리기 위해 국성으로 돌아가는 수레에는 갑옷을 전대에['櫜'자의 음은 '高(고)'이다.] 넣지 않고 활을 활집에 넣지 않음으로써, 재차 결전을 치르겠다는 의지를 나타내게 된다.

櫜, 甲衣, 韔, 弓衣. 甲不入櫜, 弓不入韔, 示再用也.

'고(櫜)'자는 갑옷을 넣는 전대를 뜻하고, '창(韔)'자는 활을 넣는 활집을 뜻한다. 갑옷을 전대에 넣지 않고, 활을 활집에 넣지 않는 것은 재차 사용하겠다는 뜻을 나타내기 위해서이다.

方氏曰: 戰勝而還謂之愷, 則敗謂之憂, 宜矣. 素服哭, 以喪禮處之也. 必於庫門之外者, 以近廟也. 師出, 受命于祖; 無功, 則於祖命辱矣. 赴車, 告赴於國之車. 凡告喪曰赴車, 以告敗爲名, 與素服同義.

방씨가 말하길, 전쟁에서 승리하고 되돌아오는 것을 '개(愷)'라고 부르니, 패배했을 때 '우(憂)'라고 부르는 것은 마땅한 일이다. 소복(素服)을 착용하고 곡을 하는 이유는 상례에 따라 대처하기 때문이다. 반드시 고문

밖에서 실시하는 이유는 종묘와 가까운 위치이기 때문이다. 군대가 출동할 때에는 조묘에서 명령을 받들어 가게 되며, 공적을 세움이 없다면 조상이 내려준 명령에 대해서 욕보인 꼴이 된다. '부거(赴車)'는 그 소식을 알리기 위해 국성으로 가는 수레를 뜻한다. 무릇 상의 소식을 알릴 때 사용하는 수레도 '부거(赴車)'라고 부르니, 패전을 알린다는 뜻에서 이러한 명칭을 정한 것으로, 소복을 착용하는 것과 같은 이치이다.

經文

有焚其先人之室, 則三日哭. 故曰: "新宮火, 亦三日哭."⟨105⟩

만약 종묘에 화재가 발상하게 되면 3일 동안 곡을 한다. 그렇기 때문에 『춘추』에서도 "신궁에 화재가 발생했기 때문에 또한 3일 동안 곡을 했다."라고 말한 것이다.

集說

先人之室, 宗廟也. 魯成公三年, 焚宣公之廟. 神主初入, 故曰新宮. 春秋書"二月甲子新宮災, 三日哭", 註云"書其得禮". 此言"故曰"者, 謂春秋文也.

'선인지실(先人之室)'이라는 말은 종묘를 뜻한다. 노나라 성공 3년에 선공의 묘에 화재가 발생했다.[3] 신주가 처음으로 들어갔기 때문에 그 묘를 '신궁(新宮)'이라고 부른 것이다. 『춘추』에서는 "2월 갑자일에 신궁에 화재가 발생하여, 3일 동안 곡을 했다."라고 했고, 이 문장에 대한 주에서는 "예법에 합당하게 따랐음을 기록한 것이다."라고 했다. 따라서 이곳 문장에서 '고왈(故曰)'이라고 기록한 것은 『춘추』의 문장을 뜻한다.

---

3) 『춘추』 「성공(成公) 3년」 : 甲子, 新宮災, 三日哭.

孔子過泰山側, 有婦人哭於墓者而哀. 夫子式而聽之, 使子路
問之曰: "子之哭也, 壹似重[平聲]有憂者." 而曰: "然. 昔者吾舅
死於虎, 吾夫又死焉, 今吾子又死焉!" 夫子曰: "何爲不去也?"
曰: "無苛政." 夫子曰: "小子識[志]之! 苛政猛於虎也."〈106〉

공자가 제자들과 함께 태산 옆을 지나가고 있었다. 그런데 어떤 부인
이 산속에 있는 묘 앞에서 구슬프게 울고 있었다. 공자는 그 여인을
보자 수레의 식을 잡고서 공경의 뜻을 표했는데 그 울음소리를 듣고
의문이 들었다. 그래서 자로를 시켜서 그 연유를 묻게 하였다. 자로는
그녀에게 다가가서 공자의 말을 전달하며, "그대의 곡하는 소리는 근심
스러운 마음이 매우 중첩되어['重'자는 평성으로 읽는다.] 있는 것 같습니
다."라고 했다. 그러자 그 여인은 "그렇습니다. 예전에 제 시아비가 호
랑이에게 물려 죽었고, 제 남편 또한 호랑이에게 물려 죽었는데, 최근
에는 제 자식마저 호랑이에게 물려 죽었습니다!"라고 했다. 그 이야기
를 전달받은 공자는 재차 의문이 들어서, 자로에게 말을 건네게 하여,
"그렇다면 그대는 어찌하여 이곳을 떠나지 않는 것이오?"라고 했다. 그
러자 그 여인은 "이곳에는 호랑이가 있지만, 가혹한 정치가 없기 때문
입니다."라고 대답했다. 공자는 그 말을 듣고서, "제자들아! 명심하거
라!['識'자의 음은 '志(지)'이다.] 가혹한 정치는 호랑이보다도 무서운 법이니
라."라고 가르쳤다.

聞其哭, 式而聽之, 與"見齊衰者, 雖狎必變"之意同, 聖人敬心之所
發, 蓋有不期然而然者. 壹似重有憂者, 言甚似重疊有憂苦者也. 而
曰, 乃曰也. 虎之殺人, 出於倉卒之不免. 苛政之害, 雖未至死, 而朝
夕有愁思之苦, 不如速死之爲愈, 此所以猛於虎也. 爲人上者, 可不
知此哉!

곡하는 소리를 듣고서, 수레의 식을 잡고 경의를 표하고 그 소리를 들었다는 뜻은 "자최복을 착용한 자를 보게 되면 비록 친하게 지냈던 자라 하더라도 반드시 얼굴빛을 달리하였다."⁴⁾라는 말과 같은 의미이다. 성인이 공경하는 마음을 드러낼 때에는 아마도 의도하지 않아도 그렇게 나타나는 경우도 있기 때문이다. '일사중유우(壹似重有憂)'라는 말은 근심스럽고 고달픈 마음이 매우 중첩되어 있는 것 같다는 뜻이다. '이왈(而曰)'은 "곧 말하다."는 뜻이다. 호랑이가 사람을 죽이는 것은 갑작스럽게 일어나서 피할 수 없는 일이다. 가혹한 정치의 해악은 비록 죽음으로까지 몰아가지 않지만, 조석으로 고통어린 근심이 항상 있게 되어, 빨리 죽느니만 못한 것이니, 이것이 바로 가혹한 정치가 범보다도 무섭다는 이유이다. 위정자가 이러한 뜻을 몰라서야 되겠는가!

經文

魯人有周豊也者, 哀公執摯[至]請見之, 而曰: "不可." 公曰: "我其已夫!" 使人問焉, 曰: "有虞氏未施信於民, 而民信之; 夏后氏未施敬於民, 而民敬之. 何施而得斯於民也?" 對曰: "墟墓之間, 未施哀於民而民哀; 社稷・宗廟之中, 未施敬於民而民敬. 殷人作誓而民始畔, 周人作會而民始疑. 苟無禮義・忠信・誠慤之心以涖之, 雖固結之, 民其不解[佳買反]乎!"〈107〉

노나라 사람 중에 주풍이라는 자가 있었는데 그는 현명함으로 명성이 높았다. 그래서 애공은 사람을 시켜 폐물을['摯'자의 음은 '至(지)'이다.] 가지고 가서 만나보기를 청했다. 그러나 주풍은 "안 됩니다."라고 거절했다. 애공은 그 말을 전해 듣고, "그를 강제로 만나보는 것은 도리가 아

---

4) 『논어』 「향당(鄕黨)」 : 見齊衰者, 雖狎, 必變. 見冕者與瞽者, 雖褻, 必以貌. 凶服者式之. 式負版者. 有盛饌, 必變色而作. 迅雷風烈必變.

니니, 나는 그와 만나보고자 했던 마음을 접겠다!"라고 했다. 그러나 궁금한 점이 있었으므로, 사람으로 시켜서 그에게 자문을 구했으니, "유우씨는 백성들에게 믿음을 강요하지도 않았는데 백성들이 그를 믿었고, 하후씨는 백성들에게 공경을 강요하지도 않았는데 백성들이 그를 공경했습니다. 도대체 어떻게 해야만 백성들에게 이러한 것들을 얻을 수 있습니까?"라고 했다. 그러자 주풍은 "무덤가에서는 백성들에게 슬퍼하도록 강요하지 않아도 백성들은 저절로 슬퍼하게 되며, 사직과 종묘 안에서는 백성들에게 공경함을 나타내도록 강요하지 않아도 백성들이 저절로 공경함을 나타냅니다. 반대로 은나라 때에는 맹세를 했지만 백성들이 배반하는 일이 나타나기 시작했고, 주나라 때에는 회합을 가졌지만 백성들이 의심하는 일이 나타나기 시작했습니다. 따라서 군주가 예의·충신·성각의 마음도 없이 백성들에게 임한다면, 비록 그들을 단단히 결속시키려고 하더라도 백성들이 그것을 풀어내지['解'자는 '佳(가)'자와 '買(매)'자의 반절음이다.] 못하겠습니까!"라고 대답해주었다.

集説

周豊必賢而隱者, 故哀公屈己見之. 乃曰不可者, 蓋古者不爲臣不見, 故不敢當君之臨見也. 我其已夫, 已, 止也, 不强其所不願也. 有心之固結, 不若无心之感孚, 其言甚正. 但大禹征苗, 已嘗誓師, 誓非始於殷也; 禹會諸侯於塗山, 會亦不始於周也. 此言誓之而畔, 會之而疑, 則始於殷·周耳.

'주풍(周豐)'은 분명 현명하지만 은둔해 있던 자일 것이다. 그렇기 때문에 애공이 자신을 낮춰서 그를 만나보고자 했던 것이다. 그런데 "안 된다."라고 말했다고 했으니, 아마도 고대에는 신하의 신분이 되지 않았다면 만나보지 않았기 때문에, 군주가 직접 찾아와서 만나보는 것을 감당할 수 없었던 것이다. '아기이부(我其已夫)'라고 했는데, '이(已)'자는 "그만둔다."는 뜻이니, 상대방이 원하지 않는 것을 강제로 감행하지 않는다는 뜻이다. 마음을 단속하여 결집시킴이 있는 것은 마음으로 감응하여 심복함이 없느니만 못하니, 그의 말은 매우 올바른 것이다. 다만 우임금은 묘를 정벌하면서, 이미 군사들에게 서약을 한 적이 있으니, 서약이라는 것이 은나라 때부터 시작된 것은 아니다. 또 우임금은 도산에서 제후들과 회합을 했으니, 회합이라는 것 또한 주나라 때부터 시작된 것이 아니다. 이것은 서약을 했으나 배반을 했고, 회합을 했으나 의심을 했다는 것은 은나라와 주나라 때부터 시작되었다는 뜻일 따름이다.

經文

> 喪不慮居, 毁不危身. 喪不慮居, 爲無廟也. 毁不危身, 爲無後也.〈108〉

상을 치르더라도 가산의 정도에 맞춰서 해야 하니, 너무 지나치게 치러서 가계가 기울게 되는 근심을 끼쳐서는 안 된다. 또 상을 치르며 몸이 수척해지더라도 너무 과도하게 하여 생명을 위태롭게 만들어서는 안 된다. 상을 치르며 가계를 기울게 해서는 안 되는 이유는 집이 없어지면 종묘 또한 없어지기 때문이다. 또 상을 치르며 생명을 위태롭게 만들어서는 안 되는 이유는 자신이 죽으면 후손을 낳을 수 없기 때문이다.

集說

劉氏曰: 喪禮稱家之有無, 不可勉爲厚葬, 而致有敗家之慮. 家廢, 則宗廟不能以獨存矣. 毁不滅性, 不可過爲哀毁而致有亡身之危. 以死傷生, 則君子謂之無子矣. 此二者, 皆所以防賢者之過禮.

유씨가 말하길, 상례를 치를 때에는 가산의 정도에 맞춰서 하니, 장례를 너무 과도하게 치르는데 힘써서 가계가 기울게 되도록 만들어서는 안 된다. 집이 없어지게 되면 종묘는 홀로 보존될 수 없다. 몸이 수척해지더라도 생명을 잃게 만들어서는 안 되니, 슬픔으로 인해 지나치게 수척해져서 생명을 잃는 지경에 이르러서는 안 된다. 부친의 죽음으로 인해 자신의 생명을 잃게 만들면, 군자는 그러한 자를 '자손이 없게 만드는 자'라고 평가한다. 이 두 가지 사안은 모두 현명한 자들이 예법을 지나치게 시행하게 될 것을 방비하는 대책이다.

延陵季子適齊, 於其反也, 其長子死, 葬於嬴·博之間. 孔子曰: "延陵季子, 吳之習於禮者也." 往而觀其葬焉.〈109〉

연릉계자가 제나라에 간 적이 있었는데, 돌아오는 길에 그의 큰 아들이 죽었다. 그래서 그는 제나라의 영읍과 박읍 사이에서, 큰 아들에 대한 장례를 치렀다. 공자는 그 이야기를 전해 듣고, "연릉계자는 오나라에서 예에 밝은 자로구나."라고 칭찬했다. 그리고는 그 장소로 찾아가서 장례를 치르는 모습을 살펴보았다.

吳公子札, 讓國而居延陵, 故曰延陵季子. 嬴·博, 齊二邑名.

오나라 공자 찰은 제후의 지휘를 사양하고 연릉에 머물렀다. 그렇기 때문에, '연릉계자(延陵季子)'라고 불렀던 것이다. 영(嬴)과 박(博)은 제나라에 소속된 두 읍의 이름이다.

其坎深[去聲]不至於泉, 其斂以時服, 旣葬而封[如字], 廣[去聲]輪
揜坎, 其高可隱[於刃反]也. 旣封, 左袒, 右還其封且號[平聲]者
三, 曰: "骨肉歸復于土, 命也! 若魂氣則無不之也, 無不之也."
而遂行. 孔子曰: "延陵季子之於禮也, 其合矣乎!"〈110〉

공자가 그곳에 가서 살펴보니, 그 구덩이는 너무 깊지도 또 너무 얕지
도 않게 하여, 그 깊이가[深'자는 거성으로 읽는다.] 지하수의 수맥에 이르
지 않았고, 염을 할 때에도 당시 계절에 따른 옷을 이용했으며, 하관을
끝내고 봉분을 쌓아올렸는데['封'자는 글자대로 읽는다.] 가로와['廣'자는 거성
으로 읽는다.] 세로의 치수가 겨우 구덩이를 가릴 정도였고, 그 높이 또한
간신히 구덩이를 가릴['隱'자는 '於(어)'자와 '刃(인)'자의 반절음이다.] 정도였
다. 또 봉분 쌓는 일이 끝나자 연릉계자는 복식을 바꿔서, 좌측 어깨를
드러냈고, 우측으로 봉분을 선회하며, 부르짖기를['號'자는 평성으로 읽는
다.] 세 차례 했는데, 부르짖을 때에는 "뼈와 살이 흙으로 되돌아가는 것
은 명이로다! 혼기는 가지 못할 곳이 없구나, 가지 못할 곳이 없구나."
라고 했다. 그리고는 곧 출발을 했다. 공자는 "연릉계자는 예에 대해서
합당하게 시행하는 것 같구나!"라고 칭찬했다.

不至於泉, 謂得淺深之宜也. 時服, 隨死時之寒暑所衣也. 封, 築土
爲墳也. 橫曰廣, 直曰輪. 下則僅足以揜坎, 上則纔至於可隱, 皆儉
制也. 左袒, 以示陽之變; 右還, 以示陰之歸. 骨肉之歸土, 陰之降
也; 魂氣之无不之, 陽之升也. 陰陽, 氣也; 命者, 氣之所鍾也. 季子
以骨肉歸復于土爲命者, 此精氣爲物之有盡; 謂魂氣則無不之者, 此
遊魂爲變之無方也. 壽夭得於有生之初, 可以言命; 魂氣散於旣死
之後, 不可以言命也. 再言無不之也者, 慇傷離訣之至情, 而冀其魂
之隨己以歸也. 不惟適旅葬之節, 而又且通幽明之故, 宜夫子之善

之也. 然爲疑辭而不爲決辭者, 蓋季子乃隨時處中之道, 稱其有無
而不盡拘乎禮者也, 故夫子不直曰"季子之於禮也合矣", 而必加"其
乎"二字, 使人由辭以得意也. 讀者詳之.

"천에 이르지 않았다."는 뜻은 깊이가 알맞았다는 의미이다. '시복(時服)'
은 아들이 죽었을 때의 기후에 따라 착용하던 옷을 이용했다는 뜻이다.
'봉(封)'자는 흙을 쌓아올려서 봉분을 만든다는 뜻이다. 가로를 '광(廣)'
이라 부르고, 세로를 '윤(輪)'이라 부른다. 밑으로는 겨우 구덩이를 가릴
수 있었고 위로는 겨우 가릴 수 있는 높이까지만 만들었으니, 이 모두는
검소한 예제에 해당한다. '좌측 어깨를 드러냄'은 양이 변화되었음을 나
타내기 위해서이며, '우측으로 선회함'은 음으로 회귀함을 나타내기 위
해서이다. 뼈와 살이 흙으로 되돌아간 것은 음이 하강한 것이며, 혼기가
가지 못하는 곳이 없게 된 것은 양이 상승한 것이다. 음양은 기운이고,
'명(命)'이라는 것은 기운이 모여진 것이다. 계자가 아들의 뼈와 살이 흙
으로 되돌아가는 것을 명으로 여긴 이유는 그 정기는 사물이 소진된 것
이기 때문이며, 혼기는 가지 못할 곳이 없다고 했는데, 혼기가 유행하는
것은 변화무쌍하여 특별히 정해진 장소가 없기 때문이다. 장수를 하거
나 요절을 하는 것은 태어날 때 얻게 되는 수명에 따른 일이니, '명(命)'
이라 부를 수 있고, 죽은 이후에는 혼기가 흩어지게 되니, '명(命)'이라
부를 수 없다. 재차 가지 못할 곳이 없다고 말한 것은 자식과 이별하는
것에 대해 상심하고 슬퍼하는 지극한 감정을 드러내어, 그 혼기가 자신
을 따라 되돌아오기를 기대했기 때문이다. 이처럼 하는 것은 단지 여정
중에 장례를 치르는 절차에만 적합했던 것이 아니라 또한 유명(幽明)의
이치에도 통달한 것이었기 때문에 공자가 그를 칭찬했던 것은 마땅한
일이다. 그런데 확정적으로 말을 하지 않고, 다소 의문스럽게 표현한 이
유는 아마도 계자는 당시의 상황에 따라 합당함으로 처신하는 도리를
따랐으니, 가산의 유무에 맞춰서 예에 따른 절차들을 다한 것이 아니기
때문이다. 그래서 공자는 직접적으로 "계자는 예에 대해서 합당하게 했
다."라고 말하지 않고, 기어코 '기호(其乎)'라는 두 글자를 첨가하게 된

것이니, 사람들로 하여금 그 말을 통해서 그 속뜻을 이해하게끔 했던 것이다. 그러므로 학자들은 상세히 살펴야 한다.

邾婁考公之喪, 徐君使容居來弔·含[去聲], 曰: "寡君使容居坐含, 進侯玉, 其使容居以含." 〈111〉

주려의 고공이 죽었는데, 서나라의 제후는 자신이 마치 천자인 것처럼 흉내를 내고, 고공을 자신의 제후처럼 여겨서, 신하인 용거를 시켜, 찾아가서 조문을 하고 반함을['含'자는 거성으로 읽는다.] 하도록 시켰다. 용거는 곧 그 나라에 찾아가서, "저희 군주께서 저로 하여금 직접 앉아서 고공께 반함을 하여, 후옥을 바치도록 시키셨으니, 사신으로 찾아온 저로 하여금 반함을 할 수 있도록 해주시오."라고 했다.

考公之喪, 徐國君使其臣容居者來弔, 且致珠玉之含, 言寡君使我親坐而行含, 以進侯玉於邾君. 侯玉者, 徐自擬天子, 以邾君爲己之諸侯, 言進侯氏以玉也. 其使容居以含者, 容居求卽行含禮也.

고공의 상에 대해서, 서나라의 제후는 그의 신하 용거라는 자로 하여금 찾아가서 조문을 하게 했고, 또 반함에 사용할 주옥(珠玉)을 전하게 하여, "저희 군주께서 저로 하여금 직접 앉아서 반함을 시행하여, 주나라의 군주에게 후옥을 바치도록 했습니다."라고 말한 것이다. '후옥(侯玉)'을 보낸 것은 서나라에서 스스로를 천자처럼 흉내 내어, 주나라의 군주를 자신의 제후처럼 여긴 것으로, 제후에게 옥을 보냈다는 뜻이다. '기사용거이함(其使容居以含)'이라는 말은 용거가 곧바로 함의 예를 시행하길 원했다는 뜻이다.

有司曰: "諸侯之來辱敝邑者, 易[異]則易, 于則于, 易于雜者, 未之有也."〈112〉

주나라의 유사는 용거를 제지하며, "제후국에서 욕되게도 우리나라에 찾아오셨을 때, 신하가 찾아와서 그 사안이 간이한('易'자의 음은 '異(이)'이다.] 경우라면 간이한 예법을 시행하게 되고, 군주께서 찾아오셔서 그 사안이 커진 경우라면 융성한 예법을 시행하게 됩니다. 그런데 현재 신하께서 찾아왔는데도 군주에게 적용되는 예법을 시행하려고 하시니, 이것은 간이함과 융성함이 뒤섞인 것으로, 우리나라에서는 이러한 일을 시행한 적이 없습니다."라고 했다.

邾之有司拒之, 言諸侯之辱來邾國者, 人臣來而其事簡易, 則行人臣簡易之禮; 人君來而其事廣大, 則行人君廣大之禮. 于, 猶迂也, 有廣遠之意. 今人臣來而欲行人君之禮, 是易于相雜矣, 我國未有此也.

주나라의 유사가 거절을 하며, "제후국에서 욕되게도 우리 주나라로 찾아오신 경우, 신하가 찾아와서 그 사안이 간이하다면 신하에 대한 간이한 예법을 시행하고, 군주가 찾아와서 그 사안이 크다면 군주에 대한 융성한 예법을 시행합니다."라고 말한 것이다. '우(于)'자는 '우(迂)'자와 같은 뜻으로, 광대하고 원대하다는 뜻이 포함되어 있다. "현재 신하가 찾아왔는데도 군주에게 해당하는 예법을 시행하려고 했으니, 이것은 간이함과 광대함이 뒤섞인 것으로, 우리나라에서는 이처럼 시행한 적이 없습니다."라고 말한 것이다.

容居對曰: "容居聞之, 事君不敢忘其君, 亦不敢遺其祖. 昔我先君駒王, 西討濟於河, 無所不用斯言也. 容居, 魯人也, 不敢忘其祖."⟨113⟩

용거가 대답하며, "제가 듣기로, 군주를 섬기는 자는 자신의 군주에 대해서 한시라도 잊을 수가 없다고 했고, 또한 자신의 선조가 남긴 가르침에 대해서 유념하지 않을 수가 없다고 했습니다. 저희 군주께서는 저에게 이처럼 시행하라고 명령을 했고, 또 예전 제 선군이신 구왕께서는 서쪽 지역을 정벌하기 위해 황하를 건너셨을 때부터, '왕(王)'이라는 칭호를 단 한순간이라도 사용하지 않았던 적이 없었습니다. 따라서 천자의 예법을 시행하려고 하는 것입니다. 저는 이러한 말을 통해 당신들을 속이려는 것이 아닙니다. 제 자신은 노둔한 사람이기 때문입니다. 따라서 저는 감히 제 선조께서 남기신 가르침에 대해서 유념하지 않을 수가 없으니, 군주께서 명령하신대로 시행하고자 합니다."라고 말했다.

容居又答言事君不敢忘其君, 我奉命如此, 今不能行, 是忘吾君也; 爲子孫, 當守先世之訓, 故亦不敢遺吾祖也. 居蓋徐之公族耳. 且言昔者我之先君駒王濟河而西討, 無一處不用此稱王之言, 自言其彊土廣大, 久矣行王者之禮也. 又自言我非譎詐者, 乃魯鈍之人, 是以不敢忘吾祖. 欲邾人之信其言也. 此著徐國君臣之僭, 且明邾有司不能終正當時之僭也.

용거는 또한 대답을 하며, 군주를 섬기는 자는 자신의 군주에 대해 잊을 수가 없는데, 본인은 이와 같은 명령을 받들고 왔으므로, 현재 그 명령대로 시행할 수 없는 것은 곧 자신의 군주에 대해서 잊은 꼴이 된다고 했다. 또한 사람의 자손이 된 자는 마땅히 선대 조상들의 가르침을 지켜야 한다. 그렇기 때문에 또한 감히 나의 선조에 대해서 유념하지 않을 수 없다고 했다. 용거는 아마도 서나라의 공족이었기 때문에 이처럼 말을 했던 것 같다. 또한 용거는 옛날 나의 선군이신 구왕은 황하를 건너서 서쪽 지역을 토벌하시며, 한순간이라도 '왕(王)'이라는 칭호를 사용하지 않은 적이 없었다고 했으니, 이것은 제 스스로 그 영토가 광대하여 오래전부터 천자의 예법을 시행해 왔었다고 말한 것이다. 또한 용거는 제 스스로 본인은 간사하게 남을 속이는 자가 아니며 노둔한 사람이니, 이러한 이유로 감히 본인의 선조가 남긴 가르침을 유념하지 않을 수 없다고 말했다. 이 말은 곧 주나라 사람들로 하여금 자신의 말을 믿게끔 하고자 했던 것이다. 그리고 이 내용은 서나라의 군주와 신하가 참람되다는 사실을 드러내고, 주나라의 유사는 끝내 당시의 참람됨을 바로잡을 수 없었음을 나타내고 있다.

經文

子思之母死於衛, 赴於子思, 子思哭於廟. 門人至, 曰: "庶氏之母死, 何爲哭於孔氏之廟乎?"子思曰: "吾過矣! 吾過矣!" 遂哭於他室.〈114〉

자사의 모친은 남편인 백어가 죽자 위나라 서씨에게 개가를 했다. 그런데 그녀가 위나라에서 죽자 자사에게 부고를 알려 왔다. 그래서 자사는 자신의 종묘에 가서 그녀를 위해 곡을 했다. 그 소리를 들은 문인들은 그곳으로 찾아가서, 자사에게 "서씨 집안의 모친이 된 여인이 죽었는데, 어떻게 공씨 집안의 묘에서 곡을 할 수 있습니까?"라고 말했다. 그 말을 들은 자사는 "이것은 나의 잘못이다! 나의 잘못이다!"라고 말하고 다른 방으로 가서 곡을 했다.

伯魚卒, 其妻嫁於衛之庶氏, 嫁母與廟絶族, 故不得哭之於廟.

백어가 죽었을 때, 그의 처는 위나라 서씨의 집으로 개가를 했으니, 개가한 모친은 종묘와 인연이 끊어진 것이다. 그렇기 때문에 묘에서 그녀를 위해 곡을 할 수 없다.

天子崩, 三日, 祝先服; 五日, 官長服; 七日, 國中男女服; 三月, 天下服.〈115〉

천자가 죽게 되면, 3일째에 천자의 후계자와 축관이 가장 먼저 상복을 입을 때 짚게 되는 지팡이를 짚는다. 그리고 5일째가 되면 천자에게 소속된 대부와 사들이 모두 지팡이를 짚게 된다. 7일째가 되면 천자의 수도에 살고 있는 모든 백성들이 자최복을 착용하게 된다. 3개월째가 되면 각 제후국들에 있는 대부들이 모두 세최(總衰)[5]를 착용하게 된다.

疏曰: 祝, 大祝·商祝也. 服, 服杖也. 是喪服之數, 故呼杖爲服. 祝佐含斂, 先病, 故先杖也, 故子亦三日而杖. 官長, 大夫·士也, 病在祝後, 故五日. 國中男女, 謂畿內民及庶人在官者. 服齊衰三月而除, 必待七日者, 天子七日而殯, 殯後嗣王成服, 故民得成服也. 三月天下服者, 謂諸侯之大夫爲王總衰. 旣葬而除, 近者亦不待三月, 今據

---

5) 세최(總衰)는 5개월 동안 소공복(小功服)의 상을 치를 때 착용하는 상복을 뜻한다. 가늘고 성근 마(麻)의 포를 사용해서 만들기 때문에, '세최'라고 부른다.

遠者爲言耳. 何以知其或杖服或衰服? 按喪大記及喪服四制云云.
然四制云七日授士杖, 此云五日士杖者, 崔氏云, 此據朝廷之士, 四
制言邑宰之士也.

소에서 말하길, '축(祝)'은 대축(大祝)[6]과 상축(商祝)을 가리킨다. '복
(服)'자는 상복에 짚게 되는 지팡이를 짚는다는 뜻이다. 지팡이 또한 상
복의 제도에 해당한다. 그렇기 때문에 지팡이에 대해서 '복(服)'이라고
부른 것이다. 축은 함(含)과 염(斂)을 돕게 되어 가장 먼저 피로해진다.
그렇기 때문에 우선적으로 지팡이를 짚게 되는 것이고, 따라서 자식 또
한 3일째에 지팡이를 짚는 것이다. '관장(官長)'은 대부와 사들을 뜻하
니, 그들은 축 다음으로 피로해진다. 그렇기 때문에 5일째에 지팡이를
짚는 것이다. '국중남녀(國中男女)'라는 말은 천자의 수도 안에 살고 있
는 백성들 및 서인들 중 말단 관리에 있는 자들을 뜻한다. 자최복을 착
용하고 3개월간 복상을 한 뒤에 상복을 벗게 되는데, 반드시 7일째까지
기다린 다음에 시행하는 것은 천자에 대해서는 7일째에 빈소를 마련하
고, 빈소를 마련한 이후에 천자의 지위를 계승하는 자가 성복(成服)을
하기 때문에 백성들도 그 이후에야 성복을 할 수 있는 것이다. '삼월천
하복(三月天下服)'이라는 말은 제후에게 소속된 대부는 천자를 위해서
세최(繐衰)를 착용한다. 장례(葬禮)를 끝내게 되면 상복을 벗게 되는데,

---

6) 대축(大祝)은 제사와 관련된 관직이다. 『예기』「곡례하(曲禮下)」편에는 "天子建
天官, 先六大, 曰大宰, 大宗, 大史, 大祝, 大士, 大卜, 典司六典."이라고 하여,
대재(大宰)와 함께 천관(天官)에 소속된 관리로 기술되어 있다. 한편 『주례』「춘
관종백(春官宗伯)」편에는 "大祝, 下大夫二人, 上士四人, 小祝, 中士八人, 下士
十有六人, 府二人, 史四人, 胥四人, 徒四十人."이라고 하여, '대축'은 하대부(下
大夫) 2명이 담당하고, 그 직속 휘하에는 상사(上士) 4명이 배속되어 있으며,
'대축'을 돕는 소축(小祝) 관직에는 중사(中士) 4명이 담당하고, 그 휘하에는 하사
(下士) 16명, 부(府) 2명, 사(史) 4명, 서(胥) 4명, 도(徒) 40명이 배속되어 있다고
기록되어 있다. 또 『주례』「춘관(春官)·대축(大祝)」편에는 "掌六祝之辭, 以事
鬼神示, 祈福祥求永貞."이라고 하여, '대축'은 여섯 가지 축문에 관한 일을 담당
하여, 이것으로써 귀신을 섬겨 복을 기원하는 일을 했다고 기록되어 있다.

가까운 곳에 살고 있는 자라면, 또한 3개월까지 기다리지 않지만, 현재 이곳 문장은 멀리 떨어져 살고 있는 자를 기준으로 말했기 때문에, 이처럼 표현한 것일 뿐이다. 그런데 어떻게 어떤 경우의 복(服)자는 지팡이를 짚는 것이고, 또 어떤 경우에는 세최(繐衰)를 착용한다는 것임을 알 수 있는가? 『예기』「상대기(喪大記)」편 및 「상복사제(喪服四制)」편에서 이러한 내용들을 언급했기 때문이다. 그러나 「상복사제」편에서는 7일째에 사에게 지팡이를 지급한다고 했고, 이곳 문장에서는 5일째에 사에게 지팡이를 지급한다고 해서 차이를 보인다. 이러한 문제에 대해서 최영은[7]은 이곳 문장은 조정에 소속된 사들을 기준으로 한 기록이고, 「상복사제」편의 내용은 읍재(邑宰)로 있는 사들에 대해 언급한 것이라고 풀이했다.

經文

> 虞人致百祀之木, 可以爲棺槨者斬之. 不至者, 廢其祀, 刉[武粉反]其人.〈116〉

천자가 죽었을 경우, 산림과 천택을 담당하는 우인에게 명령을 내려서, 수도 안에 있는 사당의 나무들 중 천자의 장례 때 사용될 관과 곽의 재료로 쓸 수 있는 좋은 재목을 골라서 베고, 그 목재를 공급하도록 시킨다. 그런데 만약 목재가 도착하지 않는다면, 그 사당을 없애버리고, 그 사람의 목을 벤다.['刉'자는 '武(무)'자와 '粉(분)'자의 반절음이다.]

---

7) 최영은(崔靈恩, ?~?) : =최씨(崔氏). 남북조(南北朝) 때의 학자이다. 오경(五經)에 능통하였고, 다른 경전에도 두루 해박하였다고 전해진다. 『모시(毛詩)』, 『주례(周禮)』 등에 주석을 달았고, 『삼례의종(三禮義宗)』, 『좌씨경전의(左氏經傳義)』 등을 지었다.

虞人, 掌山澤之官也. 天子之棺四重而槨周焉, 亦奚以多木爲哉? 畿
內百縣之祀, 其木可用者, 悉斬而致之, 無乃太多乎? 畿內之美材,
固不乏矣, 奚獨於祠祀斬之乎? 廢其祀, 刵其人, 又何法之峻乎? 禮
制若此, 未詳其說. 一云, 必命虞人致木, 不用命者, 然後國有常刑.
虞人非一, 未必盡命之也.

'우인(虞人)'은 산림과 천택을 담당하는 관리이다. 천자의 관은 4중으로
만들고, 곽도 주변을 모두 두르게 되어 있지만, 또한 어찌 많은 나무를
이용해서 만드는 것이겠는가? 천자의 수도 안에 포함된 모든 현에는 사
당이 있는데, 그 사당에 심어진 나무 중 재료로 이용할 수 있는 것들을
모두 베어서 공급하게 된다면, 너무 많은 것이 아닌가? 또 천자의 수도
안에는 좋은 재목이 풍족하게 있을 텐데, 어찌 사당에서만 나무를 벤단
말인가? 그 사당을 폐지하고 그 사람의 목을 벤다면, 또한 어떤 법이 이
처럼 혹독하단 말인가? 이와 같은 예제를 만든 것에 대해서는 그 설명
이 상세하지 않다. 일설에는 다음과 같이 설명한다. 반드시 우인에게 명
령하여 나무를 바치게 하는데, 명령에 따르지 않은 자에게는 일이 끝난
뒤에 국가에서 일정한 형벌을 내리게 된다. 그런데 우인은 한 사람이
아니니, 모든 자들에게 명령을 내릴 필요는 없었다.

齊大饑, 黔敖爲食[如字]於路, 以待餓者而食[嗣]之. 有餓者蒙袂
輯[集]屨, 貿貿[茂]然來, 黔敖左奉[上聲]食, 右執飮, 曰: "嗟, 來
食!" 揚其目而視之, 曰: "予唯不食嗟來之食, 以至於斯也." 從
而謝焉. 終不食而死. 曾子聞之, 曰"微與[平聲]! 其嗟也可去, 其
謝也可食."〈117〉

제나라에 큰 기근이 들었다. 당시 검오는 길에서 밥을['食'자는 글자대로

읽는다.] 지어서 기아에 허덕이는 자가 지나가기를 기다렸다가 그에게 밥을 먹였다.['食'자의 음은 '嗣(사)'이다.] 굶주린 자들 중 어떤 자가 있었는데, 그는 소매로 자신의 얼굴을 가리고, 발을 절뚝거리며 걷고 있었고['輯'자의 음은 '集(집)'이다.] 머리를 늘어트리고 기운도 없는 모습으로['貿'자의 음은 '茂(무)'이다.] 오고 있었다. 그래서 검오는 왼손으로 밥을 들고['奉'자는 상성으로 읽는다.] 오른손으로 마실 것을 들고는 "아! 가엾구나, 어서 와서 이 밥을 먹어라!"라고 했다. 그러자 그 자는 눈을 치켜뜨고 검오를 노려보며, "나는 단지 그처럼 가여운 표정으로 짓고, 와서 밥을 먹으라고 한 음식을 먹지 않았기 때문에, 몸이 이 지경에 이른 것이오."라고 거절했다. 검오는 그 말을 듣고 그에게 다가가서 사과를 했다. 그러나 그는 끝내 밥을 먹지 않았고 굶주리다가 죽었다. 증자는 그 소식을 듣고, "소심하구나!['與'자는 평성으로 읽는다.] 가엽게 여겨 탄식을 한 것에 대해서는 거절을 할 수 있지만, 사과를 했다면 밥을 먹을 수도 있는 것이다."이라고 평가했다.

集說

蒙袂, 以袂蒙面也. 輯屨, 輯斂其足. 言因憊而行蹇也. 貿貿, 垂頭喪氣之貌. 嗟來食, 歎閔之而使來食也. 從, 就也. 微與, 猶言細故末節. 謂嗟來之言雖不敬, 然亦非大過, 故其嗟雖可去, 而謝焉則可食矣.

'몽메(蒙袂)'는 소매로 얼굴을 가렸다는 뜻이다. '집구(輯屨)'는 발을 모은다는 뜻이다. 즉 곤궁하고 고달파서 걸으며 다리를 절었다는 의미이다. '무무(貿貿)'는 머리를 늘어트리고 기운이 없는 모습을 뜻한다. '차래식(嗟來食)'은 탄식을 하며 가엽게 여겨서, 그로 하여금 와서 밥을 먹으라고 한 것이다. '종(從)'자는 "나아가다."는 뜻이다. '미여(微與)'는 소심하고 품행이 볼품없다는 뜻이다. 탄식을 하며 가엽게 여겨서 이리 오라고 한 말은 비록 공경스러운 태도가 아니다. 그러나 또한 큰 잘못도 아니다. 그렇기 때문에 그가 탄식을 하며 가엽게 여긴 것에 대해서는 비록 거절을 할 수 있지만, 그가 사과를 했다면 밥을 먹을 수 있는 것이다.

邾婁定公之時, 有弑其父者, 有司以告. 公瞿[懼]然失席曰: "是
寡人之罪也." 曰: "寡人嘗學斷斯獄矣. 臣弑君, 凡在官者, 殺
無赦. 子弑父, 凡在宮者, 殺無赦. 殺其人, 壞[怪]其室, 洿[烏]其
宮而豬焉." 蓋君踰月而后擧爵.〈118〉

주려나라의 정공이 통치하던 시기에, 어떤 자가 자신의 부친을 살해한
사건이 발생하였다. 유사가 이러한 사실을 정공에게 아뢰자, 정공은 깜
짝 놀라서['瞿'자의 음은 '懼(구)'이다.] 몸 둘 바를 몰라 하며, "이것은 나의
잘못이다."라고 했다. 그리고는 "나는 일찍이 이러한 옥사(獄事)에 대해
판결하는 방법을 배운 적이 있었다. 신하가 그의 군주를 시해하면 관직
에 있는 모든 자들은 그를 죽이고 용서함이 없게 된다. 자식이 그의 부
친을 살해하면 집안에 있는 모든 자들은 그를 죽이고 용서함이 없게 된
다. 이러한 경우 그 자를 죽이고 그의 집을 무너트리며['壞'자의 음은 '怪
(괴)'이다.] 그의 집이 있던 땅을 파서['洿'자의 음은 '烏(오)'이다.] 웅덩이로
만들어버린다."라고 했다. 무릇 군주도 그 날을 넘길 때까지 술을 마시
지 않게 된다.

瞿然, 驚怪之貌. 在官者, 諸臣也. 在宮者, 家人也. 天下之惡無大於
此者, 是以人皆得以誅之, 無赦之之理. 惟父有此罪, 則子不可討之
也. 君不擧爵, 以人倫大變, 亦敎化不明所致, 故傷悼而自貶耳.

'구연(瞿然)'은 깜짝 놀라며 괴이하게 여기는 모습을 뜻한다. '재관자(在
官者)'는 뭇 신하들을 뜻한다. '재궁자(在宮者)'는 집안사람들을 뜻한다.
천하의 악함 중에는 이것보다 큰 것이 없으니, 이러한 까닭으로 사람들
은 모두 그를 주살할 수 있으며 그를 용서하는 도리가 없다. 다만 부친
에게 이러한 죄가 있다면 자식은 부친의 죄를 벌할 수 없다. 군주가 술
을 마시지 않는 것은 인륜의 체계가 크게 문란하게 되었기 때문이니, 이

것은 또한 교화가 미치지 못했기 때문에 초래된 일이다. 그래서 상심을 하며 제 스스로 자숙할 따름이다.

疏曰: 豬, 是水聚之名.

소에서 말하길, '저(豬)'자는 물이 모여 있는 웅덩이를 뜻한다.

經文

晉獻文子成室, 晉大夫發焉. 張老曰: "美哉輪焉! 美哉奐焉! 歌
於斯, 哭於斯, 聚國族於斯." 文子曰: "武也得歌於斯, 哭於斯,
聚國族於斯, 是全要[平聲]領以從先大夫於九京[原]也." 北面再
拜稽首. 君子謂之善頌·善禱.〈119〉

진나라 헌문자가 집을 새로 지었다. 그래서 완공이 된 날 진나라의 대부들은 헌문자에게 예물을 보내며, 그곳에 찾아가서 축하를 하였다. 그중 장로는 "아름답구나! 집의 웅장함이여! 아름답구나! 집의 화려함이여! 앞으로 이곳에서 제사를 지내며 음악을 연주하고, 또 이곳에서 상례를 치르며 곡을 하고, 또 이곳에서 연회를 하며 빈객들과 종족들을 불러 모으겠구나."라고 했다. 그 말을 들은 헌문자는 "제가 만약 이곳에서 제사를 지내며 음악을 연주할 수 있고, 또 이곳에서 상례를 치르며 곡을 할 수 있고, 또 이곳에서 연회를 하며 빈객들과 종족들을 불러 모을 수 있게 된다면, 이로써 제 천수를['要'자는 평성으로 읽는다.] 다하고 그런 뒤에는 구원['京'자의 음은 '原(원)'이다.]에 묻혀서 선조들을 따르겠습니다."라고 대답했다. 그리고는 북쪽을 바라보고 재배를 하며 머리를 땅에 조아렸다. 군자는 이 일을 두고, 장로는 송을 잘했고, 헌문자는 도를 잘했다고 평가했다.

晉獻, 舊說謂晉君獻之, 謂賀也. 然君有賜於臣, 豈得言獻? 疑"獻文"
二字, 皆趙武謚, 如貞惠文子之類. 諸大夫發禮往賀, 記者因述張老
之言. 輪, 輪囷高大也. 奐, 奐爛衆多也. 歌, 祭祀作樂也. 哭, 死喪
哭泣也. 聚國族, 燕集國賓聚會宗族也. 頌者, 美其事而祝其福. 禱
者, 祈以免禍也. 張老之言善於頌, 武子所答善於禱也.

'진헌(晉獻)'에 대해서, 옛 학설에서는 진나라 군주가 헌을 했다고 풀이
했으니, 곧 축하를 했다는 의미이다. 그러나 군주는 신하에게 하사를 해
주는 경우가 있지만, 어찌 헌(獻)이라 할 수 있겠는가? 따라서 '헌문(獻
文)'이라는 두 글자는 조무의 시호에 해당하는 것 같으니, '정혜문자(貞
惠文子)' 등으로 부르는 경우와 같다.[8] 여러 대부들이 예물을 보내고,
찾아가서 축하를 했는데, 『예기』를 기록한 자는 그에 따라 장로의 말을
기록하게 된 것이다. '윤(輪)'자는 으리으리하게 높고 크다는 뜻이다. '환
(奐)'자는 화려하고 치장한 것들이 많다는 뜻이다. '가(歌)'자는 제사를
지내며 음악을 연주한다는 뜻이다. '곡(哭)'자는 상례를 치르며 곡을 하
고 눈물을 흘린다는 뜻이다. '취국족(聚國族)'은 연회를 하여 국가의 빈
객들을 모으고 종족들을 모은다는 뜻이다. '송(頌)'이라는 것은 그 사안
을 아름답게 꾸며서 복이 내려지기를 축원하는 것이다. '도(禱)'라는 것
은 재앙이 내려지지 않도록 기원하는 것이다. 장로의 말은 송에 대해
잘한 것이고, 무자가 대답한 말은 도에 대해 잘한 것이다.

鄭氏曰: 晉卿大夫之墓地在九原.

정현이 말하길, 진나라 경과 대부들의 묘지는 구원에 위치한다.

---

8) 『예기』「단궁하」 075장 : 君曰: "昔者衛國凶饑, 夫子爲粥與國之餓者, 是不亦惠
乎! 昔者衛國有難, 夫子以其死衛寡人, 不亦貞乎! 夫子聽衛國之政, 修其班制,
以與四鄰交. 衛國之社稷不辱, 不亦文乎! 故謂夫子貞惠文子."

疏曰: 領, 頸也. 古者罪重腰斬, 罪輕頸刑. 先大夫, 文子父祖也.

소에서 말하길, '영(領)'자는 목[頸]을 뜻한다. 고대에는 죄가 무거운 경우 허리를 잘랐고, 죄가 가벼운 경우 목을 베었다. '선대부(先大夫)'는 문자의 부친 및 조부 등을 뜻한다.

經文

仲尼之畜[許六反]狗死, 使子貢埋之, 曰: "吾聞之也, 敝帷不棄, 爲[去聲]埋馬也; 敝蓋不棄, 爲埋狗也. 丘也貧, 無蓋, 於其封[窆]也, 亦予[上聲]之席, 毋使其首陷焉."〈120〉

공자에게는 기르던['畜'자는 '許(허)'자와 '六(륙)'자의 반절음이다.] 개가 있었는데, 어느 날 그 개가 죽었다. 그래서 공자는 자공을 시켜서 그 개를 묻어주게 하며, "내가 듣기로, 해진 휘장을 버리지 않는 것은 말을 매장할 때 사용하기 위해서이며['爲'자는 거성으로 읽는다.] 해진 수레의 덮개를 버리지 않는 것은 개를 매장할 때 사용하기 위해서라고 했다. 그런데 나는 가난하여 수레의 덮개가 없으니, 개를 묻어줄['封'자의 음은 '窆(폄)'이다.] 때에는 또한 자리를 깔아주어서['予'자는 상성으로 읽는다.] 개의 머리가 땅으로 꺼지는 일이 없도록 하라."라고 일러주었다.

集說

狗馬皆有力於人, 故特示恩也.

개나 말은 모두 사람에게 도움을 주는 동물이기 때문에, 특별히 은혜를 베풀어준다.

路馬死, 埋之以帷.⟨121⟩

군주의 수레를 끄는 말이 죽게 되면, 휘장을 이용해서 매장한다.

集說

謂君之乘馬死, 則特以帷埋之, 不用敝帷也.

군주의 수레를 끄는 말이 죽게 되면, 특별히 휘장을 사용해서 매장을 하는데, 해진 휘장은 사용하지 않는다는 뜻이다.

方氏曰: 魯昭公乘馬塹而死, 以帷裹之.

방씨가 말하길, 노나라 소공이 타던 수레의 말은 구덩이에 빠져서 죽었는데 휘장을 사용해서 감쌌다.[9]

---

9) 『춘추좌씨전』「소공(昭公) 29년」: 衛侯來獻其乘馬, 曰啓服, 塹而死. 公將爲之檟. 子家子曰, "從者病矣, 請以食之." 乃以帷裹之.

季孫之母死, 哀公弔焉. 曾子與子貢弔焉, 闇人爲[去聲]君在,
弗內[納]也. 曾子與子貢入於其廐而脩容焉. 子貢先入, 闇人
曰: "鄕[去聲]者已告矣." 曾子後入, 闇人辟[避]之.〈122〉

노나라 계손의 모친이 돌아가셨는데, 애공이 직접 찾아가서 조문을 했
다. 당시 증자와 자공도 조문을 갔었는데, 문지기는 군주가 안에 계시
므로['爲'자는 거성으로 읽는다.] 그 둘을 안으로 들이지['內'자의 음은 '納(납)'
이다.] 않았다. 증자와 자공은 마구간으로 들어가서 용모를 단정히 고쳤
다. 자공이 먼저 들어가려고 했는데, 문지기는 "앞서['鄕'자는 거성으로 읽
는다.] 이미 주인께 오셨다는 사실을 아뢰었습니다."라고 하며, 길을 열
어주지 않았다. 증자가 뒤이어 들어가려고 했는데, 문지기는 그 자리를
피해주며['辟'자의 음은 '避(피)'이다.] 안으로 들어가도록 했다.

集說

鄕者已告, 言先已告於主人矣.

'향자이고(鄕者已告)'라는 말은 앞서 이미 주인에게 아뢰었다는 뜻이다.

經文

涉內霤, 卿·大夫皆辟位. 公降一等而揖之. 君子言之曰: "盡
飾之道, 斯其行者遠矣."〈123〉

증자가 안으로 들어가서 내류를 지나가자 그곳에 있던 경과 대부들이
모두 자리를 피해주며 공경의 뜻을 나타냈다. 애공 또한 한 계단을 내
려서서 증자에게 읍을 하며 공경의 뜻을 나타냈다. 군자는 이 일을 평
가하며, "용모를 지극히 꾸미는 도리이니, 이처럼 했을 때에만 사람들을

크게 감동시킬 수 있는 것이다."라고 했다.

集說

內霤, 門屋後簷也. 行者遠, 猶言感動之大也.

'내류(內霤)'는 문의 지붕 뒤에 있는 처마를 뜻한다. '행자원(行者遠)'이
라는 말은 감동시키는 것이 크다는 뜻이다.

劉氏曰: 此章可疑. 二子弔卿母之喪, 必自盡禮以造門, 不當待閽者
拒而後脩容盡飾也. 且旣至而閽人辭, 或當再請於閽, 若終不得通,
退可也, 何必以威儀悚動之以求入耶? 其入而君・卿・大夫敬之者,
以平日知其賢也. 非素不相知, 創見其容飾之美而加敬也. 而君子
乃曰盡飾之道, 斯其行者遠, 則是二子之德行, 不足以行遠, 惟區區
之外飾, 乃足以行遠耶?

유씨가 말하길, 이곳 문장은 그 내용이 의심스럽다. 증자와 자공이 경의
모친상에 대해 조문을 했을 때, 분명 제 스스로 그 예법을 다하여 그
집의 문에 당도했을 것이니, 문지기가 거절한 이후에야 용모를 가다듬
고 복식을 꾸미지는 않았을 것이다. 또 복식을 꾸민 이후에도 문지기가
들어가는 것을 사양했는데, 문지기에게 재차 부탁을 했는데도 만약 끝
내 들여보내지 않으면 물러가는 것이 옳다. 그런데 하필이면 위엄스럽
게 행동하여 들어가기를 요구한단 말인가? 그리고 들어갔을 때 군주・
경・대부들이 그에게 공경의 뜻을 나타냈는데, 그 이유는 평소에 그가
현명한 자라는 사실을 알고 있었기 때문이다. 그런데 평소에 서로 알고
있는 사이가 아니라면, 갑작스럽게 그 용모의 우아함을 보고서 공경의
뜻을 나타낸 것이 된다. 그리고 군자는 평가를 하며, "용모를 지극히 꾸
미는 도리이며, 이에 사람을 감동시키는 것이 크다."라고 했는데, 두 사
람의 덕과 행실로는 크게 감동시키기에 부족하고, 오직 자질구레한 외
적 치장을 통해서만 큰 감동을 줄 수 있단 말인가?

陽門之介夫死, 司城子罕入而哭之哀. 晉人之覘宋者, 反報於
晉侯曰: "陽門之介夫死, 而子罕哭之哀, 而民說[悅], 殆不可伐
也." 〈124〉

송나라 국성의 양문을 지키던 병사가 죽었다. 그런데 사성의 관직을 맡
고 있던 자한은 그의 집에 찾아가서 슬프게 곡을 했다. 그 모습을 본
송나라의 백성들과 수비병들은 감동을 했다. 당시 진나라에서는 송나라
를 공격하기 위해 염탐꾼을 보냈었는데, 그 자가 되돌아가서 진나라 후
작에게 보고하기를, "양문을 지키던 병사가 죽었는데, 자한은 그를 위해
슬프게 곡을 하여, 백성들이 감동하였습니다.['說'자의 음은 '悅(열)'이다.] 따
라서 다른 병사들도 감동을 하여, 자신의 임무에 충실한 것이니, 아마도
송나라를 공격할 수 없을 것 같습니다."라고 했다.

陽門, 宋之國門名. 介夫, 甲士之守衛者. 宋武公諱司空, 改其官名
爲司城. 子罕, 樂喜也, 戴公之後. 覘, 闚視也.

'양문(陽門)'은 송나라 국성의 문 이름이다. '개부(介夫)'는 병사들 중 문
을 수비하던 자를 뜻한다. 송나라 무공의 휘는 '사공(司空)'이었으므로,
사공이라는 관직 이름을 고쳐서 '사성(司城)'이라고 했다. '자한(子罕)'은
악희이니, 대공의 후손이다. '첨(覘)'자는 염탐한다는 뜻이다.

孔子聞之曰: "善哉覘國乎! 詩云'凡民有喪, 扶[匍]服[匐]救之.'
雖微晉而已, 天下其孰能當之?" 〈125〉

공자가 그 이야기를 전해 듣고, "송나라를 염탐한 자는 매우 옳구나!『시』에서는 '무릇 백성들에게 상이 발생하면, 힘을 다해['扶'자의 음은 '匍(포)'이다. '服'자의 음은 '匐(복)'이다.] 그를 돕는다.'10)라고 하였으니, 백성들의 마음을 얻었다면 비록 진나라가 침공하리라는 근심이 없게 된다 하더라도, 천하의 그 어느 나라가 송나라를 당해낼 수 있겠는가?"라고 했다.

集說

孔子善之, 以其識治體也. 詩, 邶風·谷風之篇. 扶服, 致力之義. 微, 無也. 夫子引詩而言, 宋國雖以子罕得人心, 可無晉憂而已, 然天下亦孰能當之? 甚言人心之足恃也. 一說, 微, 弱也. 雖但弱晉之强, 使不敢伐而已, 然推此意, 則民旣悅服, 必能親其上, 死其長, 而擧天下莫能當之矣. 前說爲是.

공자가 칭찬한 이유는 그가 치국의 요점을 알고 있었기 때문이다. '시(詩)'는 『시』「패풍(邶風)·곡풍(谷風)」편의 시이다. '포복(扶服)'은 힘을 다한다는 뜻이다. '미(微)'자는 무(無)자의 뜻이다. 공자는 『시』를 인용하여, "송나라는 비록 자한이 백성들의 마음을 얻어 진나라가 침공하리라는 근심이 없게 되었지만, 천하의 그 어느 나라가 또한 송나라를 당해낼 수 있겠느냐?"고 말한 것이니, 즉 백성들의 마음을 얻었던 것을 극찬한 말이다. 일설에는 '미(微)'자를 약(弱)자로 풀이한다. 즉 "비록 진나라의 강성함을 약화시켜서 그들로 하여금 감히 침범하지 못하도록 할 따름인데, 이러한 뜻을 미루어보면, 백성들이 이미 마음으로 따르고 있으니, 반드시 위정자들에 대해서도 친근하게 대하게 되고, 연장자를 위해서 목숨을 바칠 것이니, 천하의 그 누구도 당해낼 수 없다."는 뜻이 된다. 그러나 앞의 해석이 옳다.

---

10) 『시』「패풍(邶風)·곡풍(谷風)」: 就其深矣, 方之舟之. 就其淺矣, 泳之游之. 何有何亡, 黽勉求之. 凡民有喪, 匍匐救之.

魯莊公之喪, 旣葬, 而絰不入庫門. 士·大夫旣卒哭, 麻不入.
〈126〉

노나라 장공의 상이 발생했을 때, 장례를 끝내자 민공은 질을 두른 상태로 고문으로 들어가지 않고, 고문 밖에서 곧바로 길복으로 갈아입고 들어갔다. 한편 사와 대부들은 졸곡을 끝내고서야 상복을 벗었으니, 마로 된 질을 두르고서 고문으로 들어가지 않았다.

集說

莊公爲子般所弑, 而慶父作亂, 閔公時年八歲. 絰, 葛絰也. 諸侯弁絰葛而葬, 葬畢, 閔公卽除凶服於庫門之外, 而以吉服嗣位, 故云"絰不入庫門"也. 士·大夫則仍麻絰, 直俟卒哭, 乃不以麻絰入庫門. 蓋閔公旣吉服, 不與虞與卒哭之祭, 故群臣至卒哭而除. 記禍亂恐迫, 禮所由廢.

장공은 자반에게 시해를 당했고, 경보가 반란을 일으켰는데, 민공은 당시 나이가 8세였다. '질(絰)'은 갈로 만든 질을 뜻한다. 제후는 변을 쓰고 거기에 갈로 만든 질을 두르고서 장례를 치르는데, 장례가 모두 끝나자 민공은 곧바로 고문 밖에서 흉복을 벗고서, 길복을 착용하고 지위를 계승하였다. 그렇기 때문에 "질을 두르고서 고문으로 들어가지 않았다."라고 말한 것이다. 사와 대부의 경우라면, 곧 마로 된 질을 두르게 되는데, 다만 졸곡을 할 때까지 기다리게 되니, 마로 된 질을 두르고서는 고문으로 들어가지 않는다. 무릇 민공이 이미 길복으로 갈아입었고, 우제와 졸곡의 제사에 참여하지 않았기 때문에, 뭇 신하들은 졸곡에 이르러서야 상복을 벗었던 것이다. 이곳 기록에서는 환란으로 인해 상황이 급박해져서, 이로 인해 관련 예가 폐지되었다는 점을 기록한 것이다.

孔子之故人曰原壤, 其母死, 夫子助之沐槨. 原壤登木曰: "久矣. 予之不託於音也." 歌曰: "貍首之斑然, 執女手之卷[拳]然." 夫子爲弗聞也者而過之. 從[去聲]者曰: "子未可以已乎?" 夫子曰: "丘聞之, 親者毋失其爲親也, 故者毋失其爲故也."〈127〉

공자의 오래된 친구 중에 원양이라는 자가 있었다. 그의 모친이 돌아가셨을 때, 공자는 그를 도와서 곽을 만들고 있었다. 원양이 다듬어둔 나무 위에 걸터앉아서, "오래되었구나! 내가 노래를 부르지 못한지가."라고 말하고는 곧 노래를 부르며, "나무의 무늬가 너구리의 머리처럼 아름답구나, 나무의 결이 여인의 손을 잡은 것처럼 매끄럽구나.['卷'자의 음은 '拳(권)'이다.]"라고 했다. 공자는 그가 노래를 부르는 것을 들었음에도 못들은 척하고 지나쳤다. 그러자 공자를 따르던['從'자는 거성으로 읽는다.] 제자가 "선생님께서는 저처럼 예의 없이 구는 것을 보았으니, 그 자와 절교를 해야 하는 것이 아닙니까?"라고 물어보았다. 공자는 "내가 듣기로, 친족에 있어서는 설령 그가 비례를 저질렀다 하더라도, 친족으로 맺어진 정을 버릴 수 없다고 했고, 오래된 친구에 있어서는 설령 그가 비례를 저질렀다 하더라도, 그와의 오래된 정을 버릴 수 없다고 했다."라고 대답했다.

劉氏曰: 原壤母卒, 夫子助之治槨, 壤登已治之槨木, 而言久矣我之不託興於詠歌之音也. 如貍首之斑, 言木文之華也. 卷與拳同. 如執女手之拳, 言沐槨之滑膩也. 壤之廢敗禮法甚矣, 夫子佯爲不聞, 而過去以避之. 從者見其無禮, 疑夫子必當已絕其交, 故問曰, 子未當已絕之乎? 夫子言爲親戚者, 雖有非禮, 未可遽失其親戚之情也; 爲故舊者, 雖有非禮, 未可遽失其故舊之好也. 此聖人隱惡全交之意.

유씨가 말하길, 원양의 모친이 돌아가셔서, 공자는 그를 도와서 곽을 다듬었는데, 원양은 이미 다듬어둔 곽의 목재 위에 올라가서, "오래되었구나! 내가 노랫가락의 음에 흥취를 돋지 못한 것이."라고 말했다. 그리고 너구리의 머리처럼 무늬가 있다는 말은 나무의 무늬가 화려하다는 뜻이다. '권(卷)'자는 권(拳)자와 같다. 여인의 손을 잡은 것처럼 부드럽다는 말은 곽을 만들기 위해 다듬은 목재가 매끄럽게 광채를 낸다는 뜻이다. 원양은 예법을 어긴 것이 매우 심했는데, 공자는 못들은 것처럼 행동하여, 그를 지나쳐서 그 자리를 피했다. 공자를 따르던 자는 그의 무례함을 보고, 공자가 반드시 그와 절교를 해야 한다는 생각이 들었다. 그렇기 때문에 질문을 하여, "선생님께서는 마땅히 그와 절교를 해야 하는 것이 아닙니까?"라고 한 것이다. 공자는 "친척인 자가 비록 비례를 저질렀다 하더라도, 갑작스럽게 그와 맺어진 친척에 대한 정을 버릴 수 없고, 오래된 친구인 자가 비록 비례를 저질렀다 하더라도, 갑작스럽게 그와 맺어진 오래된 친분을 버릴 수 없다."고 대답했다. 이것은 공자가 그의 나쁜 점을 가려주어서 우호관계를 온전히 하려고 했던 뜻에 해당한다.

或問朱子: "原壤登木而歌, 夫子爲弗聞而過之, 待之自好, 及其夷俟, 則以杖叩脛, 莫太過否?" 曰: "這說却差. 如壤之歌, 乃是大惡, 若要理會, 不可但已, 只得且休. 至其夷俟之時, 不可不敎誨, 故直責之, 復叩其脛, 自當如此. 若如今說, 則是不要管他, 却非朋友之道矣."

혹자가 주자에게 묻기를, "원양은 나무에 올라타서 노래를 불렀고, 공자는 못들은 척하며 지나쳤다고 했으니, 이것은 제 스스로 고치기를 기다렸던 것인데, 원양이 거만하게 걸터앉아 있을 때에는 지팡이로 정강이를 때렸다고 했습니다.[11] 그렇다면 이것은 너무 지나친 것이 아닙니까? 아니면 그렇지 않은 것입니까?"라고 했다. 주자가 대답하길, "그 말이

---

11) 『논어』「헌문(憲問)」: 原壤夷俟. 子曰, "幼而不孫弟, 長而無述焉, 老而不死, 是爲賊." 以杖叩其脛.

오히려 틀렸다. 원양이 노래를 부른 것은 큰 잘못인데, 만약 이러한 점을 이해하려고 한다면, 단지 절교만 할 수 없으므로, 공자는 부득이하게 잠시 시간을 둔 것이다. 그리고 거만하게 걸터앉아 있는 경우에는 가르치지 않을 수가 없다. 그렇기 때문에 직접적으로 책망을 하며, 재차 그의 정강이를 때린 것이니, 각 경우에 대해서 마땅히 이처럼 해야 했던 것이다. 만약 그대의 말대로라면, 원양에 대해서는 살펴볼 필요가 없으니, 이것은 벗에 대한 도리가 아니다."라고 했다.

胡氏曰: 數其母死而歌, 則壞當絶; 叩其夷踞之脛, 則壞猶故人耳. 盛德中禮, 見乎周旋, 此亦可見.

호씨가 말하길, 그의 모친이 돌아가셨는데도 노래를 불렀다는 점을 헤아려보면, 원양에 대해서는 마땅히 절교를 해야 한다. 그런데 그가 거만하게 걸터 앉아있었을 때 그의 정강이를 때렸다면, 원양은 여전히 공자의 오래된 친구로 남아 있었던 것이다. 공자의 융성한 덕과 예법에 맞게 함이 그의 행동을 통해서 드러남을 이곳 문장에서도 또한 확인할 수 있다.

憑氏曰: 母死而歌, 惡有大於此者乎? 宜絶而不絶, 蓋以平生之素, 而事有出於一時之不意者如此. 善乎朱子之言曰: "若要理會, 不可但已, 只得且休." 其有以深得聖人之處其所難處者矣.

풍씨가 말하길, 모친이 돌아가셨는데도 노래를 불렀다면, 그 어떤 것이 이보다 큰 잘못이겠는가? 마땅히 절교를 해야 하는데도 절교를 하지 않았던 것은 아마도 그의 평소 품행이 바르고, 그 사안에 있어서 잠시 뜻하지 않게 이와 같은 행동이 나타났기 때문일 것이다. 주자가 "만약 이러한 점을 이해하려고 한다면, 단지 절교만 할 수 없으므로, 공자는 부득이하게 잠시 시간을 둔 것이다."라고 했는데, 이 말이 옳다. 그의 주장은 성인이 대처하기 난처한 점에 대해서 어떻게 대처했는지를 매우 깊이 이해하고 있다.

趙文子爲叔譽觀乎九原. 文子曰: "死者如可作也, 吾誰爲歸?"⟨128⟩

조문자가 숙예와 함께 진나라 경과 대부들이 장례를 치르는 구원을 바라보고 있었다. 그때 조문자는 이전 시대의 인물들에 대해서 품평을 하고자 "죽은 자가 만약 다시 살아날 수 있다면, 나는 누구에게 정사를 맡겨야 하는가?"라고 말했다.

集說

文子, 晉大夫, 名武. 叔譽, 叔向也. 言卿 · 大夫之死而葬於此者多矣, 假令可以再生而起, 吾於衆大夫誰從乎? 文子蓋設此說, 欲爲叔向共論前人賢否也.

'문자(文子)'는 진나라의 대부로, 이름은 무(武)이다. '숙예(叔譽)'는 숙향을 가리킨다. 즉 "경과 대부였던 자들이 죽었을 때, 대부분 이곳에서 장례를 치르는데, 만일 다시 살아나는 자가 있다면, 나는 여러 대부들 중 누구를 따라야 하느냐?"라고 말한 것이다. 문자는 아마도 이러한 말을 하여, 숙향과 함께 이전 시대의 인물들이 현명했는지의 여부를 논의하고자 한 것이다.

經文

叔譽曰: "其陽處父乎?" 文子曰: "行幷植[直吏反]於晉國, 不沒其身, 其知[去聲]不足稱也."⟨129⟩

숙예가 대답을 하며, "그럴만한 자가 있다면, 양처보가 아니겠습니까?"라고 했다. 조문자는 "그의 행실이란 것은 진나라에서 여러 일을 겸직하여 정권을 마음대로 부렸고, 제 스스로만 강권하게 우뚝 섰던['植'자는

'直(직)'자와 '吏(리)'자의 반절음이다.] 인물이므로, 끝내 피살을 당하여 제 자신을 온전히 하지 못했으니, 그의 지혜에['知'자는 거성으로 읽는다.] 대해서는 일컬을 것이 못 된다."라고 평가했다.

處父, 晉襄公之傅. 幷者, 兼衆事於己, 是專權也. 植者, 剛强自立之意. 所行如此, 故爲狐射姑所殺, 不得善終其身, 是不知也.

'처보(處父)'는 진나라 양공의 스승이다. '병(幷)'이라는 말은 여러 일을 자신이 겸직했다는 의미로, 정권을 마음대로 부렸다는 뜻이다. '식(植)'이라는 것은 강권하게 제 스스로 우뚝 섰다는 뜻이다. 그가 시행했던 것이 이와 같았기 때문에, 호역고에게 피살을 당하여,[12] 끝내 자신의 몸을 온전히 보전하지 못했으니, 이것은 지혜롭지 못한 경우에 해당한다.

"其舅犯乎?" 文子曰: "見利不顧其君, 其仁不足稱也."〈130〉

숙예가 다시 대답을 하며, "그렇다면 구범이 아니겠습니까?"라고 했다. 조문자는 "구범은 이로움만을 따지고 군주의 안위는 염두에 두지도 않았다. 따라서 그의 인함에 대해서는 일컬을 것이 못 된다."라고 평가했다.

---

12) 『춘추공양전』 「문공(文公) 6년」: 晉狐射姑出奔狄, 晉殺其大夫陽處父, 則狐射姑曷爲出奔.

叔譽又稱子犯可歸, 文子言子犯從文公十九年于外, 及反國危疑之時, 當輔之入以定其事, 乃及河而授璧以辭, 此蓋爲他日高爵重祿之計, 故以此言要君求利也, 豈顧其君之安危哉? 是不仁也.

숙예는 재차 자범에게 정사를 맡길만하다고 말했는데, 문자는 자범은 문공을 따라서 외지에서 19년이나 보냈고, 본국으로 되돌아갔을 때에는 나라가 혼란스러운 시기였으므로, 이러한 시기에 이르러서는 마땅히 문공을 보좌하여 본국으로 함께 들어가서 그 일들을 안정시켜야 했다. 그러나 황하에 도달하자 벽을 문공에게 건네며, 함께 들어가기를 사양하였으니, 이것은 아마도 다른 때 보다 높은 작위와 많은 녹봉을 받게 되리라는 계책을 새웠기 때문이다. 그래서 이처럼 사양하는 말을 하여, 군주에게 이익을 얻고자 요구하였으니, 어찌 그가 군주의 안위를 살폈다고 하겠는가? 따라서 이러한 경우는 불인에 해당한다.

經文

"我則隨武子乎! 利其君, 不忘其身; 謀其身, 不遺其友." 晉人謂文子知人.〈131〉

조문자가 계속해서 말하길, "나는 수무자를 꼽겠다! 그는 자신의 군주를 이롭게 하면서도 제 자신의 안존을 잊지 않았고, 자신을 위해 일을 도모하면서도 그의 친구들을 버리지 않았기 때문이다."라고 했다. 그 말이 전해지자 진나라 사람들은 조문자가 사람을 잘 알아본다고 칭찬했다.

集說

文子自言我所願歸者, 惟隨武子乎! 武子, 士會也, 食邑於隨. 左傳言夫子之家事治, 言於晉國無隱情. 蓋不忘其身而謀之, 知也; 利其君不遺其友, 皆仁也.

문자는 제 스스로 "내가 따르고자 하는 자는 오직 수무자를 꼽겠다!"라고 말한 것이다. '무자(武子)'는 사회를 가리키니, 그의 식읍은 수 땅에 있었다. 『좌전』에서는 "그분은 집안일을 잘 다스렸고, 진나라 조정에서 말을 할 때에는 사정을 숨기는 일이 없었다."[13]고 했다. 무릇 제 자신의 안전을 잊지 않고 일을 도모하는 것은 지혜로움에 해당하며, 군주를 이롭게 만들고 자신의 벗을 버리지 않았다는 것은 모두 인자함에 해당한다.

文子其中退然如不勝[升]衣, 其言吶吶[如劣反]然如不出諸其口. 〈132〉

조문자는 그 몸을 움직임에 자신을 겸손하게 낮추고 연약한 것처럼 행동하여, 마치 옷의 무게조차 감당하지['勝'자의 음은 '升(승)'이다.] 못하는 것처럼 했고, 말을 할 때에는 목소리도 낮고 말도 느려서['吶'자는 '如(여)'자와 '劣(렬)'자의 반절음이다.] 마치 말을 하지 못하는 것처럼 했다.

集說

中, 身也, 見儀禮·鄕射記. 退然, 謙卑怯弱之貌. 吶吶, 聲低而語緩也. 如不出諸其口, 似不能言者.

'중(中)'은 몸을 뜻하니, 『의례』「향사례(鄕射禮)」편의 기문(記文)에 그 용례가 나온다. '퇴연(退然)'은 겸손하게 자신을 낮추는 연약한 모습을

---

13) 『춘추좌씨전』「양공(襄公)」 27년 : 子木問於趙孟曰, "范武子之德何如?" 對曰, "夫子之家事治, 言於晉國無隱情, 其祝史陳信於鬼神無愧辭."

뜻한다. '눌눌(吶吶)'은 목소리가 낮고 말이 느리다는 뜻이다. '여불출저기구(如不出諸其口)'는 말을 할 수 없는 것처럼 보인다는 뜻이다.

經文

所擧於晉國管庫之士七十有餘家, 生不交利, 死不屬[燭]其子焉.〈133〉

조문자는 사람됨을 잘 알아보았으므로, 그가 진나라 조정에 천거했던 자는 창고지기였던 말단 관리로부터 70여 사람에 이르는데, 생전에는 그들을 통해서 이로움을 추구하지 않았고, 그가 죽을 때에도 자신의 아들에 대해서 부탁하지['屬'자의 음은 '燭(촉)'이다.] 않았다.

集說

管, 鍵也, 卽今之鎖. 庫之藏物, 以管爲開閉之限, 管庫之士, 賤職也, 知其賢而擧之, 卽不遺友之實. 雖有擧用之恩於其人, 而生則不與之交利, 將死亦不以其子屬託之, 廉潔之至.

'관(管)'자는 건(鍵)자의 뜻이니, 곧 오늘날의 자물쇠를 뜻한다. 창고에 물건을 보관할 때에는 자물쇠를 이용해서 열고 닫는 것을 제한하고, 창고지기를 맡은 사는 매우 미천한 관직인데, 그의 현명함을 알아보고 천거를 하였으므로, 벗을 버리지 않았다는 실제적인 뜻이 된다. 비록 천거를 통해 등용을 시켜서, 그 사람들에게 은덕을 베풀었지만, 생전에는 그들과 함께 이로움을 나누지 않았고, 그가 죽게 될 때에도 또한 자신의 아들에 대해 부탁을 하지 않았으니, 지극히 청렴하고 결백했다는 뜻이다.

叔仲皮學[效]子柳. 叔仲皮死, 其妻魯人也, 衣[眥]衰而繆[樛]経.
叔仲衍以告, 請繐[歲]衰而環経, 曰: "昔者吾喪姑‧姊妹亦如
斯, 末吾禁也." 退, 使其妻繐衰而環経.〈134〉

숙중피는 직접 자신의 아들인 자류를 가르쳤는데['學'자의 음은 '效(효)'이
다.] 자류는 예를 제대로 알지 못했다. 숙중피가 죽었을 때 자류의 아내
는 비록 노둔한 여자였지만, 시아비를 위해 자최복을 착용하고['衣'자의
음은 '眥(자)'이다.] 규질을 둘렀으니['繆'자의 음은 '樛(규)'이다.] 이것은 예법
에 맞는 행동이었다. 그러나 자류의 숙부인 숙중연은 자류의 아내가 이
러한 복장을 착용한 것을 보고서, 그 복장이 비례가 됨을 자류에게 알
리며, 세최를['繐'자의 음은 '歲(세)'이다.] 착용하고, 머리에는 환질을 두르
도록 권유하며, "예전에 내가 고모와 자매에 대한 상을 치를 때에도 또
한 이와 같은 복장을 착용했는데, 이러한 복장에 대해서 지적을 하는
자가 없었으니, 이처럼 착용하는 것이 예법에 맞는 것이다."라고 했다.
그러자 자류는 물러나서, 그의 아내로 하여금 세최를 착용하고, 환질을
두르도록 시켰다.

繆, 絞也. 謂兩股相交, 五服之経皆然, 惟弔服之環経一股.

'규(繆)'자는 "새끼줄을 꼬다."는 뜻이다. 두 가닥을 서로 교차하여 꼰다
는 의미이니, 오복에 착용하는 질은 모두 이처럼 만들고, 오직 조복에
착용하는 환질만 한 가닥으로 만든다.

疏曰: 言叔仲皮敎訓其子子柳, 而子柳猶不知禮. 叔仲皮死, 子柳妻
雖是魯鈍婦人, 猶知爲舅著齊衰, 而首服繆経. 衍, 是皮之弟, 子柳
之叔, 見當時婦人好尙輕細, 告子柳云, 汝妻何以著非禮之服? 子柳
見時皆如此, 亦以爲然, 乃請於衍, 令其妻身著繐衰, 首服環経. 衍

又答云昔者吾喪姑·姊妹亦如此, 繐衰環経, 無人相禁止也. 子柳得衍此言, 退使其妻著繐衰而環経.

소에서 말하길, 숙중피는 자신의 아들인 자류를 가르쳤지만, 자류는 오히려 예를 잘 알지 못했다는 의미이다. 숙중피가 죽었을 때, 자류의 아내는 비록 노둔한 부인이었지만, 오히려 시아버지를 위해서 자최복을 입어야 하며, 머리에는 규질을 둘러야 한다는 사실을 알았다. '연(衍)'은 숙중피의 동생이니, 자류에게는 숙부가 되는데, 당시의 부인들이 가볍고 촘촘한 상복 재질을 선호한다는 것을 보고, 자류에게 알려주며, "너의 아내는 어찌하여 비례에 해당하는 상복을 착용하고 있는가?"라고 말했다. 자류도 당시 부인들이 모두 이처럼 착용한다는 것을 보았기 때문에, 또한 그 말이 옳다고 여겨서, 곧 연에게 부탁을 하였고, 그의 아내로 하여금 세최를 착용하고 머리에는 환질을 두르게 했다. 연은 또한 대답을 하며, "예전에 내가 고모와 자매에 대한 상을 치를 때에도 복장을 이처럼 하여, 세최와 환질을 착용했는데, 사람들 중에 이러한 복장에 대해서 지적하는 자가 없었다."라고 했다. 자류는 연의 이러한 말을 들었으므로, 물러나서 그의 아내로 하여금 세최와 환질을 착용하게 했다.

成人有其兄死而不爲衰者, 聞子皐將爲成宰, 遂爲衰. 成人曰: "蠶則績而蟹有匡, 范則冠而蟬有緌[而追反], 兄則死而子皐爲之衰."⟨135⟩

노나라 읍 중에는 성이라는 곳이 있었는데, 그곳에 사는 어떤 사람은 그의 형이 죽었음에도 상복을 착용하지 않았다. 그러나 얼마 뒤에 자고가 그곳의 읍재로 부임하게 될 것이라는 소식을 듣고는 자고가 문책할 것이 두려워 결국 상복을 입었다. 그러자 성 땅의 사람들은 그를 풍자하며, "누에는 실을 낳고 게는 광주리와 같은 등껍질을 가지고 있으며 벌의 더듬이는 관처럼 생겼고 매미는 갓끈처럼['緌'자는 '而(이)'자와 '追(추)'자의 반절음이다.] 생긴 주둥이를 가지고 있는데, 형이 죽자 자고는 그에게 상복을 입도록 했구나."라고 했다.

集說

成, 魯邑名. 匡, 背殼似匡也. 范, 蜂也.

'성(成)'은 노나라에 속해 있는 읍의 이름이다. '광(匡)'이라는 말은 게의 등에 두르고 있는 껍질이 마치 광주리와 같다는 뜻이다. '범(范)'자는 벌을 뜻한다.

朱氏曰: 絲之績者, 必由乎筐之所盛, 然蟹之有匡, 非爲蚕之績也, 爲背而已; 首之冠者, 必資乎緌之所飾, 然蟬之有緌, 非爲范之冠也, 爲喙而已; 況死者必爲之服衰, 然成人之服衰, 非爲兄之死也, 爲子皐而已. 蓋以上二句喩下句也.

주씨가 말하길, 실을 뽑을 때에는 반드시 광주리를 통해서 담게 되지만, 게에게 광주리와 같은 등껍질이 있는 것은 누에가 낳는 실을 위해서가 아니며, 등을 이루는 껍질일 뿐이다. 또한 머리에 관을 쓸 때에는 반드시 갓끈을 이용해서 치장을 하게 되지만, 매미의 주둥이가 갓끈처럼 늘어져 있는 것은 벌의 머리에 관처럼 달려 있는 더듬이를 위해서가 아니며, 주둥이일 뿐이다. 그리고 형이 죽었을 때에는 반드시 그를 위해서 상복을 입어야 하지만, 성 땅의 사람이 상복을 입은 것은 형의 죽음 때문이 아니며, 자고가 두려워서 착용한 것일 뿐이다. 무릇 앞의 두 구문을 통해서 뒤의 구문을 비유한 것이다.

經文

> 樂正子春之母死, 五日而不食, 曰: "吾悔之. 自吾母而不得吾情, 吾惡[烏]乎用吾情."〈136〉

증자의 제자 중에 악정자춘이라는 자가 있었는데, 어느 날 그의 모친이 돌아가셨다. 악정자춘은 5일 동안이나 음식을 입에 대지 않았다. 그러나 그것이 잘못된 것임을 깨닫고, "나는 내가 시행했던 일에 대해서 후회한다. 내가 나의 모친에 대해서도 내 진실된 감정을 나타내지 못했으니, 나는 그 무엇에['惡'자의 음은 '烏(오)'이다.] 내 진실된 감정을 나타낼 수 있겠는가?"라고 자책했다.

集說

子春, 曾子弟子, 矯爲過制之禮, 而不用其實情於母, 則他無所用其實情矣, 此所以悔也.

'자춘(子春)'은 증자의 제자이며, 모친의 상을 빙자하여 제도를 지나치게 따르는 예법을 시행하고, 자신의 모친에 대해서 진실된 감정을 나타낼 수 없었으니, 다른 일들에 대해서도 진실된 감정을 나타낼 수 없었던 것이다. 이것이 바로 뉘우치게 된 이유이다.

歲旱, 穆公召縣子而問然, 曰: "天久不雨[去聲], 吾欲暴[步卜反]尫[汪]而奚若?"〈137〉

목공이 통치하던 어느 해에 큰 가뭄이 들었다. 그래서 목공은 현자를 불러서 질문하며, "하늘이 오래도록 비를 내려주지['雨'자는 거성으로 읽는다.] 않으니, 나는 왕병에['尫'자의 음은 '汪(왕)'이다.] 걸린 자를 데려다가 난폭하게['暴'자는 '步(보)'자와 'ト(복)'자의 반절음이다.] 대하여, 비를 내려달라고 기원을 하려고 하는데, 어떻소?"라고 하였다.

左傳註云: "尫者, 瘠病之人, 其面上向." 暴之者, 冀天哀之而雨也.

『좌전』의 주에서 말하길, '왕(尫)'이라는 것은 척추가 기형인 자를 뜻하니, 얼굴이 하늘을 향해 있는 자라고 했다. 그에게 난폭하게 대하는 이유는 하늘이 슬퍼하며 비를 내려주기를 기원하기 때문이다.

曰: "天則不雨, 而暴人之疾子[句]. 虐[句], 毋乃不可與[平聲]!"〈138〉

현자가 목공에게 말하길, "하늘이 비를 내리지 않는다고 하여, 병에 걸린 자에게 난폭하게 구는 것은['子'자에서 구문을 끊는다.] 단순히 포악한 일에 지나지 않는데['虐'자에서 구문을 끊는다.] 어떻게 하늘을 감응시키겠습니까? 따라서 이처럼 시행하는 것은 불가한 일이 아니겠습니까!['與'자는 평성으로 읽는다.]"라고 했다.

此言酷虐之事, 非所以感天.

이 문장의 내용은 병에 걸린 자에게 포악하게 구는 일은 하늘을 감응시키는 방법이 아니라는 뜻이다.

"然則吾欲暴巫而奚若?"〈139〉

목공이 다시 현자에게 묻기를, "그렇다면 병에 걸린 자 대신 나는 무를 데려다가 난폭하게 대하여 비를 내려달라고 기원을 하려고 하는데, 어떻소?"라고 하였다.

巫能接神, 冀神閔之而雨.

무(巫)는 신과 교감할 수 있으니, 신이 그를 가엽게 생각하여 비를 내려주도록 기원하는 것이다.

曰: "天則不雨, 而望望之愚婦人[句], 於以求之, 毋乃已疏乎?"〈140〉

현자가 목공에게 말하길, "하늘이 비를 내리지 않는다고 하여, 무처럼 어리석은 부인에게 기원을 해서['人'자에서 구문을 끊는다.] 이러한 일을 통해 비를 내려달라고 애원하게 된다면, 너무 우활한 행동이 아니겠습니까?"라고 했다.

於以求之, 猶言於此求之也. 已疏, 言甚迂闊也.

'어이구지(於以求之)'라는 말은 "여기에서 찾는다."는 뜻이다. '이소(已疏)'라는 말은 너무 우활하다는 뜻이다.

經文

"徙市則奚若?" 曰: "天子崩, 巷市七日, 諸侯薨, 巷市三日. 爲 [去聲]之徙市, 不亦可乎?"〈141〉

목공이 다시 현자에게 묻기를, "그렇다고 한다면 국상을 당했을 때처럼, 시장을 마을 안의 거리로 옮기면 어떻겠소?"라고 하였다. 그러자 현자는 "천자가 죽게 되면 7일 동안 시장을 마을로 옮기고, 제후가 죽게 되면 3일 동안 시장을 마을로 옮기게 됩니다. 비를 내려주길 기원하며['爲'자는 거성으로 읽는다.] 시장을 옮기게 된다면, 이것은 군주 스스로 자신을 문책하며 기원을 하는 행위가 되니, 또한 옳은 일이 아니겠습니까?"라고 했다.

徙, 移也. 言徙市又言巷市者, 謂徙交易之物於巷也. 此庶人爲國之大喪, 憂武罷市, 而日用所須, 又不可缺, 故徙市於巷也. 今旱而欲徙市者, 行喪君之禮以自責也. 縣子以其求之己而不求諸人, 故可其說. 然豈不聞僖公以大旱欲焚巫尫, 聞歲文仲之言而止? 縣子不能擧其說以對穆公, 而謂徙市爲可, 則亦已疏矣.

'사(徙)'자는 "이동시킨다."는 뜻이다. "시장을 이동시킨다."라고 말하고, 또 '항시(巷市)'라고 말한 것은 교역하는 물건들을 마을 안의 거리로 옮긴다는 뜻이다. 이 내용은 서인들은 나라의 대상에 대해서 근심하고 슬퍼하여 시장을 파하게 되지만, 날마다 필요하게 되는 생필품에 대해서는 또한 교역하는 일을 없앨 수 없다. 그렇기 때문에 마을 안에 있는 거리로 시장을 옮긴다는 뜻이다. 현재 가뭄이 들었는데 시장을 옮기려고 하는 것은 군주에 대한 상을 치르는 예법을 시행하여, 스스로를 자책하는 행위가 된다. 현자는 이러한 행위가 자신에게서 찾고 남에게서 찾지 않는 뜻으로 여겼기 때문에, 그 주장을 옳다고 한 것이다. 그러나 희공이 큰 가뭄이 들었을 때, 무와 왕병에 걸린 자를 불태우려고 했다가 장문중의 말을 듣고 멈췄던 일에 대해서[14] 어떻게 듣지 못했단 말인가? 현자는 그 내용을 제시하여 목공에게 대답하지 못하고 시장을 옮기는 것이 좋다고 하였으니, 이 또한 매우 우활한 행위이다.

經文

孔子曰: "衛人之祔也, 離之. 魯人之祔也, 合之. 善夫."⟨142⟩

공자가 말하길, "위나라의 예법에 따르면 합장을 할 때, 하나의 곽 속에 두개의 관을 넣게 되지만, 그 사이에 다른 물건을 끼워 넣어서 두 관의 사이를 벌리게 된다. 그러나 노나라에서 합장을 하는 예법에 따른다면, 두 관 사이에 다른 물건을 끼워 넣지 않아서 나란히 붙여 놓으니, 노나

---

14) 『춘추좌씨전』 「희공(僖公) 21년」: 夏, 大旱. 公欲焚巫・尫. 臧文仲曰, "非旱備也. 脩城郭・貶食・省用・務穡・勸分, 此其務也. 巫・尫何爲? 天欲殺之, 則如勿生; 若能爲旱, 焚之滋甚." 公從之. 是歲也, 饑而不害.

라의 예법이 참으로 좋구나."라고 했다.

集說

生旣同室, 死當同穴, 故善魯.

부부는 생전에 이미 같은 방에서 거주하였으므로, 죽게 되면 같은 무덤에 있게 된다. 그렇기 때문에 노나라의 예법을 칭찬한 것이다.

疏曰: 祔, 合葬也. 離之, 謂以一物隔二棺之間於椁中也. 魯人則合竝兩棺置椁中, 無別物隔之.

소에서 말하길, '부(祔)'자는 합장을 뜻한다. 떨어트린다는 말은 하나의 곽 안에 두 개의 관을 넣지만, 두 관 사이에 다른 사물을 끼워 넣어서 두 관의 사이를 떨어트린다는 뜻이다. 노나라의 경우에는 합장을 하며 두 관을 곽 안에 넣고, 사이를 벌리는 별도의 물건이 없게 된다.

朱子曰: 古者椁合象材爲之, 故大小隨入所爲. 今用全木, 則無許大木可以爲椁. 故合葬者, 只同穴而各用椁也.

주자가 말하길, 고대에는 곽을 만들 때 여러 목재들을 결합하여 만들었다. 그렇기 때문에 곽의 크기는 사람이 어떻게 만드느냐에 따라 달라진다. 현재는 이음새가 없이 하나의 목재를 파서 만들게 되니, 두 사람의 관이 들어갈 수 있는 크기의 곽을 만들게 되면, 그만한 크기의 나무 자체가 없다. 그렇기 때문에 합장을 할 때, 단지 무덤을 함께 쓰고 각각에 대해서 별도의 곽을 사용하게 된다.

| 저자 소개 |

권근(權近, 1352~1409)

· 고려말 조선초기 때의 학자
· 본관은 안동(安東)이고, 초명은 진(晉)이며, 자는 가원(可遠)·사숙(思叔)이고,
  호는 소오자(小烏子)·양촌(陽村)이며, 시호는 문충(文忠)이다.

| 역자 소개 |

정병섭鄭秉燮

· 1979년 출생
· 2002년 성균관대학교 유교철학과 졸업
· 2004년 성균관대학교 대학원 유학과 석사
· 2013년 성균관대학교 대학원 유학과 철학박사
· 『역주 예기집설대전』과 『역주 예기보주』를 완역하였다.
· 『의례』, 『주례』, 『대대례기』 번역과 한국유학자들의 예학 관련 저작들의
  번역을 계획 중이다.

譯註
禮記淺見錄 ❶
曲禮上·曲禮下·檀弓上·檀弓下

초판 인쇄   2019년 10월 1일
초판 발행   2019년 10월 15일

저   자 | 권 근(權近)
역   자 | 정 병 섭(鄭秉燮)
펴 낸 이 | 하 운 근
펴 낸 곳 | 學古房

주   소 | 경기도 고양시 덕양구 통일로 140 삼송테크노밸리 A동 B224
전   화 | (02)353-9908   편집부(02)356-9903
팩   스 | (02)6959-8234
홈페이지 | hakgobang.co.kr
전자우편 | hakgobang@naver.com, hakgobang@chol.com
등록번호 | 제311-1994-000001호

ISBN 978-89-6071-891-3 94150
      978-89-6071-890-6 (세트)

값 : 44,000원